Völkische Wissenschaften: Ursprünge, Ideologien und Nachwirkungen

Völkische Wissenschaften: Ursprünge, Ideologien und Nachwirkungen

---

Herausgegeben von
Michael Fahlbusch, Ingo Haar,
Anja Lobenstein-Reichmann, Julien Reitzenstein

Dieser Band beruht auf zwei wissenschaftlichen Tagungen an der Freien Universität in den Jahren 2017 und 2018. Für die finanzielle Unterstützung wird der „Geschichte & Zukunft e.V. Wissenschaftsplattform" gedankt.

ISBN 978-3-11-099215-1
e-ISBN (PDF) 978-3-11-065459-2
e-ISBN (EPUB) 978-3-11-065496-7

Library of Congress Control Number: 2020936400

Bibliografische Information der Deutschen Nationalbibliothek
Die Deutsche Nationalbibliothek verzeichnet diese Publikation in der Deutschen Nationalbibliografie; detaillierte bibliografische Daten sind im Internet über http://dnb.dnb.de abrufbar.

© 2022 Walter de Gruyter GmbH, Berlin/Boston
Dieser Band ist text- und seitenidentisch mit der 2020 erschienenen gebundenen Ausgabe.
Typesetting: bsix information exchange GmbH, Braunschweig Druck und Bindung: CPI books GmbH, Leck

www.degruyter.com

Inhalt

Michael Fahlbusch, Ingo Haar
Einleitung: Das *Völkische* als genuin deutschnationales Ideologem —— 1

Teil I: Ursprünge

Bernd Fischer
Vergebliche Aufklärung. Saul Aschers Kampf gegen Germanomanen —— 17

Christian Jansen
Gehören Herder, Arndt, Fichte, Fries und Hundt-Radowsky zur „völkischen Wissenschaft"? —— 41

Hans-Christian Petersen
Deutsche Antworten auf die „slavische Frage". Das östliche Europa als kolonialer Raum in den Debatten der Frankfurter Paulskirche —— 54

Teil II: Ideologien

Ulf-Thomas Lesle
Germanistik und Niederdeutsch. Liaison im Schatten eines Essentialismus —— 79

Jörn Retterath
„Volk ist etwas ganz anderes, als was bisher als solches auftrat"
Volkskonzepte in der Völkischen Bewegung zu Beginn der Weimarer Republik —— **102**

Sebastian Rosenberger
Oswald Spenglers „Der Untergang des Abendlandes". Eine völkische Geschichtsphilosophie? —— 118

Uwe Hoßfeld
Wider den Rassenbegriff in seiner Anwendung auf den Menschen – ein Überblick —— 140

Teil III: Nachwirkungen

Julien Reitzenstein
Die Geschichte einer Villa als Spiegel der Geschichte des 20. Jahrhunderts —— 177

Joël Hoffmann
Der Fall Curt Glaser
Wie die Basler Regierung und die Bergier-Kommission die Öffentlichkeit hinters Licht führten —— 194

Esther Abel
Aktenraub und Völkische Wissenschaft
Die Aktivitäten des Osteuropahistorikers Peter Scheibert im Sonderkommando Künsberg, seine eigene Entschuldungsstrategie und die seiner „Schüler" —— 208

Cordelia Heß
Das Ostprogramm der Preußischen Archivverwaltung —— 229

Teil IV: Folgen

Matthias Berg
Völkische Geschichtswissenschaft – aber welche? —— 245

Sabine Bamberger-Stemmann
Das Volk – Phoenix oder Wiedergänger? Überlegungen zur Attraktivität eines Konstruktes
Eine Miszelle zum Jahr 2019 —— 254

Hans-Henning Kortüm
Die langen Schatten der Vergangenheit: Der Historiker Otto Brunner (1898–1982) und die bundesrepublikanische Geschichtswissenschaft (1949–1968)
Eine Skizze —— 274

Fabian Link
Rassisch-völkische Metaphysik, innovative Deutungen und moderne Methoden: Zur Epistemologie völkischer Wissenschaften —— 304

Literatur —— 336

Verzeichnis der Abkürzungen —— 344

Verzeichnis der AutorInnen —— 359

Register —— 365

Michael Fahlbusch, Ingo Haar
Einleitung: Das *Völkische* als genuin deutschnationales Ideologem

Der vorliegende Sammelband *Völkische Wissenschaften: Ursprünge, Ideologien und Nachwirkungen* präsentiert Beiträge von zwei Tagungen, die wir am Friedrich Meinecke-Institut zu Berlin anlässlich der Präsentation der 2. Auflage unseres *Handbuchs der Völkischen Wissenschaften* 2017 und an der Folgetagung durchgeführt haben. Die Beiträge gehen deutlich über die im Handbuch dargelegten Wissenschafts- und Politikfelder hinaus, welche die völkischen Wissenschaften benützten. Uns interessierten neben den Ursachen, wie sich die Diskursmuster des *Völkischen* etablierten, insbesondere die Wirkungen und Folgen völkischer Diskurspraktiken.

Überdies setzt sich die „unbewältigte Vergangenheit"[1] des *Völkischen* bis in die Gegenwart fort, sei es erstens, um in rechtsextremen Kreisen auf völkische Ideologeme rekurrieren zu können und diese wieder in der Öffentlichkeit salonfähig zu machen; sei es um zweitens die Konsequenzen der Restitutionspolitik, die nicht mehr nur die Nachkommen von einstigen Opfern der völkischen Politik betreffen, sondern drittens mittlerweile auch die Rechtsansprüche von durch europäische Staaten seinerseits geplünderten Nationen zu berücksichtigen, wie es sich der französische Präsident Emmanuel Macron in der Wahlkampfphase 2017 zum Ziel gesetzt hatte.[2] Die Frage nach einer *Transitional Justice* tangiert viertens nicht mehr nur die Folgen der NS-Zeit, sondern mittlerweile alle gesellschaftlichen Bereiche, in denen Menschenrechtsverbrechen erfolgten.[3]

---

[1] Theodor W. Adorno, Was bedeutet: Aufarbeitung der Vergangenheit? In: ders., Eingriffe, Neun kritische Modelle. Frankfurt a. M. ⁹1980, S. 135.
[2] Die Aufarbeitung der Epoche bzw. der Haltung der Kolonialländer zu den einstigen kolonisierten Völkern scheint hier besonders erwähnenswert. Unter dem heutigen Blickwinkel sind das zweifelsohne keine vergangenen und schon gar nicht Heldentaten, sondern eher, dass die abendländische Moderne eigentlich auf Untaten in anderen Ländern basiert. Vgl. https://www.epochtimes.de/politik/europa/praesidentschaftskandidat-macron-nennt-frankreichs-kolonisierung-verbrechen-gegen-die-menschlichkeit-a2050276.html (10.05.2019). Aktuell etwa die Rückgabe von Deutschland an Namibia in Fazit vom 17.5.2019: https://www.deutschlandfunkkultur.de/rueckgabe-von-cape-cross-saeule-an-namibia-kolonialobjekt.1013.de.html?dram%3Aarticle_id=449127&fbclid=IwAR21z2NPTYnZOE49U35ITb4YQQJXlGigNSmh8Jm98PZVux02xYz5l_-r0is4 (19.5.2019).
[3] Zu den ideellen Rechtsansprüchen und dem Ausgleich vgl. Art. Transitional Justice, in: Michael Fahlbusch u. a. (Hg.), Handbuch der völkischen Wissenschaften. Bd. 2; 2. Aufl. Berlin, Boston 2017, S. 1140–1147.

https://doi.org/10.1515/9783110654592-001

Mittels dieser breiteren und interdisziplinären Fragestellung hoffen wir, auf empirischer Basis verschiedene Zugänge der Forschung zu den *völkischen Wissenschaften* zu erfassen und darzustellen.

Was soll nun unter *völkischen Wissenschaften* verstanden werden, und wie weit reicht das Feld der in diese einzubeziehenden Diskurse und Disziplinen? Zudem: Besteht zwischen „Wissenschaftlichkeit" und dem Adjektiv *völkisch* nicht a priori ein unlösbarer Widerspruch, vor allem, wenn die Thematik immer noch aktuell ist?

Gerade die Verflechtungen und Wechselbezüge zwischen Gesellschaft, Politik, Medialisierung und der Wissenschaft bilden den Ausgangspunkt der hier vorliegenden Forschungsansätze. Diskurse und Disziplinen sind unter dieser Perspektive mit der gesellschaftlichen Entwicklung stets eng verflochten, wie dies bereits Mitchell G. Ash als wechselseitiges Ressourcenverhältnis zwischen diesen Sphären verstanden hat. Unter Berücksichtigung der Thesen von Ash kann man von *Pseudowissenschaften* oder gar von einem *Missbrauch* der Wissenschaften für politische Zwecke nur mit kritischem Vorbehalt sprechen.

Die *Völkischen Wissenschaften* vereinten eine ethnozentrische und partiell rassistische Codierung von *Volk*, *Volkstum* und *Volksgemeinschaft*; sie entfernten sich damit vom Ethos der Wissenschaften. Ethnozentrisch und rassistisch motivierte Exklusion und Inklusion sind auch gegenwärtig en vogue, mal mehr, mal weniger verklausuliert. Sichtbar wird dies vor allem durch die Verrohung der Sprache in Teilen der Gesellschaft und den neuen sozialen Medien, die einen emotionalisierten *Kampf* um den öffentlichen Raum inszenieren, der wiederum als *Widerstand* gegen eine vorgeblich *volksferne* Elite stilisiert wird.[4]

Den Herausgebern geht es darum, die Strukturmuster der Selbststilisierung völkischen Denkens und Handelns von ihren frühen Anfängen bis heute darzustellen, und sie nicht nur als der Bewegung im ausgehenden 19. Jahrhundert zu deuten. Konstitutiv für metaphysische, antiliberale und antimoderne Diskursmuster des Völkischen im Kaiserreich sind Inklusions- und Exklusionsstereotypen wie Antisemitismus, Rassenideologien, die mit einer Germanenideologie, arteigenen Kunst- und Kulturvorstellungen unterlegt sind. Die paradigmatische Unbestimmtheit völkischer Wissenschaften eröffnete eine dynamische Radikalisierung, mit der eine Anschlussfähigkeit weit in die unterschiedlichen bürgerlichen Milieus erreicht wurde, nicht zuletzt im Nationalsozialismus. Damit sollte

---

[4] Vgl. aktuell: Christian Fuchs/Paul Middelhoff, Das Netzwerk der neuen Rechten. Hamburg 2019; Cornelia Koppetsch, Die Gesellschaft des Zorns. Rechtspopulismus im globalen Zeitalter. Münster 2019, S. 32ff. Koppetsch verwendet die begriffliche Zuordnung von Nativismus (völkisches Denken), Autoritarismus (Law-and-order-Politik) und Populismus (Spaltung der Gesellschaft in homogene Gruppen: Eliten versus Volk).

aber gleichzeitig ein Anstoß gegeben werden, um eine humane Gegenwart und Zukunft aktiv zu gestalten.

Wo finden wir die Ursprünge der „völkische(n) Verbundenheit als Ersatz für nationale Emanzipation" gegen Fremdherrschaft und als regressiver Ersatz einer nationalen Einigung fungierenden Ideologie?[5] Bei den völkischen Ideologemen handelt es sich einerseits um Kampfmetaphern eines „kollektiven Narzißmus",[6] einer Art *geistiger Landesverteidigung* und eines *Heimatschutzes* gegen innere wie äußere Feinde wie sie seit den napoleonischen Kriegen gegen unerwünschte Besatzer entwickelt wurden oder, um mit Hagen Schulze zu sprechen: „Selbstdefinition durch Feindmarkierung", die seither eine „Konstante deutscher Identität" ist.[7] Der „beschädigte kollektive Narzißmus (...) lauert (darauf), repariert zu werden, und (...) greift (nach allem), was zunächst im Bewußtsein die Vergangenheit in Übereinstimmung mit den narzißstischen Wünschen bringt (...)."[8] Doch neben diesen Topoi Einheitsvision und Befreiungspathos, um Begriffe Aleida Assmanns aufzunehmen, bestehen andererseits das Topos der Geschichtsvision und die Entfremdungstherapie. Mit der Geschichtsvision werden die Mythen und Legenden zur Legitimation der Nation historisch konstruiert und mit Sendungsbewusstsein für eine imaginierte Zukunft aufgeladen. Mit der kollektiven nationalen Identität gelingt eine wie auch immer geartete Abgrenzung und Homogenisierung eines Bevölkerungskollektivs.[9]

Der zeitgenössische Kritiker der nationalchauvinistischen deutschen Patrioten, Saul Ascher, berichtete regelmäßig als Redakteur in den von seinem Jugendfreund Heinrich Zschokke in Aarau herausgegebenen *Miscellen* über die aufkeimenden rassistischen und antisemitischen Ausfälle im Berliner Zentrum. Er bezeichnete jene zutreffend als *Germanomanen*. Zschokke selbst floh seinerzeit dorthin, weil es in der Schweiz Pressefreiheit gab. Allerdings war es Saul Ascher, der sich anlässlich der Karlsbader Beratungen vor 200 Jahren ebenfalls für eine Einschränkung der Presse- und Meinungsfreiheit stark machte, um den Bürger vor „Verunglimpfung und Rufmord schützen" zu können. Den Beschlüssen voraus gegangen waren die Ermordung des Schriftstellers und russischen Generalkonsuls August von Kotzebue, der sich wie Ascher mit seinen politi-

---

5 Hannah Arendt, Elemente und Ursprünge totaler Herrschaft. Antisemitismus, Imperialismus, totale Herrschaft. München, Berlin [19]2016, S. 366f. Vgl. hierzu auch Stefan Nienhaus, Geschichte der Deutschen Tischgesellschaft. Tübingen 2003, 93–109.
6 Adorno, Was bedeutet: Aufarbeitung der Vergangenheit?, S. 135.
7 Hagen Schulze, Gibt es überhaupt eine deutsche Geschichte? Stuttgart [2]1998, S. 28.
8 Adorno, Was bedeutet: Aufarbeitung der Vergangenheit?, S. 136.
9 Aleida Assmann, Die Gleichzeitigkeit des Ungleichzeitigen. Nationale Diskurse zwischen Ethnisierung und Universalisierung, in: U. Bielefeld/G. Engel (Hg.), Bilder einer Nation. Hamburg 1998, S. 379–400.

schen Schriften gegen die Germanomanen wandte, im Frühling und die darauf im Sommer 1819 folgenden Hep-Hep-Unruhen. Geradezu aktuell klingt Aschers Vorschlag, einen sachlichen Diskurs zu retten, wie Bernd Fischer in seinem Beitrag im vorliegenden Sammelband weiter ausführt: „Während die Inhalte prinzipiell keiner staatlichen Zensur unterworfen werden dürfen, solange sie nicht gegen die sittliche Norm der Gesellschaft verstoßen oder auf die Beseitigung des Staates gerichtet sind, was dieser verfassungsrechtlich nicht erlauben kann, sollen die Formen der Auseinandersetzung in Aschers Vorschlag einer staatlichen oder juristischen Kontrolle unterliegen, um persönliche Angriffe und Diffamierungen zu unterbinden oder zumindest zu erschweren und einen fairen und produktiven Austausch von Argumenten zu ermöglichen."[10]

Einen aktuellen Bezugspunkt bildet hier der SocialMedia-Konzern Facebook, der in einem englischen Parlamentsbericht für seine schweren Aufsichtsmängel gerügt wurde. Der Gründer des Konzerns, Mark Zuckerberg, forderte daraufhin die Staaten auf, internationale Regeln für Kontrollmechanismen zur Vermeidung hypertropher Nationalismen und Gewalt im Internet zu entwickeln, wobei nicht auszuschließen ist, dass Zuckerbergs Medienkonzern selbst die Rechtsgrundlagen nicht einhält.[11] Zwischen Aschers Forderung und der Regulierung der virtuellen digitalen Welt liegen 200 Jahre gesellschaftlicher Entwicklung: „Big Data und die Folgen können derzeit womöglich als Gelegenheit für eine grosse Selbstaufklärung gelesen werden, eine Selbstaufklärung darüber, dass private Lebensformen stets ‚gesellschaftlicher' waren, als es den gewohnten Anschein hat. Big Data ist letztlich nur eine Vervollkommnung der quantitativen Erfassung und Vermessung der Gesellschaft, wie sie Ende des 18. Jahrhunderts begonnen hatte. Neu ist dabei freilich, dass die Grenzen zwischen politischen/staatlichen und ökonomischen Akteuren zu verschwimmen begin-

---

[10] Bernd Fischer in diesem Band S. 28 sowie Nienhaus, Geschichte der Deutschen Tischgesellschaft, S. 272–292, zur politischen Rolle Kotzebues vgl. Karen Hagemann, Mannlicher Muth und Teutsche Ehre. Nation, Militär und Geschlecht zur Zeit der Antinapoleonischen Kriege Preußens. München 2002, S. 250–251, 267-270.
[11] Vgl. House of Commons Digital, Culture, Media and Sport Committee Disinformation and 'fake news': Final Report Eighth Report of Session 2017–19. London 14.2.2019, https://publications.parliament.uk/pa/cm201719/cmselect/cmcumeds/1791/1791.pdf (20.5.2019). Vgl. Neue Zürcher Zeitung v. 18.2.2019, https://www.nzz.ch/international/facebook-ein-digitaler-gangster-britisches-parlament-greift-zuckerberg-harsch-an-ld.1460650?mktcid=smsh&mktcval=E-mail (20.5.2019) sowie Zuckerberg fordert strengere Regulierung des Internets, in: Tages-Anzeiger vom 31.3.2019, https://www.tagesanzeiger.ch/digital/internet/zuckerberg-fordert-strengere-regulierung-des-internets/story/21388936 (20.5.2019). Neu zum letzten Aspekt das Interview mit der Whistleblowerin Brittany Kaiser von Cambridge Analytica in Zürich: bz – Zeitung für die Region Basel https://www.tagblatt.ch/leben/hatte-trump-ohne-sie-die-wahl-verloren-ld.1184147 (13.1.2020).

nen, was auch daran liegt, dass moderne Marketingstrategien in diversifizierten Konsummärkten darauf angewiesen sind, ähnlich auch auf Bevölkerungen zuzugreifen wie weiland die Sozialplanung."[12] Außer der Digitalisierung scheinen wir in Bezug auf öffentliche Meinungsbildung immer noch auf der Stelle zu treten.

Wurde die Französische Revolution anfänglich von vielen deutschen Intellektuellen begrüßt, wandten sich jedoch etliche bald vom republikanischen Modell ab und bildeten im Umfeld der Patrioten insbesondere um Johann Gottlieb Fichte, Ernst Moritz Arndt, Joseph Görres und Friedrich Ludwig Jahn einen eigenen Volks- und Nationsbegriff als Alternative zum französischen Volksbegriff. Das nationalchauvinistische Pathos stellte den Kristallisationspunkt eines hypertrophen völkischen Denkens dar.

Fichte nannte bereits 1811 die deutschen Studentenverbindungen als Abgrenzung zum „Fremden": „‚Deutsch' heißt schon der Wortbedeutung nach ‚völkisch', als ein ursprüngliches und selbstständiges, nicht als zu einem Andern gehöriges, und Nachbild eines Andern." Für deutsche Studenten mündete Fichtes Empfehlung: „Wahre Undeutschheit und Ausländerei, welche auszurotten gerade der Hauptzweck einer Verbindung" sein sollte, in die Forderung einer imaginären, ‚ursprünglich' deutschen Rasse-Reinheit und einer absoluten, mit Xenophobie vermischten Eigenständigkeit, den preußischen Sekundärtugenden. Gerade die Burschenschaften glaubten in den elitären ritterlichen Hort allen urtümlichen Deutschseins aufzusteigen und Gralshüter des Germanisch-Urdeutschen zu sein.[13] Diese nationalpatriotische und xenophobe Demagogie führte dazu, dass Saul Aschers ‚undeutsche' Bücher sechs Jahre später auf dem Wartburgfest der deutschen Burschenschaften verbrannt worden sind.

Fichte gehörte dem Netzwerk der Christlich-Deutschen-Tischgesellschaft in Berlin an, welche kurz nach der von „(g)lanzvolle(n) Namen"[14] gegründeten dortigen Universität von preußischen Adligen, Professoren, Beamten und Intellektuellen ins Leben gerufen wurde, und in dem mehrere von Ascher als *Ger-*

---

12 Vgl. Armin Nassehi, Muster. Theorie der digitalen Gesellschaft. München 2019, S. 316.
13 Johann Gottlieb Fichte, Bedenken über einen ihm vorgelegten Plan zu Studentenvereinen, in: Johann Gottlieb Fichte's Leben und litterarischer Briefwechsel, hg. von seinem Sohne J. H. Fichte, 2. Teil. Sulzbach 1831, S. 147, 150; vgl. Alfred Krovoza, Art. „Tacitus Germania, C Germania", in: Christine Walde (Hg.), Die Rezeption der antiken Literatur: kulturhistorisches Werklexikon. Der neue Pauly, Suppl. Bd. 7. Stuttgart 2010, S. 977–996, 989; Fabian Fink, Burgenforschung und Nationalsozialismus. Eine Untersuchung zu Wissenschaft, Habitus und Politik. Phil. Diss. Universität Basel 2012, S. 305–310 (Manuskript); Arendt, Elemente und Ursprünge totaler Herrschaft, S. 150–158.
14 Hans-Ulrich Wehler, Deutsche Gesellschaftsgeschichte. 2 Bde., Bd. 1, München ²1989, S. 481.

manomanen bezichtigte Intellektuelle vertreten waren. Die Mitglieder der Tischgesellschaft verfolgten ein „aristokratisches Demokratiemodell" und spielten für den regressiven preußisch-deutschen Nationalismus eine nicht zu vernachlässigende Rolle in der Entwicklung von nationalistischen Diskursmustern. In der neueren Literatur wird sie als „Vereinigung, die als antisemitische, antihardenbergsche Junkerfronde kaum ein historisches Vorbild für die junge westdeutsche Demokratie abgeben mochte", eingeschätzt.[15]

Zweifelsohne blieb dieser ideologische *Heimatschutz* nicht unwidersprochen. Neben Ascher erklärte sich Johann Wolfgang Goethe: Dem Ansinnen der Königlichen Bayerischen Schulbehörde, 1808 ein nationalpolitisches Schulbuch herauszugeben, weil „uns das natürliche Band einer Nation, das gemeinschaftliche Interesse am geistigen National-Eigentum, an den National-Liedern und damit auch das natürlichste gemeinschaftliche Bildungsmittel" zur Gänze fehle, begegnete er skeptisch: „Bedenkt man, daß so wenige Nationen überhaupt (...) Anspruch an absolute Originalität zu machen haben; so braucht sich der Deutsche nicht zu schämen, der seine Bildung von außen erhalten hat. Ist doch das fremde Gut unser Eigentum geworden. Ja man müßte ausdrücklich auf Verdienste fremder Nationen hinweisen, weil man das Buch ja auch für Kinder bestimmt, die man besonders jetzt früh genug auf die Verdienste fremder Nationen aufmerksam zu machen hat." Dachte Goethe vielleicht an die „Reden an die deutsche Nation" Johann Gottlieb Fichtes im Jahr 1807/8 mit ihrem Volkspathos? „Keine Nation", so Goethe, „am wenigsten vielleicht die deutsche, hat sich aus sich selbst gebildet." Schließlich habe der „Deutsche (...) keine Nationalbildung, er hat Weltbildung."[16]

Dennoch blieben derartige Stimmen marginal. Während die anti-napoleonischen Kriege im angeführten Fichte-Text als „Befreiungs- und Vernichtungskrieg" bezeichnet wurden (Fichte S. 149) – ein Begriff, der übrigens von den völkischen Studenten in der Weimarer Republik ebenfalls benutzt wurde – entstanden im Adel und im aufstrebenden Bürgertum in Deutschland ein latenter Nationalchauvinismus, Judenfeindlichkeit und die von Ascher gebrandmarkte *Germanomanie*, die in der neuen Verortung Deutschlands zwischen Frankreich und Großbritannien den eigenen Sonderweg begründen sollte. Vor allem durch

---

15 Vgl. Nienhaus, Geschichte der Deutschen Tischgesellschaft, S. 314, 204ff., 309ff. und zu den Mitgliedern: ebd., S. 351–373. Vgl. ders., Ein ganzes adeliges Volk. Die deutsche Tischgesellschaft als aristokratisches Demokratiemodell, Kleist-Jahrbuch 2012, S. 227–236. Ergänzend hierzu Arendt, Elemente und Ursprünge totaler Herrschaft, S. 372f.; sowie Karen Hagemann, Umkämpftes Gedächtnis. Die Antinapoleonischen Kriege in der deutschen Erinnerung. Paderborn 2019.
16 Johann W. von Goethe, Werke, Bd. XXXXII. Weimar 1897, S. 43. Zitiert nach Schulze, Gibt es überhaupt eine deutsche Geschichte?, S. 67f.

die hohen Besatzungsabgaben erlittene Wirtschaftsdepression richtete sich nach den Kriegen der Ausgrenzungsdiskurs gegen die Juden, die als innerer Feind bezichtigt wurden. Nationalchauvinismus und Antisemitismus waren seit ihrer Entstehungszeit eng miteinander verknüpft, zumal sie ein *Freund/Feind-Schema* aufwiesen, welches jederzeit zur Abgrenzung gegen äußere und innere fremde Mächte abgerufen werden konnte. Der Antijudaismus mutierte – wie Christian Jansen in seinem Beitrag ausführt – durch das neue deutsch-nationale Denken zu einem Frühantisemitismus, der in den Phantasmen des Vernichtungs-Antisemitismus bei Hartwig Hundt-Radowsky mündete. Seine Bücher *Der Judenspiegel* und *Die Judenschule* fanden grossen Anklang im Bildungsbürgertum und zwar nicht nur in Deutschland. Uns scheint es gerechtfertigt zu sein, die *Germanomanen* Fichte, Arndt und Hundt-Radowsky als die Urheber jener völkischen Stereotypen und Konzepte zu bezeichnen, zumal sie in der Weimarer Zeit auch von Volkstumsforschern wie Paul Wentzcke und Karl Alexander von Müller wiederbelebt wurden.[17]

Der vorliegende Band gliedert sich in vier Teile: Im ersten Teil *Ursprünge* wird biographischen Mustern und politischen Diskursen nachgegangen, welche für die Bildung dieser Stereotype ausschlaggebend waren. Die Beiträge beleuchten einzelne Akteure der Völkischen im frühen 19. Jahrhundert und zu Beginn der Frankfurter Paulskirche, als über den Umgang mit dem erwachenden Nationalismus in den mittelosteuropäischen Ländern debattiert wurde.

Bernd Fischer beleuchtet neben Saul Aschers Lebenswerk zentrale Diskurse, die dieser von Ascher so bezeichneten Kreis der *Germanomanen* entwickelte. Es handelt sich um Stereotypen und Diskursmuster, die – für uns heute wenig erstaunlich – in einem Netzwerk aus Professoren der kurz zuvor gegründeten Berliner Universität und weiteren preußischen Beamten und Schriftstellern produziert und publiziert wurden, dem erst in jüngerer Zeit kritische Beachtung geschenkt worden ist. Ascher hatte in einer französischen Zeitung die ehrenwerte Berliner Männergesellschaft als Geheimgesellschaft kritisiert und sie als Nukleus des politisch motivierten Antisemitismus identifiziert.[18]

Christian Jansen illustriert in seinem Beitrag die teilweise beängstigenden Wiedergeburtsphantasien, die Anfang des 19. Jahrhunderts von Intellektuellen wie Jakob Friedrich Fries und Hartwig Hundt-Radowsky stammten und die

---

17 Vgl. Hagemann, Mannlicher Muth und Teutsche Ehre. S. 18–40, 244ff., sowie dies., Umkämpftes Gedächtnis, S. 33–110. Zur Rezeption Hartwig Hundt-Radowskys von Volksforschern vgl. Peter Fasel, Revolte und Judenmord. Hartwig von Hundt-Radowsky. Berlin 2010, S. 180; Heidrun Kämper (Hg. u. a.), Demokratiegeschichte als Zäsurgeschichte. Diskurse der frühen Weimarer Republik. Berlin 2014.
18 Vgl. Nienhaus, Geschichte der Deutschen Tischgesellschaft, S. 204–292.

selbst den Nazis anfänglich zu weit gingen. Deren Rezeptionsgeschichte ist trotz der geleisteten Vorarbeiten noch immer ein Forschungsdesiderat.[19]

Einen Einblick in die ausgrenzenden Diskursmuster gegen slawische Nachbarn zeigt Hans-Christian Petersen. Er zeichnet die politischen Debatten seit den 1830er Jahren nach, die die ost- und südosteuropäischen Nachbarn in einen Kolonialstatus verwiesen. Dass hierbei nicht nur ethnische Stereotypen zur Anwendung gelangten, sondern auch ökonomische Interessen eine Rolle spielten, zeugt laut Petersen von der Variationsfähigkeit dieser Diskursmuster.

Der zweite Teil *Ideologien* geht der Frage nach, welche Forschungskonzepte und sprachlichen Muster die völkischen Stereotype auszeichneten. Nämlich rassenbiologische, demographische und kulturhistorische Diskurse, die nicht nur den „demographischen Untergang" sondern eine – wenn auch fragwürdige – völkische Antwort von Friedrich Burgdörfer bis in die Gegenwart auf vermeintliche Bedrohungsszenarien in Europa darstellten. Es werden weitere zeittypische Beispiele solcher patriotischer und nationalistischer Konstrukte präsentiert, die von der völkischen Bewegung vereinnahmt und stilisiert wurden.

Ulf-Thomas Lesle führt ein regionalpolitisches Thema, die Niederdeutsche Bewegung an. Er analysiert neben den Sprachpurifizierern die Handlungen der Akteure und Wirkungen der politischen Interessenkonstellationen im Umfeld nationaler und patriotischer Gesinnung, die einen Sprachregionalismus und Herkunftsgemeinschaft hervorbrachten. Angesichts heutiger multipler Identitäten legt Lesle die Ursprünge des regressiven Regionalismus der niederdeutschen Bewegung frei, die durchaus auch eine „angedrehte (...) Provinzialisierung" ist[20], und stellt sie in Zusammenhang mit den *Germanomanen* des frühen 19. Jahrhunderts. Diese Stereotypen eines primitiven Tribalismus, so Lesle, finden ihren Niederschlag zum Teil in der *Identitären Bewegung*.

Jörn Retterath geht der Debatte um *Volk* in den Zeitschriften der *Hammer* und der im J. F. Lehmanns Verlag erscheinenden Zeitschrift *Deutschlands Erneuerung* nach. Er kann aufgrund einer linguistischen Analyse die Diskursmuster der völkischen Bewegung in der Weimarer Zeit detailliert aufzeigen. Beide Zeitschriften beanspruchten einen Führungsanspruch der Völkischen in der Weimarer Republik.

Sebastian Rosenberger analysiert in seinem Beitrag Oswald Spenglers *Untergang des Abendlandes* dessen „plakathafte (...) Vereinfachung".[21] Vor dem

---
19 Vgl. die Apologie Paul Kluckhohn, Die Idee des Volkes im Schrifttum der deutschen Bewegung von Möser und Herder bis Grimm, Berlin 1934.
20 Theodor W. Adorno, Aspekte des neuen Rechtsradikalismus. Berlin [4]2019, S. 30.
21 Theodor W. Adorno, Wird Spengler recht behalten? In: ders., Kritik. Kleine Schriften zur Gesellschaft. Frankfurt a. M. [3]1980, S. 94–105, 94.

Kontext einer neuen völkischen Bewegung nicht nur in Deutschland geht Rosenberger der Frage nach, inwieweit Spengler eine grundlegend völkische Geschichtsphilosophie entwickelt hat, die noch heute Nachhall findet. Bereits Adorno kritisierte die Hinfälligkeit und Vergänglichkeit von Spenglers Kulturprozessen: „Wohl hat die Geschichte der Jahre vor der Machtübernahme durch Hitler bis zur Vernichtung von Hiroshima und Nagasaki die wildesten Untergangsphantasien überboten. Erstaunlich jedoch ist die Zähigkeit der Kollektive, welche nicht nur (...) die unsäglichen Verluste an Menschen ausgeglichen, sondern auch die materiellen Zerstörungen weithin wettgemacht haben." Tatsächlich aber betreibe Spengler „eine Mythologisierung der Kulturseelen, welche zu dem relativistischen Wahn treibt, die Vernunft erschöpft sich in kollektiv-psychologischen Ausdrucktätigkeiten einzelner Völkergruppen. Von da ist nur noch ein Schritt zu den wahnhaften völkisch-politischen Anthropologien, die im Dritten Reich gediehen, und, indem sie den Deutschen allein die Philosophie zusprachen, deren Idee, die Wahrheit, zersetzten."[22] Die elitären völkischen Phantasmen vor und nach dem 3. Reich verdanken ihren Ursprung dem „Antizipieren des Schreckens"[23], mit dem bis in die Gegenwart die neue Rechte argumentiert.

Uwe Hoßfeld behandelt den biologistischen Rassenbegriff in seiner Anwendung auf den Menschen. Er zeichnet die Entwicklung des ambivalenten und wissenschaftlich unpräzisen Begriffs der *Rasse* nach. Er plädiert dafür, den Rassenbegriff aus den Verfassungen (etwa auch in Art. 8 der Schweizer Bundesverfassung) zu streichen.

Der dritte Teil *Nachwirkungen* geht den völkischen Ausgrenzungen und ihren Folgewirkungen am Beispiel des Kulturgutraubs nach, mit den sich die einstigen Akteure genauso wie die NS-Opfer und deren Nachkommen bis in die Gegenwart auseinanderzusetzen haben, insbesondere weil die Werke auch zur Finanzierung der Flucht oder des Unterhalts im Ausland veräußert wurden. Es geht im Grunde um die Frage nach dem richtigen Umgang mit Erwerbungen sowohl aus der Kolonialzeit als auch aus dem NS-Kunstraub, wie es in den *Washingtoner Prinzipien* für öffentliche Sammlungen festgelegt ist.[24]

Julien Reitzenstein untersucht in seinem Beitrag die wechselvolle Geschichte der Dienstwohnung des Bundespräsidenten, die sich in einer 1912 erbauten Villa in Berlin-Dahlem befindet. Es ist die Rekonstruktion des Lebens und des tragischen Endes des jüdischen Fabrikanten Hugo Heymann, der 1938 an den

---

22 Ebd., S. 94f., S. 102
23 Adorno, Aspekte des neuen Rechtsradikalismus, S. 19.
24 Vgl. auch Anna-Maria Brandstetter/Vera Hierholzer/Mechthild Dreyer (Hg.), Nicht nur Raubkunst! Sensible Dinge in Museen und wissenschaftlichen Sammlungen. Göttingen 2018.

Folgen der Gestapo-Verhöre verstarb und die unfassbare Geschichte seiner Witwe, der bundesdeutsche Gerichte die Restitution des vormaligen Vermögens versagten, darunter die Villa. Heymanns Gedenken zu Ehren wurde vor dem Haus eine einordnende Stele aufgestellt.

Der Basler Journalist Joël Hoffmann analysiert die Herkunft eine der größten NS-Kulturgutsammlungen der Schweiz, die Glaser-Sammlung in Basel, die neben der Gurlitt-Sammlung der Kunstmuseen in Bern und Bonn, eine sehr verwickelte und lange verschwiegene Geschichte hat. Erst kürzlich versuchte der emeritierte Basler Historiker Georg Kreis das Handeln der damaligen Basler Akteure zu rechtfertigen: Die vom Kunstmuseum Basel im Frühjahr 1933 angekauften 200 Gemälde aus Glasers Sammlung seien zu gängigen Marktpreisen erstanden worden und dieser nicht zu Ramschpreisen erfolgte Ankauf sei nicht Raubgut, sondern Fluchtgut, was nicht restituiert werden müsse. Die Brisanz in dem von Hoffmann dargelegten Fall wiegt jedoch gewichtiger: Obgleich die „Aufarbeitung (…) lausig" sei, hatte die Basler Regierung vor ungefähr zehn Jahren den Ankauf doch als korrekt dargestellt, jedoch zentrale Dokumente nicht berücksichtigt.[25] Zudem hatte Georg Kreis bereits 1990 in einer Studie über „entartete Kunst" dargelegt, dass das Kunstmuseum Basel nur sechs Jahre später Gemälde zum 10-100fachen Preis pro Gemälde aus dem Dritten Reich ankaufte.[26] Somit erscheinen die offiziösen Verlautbarungen der Basler Regierung von marktgerechten Preisen bei der Glaser-Sammlung eher unseriös. Die Behandlung und Aufarbeitung der Glaser Sammlung hinterlässt ein vergleichbares Desiderat wie die der Geschichte der Schweizer KZ-Häftlinge, von denen 201 durch unterlassene Hilfeleistung durch die Regierung in Bern ums Leben kamen.[27]

Esther Abel beschreibt in ihrem Beitrag die Nachkriegsepoche des Marburger Osteuropahistorikers Peter Scheibert, der sich im Dritten Reich zu einem ausgewiesenen Kunsthistoriker entwickelte und sich im Rahmen verschiedener Kulturgut-Rauborganisationen einschlägig profilierte. Seine posttotalitäre Vergangenheit äußert sich wie bei vielen anderen NS-Akteuren in einer dissoziativen Persönlichkeitsstruktur. Ausgerechnet mehrere SchülerInnen Scheiberts

---

25 Thomas Buomberger, Die Aufarbeitung ist lausig. Raubkunst im Kunstmuseum – der Umgang mit der Glaser-Sammlung ist kein Einzelfall, in: Basler Zeitung v. 12.2.2019. Zur Gurlitt-Sammlung vgl. Kunstmuseum Bern/Kunst- und Ausstellungshalle der Bundesrepublik Deutschland GmbH (Hg.), Bestandsaufnahme Gurlitt. „Entartete Kunst" – Beschlagnahmt und verkauft / Der NS-Kunstraub und die Folgen. München 2017.
26 Vgl. Georg Kreis, ‚Entartete' Kunst für Basel: die Herausforderung von 1939. Basel 1990; Thomas Buomberger/Guido Magnaguagno (Hg.), Schwarzbuch Bührle. Raubkunst für das Kunsthaus Zürich? Zürich 2015.
27 Vgl. Balz Spörri/René Staubli/Benno Tuchschmid, Die Schweizer KZ-Häftlinge. Vergessene Opfer des Dritten Reichs. Zürich 2019.

unterstellten nun der Autorin Unsachlichkeit in ihrer Dissertation, die die Person Scheiberts nicht würdigen würde. Der Stil und die Sprachmuster der Exkulpierung Scheiberts in dieser wissenschaftlichen Auseinandersetzung mit einer jüngeren Wissenschaftshistorikerin zeigt einmal mehr wie die Generation der „Schüler" politisch und wissenschaftlich belasteter Doktor- und Habilitationsväter ihre akademische Position und Netzwerke von Beziehungen als Machtmittel nutzen, um Tabus und ausschließende Gruppenrituale aufzubauen und zu festigen. Es geht diesen nach Regeln mittelalterlicher Zünfte orientierten Berufsgilden darum, die eigene Reputation aus den Meriten ihrer akademischen Väter zu begründen. Dies auch unter Ausschluss und Diskreditierung neuerer Forschungsansätze und um konkurrierende Positionen bzw. um neue Ansätze der Wissenschafts- und Traditionskritik zu marginalisieren und aus den wissenschaftlichen Institutionen fernzuhalten.

Cordelia Heß analysiert die Rolle preußischer Archivare, die in ihren Auslandseinsätzen ähnlich wie Peter Scheibert gezielt Archivalien der okkupierten Staaten plünderten. Das Ziel dieser Operationen, die gemeinhin als *Archivschutz* insbesondere vom Reichsarchivdirektor sowie den Volkdeutschen Forschungsgemeinschaften koordinierten Aktionen deklariert waren, fanden in großem Stil bereits mit der Okkupation Polens statt, um vermeintliche volkshistorische Ansprüche eines großdeutschen Reiches gegenüber diesen Ländern zu belegen.[28]

Der abschließende vierte Teil *Folgen* betrachtet das Phänomen der Verdrängung respektive der Wiederbelebung jenes erinnerungspolitischen Spannungsfelds, welches die bundesdeutsche Vergangenheitspolitik immer wieder aufs Neue erschüttert. Es ist ein Faktum, dass „das Nachleben des Nationalsozialismus *in* der Demokratie als potentiell bedrohlicher (ist) denn das Nachleben faschistischer Tendenzen gegen die Demokratie."[29] Als eine der bedeutenderen Organisationen galt der *Kameradschaftsbund*, welcher in der Nachkriegszeit in Vertriebenen- und anderen Organisationen weiter fortbestand und eine Organisation für die Unterwanderung der westdeutschen Gesellschaft war. Weitere Gesichtspunkte sind dem Umgang mit aktuellen Ergebnissen in der zeithistorischen Forschung sowie der Wiederbelebung des Konstruktes *Volk* gewidmet. Die Kontinuität und Diskontinuität völkischer Stereotype werden anhand von neueren biographischen Forschungen.

Matthias Berg verbindet in seinem Beitrag über „Völkische Geschichtswissenschaft – aber welche?" historiographiegeschichtliche Überlegungen, weshalb es nicht bzw. erst seit den 1990er Jahren zur Aufarbeitung der Fachge-

---

28 Vgl. Michael Fahlbusch, Wissenschaft im Dienst der nationalsozialistischen Politik? Die „Volksdeutschen Forschungsgemeinschaften" von 1931–1945. Baden-Baden 1999, S. 470–512.
29 Adorno, Was bedeutet: Aufarbeitung der Vergangenheit?, S. 126.

schichte kam, mit der grundsätzlichen Frage, wie sich völkische Geschichtswissenschaft in Deutschland wissenschaftshistorisch zu widmen sei. Mithin wird in dem resümierenden Beitrag die jahrzehntelange Vorgeschichte eben jener Forschungskonjunktur in den Blick genommen, die in zahlreichen Beiträgen zum Handbuch der völkischen Wissenschaften aufgegangen ist. Die erinnerungskulturellen Chancen, welche sich etwa dem Historikerverband spätestens seit dem gesellschaftlichen Aufbruch der 1960er Jahren boten, vergaben sich die zuständigen Entscheidungsträger, die allesamt größere Bedenken einbrachten. Aufschlussreich beleuchtet Berg die gedanklichen und fachlichen Bocksprünge der einstigen Vertreter der „Volksgeschichte", die ihren vermeintlichen Paradigmenwechsel zur Strukturgeschichte zu (v)erklären versuchten. Doch erst die begriffliche und paradigmatische Unbestimmtheit völkischer Geschichtswissenschaft, damit endet Bergs Beitrag, eröffnete die Möglichkeit ihrer dynamischen Radikalisierung.

Sabine Bamberger-Stemmann zeigt am Beispiel der Indienstnahme des Begriffs *Volk* in der bundesdeutschen Nachkriegsgeschichte auf, welche Ambivalenzen die politische Diskussion gegenwärtig enthält, insbesondere wenn es um die Verharmlosung des *Völkischen* geht. Dass mittlerweile völkische Stereotypen selbst von Parlamentariern unverhohlen genutzt werden, ist nur ein ernüchterndes Ergebnis ihrer Ausführungen. Die Kontinuitäten einer im Nationalsozialismus sozialisierten Generation, die in der frühen Nachkriegszeit Einfluss auf die bundesrepublikanische Gesellschaft nahm, ist eine weitere Erkenntnis ihrer Analyse.[30]

Hans-Henning Kortüms Ausführungen über Otto Brunner, dem Prototyp des Volkstumswissenschaftlers, widmet sich der Nachkriegszeit und Brunners come back an die Alma Mater, nachdem er in Österreich wegen seiner NS-Partei-Mitgliedschaft seine Position an der Wiener Universität verloren hatte. Es war bis vor kurzem unbekannt, dass der Volkstumsforscher und renommierte Sozialhistoriker Otto Brunner, als damaliger Leiter der Südostdeutschen Forschungsgemeinschaft in Wien, 1944 noch ein Durchhaltebuch im Nationalsozialismus geschrieben hatte. Dank des Netzwerkes seiner ehemaligen Ostforscher und dem Hamburger Kaufmann Alfred C. Toepfer gelang Brunner jedoch ein Karrieresprung, der ihn bis auf einen Rektoratsposten an der Universität Hamburg brachte. Wie ambivalent sein Verhältnis ausgerechnet zur deutschen Sozialgeschichte blieb, als deren Mitbegründer er gilt, beschreibt Kortüm in seinem Beitrag: Den Kern der Paradigmen aus der NS-Zeit konnte Brunner nicht ver-

---

30 Vgl. etwa Felix Bohr, Die Kriegsverbrecherlobby, Bundesdeutsche Hilfe für im Ausland inhaftierte NS-Täter. Berlin 2018.

schieben. Vielleicht lassen sich seine von ihm mitherausgegeben *Geschichtlichen Grundbegriffe* nun anders lesen.

Fabian Link führt in seinen wissenssoziologischen und -theoretischen Überlegungen diese Differenzen der deutschen Volksgeschichte und der deutschen Sozialgeschichte aus. Er legt die Unvereinbarkeit des regressiv völkisch-rassistischen Ansatzes mit den Axiomen der Sozialgeschichte dar, wenn man sich vor Augen führt, dass die Frankfurter Schule für Sozialforschung – hier explizit Adorno – bereits in den frühen 1960er Jahren einen sozialpsychologisch und sozialökonomischen Ansatz der Aufarbeitung der Vergangenheit präsentierte. Link begründet seine Ausführungen mit einer patriotischen Einstellung der bundesrepublikanischen Sozialgeschichte gegenüber dem eigenen Land, das führendes Glied in der westlichen Diskursgemeinschaft im Kalten Krieg war, wobei die Verfehlungen der deutschen Volksgeschichte modernisierungstheoretisch-soziologisch verklärt (vgl. deutscher *Sonderweg*) und die deutschen Historiker (also deren Doktorväter) ebenfalls in diesen Interpretationsrahmen eingebettet werden mussten.

Lassen wir als Fazit das gelten, was Bernd Fischer in seinen Ausführungen über Saul Aschers Wirken in unserem Sammelband (S. 27) beschreibt: Was uns heute wieder berührt, hatte Saul Ascher vor 200 Jahren bereits moniert: Die in heutiger Sicht „politische Besonnenheit", „für die völlig außer Frage steht, dass es eine vordringliche Aufgabe von Theorie und Politik ist, dem Rückfall auf ‚die niedrige Bildungsstufe' stammesmäßiger Identitäten entgegenzusteuern, ‚wo jeder (...) auf sein Volk die Menschheit' beschränkte und ‚in jedem andern Volke (...) seinen Feind' sah (Flugschriften S. 215)."

Die Herausgeber bedanken sich für die ideelle und finanzielle Unterstützung bei den Sponsoren, ohne welche die beiden breit angelegten interdisziplinären Tagungen im Friedrich Meinecke-Institut nicht möglich gewesen wären. Für die professionelle Betreuung durch die stets unterstützende Lektorin Frau Julia Brauch vom De Gruyter-Verlag sei hier ebenfalls gedankt.

Teil I: **Ursprünge**

Bernd Fischer
Vergebliche Aufklärung. Saul Aschers Kampf gegen Germanomanen

Ascher hat der Sorge, dass seine Anstrengungen langfristig vergeblich sein könnten, beharrlich gegengesteuert. Heinrich Heines Karikatur in der *Harzreise*, in der Ascher (wenige Wochen nach seinem Tod) als Immanuel Kant zitierendes Gespenst die Vernunft bemüht, um die Unsinnigkeit des Gespensterglaubens zu beweisen, illustriert insofern die paradox-pathetische Haltung des Nicht-Wahr-Haben-Wollens, was nicht wahr sein darf. Aus Heines post-romantischer Sicht personifiziert Ascher konkret die Verbissenheit einer dogmatischen Aufklärung, die nicht anders kann, als die napoleonische und postnapoleonische Zeit in die Kategorien des späten 18. Jahrhunderts zu zwingen. Komisch ist diese Haltung, wenn der Vorwurf der Altersschwächung von Aschers theoretischen Grundsätzen zutrifft und dieser das bereits selbst hätte erkennen müssen, wie Heine implizit unterstellt. Vor dem gegenwärtigen Hintergrund vergeblich verdrängter politischer Gespenster ist diese Komik freilich erneut etwas schal geworden, und der Zeitpunkt ist vielleicht nicht ungünstig, um einen produktiveren Zugang zu Aschers vergeblichem Festhalten an fundamentalen politischen Eckpunkten der Moderne zu suchen.

Nach einer komprimierten Darstellung[1] der Entwicklung von Aschers Publizistik bis zu seiner kritischen Auseinandersetzung mit der völkischen Identitätspolitik der napoleonischen Zeit spitze ich Überlegungen zum Nachhaltigkeitsmanko dieser Kritik auf zwei Episoden aus seinen politischen Kämpfen zu, die Problemfelder aufzeigen, die meines Erachtens wenig an politischer Brisanz verloren haben: a) eher stichwortartig, die affektiv-mediale Verzerrung der Aufklärungshoffnung auf einen vernünftigen Diskurs in einer freien Öffentlichkeit (Aschers ambivalente Haltung zu den Zensurgesetzen von 1819); und b) etwas umfangreicher, die verführerische Potenz eines sich aus Vernunftgründen legitimierenden Imperialismus (Aschers Verhältnis zu Napoleon I.). Diese Überlegungen sollen den Platz, der Ascher seit Walter Grabs Aufsatz von 1977 und verstärkt in den letzten Jahren als bedeutendem Kämpfer gegen völkisches Gedan-

---

[1] Wir wissen recht wenig von Aschers Biografie. Die bislang umfangreichste Darstellung seiner Lebensumstände im kulturgeschichtlichen Kontext um 1800 findet sich in William Highscott, Saul Ascher. Berliner Aufklärer. Eine philosophiehistorische Darstellung, hrsg. von Christoph Schulte und Marie Ch. Behrendt. Hannover 2017.

kengut und daraus resultierende identitätspolitische Strategien eingeräumt wurde, natürlich nicht in Frage stellen.²

Die besondere Qualität von Aschers politischen Schriften beruht meines Erachtens auf seinem empfindlichen (seismographischen) Gespür für untergründige Spannungen und Verschiebungen im deutschsprachigen Diskurs um 1800. Seine Kommentare und Analysen gehen oft vom politischen und publizistischen Tagesgeschehen aus, sind aber in eine historische Perspektive eingebettet, die zeit seines Lebens relativ stabil geblieben ist. Sein universalhistorischer Blick orientiert sich einerseits an der Hoffnung auf die politische Durchsetzungskraft der aufgeklärten Humanitätsidee und wird andererseits von einer Geschichtsphilosophie geleitet, die Revolutionen als Aufbegehren geknechteter Schichten und als intellektuelle Markierungen historischer Brüche begreift und Progressivität als dialektische Abfolge von Revolutionen und anti-kolonialen Eruptionen beschreibt. Das in seinem Gesichtsfeld dominierende politische Telos der historischen Entwicklung ist an Kant anknüpfend die Etablierung von republikanischen Verfassungen in den europäischen Staaten. Aschers Begriff von gesellschaftlichem Fortschritt ist dabei stärker als Kants an einen ökonomischen Wettbewerb geknüpft, der neben individueller Freiheit auch von einer Vielfalt korporativer, kultureller und ethnischer Gruppen bestimmt wird. Dennoch wird Aschers Gesellschaftsmodell weitgehend von Kants Begriff der *ungeselligen Geselligkeit* abgedeckt und steht in direkter Konfrontation zum kulturell definierten Nationalismus, der sich in Preußen und in anderen von Napoleon besetzten Gebieten in den ersten beiden Jahrzehnten des 19. Jahrhunderts formierte und an den ideologischen Rändern durch xenophobe und antisemitische Exklusionstendenzen auffällig wurde, die aus Aschers Perspektive als Symptome für eine kategoriale Absage an die kosmopolitische und republikanische Ausrichtung der Aufklärung verstanden werden konnten und zudem einen Mangel an praktikablen politischen Alternativen kaschierten.

Ich kann hier nur einige Schriften Aschers ansprechen und werde der *Germanomanie* und der Auseinandersetzung mit Napoleon den größten Raum bieten. Als Einstieg in die Thematik eignet sich Aschers 1788 im Alter von 21 Jahren veröffentlichte Konkretisierung von Christian Wilhelm Dohms Forderung, der

---

2 Vgl. Walter Grab, Saul Ascher, ein jüdisch-deutscher Spätaufklärer zwischen Revolution und Restauration, in: Jahrbuch des Instituts für deutsche Geschichte 6 (1977), S. 131–179; Peter Hacks, Ascher gegen Jahn. Ein Freiheitskrieg. Berlin 1991; Marco Puschner, Antisemitismus im Kontext der Politischen Romantik. Konstruktionen des ‚Deutschen' und des ‚Jüdischen' bei Arnim, Brentano und Saul Ascher. Tübingen 2008; Bernd Fischer, Ein anderer Blick: Saul Aschers politische Schriften. Wien 2016.

jüdischen Bevölkerung voraussetzungslos Staatsbürgerrechte einzuräumen.[3] Anhand der Frage, ob der Jude Soldat werden soll, rollt Ascher das Verhältnis von staatsbürgerlichen Rechten und Pflichten auf und bindet die Möglichkeit einer genuinen Entwicklung von patriotischen Zugehörigkeitsgefühlen zurück an die staatliche Garantie von Menschenrechten und die bedingungslose Gewährung von Bürgerrechten für alle Untertanen – unabhängig von Stand und Religion. Nicht weil der Staat Soldaten braucht, darf er auch jüdische Männer konfiszieren, sondern diese können erst dann den Soldatenstand ins Auge fassen, wenn sie sich einem Staat zugehörig fühlen, den zu verteidigen ihr inneres Bedürfnis geworden ist.

Aschers publizistischen Vorstoß zur Reform des Judentums muss ich hier außen vor lassen, obwohl er auch auf diesem Gebiet eine Vorreiter Rolle gespielt hat, die seine politischen Überzeugungen trägt.[4] Zu Aschers sensiblem Gespür für latent bedrohliche Verschiebungen im Ideengefüge seiner Zeit gehört auch sein Instinkt für einen komplizierten Widerspruch der revolutionären Moderne: zwischen ihrem konstitutionellen Freiheitsversprechen und ihrer Tendenz zu eindimensionaler Gesinnungsidentität. Ascher arbeitet diesen Komplex (1794) in *Eisenmenger der Zweite* ein Stück weit anhand von Johann Gottlieb Fichtes Rückgriff auf die Theorie vom Staat im Staate heraus, den er im *Beitrag zur Berichtigung der Urtheile des Publicums über die französische Revolution* bemüht hatte.[5] Für Ascher bringen Fichtes Spekulationen über einen jüdischen Staat im Staate einen neuartigen politischen Antisemitismus zum Ausdruck. Dabei eruiert Ascher ideologische Schachzüge, die man heute vielleicht mit Begriffen wie Verschiebung, Ersetzung oder Ablenkung beschreiben kann.[6] Fatal ist

---

3 Christian Wilhelm Dohm, Über die bürgerliche Verbesserung der Juden. 2 Bde. Berlin 1781–1783. Saul Ascher, Bemerkungen über die bürgerliche Verbesserung der Juden veranlaßt, bei der Frage: Soll der Jude Soldat werden? O. O. 1788.
4 Saul Ascher, Leviathan oder Ueber Religion in Rücksicht des Judenthums. Berlin 1792. Aschers Vorstoß zu einer anthropologischen Explikation des Religionsbedürfnisses bleibt wichtig für sein Denken und zeigt z. B. noch 1815 in seiner Auseinandersetzung mit Rühs' antisemitischer Umkehrung von Maimons politischer Radikalisierung des individualethischen Blicks auf die Geschichte der Religion auf spannende Weise die Grenzen der älteren Aufklärung auf. In den „Ideen zur natürlichen Geschichte der politischen Revolutionen" von 1802 bekommt die Religion zudem einen politischen Regress und gerät als Machtinstrument der Regierung und als zentraler Aspekt staatlicher Ideologie in den Blick.
5 Saul Ascher, Eisenmenger der Zweite. Nebst einem vorangesetzten Sendschreiben an den Herrn Professor Fichte in Jena. Berlin 1794.
6 Im Zentrum von Fichtes Beitrag steht die Frage, ob die Republik korporative Gruppen (Stände, Genossenschaften, Kirchen usw.) benötigt, weil diese als handlungsfähige Institutionen einer streitbaren Interessenvielfalt die Gesellschaft und Ökonomie vorantreiben, oder ob sie von der Republik nicht geduldet werden können, damit ein höherer Grad an Gleichheit und

dabei Fichtes Versuch, seine Kritik an der Sondergesetzlichkeit privilegierter Schichten auf eine Sondergesetzlichkeit abzulenken, die überhaupt nicht darauf gerichtet ist, Privilegien zu schützen, sondern im Gegenteil von besonderen Abgaben, Verboten und beruflichen Beschränkungen geprägt ist und sich eben darum für alle anderen angesprochenen Bevölkerungsgruppen als potenzielles Angriffsziel anbietet, so dass Fichte sich in seiner Kritik an den Privilegien von Adel, Militär und Kirche zugleich mit ihnen gegen die Juden verbünden (zumindest in diesem Gestus rhetorisch argumentieren) kann. Darüber hinaus kann Ascher zeigen, dass selbst das Problem der revolutionären Gewalt, die Fichte in seinem Revolutionsbuch ansonsten völlig unerwähnt lässt, eine ventilfunktionale Verschiebung erfährt, insofern Fichte auch das gefürchtete Köpfe-Abschlagen von den privilegierten Ständen auf die Juden ableiten lässt. Man könne die Juden nur zu Staatsbürgern machen, wenn man ihnen die Köpfe abschlüge und neue aufsetze, heißt es in Fichtes berüchtigter Anmerkung.

Ähnliche Verschiebungen und Substitutionen beobachtet Ascher an Fichtes Kritik der Orthodoxie. Insoweit Fichtes *Kritik aller Offenbarung* grundsätzlich alle orthodoxen Religionsbegriffe meinen muss, versucht er, konfrontiert mit dem Vorwurf des Atheismus (der ihn die Jenaer Professur kostet), seine Kritik auf eine Orthodoxie abzulenken, gegen die er sich wiederum potenziell mit seinen Gegnern verbünden kann. Das ist zum Teil darum möglich, weil er die jüdische Aufklärung und die innerjüdischen Reformdebatten schlechterdings nicht zur Kenntnis genommen hat und das Judentum wesensmäßig als sich der Moderne absolut verweigernde Orthodoxie definiert. Nicht die doch immerhin christlichen Freidenker sollten den Staat, dem ja an der Aufklärung des Volkes gelegen sein müsse, beunruhigen, so plädiert Fichte, sondern die staatliche Aufmerksamkeit solle sich auf die allenthalben geduldeten Orthodoxen richten, die nicht einmal Christen sind.

Nicht weniger geschichtsträchtig ist die ideologische Verschiebung, die Ascher 1815 in der *Germanomanie* als negative Definition einer kulturpolitischen Einheitsvision (als Identität durch Ausschluss) beschreibt, in der das politische Projekt des konstitutionellen Nationalstaats und die individualethische Zentrierung der kritischen Philosophie aufgehoben werden – um eine christlich-deutsche Nation behaupten zu können, die aus affektiven kulturellen Ursprungs- und Authentizitätsphantasien erwächst und (man denke z. B. an Friedrich von Hardenbergs *Die Christenheit oder Europa*) bisweilen sogar noch behauptet, dass die Ziele des konstitutionellen Republikanismus im Gemeinsinn einer al-

---

Konformität herrschen kann und Gesellschaft und Ökonomie sich (etwa im Sinne von Fichtes Geschlossenem Handelsstaat) möglichst rational planen lassen.

lesumfassenden Liebesreligion aufgehoben seien.⁷ Was politisch auf dem Spiel steht, ist die juristische und gesellschaftliche Anerkennung bürgerlicher Rechte unter Absehung von religiösen und ethnischen Zugehörigkeiten, die natürlich insbesondere die jüdische Bevölkerung von den preußischen Reformen erhoffte. Ich will hier nur kurz erwähnen, dass neben Schriften von Arndt, Jahn, Rühs und Fries nicht zuletzt die Satzung und die Tischreden der Christlich-Deutschen-Tischgesellschaft, die Achim von Arnim 1811 ins Leben gerufen hatte und der zum Beispiel Fichte, Friedrich Carl von Savigny, Clemens Brentano und Adam Müller angehörten, den konkreten Auslöser für Aschers Streitschrift boten. Ich will auch nicht unerwähnt lassen, dass seine Argumentation pauschalisierend politisch ausgerichtet ist und sich nicht darauf einlässt, sich mit Fichtes Ichphilosophie und der romantischen Bewegung philosophisch oder ästhetisch auseinanderzusetzen oder sie auch nur ernst zu nehmen. Ascher ist wohl auch darum in den philosophischen, politischen und literaturwissenschaftlichen Arbeiten bis in die Gegenwart hinein selbst nicht ernst und selten überhaupt zur Kenntnis genommen worden. Er sieht in der Romantik (ohne sich auf die Ebene der zeitgenössischen Kritik etwa von Jean Paul oder Johann Wolfgang Goethe zu bemühen) die Blüte eines krankhaft überspannten Irrationalismus, der ihn nur als politische Gefahr interessiert, insbesondere hinsichtlich eines neuartigen politischen Antisemitismus, der „sich auf eine Denkart (gründet), die von einem großen Teil der denkenden Köpfe in Deutschland, von den von mir so genannten *Germanomanen* protegiert wird und, die (...) durch den *Fichtisch-transzendentalen Idealismus* und *Schellingsche Identitätssysteme* Sanktion erhalten" (Flugschriften S. 219).⁸ Man kann meine Beschreibung auch invertiert lesen: Gerade weil Ascher das poetische Vermögen der Romantik, die Verlustseite einer verbürgerlichten, formal-juristischen und finanz-rationalistischen Konkurrenzgesellschaft ästhetisch zu eruieren und zu kompensieren (Charles Taylor), ignoriert und unbeirrt auf ihren publizistischen Entgleisungen und ihrem Irrationalismus beharrt, kann er im Gegenzug ein außerordentliches Gespür für ihre leichtsinnigen, bedrohlichen und aggressiven Potenzen entwickeln.⁹ Ascher trägt die Scheuklappen eines rational-argumentativ, formal-juris-

---

7 Saul Ascher, Die Germanomanie. Skizze zu einem Zeitgemälde. Berlin 1815.
8 Ders., 4 Flugschriften. Eisenmenger der Zweite, Napoleon, Die Germanomanie, Die Wartburgsfeier, hrsg. von Peter Hacks. Berlin 1991.
9 Taylor charakterisiert das Verhältnis von Aufklärung und Romantik anhand solch einer Gewinn- und Verlustrechnung, konzentriert sich aber auf die Potenzen der romantischen Literatur, die spirituellen und emotionalen Verluste des rationalen Denkens auszuloten und zu kompensieren; vgl. Charles Taylor, Spiritual Gains, in: The Utopian (12/7/2010); http://www.theutopian.org/post/2134189139/spiritual-gains (30.5.2019). Ascher rechnet in entgegensetzter Richtung und zeigt die Verluste an rationalen politischen Potenzen auf, die aus seiner Perspek-

tisch und meta-politisch ausgerichteten Aufklärungs-Publizisten, die seinen Blick zwar einschränken, aber eben auch kanalisieren und intensivieren, so dass sie ihn als *stechenden* wiederum interessant machen. Denn aus heutiger Sicht spricht ja einiges dafür, dass antibürgerliche (bisweilen durchaus als antizipierend antikapitalistisch daherkommende) Entfremdungs- und Entwürdigungsängste der napoleonischen Jahre – komplementiert durch utopistische und national-kulturalistische Vereinigungs-, Authentizitäts- und Erlösungsphantasien – das 19. Jahrhundert (wenn auch mit zahlreichen Umformungen und Akzentverschiebungen) emotional-subversiv überlebt und in den linken und rechten Despotien des 20. Jahrhunderts Entladungen gefunden haben und noch (bzw. wieder) finden.

Ascher kennt Friedrich Schlegels Aufsatz über den Republikanismus, Fichtes, Görres und Arndts Revolutionsschriften und kann sie darum als politische Wendehälse beschreiben, die es „jetzt nicht mehr wissen (wollen), daß sie als lebhafte Anhänger der Grundsätze und Ideen sich proklamierten, welche durch die Revolution in Frankreich unter den Nationen verbreitet wurden" (Flugschriften S. 195f.). Impliziert ist die These, dass der politische Antisemitismus das idealistische Revolutionsverständnis der vor-napoleonischen Jahre und den irrationalen Nationalismus der napoleonischen (und post-napoleonischen) Jahre überspannt. Die „systematischen Gegner (der Juden), die vorzüglich in Deutschland – wo alles von jeher seine systematische Bearbeiter fand – ihre Heimat haben" (Flugschriften S. 155), hatten sich auch in den acht Jahren, die seit dem Erscheinen des Napoleon-Buchs vergangen waren, noch nicht mit dem aufgeklärten Begriff des Judentums versöhnt, der 1812 als Teil der Hardenbergschen Reformen im königlichen Edikt über die bürgerliche Gleichstellung der Juden in Preußen eine politische Umsetzung gefunden hatte.[10]

---

tive vom romantischen Denken ausgehen. In meiner Interpretation wird Aschers (im Verhältnis zur romantischen Literatur) ästhetische Antiquiertheit als Tribut aufgefasst, den er für seinen autodidaktischen Kommentar zu leisten hatte, der zwar entsprechend unvollständig bleibt, aber aufgrund der so ermöglichten Radikalität andererseits ein besonderes historisches Interesse einfordern kann.

10 Im Gegenteil hatte sich im Verlauf der napoleonischen Besatzung und im Streit um die tiefgreifende Umstrukturierung der preußischen Gesellschaft – neben der Judenemanzipation sind die Gewerbe- und Finanzfreiheit, die Aufhebung des Leibeigentums, die Einführung von Leistungskriterien in Verwaltung und Militär und die Besteuerung von privilegierten Schichten von weitreichender Bedeutung – auch in Teilen der deutschen Intelligenz ein neuartiges Nationalgefühl ausgebreitet, das sich nicht auf Staat und Gesellschaft stiftende partizipatorische oder gar republikanische Verfassungen stützte, sondern stattdessen aus dem Gefühl der nationalen Schwäche heraus politische Imaginationen aus historischen, ästhetischen und religiösen Identitätskonstrukten schöpfte. Für die Juden war in dieser poetisch imaginierten Volksgemeinschaft in den meisten deutschen Staaten trotz der Emanzipationsdekrete, die nach den

Die größte Schwierigkeit, die die Germanomanen zu überwinden haben, ist laut Ascher die religiöse Spaltung der deutschen Staaten. Statt aber die Religionen in ein gleiches und geordnetes Verhältnis zum Staat zu setzen, wie Ascher zeit seines Lebens forderte (und an Napoleon bewunderte), sind die romantischen Phantasten seines Erachtens im Gegenteil darauf verfallen, ein imaginäres, im Prinzip transkonfessionelles Christentum zu beschwören und ins Zentrum des neuen germanomanischen Gemüts zu rücken. Um den „religiösen Zwiespalt Deutschlands" zu beseitigen, „ward nun von unsern idealistischen Denkern das protestantische Christentum zu einer Idealität gesteigert, die es der Richtung des Katholizismus näher brachte, und so bemerkte man unter den denkenden Köpfen des protestantischen Deutschlands allmählich eine religiöse Geistesrichtung, die gleichsam dem Katholizismus huldigte. Philosophen, Dichter, Künstler und Politiker sprachen, schrieben und stellten dar in einer in Nimbus der Legendenheiligkeit gehüllten Stimmung, und die Begeisterung für diese Stimmung gedieh schon so weit, daß der Katholizismus in mehreren Anhängern an dieselbe laute Bekenner und Proselyten erhielt" (Flugschriften S. 198).

Toleranz, Liberalität und Aufklärung mussten dieser Gesinnung zum Opfer fallen. „Die Denkart des Philosophen, der liberalen Konfessionen des Christentums und die der Juden ward als Hindernis für den Fortschritt des gesteigerten Christentums betrachtet" (Flugschriften S. 198). Der hervorstechende Zug des zum Katholizismus gesteigerten Protestantismus ist die Idee der Deutschheit, so dass beide „*Christentum* und *Deutschheit* (...) bald in eines verschmolzen" waren, zu einem „*deutsche(n) Christentum* oder *eine(r) christliche(n) Deutschheit*" (Flugschriften S. 199). Als ein zentrales Mittel, „wodurch Deutschheit und Christentum so verquickt werden sollten, daß eines das andere auszuschließen nicht vermögend war," wurde von den „enthusiastischen Idealisten (...) vorzüglich in den *Juden* ein Gegensatz dieser Lehre vorgefunden" (Flugschriften S. 199).

Der zum „idealen Katholizismus" enthusiasmierte Protestantismus, der diesen deutschen Vereinigungs- und Ausgrenzungsnationalismus trägt, unterscheidet sich laut Ascher vom „*realen* Katholizismus, der im katholischen Deutschland dominiert" (Flugschriften S. 205).[11] Denn der *ideale Katholizismus* stellt für ihn ein Phänomen dar, das wir aus heutiger Sicht vielleicht als Vor-

---

Befreiungskriegen zudem fast überall verwässert wurden, kein gleichberechtigter Platz vorgesehen.

11 Die Stoßrichtung von Aschers Kritik kann also nicht einfach als „political anti-Catholicism as a weapon against anti-Jewish Protestant romantics" beschrieben werden, wie Ari Joskowicz, The Modernity of Others. Jewish Anti-Catholicism in Germany and France. Stanford 2013, S. 116 vorschlägt. Ascher steht dem orthodoxen Katholizismus (wie dem orthodoxen Judentum) ideologisch skeptisch bis ablehnend gegenüber, weiß aber um die sozialhistorische Bedeutung der Orthodoxie in der breiten Bevölkerung.

form eines religionskulturellen Fundamentalismus begreifen können:[12] ein Religionseifer, „der in tieferen Regionen des menschlichen Gemüts sich entfaltet und daher wirksamer als der reale (Katholizismus) ist (...). Die Anhänger desselben sind gleichsam für ihre Meinung mit einem hohen Grad von Fanatismus oder mindestens Enthusiasmus eingenommene Wesen, die deren Unverletzbarkeit mit Beharrlichkeit behaupten werden, und mag darüber um und neben ihnen der Zustand der Dinge seinem Untergang entgegeneilen, so betrachten sie dies als ein geringes Opfer ihrer Individualität" (Flugschriften S. 205).[13]

Der Papst selbst, so spekuliert Ascher, kann sich nicht mit dem Einfluss messen, den die religionsästhetischen Experimente der Romantik, „Fichte, Schlegel, Tieck, Schelling und wie die idealistischen Märtyrer ferner heißen mögen, über ihre Jünger geübt" haben (Flugschriften S. 206). Auf diese Weise wurde es laut Ascher möglich, dass der deutsche Nationalismus sich nicht an einer politischen Idee orientierte, sondern daran, „daß *Deutschland, deutsches Volk, deutsche Sitte* und *deutsche Gemütlichkeit* (...) als das Höchste und Würdigste aufgestellt und (...) mit einem Nimbus von Vortrefflichkeit umwölbt ward, worin man vielmehr einen fieberhaften Rausch als eine vernünftige Besonnenheit ahnen könnte" (Flugschriften S. 207).

Ascher empfindet seinen Befund umso misslicher, als von den Germanomanen gerade das verspielt werde, was die deutsche Kultur (wie er in seinen geschichtsphilosophischen Spekulationen immer wieder ausgeführt hat) in Europa ausgezeichnet habe, nämlich ihre Befähigung und Bereitschaft zu transkultureller Bildung, „in sich die vielseitige Kultur aller Zeitalter und Nationen aufzunehmen, sowohl in Hinsicht der Religiosität als der Staatsverfassung und Geisteskultur" (Flugschriften S. 207). Stattdessen sollte diese zentraleuro-

---

[12] Wichtig ist dabei, dass dessen Vertreter durch eine kosmopolitisch orientierte Aufklärung hindurch gegangen sind und sich in der religiösen Emphase in eine Alternativwelt rückwenden, in der nicht eine weltumgreifende Vernunft, sondern der enthusiastische Glaube herrschen soll.

[13] Aschers Analyse der Verschränkung von fundamentalistischer Religiosität und radikal-partikularistischem und kultur-ethnischem Nationalismus impliziert ein Verständnis vom Erweckungscharakter dieser religiösen Gemütsstimmung. Sie ist mehr als eine bloße Rückkehr zur Orthodoxie, weil sie ihre Anhänger nicht aus der Eigenverantwortlichkeit eines diskursbereiten Glaubens zurück in die Verantwortlichkeit einer organisierten Kirche entlässt, sondern in den voluntaristisch behaupteten und voraussetzungslos zu akzeptierenden Enthusiasmus eines imaginären (und letztlich verantwortungslosen) Glaubenskollektivs führen will. Darum findet der ideale Katholizismus kaum Anhänger unter realen Katholiken, die „an symbolische oder zeremoniöse Darstellung der Religionswahrheiten gewöhnt" sind, sondern vornehmlich in protestantischen Ländern, wo „die gemütlichsten Köpfe (...) dafür gewonnen und (...) elektrisch von jeder Berührung getroffen (werden), in die sie mit denen geraten, die sie in religiöser Absicht anzusprechen verstehen" (Flugschriften S. 206).

päische Kultur „nach den Ansichten dieser *deutschen* Adepten oder *Germanomanen* sich plötzlich von allem auswärtigen Einfluß absorbieren. Fremde Sitte und Sprache sollte (der Deutsche) von sich weisen und die entferntesten Verhältnisse, die ihm etwas Ausländisches aneignen könnten, aufgeben" (Flugschriften S. 207).

Bei aller Sorge über die neue, aggressiv kultur-nationalistische Gesinnung bleibt Ascher sich allerdings sicher, dass die *Germanomanen* ihr politisches Ziel nicht erreichen werden. Unbehagen bereiten vorerst die Nebeneffekte ihrer religionskulturellen Ideologie: das Wiedererstarken von Intoleranz, Irrationalismus, Xenophobie und Antisemitismus. Ein vereintes Deutschland unter dem Vorzeichen des idealen Katholizismus steht in Aschers Einschätzung nicht ins Haus, weil die realen Interessengegensätze der deutschen Staaten zu groß sind und es den nationalistischen Theoretikern an politischem Realitätssinn mangle. „Sie schweben immer in höheren Regionen, anstatt auf festem Boden zu bleiben. Das rührt aber daher, weil sie von überspannten oder mystischen Ideen über ihr Land und Volk über Deutschland und Deutsche begeistert sind" (Flugschriften S. 209). In dem Sinne erreichten die *Germanomanen* seines Erachtens bislang politisch das Gegenteil von dem, was sie beabsichtigten, und stellten Deutschland bestenfalls als „Beispiel zur Zwietracht und zum Nationalhaß" auf, wovon sich die deutschen „Regierungen nicht (...) berauschen ließen", so dass „die Idealität unserer *Germanomanen* in den Regionen der politischen Verhandlungen keinen Zutritt gewann" (Flugschriften S. 210). Aus Aschers Sicht ist mit Germanomanie kein funktionstüchtiger Nationalstaat zu machen, und er kann genau angeben, worin sich diese Art von Identitätspolitik grundsätzlich von einer tragfähigen politischen Theorie unterscheide. „Keiner von ihnen will sich zu dem Gedanken erheben: daß das Band des gesellschaftlichen Lebens sich jetzt mehr auf das Prinzip des Rechts als auf jedes andere gründet" (Flugschriften S. 211). Die Nationalenthusiasten stellen sich aus Aschers Perspektive gegen die Entwicklung und Ausbreitung einer politischen Praxis, „wohin die Menschheit schon seit einem Jahrhundert tendierte, nämlich zu einer *staatsrechtlichen* Verfasstheit" (Flugschriften S. 212). Bereits seit dem Westfälischen Frieden „ward bei politischen Verhandlungen, Traktaten, Besitznehmungen nicht mehr Sprache, Religion, Urpopulation eines Landes scharf berücksichtigt, (... und) es ist nicht die Naturgrenze, die Sprache oder das Urvolk, das den Boden in Besitz hat, wodurch ein Staat das Gepräge der Individualität jetzt noch einzig und allein hat. Vielmehr ist es die Regierung, die mehrere Naturgrenzen, mehrere verschiedene Nationen und mehrere Urvölker unter ihrer Botmäßigkeit oder rechtlichen Handhabung zusammenhält, die den Staat bildet" (Flugschriften S. 212f).

Vor dem Hintergrund von Aschers politischer Theorie erweist sich die kulturhistorische, religiöse und volkspoetische Identitätspolitik, die sich im ersten Drittel des 19. Jahrhunderts im Spannungsfeld der napoleonischen Kriege und des wiedererstarkenden Absolutismus lauthals etablierte und in mancher Beziehung bis heute nicht von der politischen Bühne verschwunden ist, als weitgehend imaginäre Metaphysik mit bedrohlichen ideologischen Potenzen. Denn die „*Deutschheit*" wird im emphatisch metaphysischen Diskurs der „*Germanomanen*" zum „Ding Χατ' ἐξοχήν", wenn sie „von dem deutschen Urvolk, von der deutschen Ursprache, von der Integrität, welche man Deutschland zu erhalten verpflichtet ist, nie genug sprechen können. (...) Sie werden mit den Fichten, Arndten, Müllern etc. in der Hoheit und Vortrefflichkeit ihres Volkes vor jedem andern ihren Anspruch begründen, sie werden auf ihre Namen als *Deutsche* pochen, aber Gründe werden sie ebensowenig für ihre Ansprüche vorbringen können, ebensowenig wie die Franzosen, als sie sich die *große* Nation nannten, und die *Juden*, wenn sie sich für das *auserwählte* Volk Gottes achten." (Flugschriften S. 213).

Ascher kann diese aufgeklärte Position inmitten der völkischen Identitätspolitik durchhalten, weil er (aus heutiger Sicht voreilig) glaubt, behaupten zu können, dass die politische Theorie die rassistischen und ethnischen Ideen, die seines Erachtens in der Mitte des 18. Jahrhunderts sogar noch Teil der Aufklärung waren, inzwischen überwunden habe. „Wir sind, dem Himmel sei Dank! So weit gekommen, daß wir die Menschen nicht in Stämme und Rassen einteilen und von der Verschiedenheit des Bodens auf eine Verschiedenheit in der menschlichen Gattung folgern. Die menschliche Gattung wird jetzt durch den Namen *Menschheit* in staatsrechtlicher Hinsicht nach ihrem ganzen Umfange aufgefaßt, und in welchem polizierten Staat ein Glied derselben hinversetzt wird, läßt man es Ansprüche auf die Rechte machen, welche die Regierung ihren Untergebenen sichert." (Flugschriften S. 214)

Entsprechend sieht Ascher sich in der Verteidigung seiner politischen Vision keineswegs in eine historische Rückzugsposition gedrängt, sondern glaubt noch immer, ihre reale Umsetzung für eine absehbare Zukunft prognostizieren zu können. „Es können Eigenheiten, Nationalitäten noch hin und wieder diesem Fortschritt des menschlichen Geistes in den Weg treten (...), allein bei dem jetzigen Standpunkt der Dinge, (wo alle Völker) von dem fortschreitenden Geist des Nachdenkens, als Folge der zunehmenden Kultur und Industrie, kontrolliert und reformiert werden, ist leicht mit Sicherheit zu folgern, daß allmählich in allen Regionen des Erdbodens jedem menschlichen Individuum ein gleicher Spielraum zur Übung seiner Kräfte gesichert werden wird." (Flugschriften S. 214)

Was seine Zeitgenossen als antiquierte Spätaufklärung monierten, zeichnet sich aus heutiger Sicht durch eine politische Besonnenheit aus, für die völlig außer Frage steht, dass es eine vordringliche Aufgabe von Theorie und Politik ist, dem Rückfall auf „die niedrige Bildungsstufe" stammesmäßiger Identitäten entgegenzusteuern, „wo jeder (...) auf sein Volk die Menschheit" beschränkte und „in jedem andern Volke (...) seinen Feind" sah (Flugschriften S. 215). Ascher fragt seine Leser, ob solch ein Rückfall in eine stammespolitische Epoche überhaupt noch denkbar sei, „wo National- und Vernichtungskriege, Völkerwanderungen und Hordenzüge" Europa beherrschten (Flugschriften S. 214). „Soll es wieder so werden, und kann es wieder so kommen? Wenn wir unsere *Germanomanen*, die im Tone eines Arndt, Jahn etc. ihren Patriotismus verlautbaren lassen, vernehmen, so dürfte es wieder dahin kommen. Von Deutschland wollen diese Patrioten alle Ausländerei entfernt halten" (Flugschriften S. 215).

Zwar ist der transkulturelle Charakter jeglicher Bildung gerade in Deutschland für Ascher noch immer leicht einsehbar und widerlegt die kulturpolitische Xenophobie der *Germanomanen*. „Wir mögen uns hinwenden, in welche Region des Wissens wir wollen, so finden wir entweder die antike oder moderne Bildung in jedem Zweige des deutschen Wissens und Tuns wirksam" (Flugschriften S. 216). Andererseits ist aber zum Beispiel einer der radikalsten Identitätsideologen, der Historiker Christian Friedrich Rühs, als Professor für altdeutsche und altnordische Geschichte 1810 an die neu gegründete Berliner Universität berufen worden. Seine berüchtigte Attacke auf das Emanzipationsedikt, *Über die Ansprüche der Juden an das deutsche Bürgerrecht* war gerade (im Februar 1815) in der *Zeitschrift für die neueste Geschichte der Staaten- und Völkerkunde* erschienen und sollte die Debatte über die Richtung des religiösen Emanzipationsprogramms, die in Preußen seit Dohms Reformschrift auf der Tagesordnung stand, zu einem neuen Tiefpunkt führen. Ascher war einer der ersten, der auf Rühs' Aufsatz öffentlich reagierte und die zentrale strukturelle Funktion seines kulturpolitischen Antisemitismus für die Genese des enthusiasmierten Nationalismus analysierte, wobei man sich der prognostischen Kraft seiner polemischen Analyse auch zweihundert Jahre später kaum entziehen kann: „Man muß die Menge, um auch sie für eine Ansicht oder Lehre einzunehmen, zu begeistern suchen; um das Feuer der Begeisterung zu erhalten, muß Brennstoff gesammelt werden, und in dem Häuflein Juden wollten unsere *Germanomanen* das erste Bündel Reiser zur Verbreitung der Flamme des Fanatismus hinlegen." (Flugschriften S. 200f.)

In der *Wartburg-Feier* (1818) beobachtet Ascher schließlich eine weitere Potenzierung ideologischer Translozierungsmechanismen als fatale Verschiebung im Freiheitsbegriff. Für die jungen Akademiker von 1817 ist Freiheit nicht länger primär als staatsbürgerliches Engagement in einer partizipatorischen Republik und als Sieg über altständische Ordnungen definiert, sondern – wiederum negativ bestimmt – als Freiheit von Über- und Entfremdung, als imaginärer, kultur-totalitärer Authentizitätsanspruch, der in der Reinigung von Formen des Nichtauthentischen und kosmopolitischen Selbstbestätigung sucht.

Ascher besaß, so lässt sich aus diesem kurzen Resümee einiger seiner wichtigsten Schriften ableiten, ein erstaunlich frühes Gespür für die Signifikanz eines der Hauptkonflikte der kommenden Jahrhunderte, nämlich die Kollision konstitutionell verankerter Identitätspotenziale mit dem affektiven Appeal kulturnationaler Identitätspolitik. In seinem Verständnis ist es nicht zuletzt die (der Romantik angelastete) Vermischung von Religion, Mystik, Poesie, Philosophie und Politik – letztlich die programmatische Aufhebung der kritischen Philosophie in einer allesumfassenden Ästhetik –, die in der napoleonischen Zeit eine auf gefährliche Weise unkontrollierbare Zukunft heraufbeschwört. Dabei sind es nicht die Argumente selbst, die er fürchtet, sondern (zunehmend in seinem Spätwerk) in erster Linie die unverblümt (bis militant) affektiven Öffentlichkeitsstrategien der neuen Bewegung – ihre exzentrische Mystik, ihre imaginäre (transhistorisch christliche) Religiosität, ihre gefühlsschwangere Rhetorik und nicht zuletzt ihre Bereitschaft zu persönlichen Angriffen auf alle, die wagen, sich weiterhin auf eine kosmopolitische und transkulturelle Vernunft zu berufen.

Ascher war sowohl Opfer der preußischen Zensur und Polizei[14] als auch von propagandistischen und persönlichen ad-hominem Angriffen politischer Gegner. Vor diesem Hintergrund ist es nachvollziehbar, dass er sich 1819 (aus Anlass der Karlsbader Beratungen) mit dem Verhältnis von Staat, Medien und Öffentlichkeit auseinandersetzte, gegen eine gänzlich zensurfreie Öffentlichkeit eintrat und sogar selbst ein Zensurgesetz vorschlug, das den Bürger vor Verunglimpfung und Rufmord schützen und den politischen Diskurs aufrechterhalten sollte. Während die Inhalte prinzipiell keiner staatlichen Zensur unterworfen werden dürfen, solange sie nicht gegen die sittliche Norm der Gesellschaft verstoßen oder auf die Beseitigung des Staates gerichtet sind, was dieser verfassungsrechtlich nicht erlauben kann, sollen die Formen der Auseinandersetzung in Aschers Vorschlag einer staatlichen oder juristischen Kontrolle unterliegen, um persönliche Angriffe und Diffamierungen zu unterbinden oder zumindest zu erschweren und einen fairen und produktiven Austausch von Argumenten zu ermöglichen. Mit diesem Ziel vor Augen erwägt Ascher die Vor- und Nachtei-

---

14 Die erste Version der „Ideen zur natürlichen Geschichte der politischen Revolutionen" war der Zensur zum Opfer gefallen. Am 6. April 1810 wurde er wegen eines Beitrags in Zschokkes *Miscellen* verhaftet, kam aber bereits am 25. April wieder frei. Das Verfahren wurde im Oktober niedergeschlagen. Die „Germanomanie" wurde auf dem Wartburgfest öffentlich verbrannt.

le von zwei möglichen Herangehensweisen: staatliche Kontrolle der Öffentlichkeit – seines Erachtens die kontinentaleuropäische Tradition – oder eine umfangreiche Zivilgesetzgebung, die es dem Bürger erlaubt, seine Persönlichkeitsrechte eigenständig vor Gericht zu verteidigen – seines Erachtens die britische Tradition. Er favorisiert in vielen Punkten den zivilrechtlichen Ausbau, glaubt aber, dass die dazu notwendigen Voraussetzungen auf dem Kontinent nicht gegeben sind, so dass der Bürger dort auf die Hilfe staatlicher Überwachungsbehörden angewiesen ist. Man wird kaum behaupten können, dass die Debatten über die hiermit aufgerollten Problemfelder einer medial gesteuerten politischen Öffentlichkeit und Meinungsbildung in den kommenden Jahrzehnten erheblich über Aschers Überlegungen hinaus gekommen sind. Andererseits kann kaum Zweifel bestehen, dass Aschers Bedingungen öffentlicher Meinungsäußerung nicht nur den Aufklärungsenthusiasmus verabschieden, der den Kampf um eine freie Öffentlichkeit im deutschen Sprachraum seit Kants Aufsatz *Beantwortung der Frage: Was ist Aufklärung?* von 1784 getragen hatte, sondern darüber hinaus eine Problematik umreißen, die sich mit dem technischen Wandel der Medien bis in die Gegenwart hinein immer wieder krisenhaft zugespitzt hat und uns in den Debatten um die Rechte und Pflichten der sozialen Medien derzeit erneut umtreibt.[15]

Das gilt auch für Aschers Auseinandersetzung mit einer weiteren Aufklärungstradition, deren politische Terminologie sich im deutschsprachigen Raum wiederum auf Kant (insbesondere auf seinen Aufsatz *Zum ewigen Frieden* von 1795) zurückführen lässt, nämlich die komplexe theoretische und politische Problematik einer anvisierten Weltrepublik, beziehungsweise einer Republik der Republiken, einer Föderation von Republiken, oder eines Bundes von Verfassungsstaaten. In der *Germanomanie* musste Ascher seinen Lesern gestehen, dass er sich in Napoleon geirrt habe, wenn er 1807 glaubte, in ihm den politischen Exekutor solch eines Staatenbundes gefunden zu haben. Es ist wichtig, sich vor Augen zu halten, dass er die *Germanomanie* vor dem Hintergrund die-

---

15 Wie bereits angesprochen, glaubte Ascher trotz allem nicht, dass die kulturnationale Bewegung sich in den deutschen Staaten politisch durchsetzen wird. Vielmehr meint er eine sich verfestigende Entfremdung zwischen Volk und Intellektuellen beobachten zu können. Während die revolutionären Intellektuellen anderer Perioden und Länder von einer breiten Gesinnung im Volk getragen wurden, und diese gleichsam nur auf den politischen Begriff gebracht haben, haben sich die deutschen Intellektuellen in den ersten Jahrzehnten des 19. Jahrhunderts seines Erachtens in einem Wolkenkuckucksheim absolut gesetzt und den Kontakt zum Volk und zur realen Politik verloren, so dass sie zwar viel Lärm machen und kurzfristig einigen Schaden anrichten, langfristig aber zum folgenlosen Träumen verurteilt sind. Er mag damit ein zukunftsschwangeres Spezifikum des deutschen Intellektualismus treffend benannt haben, die Frage, ob die intellektuellen Luftschlösser deshalb (quasi per definitionem) ungefährlich sind, steht freilich auf einem anderen Blatt.

ses Eingeständnisses einer fundamentalen politischen Fehleinschätzung geschrieben hat. Einerseits erscheint der germanomanische Furor aus dieser Perspektive als eine zwar falsche, aber durchaus nachvollziehbare Ideologisierung von leicht mobilisierbaren Stammesressentiments, die zwar keine progressive Alternative zum gescheiterten Projekt eines republikanischen Staatenbundes bieten können, sondern bloß politischer Reflex desselben sind. Andererseits gelingt es Ascher aber bis in die zwanziger Jahre hinein nicht, den völkischen Nationalismus als dennoch politisch wirkungsmächtige Ideologie wirklich ernst zu nehmen und die politischen Probleme und strukturellen Grenzen einer Republik der Republiken unter Führung eines Staates voll zu ermessen. Wiederum fällt damit nicht nur ein kritisches Licht auf die politische Theorie der Spätaufklärung, sondern auch auf bis in die Gegenwart anhaltende machtpolitische Dynamiken.

Ascher veröffentlichte bereits 1802 einen Aufsatz über die französischen Verfassungen von 1799 (18. Brumaire) bis 1802 (Konstitution XII): „Eigene Ansicht der gegenwärtigen Regierung in Frankreich."[16] Der möglichen Folgerung aus den französischen Entwicklungen, dass damit die Hoffnung auf republikanische Verfassungen auf europäischem Boden und die darauf zugespitzte politische Theorie widerlegt sei, begegnet er mit der Überlegung, dass der eigentliche Wert der Französischen Revolution in ihrem Modellcharakter liege, „daß der Zweck gewesen zu seyn scheint, der menschlichen Natur eine Freiheit ihrer Handlungsweise zu begründen," auch wenn die Menschen diese Freiheit noch nicht demokratisch umsetzen konnten und „in ihrer Handlungsweise einer *vernünftigen* Leitung bedürfen" (Eigene Ansicht S. 171). Ascher glaubt, weiterhin davon ausgehen zu können, dass auch jetzt noch eine „Menschenmasse" gefunden werden kann, „die, bei einem gewissen Fortschritt in der Entwicklung ihrer Geisteskräfte, sich eine Verfassung zu geben beschäftigt ist" (Eigene Ansicht S. 171f.). Denn noch immer gebe es in Frankreich eine Verfassung, „die durch eine vernünftige Ueberlegung einer Nation geschaffen und von derselben angenommen wird" (Eigene Ansicht S. 173). Die napoleonischen Verfassungen sind für Ascher notwendig geworden, weil sich gezeigt habe, dass die republikanische Verfassung über das Maß des politisch Durchsetzbaren hinausgegangen sei, weil „ihre Verfasser allzusehr auf die hergestellte Idee von der Würde der Menschheit, die sie in der Mitte ihres Volkes unentweiht zu erhalten wähnten, Rücksicht nahmen. Daher hatte die Constitution einen größeren realen Inhalt, als allen bisherigen Verfassungen zu Theil ward" (Eigene Ansicht S. 174). Mit realem Inhalt meint Ascher den ideellen Wert der Verfassung: Freiheit und Wür-

---

16 Saul Ascher, Eigene Ansicht der gegenwärtigen Regierung in Frankreich, in: Der Genius des neunzehnten Jahrhunderts 4 (1802), S. 169–187.

de. Der Gegenbegriff ist der formale Aspekt: die Regierungsform. Er definiert das Verhältnis der beiden Teile auch so, dass der Zweck des realen Teils einer Konstitution sei, dass „die menschliche Würde nie durch den formalen Theil derselben verletzt werde, daß dieser seine Norm in jene(m) finde" (Eigene Ansicht S. 175). Während alle historischen (Ascher nennt sie entwickelte) Verfassungen zu wenig Rücksicht auf den ideellen Inhalt (den realen Teil) genommen haben, habe die positive (Ascher nennt sie gegebene) republikanische Verfassung in Frankreich in ihrer überschwänglichen Begeisterung für den ideellen Inhalt zu wenig Rücksicht auf den formalen Teil, auf die tatsächliche Praktikabilität und machtpolitischen Verankerungen ihrer Regierungsorgane genommen. „Die Regierungen, welche durch die beiden Constitutionen eingesetzt wurden, hatten lange nicht Einfluß und Kraft genug, den mannigfaltigen sich durchkreuzenden Leidenschaften einer Menschenmasse von dreißig Millionen, eine beständige Richtung zu geben, und sie mußten oft zu Mitteln greifen, die ihrer Würde nicht entsprachen, die ihre Leidenschaft eingab, und welche gegen die Form sündigten" (Eigene Ansicht S. 177).

In der Theorie bleibt für Ascher diejenige Konstitution die beste, „welche den Prinzipien der Vernunft huldigt. Wenn man aber von Anwendung derselben auf die Gesellschaft spräche, so würde ich freilich hinzufügen: die beste Konstitution ist nicht für alle Menschen. Sie ist nur eine Idee für jede Nation, welche zu einem Grad von Kultur, den ihre Erkenntnis fordert, emporgeschritten, oder das Vorbild für Jeden aus dem Volke, der einer jener Kultur angemessenen Handlungsweise sich bewußt werden will" (Eigene Ansicht S. 179).

Ascher konstatiert nicht nur einen historisierbaren Zwiespalt zwischen dem theoretischen Ideal einer demokratischen Republik und den unter gegebenen historischen Umständen praktisch durchsetzbaren Regierungsformen, sondern mahnt sogar an, dass die Regierung sich nicht über die tatsächliche Bewusstseinslage des Volkes hinwegsetzen dürfe, um die ideale Konstitution möglichst umgehend und vollständig durchzusetzen, mit anderen Worten, dass sie die Menschen nicht selbst idealisieren dürfe. Die politische Ideologie, der „Inhalt der Konstitution (soll) nicht zu sehr auf den Glauben an den Menschen fußen" (Eigene Ansicht S. 179). Nur so kann sie vermeiden, dass ihre Regierungsorgane, „ihr formaler Theil nicht Veranlassung giebt, mit dem Heile des Volkes Gaukelspiel zu treiben" (Eigene Ansicht S. 179). Ascher entwickelt am Beispiel der politischen und konstitutionellen Entwicklungen in Frankreich eine realitätsnahe Vorstellung von der ideologischen Potenz der Aufklärungsideale und von der Gefahr eines machtpolitisch auslotbaren Auseinanderdriftens von Ideologie und politischer Praxis.

So ist es für Ascher denn auch kein Zufall, dass das Militär in Frankreich die Macht an sich gerissen hat und „der jetzigen Regierung in Frankreich eine

Selbständigkeit schafft, ohne welche sie und keine Regierung bestehen kann" (Eigene Ansicht S. 184). Ascher empfindet diesen seines Erachtens realistischen Blick auf die Lage in Frankreich selbst als Widerspruch zu den politischen Idealen der Aufklärung, ja gar als Rückschritt zu den „in den frühesten Zeiten der Welt entwickelten Regierungen", und fragt nach dem „eigenthümliche(n) Grund" dafür, dass sich auch jetzt noch ein Soldat zum Regenten aufschwingen konnte (Eigene Ansicht S. 185). Die Antwort läuft darauf hinaus, dass ohne die eigenständige Macht des Militärs die Ideale der Revolution in politischer Anarchie verloren gegangen wären. Dennoch stellt sich damit die Frage: „was hat denn nun Frankreich bei der Revolution gewonnen, wenn es nicht mehr erreicht, als daß es zu einer Regierung Zuflucht nehmen muß, die einer selbstentwickelten ähnlich ist?" (Eigene Ansicht S. 186). Wir kennen die Antwort bereits, nämlich dass „wir durch sie mehr Selbstkenntniß, mehr Vorstellung von unserer Würde erhalten" (Eigene Ansicht S.186). Dieser Sprung in der Geschichte des politischen Bewusstseins kann aus der Perspektive der in diesem Sinne idealistischen Geschichtsphilosophie Aschers nicht mehr ausgelöscht werden und wird die Politik langfristig beeinflussen. Bereits von der militärisch fundierten Macht des neuen französischen Kaisertums mutmaßt er, dass sie sich gezwungen sieht, nach „diesem Bewußtseyn entsprechenden Grundsätzen gemäß zu handeln" (Eigene Ansicht S. 186)[17].

Nach dem Sieg über Preußen am 14. Oktober 1806 bei Jena und Auerstedt und dem Frieden von Tilsit, der am 7. Juli 1807 u. a. auch den Krieg mit Russland beendete, stand Napoleon aus Berliner Sicht auf dem Höhepunkt seiner militärischen und diplomatischen Karriere, während Preußen die Hälfte seines Territoriums abtreten musste. Zu den wenigen preußischen Bürgern, die in dieser Situation dennoch mit prinzipiellen Argumenten öffentlich Partei für Napoleons Politik ergriffen, gehörten unter anderem Christian Wilhelm Dohm,[18] der

---

17 Ascher schließt den Aufsatz mit einem Verweis auf die preußische Monarchie, in der seines Erachtens die einmal in die Welt gesetzte Bewusstwerdung menschlicher Würde potenziell ebenso gut wie in der neuen französischen Monarchie Fuß fassen und sich politisch entfalten könne. „Und ist ihre Regierung nicht so weit gediehen, daß sie mit allen den Ausbildungen des menschlichen Geistes, und den mannichfaltigen Entwickelungen seiner Kräfte, gleichen Schritt zu halten vermag?" (Eigene Ansicht S. 187)
18 Dohm verließ kurz nach dem Frieden von Tilsit den preußischen Staatsdienst und trat (wie zwei Jahre später auch Johannes von Müller) in die Dienste des Königreichs Westphalen unter Jérôme Bonaparte (hielt sich als Gesandter aber hauptsächlich in Berlin auf). Teile von Dohms Reformprogrammen, nicht zuletzt sein von Mendelssohn angeregter Entwurf zur Emanzipation der Juden, waren durch Mirabeaus Initiative in die französischen Verfassungen und schließlich in den Code Napoleon aufgenommen worden, so dass Dohm geradezu prädestiniert schien, seine Reformideen fünfundzwanzig Jahre später in der neuen konstitutionellen Monarchie Westphalen umzusetzen.

jüdische Publizist Carl Julius Lange (ein Vertrauter Hardenbergs), der jüdische Bankier Ferdinand Delmer[19] und Heinrich Zschokke. Letzterem war auf profranzösischer Seite eine zweite politische Karriere im schweizerischen Aarau gelungen. In Preußen selbst dürften sich aber wohl nur wenige öffentlich so explizit für Napoleon ausgesprochen haben wie Ascher mit seiner bereits im November 1807 abgeschlossenen und 1808 veröffentlichten Abhandlung *Napoleon oder Über den Fortschritt der Regierung*.[20] Er ließ diesem politisch eindeutigen Titel zudem eine Widmung an den Bischof Karl Theodor von Dalberg folgen, der von Napoleon als Fürstprimas des Rheinbundes eingesetzt worden war.

Ascher zeichnet Napoleon in dieser Abhandlung als machtpolitischen Vollender der Aufklärung, dessen historische Mission darin bestehe, die Errungenschaften der Französischen Revolution in ganz Europa durchzusetzen. Er spricht deshalb schon in der Vorrede vom „Zeitalter Napoleons" (Flugschriften S. 88) und beschreibt den französischen Kaiser als einen politischen Missionar, der „die große Bahn zu verfolgen bestimmt ist, die zum Heil der Menschheit das allwaltende Schicksal von der Urzeit an eröffnet hat, um sie der Vollkommenheit einer völligen Ausbildung entgegenzuführen" (Flugschriften S. 88).

Hinsichtlich der spätestens seit Herders antikolonialer und antiimperialer Philosophie allenthalben diskutierten Dialektik von partikularen Interessen der Völker und universalen Prinzipien schlägt Ascher sich weiterhin auf die Seite eines kosmopolitischen Humanismus, dessen Entfaltung eine wesentliche Triebkraft der Weltgeschichte ausmache. Ihre Entwicklungsgesetze bleiben dem tagespolitischen und kulturnationalen Denken weitgehend verschlossen und erfordern eine abstrakte und ideengeleitete Historiographie. Ascher versucht, die dabei auftretenden methodischen Probleme dadurch zu lösen, dass er jetzt Typologien von historischem Handeln unterscheidet, um eine dreistufige Schichtung von historischer und politischer Bewusstheit zu umreißen. Die meisten Menschen agieren demnach im Rahmen ihrer eigenen engen „*Gesellschaftskultur* (...), von der sie mit einer Eigenliebe besessen sind, die sie jede, welche derselben nicht entspricht, mit einer gewissen Kälte anblicken lässt. Daher der Neid, die Rangsucht der Völker in Hinsicht ihrer Bildung, daher die National-Denkarten und Vorurteile, welche die kultiviertesten Menschen nicht unterdrücken können" (Flugschriften S. 92–93). Von dieser ethnozentrischen Masse heben sich intellektuelle Eliten ab, „welche in allen Gestalten und Formen, in wel-

---

[19] Laut Heinrich Schnee stand Delmer, bei dem nicht allein der preußische Staat sondern auch zahlreiche Adlige verschuldet waren, an der Spitze der frankophilen Berliner Kreise und ließ sich mit Unterstützung der französischen Gesandtschaft 1810 nobilitieren. Vgl. Heinrich Schnee, Die Hoffinanz und der moderne Staat. Die Institution des Hoffaktorentums in Brandenburg-Preußen. Bd. 1 Berlin 1953, S. 222f.
[20] Saul Ascher, Napoleon oder über den Fortschritt der Regierung. Berlin, Stralsund 1808.

chen die Kapricen des Geistes und der Natur den Menschen aufzeigen, die Idee von ihrer Gattung wiedererkennen" (Flugschriften 93). Diese humanistische Idee, die im Sinne von Herders Kulturstudien aus den kapriziösen Formen menschlicher Ausdrucksformen destilliert werden kann, macht zwar ein notwendiges Zwischenglied aus, bleibt aber als bloße Theorie weitgehend geschichtsohnmächtig, als ob „sie nur eine Chimäre sei, (...) nur Erfindung einer Phantasie abgäbe" (Flugschriften S. 93). Und doch schlummert sie „als Keim im Busen der Menschengattung", bis dass sie unter den „Einfluß einer großen, starken Seele (gerät), die von dem Vorsatz ergriffen ward, in der Menschengattung durch Einsetzung der Gesellschaft die Idee der Menschheit zu realisieren" (Flugschriften S. 94f.). Was diese starken Seelen von der schwachen Geisteselite unterscheidet, ist ihr Machttrieb, den Ascher als „Herrschsucht" bezeichnet (Flugschriften S. 95). Herrschsucht ist in der zu Beginn der Abhandlung entwickelten Machttheorie eine unabdingbare Voraussetzung politischer Veränderungen im Schlechten wie im Guten. „Die Herrschsucht darf in dem Auge des Anthropologen kein Laster sein, sondern ein Trieb, der das große Problem löst: in dem Kreise der Menschen dasjenige festzuhalten, was seine Bestimmung ist, *Gesellschaft*" (Flugschriften S. 96). Letztlich läuft Aschers Theorie darauf hinaus, dass die transkulturell verstandene Idee einer humanen Gesellschaft sich nur dann aus dem Raum theoretischer Chimären emanzipieren und politisch wirksam werden kann, wenn zumindest Teile dieser Idee von einer zur Macht drängenden politischen Bewegung aufgegriffen und zum Programm einer politischen Partei werden. Dass das tatsächlich möglich ist, steht für Ascher außer Frage, weil der Machttrieb „ganz rein, ohne alle Motive, genommen," darauf gerichtet sei, „einen Kreis vernünftiger Geschöpfe zu der in ihm rege gewordenen Idealität hinaufzustimmen" (Flugschriften S. 96). Die Idee der Menschheit ist für Ascher also noch nicht dadurch verunreinigt, dass sie nur als politische Ideologie herrschsüchtiger Parteien und Individuen mächtig werden kann, weil Herrschsucht an sich an die Ausbildung einer neuen und umfassenderen Gesellschaft geknüpft und somit als politische Triebfeder unabdingbar sei. Dass eine einmal etablierte politische Macht dann andere Interessen verfolgen und somit die erreichte Ebene fortgeschrittener Gesellschaftlichkeit auf geraume Zeit wieder untergraben kann, wird damit von Ascher nicht in Abrede gestellt.

Ascher holt weit aus, um die blutige Geschichte sich bekämpfender Imperien und Regierungsformen in einer historischen Dialektik zu dynamisieren und teleologisch auszurichten. Dabei versucht er auch, Herders Prioritätssetzung – den Vorrang des Lebensrechts von partikularen Kulturen vor den Anmaßungen universaler Ideologien – zu historisieren. In Aschers historischem Verständnis war die „*National-Regierung*", verstanden als kulturell und religiös determinierter Staat, in dem „der Geist des Volkes leben" und sich entfalten konnte, eine

Regierungsform, die der Ausbildung der Humanität nur bis zu einem gewissen Grade entgegenkam (Flugschriften S. 105). Diesen Staaten folgten „Gesetzgeber oder Gründer derjenigen Verfassungen, die das allgemeine Wohl des Staats zum Gegenstande ihrer Aufmerksamkeit machen, oder (wir) erblicken die Bildung desjenigen, was man *Republik* nennt" (Flugschriften S. 107). Im Gegensatz zu absolutistischen Staatsformen, wird die Republik dabei durch eine Verfassung definiert, die ihren Bürgern das Menschenrecht und das höchst mögliche Ausmaß an Freiheit garantiert und die Absichten, Handlungen und Kompetenzen der Regierung in diesem Sinne reglementiert. Staaten, die über verteidigungswürdige bürgerliche Verfassungen verfügen – also auch konstitutionelle Monarchien –, können in Aschers Augen diese Bedingungen erfüllen. Seines Erachtens ist es der Fortschritt der Staatsform bzw. der Regierung, von dem die Fortschritte auf dem Weg zu einer gesellschaftspolitisch umgesetzten Humanität in erster Linie abhängen. „Regierung ist die mächtigste Triebfeder der Idee der Menschheit, die sich in immer größerem Umfang durch sie entwickelt" (Flugschriften S. 111).

Die Entwicklung zu einer transkulturellen Universalität, die in Europa von Karl dem Großen in Gang gesetzt wurde, schuf in unzähligen Kriegen und Eroberungen und trotz aller Spaltungen und Schismen einen christlichen Gemeinsinn, der als zentrales Ideologem der europäischen Expansion diente. „Das Kirchenreich ward ein Weltreich" (Flugschriften S. 124). Diese Epoche hat mit der Französischen Revolution ihren Endpunkt erreicht. Die Revolution, „welche zu unserer Zeit in Frankreich ausbrach", verhalf einem neuartigen universalen Ideenreich zum Durchbruch, das sich durch säkulare Wissenschaft und Aufklärung langsam zu einer neuen ideologischen Fundierung potenzieller politischer Machtstrukturen verfestigen konnte (Flugschriften S. 131). Die Idee der Menschheit hat sich von ihrem religiösen Erbe emanzipiert und tritt jetzt auch politisch als eigenständige Theorie und konkurrierende Machtideologie auf den Plan. Ihr humanistisch-säkulares Banner trägt die Namen Freiheit und Emanzipation. „Befreit von allen konventionellen Verhältnissen, begann nun eine Regierung daselbst ihr Haupt empor zu heben, welche die Idee der Menschheit in höherem Grade zu verwirklichen bestrebt war. Lehnsystem, Frondienst und herrschende Religion wurden aus ihrem Gebiete verjagt" (Flugschriften S. 131). Mit der revolutionären Verfassungsgeschichte – von den 1790er Jahren bis zum Code Napoleon – und mit Napoleons Religionsedikten ist die universalisierende Mission des Christentums historisch überholt, und die Freiheits- und Gleichheitsgebote der bürgerlichen Verfassung schließen neben den politischen und juristischen Rechten auch das Recht auf freie Religionsausübung ein.

Auffällig ist, dass Aschers Napoleonbuch – trotz seiner machtpolitischen Analyse und bei allem Gespür für die ökonomischen und gesellschaftspolitischen Bedingungen historischer Umbrüche – einem idealistischeren Ansatz als sein Revolutionsbuch folgt. Denn die bereits in der „Eigenen Ansicht" erkennbare Tendenz, sich auf die Geschichtsmächtigkeit einer „höhere(n) Idealität" (Flugschriften S. 134) zu berufen, hat sich dahingehend verstärkt, dass der Begriff den latent universalen und progressiven Anspruch eines „Ideenreichs" zum Ausdruck bringen soll, das gewissermaßen aus eigenem Recht zur Verwirklichung drängt und eben darum – also aus einer der Geschichte als wesensmäßig zugeschriebenen immanenten (natürlichen) Logik der notwendigen Verknüpfung von Idee und Handlung – von politischen Machtinstinkten aufgegriffen wird. Diese Kompatibilität von ‚Herrschsucht' und ‚höherer Idealität' macht es nun im ersten Jahrzehnt des 19. Jahrhunderts für Ascher wahrscheinlich, dass sich die Ideen der Revolution in ganz Europa verbreiten und – davon ist Ascher 1807 überzeugt – auch durch die verbündeten europäischen Monarchien nicht zurückgedrängt werden können. Vielmehr hat der Widerstand der alten Monarchien seit den Koalitionskriegen die Militarisierung der französischen Republik erzwungen und sie somit überhaupt erst in die Lage versetzt, die Ideen der Revolution zu exportieren. Dauerhafter Frieden kann aus dieser Perspektive, die sich wiederum Kants politischer Theorie annähert, in Europa nur dann erreicht werden, wenn alle Staaten quasi-republikanische Verfassungen haben und sich verträglich in ein Einvernehmen setzten. Solange ein Verfassungsstaat mit den Expansionsgelüsten anarchischer Despotien konfrontiert ist, kann er nicht umhin, ihnen notfalls militärisch eine bürgerliche Verfassung anzutragen, um die eigene Sicherheit zu gewährleisten. Zehn Jahre nach der Veröffentlichung von Kants Essay *Zum ewigen Frieden* wird diese Politik in Aschers Einschätzung von Napoleon ins Werk gesetzt. „Da fasste die höhere Idealität der Regierung Frankreichs den Entschluß: die Opposition selbst zu vernichten und die Differenz zu lösen, in welche Europa geteilt war. Dies hielt sie für den Zweck ihres Daseins. Alle Staaten sollten ihrer Idealität teilhaftig werden; nur wenn dies Ziel erreicht wäre, konnte sie hoffen, der Ruhe und Sicherheit zu genießen. Von dieser Idee ergriffen, sehen wir in Frankreich den Genius Napoleons auftreten." (Flugschriften S. 134)

Den universalen Fortschritt, den Karl der Große „mit der Idee der Weltreligion" in Bewegung setzte, will Napoleon in Aschers Entwurf mit den republikanischen Ideen der Revolution weiterführen. „Die zurückgebliebenen Spuren der Nationalität in den Regierungen und Verfassungen auszujäten und in dem Kreise der Regierungen durch seinen Einfluß eine Idealität zu erwecken, die, dem Zeitgeiste gemäß, die Idee der Menschheit in dem Kreise der gesellschaftlichen Verfassungen realisire. Durch die Eroberungen und Siege Napoleons erblicken wir in Europa allmählich einen gleichsam allgemeinen Geist hervortreten, dessen Entwickelung, obgleich sie von der gegenwärtigen Generation teuer erkauft und von ihr verkannt werden mag, uns doch ahnen läßt: daß Napoleon nicht allein als ehrgeiziger Eroberer; sondern als ein erhabnes Glied in der Reihe der großen Triebfedern betrachtet werden muß, welche die Natur, ihre Absichten im Kreise der Menschheit zu erreichen, von Zeit zu Zeit in Bewegung zu setzen pflegt." (Flugschriften S. 135)

Die Nähe zu Hegels Einschätzung der historischen Rolle Napoleons als militärischer und machtpolitischer Exekutor des Zeitgeistes (zu Pferde) ist freilich dahingehend einzuschränken, dass Aschers Geschichtsphilosophie ein Naturbegriff zu Grunde liegt, der sich trotz zahlreicher (nicht zuletzt politisch motivierter) idealistischer Anleihen weiterhin einem empirischen Wissenschaftsbegriff verpflichtet glaubt, der die Geschichte als Abfolge von Revolutionen in den Blick nimmt, die sich letztlich aus den materiellen Bedürfnissen und Nöten des Volkes ableiten lassen.

Ascher weiß natürlich bereits 1807, dass Napoleons Politik schwerwiegende Probleme für sein historisches Modell aufwirft. Selbst wenn es ihm gelänge, die machtpolitische Herrschsucht seines Helden für die Beförderung der höheren Idealität des Zeitgeistes einzuspannen, stellt sich die Frage, ob der Preis für diese Allianz von Macht und Idealität nicht doch zu hoch ausfallen könnte. Da sind einmal die flächendeckenden Opfer an Gut und Leben, die Napoleons Eroberungszüge fordern. Da ist zum anderen der drohende Verlust von „Selbstheit" (Flugschriften S. 139), d. h. der eigenständigen Identitäten der von ihm unterworfenen Völker. Und da ist schließlich die Bedrohung, die von Napoleons Politik für den republikanischen Gedanken selbst ausgeht. Ascher glaubt, seine politische Deutung auch vor dieser dreifachen Herausforderung aufrechterhalten zu können. Trotz aller Anteilnahme für die „Opfer, welche der Kampf heischte, zu dem er (Napoleon) gleichsam *berufen* zu sein scheint", betont Ascher, dass derjenige, der „nur irgend ergriffen von einer höheren Ansicht der gesellschaftlichen Verfassung ist," die Kriege und „Umwandlungen, die Europa in Hinsicht seiner gesellschaftlichen Verhältnisse im neunzehnten Jahrhundert erfahren hat," weder als Untergang auffassen noch „seine Aussichten für den Fortschritt der menschlichen Gattung zur Vollkommenheit vernichtet sehen" wird (Flugschriften S. 137f.). Im Gegenteil erhofft Ascher sich viel von einem neuen europäischen Zentrum, das aus einem Zusammenschluss von Frankreich, Deutschland und Italien hervorgehen soll: „dass eben durch die Identifikation dieser drei Nationen die Idee der Menschheit in höherem Grade verwirklicht werden dürfte" (Flugschriften S. 138). In Bezug auf die Frage nach dem Schicksal der nationalen Identität Deutschlands und Italiens betont Ascher, dass beide Nationen noch zu gar keiner nationalpolitischen Ausbildung gefunden haben, und dass erst die napoleonische Neuordnung Europas einen Weg eröffnet, dass diese „in unzählige Verfassungen" zerstückelten Nationen eine neue „Selbstheit erlangen" können (Flugschriften S. 138).

Was bedeutet es aber für Aschers Entwurf, dass Frankreich 1807 keine Republik mehr ist? Konnte die hegemoniale Funktionalisierung des Code Napoléon, der in Frankreich 1804 in Kraft getreten war und die Verfassungen der neugeordneten Monarchien zum Teil stark beeinflusste, tatsächlich in Aschers Manier realpolitisch aufgewertet werden, weil trotz allem immer noch die Potenz erkennbar blieb, „die Regierung Europas einer neuen Stufe der Entwicklung entgegenzuführen" (Flugschriften S. 148)? Und war es vorstellbar, dass paradoxerweise gerade durch die napoleonische Hegemonie „der Geist dieser Völker gleichsam einen Hebel, sich zur Idee der Selbstheit zu erheben" finden konnte (Flugschriften S. 148)? Es mag nicht überraschen, dass Ascher diese in der Tat schwierigen Fragen, die in Hinsicht auf den Demokratieanspruch republikanischen Denkens gewissermaßen eine politische Grenze der Spätaufklärung absteckten, nicht überzeugend beantworten konnte.

Das für seine Leser zentrale Kapitel VII, „Deutschlands Aussichten", operiert mit zum Teil vagen oder sogar widersprüchlich erscheinenden Formulierungen, die sich nicht einfach nachvollziehen lassen. Ziel der französischen Eroberungspolitik ist laut Ascher nach wie vor „ein größerer Genuß der Freiheit" (Flugschriften S. 149). Um dieses Ziel aber überall durchsetzen zu können, sehe Napoleon sich gezwungen, seine Strategie den jeweils vorgefundenen Gegebenheiten anzupassen und bisweilen Bevölkerungsgruppen in ihren Freiheitsrechten dergestalt zu beschneiden, dass der paradoxe Eindruck entstehe, er wolle Freiheit durch Unfreiheit stiften. Auch wenn er Regierungen stürzt und Völker in neue Staaten zwingt, sei es aber in keinem Fall seine Absicht, „die Existenz der Nationen, wie etwa ihre Regierungen, zu vernichten, denn er läßt ihnen das Nationale, ihre Sprache, ihre Sitten, ihren Glauben. Er sucht sie nur in Hinsicht ihrer Denkart zu beherrschen" (Flugschriften S. 148). Die Denkart, die Ascher vorschwebt, setzt sich sowohl von Herders kulturhistorischer Fassung als auch von Fichtes idealistischer Gesinnungsprogrammatik ab. Sie muss zwar in der politischen Theorie umrissen werden, kann sich aber erst durch praktische politische Veränderungen im Volk herstellen. Ein Volk hat nicht bereits deshalb eine politische Identität, weil es eine gemeinsame Sprache spricht und gemeinsamen Sitten und Glaubenssätzen anhängt, sondern erst dann, wenn es konstitutionell verfasst ist und zum politischen Souverän geworden ist. Durch Napoleons politische und konstitutionelle „Vorkehrungen erhält der Geist dieser Völker gleichsam einen Hebel, sich zur Idee der Selbstheit zu erheben. Er vereinigt durch neue Dynastien die Trümmer ihrer Nationalität und gibt den alten Regierungen durch eine ihnen wiedergeschaffene Selbstheit ein Gefühl ihrer Würde" (Flugschriften S. 148f.). Das gilt auch für Deutschland: nämlich dass es die

„Selbstheit", die es „verloren wähnt (...), gar nicht mehr besaß" (Flugschriften S. 150). Napoleon ist aus Aschers Sicht in den deutschen Staaten das Gegenteil von dem, was Fichte ihm vorwirft; er ist der Garant für die Herausbildung einer deutschen Identität: dass ein „allgemeiner Geist (...) durch die Herstellung einer gewissen Gleichförmigkeit in Ideen, Gesinnungen und Gefühlen" erweckt wird, der „durch die in Napoleons Geist mit einer höhern Idealität ausgerüsteten Regierungen erhalten werden kann" (Flugschriften S. 150). Insoweit Fichte hier als impliziter Gegenpart anvisiert wird, gesteht Ascher ihm zu, dass „Deutschland seine Unabhängigkeit nicht innehat. Indes hat es sie besessen" (Flugschriften S. 150)? Für Ascher muss Deutschland durch eine Phase französischer Abhängigkeit hindurch, um durch die Idealität der Reform, die Napoleon in Gang gesetzt hat, die in sich bereits „von der Größe ist, dass sie nicht anders von ihnen als der Zustand von Selbständigkeit empfunden werden kann" (Flugschriften S. 151), dereinst „als ein Ganzes wieder auftreten" zu können (Flugschriften S. 156).

Aschers Vorstoß reißt somit ein Fass politischer Probleme auf, die die folgenden Jahrhunderte dominieren und auch ihn selbst einholen sollten. So musste er, wie angesprochen, 1815 öffentlich eingestehen, dass er einer demagogischen Verführung erlegen war, die seinen tiefsten Hoffnungen zu schmeicheln wusste. Es habe sich erwiesen, dass die französische Monarchie „nicht durch feste Grundsätze des Staatsrechts, sondern durch einen immerwährenden Wechsel demagogischer Gewalt und tyrannischer Willkür" ersetzt worden sei und einen „Verfall des Republikanismus in Frankreich" nach sich gezogen habe (Flugschriften S. 196f.). Napoleon sei es in erster Linie um die Erweiterung politischer, ökonomischer und militärischer Macht gegangen. Die Franzosen „waren es, die den Meister spielten, und es geschah daher nichts fürs Heil der Menschheit, sondern fürs Heil der Franzosen" (Flugschriften S. 196f.). Die Reaktion der europäischen Völker ist im Nachhinein verständlich geworden, wenn sie „sich von dem Oberhaupte Frankreichs nicht in dem Grade wie von den republikanischen Grundsätzen dominieren lassen" wollten (Flugschriften S. 197). Und doch betont Ascher weiterhin, dass der Unabhängigkeitsgedanke in sich noch keine fortschrittliche Alternative zur Idee einer republikanischen Föderation bietet und dass die Folgen der Befreiungskriege sich auf die politische Gesinnung gerade in Deutschland verheerend auswirken: „und so entwickelte sich denn jene Idee der *Deutschheit* bei ihnen, die dahin tendierte, daß alle diejenigen Ideen, die für den ganzen Kreis der Menschheit in dem Idealismus ihre Anwendung erhalten, durch jene bestimmte Richtung ihres Gemüts ihre bestimmte Anwendung bloß für die Deutschen erhalten sollten. (...) Die fixe Tendenz oder das einzige Bestreben der *Germanomanen* war und ist es noch, in der

Deutschheit gegen die *Gallomanie* ein Gegengewicht zu erlangen." (Flugschriften S. 197)

In einer seiner letzten Schriften diskutiert Ascher politische Tendenzen, die anzudeuten scheinen, was der Zusammenbruch der republikanischen Idee für das Schicksal der Aufklärungshoffnungen bis auf weiteres bedeuten könnte. Wurde seine kämpferische Publizistik vor allem von der Gewissheit getragen, wenn auch nicht in einem aufgeklärten so doch im Zeitalter zunehmender Aufklärung zu leben, so beobachtet er jetzt, ein „Unterschieben der Vernunftform für die Vernunft selbst (...), was unser Zeitalter karakterisiert und dem praktischen Leben ein Ansehn von größerer Vernünftigkeit giebt, deren es aber doch nicht in dem Grade theilhaftig ist, als beim wirklichen Fortschritt der Geistesentwicklung erwartet werden sollte". Das gelte nicht zuletzt für die bloß formalkonstitutionellen Monarchien, die sich unter Rückgriff auf Begriffe der politischen Aufklärung den Schein von Legitimität verleihen und keinerlei Garantie bieten können, dass nicht wieder ein Regent „eben so wie *Napoleon* durch seine konskribirte Armeen" zur europäischen Alleinherrschaft drängen und „es mit einer halben Welt aufzunehmen nicht anstehen wird".[21]

---

[21] Saul Ascher, Europa's politischer und ethischer Zustand seit dem Congreß von Aachen. Leipzig 1820, S. 45, 54f.

Christian Jansen
Gehören Herder, Arndt, Fichte, Fries und Hundt-Radowsky zur „völkischen Wissenschaft"?

Vordenker des deutschen Nationalismus als *völkisch* zu bezeichnen, die knapp hundert Jahre vor der Zeit gelebt haben, in der eine völkische Bewegung entstanden ist, mag als gewagt und „invention of tradition" gewertet werden. Nach Uwe Puschners Definition entstand die völkische Bewegung im Wilhelminismus, also ab etwa 1890 als Verbindung von Nationalismus und Rassismus mit religiösen Reformideen. Aber in diesem Beitrag geht es *nicht* um die völkische Bewegung, sondern um erste Vordenker. Meine Fragestellung zielt also auf die den Grenzen des Sagbaren. Wer hat zuerst Dinge formuliert, an die die *Völkischen* anknüpfen konnten? Wer hat Diskursgrenzen verschoben? Und in dieser Hinsicht sind die fünf von mir Porträtierten Johann Gottfried Herder, Ernst Moritz Arndt, Johann Gottlieb Fichte, Jakob Friedrich Fries und Hartwig von Hundt-Radowsky, die alle zwischen 1740 und 1780 geboren wurden, wichtig für eine frühe Radikalisierung nationalistischen Denkens mit Komponenten, die teilweise als völkisch charakterisiert werden können. Zu dieser Gruppe wäre unbedingt Friedrich Ludwig Jahn hinzuzunehmen[1] und es ist ein echtes Versäumnis, dass der „Turnvater" in unserm Handbuch fehlt. Dass von den Genannten und ihrem studentischen und turnerischen Fußvolk die Grenzen des Diskurses entscheidend verschoben wurden, haben bereits hellsichtige Zeitgenossen erkannt, insbesondere Saul Ascher, der sie bereits in den 1810er Jahren als *germanoman* bezeichnet hat. Und dieser Begriff ist durchaus ein Synonym für „völkisch" – ein Begriff, den zumindest Fichte schon 1811 benutzt hat.[2]

---

[1] Vgl. Werner Bergmann, Friedrich Ludwig Jahn, in: Wolfgang Benz (Hg.): Handbuch des Antisemitismus. Band 2/1, Berlin 2009, S. 403–406; Jansen, Christian/Henning Borggräfe, Nation – Nationalität – Nationalismus. Frankfurt a. M. 2007, S. 44-49.
[2] Vgl. Saul Ascher, Die Germanomanie. Skizze zu einem Zeitgemälde. Berlin 1815; Bernd Fischer, Ein anderer Blick: Saul Aschers politische Schriften. Wien 2016, S. 105–125; Deutsches Wörterbuch von Jacob und Wilhelm Grimm. Bd. 12/2, Leipzig 1952, Sp. 485. Weitere Ausführungen, auf die ich mich beziehe, finden sich in Christian Jansen, Art. Ernst Moritz Arndt, Johann Gottlieb Fichte, Jakob Friedrich Fries, Johann Gottfried Herder, Hartwig v. Hundt-Radowsky, in: Michael Fahlbusch/Ingo Haar/Alexander Pinwinkler (Hg.), Handbuch der völkischen Wissenschaften. 2. überarb. Auflage, Berlin, Boston 2017, S. 39–44, 156–162, 197–202, 294–298 und 313–317.

https://doi.org/10.1515/9783110654592-003

Bei Johann Gottfried Herder ist die Zuordnung zur *völkischen* Wissenschaft besonders strittig. Herders Oeuvre ist so riesig und er hat lange gelebt, so dass sich Belege für die unterschiedlichsten Lesarten finden lassen. Ich halte dennoch daran fest, dass Herder der einflussreichste Vordenker des deutschen Nationalismus war und dass er ihn in einer Weise konzipiert hat, die später für Völkische anschlussfähig war. Zugleich war er einer der wichtigsten deutschen Aufklärer und ein sehr erfolgreicher Schriftsteller.

Da seine Metaphorik stark organologisch geprägt war und da für ihn die Muttersprache das wichtigste Kriterium für die Zugehörigkeit zu einem Volk war, zähle ich ihn zu den Erfindern völkischen Denkens, obwohl derartige Fragen keineswegs im Mittelpunkt seines vielfältigen Oeuvres standen. Viele *Völkische* des späten 19. und des 20. Jahrhunderts haben sich auf seinen ethnisch-kulturellen Volksbegriff bezogen und sein Denken radikalisiert, oft auf der Basis weniger Stellen und unter Vernachlässigung der aufklärerischen Grundtendenz seiner Veröffentlichungen. Dagegen konnte sich der 1803 verstorbene Herder selbstverständlich nicht wehren. Dennoch formulierte er wichtige Paradigmen und prägte so den spezifisch deutschen nationalistischen Diskurs, obwohl er seine Vorstellungen über die deutsche Nationsbildung nie systematisch entwickelt hat. Einige Auszüge aus Herders Werken sollen veranschaulichen, warum er am Anfang eines völkischen, d. h. ethnisch-kulturellen „objektiven", auf der Vorstellung vom Volk als Abstammungsgemeinschaft beruhenden Nationalismus[3] und der Suche nach „wissenschaftlichen" Argumenten für diese Perspektive auf die Gesellschaft stand.

Herder führte aus: „Die Natur hat Völker durch Sprache, Sitten, Gebräuche, oft durch Berge, Meere, Ströme und Wüsten getrennt. (...) Die Verschiedenheit der Sprachen, Sitten, Neigungen und Lebensweisen sollte ein Riegel gegen die anmaßende Verkettung der Völker, ein Damm gegen fremde Überschwemmungen werden. (...) Völker sollten neben einander, nicht durch- und übereinander drückend wohnen. (...) Wer in derselben Sprache erzogen ward, wer sein Herz in sie schütten, seine Seele in ihr ausdrücken lernte, der gehört zum Volk dieser Sprache. (...) Mittelst der Sprache wird eine Nation erzogen und gebildet: mittelst der Sprache wird sie Ordnung- und Ehrliebend, folgsam, gesittet, umganglich, berühmt, fleißig und mächtig."[4]

Herder steht somit am Anfang einer folgenreichen Ontologisierung und Biologisierung und damit zugleich der Entpolitisierung des Volksbegriffs: Herder

---

[3] Zur Begrifflichkeit vgl. Christian Jansen/Henning Borggräfe, Nation – Nationalität – Nationalismus. Frankfurt a. M. 2007, S. 12f.

[4] Briefe zu Beförderung der Humanität (1793–97). Alle anderen Zitate sind nachgewiesen in meinen Artikeln in Michael Fahlbusch u. a. (Hg.), Handbuch der völkischen Wissenschaften.

schrieb über Völker am liebsten in organologischen Metaphern und schrieb ihnen menschliche Eigenschaften wie Gesinnung, Geist und Seele zu. Diese Bildsprache implizierte, dass die Abgrenzung von Völkern gegeneinander möglich, ja dass sie sogar notwendig sei für eine günstige Entwicklung des „Volkskörpers". Die Natur habe die Völker durch Sprache, Sitten und Gebräuche getrennt. Die Vermischung von Völkern war seit Herder negativ konnotiert. Die Abgrenzung von Völkern über ihre Sprache und damit, anders als in der französischen und amerikanischen Revolution, nicht über historische oder politische Kategorien (zum Beispiel territoriale Grenzen oder Staatsbürgerschaft), sowie die organologische Metaphorik führten zu ethnischer Exklusion, zu einer negativen Bewertung der Völkermischung und zu Xenophobie.

Herders Ideal einer getrennten Entwicklung der Nationen stieß unter den deutschen Intellektuellen um 1800 auf große Resonanz. Der vielfache Appell nicht allein deutscher Nationalisten, die europäischen Völker gegeneinander abzuschotten, kann interpretiert werden als der Versuch, der zunehmenden Mobilität und sozialen Differenzierung, die zur Auflösung älterer Bindungen führte, durch neue Inklusionscodes entgegenzuwirken. Im deutschen Sprachraum gab es, anders als in Westeuropa, keine Staatlichkeit, die in einen Nationalstaat umdefiniert werden konnte. Es existierten auch sonst keine massenwirksamen Identifikationsangebote (wie etwa eine Revolution), auf die etwa ein Verfassungspatriotismus oder politischer Nationalismus sich hätten beziehen können.[5] Deshalb mussten im deutschen Sprachraum wirksame Inklusionscodes fast zwangsläufig auf Sprache und Abstammung, also auf ethnischen Gemeinsamkeiten aufbauen.

Auch die religiöse Aufladung der Nationalität, also der Beginn der Verwandlung des deutschen Nationalismus in eine moderne politische Religion, ist bereits bei Herder angelegt, und auch hierin ist der große Aufklärer ein Vorläufer der *Völkischen*. Denn er schrieb: Wer sich mit dem Vaterland identifiziere, setze „das Werk Luthers" fort und fördere „Nationalreligion im engsten Sinne des Wortes".[6] Herders Zielvorstellung war eine deutsche Nationalkirche auf der Basis der Reformation. Wie durch ihre Sprachen sollten die Völker auch durch eine je eigene Religion separiert werden. Sprache und Religion zusammen bildeten für ihn den „Nationalcharakter" aus.

Die anderen vier hier untersuchten Nationalisten sind alle mindestens 20 Jahre jünger als Herder, gehören also zur nächsten Generation und gewissermaßen zu Herders Schülern. Ihr prägendes Erlebnis waren nicht mehr Sturm und Drang wie bei Herder, sondern die französische Revolution und die Eroberung

---

[5] Zur Begrifflichkeit vgl. Jansen/Borggräfe, Nation – Nationalität – Nationalismus, S. 11f.
[6] Johann Gottfried Herder, Über National-Religionen (1802).

Europas durch die von neuen politischen Idealen beflügelten französischen Armeen. Unter ihnen sind Fichte und Fries philosophisch interessante und innovative Denker, Arndt und Hundt-Radowsky hingegen christlich-deutschtümelnde Hassprediger.[7] Jahn oder auch Schleiermacher, die ich auslasse, gehören derselben ersten Generation nationalistischer Intellektueller in Deutschland an und stehen zwischen den Polen stärker wissenschaftlicher Reflexion und politischer Pamphlete, die ich mit meinen vier folgenden Beispielen anspreche.

Johann Gottlieb Fichte war einer der bedeutendsten Philosophen des deutschen Idealismus mit einem großen wissenschaftlichen Oeuvre. Hier geht es mir nur darum, wie er in zentralen politischen Texten zur Radikalisierung des deutschen Nationalismus und zur Entstehung völkischen und antisemitischen Denkens beigetragen hat. Zusammen mit dem „Turnvater" Friedrich Ludwig Jahn, Ernst Moritz Arndt, Friedrich Daniel Schleiermacher und Heinrich Luden gehörte Fichte zu den wichtigsten „Erfindern" des deutschen Nationalismus unter napoleonischer Herrschaft und in den „Befreiungskriegen" und zu den Paten der ersten nationalistischen Organisation in „Deutschland", der Burschenschaft. Ihre Ideen wurden nicht nur in der intellektuellen Elite, sondern auch in Teilen des wachsenden Bürgertums populär. In Reden und Publikationen (von Flugschriften und Artikeln bis zu Gedichten und Liedern) radikalisierten sie den deutschen Nationalismus in Anknüpfung an aufklärerische und romantische Ideen maßgeblich auch in der Christlich-Deutschen-Tischgesellschaft in Berlin.

Fichte spitzte in der aufgeheizten Stimmung während der napoleonischen Kriege insbesondere Herders Verständnis der Nationen als von Natur aus wesensverschiedene Einheiten zu, was eine Essenzialisierung politischer Kategorien bedeutete. Herders Topos von der besonderen Reinheit und Unvermischtheit der Deutschen und ihrer Sprache, für den Tacitus als Beleg angeführt wurde, was an sich schon fragwürdig war, wie ein Blick in die *Germania* zeigt, was vor allem aber alle Migrationen seit der Antike ignorierte, griff Fichte auf und machte ihn zu einem der wirksamsten Argumente des extremen Nationalismus. Er charakterisierte die Deutschen in den *Reden an die deutsche Nation* als „Urvolk", also als wenig zivilisiert und kaum durch fremde Einflüsse verdorben. Diese Behauptung sollte die Überlegenheit und besondere Mission der deutschen Nation in Abgrenzung von anderen begründen: „nur der Deutsche – der

---

[7] Arndt hat seine extremen Positionen später reflektiert (vgl. seinen Text „Die Persönlichkeit oder das Gepräge des Volks, was man wohl Charakter zu nennen pflegt. Vorzüglich in Beziehung auf das deutsche Volk" von 1847; freundl. Hinweis von Dirk Alvermann (Greifswald), der für 2020 die Publikation eines Vortrags zum Thema bei der Tagung „Ernst Moritz Arndt in seiner Zeit" (Sept. 2019 im Pommerschen Landesmuseum Greifswald) vorbereitet. Bei Hundt-Radowsky sind solche Ambivalenzen nicht zu erkennen.

ursprüngliche und nicht in einer willkürlichen Satzung erstorbene Mensch", habe „wahrhaft ein Volk", nur er sei „der eigentlichen (...) Liebe zu seiner Nation fähig".[8] Drastischer formulierte es Ernst Moritz Arndt: „Die Deutschen sind nicht durch fremde Völker verbastardet, sie sind keine Mischlinge geworden, sie sind mehr als viele andere Völker in ihrer angeborenen Reinheit geblieben (...); die glücklichen Deutschen sind ein ursprüngliches Volk".[9]

Besonders folgenreich und relevant für das Entstehen des völkischen Denkens war Fichtes pathetische Aufladung des Volks-Begriffs, insbesondere in der Achten Rede. „Volk" für Fichte war etwas Substanzielles, „Ewiges", das den Einzelnen transzendiere und ihn mit seinen Vorfahren verbinde. Die Substanz, die ein Volk zusammen halte, suchten auch Herder, Jahn und andere Frühnationalisten und bezeichneten sie als „Volkscharakter", „Volksgeist" oder „Volksthum". Fichte knüpfte hier in der Achten Rede an und grenzte „Volk" und „Vaterland" als etwas „irdisch Ewiges" gegen die Vergänglichkeit politischer Ordnungen und Institutionen ab: „Volk und Vaterland (...) als Träger und Unterpfand der irdischen Ewigkeit, (...) liegt weit hinaus über den Staat, im gewöhnlichen Sinne des Wortes, – und über die gesellschaftliche Ordnung".[10]

Diese substanzialistische (bzw. essentialistische) Definition und Abgrenzung von Völkern führte wie bei Herder zu ethnischer Exklusion und zu einer negativen Bewertung der Völkermischung. Die Angst vor der Mischung betraf vornehmlich romanische („römische"/„welsche") Einflüsse – also die humanistische Bildung und ihren Kult der Antike, Frankreich, den Katholizismus. Einflüsse aus dem „germanischen" Norden und Westen Europas (Großbritannien, Niederlande, Skandinavien) begriff Fichte hingegen als befruchtend und bereichernd. Und so ist es wohl kein Zufall, dass sich bei Fichte auch ein früher Nachweis findet, der das ursprünglich pejorative Wort „völkisch" aufwertet. Unter Verweis auf die Etymologie, die das Wort „deutsch" auf althochdeutsch „diutisc" zurückführt, was „zum Volk gehörig" bedeutet, meinte Fichte 1811 in einem Text aus dem Umfeld der Burschenschaftsgründung, den sein Sohn überliefert hat: „*Deutsch* heißt schon der Wortbedeutung nach *völkisch*, als ein ursprüngliches und selbstständiges, nicht als zu einem Andern gehöriges, und Nachbild eines Andern. Der eigene und selbständige Grundmensch ist ein *Deutscher*; der als Nachbild eines andern lebendigen Seyns in der Mitwelt oder Vor-

---

8 Johann Gottlieb Fichte, Reden an die deutsche Nation. Berlin 1808, S. 244 http://www.deutschestextarchiv.de/book/show/fichte_reden_1808 (30.5.2019)
9 Ernst Moritz Arndt, Phantasien zur Berichtigung der Urteile über künftige deutsche Verfassungen (1815), in: ders., Werke. Bd. 14, Leipzig 1909, S. 115 (im Original gesperrt).
10 Fichte, Reden an die deutsche Nation., S. 251–253 und 257.

welt Gebildete ist ein *Fremder*."[11] Fichte benannte hier erneut, warum die Deutschen allen anderen Völkern überlegen seien: weil sie „ursprünglich", „selbständig" und absolut eigenständig seien. Sein Nationalismus war nicht nur xenophob, sondern durch die Gleichsetzung von „deutsch" mit volkstümlich („völkisch") auch mit demokratischen und sozialistischen Ideen verbunden.

In meinem Handbuch-Artikel habe ich mich auch mit Fichtes komplexem Antisemitismus auseinandergesetzt, was ich hier aber aus Platzgründen nicht wiederholen kann. Jedenfalls verfolgte Fichte in der Frage, ob die Juden eine Gefahr für die von ihm angestrebten demokratisch-republikanische Ordnung darstellten, ganz andere Ziele und dachte ganz anders als die völkisch-nationalistische Mystik, der er in den *Reden an die deutsche Nation*, zu anderen Themen wichtige Argumente geliefert hat. Folgt man Micha Brumlik, so gehört Fichte gar zu den Vorläufern der sachlich-technokratischen Organisatoren des Holocaust.[12] Auch wenn es liberale wie völkische Nationalisten und schließlich auch die Nationalsozialisten immer wieder versucht haben: aus Fichtes anspruchsvollem, komplexem, aber auch widersprüchlichem Oeuvre lassen sich nur schwer eindeutige politische Botschaften ableiten.

Jakob Friedrich Fries war politisch der Antipode Hegels. Während Hegel Fries in der Vorrede zu seiner Rechtsphilosophie als „Heerführer der Seichtigkeit" herabsetzte, meinte Fries: „Hegels Lehre gehört ihrem großen Einfluss nach mehr in die Geschichte der Schulpolizei zu Berlin als in die Geschichte der Philosophie." Für seinen obrigkeitskritischen Radikalismus verehrten die Burschenschafter Fries, der zunächst in Heidelberg und später in Jena lehrte, allerdings 1819–1824 (unter Fortzahlung seines Gehalts) suspendiert war, weil der Burschenschafter und Terrorist Karl Ludwig Sand (1795–1820) sein Schüler gewesen war.

Fries stand philosophisch in der Nachfolge Kants. In der Moralphilosophie war für Fries der Begriff der persönlichen Würde zentral. Auf ihn gründete er seine Philosophie des politischen Lebens. Aber die persönliche Würde war für Fries kein universeller Wert, sondern an die ethnisch definierte Staatsangehörigkeit gebunden – ebenso wie die Nationalversammlung 1848 keine allgemeine Erklärung der Menschen- oder Bürgerrechte, sondern bewusst „Grundrechte der Deutschen" beschloss. Für den extremen Nationalismus ist Fries vor allem wegen seines Antisemitismus wichtig. Er begriff Juden (ähnlich wie später Karl

---

11 Zit. nach Johann Immanuel Fichte, Johann Gottlieb Fichte's Leben. Zweiter Theil, Leipzig 1862, S. 147 (kursive Stellen im Original gesperrt); http://reader.digitale-sammlungen.de/de/fs1/object/display/bsb10045734_00007.html (30.5.2019)
12 Micha Brumlik, Deutscher Geist und Judenhass. Das Verhältnis des philosophischen Idealismus zum Judentum. München 2000. Zu Fichte dort S. 75–131.

Marx) als „Händlerkaste" und bedrohliche Finanzkapitalisten. Außerdem sah er in Religionen generell gefährliche Ideologien, die den nationalen Zusammenhalt schwächten. Er stand darin in der Tradition Kants, dessen Ziel eine aufgeklärte Religion war.

Antisemitismus war im frühen 19. Jahrhundert in der deutschen nationalistischen Bewegung verbreitet. Auch wenn seine antisemitischen Äußerungen extrem waren, gehörte Fries mit Fichte und Arndt zu denjenigen nationalistischen Wissenschaftlern, die völkische Ideologeme im ersten Drittel des 19. Jahrhunderts entwickelten und die Saul Ascher 1815 treffend als *Germanomanen* charakterisiert hat. Sie wirkten politisch prägend auf die Burschenschaft, die erste nationalistische Organisation in „Deutschland", deren Mitglieder häufig bei ihnen studierten und sie verehrten. Viele dieser frühnationalistischen Intellektuellen wurden als „Demagogen" politisch verfolgt und verloren oft mehrfach ihre Stellungen, zunächst wegen ihrer Opposition gegen die französische Besatzungsherrschaft, dann im Rahmen der politischen Reaktion nach der Niederlage Napoleons, insbesondere aufgrund der Karlsbader Beschlüsse (1819).

Ausgehend von einer ethnisch-kulturellen Definition des Deutschseins, meist über die Muttersprache, verlängerten viele frühnationalistische Wissenschaftler die Abstammung moderner Völker bis zu prähistorischen Stämmen zurück und verstanden Volkszugehörigkeit als vererbte Eigenschaft, teilweise mit rassistischen Implikationen. Aus diesen Annahmen ergab sich oft, dass nur ein Staat, dessen Grenzen zugleich „Volksgrenzen" seien, ein „Vaterland" sein könne. Die Juden mit ihren eigenen Gesetzen, Ritualen und ihrer Abgrenzung von der christlichen Mehrheitsgesellschaft hingegen sahen Fries, Fichte und viele andere Frühnationalisten als „Staat im Staate". Sie seien „unter allen geheimen und öffentlichen politischen Gesellschaften und Staaten im Staat die gefährlichste".[13] Bei Arndt oder Fries radikalisierten sich essenzialistische Definitionen des „Deutschseins" zu Hasspredigten gegen Franzosen und zu antisemitischen Tiraden bis hin zu drastischen Forderungen nach einem Ausschluss der Juden aus der deutschen Nation und ihrer Stigmatisierung. Auf Fries' Einfluss geht der Ausschluss der Juden aus der Burschenschaft, der ersten nationalistischen Organisation in Deutschland zurück, zu einem Zeitpunkt, als Hegel in seiner Rechtslehre den Juden die rechtliche Gleichstellung zugestand und damit

---

[13] Friedrich Jakob Fries, Über die Ansprüche der Juden an das deutsche Bürgerrecht, in: Heidelberger Jahrbücher der Literatur, Bd 16/17 (1816), zit. nach Jakob Friedrich Fries, Sämtliche Schriften. Bd. 25, Aalen 1996, S. 150–173, 165.

die von den Reformern in den Regierungen vieler deutscher Staaten verordnete Judenemanzipation unterstützte.[14]

Dass der Antisemitismus bereits den Anfängen der nationalistischen Bewegung inhärent war, zeigte sich auch im Widerstand gegen die Judenemanzipation, die unter napoleonischer Herrschaft begann und die reformorientierte Verwaltungen nach 1815 fortführten. Nationalistische Liberale opponierten häufig dagegen. Dabei argumentierten auch sie mit der Idee ethnischer Reinheit. Als Gegenleistung für die Emanzipation verlangten sie von den Juden vollständige Assimilation, einschließlich Konversion zum Christentum. Vor dem Hintergrund der Idee, ein Nationalstaat müsse ethnisch und religiös homogen sein, forderten führende Nationalisten wie Fries bereits die Ausweisung der nicht assimilationswilligen Juden. Die beiden judenfeindlichen Schriften Fries' erschienen 1816/17, in einer Zeit relativer Meinungsfreiheit, in die auch das Wartburgfest mit seinen ebenfalls antijüdischen Ausfällen fiel. Fries differenzierte wie viele Autoren zwischen einzelnen Juden und der „Judenschaft": „Nicht den Juden, unsern Brüdern, sondern der Judenschaft erklären wir den Krieg. Wer den Pestkranken liebt, muß der nicht wünschen, daß er von der Pest befreyt werde? Und schmäht der den Pestkranken, der über die Schrecken der Pest klagt und räth, wie man sie vertreibe? Die Judenschaft ist ein Ueberbleibsel aus einer ungebildeten Vorzeit, welches man nicht beschränken, sondern ganz ausrotten soll. Die bürgerliche Lage der Juden verbessern heißt eben das Judenthum ausrotten, die Gesellschaft prellsüchtiger Trödler und Händler zerstören. Judenschaft ist eine Völkerkrankheit, welche (…) an Macht gewinnt (…), wo es viele müßige Reiche gibt, die zu verschwenden anfangen. Deren todt liegende Kapitale werden von den Juden gefressen wie das Faulende vom Gewürm."[15]

Im weiteren Verlauf seiner Polemik machte Fries konkrete Vorschläge, unter anderem: „Jede Einwanderung von Juden soll verboten, die Auswanderung möglichst begünstigt werden. (…) Sie sollen genöthigt werden, ihre Kinder in

---

[14] Gerald Hubmann, Völkischer Nationalismus und Antisemitismus im frühen 19. Jahrhundert: Die Schriften von Rühs und Fries zur Judenfrage, in: Renate Heuer/Ralph-Rainer Wuthenow (Hg.). Antisemitismus – Zionismus – Antizionismus 1850–1940. Frankfurt a. M., New York 1997, S. 10–34, hier S. 26. Zu Hegel vgl. auch Dirk Meyfeld, Volksgeist und Judenemanzipation. Hegels Haltung zur jüdischen Emanzipation und zum Frühantisemitismus seiner Zeit. Berlin 2014 (https://edoc.hu-berlin.de/bitstream/handle/18452/17729/meyfeld.pdf), insbes. S. 87: „Jene Erscheinungen des Frühantisemitismus und des jungen völkischen Liberalismus veranlassen Hegel dazu, politisch zu intervenieren und ihnen gegenüber mit seiner Rechtslehre von 1820 entschlossen Opposition zu beziehen. Er greift allerdings die Begriffslosigkeit bei den jungen Revolutionären ebenso an, wie er sie gleichzeitig bei dessen unmittelbaren Gegnern von der Historischen Rechtsschule und den weiteren ausdrücklichen Apologeten der Restauration bloßlegt."
[15] Fries, Über die Ansprüche, S. 158f.

die öffentlichen christlichen Schulen zu schicken; ihr Rabbiner sollen bloß Religionslehrer seyn, (...). Sehr gut wäre es indessen freylich, wenn man, (...) ihnen, (...) nach alter Sitte wieder ein Abzeichen in der Kleidung aufnöthigte. (...) Daneben aber müßte man ihnen das Eingreifen in öffentliche Geldgeschäfte und die kleinen Mäklerdienste auf dem Lande gänzlich wehren; man müßte Ihnen jede Art des Handels entweder völlig verbieten oder doch ganz besonders erschweren."[16]

Ernst Moritz Arndt (1769–1860) war neben dem „Turnvater" Friedrich Ludwig Jahn wahrscheinlich der einflussreichste Impulsgeber für den frühen deutschen Nationalismus, da er nicht nur viel gelesene Pamphlete schrieb, sondern auch als einer der ersten erkannte, dass Nationalismus sich als Ersatzreligion und Religionsersatz eignete und sich sehr geschickt eingeführter religiöser Textsorten für seine Propaganda bediente: er schrieb Katechismen, Kirchenlieder[17], aber auch andere populäre Texte wie Märchen, Gedichte und Lieder. Die Rituale des frühen Nationalismus – etwa Gedenkfeiern für die so genannte „Völkerschlacht" – lehnten sich eng an religiöse Vorbilder an. Neben christlichen Überlieferungen wollten diese Rituale an vermeintlich germanische Traditionen der Naturverehrung anknüpfen. Man traf sich im Freien, vorzugsweise bei großen Bäumen und bekränzte sich mit Eichenlaub. Der Ablauf der Feiern war von großem Gesangsenthusiasmus geprägt, wobei sich protestantische Kirchenlieder und nationalistische Hymnen abwechselten. Arndts Lieder wie *Der Gott, der Eisen wachsen ließ, der wollte keine Knecht* oder *Des Deutschen Vaterland* wurden durch kryptopolitische Vereine, vor allem durch bürgerliche Gesangvereine, aber auch durch Turn- und Schützenvereine, weit verbreitet. Schließlich trug zu Arndts herausragender Wirkung bei, dass er 90 Jahre alt wurde. So lebte er noch im Vormärz, als nach langer Unterdrückung aufgrund der Karlsbader Beschlüsse (1819) seine Texte wieder gelesen und nachgedruckt und seine Lieder wieder öffentlich gesungen werden durften, so dass er auch der Epoche des Aufbruchs, nationalistischer Aufwallungen und des Franzosenhasses seit der Rheinkrise (1840) seinen Stempel aufdrücken konnte. Als hoch geehrter Greis und lebende Legende, die die Verbindung zum ersten nationalistischen Aufschwung unter napoleonischer Besatzung und den „Befreiungskriegen" verkörperte, wurde er mit fast 80 Jahren noch in die Frankfurter Nationalversammlung gewählt, wo er allerdings wegen Schwerhörigkeit und anderer altersbedingter Einschränkungen nur mehr eine repräsentative Rolle spielte.

---

[16] Ebd., S. 169 und 172.
[17] Zwei stehen bis heute im Evangelischen Gesangbuch: „Kommt her, Ihr seid geladen" und „Ich weiß, woran ich glaube".

Außer den bereits erwähnten waren Arndts einflussreichste Texte: „Katechismus für den teutschen Kriegs- und Wehrmann", „Der Rhein, Deutschlands Strom, nicht Deutschlands Gränze" und „Über Volkshaß", eine wortreiche Rechtfertigung des Franzosenhasses. Völkerhass war für Arndt das wirksamste Mittel zur Nationsbildung im Sinne einer Selbstfindung der Völker: „Ich will denn Haß gegen die Franzosen, nicht bloß für diesen Krieg. Ich will ihn für lange Zeit, ich will ihn für immer. Dann werden Teutschlands Grenzen auch ohne künstliche Wehren sicher sein, (...). Dieser Haß glühe als Religion des teutschen Volkes, als ein heiliger Wahn, in allen Herzen (...)." *Völkisch* waren viele dieser Texte, weil sie *Volk* ethnisch definierten und zugleich demokratisch (im Sinne zumindest rudimentärer Mitbestimmung des Volkes) argumentierten. Arndt mystifizierte *Volk* und sah es als wichtigsten politischen Akteur. Mit dieser Argumentation beeinflusste er den Nationalismus der Burschenschaft wesentlich.

Arndt gelang vor allem eine öffentlichkeitswirksame Biologisierung politischer Kategorien. Denn für ihn stand nicht das politisch Realisierbare im Vordergrund, sondern das angeblich Natürliche – so etwa, wenn es um die heikle Frage der Grenzen *Deutschlands* ging. Die Formel aus Arndts berühmtem Lied, das zur inoffiziellen Nationalhymne wurde, lautete: „Deutschland" reiche, „soweit die deutsche Zunge klingt und Gott dem Herren Lieder singt". Ein solches großdeutsches Reich hätte Millionen anderssprachige Untertanen eingeschlossen. Während Arndt sich – außer Phrasen und allgemeiner Kriegsverherrlichung – keine Gedanken machte, wie solche Grenzen gegen die Interessen diverser anderer Staaten durchgesetzt werden könnten, popularisierten solche Parolen irreale und romantische Vorstellungen, die sowohl imperial als auch exklusiv waren. Deren Wirkung verstärkte Arndt dadurch, dass er sich formal und sprachlich an kirchlichen Vorbildern orientierte. Während Theodor Körner, der andere wichtige Dichter des antinapoleonischen Nationalismus, selbst als Freiwilliger in den Krieg zog, blieb Arndt immer ein Agitator, der sein Leben nicht riskierte, sondern andere in den Krieg schickte. Arndt veröffentlichte neben antifranzösischen Hasspredigten auch Antisemitisches. Die Argumente waren sehr ähnlich, nämlich extrem xenophob: jede Mischung von verschiedenen Völkern lehnte er als „Bastardisierung" ab.

Hartwig von Hundt-Radowsky radikalisierte diesen Judenhass noch einmal. Am einflussreichsten war sein Pamphlet *Der Judenspiegel*, das erstmals 1819 erschien. Innerhalb weniger Monate verkaufte Hundt-Radowsky zwei Auflagen à 5.000. Damit war *Der Judenspiegel* angesichts eines Lesepublikums von nur rund 30.000 Personen in den deutschen Staaten ein Bestseller. Weil aufgrund der Karlsbader Beschlüsse 1819 die Behörden die Zensur verschärften und

Hundt als Demagogen verfolgten, erschienen 1821 und 1848 nur noch gekürzte und entschärfte Neuauflagen.[18]

Man kann nur verstehen, warum es um 1800 zu einem derartigen Aufschwung oppositioneller politischer Publikationen und in diesem Kontext zu einer Radikalisierung nationalistischer wie judenfeindlicher Topoi kam, wenn man sich bewusst macht, dass im Übergang von der Stände- zur marktorientierten Klassengesellschaft eine Schicht prekärer Intellektueller entstanden ist, die es in der Ständegesellschaft nicht gegeben hatte. Sie hatten aufgrund ihrer politischen Opposition (wie Arndt und Jahn) oder – wie Hartwig Hundt aufgrund eines exzessiven Lebens – die materielle Basis ihrer bürgerlichen Existenz verloren und mussten deshalb mit dem, was sie schrieben, ihr Brot verdienen. Damit verbietet sich auch eine rein geistesgeschichtliche Betrachtung solcher Publikationen. Denn sie schrieben nicht allein das, was sie meinten (auch wenn sie sich gerne zu Überzeugungstätern stilisierten). Sie schrieben, was sie für marktgängig hielten, denn sie wollten möglichst viele Bücher verkaufen, weil allein ihr soziales Kapital als gefragte Autoren ihre Existenzgrundlage sichern konnte. Sie waren populistisch aus kommerziellem Interesse, und diese Marktorientierung macht ihre Texte zu nachträglich ablesbaren Seismografen des Zeitgeistes.

Im *Judenspiegel* spitzte Hundt seine antisemitischen Tiraden unter Verwendung des nationalistischen Topos vom *Volkscharakter*, der auf Herder und Jahn zurück geht, rassistisch zu: „Heimtückisch lauernde Arglist, schmutziger Geiz und Wuchersinn, ein unbesieglicher Hang zu Betrügereien und Ränken, Neid, eitler Hochmuth verbunden mit sklavischer, schmarotzender Kriecherei, Wollust, unerbittliche Rachgier und Grausamkeit, trotziges Prahlen und verzagte Feigheit im Unglück: dies waren und sind, und werden ewig die Grundbestandtheile des jüdischen Volkscharakters seyn. Hierzu kommt noch ihr specifischer Geruch, den sie durch ihre unnatürlichen Laster, als ein Allen gemeinschaftliches *Erbgut*, erworben haben." Mit dem „specifischen Geruch" erweiterte Hundt den verbreiteten Katalog negativer jüdischer Charaktereigenschaften um eine körperliche Eigenart, die er ausdrücklich als erblich bezeichnet.

Von diesen „unvertilgbaren Beschaffenheiten des Gemüths und des Körpers" der Juden ausgehend sprach sich Hundt gegen jede Art der Freundschaft „oder gar Verschmelzung" (gemeint sind offenbar sexuelle Beziehungen) mit Juden aus. „Eine solche Annäherung oder Verschmelzung würde für jedes nichtjüdische Volk ein gänzliches physisches und sittliches Verderben zur Folge haben. Daher sollte man (...) jedem Juden den Uebertritt zum Christhume

---

18 Die Biografie und das Oeuvre von Hundt-Radowsky sind gut erforscht durch Peter Fasel, Revolte und Judenmord. Hartwig von Hundt-Radowsky (1780–1835). Biografie eines Demagogen. Berlin 2010. Auf dieses Buch stützen sich meine Ausführungen.

wehren, damit nicht das Gift der physischen und moralischen, den Israeliten anklebenden Krankheiten auch den Christen eingeimpft werden."[19] Für Hundt waren die Juden also verschieden von allen anderen Völkern, ein gefährliches Gegenvolk, dessen Mitglieder alle, die sich näher mit ihnen einließen, vergifteten oder infizierten. Er verwarf auch jede Möglichkeit, aus dem Judentum auszutreten, etwa durch Konversion: „Der Mauschel- und Schachergeist klebt den Hebräern an, wie der Zwiebelgeruch und der Erbgrind und kann weder durch die Taufe abgewaschen, noch durch ein Diplom erstickt werden."[20]

Das letzte Kapitel seines Pamphlets widmete Hundt der „Ausrottung und Vertreibung der Juden". Den Gedanken der bürgerlichen Verbesserung der Juden, also ihre Assimilation an die christlich-deutsche Mehrheitsgesellschaft, nannte Hundt – „gewiß eine der lächerlichsten Thorheiten des aufgeklärten achtzehnten Jahrhundertes".[21] Stattdessen schlug Hundt vor:

> 1) Man verkaufe Israels Kinder an die Engländer, welche sie statt der Schwarzen in ihren indischen Pflanzungen vortrefflich gebrauchen könnten.
> 2) Bekanntlich haben die Juden ein herrliches Spürorgan für die edeln Metalle und Steine, und würden daher gut zum Bergbau sich passen. Will man sie also den Briten nicht käuflich überlassen, so mache man Bergleute aus ihnen, gebe ihnen aber ja solche Kleider, die weder Taschen noch Unterfutter haben; und versiegle ihnen jedesmal den Mund, damit sie weder Erze noch Edelgesteine verschlucken (...) können. (...)
> 3) Damit die Juden sich ferner nicht fortpflanzten, könnte man auch Alles, was von ihnen an die Wand p-k-lt, statt es beschneiden, künftig verschneiden lassen."[22] Hier (wie an einer anderen Stelle seines Textes[23]) schlägt Hundt die Sterilisation aller männlichen Juden vor – ein weiterer Beleg für seine rassistische Überzeugung von der Unverbesserlichkeit der Juden und für die Modernität seines genetischen Verfolgungsprogramms. Unumstößlich stand für ihn fest, dass nur eine vollständige Elimination des Judentums die Mehrheitsgesellschaft retten könne: „Am Beßten wäre es jedoch, man reinigte das Land ganz von dem Ungeziefer, und hiezu giebt es gleichfalls zwei Mittel. Entweder, sie durchaus zu vertilgen, oder sie (...) zum Lande hinausjagen. (...) Am Gerathensten wäre es daher, man brächte die Juden, welche in Deutschland (...) sämmtlich auf den Schub, und nach dem gelobten Lande hin.[24]

Von der Forderung nach einer Kastration aller Juden über die Gleichsetzung der Juden mit Ungeziefer und Parasiten bis hin zu diversen Ideen zur Judenvernichtung ist in dieser Schlusspassage das gesamte Programm des völkischen, eliminatorischen Antisemitismus bereits ausformuliert: Da in dieser rassistischen

---

19 Ebd., S. 52.
20 Ebd., S. 129f.
21 Ebd., S. 142. Interpunktion wie im Original.
22 Ebd., S. 143f.
23 Ebd., S. 80.
24 Ebd., S. 143–146.

Perspektive Judentum eine unheilbare und für die christliche Umgebung gefährliche Krankheit bedeutet, liegt die einzige Lösung der Judenfrage in einer vollständigen Vertreibung, Vernichtung durch Arbeit (in Bergwerken) und in letzter Konsequenz ihre Ausrottung. In bizarrer Weise hat Hundt bereits 1819 verschiedene, im Dritten Reich praktizierte Möglichkeiten (Zwangssterilisierung, Umsiedlung und Zwangsarbeit) vorgedacht.

Dieser Vernichtungsdiskurs war also in der deutschen Gesellschaft seit dem frühen 19. Jahrhundert vorhanden. Hundts *Judenspiegel*, in dem er diese Ideen entfaltete, war 1819, nach den „Hep-Hep-Krawallen", den Judenpogromen in vielen süddeutschen Städten, die ebenfalls ein Protest gegen die Emanzipation waren, beim lesehungrigen bürgerlichen Publikum ein großer Erfolg – bis die Zensur einschritt und den antisemitischen Hetzer als Demagogen zuerst ins elsässische und danach ins Schweizer Exil vertrieb.

Wie diese Skizzen zu Frühformen des extremen Nationalismus in „Deutschland" lange vor der Reichsgründung zeigen, ist es zu einfach, den frühen deutschen Nationalismus als liberale, in Teilen sogar demokratische bürgerliche Emanzipationsbewegung zu charakterisieren. Wie die Beispiele völkischen Denkens, des Antisemitismus, des Rassismus und der extremen Fremdenfeindlichkeit zeigen, war und ist Nationalismus (nicht allein in den deutschen Territorien, sondern überall!) immer ambivalent: inklusiv und exklusiv, emanzipatorisch und freiheitlich für alle, die zum „deutschen Volk" gehörten, aber keineswegs für alle Menschen, die im Lande lebten. Je nach den Überzeugungen und Ängsten der frühnationalistischen Denker und Publizisten gehörten „Fremde", Frauen oder Arme, Juden oder Katholiken nicht dazu – an Muslime oder Angehörige kolonialisierter Völker dachte in diesem Zusammenhang noch niemand!

Hans-Christian Petersen
Deutsche Antworten auf die „slavische Frage". Das östliche Europa als kolonialer Raum in den Debatten der Frankfurter Paulskirche

Die Debatten in der Frankfurter Paulskirche in den Revolutionsjahren 1848/49 zählen zu den zentralen Ereignissen deutscher Geschichte. Die am 28. März 1849 erfolgte Verabschiedung einer deutschen Reichsverfassung wird in der Historiographie weithin als demokratischer Meilenstein auf dem Weg zu einem späteren deutschen Nationalstaat beschrieben. In ihr war ein Katalog mit Grundrechten verankert sowie die Umgestaltung des Deutschen Bundes in eine konstitutionelle Erbmonarchie festgeschrieben. Auch wenn das von der Nationalversammlung verbliebene Rumpfparlament am 18. Juni 1849 in Stuttgart mit Waffengewalt aufgelöst wurde und die Paulskirchenverfassung letztendlich scheiterte, so gehört sie doch zum Kanon der Erinnerungsorte im deutschen kulturellen Gedächtnis.[1]

Deutlich weniger bekannt als die nationalen und liberalen Traditionslinien, die immer wieder mit der Paulskirche verknüpft werden, ist das völkische Erbe der damaligen Debatten. Der Begriff des *Völkischen*, verstanden als ein Konzept von *Volk*, das auf der Vorstellung einer *Abstammungsgemeinschaft* (ethnos)[2] basiert, deren „Schlüsselbegriffe"[3] „Sprache", „Rasse" und „Religion" sind, fand

---

[1] Vgl. hierzu u. a. den Vergleich der Paulskirchenverfassung mit der polnischen Maiverfassung von 1791 von Jerzy Kałążny, Paulskirchenverfassung von 1848/1849 und Verfassung vom 3. Mai 1791. Finis coronat opus? Gescheiterte Verfassungen, die die Zukunft gestalteten, in: Hans Henning Hahn/Robert Traba (Hg.), Deutsch-Polnische Erinnerungsorte, Bd. 3: Parallelen, Paderborn u. a. 2012, S. 287–311. Kałążny gelangt zu dem Befund, dass die Maiverfassung heute in Polen noch deutlich präsenter sei als die Frankfurter Reichsverfassung in der Bundesrepublik, die „lediglich als Gefühl der Unerfülltheit und Unvollkommenheit Eingang in das kollektive Bewusstsein der Deutschen" gefunden habe. Ebd., S. 292.
[2] Vgl. hierzu Samuel Salzborn, Ethnisierung der Politik. Theorie und Geschichte des Volksgruppenrechts in Europa. Frankfurt a. M., New York 2005, sowie Jörn Retterath, „Was ist das Volk?". Volks- und Gemeinschaftskonzepte der politischen Mitte in Deutschland 1917–1924, Berlin, Boston 2016; Ders., Volk, in: Michael Fahlbusch/Ingo Haar/Alexander Pinwinkler (Hg.), Handbuch der völkischen Wissenschaften. 2. Auflage, 2 Bde, hier Bd. 2: Forschungskonzepte – Institutionen – Organisationen – Zeitschriften. Berlin, Boston 2018, S. 1182–1190.
[3] Uwe Puschner, Die völkische Bewegung im Kaiserreich. Sprache – Rasse – Religion, Darmstadt 2001, S. 31. Zur Begriffsgeschichte vgl. Günter Hartung, Völkische Ideologie, in: Uwe Pu-

zwar als antiliberaler „Weltanschauungscode"[4] erst im letzten Drittel des 19. Jahrhunderts eine größere Verbreitung in der deutschen Sprache – ethnisierende, völkische Positionierungen finden sich jedoch auch bereits vorher, nicht zuletzt in den Redebeiträgen des Paulskirchenparlaments. Günter Wollstein und Brian Vick haben diesen Zusammenhang von nationaler Identitätsbildung und ausgrenzendem Nationalismus in den Debatten der Frankfurter Parlamentarier in ihren grundlegenden Studien aufgezeigt.[5]

Eine besondere Stellung kam hierbei traditionell dem östlichen Europa zu. Während die Staaten Westeuropas in einem solchen Diskurs zwar nicht als Freunde betrachtet wurden (man denke nur an den nationalistischen Topos einer *Deutsch-französischen Erbfeindschaft*), aber zumindest als kulturell gleichwertige Gegner, gab es beim deutsch-nationalen Blick auf das östliche Europa seit dem 18. Jahrhundert die Vorstellung eines vermeintlichen *deutschen Kulturträgertums*, der zufolge eine höherwertige deutsche Kultur existierte, die es vom Westen in den *rückständigen Osten* zu tragen gelte.[6] Eine solche, hierarchisierende Perspektive findet sich auch in den Protokollen der Paulskirchendebatten – vor allem Wilhelm Jordan wird in diesem Kontext immer wieder zitiert, der in der sogenannten „Polendebatte" über die zukünftige Stellung der Provinz Posen einen „gesunden Volksegoismus"[7] einforderte und Polen die Fähigkeit zur eigenen Staatlichkeit absprach. Hans Henning Hahn erweiterte die Perspektive 2007, indem er die Frankfurter Aussprache über die Stellung Böhmens in

---

schner/Walter Schmitz/Justus H. Ulbricht (Hg.), Handbuch zur „Völkischen Bewegung" 1971–1918. München u. a. 1996, S. 22–45.
4 Puschner, Die völkische Bewegung, S. 31.
5 Günter Wollstein, Das „Großdeutschland" der Paulskirche. Nationale Ziele in der bürgerlichen Revolution 1848/49. Düsseldorf 1977; Brian E. Vick, Defining Germany. The 1848 Frankfurt Parliamentarians and National Identity. Cambridge u. a. 2002.
6 Vgl. hierzu u. a. Wolfgang Wippermann, Der Ordensstaat als Ideologie. Berlin 1979; ders., Der ‚Deutsche Drang nach Osten'. Ideologie und Wirklichkeit eines politischen Schlagwortes. Darmstadt 1981; Henry Cord Meyer, Drang nach Osten. Fortunes of a Slogan-Concept in German-Slavic Relations, 1849–1990. Bern 1996; Gabriel Vejas Liulevicius, The German Myth of the East. 1800 to the Present. New York 2009, sowie, für den westeuropäischen Kontext der Aufklärung, Larry Wolf, Inventing Eastern Europe. The Map of Civilization and on the Mind of the Enlightenment. Stanford 1994.
7 Franz Wigard (Hg.), Stenographischer Bericht über die Verhandlungen der Deutschen Constituirenden Nationalversammlung zu Frankfurt am Main. Herausgegeben auf Beschluß der Nationalversammlung. 9 Bde. Frankfurt a. M. 1848–49, hier Bd. 2, 24.07.1848. Leipzig 1848, S. 1145.

einem zukünftigen deutschen Nationalstaat analysierte und die Einlassungen zahlreicher Parlamentarier als völkisch „avant la lettre"[8] charakterisierte.

Im Folgenden sollen diese Befunde aufgegriffen und in einen breiteren Kontext gestellt werden. Neben Polen und Böhmen wird der Blick auch auf Südosteuropa gerichtet – eine Großregion, die im Kontext der zentralen Frage des zukünftigen Verhältnisses eines deutschen Nationalstaates zu Österreich wiederholt Gegenstand der Frankfurter Debatten war. Zugleich lässt sich all dies nicht von der jeweiligen Positionierung gegenüber Russland trennen: Der Blick auf den *Gendarm Europas* bestimmte maßgeblich die Einlassungen zu den Völkern und Staaten, die sich perspektivisch zwischen einem Deutschen Reich und dem zaristischen Imperium befanden. Es geht mithin im Folgenden um die Stellung des gesamten östlichen Europa in den Debatten der Paulskirche.

Hinzu kommt, dass sich die Ausführungen der Delegierten über *den Osten* im Sinne des vielfach beschriebenen, engen Zusammenhangs von Selbst- und Fremdbeschreibungen beziehungsweise von Auto- und Heterostereotypen immer auch als Konzeptionalisierungen der *eigenen, deutschen* Zukunft lesen lassen.[9] Sie waren Ausdruck einer bestimmten Vorstellung über die zukünftige Rolle Deutschlands in diesem vermeintlich ‚wüsten', ‚unterentwickelten' Raum. Um diesen Prozess des *Othering* angemessen in den Blick zu bekommen, wird das Konzept eines kolonialen deutschen Osteuropadiskurses als Analyserahmen verwandt. Als Kernelemente eines solchen, kolonialen Blicks auf *den Osten* können, im Anschluss an die lesenswerte Studie von Christoph Kienemann, drei Punkte benannt werden:

Die Konstruktion einer kolonialen Alterität, einer kolonialen Identität, sowie eines kolonialen Raumes.[10]

---

8 Hans Henning Hahn, Die Anfänge des völkischen Diskurses in der Paulskirche 1848, in: Hans-Henning Hahn (Hg.), Hundert Jahre sudetendeutsche Geschichte. Eine völkische Bewegung in drei Staaten. Frankfurt a. M. u. a. 2007, S. 39–61, hier S. 40.
9 Vgl. hierzu grundlegend Hans Henning Hahn, 12 Thesen zur historischen Stereotypenforschung, in: Hans Henning Hahn/Elena Mannová (Hg.). Nationale Wahrnehmungen und ihre Stereotypisierung. Beiträge zur Historischen Stereotypenforschung. Frankfurt a. M. u. a. 2007, S. 15–25. Mit einem Fokus auf das östliche Europa zudem nach wie vor instruktiv Rudolf Jaworski, Osteuropa als Gegenstand historischer Stereotypenforschung, in: Geschichte und Gesellschaft 13 (1987), S. 63–76.
10 Vgl. Christoph Kienemann, Der koloniale Blick gen Osten. Osteuropa im Diskurs des Deutschen Kaiserreiches von 1871. Paderborn 2018, S. 48. Kienemann benennt noch einen vierten Punkt: Das Zusammenlaufen globaler Diskursstränge im Osteuropadiskurs. Dies ist jedoch unmittelbar mit seinem Untersuchungszeitraum (1871–1914) und der sich in dieser Phase vollziehenden Hochindustrialisierung und den bis dahin nicht gekannten Globalisierungsprozessen verbunden, so dass es als Kriterium für die Jahre 1848/49 noch keine Gültigkeit besitzt. Zur Debatte, ob sich der deutsche Osteuropadiskurs als kolonialer Diskurs beschreiben lässt, u. a.

Lassen sich diese drei Elemente nachweisen, so erscheint es gerechtfertigt, von einem kolonialen deutschen Diskurs über das östliche Europa zu sprechen. *Alterität* und *Identität* hängen hierbei eng zusammen, sie stehen in einem asymmetrischen Verhältnis, bei dem das *Selbst* als kulturell höherwertig, das *Andere* hingegen als minderwertig beschrieben wird.[11] Ihre Konstruktion stellt die „Grundfigur des kolonialen Diskurses"[12] dar und eröffnet den Rahmen für die Imagination eines kolonialen Raums. Denn letztendlich zielt Kolonialismus auf die Herrschaftsausübung über eine Gesellschaft in einem bestimmten Raum ab – dieser Raum muss jedoch zuvor kolonial aufgeladen werden, um die Inbesitznahme diskursiv zu legitimieren. Ob dieses Modell auch auf die Diskussionen in der Frankfurter Paulskirche zutrifft, wird im Folgenden auf Basis der stenographischen Berichte der Parlamentsdebatten untersucht. Zunächst sollen jedoch kurz die relevanten historischen Kontexte skizziert werden.

Historische Kontexte

Im Sommer 1848 verhandelte die Frankfurter Nationalversammlung darüber, ob die Grenze des Deutschen Bundes nach Osten verschoben werden sollte. Konkret ging es hierbei um den zukünftigen Status des Großherzogtums Posen (Pro-

---

Philipp Ther, Deutsche Geschichte als transnationale Geschichte. Überlegungen zu einer Histoire Croisée Deutschlands und Ostmitteleuropas, in: Comparativ 13 (2003), Nr. 4, S. 155–180; Sebastian Conrad/Jürgen Osterhammel (Hg.), Das Kaiserreich transnational. Deutschland in der Welt 1871–1914. 2. Aufl., München 2006; Izabela Surynt, Postęp, kultura i kolonializm. Polska i niemiecki projekt europejskiego Wschodu w dyskursach publicznych XIX wieku. Wrocław 2006; Robert L. Nelson (Hg.), Germans, Poland, and Colonial Expansion to the East. 1850 through the present. Hampshire 2009; Kristin Kopp, Germany's Wild East. Constructing Poland as Colonial Space. Ann Arbor 2012, sowie die Beiträge von Jesse Kauffmann, Sönke Linck und Tobias Weger in dem Tagungsband Andrew Demshuk/Tobias Weger (Hg.), Cultural Landscapes. Transatlantische Perspektiven auf Wirkungen und Auswirkungen deutscher Kultur und Geschichte im östlichen Europa. München 2015.

11 Vgl. in diesem Sinne auch die Definition bei Jürgen Osterhammel, der Kolonialismus als „Herrschaftsbeziehung zwischen Kollektiven" definiert, „bei welcher die fundamentalen Entscheidungen über die Lebensführung der Kolonisierten durch eine kulturell andersartige und kaum anpassungswillige Minderheit von Kolonialherren unter vorrangiger Berücksichtigung externer Interessen getroffen und tatsächlich durchgesetzt werden. Damit verbinden sich in der Neuzeit in der Regel sendungsideologische Rechtfertigungsideologien, die auf einer Überzeugung der Kolonialherren von ihrer eigenen kulturellen Höherwertigkeit beruhen." Jürgen Osterhammel, Kolonialismus. Geschichte, Formen, Folgen. 5. Aufl., München 2006, S. 21. Grundlegend hierzu ebenfalls James M. Blaut, The Colonizer's Model of the World. Geographical Diffusionism and Eurocentric History. New York, London 1993.

12 Kienemann, Der koloniale Blick, S. 44.

vinz Posen), das den westlichen Teil der historischen Region Großpolen umfasste, den Nukleus polnischer Staatlichkeit. Im Zuge der Teilungen Polen-Litauens am Ende des 18. Jahrhunderts sowie durch die Beschlüsse des Wiener Kongresses 1815 war das Gebiet von Preußen annektiert worden. Es gehörte nicht zum Deutschen Bund, verfügte zunächst jedoch über eine Sonderstellung innerhalb des preußischen Staatswesens, mit einem Provinzlandtag (allerdings nur in beratender Funktion) und dem Versuch, den polnischen Adel in das Herrschaftssystem einzubinden. Nach der gewaltsamen Niederschlagung des Warschauer Novemberaufstandes 1830/31 wurden diese Ansätze einer begrenzten Autonomie weitgehend beseitigt, unter dem preußischen Oberpräsidenten Eduard von Flottwell intensivierte sich die systematische Verdrängung der Polen aus öffentlichen Ämtern und der polnischen Sprache aus dem Bildungswesen. Im Gefolge des Krakauer Aufstandes 1846 gab es auch in der Provinz Posen Pläne für eine Erhebung, sie wurden jedoch an die Polizei verraten und scheiterten. Nach Beginn der Märzrevolution 1848 in Berlin bildete sich in Posen ein polnisches Nationalkomitee, das eine Autonomie der Provinz forderte und mit der Aufstellung einer polnischen Legion begann. Als Reaktion beschloss die Bundesversammlung, der ebenfalls in Frankfurt am Main tagende Gesandtenkongress der Mitgliedsstaaten des Deutschen Bundes, die Eingliederung der westlichen Gebiete der Provinz in den Deutschen Bund, was eine Teilung des Gebiets Posen bedeutete. Zugleich wurde der Aufstand bis Anfang Mai 1848 militärisch niedergeschlagen.[13] Im Juli 1848 debattierte dann die Paulskirchenversammlung darüber, ob die gesamte Provinz Posen in einen deutschen Nationalstaat eingegliedert werden sollte.

Ebenfalls im Sommer 1848 diskutierten die Abgeordneten über die Stellung Böhmens. Anlass war der Bericht des „Ausschusses zur Begutachtung der deutsch-slawischen Angelegenheiten", der sich angesichts des Prager Pfingstaufstandes mit einer möglichen Entsendung von Truppen befasst hatte. Der Bericht war bei seiner Vorlage am 1. Juli 1848 bereits durch die Ereignisse überholt worden, da österreichisches Militär unter Befehl von Feldmarschall Windischgrätz die revolutionäre, tschechische Erhebung mit Gewalt niedergeschlagen hatte.[14] Dem Aufstand vorausgegangen war der Prager Slavenkongress, dessen Delegierte mehrheitlich für einen Verbleib der slavischen Bevölkerungsgruppen

---

13 Vgl. hierzu u. a. Krzysztof Makowski, Das Großherzogtum Posen im Revolutionsjahr 1848, in: Rudolf Jaworski/Robert Luft (Hg.), 1848/49. Revolutionen in Ostmitteleuropa. München 1996, S. 149–173; Jerzy Topolski/Lech Trzeciakowski (Hg.), Dzieje Poznania, tom II, cz. 1 1793–1918. Warszawa, Poznań 1994.
14 Vgl. hierzu u. a. Rudolf Jaworski/Robert Luft (Hg.), 1848/49, sowie jetzt auch Karsten Holste, Völkerfrühling, Revolution und Reaktionspolitik, in: Polen in der europäischen Geschichte. Ein Handbuch in vier Bänden. Herausgegeben von Michael G. Müller, hier Bd. 3, Lieferung 3:

in einer föderal umgestalteten Habsburgermonarchie plädierten (Austroslavismus) und sich gegen eine Unterordnung unter deutsche Oberherrschaft wandten.[15] Beim Thema „Böhmen" ging es mithin zugleich um eine „Konkurrenz dreier parlamentarischer Körperschaften"[16]: der Paulskirche in Frankfurt, der österreichischen Nationalversammlung in Wien und des böhmischen Landtags in Prag. In den Debatten der Paulskirche wurde es jedoch in erster Linie unter dem Gesichtspunkt der zukünftigen Grenzen eines deutschen Nationalstaats und der Haltung zu Österreich relevant.[17]

Die für die Frankfurter Parlamentarier zentrale Frage des Verhältnisses eines deutschen Staates zur Habsburgermonarchie lenkte den Blick zugleich auf Südosteuropa. Die Großregion zwischen Galizien, das infolge der Teilungen Polen-Litauens unter österreichische Oberherrschaft gekommen war, und Adria wurde zu einem Teil der *slavischen Frage*, wobei das aus einer großdeutschen Perspektive als *deutsch* reklamierte Interessengebiet in den Vorstellungen nicht weniger Abgeordneter weit über die habsburgisch-osmanische Grenze hinaus reichte, wie noch zu zeigen sein wird. Zwar stimmte eine große Mehrheit der Delegierten im Rahmen der viertägigen Debatte über die Paragraphen 2 und 3 der konzipierten deutschen Verfassung (Das Reich und die Reichsgewalt) Ende Oktober 1848 für eine kleindeutsche Lösung und damit für eine Hegemonie Preußens; zugleich macht jedoch eine genaue Lektüre der Redebeiträge deutlich, dass diese realpolitische Entscheidung nicht mit einem Verzicht auf zukünftige, kulturell und ökonomisch begründete Hegemonievorstellungen in Südosteuropa einher ging.

Die polnisch-litauischen Länder unter der Herrschaft der Teilungsmächte (1772/1795–1914). Hg. von Michael G. Müller/Igor Kąkolewski/Karste Holste/Robert Traba. Stuttgart 2018, S. 221–253.
15 Nach der Niederschlagung des Prager Aufstandes musste sich der Slavenkongress auf unbestimmte Zeit vertagen, so dass die bereits vorbereiteten Schlussdokumente nicht mehr verabschiedet werden konnten. Vgl. zum Slavenkongress u. a. Andreas Moritsch (Hg.), Der Prager Slavenkongress 1848. Köln u. a. 2000; Josef Kolejka, Der Slawenkongress in Prag im Juni 1848. Die slawische Variante einer österreichischen Föderation, in: Rudolf Jaworski/Robert Luft (Hg.): 1848/49, S. 129–149.
16 Hahn, Die Anfänge des völkischen Diskurses, S. 42.
17 Vgl. hierzu ausführlich Wollstein: Das „Großdeutschland" der Paulskirche, S. 189–223.

Dimensionen des Kolonialen: Alterität, Identität und Raum

„Wenn wir rücksichtslos gerecht sein wollten, dann müssten wir nicht bloß Posen herausgeben, sondern halb Deutschland. Denn bis an die Saale und darüber hinaus, erstreckte sich vormals die Slawenwelt. Aber schon im zwölften Jahrhundert fing das deutsche Wesen an, sich nach Osten auszubreiten. Sachsen und Schlesien, Brandenburg, Mecklenburg, Pommern und die Ostseeländer bis beinahe zur Newa hinauf wurden allmählich in Besitz genommen von deutschen Colonisten, und diese Eroberungen durch Waffengewalt befestigt. Auch Posen ist keineswegs erst verdeutscht seit der Theilung Polens unter den Flügeln des Preußischen Adlers. Wenn die polnischen Edelleute von dem Ertrage ihrer von Leibeigenen schlecht bewirtschafteten Ländereien ihre übermäßig gesteigerten Luxusbedürfnisse nicht mehr bestreiten konnten, dann zogen sie deutsche Pächter in das Land, die es verstanden, mit deutscher Kraft und Ausdauer dem Boden den doppelten Ertrag abzugewinnen, und den adeligen Herrn so lange Vorschüsse machten, bis ein großer Theil der Güter, theils durch Erbpachtcontracte, theils durch Verkauf ihr Eigentum wurden. (...) Die Uebermacht des deutschen Stammes gegen die meisten slavischen Stämme, vielleicht mit alleiniger Ausnahme des russischen, ist eine Thatsache, die sich jedem unbefangenen Beobachter aufdrängen muß, und gegen solche, ich möchte sagen, naturhistorische Thatsachen läßt sich mit einem Decrete im Sinne der kosmopolitischen Gerechtigkeit schlechterdings nichts ausrichten. (...) hat der Deutsche die Wälder gelichtet, die Sümpfe getrocknet, den Boden urbar gemacht, Straßen und Kanäle angelegt, Dörfer gebaut und Städte gegründet, um den Epigonen des exilierten hundertköpfigen polnischen Despotenthums neue Schmarotzernester zu bereiten? Soll der Bürgerstand wieder untergehen, der dem deutschen Gewerbefleiße seinen Ursprung verdankt, um das Mark des Landes noch einmal vergeuden zu lassen von verweichten, in höfischem Glanze schwelgenden Familien und liebenswürdigen Mazurkatänzern?"[18]

Diese Ausführungen stammen von Wilhelm Jordan, der in der Paulskirche zunächst zur Linken gehörte, ehe er sich der nationalliberalen Position Heinrich von Gagerns anschloss.[19] Jordan ist der wohl meist zitierte Redner der Paulskirche, wenn es um prägnante Beispiele für deutschnationale Überheblichkeit und eine Herabwürdigung der slavischen Völker in diesem Kontext geht. Insbeson-

---

18 Wilhelm Jordan, in: Wigard, Stenographischer Bericht, 2, 24.07.1848, S. 1146, 1148.
19 Biographische Angaben zu allen Abgeordneten der Paulskirche finden sich in Heinrich Best/Wilhelm Weege, Biographisches Handbuch der Abgeordneten der Frankfurter Nationalversammlung 1848/49. Düsseldorf 1996.

dere seine Forderung nach einem „gesunden Volksegoismus" hat es mittlerweile zu einem eigenen Wikipedia-Beitrag gebracht: „Ich sage, die Politik, die uns zuruft: gebt Polen frei, es koste, was es wolle, ist eine kurzsichtige, eine selbstvergessene Politik, eine Politik der Schwäche, eine Politik der Furcht, eine Politik der Feigheit. Es ist hohe Zeit für uns, endlich einmal zu erwachen, aus jener träumerischen Selbstvergessenheit, in der wir schwärmten für alle möglichen Nationalitäten, während wir selbst in schmachvoller Unfreiheit darniederlagen und von aller Welt mit Füßen getreten wurden, zu erwachen zu einem gesunden Volksegoismus, um das Wort einmal gerade heraus zu sagen, welcher die Wohlfahrt und Ehre des Vaterlandes in allen Fragen obenanstellt."[20] „Volksegoismus" stellte für ihn den Gegenpol zu „Polenrausch" und „schwachsinnige(r) Sentimentalität"[21] dar, als welche er die Phase der deutschen „Polenbegeisterung" bezeichnete, die in den 1830er Jahren die südwestdeutschen Staaten beim Durchzug der geschlagenen Warschauer Aufständischen in Richtung Paris im Zuge der *Großen Emigration* (*Wielka Emigracja*) erfasst hatte.[22] Zugleich sprach Jordan dem polnischen Volk grundsätzlich die Fähigkeit zur eigenen Staatlichkeit ab, und rechtfertigte vor diesem Hintergrund auch die Teilungen Polen-Litauens als historische Notwendigkeit: „Ich behaupte also, die deutschen Eroberungen in Polen waren eine Naturnothwendigkeit. Das Recht der Geschichte ist ein anderes, als das der Compendien. Es kennt nur Naturgesetze, und eins derselben sagt, daß ein Volksthum durch seine bloße Existenz noch kein Recht hat auf politische Selbstständigkeit, sondern erst durch die Kraft sich als Staat unter anderen zu behaupten. Der letzte Act dieser Eroberung, die viel verschrieene Theilung Polens, war nicht, wie man sie genannt hat, ein Völkermord, sondern weiter nichts als die Proclamation eines bereits erfolgten Todes, nichts als die Bestattung einer längst in der Auflösung begriffenen Leiche, die nicht mehr geduldet werden durfte unter den Lebendigen. Denn in der That, ein Volk, das aus Edelleuten, Juden und Leibeigenen bestand, war, nachdem

---

20 Wilhelm Jordan, in: Wigard, Stenographischer Bericht, 2, 24.07.1848, S. 1145. Vgl. den Wikipedia-Eintrag: https://de.wikipedia.org/wiki/Volksegoismus (30.5.2019).
21 Wilhelm Jordan, in: Wigard, Stenographischer Bericht, 2, 24.07.1848, S. 1144.
22 Vgl. zur deutschen „Polenbegeisterung", mit zahlreichen weiteren Literaturverweisen, Gabriela Brudzyńska-Němec, Polenbegeisterung in Deutschland nach 1830, in: Europäische Geschichte Online (EGO), hg. vom Institut für Europäische Geschichte (IEG). Mainz, 03.12.2010. URL: http://www.ieg-ego.eu/brudzynskanemecg-2010-de (27.3.2020), URN: urn:nbn:de:0159-20100921148. Zur „Wielka Emigracja" Hans Hennung Hahn, Die erste 'Große Emigration' der Polen und ihr historischer Stellenwert, in: Zdzisław Krasnodębski/Stefan Gastrzeski (Hg.), Sendung und Dichtung. Adam Mickiewicz in Europa. Hamburg 2002, 207–225; Sławomir Kalembka, Wielka Emigracja 1831–1863. Toruń 2003, sowie jetzt auch Heidi Hein-Kircher, Die Große Emigration: Polnische Frage und Politik im Exil, in: Polen in der europäischen Geschichte. Bd. 3, Lieferung 3, S. 207–221.

eine lange Anarchie es verwildert einer vernünftigen Freiheit unfähig, und konnte, als eine solche Freiheit zur Lebensbedingung wurde, nicht länger existieren."[23] Jordan griff mit diesen Ausführungen auf antipolnische Stereotype zurück, die bereits seit dem 18. Jahrhundert existierten. „Polnische Wirtschaft" und „polnische Anarchie" waren, nicht zuletzt durch das Wirken Georg Forsters, im deutsch-nationalen Diskurs zu zentralen Topoi geworden.[24] Sie dienten, nicht nur bei Jordan, zur Rechtfertigung der preußischen Teilhabe an der gewaltsamen Zerschlagung der polnisch-litauischen Rzeczpospolita am Ende des 18. Jahrhunderts.[25] Die Beschreibung Polens als eines Failed State beinhaltete jedoch nicht nur die Tradierung wirkungsmächtiger Stereotype, sondern lässt sich zugleich als kolonialistische Konstruktion von Eigenem und Fremdem, von *Identität* und *Alterität* lesen: Der „polnischen Wirtschaft" stand argumentativ die „deutsche Arbeit" gegenüber, der „polnischen Anarchie" die „deutsche Ordnung", wie die zitierten Äußerungen Jordans über die „Deutsche(n)", die „die Wälder gelichtet (...) und Städte gegründet" haben, illustrieren, und die er in folgendem Satz zusammenfasste: „Aber ein Menschenalter unter deutscher Regierung hat bewirkt, was einem Jahrtausend unter Polen unmöglich gewesen ist."[26]

---

[23] Wilhelm Jordan, in: Wigard, Stenographischer Bericht, 2, 24.07.1848, S. 1146.
[24] Vgl. hierzu Hubert Orłowski, „Polnische Wirtschaft". Zum deutschen Polendiskurs der Neuzeit. Wiesbaden 1996, sowie zur inzwischen reichhaltigen Literatur zum deutschen Polenbild und zur Bedeutung von Stereotypen in diesem Kontext u. a. Berit Pleitner, Die ‚vernünftige' Nation. Zur Funktion von Stereotypen über Polen und Franzosen im deutschen nationalen Diskurs 1850–1871. Frankfurt a. M. u. a. 2001; Stephan Scholz, Der deutsche Katholizismus und Polen (1830–1849). Identitätsbildung zwischen konfessioneller Solidarität und antirevolutionärer Abgrenzung. Osnabrück 2005; Gerd Behrens, Der Mythos der deutschen Überlegenheit. Die deutschen Demokraten und die Entstehung des polnischen Staates 1916–1922. Frankfurt a. M. u. a. 2013, sowie, speziell zur Posen-Debatte in der Paulskirche, Hans Henning Hahn, Wolność polska czy jedność niemiecka? Zgromadzenie Narodowe w kosciele św. Pawła i stosunki polsko-niemieckie w roku 1848, in: Roman Bäcker/Marek Chamot/Zbigniew Karpus (Hg.), Społeczeństwo w dobie modernizacji. Polacy i Niemcy w XIX wieku. Toruń 2000, S. 203–218.
[25] Vgl. hierzu Anna Kochanowska-Nieborak, Der Legitimierungsdiskurs zu Polen in der deutschen Historiographie vor und nach den Teilungen Polens sowie in der Teilungszeit, in: Orbis Linguarum 27 (2004), S. 85–111, sowie Markus Krzoska, Teilungserfahrungen und Traditionsbildung: Die Historiographie der Teilungen Polen-Litauens (1795–2011), in: Hans-Jürgen Bömelburg/Andreas Gestrich/Helga Schnabel-Schüle (Hg.), Die Teilungen Polen-Litauens. Inklusions- und Exklusionsmechanismen – Traditionsbildung – Vergleichsebenen. Osnabrück 2013, S. 37–105. In deutschsprachigen Lexika dominierte ebenfalls das Bild der durch Polen selbstverschuldeten Teilungen, es finden sich jedoch, etwa im Brockhaus, auch Hinweise auf die Verantwortung der Teilungsmächte. Vgl. Stephan Scholz, Die Entwicklung des Polenbildes in deutschen Konversationslexika zwischen 1795 und 1945. Münster 2000, S. 36–42.
[26] Wilhelm Jordan, in: Wigard, Stenographischer Bericht, 2, 24.07.1848, S. 1147.

Jordans Ausführungen mögen zwar die bekanntesten sein, ein Einzelfall waren sie jedoch nicht. Die Vorstellung eines vermeintlichen *deutschen Kulturträgertums* gen Osten wurde von zahlreichen weiteren Abgeordneten des Paulskirchenparlaments geteilt. So argumentierten etwa in der Posen-Debatte der preußische General von Radowitz und Fürst Felix Lichnowsky ebenfalls mit einem vermeintlichen deutschen Anrecht auf die polnischen Gebiete: „Hätten wir die Festung Posen nicht, so müssten wir sie erobern. (...) Die Grenzen nach Osten müssen fest sein."[27] Gleiches gilt für die Aussprache zu Böhmen: Auch hier dominierten hierarchisierende Positionen die Debatte, denen zufolge die deutschsprachigen Böhmen zwar eine zahlenmäßige Minderheit seien, zugleich jedoch Vorposten einer *mission civilisatrice* im ‚dunklen Osten': „Diese Minorität, die wir Deutschen in Böhmen bilden, wird aber weitem durch die Kraft aufgewogen, welche sie in die Schaale legen. In dem halbmondförmigen Kreise, welche die rein deutsche Bevölkerung (von der gemischten nicht zu sprechen) um den czechischen Mittelpunkt bildet: der Ackerbau, wo ist er am besten gepflegt? Die Industrie, wo sind ihre Hauptsitze? Fragen Sie nach, was Saatzer Kreis für Böhmen ist, was die Städte Reichenberg, Rumburg bedeuten. Der Lebensstrom des Landes, der es mit dem Meere verbindet, die Elbe wird deutsch in dem Momente, wo er für größere Fahrzeuge schiffbar wird. Die Brunnen- und Badeorte Teplitz, Karlsbad, Marienbad, die ein Brunnen unversiegbaren Einkommens für das Land sind; wo liegen sie? In den deutschen Kreisen. Die Bergwerke, welche seit Jahrhunderten den Reichthum des Landes begründen – wer hat sie bebaut? Deutsche Hände, deutscher Fleiß. Wer hat das Städtewesen, den Bürgerstand in Böhmen begründet, den fleißigen, behäbigen Mittelstand, durch den sich Böhmen von Polen, Croatien, und anderen halben oder ganzen Slavenländern auszeichnet?"[28]

Die kolonialen Auto- und Heterostereotype, die in diesem Auszug der Rede Ignaz Kurandas deutlich werden, besaßen eine unverkennbar räumliche Dimension: Die deutschen Ansprüche auf Böhmen werden mit vermeintlich kulturell und ökonomisch höheren Leistungen legitimiert, ohne welche dieser Raum sich nach wie vor in einem unterentwickelten Zustand befinden würde. Auffällig ist zudem die expansive Ausrichtung dieser Ansprüche: Ausgehend von Böhmen, gelangt Kuranda zu „Polen, Croatien und anderen halb oder ganzen Slavenländern" – was zeigt, dass „Böhmen" für ihn letztendlich nur einen Aus-

---

[27] Fürst Felix Lichnowsky, in: Wigard, Stenographischer Bericht, 2, 24.07.1848, S. 1180–1182, hier S. 1182. Die Rede von Radowitz' ebd., S. 1155–1157. Vgl. die Festellung, dass Jordan nur in zugespitzter Form das artikulierte, was die Mehrheit der Abgeordneten unterstützte, auch bei Vick, Defining Germany, S. 192.
[28] Ignaz Kuranda, in: Wigard, Stenographischer Bericht, 1, 30.06.1848, S. 664–666, hier S. 664f.

schnitt einer viel größeren ‚Frage' darstellte: Eines deutsch-slavischen Gegensatzes, der viel weitergehende Gebiete des östlichen Europa umfasste.

Dieser Legitimierungsdiskurs, der von den meisten Rednern der Böhmendebatte geteilt wurde,[29] war zugleich in mehreren Beiträgen ein völkischer Diskurs. Deutlich wird dies an den Kategorien des *Bodens* und des *Volkstums*, die zur Untermauerung des deutschen Anspruchs auf Böhmen ins Feld geführt wurden. So formulierte etwa der zur linken Fraktion gehörende Abgeordnete Adolph Wiesner unter Bezug auf den Bericht des „Ausschusses zur Begutachtung der deutsch-slawischen Angelegenheiten": „Ich kenne kein slavisches Reichsland, und noch weniger ein slavisches Reichsland auf deutschem Boden, wie es hier im Bericht heißt. Es ist somit im Bericht ein Begriff festgestellt, der Deutschland ungemein gefährlich werden kann. Die Slaven in Böhmen wühlen jetzt die Blätter der Geschichte aus; sie sagen: Der Boden, den wir bewohnen, ist czechisch; wir treten ihnen entgegen und sagen: Dieser Boden ist nach dem Zeugniß der Geschichte deutsch. Hier in dem Bericht wird auch von deutschem Boden gesprochen, und dennoch erwähnt man deutsch-slavische Reichslande! Wenn wir die Entstehung eines panslavistischen Reichs mit Recht fürchten, so müssen wir nicht den ersten Grundstein dazu legen, indem wir selbst von deutsch-slavischen Reichen sprechen. Ich bitte also, daß wir uns gegen die Ausdrücke verwahren, indem wir sie verwerfen."[30] Und Karl Giskra, Mitglied des zur linken Mitte gehörenden Fraktion des „Württemberger Hofs", spitzte dies mit Blick auf den Prager Pfingstaufstand noch weiter zu: „Aber auch die Folgerung ist falsch, daß die letzten Bewegungen in Prag ein Kampf der aristokratischen und der demokratischen Partei gewesen; denn klar liegt es vor, daß die Bewegung in Böhmen überhaupt und auch die letzte eine Bewegung gegen die Deutschen geworden ist. Richtig ist es zwar, wir haben noch nicht das actenmäßige Resultat der nun dort geführten Untersuchung über die Urheber des Aufstandes und seine Tendenzen im Einzelnen vor und, aber so viel ist gewiß, daß die Veranlasser das ganzen Aufstandes, die Träger desselben, die Handlanger darin allesamt czechisch gesinnt waren, und daß viele derselben den tiefsten Haß gegen die Deutschen, ja bis zur gänzlichen Vernichtung der Deutschen, gehegt und ausgesprochen haben. (...) Ich fordere aber, als Deutscher von Mähren, und solcher antinationaler Philosophie nicht hold, daß die czechische Bewegung ganz niedergehalten, und für die Zukunft vernichtet werde, im Interesse einer Nachbar-Provinz von Böhmen. Ich fordere, daß die Deutschen in Mähren nicht von dem deutschen Mutterlande losgerissen, nicht im Stiche ge-

---

29 Vgl. hierzu Hahn, Die Anfänge des völkischen Diskurses; Wollstein, Das „Großdeutschland" der Paulskirche, S. 202–223.
30 Adolph Wiesner, in: Wigard, Stenographischer Bericht, 1, 30.06.1848, S. 668f., hier S. 668.

lassen werden, wenn die Mähren die czechischen Slaven für sich wollen. Ich will die dort wohnende deutsche Bevölkerung in ihrem deutschen Sinne erhalten und festketten an unser großes Deutschland, ich fordere für diesen Theil von Deutschland den nationalen Standpunkt gerade in der Rücksicht der Erhaltung deutscher Elemente daselbst, die bedroht sind, wenn eine neue Bewegung der Czechen entstände, und die mähren Slaven fortrisse, und Beide vereint, und gestützt auf eine andere eine staatliche Trennung erwirken wollten."[31]

Diese Passagen sind in zweierlei Hinsicht aufschlussreich: Zum einen zeugen sie von der Ethnisierung politischer Konflikte, die bar jeder Differenzierung und teilweise auf Grundlage bewussten Unwissens (wie etwa im Fall des noch gar nicht vorliegenden Untersuchungsberichts über die Ursachen des Prager Aufstands) betrieben wurde. Aus politischen und sozialen Konfliktlinien, die das revolutionäre Geschehen 1848/49 maßgeblich prägten, wurden auf diese Weise vermeintlich monokausale Frontstellungen zwischen *Volkstümern*. Giskra gehörte hierbei, indem er von der „Vernichtung" sprach, die den Deutschböhmen während des Prager Aufstands gedroht habe, und seinerseits forderte, dass die „czechische Bewegung (...) für die Zukunft vernichtet" werden sollte, zu den radikalsten Vertreter eines deutsch-völkischen Standpunkts.

Und zum anderen, hiermit verknüpft, beschworen Redner wie Adolph Wiesner das Bild einer panslavistischen Bewegung herauf, um in der deutschen Bevölkerung Ängste vor einer drohenden ‚Überfremdung' zu schüren – ein in den *postconial studies* als „reverse colonization"[32] bezeichnetes Phänomen, welches ein Szenario beschreibt, demzufolge man selbst kolonisiert zu werden drohe. Auch diese Strategie stellte eine Homogenisierung der deutlich komplexeren Realität dar, erinnert sei nur an den austroslavischen Standpunkt František Palackýs und der Mehrheit des Prager Slavenkongresses, der gerade nicht auf die Schaffung eines wie immer auch gearteten ‚slavischen Großreichs' abzielte, sondern auf einen Verbleib in einem föderalisierten Habsburgerreich. Nichtsdestotrotz befand sich Wiesner mit seiner Warnung vor einem „panslavistischen Reich" in Übereinstimmung mit der Mehrheit der Abgeordneten der Paulskirche. Dies zeigt nicht zuletzt der erste Bericht des zu Böhmen eingesetzten Ausschusses, in dem es einleitend hieß: „Die vielgestaltige Slawenbewegung, die bald unter der allgemeinen Benennung des Panslavismus, bald unter dem Na-

---

31 Karl Giskra, in: Wigard, Stenographischer Bericht, 1, 30.06.1848, S. 671–673, hier S. 671f.
32 Vg. hierzu Linck, Die polnische Landschaft, S. 87–96. Zum Panslavismus als Bewegung und Feindbild u. a. Lars Karl/Adamantios Skordos, Panslawismus, in: Europäische Geschichte online (EGO), hg. vom Leibniz-Institut für Europäische Geschichte (IEG). Mainz, 06.06.2013. URL: http://www.ieg-ego.eu/karll-skordosa-2013-de, URN: urn:nbn:de:0159-2013052227; Marrison Thomson, A Century of A Phantom. Panslavism and the Western Slavs, in: Journal of Central European Affairs 11 (1951), S. 57–77.

men der einzelnen Slavenstämme auftritt, hat in der neueren Zeit ihren Centralpunkt in Prag gefunden, von wo aus sie, von dem czechischen Elemente getragen, auf eine Vereinigung aller im Süd-Westen von Europa wohnen(den) Slawenstämme hinarbeitet, und zunächst nach der Herrschaft in Oesterreich strebt, als endliches Ziel aber die Gründung eines großen Slawenreiches in Aussicht nimmt, welches alle Slawenstämme vom adriatischen Meere bis zum Pontus, von den Karpathen bis zum Peloponnes umfassen und zugleich die dazwischen liegenden deutschen und magyarischen Nationalitäten in sich aufnehmen würde. In diesem Beginnen ist der Panslawismus mit der Constituirung Deutschlands zur Einheit in den von Deutschen und Slawen untermischt bewohnten Reichslanden in Conflict geraten. Zur Zeit nicht in der Verfassung, mit seinen wahren Plänen offen hervorzutreten, verlarvt er seine Bestrebungen in einem österreichischen und respective böhmischen Patriotismus und gibt vor, den deutschen Strebungen gegenüber den österreichischen Staat in seiner Integrität, die österreichische Regierung in ihrer ungeschmälerten Souveränität erhalten und stärken zu wollen." Die zu nachgiebige, „verkommene" Politik der österreichischen Regierung habe diese Entwicklung bestärkt und einen „Uebermuth groß gezogen, der zur terroristischen Unterdrueckung der deutschen Bevoelkerung herangewachsen"[33] sei. Diese Passage macht deutlich, wie virulent das Feindbild einer angeblich drohenden „panslavistischen Bewegung" unter den Abgeordneten der Paulskirche war. Zugleich werden hierbei Züge einer Verschwörungstheorie[34] sichtbar, wenn es im Kommissionsbericht heißt, dass man die ‚wahren' Absichten der „vielgestaltigen Slawenbewegung" kenne und die aktuellen Entwicklungen, etwa die Beschlussvorlagen des Slavenkongresses, nur zur Verschleierung der eigentlichen Ziele dienten.

Deutsche Hegemonialvorstellungen prägten auch die Österreichdebatte der Paulskirche Ende Oktober 1848. Zwar stimmte eine Mehrheit der Delegierten letztendlich wie erwähnt für eine kleindeutsche Lösung; diesem Ergebnis lagen jedoch primär realpolitische Überlegungen zugrunde, die den langfristigen Zielsetzungen keinen Abbruch taten.[35] Ein wesentlicher Unterschied zu Posen und Böhmen bestand im Falle der Gebiete Südosteuropas darin, dass militärische Drohgebärden hier wenig realistisch waren. Umso stärker wurde jedoch, im Sin-

---

33 Erster Bericht des Ausschusses zur Begutachtung der deutsch-slawischen Angelegenheiten, in: Wigard, Stenographischer Bericht, 1, 30.06.1848, S. 671.
34 Hierzu nach wie vor instruktiv Ute Caumanns/Mathias Niendorf (Hg.), Verschwörungstheorien. Anthropologische Konstanten – historische Varianten, Osnabrück 2001. Jetzt auch Michael Butter, „Nichts ist, wie es scheint". Über Verschwörungstheorien, Berlin 2018
35 Vgl. hierzu auch Wollstein, Das „Großdeutschland" der Paulskirche, S. 291–307, der von „Kleindeutsche(r) Politik, basierend auf dem Glauben an ein späteres Großdeutschland" spricht.

ne der Kolonialismusdefinition Jürgen Osterhammels, die eigene kulturelle Höherwertigkeit als Mittel zur langfristigen Durchsetzung deutscher Ansprüche betont.[36] Georg Waitz, angesehener Mediävist, Lehrstuhlinhaber an der Christiana-Albertina in Kiel und später in Göttingen sowie Vertreter des rechten Zentrums, formulierte dies folgendermaßen: „Deutschland, meine Herren, hat das wunderbare und traurige Schicksal gehabt, daß es nach allen Seiten hin ringsherum an seinen Grenzen in einen unklaren, zweifelhaften, vollkommen haltungslosen Zustand hineingerathen ist. Die Gründe, welche dazu geführt, sind freilich nicht die schlechtesten Seiten seiner Geschichte. Es ist nicht Deutschland's Schwäche, welche dies herbeigeführt, es ist zum Theil die Macht seiner Herrscher, welche fremde Kronen erworben, es ist das Berufenwerden derselben zu fremder Herrschaft, was uns nach allen Seiten hin mit uns anhängenden und nicht fest verbundenen Ländern in Verbindung gebracht hat. Aber eben dadurch ist das deutsche Staatsgebäude mehr noch, als es früher war, ein Monstrum geworden, wo sich nirgend scharfe Grenzen ziehen ließen, und wo keiner sagen konnte: Hier ist Deutschland, und da hört es auf zu sein. Meine Herren! Wir müssen aus diesem Zustande heraus, wir müssen wissen, was zu uns gehört, was mit uns geht, wenn wir den Bau einer deutschen Verfassung neu beginnen. Wir müssen scharfe Grenzen ziehen, wir müssen einschneiden, einschneiden in die alten Verhältnisse, um reine Grundlagen zu gewinnen." Waitz' Sorge galt hierbei nicht nur den Staatsgrenzen, sondern ebenso den ‚deutschen Außenposten': „Es ist die Zeit herangekommen, wo die Nationalitäten sich fester und inniger an einander schließen, wo sie sich staatlich zu concentrieren suchen. Es ist dies die Aufgabe zunächst für unser deutsches Vaterland, und wenn wir früher vorgeschobene Posten an allen Ende und Küsten hatten, und mit ihnen Propaganda machten für deutsches Wesen und deutsche Bildung, so erscheinen jetzt diese Vorposten bedrängt und verloren. (...) Die Deutschen an der Ostsee, sie werden nicht mehr staatlich zu uns kommen; und ich zweifle sehr, ob die Deutschen in Siebenbürgen, die dorthin deutsches Wesen getragen haben, für Deutschland wieder zu gewinnen sind. Oesterreich, meine Herren, ist darauf gegründet, das deutsche Wesen im Südosten zu verbreiten; aber was ist geschehen? Eben dieses Oesterreich ist nun nicht bloß von einer Seite, sondern von vielen Stimmen als slavisch, als überwiegend slavisch in Anspruch genommen, und die Gesamtmonarchie ist in neuester Zeit als eine slavische prädicirt worden." Umso mehr, so Waitz weiter, gelte es, die deutschen Ansprüche auf diesen Raum aufrecht zu erhalten: „Die deutsche Herrschaft kann und wird nicht geliebt sein in den außerdeutschen Ländern; aber die deutsche Bildung

---

36 Hierzu auch die grundlegende Studie von Klaus Thörner, „Der ganze Südosten ist unser Hinterland". Deutsche Südosteuropapläne von 1840 bis 1945. Freiburg 2008.

und die deutsche Cultur ist auch von den slavischen Völkern des Ostens niemals zurückgestoßen worden. Und nun, meine Herren, ist nicht die Zeit, wo wir herrschen, wo wir erobern wollen als auf einem anderen Wege, als auf dem der Bildung und Sittigung."[37]

Waitz gehörte damit zu den frühen Vertretern eines Konzepts, dass ab Ende des 19. Jahrhundert im großdeutsch-völkischen Milieu von zentraler Bedeutung werden sollte: Die Vorstellung eines jenseits der deutschen Staatsgrenzen existierenden ‚Auslandsdeutschtums', das in einem ethnisierenden Sinne als zum ‚deutschen Volk' gehörig konzipiert und damit zur Legitimation der Vorstellung eines ‚deutschen Ostens' herangezogen wurde.[38] Zwar zeugen seine Ausführungen davon, dass er in akuter Sorge um die Verbindung dieser ‚Außenposten' mit dem ‚Mutterland' war – eine Verzicht auf diese Gebiete bedeutete dies für ihn jedoch nicht, wie seine Darlegungen über die Eroberung Südosteuropas mittels „Bildung und Sittigung" zeigen.

Wenige Tage später sprach Graf Friedrich Deym, ebenfalls dem rechten Zentrum zugehörig, davon, dass „die deutsche Mission nach Osten" die Schaffung eines „mitteleuropäische(n) Riesenstaat(s)" sei. Bereits die Markgrafen des Frühmittelalters seien „Missionar[e] der deutschen Bildung und Gesittung nach Osten hin" gewesen, „das Bollwerk gegen das Barbarenthum, welches von Osten hereindrängte." Im Ergebnis spreche „(...) bis an die äußerste Grenze der

---

[37] Georg Waitz, in: Wigard, Stenographischer Bericht, 4, 20.10.1848, S. 2786–2789, hier S. 2786–2788.
[38] Der Terminus „Auslandsdeutsche" ersetzte in der zweiten Hälfte des 19. Jahrhunderts sukzessive den bis dahin dominierenden Begriff „Auswanderer". Georg Waitz' Rede von den „Vorposten" zeigt jedoch, dass es auch bereits zuvor entsprechende Konzepte gab. Vgl. zum Konzept des ‚Auslandsdeutschtums' Rainer Münz/Rainer Ohliger, Auslandsdeutsche, in: Etienne François/Hagen Schulze (Hg.), Deutsche Erinnerungsorte, Bd. 1, München 2001, S. 370–388; Bradley D. Naranch, Inventing the Auslandsdeutsche. Emigration, Colonial Fantasy, and German National Identity, 1848–1871, in: Eric Ames/Marcia Klotz/Lora Wildenthal (Hg.), Germany's Colonial Past. Lincoln u. a. 2005, S. 21–41; Stefan Manz, Constructing a German Diaspora: The „Greater German Empire" 1871–1914. New York, London 2014; Cornelia Eisler, Auslandsdeutschtum, in: Online-Lexikon zur Kultur und Geschichte der Deutschen im östlichen Europa, 07.09.2015. URL: https://ome-lexikon.uni-oldenburg.de/begriffe/auslandsdeutschtum/ 27.3.2020. Zur Terminologie der ‚deutschen Gruppen im Ausland', deren Bezeichnungen größtenteils Neologismus der Zwischenkriegszeit darstellen: Hans-Christian Petersen/Tobias Weger, Neue Begriffe, alte Eindeutigkeiten? Zur Konstruktion von ‚deutschen Volksgruppen' im östlichen Europa, in: Nach dem Großen Krieg 1918–1923. Jahrbuch des Bundesinstituts für Kultur und Geschichte der Deutschen im östlichen Europa 25 (2017), S. 177–199. Zum Topos des ‚Deutschen Ostens' u. a. Gregor Thum, Traumland Osten. Deutsche Bilder vom östlichen Europa im 20. Jahrhundert. Göttingen 2006, S. 181–213; Tobias Weger, Wie weit reichte der „Deutsche Osten"? Kartographische Entgrenzungsstrategien, in: Demshuk/Weger (Hg.), Cultural Landscapes, S. 99–123.

Buckowina, bis nach Dalmatiens Küste hinab, (...) jeder Gebildete Deutsch; es ist nur allein das deutsche Element, welches die Bildung hineinträgt überall in die slavischen und magyarischen Länder; (...)." Dieses „deutsche Werk eines Jahrtausends"[39] zu verteidigen und auszubauen, sei die Aufgabe der Paulskirchenversammlung.

Deyms Konzeption eines „mitteleuropäischen Riesenstaat(s)" stand ebenfalls auf einer explizit völkischen Grundlage, während Verfassungsfragen für ihn nur von nachgeordneter Bedeutung waren: „Die Verfassungen sind nur die Kleider, der Körper ist die Integrität und die Macht des Gebietes; Verfassungen kommen und gehen, sie stehen in zweiter Linie, in erster Linie steht die Integrität des Gebietes, die Macht und Größe Deutschland's, und die Macht und Größe Deutschland's geht mir über das vorgeschlagene System, mir ist sie heiliger und wichtiger als diese beiden Paragraphen, und wenn gar keine Verfassung zu Stande käme, und wir wieder von vorn anfangen müßten, so wäre es mir lieber als ein Zerreißen und Zerstückeln Deutschland's, als das Aufgeben der deutschen Politik, die seit einem Jahrtausend verfolgt worden ist. (...); unser Zweck aber ist, ein Riesenreich von 70, und womöglich von 80 oder 100 Millionen zu gründen, und die Standarte Hermanns in diesem Reiche aufzupflanzen, und dazustehen gerüstet gegen Osten und Westen, gegen die slavischen und lateinischen Völker, die Seeherrschaft den Engländern abzuzwingen, das größte, mächtigste Volk auf diesem Erdenrunde zu werden – das ist Deutschlands Zukunft!"[40]

Deym vertrat damit einen dezidiert großdeutschen Standpunkt, der retrospektiv stark an Pläne deutscher Weltherrschaft erinnert, die im 20. Jahrhundert ihre zerstörerische Wirkung entfalten sollten. Hierbei führte er mit seinem Rekurs auf *Mitteleuropa* ein Konzept an, das seit Mitte des 19. Jahrhunderts virulent war und die Schaffung eines deutsch dominierten ‚mitteleuropäischen Raums' vorsah, der als Gegengewicht zu den Großmächten Frankreich und Russland konzipiert wurde.[41]

Noch weiter als Graf Friedrich Deym gingen der, ansonsten zumeist nur im Kontext der Posen-Debatte erwähnte, Wilhelm Jordan und Carl Vogt. Jordan

---

39 Friedrich Deym, in: Wigard, Stenographischer Bericht, 4, 26.10.1848, S. 2881–2883, hier S. 2881f.
40 Friedrich Deym, in: ebd., hier S. 2882.
41 Vgl. zum Konzept eines deutsch dominierten *Mitteleuropa* u. a. Jürgen Elvert, Mitteleuropa! Deutsche Pläne zur europäischen Neuordnung (1918–1945). Stuttgart 1999, sowie, als klassische Studie, die aber vor allem hinsichtlich der Relevanz des Konzepts in der Zwischenkriegszeit inzwischen revidiert ist: Henry Cord Meyer, Mitteleuropa in German Thought and Action 1815–1945. Den Haag 1955. Die zentrale Studie Friedrich Naumanns erschien 1915: Friedrich Naumann, Mitteleuropa. Berlin 1915.

sprach im Januar 1849 davon, dass die von Georg Waitz benannte Unschärfe der deutschen Grenze im Osten „der beste Beweis für die unvergängliche Lebensfülle, für die noch immer forttreibende Kraft unserer zweitausendjährigen, und dennoch jugendfrischen Nation" sei: „Erst im Greisenalter umzirkeln sich die Nationen mit chinesischen Mauern und rufen sich selbst zu: ‚Bis hierher und nicht weiter', wenn sie die Fähigkeit des Wachsthums verloren haben, und damit zugleich das Zusammenschrumpfen des Alters beginnt. Da, meine Herren, wo der Baum übergeht in seine grünen Sprößlinge und Zweige, da kann man freilich nicht sagen, hier ist noch Holz und dort hört das Holz auf, allein ich halte den für einen übel berathenen Gärtner, der den Baum nur aus Holz wegschneiden und alles das wegschneiden wollte, was erst in den künftigen Jahren zu einem bleibenden, dauernden Theile des großen Stammes werden kann. Deutschland, meine Herren, ist ein solcher forttreibender, jugendlicher Baum. Wurzelnd im Westen auf der breiten Grundlage des Rheins, ist sein Wachstum der Sonne entgegen gen Osten gerichtet, und Preußen und Osterreich sind die beiden Riesenäste, die seine doppelt gewipfelte grüne Krone tragen. Während im Westen leider ein schönes Stück der Stammlande bereits abgetrennt, und die deutsche Gesinnung im Elsaß so sehr erstorben ist, das man sich dort nicht gescheut hat, in derselben Zeit, wo Deutschland um seine Wiedergeburt ringt, den Tag festlich zu begehen, an welchem es vor zwei Jahrhunderten vom Mutterlande losgerissen, und unter fremdes Joch gebeugt wurde, ist im Osten die deutsche Gesittung, Sprache und Wissenschaft siegreich vorgedrungen, (...)."[42] „Das Ziel", so Jordan kurz darauf, „daß wir schon heute ins Auge fassen", sei es, „daß einst die deutsche Küste bespült werde von den Wogen des schwarzen Meeres. Schon aber höre ich hiergegen den Einwand der Kosmopoliten, es sei überhaupt verwerflich, die Germanisierung anderer Stämme zu wollen. Ich muß mich, wie ich es schon bei einer anderen Gelegenheit gethan habe, entschieden dahin aussprechen, daß ich mich nicht verstehen kann zur unbedingten Adoration vor jeglichem Volksstamm, und daß für mich die Nationalität an und für sich noch keinen heiligen Schein trägt. Viel höher als die Nationalität, steht für mich die Civilisation. (...) In derselben Weise, wie in früheren Periode der Erde zermalmte Gesteintrümmer durch das darüber fließende Muttergestein zu einer neuen Felsart verbunden wurden, so hat das deutsche Volk, sich langsam fortergießend von Osten nach Westen, obgleich an Zahl geringer, als die magyarischen, romanischen und slavischen Elemente, dennoch hingereicht, die von der Geschichte im großen Schmelztiegel des Donauthales zusammengewürfelten Volkstrümmer zu durchdringen und zur Ein-

---

[42] Wilhelm Jordan, in: Wigard. Stenographischer Bericht, 6, 11.01.1849, S. 4574–4580, hier S. 4574f.

heit zusammenzumörteln. Schon jetzt ist es eine Thatsache, daß jeder Gebildete im Gebiete des österreichischen Kaiserstaates von der dalmatischen Küste bis zur fernsten Grenze der Bukowina deutsch redet. (...) Das ist ganz natürlich, denn die Macht einer gebildeten Sprache ist unwiderstehlich. Mischehen zwischen Deutschen und Nichtdeutschen haben dort immer die Bekehrung des nichtdeutschen Theils zur Folge, eben weil die deutsche Sprache einen größeren Reichthum an Bildung aufschließt. (...) Und, meine Herren, wenn der deutsche Geist schon in der Zeit seiner Knechtung, seiner völligen Unfreiheit, wo er völlig darnieder lag unter dem Joche der Bevormundung, solches zu leisten im Stande war, was, frage ich, wird seine assimilierende Gewalt sein auf die nichtdeutschen Stämme in Oesterreich, nachdem er befreit ist von jenen Fesseln (...)?"[43]

Jordan präsentierte sich mit diesen Darlegungen noch einmal als Exponent eines organisch-völkischen Geschichtsbildes. Die Entwicklung staatlicher Beziehungen bemaß sich für ihn nicht an legalistischen Kategorien wie etwa dem Völkerrecht, sondern an essentialistisch begriffenen ‚Naturgesetzen'. Hieraus leitete er eine Hierarchisierung von Nationen ab, die er an unterschiedlichen Stufen von „Civilisation" festmachte. Die „assimilierende Gewalt" war für ihn eine kulturelle Gewalt, deren Geltung bis ans Schwarze Meer reichte.

Jordans Anspruch auf die Küste des Schwarzen Meeres findet keine nähere Begründung – es lässt sich jedoch annehmen, dass er sich, ebenso wie Georg Waitz, auf die „Vorposten" deutscher Herrschaft in diesem Raum bezog, in diesem Fall also die zentraleuropäischen Emigrant/innen, die ab Ende des 18. Jahrhunderts den zarischen Siedlungsmanifesten gefolgt waren und sich in der Schwarzmeerregion niedergelassen hatten.[44] Denn staatsrechtlich lag das Schwarze Meer jenseits des von Jordan zu einem ‚Großdeutschland' gezählten Habsburgerreichs, Anrainerstaaten waren das Osmanische Reich und das Russländische Reich.

Dieser Umstand führt zu der Frage, welche Stellung Russland als wichtigster, mehrheitlich slavisch-orthodoxer Staat, eigentlich in den Diskussionen der Paulskirche über *den Osten* einnahm. Die Antwort fällt für die weit überwiegende Mehrzahl der Redebeiträge erwartbar aus: Russland wurde als Verkörperung

---

43 Wilhelm Jordan, in: Wigard, Stenographischer Bericht, 6, 11.01.1849, S. 4574–4580, hier S. 4575f.
44 Vgl. hierzu u. a. Detlef Brandes, Von den Zaren adoptiert. Die deutschen Kolonisten und die Balkansiedler in Neurussland und Bessarabien 1751–1914. München 1993; Lydia Klötzel, Die Russlanddeutschen zwischen Autonomie und Auswanderung. Die Geschicke einer nationalen Minderheit vor dem Hintergrund des wechselhaften deutsch-sowjetischen/russischen Verhältnisses. Münster 1999; Dmytro Myeshkov, Die Schwarzmeerdeutsche und ihre Welten 1781–1871. Düsseldorf 2008.

der „asiatischen Barbarei" angesprochen, und damit als zugleich mächtiger und absoluter Gegner einer deutsch dominierten ‚westlichen Kultur'. Teilweise trat die Charakterisierung des Zarenreich als eines „nordischen Koloss auf tönernen Füßen" hinzu, womit das Bild eines äußerlich starken, innerlich aber zerrissenen Staatswesens transportiert wurde: „(...) Oder fürchten Sie etwa, meine Herren, eine solche Demonstration, nämlich das Einrücken deutscher Bundestruppen nach der böhmischen Grenze, könne den schlummernden Löwen an der Wolga wecken, den sogenannten Koloß mit den thönernen Füßen in Bewegung setzen? Dieser Löwe, meine Herren, wenn es wirklich ein Löwe ist, ich als Naturhistoriker bezweifle es, er wird erwachen, auch wenn Sie ihn nicht erwecken. Wenn es sich jemals darum handelt, die asiatische Barbarei von Deutschland's Grenzen fern zu halten, wenn es sich darum handeln sollte, den Kosacken und die Knute herauszufegen, dann werden sich 100.000 deutsche Männer in den Kampf zu gehen nicht scheuen."[45]

So wie in diesem Fall durch den Abgeordnete Andreas Ludwig Jeitteles aus Olmütz mit der Beschreibung Russlands als einer „barbarischen" Macht zeugt der Großteil der Wortbeiträge in der Paulskirche von der Tradierung alter, stereotyper Bilder, und damit von dem, was Gregor Thum treffend als die „traditionellen Rationalitätsdefizite im deutschen Verhältnis zu Russland"[46] bezeichnet hat. In radikaler Form brachte dies Carl Vogt zum Ausdruck: „Es ist eine Politik des Schwerdtes, die ich hier predige, (...). Meine Herren, ich mache mir keine Illusion darüber, daß endlich einmal der Span zwischen dem Westen und Osten ausgefochten werden muß, daß endlich einmal der Krieg beginnen muß zwischen der Cultur des Westens und der Barbarei des Ostens. Ich behaupte nun, meine Herren, der Moment dazu ist jetzt der günstigste, jetzt ist es die Zeit, wo Sie zu einem solchen Kriege die günstigsten Chancen haben, wo nicht Rußland und Österreich als vereinte Massen Ihnen entgegen stehen werden, sondern wo Sie Bundesgenossen finden werden in aller Welt, (...) wo Deutsch-Oesterreicher, Polen, Ungarn gegen den gemeinsamen Feind im Osten mit zu Feld ziehen werden. (...) Meine Herren, dieser heilige Krieg der Cultur des Westens gegen die Barbar(ei?) des Ostens, den dürfen Sie nicht herabwürdigen und vergiften durch ein Duell zwischen dem Hause Habsburg und dem Hause Hohenzollern (...) Sie müssen entschlossen sein, diesen Krieg sein zu lassen, was er sein soll,

---

45 Andreas Ludwig Jeitteles, in: Wigard, Stenographischer Bericht, 1, 30.06.1848, S. 667f., hier S. 667. Russland galt auf den *mental maps* westeuropäischer Beobachter bis zu Beginn des 19. Jahrhunderts als eine nördliche Macht, die ‚Verschiebung' gen Osten erfolgte erst im Nachgang des Wiener Kongresses. Vgl. hierzu Hans Lemberg, Zur Entstehung des Osteuropabegriffs im 19. Jahrhundert. Vom „Norden" zum „Osten" Europas, in: Jahrbücher für Geschichte Osteuropas 33 (1985), 1, S. 48–91.
46 Thum, Traumland Osten, S. 8.

ein Kampf der Völker! Glauben Sie nicht, daß diesen Kampf ein Erbkaiser führen könne. Er würde aussehen wie ein Eroberungskrieg für die Dynastie Hohenzollern, und nicht wie der berechtigte Krieg im Namen des deutschen Volkes gegen Rußland und gegen die österreichische Barbarei."[47]

Vogt sprach nicht mehr vom Vordringen „deutschen Geists", sondern von einem tatsächlichen Krieg um die Vorherrschaft im ‚Osten'. Als Vertreter der parlamentarischen Linken bezog er sicher hierbei auf die „Völker" als revolutionäre Subjekte, die vereinigt das Europa des Wiener Kongresses ins Wanken bringen könnten. Zugleich weisen seine Ausführungen unverkennbare Schnittmengen zur Argumentation der völkischen Rechten auf, denn auch Vogt argumentiert mit ‚höheren' und ‚niederen' „Culturen", und der von ihm evozierte Krieg hätte zweifellos unter deutscher Vorherrschaft stattgefunden.

Etwas anders positionierte sich Wilhelm Jordan gegenüber Russland. Die „Uebermacht des deutschen Stammes" galt für ihn für die „meisten slavischen Stämme, vielleicht mit alleiniger Ausnahme der russischen."[48] Ebenso wie Vogt rekurrierte er hierbei auf das „Volk" als dem Träger zukünftiger Entwicklung: „Meine Herren! Obgleich ich weiß, daß eine solche Aufrichtigkeit nicht geeignet ist, Popularität zu erwerben, so scheue ich mich doch durchaus nicht, es herauszusagen, daß diejenigen, die uns den Russenhaß predigen, wahrlich nicht wissen, was sie thun. Der Haß zwischen Nationen ist eine mit der Cultur des neunzehnten Jahrhunderts unverträgliche Barbarei, ist geradezu ein Unsinn. Das russische Volk ist natürlich nicht hassenswerth! An der Oberfläche, die es uns zukehrt, mag es verdorben und angefault sein, durch die künstliche Schminke einer fremdländischen Scheinkultur, die ihm seine Despoten aufgeklebt haben; der Kern des Volkes aber ist unverdorben, und alle unbefangenen Berichterstatter stimmen darin überein, daß es auch den Russen nicht fehlt an vortrefflichen Eigenschaften und daß sie manchen Keim in sich tragen, der sie berechtigt zu der Hoffnung auf eine große Zukunft."[49]

Von dem bemerkenswerten Umstand einmal abgesehen, dass sich ausgerechnet Wilhelm Jordan hier als Vorkämpfer gegen den „Unsinn" des Hasses zwischen Nationen inszenierte, ist diese Passage aufschlussreich für eine ebenfalls wirkungsmächtige Facette des deutschen Russlandbilds: Die Projektion eigener, antimodernistischer Vorstellungen von ‚Ursprünglichkeit' auf das als ‚bodenständig' und ‚rechtgläubige' imaginierte ‚russische Volk'. Diese Perspektive ist nicht weniger stereotyp als das Bild Russlands als dem ‚Hort der Barba-

---

47 Carl Vogt, in: Wigard, Stenographischer Bericht, 8, 17.03.1849, S. 5817–5823, hier S. 5823.
48 Wilhelm Jordan, in: Wigard, Stenographischer Bericht, 2, 24.07.1848, S. 1146.
49 Wilhelm Jordan, in: Wigard, Stenographischer Bericht, 2, 24.07.1848, S. 1145.

rei', sie ist nur positiv konnotiert.⁵⁰ Bei Jordan war sie zugleich die andere Seite der Medaille seines radikal negativen Polenbildes.

Resümee

Die hier analysierten Redebeiträge der Paulskirchendebatte bezogen sich allesamt auf das östliche Europa. Diese Feststellung ist vor allem deshalb wichtig, da die Argumentationen in Abhängigkeit davon, über welchen Teil Europas in Frankfurt debattiert wurde, deutlich differieren. Während gegenüber dem östlichen Europa – wie skizziert – kulturalisierende und ethnisierende Begründungen dominierten, zeigen die Berichte der Parlamentsdebatten zu Schleswig oder dem Elsass ein deutlich anderes Bild. Hier spielten legalistische, an staatsrechtlichen Kategorien orientierte Standpunkte eine viel größere Rolle. Damit ist nichts über die Berechtigung derartiger Ansprüche gesagt – es zeigt jedoch, dass koloniale Vorstellungen im Sinne eines *Othering* und *eigener* kultureller Höherwertigkeit im deutschen Diskurs ein Spezifikum des Blicks gen Osten waren. Ein Krieg mit Dänemark erschien vor diesem Hintergrund, wie Brian Vick es formuliert hat, als „aberration"⁵¹, während gewaltsame Auseinandersetzungen mit Polen oder Tschechen als „only too natural" dargestellt wurden.

Zur Vollständigkeit des Bildes gehört weiterhin der Hinweis, dass es auch andere Stimmen gab. Dies gilt allerdings in größerer Zahl nur für die Posen-Debatte – hier finden sich, im Anschluss an die deutsche „Polenbegeisterung" der 1830er Jahre, mehrere Reden, die vom Bild der patriotischen, tapferen, aber auch tragischen polnischen Kämpfer geprägt waren, deren Aufstände zugleich Aufstände für die Freiheit der Völker Europas insgesamt seien. Bekanntester Antipode Wilhelm Jordans in diesem Kontext war der zur linken Fraktion des „Frankfurter Hofs" gehörige Robert Blum: „Auch jetzt, wo auf's Neue der Frühling dahinzog über die Völker, haben die Polen theil nehmen wollen an dem werdenden Tage. Sie haben geglaubt, daß auch für sie die Stunde der Wiedergeburt geschlagen habe, und in diesem Glauben haben sie die Hand gelegt an diese Wiedergeburt, wo und wie sie konnten, und wenn Sie ihnen sagen wollen, oder sagen müssen: daß sie hin und wieder übereilt oder unbesonnen gehandelt

---

50 Vgl. hierzu, neben Thum, Traumland Osten, auch Gerd Koenen: Der Russland-Komplex. Die Deutschen und der Osten 1900–1945, München 2005, sowie die von Lew Kopelew initiierte, deutsch-russische Publikationsreihe *West-östliche Spiegelungen*, im Rahmen derer zwischen 1985 und 2006 insgesamt neun Bände zu deutschen und russischen Selbst- und Fremdbildern erschienen sind.
51 Dieses und das folgende Zitat Vick, Defining Germany, S. 194.

haben, dann erkennen Sie wenigstens an, daß der Trieb, der sie geführt hat, ein edler war, und daß es um so edler ist, die letzte Kraft dem Vaterland zu weihen, je mehr dieses Vaterland unterdrückt ist, und je geschwächter die Kraft selbst ist, die die man in die Wagschale legen kann."[52] Auch diese Äußerungen lassen sich, ähnlich wie Jordans Charakterisierung ‚des‘ russischen Volkes, als positiv konnotierte Heterostereotype fassen – sie stellten aber dennoch einen deutlichen Gegenpol zum dominierenden Bild Polens als einer zur eigenen Staatlichkeit unfähigen Nation dar. Entsprechend mussten sich Blum und andere von ihren Gegnern als „Kosmopoliten" und Vertreter einer „antinationalen Philosophie" verunglimpfen lassen, wie die obigen Zitate von Karl Giskra und Wilhelm Jordan illustrieren.

In der Böhmendebatte gab es deutlich weniger oppositionelle Stimmen. Es blieb dem Breslauer Abgeordneten Arnold Ruge vorbehalten, gemeinsam mit zwei weiteren Deputierten ein Minderheitenvotum einzubringen, das sich nicht an der ‚Verteidigung des Deutschtums‘ orientierte.[53] Demgegenüber stand ein breiter, anti-tschechischen Konsens, den Hans Henning Hans als eine Mischung aus „weitgehender Unkenntnis"[54] und Pauschalurteilen charakterisiert hat. In nochmals gesteigerter Form gilt dies ebenso für das südöstliche Europa: Die vergleichende Lektüre der Wortbeiträge hinterlässt den Eindruck, dass hier mit noch weniger Differenzierung (die Region zwischen der dalmatinischen Küste und dem Schwarzen Meer ist nicht gerade klein und hat sich historisch alles andere als einheitlich entwickelt) und umso stärkerem Sendungsbewusstsein einer *natürlichen* deutschen Vorherrschaft in diesem Raum das Wort geredet wurde. Und dies größtenteils unabhängig von klein- oder großdeutschen Positionierungen und über die politischen Fraktionsgrenzen von links bis rechts hinweg.[55]

Abschließend bleibt festzuhalten, dass die Debatten in der Frankfurter Paulskirche von einem Bild des östlichen Europa als einem *Deutschen Osten* dominiert wurden. Hierbei spielten wirkungsmächtige Auto- und Heterostereotype, die bei einer ganzen Reihe von Rednern eine unverkennbar völkische Grundierung hatten, eine zentrale Rolle. Über dieses Anknüpfen an traditionelle und in der Gesellschaft verbreitete Selbst- und Fremdbilder hinaus besaß die Rede von einem *deutsch dominierten Osten* jedoch auch eine explizit expansive Stoßrichtung: Mit ihr wurden Ansprüche konstruiert und legitimiert. Um dies zu ver-

---

52 Robert Blum, in: Wigard. Stenographischer Bericht, 2, 24.07.1848, S. 1141–1143, hier S. 1142.
53 Arnold Ruge, in: Wigard. Stenographischer Bericht, 1, 30.06.1848, S. 670f.
54 Hahn, Die Anfänge des völkischen Diskurs, S. 56.
55 Vgl. dieses Urteil sowie die berechtigte Kritik, dass dieser fraktionsübergreifende Konsens insbesondere von der deutschen Geschichtswissenschaft lange nicht ausreichend zur Kenntnis genommen wurde, auch bei Thörner, „Der ganze Südosten", S. 53.

deutlichen, wurde in diesem Artikel auf das Konzept eines kolonialen deutschen Osteuropadiskurses zurückgegriffen. Die kolonialen Dimensionen der Konstruktion von *Alterität*, *Identität* und *Raum* stellen einen analytischen Rahmen dar, mittels dessen sich sowohl der Prozess des *Othering* als auch die potentielle Reichweite dessen erschließen lassen, was in der Paulskirche zunächst ‚nur' diskursiv, als Teil der „colonial fantasies"[56], gerahmt wurde, im Fortgang deutscher Geschichte im östlichen Europa aber seine ganze, zerstörerische Wirkung entfalten sollte. Dieses völkisch-koloniale Erbe wirft einen deutlichen Schatten auf den deutschen Erinnerungsort „Paulskirche". Gerade in Zeiten, in denen erneut über die Paulskirche als demokratisches Symbol gegen rechten Populismus und Extremismus diskutiert wird,[57] sollten diese ‚dunklen Seite' der ersten deutschen verfassungsgebenden Versammlung ohne Vorbehalte mit in den Blick genommen werden. Nur so ließe es sich vermeiden, entgegen der eigentlichen Intention erneut an einen spezifisch deutschen Blick auf *den Osten* anzuknüpfen, dem heute keine traditionsstiftende Wirkung mehr zukommen sollte.

---

[56] Naranch, Inventing the Auslandsdeutsche, S. 25.
[57] Vgl. hierzu das Interview mit dem Frankfurter Oberbürgermeister Peter Feldmann, Eine große Debatte über die Zukunft der Paulskirche, in: Frankfurter Rundschau v. 5.11.2018, https://www.fr.de/frankfurt/spd-org26325/eine-grosse-debatte-ueber-zukunft-paulskirche-10949395.html.

Teil II: **Ideologien**

Ulf-Thomas Lesle
Germanistik und Niederdeutsch. Liaison im Schatten eines Essentialismus

In diesem Beitrag wird anhand einer Kritik von Denkmustern und Handlungsschemata dargelegt, wie in der Germanistik Sprachgeschichte als Volksgeschichte gedeutet wurde. Diese Forschungstradition ist in der Niederdeutschen Philologie um die Jahrtausendwende reaktiviert worden. Akteure der Fachwissenschaft haben mit ihrer diskursiven Konstruktion einer Sprachgemeinschaft Identitätspolitik zum Achsenpunkt einer Kampagne gemacht.[1]

Ein dialektales Idiom wird zur „Ausbausprache" erklärt.

Der Soziologe Pierre Bourdieu arbeitete mit dem Begriff der Gewalt, als er Herrschaftsverhältnisse kennzeichnete.[2] Eine Form dieser Gewalt spiegelt sich im Kampf um symbolische Macht und kulturelle Dominanz auf dem sozialen Feld von Ab- und Ausgrenzungen wider.

Ideengeschichtlich betrachtet, konstituierte sich in Deutschland gegen Ende des 19. Jahrhunderts mit dem Ideal der homogenen Nation die Herrschaft eines völkischen Nationalismus. Mit den kulturrelativistischen Setzungen dieses Radikalisierungsprozesses wurde jede Form von Universalität als Vermächtnis der Aufklärung aufgekündigt. In der autoritär strukturierten wilhelminischen Gesellschaft sind Menschen erstmals anhand ethnischer und kultureller Merkmale ausgegrenzt und entrechtet worden. Im Zuge des *modernen* Antisemi-

---
[1] Literaturliste siehe am Ende des Beitrags. Es handelt sich um die überarbeitete und ergänzte Fassung eines Vortrags am Friedrich-Meinecke-Institut der FU Berlin am 21.09.2017 (Tagung „Handbuch-Einsichten" anlässlich der Präsentation des „Handbuchs der völkischen Wissenschaften". 2. Aufl. Berlin 2017). Für Anregungen dankt der Autor dem Musik-Ethnologen und Komponisten Manfred Bartmann, *native speaker* einer ostfriesischen Mundart. In seinem Musikschaffen greift Bartmann Denkmuster auf, mit denen plattdeutsche Varietäten zu einem sakrosankten Kulturkapital verklärt werden. Diese weit verbreitete Anschauung ironisiert Bartmann als quasi-religiösen Irrglauben. Vgl. Bartmann 2011 (Track 8: Untouchable Low German) sowie Bartmann 2017 (Track 1: Living it up. Folkish as well as Low German self-exotifications). (Literaturliste am Ende des Beitrags).
[2] Siehe Bourdieu, Meditationen.

tismus wurden die Merkmale existenzieller Zugehörigkeit dann um die Kategorie der Rasse erweitert. In der politischen Durchsetzung dieses kruden soziologischen Determinismus war die Metamorphose des Rassenwahns zum (selbst)zerstörerischen Zivilisationsbruch der Shoa bereits angelegt.[3]

Identitätspolitik stellt als Instrument eines Schutzes vorgeblich bedrohter Werte die zentrale Handlungsachse einer Bewegung dar, die in Deutschland seit Jahrzehnten als *Neue Rechte* auftritt.[4] Ethnische Entität bildet das Leitbild dieser Formation deren strategisches Ziel es ist, kulturelle Hegemonie zu gewinnen. Die Handlungsmuster der Akteure der *Neuen Rechten* sind dabei von einem autoritären Etatismus geprägt. In ihrem Kampf um Einfluss und Ressourcen folgt diese antidemokratische Revolte dem NS-Staatsrechtler Carl Schmitt, der die rassisch geformte *Volksgemeinschaft* als Ordnungsfigur eines autoritär gelenkten Staates propagiert hatte: Utopie und Rechtsnorm zugleich.[5]

Inzwischen erzeugt der Diskurs von Meinungsführern durch seine habituellen Zuschreibungen auf vielen Ebenen des gesellschaftlichen Zusammenlebens Differenzlinien: Populistische Politik vollstreckt *Volkswillen* in Form einer sich selbst erfüllenden Prophezeiung. Bei diesem Handlungsmuster geht es nicht um den Schutz individueller Rechte und Lebensformen, die Strategie zielt ausschließlich darauf ab, ethnisch eindeutige Zugehörigkeit herzustellen. Mittels einer Politik der Differenz, die mit der Behauptung starrer kultureller Werte einhergeht, sollen Vorstellungen von rassisch-ethnischer Homogenität und kategoriales Freund-Feind-Denken durchgesetzt werden. Vertreter der niederdeutschen Fachwissenschaft, die dieses Argumentationsfeld eines vordemokratischen Antiintellektualismus in gleicher Weise besetzen, proklamieren deswegen auch das völkische Ideal von Sprachkultur, ethnisch *angestammt* und *territorial* gebunden.

Ein Menetekel der Gegenwart stellt für die *Neue Rechte* der Prozess der Globalisierung dar. Die Inszenierung des Szenarios, festgelegte Identitäten würden sich immer mehr auflösen, mobilisiert diffuse gesellschaftliche Ängste vor dem Verlust des Vertrauten. Vor allem die *Identitäre Bewegung* (IB) arbeitet in diesem Zusammenhang mit neuen Sprachbildern. Sie will so deutlich machen,

---

[3] Vgl. Sternhell, Von der Aufklärung zum Faschismus und Nazismus, S. 61–94; sowie Stender, Vom völkischen Nationalismus zum Ethnonationalismus, S. 50–64.

[4] Populismus wird hier als Element einer Agitationstechnik verstanden, die durch ihre enge Verbindungen zur sogenannten *Neuen Rechten* ideologisch besetzt ist. Die Sakralisierung kollektiver Identität ist ein wesentliches Kennzeichen dieses politischen Populismus.

[5] NS-Kronjurist Carl Schmitt hat in seiner *völkerrechtlichen Großraumordnung* überstaatliche Reiche zu Völkerrechtssubjekten aufgewertet. Auch der Raum der (niederdeutschen) Hanse bildete für Schmitt ein solches Subjekt. Vgl. hierzu Salzborn, Kronzeuge der Neuen Rechten, S. 63–77.

dass sie sich von *veralteten* Denkmustern distanziert. Doch der Diskurs, mit dem die IB völkischen Kollektivismus als allfälliges Heilsversprechen erzeugt, gründet sich, ebenso wie bei den alten Setzungen, auf rassistische Prämissen. Mit Endzeit-Metaphern suggerieren die Hipster der neu-rechten Szene, der Untergang der deutschen *Herkunftsheimat* stehe unmittelbar bevor. Beschworen wird ein „Finis Germania": Klischees des Eigenen werden vor der Schreckenskulisse einer ungesteuerten Zuwanderung *volksfremder Massen* zu Merkmalen einer deutschen (Minderheiten-)Kultur stilisiert, deren Fortbestand bedroht ist.[6]

Theoretische Vorstellungen von *Volk und Raum* hat die *Neue Rechte* im bruchlosen Vollzug völkischen Denkens durch Begriffe wie Ethnie und Region ersetzt. Ob alte oder neue Kennzeichnungen: Die Verfasstheit des Staates wird grundsätzlich nicht als Demos, sondern als Ethnos gedacht: Nur das ethnisch homogene *Volk* kann in Gestalt seiner *Blutsverwandtschaft* eine Gemeinschaft bilden.[7] Im Weltbild der *Neuen Rechten* muss Europa als Bollwerk nationaler Völker und autochthoner Minderheiten dem geballten Angriff der globalen Welt standhalten. Zivilgesellschaftlicher Widerstand gegen die Stigmatisierung alles Fremden und die Zwänge eines völkischen Kollektivismus gilt als Verstoß gegen das quasi-religiöse Gesetz rassischer Homogenität.

Fiktionen von Identität, die sich auf Rechtsideen des Bodens oder Blutes gründen, spiegeln die distanzlose Überhöhung des vorgeblich Eigenen zum kulturellen Leitbild. Zur Ambiguität moderner Gesellschaften gehört es jedoch, dass sie vor dem Hintergrund der universellen Gleichheit aller Menschen von freiheitlicher Offenheit geprägt sind. Akteure eines politischen Populismus relativieren diesen elementaren Grundsatz durch die Setzung, nur die *eigene* Kultur sei für die Identität der ethnischen *Herkunftsgemeinschaft* konstitutiv. Mit dem strategisch eingesetzten Konfliktmuster, ein moderner Universalismus würde dieses kollektiv Eigene zum Verschwinden bringen, wird in der Gesellschaft seit Jahrzehnten die Rhetorik des *Othering* in Gang gehalten.

Wie völkische Muster und konservative Werthaltungen sich zu Handlungsachsen amalgamieren können, bildet sich seit 150 Jahren beispielhaft in einem *Netzwerk für Niederdeutsch* ab. In diesem weitgehend geschlossenen Verbund ist das quasi-religiös überhöhte Bild der unauflöslichen Einheit von Volk, Raum und Sprache emotional hoch besetzt. Vertreter institutioneller Einrichtungen sowie Einzelakteure nutzen heute für die Darstellung dieser Verknüpfungen vor allem den digitalen Informationsraum des Internet. In den einschlägigen sozia-

---

6 „Finis Germania" ist der Titel eines Buches, das 2017 im Hausverlag der *Neuen Rechten* erschienen ist. Sein Verfasser, Rolf Peter Sieferle, war Schüler des Geschichtsrevisionisten Ernst Nolte.
7 Siehe dazu Lesle, Das Eigene und das Fremde, S. 32–55.

len Medien markiert der Begriff *Niederdeutsch* durchweg ein von alters überliefertes Kulturkapital, das als sakrosankt angesehen wird. Die niederdeutsche Bewegung hatte sich im wilhelminischen Kaiserreich als formiertes Segment innerhalb der völkischen Sammelbewegung breit aufgestellt, eingebettet in ein klein- und bildungsbürgerlich geprägtes Milieu, hauptsächlich in Norddeutschland.

Mit der Zäsur von 1968 war erstmals eine Aufarbeitung dieser Bewegungsgeschichte möglich geworden, die innerhalb der Fachwissenschaft weitgehend tabuisiert wurde, weil sie selbst Teil dieses völkischen *Aufbruchs* war.[8] Historische Einsichten, die seinerzeit gegen szenetypische Widerstände öffentlich gemacht wurden, sind durch das ideologische roll back des Niederdeutsch-Netzwerks wieder hochaktuell geworden.

Im Verlauf der letzten drei Jahrzehnte konnten Akteure der Fachwissenschaft mit ihrer Zielsetzung, den Sprachraum einer Wir-Gruppe gleichsam neu zu denken und somit neu zu erfinden, aus ihrem subkulturellen Nischendasein heraustreten. Vor allem im Rahmen digitaler Kommunikation wurde eine ethnisch motivierte Sprachbewusstheit geschaffen, die der niederdeutsch-affinen Community neue Akteure zuführte, die zumeist rechtskonservativen Zirkeln des Sprach- und Heimatschutzes angehörten.[9] Im digitalen Netzwerk akkumulierte sich die Sprachschutz-Debatte zu einem Mainstream, weil die Konsumenten in aller Regel auch Produzenten waren. Auf diese Weise haben sich völkische Stereotype innerhalb kurzer Zeit flächenhaft ausgebreitet. Darüber hinaus definierten sich die Kontakte im digitalen Raum nahezu ausschließlich über das sprachliche Format der Varietäten, zudem ist diese Kommunikation häufig mit Versuchen verknüpft, Standardisierungen durchzusetzen.

Aufgrund der Diglossie von Hoch- und Plattdeutsch gibt es in Norddeutschland keine Gesprächspartner, die der Standardsprache nicht mächtig sind. Es ist also niemand gezwungen, aus Verständnisgründen im Dialekt zu kommunizieren. Angesichts der realen Figuration der Sprachlagen entlarvt sich der plattdeutsch-sprachliche Diskurs, der sich im Netzwerk durchgesetzt hat, als menta-

---

8 Lesle, Das niederdeutsche Theater sowie Dohnke et al. (Hrsg.), Niederdeutsch im Nationalsozialismus. Siehe dazu auch Bürger, „... wonach die Mundart grundsätzlich auszumerzen war".
9 Mit Community wird hier eine Netzwerk-Gemeinde bezeichnet. Spracheinstellungen und Mentalitäten in dieser organisierten Szene sind in aller Regel nicht identisch mit den Gebrauchsmotivationen jener Nutzer, die Plattdeutsch-Varietäten als Kommunikationsmedium des sozialen Nahbereichs gebrauchen. Für diese Sprecher ist die Mundart nicht Objekt sprachpolitischer Projektionen, sondern Teil ihres überwiegend standardsprachlich strukturierten Sprachalltags. Vgl. Arendt, Niederdeutschdiskurse.

le Attitüde einer digitalisierten Kommunikation, die (sprach)ideologisch besetzt ist.

Die Aufnahme der plattdeutschen Varietäten in die *Europäische Charta der Regional- oder Minderheitensprachen* war in den 1990er Jahren Thema einer aktionistischen Kampagne. Ihr Diskurs wurde von der Beschwörung eines globalisierten Universalismus beherrscht: Insbesondere die Kultur von Minderheiten werde durch Prozesse ungezügelter Pluralisierung zerstört. Das Bild vom nahen *Sprachtod* war denn auch die treibende Kraft der Aktion, deren strategische Ziel darin bestand, eine zur ultima ratio gestylte Aussage über die Community hinaus öffentlich zu machen und im politischen Raum zu verankern: Nur im Rahmen einer rechtlich geschützten *Regionalsprache Niederdeutsch* könne die jahrhundertelang diskriminierte *Herkunftsgemeinschaft* der Sprecher Wiedergutmachung erfahren und Zukunft gewinnen.

Mit ihrer politischen Entscheidung, die Plattdeutsch-Varietäten in die Sprachencharta aufzunehmen, haben Instanzen auf Ebenen des Bundes wie der Länder Argumentationsmustern eines strategischen Essentialismus stattgegeben. Darüber hinaus ist auch die angebliche Opferrolle eines kulturellen Wir-Kollektivs anerkannt worden, wie die Einrichtung des sprachpolitisch agierenden „Bundesrat für Niederdeutsch" zeigt.[10] Die norddeutschen Länder verpflichten sich, den normativen wie kommunikativen Ausbau einer *Regionalsprache Niederdeutsch* in allen Bereichen des öffentlichen Lebens überprüfbar voran zu treiben. Einen Schritt in diese Richtung markiert insbesondere die Maßnahme, plattdeutsche Dialekte schulisch zu verankern. Als *Lernersprache* sind sie inzwischen Teil des fremdsprachlichen Curriculums. Damit gehen Normierungen einher, die Lernprozesse unterstützen sollen. 2017 wurde *Niederdeutsch* von der Kultusministerkonferenz überdies als Abitur-Prüfungsfach anerkannt. Zu diesem Zweck befinden sich gegenwärtig „Profilschulen" mit einem Schwerpunktfach *Niederdeutsch* im Aufbau.[11] Für den Schriftsprachgebrauch von Varietäten, den die Charta nunmehr ermöglicht, bestehen keine „lebenspraktische Notwen-

---

10 „Niederdeutschsekretariat und Bundesraat för Nedderdüütsch" siehe: https://www.niederdeutschsekretariat.de.

11 Vgl. Pressemitteilung des Ministerium für Bildung, Wissenschaft und Kultur des Landes Mecklenburg-Vorpommern: https://www.regierung-mv.de/serviceassistent/_php/download.php?datei_id=1584924. In einer Schrift des Ministeriums für Bildung, Wissenschaft, Forschung und Kultur des Landes Schleswig-Holstein heißt es einleitend: „Schule sollte erfolgreich dazu beitragen, dass das Niederdeutsche kein Idiom mehr ist (...). Sie sollte dafür Sorge tragen, dass das Plattdeutsche aus der Nische wieder in die Mitte gerückt wird und im alltäglichen Umgang lebendig bleibt, damit Schülerinnen und Schüler, wenn sie das Plattdeutsche hören, ein Stück Heimat und Geborgenheit erfahren und ihre Identität in einem ganz umfassenden Sinn erleben." (Niederdeutsch in den Lehrplänen. Anregungen für Schule und Unterricht. o. J.)

digkeiten".[12] Trotzdem soll mit Lehr- und Lernkonzepten auch der Transfer von der Mündlichkeit zur Schrift durchgesetzt werden. Anwendungsformen *top-down* zu verordnen, ist hinsichtlich eines Gebrauchs des Dialekts im Sprachalltag, der von sozialstrukturellen Faktoren geprägt wird, nicht nur fragwürdig. Im Hinblick auf natürliche Sprachverwendung ist dieses Vorgehen auch kontraproduktiv.

Auf die Umsetzung dieser Maßnahmen, die hier lediglich als Einzelbeispiele eines umfangreichen Aufgabenkataloges genannt sind, haben germanistische Fachvertreter wie Verbands-Lobbyisten über Jahrzehnte hinweg gezielt hingearbeitet. Die in diesen Prozess strukturell eingebundene Community hat über unterschiedliche mediale Kanäle flankierend öffentlichen Druck erzeugt.

Niederdeutsch-Akteure bedienen sich Denkmuster der *Neuen Rechten*, deren kultureller Diskurs vor allem von der Idee des Ethnopluralismus geprägt wird. Die Formationsregeln dieses Konzepts laufen darauf hinaus, dass das Ideal eines völkischen Kollektivismus nur in rassisch homogenen Gemeinschaften durchgesetzt werden kann.[13] Wie Elemente des Ethnopluralismus, der für die *Neue Rechte* von zentraler Bedeutung ist, und die (sprach)politische Programmatik der Niederdeutsch-Szene einander ähneln, zeigt sich an Hand der ideologischen Korpora: In beiden Denksystemen werden völkische Axiome eines kulturellen Essentialismus zur Geltung gebracht. Ihre antidemokratischen Ordnungsvorstellungen versuchen Agitatoren einer *ethnokultureller Identität* ebenso wie die Verfechter der *Regionalsprache Niederdeutsch* vermittels eines naturalisierten Kulturbegriffs allerdings zu verschleiern. Kulturelle Unterschiede sollen die natürliche Vielfalt von Arten und Gattungen abbilden. Die redundante rhetorische Behauptung, es gäbe ein historisch gewachsenes, homogenes *niederdeutsches Sprachkollektiv*, wird vom neu-rechten Denkmuster des Ethnopluralismus nachgerade legalisiert. Das Ideal der *ethnokulturellen Identität* verkörpert letztlich eine globale Apartheid, bei der Völker und Kulturräume klar voneinander getrennt sind. Der Begriff der Identität wird ausschließlich über einen rassisch-territorialen Imperativ definiert. Diesem Imperativ folgt auch die Sprachencharta. Denn der Vertrag räumt kollektive Sonderrechte nur Minderheiten ein, die einen autochthonen Status haben. Per definitionem besitzen diesen nur *andersvölkische* Angehörige des jeweiligen *Mehrheitsstaates*, also keineswegs Immigranten.

Von jeher hat es im Zuge von Migration in Nationalstaaten die soziale Wirklichkeit allochthoner Kulturen gegeben. Die Realität hybrider Kulturen wird von

---

12 Langhanke, Übergänge zur Schriftlichkeit, S. 99.
13 Vgl. Steizinger, Die identitäre Ideologie, S. 77–89 sowie Vennman, Elemente des identiären Antisemitismus, S. 2–25.

Populisten schlichtweg geleugnet, für sie gilt nur das Gebot rassischer Homogenität. Das emotionalisierte Thema der Bedrohung der eigenen, völkisch definierten Identität hat in der Gegenwartsgesellschaft durch Zuwanderung autoritäre Potentiale frei gesetzt. Auf vielen Ebenen wird Zugehörigkeit heute wieder als rassisches Merkmal ritualisiert. Die Syndrome dieser gruppenbezogenen Menschenfeindlichkeit reichen von angstbesetzter Xenophobie bis hin zum Rassenantisemitismus.

Mit den Zielsetzungen der *Europäischen Charta der Regional- oder Minderheitensprachen*, die 1999 in Deutschland ratifiziert wurde, ist das politische Konzept des Ethnopluralismus faktisch durchgesetzt worden. Eine völkisch strukturierte Sprach- und Identitätspolitik wurde mit der Charta zum Hebel ethnischer Segmentierung und kultureller Parzellierung. Das Vertragswerk, das Kollektive als Rechtssubjekt definiert, bildet inzwischen den wichtigsten Eckpfeiler einer EU-weit praktizierten ordnungspolitischen Agenda.

Bei diesem Zwang zur Segregation von Menschen nach rassischer Zugehörigkeit bildet sich die Überzeugung einer Organisation ab, die nach 1945 im Interesse eines sogenannten *Grenz- und Auslandsdeutschtums* gewirkt hat. Mitglieder der Föderalistischen Union Europäischer Volksgruppen (FUEV) haben auf den vielschichtigen Entstehungsprozess der Charta maßgeblich Einfluss genommen. Als Angehörige des Volksbundes für das Deutschtum im Ausland (VDA), dem Traditionsverband eines quasi-staatlichen Pangermanismus, waren diese Volkstums-Funktionäre bereits vor 1945 einschlägig tätig. Ihre politischen Karrieren konnten sie innerhalb der FUEV-Organisation fortsetzen. Der Verband ist 1949 als Aktionsplattform der deutschen Minderheit in Dänemark gegründet worden. Als anerkannte Nicht-Regierungs-Organisation (NGO) hat die FUEV in den Gremien des Europarats unter dem Deckmantel des Minderheitenschutzes ihre völkisch definierten Interessen eingebracht. Das politische Leitbild des VDA, es gebe ein „Naturrecht des Volkes auf Identität"[14] lebt in jenem Selbstbestimmungsrecht fort, dass die Sprachencharta für ethnische oder sogenannte regionale Minderheiten festschreibt.[15] Der körperschaftliche Ansatz dieses NS-Theorems wird mit dem Vertragswerk, das in Unkenntnis seiner Entstehungsgeschichte häufig als vorbildliches Schutzsystem für ethnische Vielfalt herausgestellt wird, fortgeschrieben.[16] Fakt ist, dass mit dieser Charta, die der Europarat 1992 verabschiedet hatte, die Universalität von Menschenrechten aus den An-

---

14 Siehe Goldendach von/Minow, „Deutschtum erwache!", S. 356 ff.
15 Siehe dazu Lesle, Identitätsprojekt Niederdeutsch, hier insbesondere S. 730–736.
16 Der Romanist Felix Tacke ist einer der wenigen Philologen, die sich kritisch mit der in der Charta niedergelegten Sprachpolitik befasst haben. Siehe Tacke, Dialekt oder Regionalsprache?, hier S. 90–92.

geln gehoben wurde. Einen Schutz der Dialekte von Amtssprachen sieht die Charta ebenfalls ausdrücklich nicht vor. Damit schien eine Aufnahme der plattdeutschen Varietäten Norddeutschlands in die Charta zunächst ausgeschlossen.

Die plattdeutschen Dialekte werden strukturell vom Hochdeutschen *überdacht*. Wenn ihnen der Status *Eigensprachlichkeit* zuerkannt wird, ist dies eine Fiktion. Der zählebige Sprachmythos trat erstmals mit der literarischen Überformung der Mundarten auf.[17] Die performativen Funktionen des Idioms haben sich im Verlauf seiner neuzeitlichen Geschichte in Folge von Sprachwandel und Sprachwechsel gravierend verändert. Dadurch ist die kognitive wie linguistische Distanz der Varietäten zu Formen des Standarddeutschen in den letzten zwei Jahrhunderten auf wenige Parameter zusammengeschrumpft. Dieser Vorgang lässt sich, formal betrachtet, als eine Form von *Verhochdeutschung* beschreiben, da der mündliche und schriftliche Korpus immer stärker von standardsprachlichen Formen durchdrungen wird. Entgegen dieses unbestrittenen Befundes haben Philologen der Fachwissenschaft im Zuge ihrer Pro-Charta-Kampagne den Varietäten aus strategischen Gründen den Status einer *Sprache* zugesprochen. Sie haben erwirkt, dass die plattdeutschen Varietäten als *Regionalsprache Niederdeutsch* in die Charta aufgenommen wurden. Das Idiom mutierte damit symbolisch zum korporierten Kapital einer kulturellen *Minderheit*.[18] Diese Kehrtwendung kommt – zumindest hinsichtlich der Positionierung des Faches zwischen 1970 und 1990 – einem Paradigmenwechsel gleich.[19] Mit diesem *roll back* wird nicht weniger als die *Eigensprachlichkeit* des Niederdeutschen neuerlich behauptet. Begründet wurde dieses Vorgehen expressis verbis mit Darlegungen von Heinz Kloß, der damit für Niederdeutsch-Philologen gleichermaßen wie im Bezirk von Laienmeinungen einmal mehr zum wichtigsten Gewährsmann avancierte.

Es ist daran zu erinnern, dass Kloß einer der einflussreichsten Vordenker der NS-Ethnopolitik war.[20] Bereits Anfang der 1930er Jahre hatte Kloß den

---

17 Die niederländische Kultursprache, historisch mit dem *Niederdeutschen* verwandt, ist im Gegensatz zu den plattdeutschen Dialekten eine vollkommen eigenständige Kultursprache.
18 Als inkorporiertes Kapital kennzeichnet Bourdieu eine Kapitalform, die den Habitus von Personen beschreibt (vgl. Bourdieu, Ökonomisches Kapital, Kulturelles Kapital, Soziales Kapital, S. 49–80).
19 Goossens, Niederdeutsche Sprache. Versuch einer Definition, S. 9–37. Goossens stellt in seiner konzisen Definition von Niederdeutsch dar, dass die *modernen* plattdeutschen Mundarten nicht über *Eigensprachlichkeit* verfügen und deswegen auch keinen Sprachstatus haben. Dabei bezieht sich Goossens auch auf den *Sprachmythos*, der durch die Programm-Schrift „Was ist niederdeutsch?" (1928) popularisiert worden ist. Siehe Anm. 42.
20 Siehe dazu Lesle, wie Anm. 15, S. 703, Anm. 17. Umfassend zu Kloß siehe Fahlbusch, Wissenschaft im Dienst der nationalsozialistischen Politik?

Sprachmythos des Germanismus aufgegriffen und die plattdeutschen Dialekte im Rahmen seiner *volksdeutschen* Forschungen als *Ausbausprache* klassifiziert. Das von Kloß mitformulierte Volksgruppenrecht richtete sich gegen das Gleichheitspostulat der Aufklärung und war ein Gegenentwurf des NS-Staates zum liberal-demokratischen Minderheitenschutz des Völkerbundes.[21] Noch 1944 stellte Kloß fest, dass aus kulturellem Partikularismus nicht selbstverständlich ethnisches Bewusstseins erwächst. Er forderte die „niederdeutsche Sprachbewegung" deswegen auf, ihr völkisches Profil zu schärfen. In der „Schicksalsgemeinschaft" der Sprecher müsse der Wille zur ethnischen Selbstbehauptung erweckt werden.[22]

Bei der Imagekampagne für den Statuswechsel setzten die Akteure bewusst auf den Effekt dieser Mobilisierung. Von jüngeren Forschungsergebnissen unbeeindruckt, hatten Laien ohnehin darauf beharrt, Niederdeutsch sei eine vollwertige Kultursprache. Unter theoretischen Aspekten ist der politische Begriff *Regionalsprache Niederdeutsch* substanzlos.[23] Die Metapher weist allerdings eine Reihe ethnisch konnotierter Merkmale auf, die auf einen symbolischen Machtzuwachs des Netzwerks in Form von instrumentaler Herrschaft zielen:

Niederdeutsch steht für
- germanisch-arische Sprachgeschichte
- Eigensprachlichkeit
- einen homogenen, in sich geschlossenen Kulturraum
- den Sprachgebrauch eines partikularen Kollektivs, das von der Mehrheitsgesellschaft kulturell diskriminiert wird.

Diese Setzungen werden sowohl innerhalb des digitalen Informationsraums (in dessen diversen Foren auch Akteure aus den Niederlanden, Skandinavien und den USA mitwirken, die nach wie vor von der Ideologie eines Pangermanismus affiziert sind) als auch in anderen medialen Kanälen beschworen und ausgestaltet. Es handelt sich dabei um fiktionalisierte Eigenschaften einer arisch-germanischen *Weltsprache Niederdeutsch*. Wer an diesen Kommunikationsakten teilnimmt, zeigt durch seine Performanz an, dass für ihn die ethnische Kontextualisierung einer *Regionalsprache Niederdeutsch* von hoher Bedeutung ist.[24]

---

21 Vgl. Salzborn, „Recht auf Heimat" und Volksgruppenrecht, S. 337–346.
22 Siehe Knobloch, Volkhafte Sprachforschung, S. 123.
23 Vgl. Peters, Regionalsprache Niederdeutsch?, S. 102–107.
24 Vgl. Lesle, Plattdeutsch zwischen gestern und morgen, S. 432. sowie Zurawski, Plattdeutsch digital, S. 147–166.

„Volksgeist" und „Volkshass"

In der Geschichte des Sprachdenkens in Deutschland gab es eine entscheidende Zäsur. Von Beginn des 19. Jahrhunderts an wurde das universalistische Sprachbild der Aufklärung von nationalistischen Codes überformt. Sprache, nicht Werk sondern Tätigkeit, galt als umfassendes Prinzip der Vergesellschaftung von Wissen. Die Abkehr von dieser Betrachtungsweise zeigt sich in seiner radikalsten Form bei Ernst Moritz Arndt. Deutschsein gründe sich auf ein Denken im *Volksgeist*, lehrte der Wortführer des nationalen Aufbruchs. Arndt, *Politoffizier* der Befreiungskriege, hat Feindbilder erschaffen, die zur politischen Droge wurden. Oft übersehen wird die Tatsache, dass für Arndt die pommersche Mundart eine Achse kollektiver Identitätsbildung bildet. Seine Ideen oszillierten zwischen zwei Polen: Der Vision eines nationalen Ganzen und der Vorstellung einer geistig-mentalen Überlegenheit des *sassischen Volksgeistes*. Das bloß gedachte aber als wirklich angenommene Eigene ist der zum ursprünglichen Kulturerbe erklärte plattdeutsche Dialekt. Die Fiktion dieses Besitzanspruchs blieb keineswegs abstrakt. Arndts Diktum „soweit die deutsche Zunge klingt" verleiht dem Chauvinismus Form in Gestalt eines geostrategisch gedachten *Lebensraums*.[25] Die patriotisch-imperialistische Vorstellung einer künftigen deutschen Nation sollte sich im Zuge germanistischen Eifers rasch verselbständigen. Das Fach übernahm nach der steckengebliebenen Märzrevolution 1848 nicht nur die Aufgabe, Wesen und Geschichte deutscher *Volksart* zu begründen. Die Germanistik wollte auch beweisen, dass es eine Einheit von vornationalem *Volksraum* und germanischer Kultur gegeben habe, von ungleich höherem Wert als die Kultur jedes anderen europäischen Volkes. Mit diesem Konstrukt hat das Fach nicht nur die Legende von einer Besonderheit der Deutschen als *Kulturnation* gefestigt. In der zweiten Hälfte des 19. Jahrhunderts stützte die Germanistik als Legitimationswissenschaft darüber hinaus den Mythos, die plattdeutschen Dialekte würden als ältere *Schwestersprache* des Hochdeutschen eine eigenständige nordisch-germanische Vergangenheit repräsentieren. Dabei ist der jahrhundertelange funktionale Differenzierungsprozess zwischen dem Hochdeutschem als standardsprachlichem Vorbild und einem territorialen Sprechen, das in einem festgelegten sozialen Rahmen stattfand, geflissentlich ignoriert worden. Als Deutschkunde hat die Germanistik die plattdeutschen Varietäten zum Gütezeichen eines überzeitlichen Wir-Kollektivs erklärt. Die schicksalhafte *Herkunftsgemeinschaft* der Sprecher schien über „der Willkür des Einzelnen" zu ste-

---

[25] Zum *niederdeutschen* Arndt siehe Koch, Parameters of Low German Identity. Ernst Moritz Arndt's Other Fatherland, S. 99–112.

hen.²⁶ Im Rahmen dieser idealisierenden Bedeutungsmatrix haben Autoren wie Klaus Groth und Fritz Reuter die gesprochenen Mundarten ihrer Lebenswelten verschriftet. Die Dialekte waren seinerzeit als Kommunikationsform weder fixiert noch normiert, sie existierten einzig in Form ihrer unterschiedlichen Mündlichkeit, die sowohl an den geographischen Herkunftsort als auch an den sozialen Status des Sprechenden gebunden war. Auch wenn die Literarisierung vorgeblich *unverfälschter Volkssprachen* durch die nationalromantische Programmatik des Volkstümlichen strukturell bereits angelegt war, mit ihrer Verschriftung sind die Plattdeutsch-Varietäten aus ihren kommunikativen Bezügen herausgelöst worden. Durch die Ästhetisierung zur Literatursprache ist der Dialekt zum kulturellen Habitus einer autochthonen Bevölkerung idealisiert worden. Groth verfolgte damit nicht weniger als ein nationalpädagogisches Projekt: Er wollte sein Herkunftsidiom als Sprachform etablieren, die dem Hochdeutschen mehr als nur gleichberechtigt ist. Darin ist er von positivistisch argumentierenden Philologen wie Karl Müllenhoff bestärkt und unterstützt worden. Einzig Ludolf Wienbarg ist Mitte des 19. Jahrhunderts gegen diese Überhöhung des Plattdeutschen zu Felde gezogen. Die formelhaften Muster des Dialekts (Kennzeichen seiner kognitiven Unterkomplexität)²⁷ mittels einer literarischen Kunstsprache zum Kulturgut ausbauen zu wollen, diesen Akt hat der jungdeutsche Aufklärer als eine Form subtiler Herrschaftstechnik gebrandmarkt.²⁸ Germanophile Komparatisten priesen den Wechsel des Plattdeutschen von der Mündlichkeit hin zur Schrift dagegen als ideale Verschwisterung von *Volkssprache* und *Volksgeist*. Im Zirkelschluss stellte die Germanistik dann wiederum die genealogische Rückbindung her, sie feierte die Literarisierung der Mundart als Re-Etablierung einer arisch-nordischen *Stammes- und Heimatkultur*. Diese Zuweisungen zogen ästhetische Konsequenzen nach sich: In der plattdeutschen Literatur, die rasch an Umfang wuchs, hat sich als Formprinzip nicht die Konzeption Fritz Reuters durchgesetzt, der die Mündlichkeit des Idioms in seiner dialektalen Schriftlichkeit spiegelt. Stilbildend wurde vielmehr Klaus Groth, der mit seinen romantisch eingefärbten Dichtungen dem Subjektzerfall der Epoche den Mikrokosmos einer idealisierten (Sprach-)Heimat entgegenstellte.²⁹

Unter den Mundartliteraturen nimmt die Gruppe der plattdeutschen Literaturen „wegen ihrer (...) Traditionsbildung und dem weit entwickelten Konstrukt einer Dichotomie von niederdeutscher und hoch-deutscher Sprache und Litera-

---

26 Karl Müllenhoff, zit. nach von See, Barbar, Germane, Arier, S. 141.
27 Vgl. Peters, Formelhaftigkeit, ein Wesenszug des Plattdeutschen.
28 Vgl. Lesle, Ludolf Wienbarg: Flüchtling. Eine deutsche Biographie, S. 109–127.
29 Vgl. Lesle, wie Anm. 24, S.440f.

tur eine Sonderstellung ein".[30] In ihrer Rezeption hat die plattdeutsche Mundartliteratur, als „volkhafte" Heimatliteratur von „Blut- und Boden"-Metaphern durchdrungen, erheblichen Einfluss „auf den Geschmack und das Denken breiter Schichten" gehabt.[31] Genau besehen handelte es sich um ein Genre, das formal wie inhaltlich um die *artgemäße* Existenz des Menschen kreiste.

Bereits im 19. Jahrhundert ist das plattdeutsche Sprachregister insgesamt vom strukturellen Ausgleich mit der Standardsprache geprägt. Im Gegensatz zu dieser Diglossie-Sprachlage ist plattdeutsche Literatur durchgängig einsprachig verfasst. Die Autoren stilisieren regelhaft die Performanz dialektalen Sprechens, auch um anzuzeigen, dass sie ihre Sprachverwendung als bewussten Akt von *Sprachrettung* verstehen. Die „Ethnisierung einer (...) Varietät", die damit einhergeht, markiert eine (sprach)politische Bruchlinie.[32] Die Kollektivsymbolik dieses Schrifttums hat antiintellektuelle wie antijüdische Obsessionen sowohl geweckt als auch bedient. Nach der *verspäteten* Reichsgründung 1871 ist mit der germanistischen Lehre das völkische Narrativ von der homogenen Rasse-Nation um die Dichotomie *Deutschtum versus Judentum* erweitert worden. Bereits im Kaiserreich hat dies zu ungleich radikaleren Formen des Judenhasses geführt als in anderen europäischen Ländern. Wurde mit dieser Setzung doch bewusst zwischen dem Eigenen und dem Fremden strikt unterschieden. Nur so ließ sich die Existenz der Juden als einer uneindeutigen Sondergruppe in Frage stellen. Als kulturelle Grammatik ist Judenhass zum quasi-religiösen Medium der wilhelminischen Gesellschaft geworden.[33] In plattdeutscher Literatur jener Epoche finden sich, versteckt oder offen, mannigfach antijüdische Ressentiments. Mit der Aufwertung der plattdeutschen Varietäten zur arischen *Stammessprache* lässt sich die Entscheidung, im *geadelten* Dialekt zu schreiben, stets auch als auktoriale Bekräftigung rassischer Vorurteile deuten.

„Niederdeutschtum": Die Figuration einer „Gegenrasse"

Im vielstimmigen Chor der völkischen Bewegung meldete sich gegen Ende des 19. Jahrhunderts ein Netzwerk mit aggressivem Widerstand gegen die zeittypi-

---

[30] Langhanke, wie Anm. 12, S. 95.
[31] Batt, Schriftsteller, Poetisches und wirkliches Blau, S. 110.
[32] Ketelsen, Literatur und Drittes Reich, S. 126.
[33] Vgl. Botsch, Von der Judenfeinschaft zum Antisemitismus. http://www.bpb.de/apuz/187412/von-der-judenfeindschaft-zum-antisemitismus?p=all.

schen Umwälzungen zu Wort. Sichtbar wird das vor allem in den Formen einer Selbstreflexivität, die mit der medialen Transformation der plattdeutschen Varietäten zur *Literatursprache* möglich geworden war. Den schriftlich konservierten Dialekt nutzen viele Autoren inhaltsbezogen: Sie formen die habituellen Muster ihrer Figuren im Sinne einer völkischen Programmatik. Zunächst in der Belletristik, später dann auch auf der Bühne treten typisierte Figuren als vorgeblich authentische Sprachträger auf. Habituell sollen sie vor allem eine von alters her überlieferte urgermanische Kultur repräsentieren.

Mit dem Schlagwort der *völkischen Not* wurde zum Ausdruck gebracht, wie sich der alte konservative Wertehorizont der jungen Nation im Sog einer angeblichen jüdisch-westlich gesteuerten Enttraditionalisierung, die sich als universalistische Moderne camoufliere, aufzulösen drohte. Als Element gängiger Verschwörungstheorien bezog sich die Klage allerdings nicht auf den Verlust des Gebrauchswerts der Mundart im Sprachalltag. Räsoniert wurde darüber, in welchem Ausmaß das 1871 mit der *kleindeutschen* Lösung entstandene *Rumpfdeutschland* der Vorstellung einer großdeutsch-germanischen Volksnation nicht entsprach. Die Bewegung konsolidierte sich markant, als August Julius Langbehn 1890 in seinem kulturrelativistischen Werk *Rembrandt als Erzieher* die gängigen Symbole und Bilder vom *Niederdeutschen* neu deutete und deutlich erweiterte. Langbehn definierte die Identität des imaginierten Wir-Kollektivs nicht vorrangig von ihrem Idiom her. Er definierte das Kollektiv mittels eines biologistischen Rassebegriffs, eine Kategorisierung, der seinerzeit erstmals mannigfach popularisiert wurde.

Das Buch ist zum Bestseller des Wilhelminismus geworden, wohl auch deswegen, weil es ein *work in progress* war. Langbehn, in Schleswig-Holstein aufgewachsen, hat die zeittypischen Ängste und Ressentiments seines Herkunftsmilieus namhaft gemacht. Neuauflagen des Titels mit antisemitischen Akzentsetzungen erschienen in rascher Folge. In der Vision eines kommenden arisch-germanischen *Kunstzeitalters* konturierte Langbehn sein antijüdisches Feindbild immer schärfer: Juden würden im Zuge ihrer Assimilation die homogene deutsche Kultur zerstören. Psychoanalytisch gedeutet handelt es sich bei diesem Determinismus um eine Gegenübertragung, die Akte von Selbst-Ethnisierung nach sich zieht. Das assimilierte Judentum wurde förmlich zum Hassobjekt der narzisstischen Kränkung eben jenes wilhelminischen Kleinbürgertums, dem Langbehn selbst angehörte. In einer Parallelsetzung zu diesem Feindbild konturierte Langbehn den historischen Auftrag einer rassisch homogenen „Abstammungsgemeinschaft".[34] Langbehns rassenideologische Konstrukte kulminieren in einer agitierenden Botschaft: Als arisches *Herrenvolk* sei das nieder-

---

34 Vgl. Lesle, wie Anm. 24, S. 444.

deutsche Wir-Kollektiv dazu berufen, die Homogenität des deutschen Volkskörpers zu bewahren.

Dank dieser rassistischen Aufladung ist Langbehns Stereotyp *Niederdeutschtum* im 20. Jahrhundert zum operativen Leitbild einer (sprach-)politisch agierenden Community geworden: den *Niederdeutschen*. Die Vorstellung, einer *Gegenrasse* zum verhassten Judentum anzugehören, überdies dazu ausersehen, für die Wiedergeburt eines *Heiligen Deutschen Reiches* einzustehen, das hat insbesondere nach 1918 das Niederdeutsch-Netzwerk erheblich dynamisiert: Ein Impuls, der über die NS-Zeit hinaus seine Wirkung hat entfalten können.[35]

Dass Antisemitismus wie Antiintellektualismus geistig-mentale Synapsen des Niederdeutsch-Netzwerks bilden, zeichnete sich bereits um die Wende zum 20. Jahrhundert deutlich ab. Ein typischer Vertreter dieses Kampfes gegen die seinerzeit vertraut-fremden Juden war Gustav Stille, ein Studienfreund Langbehns. Stille praktizierte in Norddeutschland als Landarzt. Die völkischen Axiome seiner programmatischen Schriften, die in der Antisemitismus-Forschung bislang kaum beachtet wurden, kreisen um Rasse, Lebensraum und Volkskraft. In *Kampf gegen das Judentum*, 1891 erstmals veröffentlicht und bis 1912 in insgesamt acht Auflagen erschienen, forderte Stille nicht nur, Juden aus dem öffentlichen Leben zu entfernen, sondern explizit deren existenzielle Vernichtung. Mit dieser Hetzschrift und als Herausgeber der *Antisemitischen Jahrbücher* (1897–1903) ist Stille zu einem der einflussreichsten Protagonisten des Rassenantisemitismus im Kaiserreich geworden.[36] Stille publizierte auch zahlreiche plattdeutsch geschriebene Bücher: In typischer Manier nutz der Autor Mundartliteratur als Komplexität reduzierendes Darstellungsmedium habitueller Muster, um die rassischen Metaphern von *Blut und Boden* zu beschreiben. Der Greifswalder Philologe Wolfgang Stammler, der maßgeblich an der völkischdeutschkundlichen Ausrichtung des Faches Germanistik beteiligt war, hat in den 1920 Jahren diese Zeichnung als beispielhaft herausgestellt. Stilles Figuren seien, so die stereotype Beschreibung, „germanisch in Gestalt und Aussehen, germanisch in Denken und Fühlen".[37]

Im konservativ-bürgerlichen Milieu der Hansestädte Hamburg und Bremen bildeten sich alsbald niederdeutsch-völkische Hotspots: In Bremen wird 1904 ein Verein für niedersächsisches Volkstum gegründet, in Hamburg die Vereinigung Quickborn. Die Meinungsführer gehören mehrheitlich klein- und bildungsbürgerlichen Schichten an, die angesichts der Traditionsbrüche vor allem um die Fortexistenz ihrer symbolischen Privilegien fürchten.

---

35 Vgl. Puschner, Die völkische Bewegung, S. 29–75.
36 Zu Gustav Stille siehe Döscher, „Kampf gegen das Judentum".
37 Stammler, Gustav Stille, S. 6f.

Niederdeutsche Philologie als völkische Wissenschaft

Bereits 1874 hatte sich in Hamburg als einer der ersten Sprachvereine Deutschlands der Verein für niederdeutsche Sprachforschung konstituiert. Dessen nationale Aufgaben waren mit der Reichsgründung klar definiert: Zielsetzung war es, die plattdeutschen Varietäten im Sinne des Historismus als Indikator einer glorreichen germanischen Kulturvergangenheit zu klassifizieren. Anfang des 20. Jahrhunderts wird das Fach mit seiner Institutionalisierung in Hamburg deutlich gestärkt: 1908 wurde dort das *Kolonialinstitut* als Staatliche Hochschule eröffnet. Einen Lehrschwerpunkt des *Deutschen Seminars* bildete die niederdeutsche Sprach- und Volkskunde. Zum Leiter der Abteilung wurde Conrad Borchling berufen, der später ebenso wie Kloß als völkischer Akteur zu einer Führerfigur des Netzwerks werden sollte. Bereits 1911 umriss Borchling die Aufgaben einer „wahren niederdeutschen Philologie": Sie müsse Staatsgrenzen ignorieren, um den gesamten Sprachraum in den Focus nehmen zu können.[38] Wie nahezu alle Fraktionen der Germanistik in die völkische Bewegung eingebunden waren und ihre Forschung explizit in deren Dienst stellten, lässt sich an Hand der niederdeutschen Philologie schlüssig aufzeigen. Die Vorannahmen dieses Faches waren von Beginn an rassisch-metaphysisch begründet worden. Unter politischen Handlungsaspekten wurden die Vorgaben der Philologie im Rahmen der völkischen Bewegung dann auch praktisch vollzogen. So war die überwiegende Mehrheit der universitären Lehrer in die korporatistischen Organisationsstrukturen des Niederdeutsch-Netzwerks eingebunden, um völkische Positionen in politische Handlungsmuster zu übertragen. Bereits im Verlauf des Ersten Weltkriegs hat sich dieses Netzwerk mit der Imago eines „großniederdeutschen" Sprachraums als aggressiv-chauvinistisches Segment der Bewegung positioniert.[39]

Jacob Bödewadt, umtriebiger Journalist auf den Spuren Langbehns, forderte seine Leserschaft dazu auf, für eine „Volksgemeinschaft der Niederdeutschen" jenseits der Staatsgrenzen in den Krieg zu ziehen.[40] Eine besondere Rolle spielte bei diesen Agitationen die *vlaamse* Bewegung in Belgien. Der Kampf der Separatisten gegen die *welschen* Wallonen hatte nicht nur für das Niederdeutsch-Netzwerk, sondern auch für die Vertreter des Faches geradezu Vorbildcharakter. Im Zweiten Weltkrieg unterstützten Philologen wie Gerhard Cordes und Hans Teske in logischer Konsequenz ihrer Forschungstätigkeit die „artver-

---
38 Siehe Kloß, Niederlandbild und deutsche Germanistik 1800–1933, S. 170.
39 Maas, Sprachforschung in der Zeit des Nationalsozialismus, S. 447.
40 Vgl. Bödewadt, Weltkrieg und Niederdeutschtum.

wandte flämische Rasse" in einer Propagandatruppe, die eigens für den Zweck völkischer Infiltration aufgestellt worden war.[41]

Nach dem *Diktatfrieden* 1918 war die ideologische Aufrüstung eines sogenannten *Grenz- und Auslandsdeutschtums* wichtigstes Anliegen des Faches geworden, vor allem in Form des Konstruktes eines imperialen Deutschen Reichs in der Ausdehnung der mittelalterlichen Hanse. Niederdeutsch-Philologen erklärten die Verkehrssprache dieses Bundes zur normierten lingua franca. Dadurch wurde der Begriff *Niederdeutsch* als *Weltsprache* konturiert: Eine Sprachform, die auch *vor den Toren* des Reichs Geltung hatte – von den Niederlanden bis nach Amerika. Noch über die erste Hälfte des 20. Jahrhunderts hinaus ist in Publikationen *Niederdeutsch* als weltumspannende „Brückensprache" dargestellt worden.[42] Eine hegemoniale Deutung, die die Kategorien *Volk* und *Raum* als genealogische Einheit denkt und heute wieder ohne Einspruch aufgerufen werden kann.[43]

Theoriebildung und völkische Praxen

Literaturkorpus wie Diskurs des Netzwerks, das spätestens mit der Wende des 19. zum 20. Jahrhundert einer komplexen, fest gefügten Organisation glich, kreisen um zwei Fragen: Was kann, was soll *Niederdeutschtum* bedeuten? Und weiter: Wie ist der maßgeblich von Langbehn vorgezeichnete politische Auftrag des rassischen Kollektivs in facto umzusetzen? Eine Schrift, die kanonische Bedeutung erlangte, zeigt auf einer theoretischen Ebene das Ineinandergreifen von historisierenden, sprach- und literaturkundlichen sowie explizit *rassekundlichen* Betrachtungsweisen.[44] Bei der Konkretisierung und Realisierung seiner völkischen Obsessionen wird das Netzwerk von zwei einflussreichen Großunternehmern, von Ludwig Roselius (Bremen) und Alfred C. Toepfer (Hamburg), finanziell gefördert und ideell unterstützt. Roselius, der 1915 sein Kriegszielprogramm mit der Forderung krönte, Deutschland müsse den alten germanisch-

---

41 Maas, wie Anm. 39, S. 447 f.
42 Nymann, Weltsprache Niederdeutsch, S. 10–24.
43 Vgl. NDR: Die Geschichte der plattdeutschen Sprache: https://www.ndr.de/kultur/norddeutsche_sprache/plattdeutsch/Die-Geschichte-der-plattdeutschen-Sprache,ndrde2218.html.
44 Vgl. Fehrs-Gilde (Hrsg.), Was ist niederdeutsch? Die Schrift enthält Beiträge u. a. von Hans F. K. Günther (*Rassen in Norddeutschland*), Otto Brenner (*Stammeskunde*), Conrad Borchling (*Die niederdeutsche Sprache*), Otto Lehmann (*Von niederdeutscher Art*), Adolf Bartels (*Das niederdeutsche Schrifttum*). Im Vorwort heißt es: „Wir suchen, indem wir vom Niederdeutschen als einheitlichen und grundlegenden Begriff ausgehen, das Gemeinsame (...), wir suchen, da alles menschliche Tun vom Menschen ausgeht, den niederdeutschen Menschen." (siehe S. 5).

hansischen Kulturraum wieder herstellen, war aus dem Ersten Weltkrieg ebenso als Profiteur hervorgegangen wie der Hamburger Getreidegroßhändler Toepfer, der sich bis 1945 für ein germanisch-großdeutsches Reich einsetzte. Nach 1945 machte sich Toepfer für ein ethnisch parzelliertes Europa der Regionen stark.[45] Das Stiftungsimperium Toepfers fördert das Niederdeutsch-Netzwerk noch heute, um dessen ethnozentrisches Menschen- und Gesellschaftsbild politisch durchzusetzen.

Wie eng das Netzwerk mit der völkischen Bewegung personell verzahnt war, dafür steht beispielhaft der *alldeutsche Literaturgeschichtler* Adolf Bartels. Mit seiner Beitragsflut in *Heimatschutz*-Organen des Niederdeutsch-Netzwerks hat dieser antisemitische Agitator sowohl zur pseudowissenschaftlichen Theoriebildung des Faches beigetragen als auch plattdeutsche Literatur als Kunstartefakte einer jüdischen *Gegenrasse* popularisiert.[46] In seinen Ausfällen gegen den *jüdischen Ungeist* in der deutschen Literatur glorifiziert Bartels die germanisch-ursprüngliche *Artung* plattdeutsch verfasster Werke. Diese Massenlektüre hat von den 1920er Jahren an den norddeutschen Buchmarkt förmlich überschwemmt. Bartels gab auch den entscheidenden Anstoß zur Gründung einer *Liebhaberbühne*. Er pries den Verfasser plattdeutscher Theaterstücke Fritz Stavenhagen als *Stammeskunst*-Dichter und forderte die Stadt Hamburg auf, die geistige *Erbschaft* des Frühverstorbenen anzutreten.[47] Unter der Leitung des *Volksbibliothekars* Richard Ohnsorg wurde von bürgerlichen Laiendarstellern Stavenhagens Einakter *Der Lotse* 1909 erstmals aufgeführt. Den völkischen Nationalisten Gorch Fock (Johann Kinau), der nach seinem *Soldaten-Tod* 1916 als Verfasser heroischer Heimatkunstliteratur zu einer Ikone deutscher Gedenkkultur wurde, haben Ohnsorg und sein Mitstreiter Bruno Peyn zwischen 1912 und 1916 als völkischen Theaterautor aufgebaut.[48] Die Niederdeutsche Bühne Hamburg hatte Leitbildfunktionen: Die Spielpraxis der nach dem Hamburger Vorbild überall in Norddeutschland gegründeten *Speeldeelen* war von polemisch-aggressiven Akzenten vorgetäuschter Harmlosigkeit geprägt.[49] Peyn, als SA-Mann früher Parteigänger des NS, schrieb unzählige Stücke. Mit ihnen ist das

---

45 Zu Alfred C. Toepfer vgl. Roth/Lesle, Völkische Netzwerke, S. 213–234 sowie Duschinsky, Der Kampf um Geschichte, S. 313–336.
46 Vgl. Bartels, Was ist niederdeutsch?, S. 1–5.
47 Bartels, Fritz Stavenhagen.
48 Vgl. Lesle, Richard Ohnsorg, S. 35–40. In den 1920 Jahren charakterisierte Conrad Borchling die literarischen Helden Gorch Focks als von „Furchtlosigkeit" und einem „Vertrauen in die eigene Kraft" geprägt. Hans Teske beschrieb die „germanische Weltanschauung" der Fockschen Figuren, die sich „in den Gedanken des Kampfes" und ihrer „heldische(n) Haltung" manifestiere. Vgl. Töteberg, Zur Rezeption Gorch Focks, S. 39–52, Zitat S. 42.
49 Vgl. Lesle, wie Anm. 8.

Publikum auf die *Blut- und Boden*-Ideologie eingeschworen worden.[50] Aus der Hamburger Bühne ist nach dem Zweiten Weltkrieg das professionell arbeitende Ohnsorg-Theater hervorgegangen.

Literatur und Wissenschaft im Dienst der NS-Sprachpolitik

Obwohl der NS Ende der 1920er Jahre im Bereich kulturpolitischer Optionen sich gegenüber der völkischen Bewegung durchsetzte, blieb nach der Machtübertragung das Niederdeutsch-Netzwerk wegen seiner ihm immanenten Rassenideologie integraler Teil des Systems.[51] So bildeten die plattdeutsch schreibenden Autoren mit ihrem „Gebundensein an Blut und Boden"[52], die Kerngruppe des 1936 gegründeten Eutiner Dichterkreises, einer der einflussreichsten Schriftstellerverbände des NS.[53] In der Nähe von Oldenburg entstand die Thingstätte *Stedingsehre*. Goebbels hat dieses Areal 1937 zur *Niederdeutschen Kultstätte* geweiht. Hier sind bis in den Krieg hinein plattdeutsche Stücke, die den Rassenantisemitismus propagierten, vor mehr als 10.000 Zuschauern aufgeführt worden.

    In welchem Ausmaß die niederdeutsche Philologie als Fachwissenschaft mit dem NS-Regime verbunden war, lässt sich am Beispiel der Hamburger Universität aufzeigen. Conrad Borchling war ein typischer Akteur des Faches. Völkische Überzeugungen öffentlich durchzusetzen, bezeichnete Borchling als wichtigen Auftrag seiner wissenschaftlichen Arbeit, er verbindet also sein politisches Weltbild mit den Axiomen des Faches. Dadurch wurden die Grenzen zwischen dem Ethos der engagierten Distanz wissenschaftlichen Arbeitens einerseits und affektiv-emotionalen Laienmeinungen andererseits geschliffen. Eine eigentümliche Distanzlosigkeit gegenüber ihrem Objekt kennzeichnet die niederdeutsche Philologie in weiten Teilen noch heute.

    Eine Ausnahmestellung in dieser Hinsicht nahm zweifellos die Philologin Agathe Lasch ein, die mit ihren sprachsoziologischen und kulturanalytischen Untersuchungen insbesondere zu Phänomen des frühneuzeitlichen Sprach-

---

[50] Zu Bruno Peyn und den skurrilen Facetten seiner Biographie siehe https://www.hamburg.de/clp/dabeigewesene-dokumente/clp1/ns-dabeigewesene/onepage.php?BIOID=356.
[51] Siehe auch Bürger, Faschistische Volkstumsideologie und Rassismus statt Wissenschaft, S. 1–24.
[52] Zitiert nach ders., S. 21.
[53] Lesle, wie Anm. 15, S. 729. Siehe auch Stokes, Der Eutiner Dichterkreis und der Nationalsozialismus.

wechsels von Formen des Mittelniederdeutschen hin zum Hochdeutschen Grundlagenforschung betrieben hat. 1923 war Lasch als erste Frau an der Hamburger Universität zur Professorin berufen worden. Trotz des Versuchs, auf ihr Jüdischsein zu verzichten, war Lasch gezwungen, am Germanischen Seminar einen Weg zu beschreiten, der ebenso makaber wie tragisch war.[54] Gleich nach der Machtübertragung wurde Lasch wegen ihrer *nicht-arischen* Herkunft entlassen und mit Publikationsverbot belegt. 1938 berief man Hans Teske, einen fanatischen Parteigänger des NS, zu ihrem Nachfolger.[55] Agathe Lasch ist 1942 ermordet worden. Borchling, der bereits 1937 emeritiert worden war, vertrat den Lehrstuhl bis 1945. 1943 wurde auf Borchlings Betreiben hin sein Mitarbeiter Walter Niekerken als Nachfolger Teskes installiert, der in den Niederlanden und Belgien als Offizier für *Sonderaufgaben* eingesetzt war. Bis zu seiner Emeritierung 1968 hat Niekerken, ebenso wie Borchling überzeugter Parteigänger des NS, die Fachwissenschaft über Hamburg hinaus maßgebend geprägt.[56] Die politische Linie des Seminars setzte sich mit den von Alfred C. Toepfer initiierten *Niederdeutschen Studienwochen* nach 1945 bruchlos fort. Niekerken organisierte und leitete diese politischen Schulungslager für Studenten. Die Treffen fanden regelmäßig auf Toepfers in der Nordheide gelegenen Irredenta-Zentrum statt, das sich in den 1950 Jahren als das *think tank* eines *Europas der Regionen* positioniert hat. In dieser Kaderschmiede bereits wurden Strategien für ein *ethnic revival* des *Niederdeutschtums* im Rahmen einer völkisch geprägten, künftigen Europapolitik entwickelt. Diese Denkmuster sind im Zuge des politischen Kon-

---

54 Die Kollegen von Lasch (C. Borchling, G. Cordes, W. Niekerken, H. Teske) waren nicht nur Parteimitglieder, sondern völkische Aktivisten des Niederdeutsch-Netzwerks. Mithin war Lasch den Voreingenommenheiten der Kollegen gleich dreifach ausgesetzt, als Jüdin, Frau und Wissenschaftlerin. Agathe Lasch hat auf ihre Art versucht, damit umzugehen, beispielsweise dadurch, dass sie ihre jüngeren Kollegen unterstütze. So finanzierte sie das Studium von Gerhard Cordes und betreute die Dissertation von Hans Teske als Gutachterin. Vgl. Maas, Verfolgung und Auswanderung deutschsprachiger Sprachforscher: Agathe Lasch, Anm. 11: http://zflprojekte.de/sprachforscher-im-exil/index.php/catalog/l/298-lasch-agathe; zu Lasch siehe auch Kaiser, Ich habe Deutschland immer geliebt..., S. 65–98 sowie Hass-Zumkehr, Agathe Lasch (1879–1942), S. 203–211.
55 In ihrer Begründung für diesen Vorschlag stellte die Fakultät fest, Teske sei „Mitglied der NSDAP und SA-Mann" und verfüge über ein „freies, treffendes Urteil" sowie ein „frisches, kameradschaftliches Auftreten" das „von kräftig nationalsozialistischer Gesinnung" geprägt sei. Ohne Verhandlungen wurde Teske am 1.10.1938 zum Ordinarius ernannt. (Vgl. Bachofer, Hans Teske, S. 414f.).
56 Niekerken war Mitglied des NSDAP, der SA, des Kampfbundes für deutsche Kultur sowie des Reichsbundes für Volkstum und Heimat. Auf Parteiveranstaltungen des NS-Kreises Harburg-Wilhelmsburg trat er als Redner auf, dabei hat er sich auch des Plattdeutschen bedient, um besondere *Volksnähe* zu demonstrieren.

zepts Ethnopluralismus mit der Sprachencharta als völkerrechtlichem Vertrag rechtsgültig geworden.

Was über die Netzwerk-Community hinaus als entscheidender Zuwachs an Rechten und neuen Optionen für den Sprachausbau angesehen wird, zeigt Folgen: Sprachpolitische Handlungsanweisungen sind abstrakt-symbolische Rituale, die sich durchaus kontraproduktiv auswirken können, wenn die soziale Wirklichkeit des Sprechens ausgeklammert bleibt. Jede Normierung bedeutet für den individuellen Nutzer eine Form der Fremdstellung der je eigenen Sprache, die ihn verunsichert. Im Laufe dieser Vorgänge haben sich Abbauprozesse der plattdeutschen Varietäten markant beschleunigt, wie Erhebungen signifikant belegen.[57] Die narzisstisch gekränkte Selbstdeutung mancher Akteure, *niederdeutsche Sprachkultur* würde nach wie vor diskriminiert, zeigt letztlich, dass in dieser Szene Ursache und Wirkung auf geradezu tragikomische Weise verwechselt werden.

Wer diskursiv hergestellte Weichenstellungen, wie die hier dargestellten, analysiert, kann den gesellschaftlichen Trend hin zu populistischen Einstellungen nicht ignorieren. Auch in Deutschland haben sich in den vergangenen Jahrzehnten durch polarisierende Identitätsmuster und völkische Vorurteile Konfliktlinien verschärft. Dem wachsenden Hass auf das Universale der Moderne und die Ambivalenzen, die damit einhergehen, lässt sich nur mit der Kraft ethischer Phantasie entgegenwirken.

Literatur

Arendt, Birte, Niederdeutschdiskurse. Spracheinstellungen im Kontext von Laien, Printmedien und Politik, Berlin 2010.
Bachofer, Wolfgang, Hans Teske, in: Franklin Kopitzsch/Dirk Brietzke (Hg.), Hamburgische Biographie. Personenlexikon Bd. 2, Hamburg 2003, S. 414f.
Bartels, Adolf: Fritz Stavenhagen. Eine ästhetische Würdigung. Dresden 1907.
Ders., Was ist niederdeutsch?, in: Niedersachsenbuch 1 (1914), S. 1–5.
Bartmann, Manfred, 2011 Frisia Orientalis. Applied Ethnomusicology and Documentation. CD mit 10 Studioaufnahmen und tri-medialem CD-ROM-Teil. Salzburg: obaxe-music 500.
Ders., 2017 Making Music of Speech. CD mit 8 Studioaufnahmen. Salzburg: obaxe-music 501. Umfangreiches Zusatzmaterial unter www.manfred-bartmann.de; (15.02.2019).
Bödewadt, Jacob, Weltkrieg und Niederdeutschtum. Kulturpolitische Betrachtungen. Garding 1915.
Botsch, Gideon, Von der Judenfeinschaft zum Antisemitismus. http://www.bpb.de/apuz/187412/von-der-judenfeindschaft-zum-antisemitismus?p=all; (15.02.2019).
Bourdieu, Pierre, Meditationen. Kritik der scholastischen Vernunft. Frankfurt a. M. 2001.

---

57 Vgl. Scharioth, Regionales Sprechen und Identität, S. 68 ff.

Ders., Ökonomisches Kapital, Kulturelles Kapital, Soziales Kapital, in: Ders., Der verborgene Mechanismus der Welt. Frankfurt a. M. 1992, S. 49–80.
Bürger, Peter, Faschistische Volkstumsideologie und Rassismus statt Wissenschaft. Zur Studie „Mundart und Hochsprache" (1939) von Karl Schulte Kemminghausen. in: Niederdeutsches Wort 51 (2011), S. 1–24.
Ders., „… wonach die Mundart grundsätzlich auszumerzen war". Eine Problemanzeige zu Forschungen über „Niederdeutsch und Nationalsozialismus", in: Langhanke, Robert (Hg.), Sprache, Literatur, Raum. Fs. für W. Diercks. Bielefeld 2015, S. 657–692.
Döscher, Hans Jürgen, „Kampf gegen das Judentum": Gustav Stille (1845–1920). Berlin 2008.
Dohnke, Kay et al. (Hg.), Niederdeutsch im Nationalsozialismus. Studien zur Rolle regionaler Kultur im Faschismus. Hildesheim 1994.
Fahlbusch, Michael, Wissenschaft im Dienst der nationalsozialistischen Politik? Die „Volksdeutschen Forschungsgemeinschaften" von 1931–1945. Baden-Baden 1999.
Fehrs-Gilde (Hg.), Was ist niederdeutsch? Beiträge zur Stammeskunde. Kiel 1928.
Goldendach, Walter von/Minow, Hans Rüdiger, „Deutschtum erwache!" Aus dem Innenleben des staatlichen Pangermanismus. Berlin 1999.
Goossens, Jan, Niederdeutsche Sprache. Versuch einer Definition, in: Ders. (Hg.), Niederdeutsch. Sprache und Literatur. Neumünster 1973, S. 9–37.
Hass-Zumkehr, Ulrike, Agathe Lasch (1879–1942), in: Wilfried Barner/Christoph König (Hg.), Jüdische Intellektuelle und die Philologien in Deutschland 1871–1933, Göttingen 2001, S. 203–211.
Kaiser, Christine M., ‚Ich habe Deutschland immer geliebt…'. Agathe Lasch (1879–1942), in: Grolle, Joist/Schmoock, Matthias (Hg.), Spätes Gedenken. Hamburg 2009, S. 65–98.
Kloss, Ulrike, Niederlandbild und deutsche Germanistik.1800–1933. Ein Beitrag zur komparatistischen Imagologie. Amsterdam 1992.
Koch, Arne, Parameters of Low German Identity. Ernst Moritz Arndt's Other Fatherland, in: Ders. et al. (Hg.), Ernst Moritz Arndt (1769–1860). Berlin 2007, S. 99–112.
Knobloch, Clemens, Volkhafte Sprachforschung. Studien zum Umbau der Sprachwissenschaft in Deutschland zwischen 1918 und 1845. Tübingen 2005.
Landeszentrale für politische Bildung, Hamburg, Bruno Peyn. (Verfs. Hans Peter de Lorent), siehe: https://www.hamburg.de/clp/dabeigewesene-dokumente/clp1/ns-dabeigewesene/onepage.php?BIOID=356; (15.02.2019).
Langhanke, Robert, Übergänge zur Schriftlichkeit. Zu wechselnden Profilen dialektaler Literalität am Beispiel des Niederdeutschen, in: Hundt, Markus et al. (Hg.), Language areas: configurations, interactions, perceptions/Sprachräume: Konfigurationen, Interaktionen, Perzeptionen, Linguistik online 85 (6/2017), S. 77–97.
Leggewie, Claus, Anti-Europäer. Frankfurt 2016.
Lesle, Ulf-Thomas, Das Eigene und das Fremde. Der „Fall des Niederdeutschen", in: Zs. für Religions- und Geistesgeschichte 66/1 (2014), S. 32–55.
Ders., Das niederdeutsche Theater. Von „völkischer Not" zum Literaturtrost. Hamburg 1986.
Ders., Identitätsprojekt Niederdeutsch. Die Definition von Sprache als Politikum, in: Robert Langhanke (Hg.), Sprache, Literatur, Raum. Fs. für W. Diercks. Bielefeld 2015, S. 693–741.
Ders., Ludolf Wienbarg: Flüchtling. Eine deutsche Biographie, in: Stephan, Inge/Winter, Hans-Gerd (Hg.), Heil über Dir, Hammonia. Hamburg im 19. Jahrhundert. Kultur, Geschichte, Politik. Hamburg 1992, S. 109–127.

Ders., Plattdeutsch zwischen gestern und morgen: Geschichtsbeschleunigung und die Suche nach der identitas, in: Peters, Robert et al. (Hg.), Vulpis Adolatio. Fs. für Hubertus Menke. Heidelberg 2001, S. 429–449.

Ders., Richard Ohnsorg. Initiator und Förderer des niederdeutschen Theaters, in: Norddeutscher Heimatkalender 2001. Rostock 2000, S. 35–40.

Maas, Utz, Sprachforschung in der Zeit des Nationalsozialismus. Verfolgung, Vertreibung, Politisierung und die inhaltliche Neuausrichtung der Sprachwissenschaft. Berlin 2016.

Ders., Verfolgung und Auswanderung deutschsprachiger Sprachforscher. Agathe Lasch, siehe: http://zflprojekte.de/sprachforscher-im-exil/index.php/catalog/l/298-lasch-agathe; (15.02.2019).

Ministerium für Bildung, Wissenschaft und Kultur des Landes Mecklenburg-Vorpommern: Pressemitteilung Kultusministerkonferenz: Niederdeutsch ist anerkanntes Abiturprüfungsfach (03.03.2017) siehe: https://www.regierung-mv.de/serviceassistent/_php/download.php?datei_id=1584924; (15.02.2019).

Ministerium für Bildung, Wissenschaft, Forschung und Kultur des Landes Schleswig-Holstein, Niederdeutsch in den Lehrplänen. Anregungen für Schule und Unterricht. o. J.

Niederdeutschsekretariat und Bundesraat för Nedderdüütsch siehe: https://www.niederdeutschsekretariat.de; (15.02.2019).

Norddeutscher Rundfunk, Die Geschichte der plattdeutschen Sprache (01.04.2016), siehe: https://www.ndr.de/kultur/norddeutsche_sprache/plattdeutsch/Die-Geschichte-der-plattdeutschen-Sprache,ndrde2218.html; (15.02.2019).

Nymann, Lennart, Weltsprache Niederdeutsch, in: Friedrich W. Michelsen (Hg.), Niederdeutsche Tage in Hamburg 1979. 75 Jahre Vereinigung Quickborn. Hamburg 1979, S. 10–24.

Peters, Friedrich Ernst, Formelhaftigkeit, ein Wesenszug des Plattdeutschen. Wolfshagen-Scharbeutz 1939.

Peters, Robert, Regionalsprache Niederdeutsch?, in: Jb. Augustin Wibbelt-Gesellschaft 20 (2004), S. 102–107.

Pinto Duschinsky, Michael, Der Kampf um Geschichte, in: Fahlbusch, Michael/Haar, Ingo (Hg.), Völkische Wissenschaften und Politikberatung im 20. Jahrhundert. Paderborn 2010, S. 313–336.

Puschner, Uwe, Die völkische Bewegung: Geschichte, Struktur, Weltanschauung, in: Lesle, Ulf-Thomas (Hg.), Kulturraum und Sprachbilder. Plattdeutsch gestern und morgen. Bremen 2007, S. 29–75.

Roth, Karl Heinz/Lesle,Ulf-Thomas, Völkische Netzwerke. Alfred Toepfer und das Stiftungsimperium ACT/.F.V.S., in: Zs. für Geschichtswissenschaft 64 (2016), H. 3, S. 213–234.

Salzborn, Samuel, Kronzeuge der Neuen Rechten im Kampf gegen die Demokratie: Carl Schmitt, in: Ders., Angriff der Antidemokraten. Die völkische Rebellion der Neuen Rechten. Weinheim 2017, S. 63–77.

Ders., „Recht auf Heimat" und Volksgruppenrecht, in: Michael Fahlbusch/Ingo Haar (Hg.), Völkische Wissenschaften und Politikberatung im 20. Jahrhundert. Paderborn 2010, S. 337–346.

Scharioth, Claudia, Regionales Sprechen und Identität. Hildesheim 2015.

See, Klaus von, Barbar, Germane, Arier. Die Suche nach der Identität der Deutschen. Heidelberg 1994.

Stammler, Wolfgang, Gustav Stille, in: Quickborn (1915) 1, S. 6f.

Steizinger, Johannes, Die identitäre Ideologie. Wiederkehr des völkischen Denkens, in: perspektiven ds 35 (2018) 2, S. 77–89.

Stender, Wolfram, Vom völkischen Nationalismus zum Ethnonationalismus. Ideologieproduktion in Deutschland, in: Moshe Zuckermann (Hg.), Tel Aviver Jahrbuch für deutsche Geschichte 30: Ethnizität, Moderne und Enttraditionalisierung. Göttingen 2002, S. 50–64.

Sternhell, Zeev, Von der Aufklärung zum Faschismus und Nazismus, in: jour fix initiative (Hg.), Geschichte nach Auschwitz. Münster 2002, S. 61–94.

Stokes, Lawrence D., Der Eutiner Dichterkreis und der Nationalsozialismus 1936–1945: Eine Dokumentation. Neumünster 2001.

Tacke, Felix, Dialekt oder Regionalsprache? Die Definition von „Sprache" als Politikum, in: Franz Lebsanft/ Monika Wingender (Hg.), Die Sprachpolitik des Europarats. Die „Europäische Charta der Regional- oder Minderheitensprachen" aus linguistischer und juristischer Sicht. Berlin 2012, S. 87–104.

Töteberg, Michael, Zur Rezeption Gorch Focks, in: Friedrich W. Michelsen (Hg.), Gorch Fock. Werk und Wirkung. Hamburg 1984, S. 39–52.

Vennmann, Stefan, Elemente des identitären Antisemitismus. Philosophische Reflektionen über die falsche Wahrheit der Identitären Bewegung, in: diskurs 4 (2018), 1–25.

Zurawski, Nils, Plattdeutsch digital: Formen der Sprach- und Identitätskonstruktion im Internet, in: Ulf-Thomas Lesle (Hg.), Kulturraum und Sprachbilder. Leer 2007, S. 147–166.

Jörn Retterath
„Volk ist etwas ganz anderes, als was bisher als solches auftrat"

Volkskonzepte in der Völkischen Bewegung zu Beginn der Weimarer Republik

Der Begriff *Volk* und die mit ihm verbundenen Ideen spielten im Weltbild der radikalen Rechten spätestens seit dem ausgehenden 19. Jahrhundert eine zentrale Rolle. Das Denken und Sprechen der verschiedenen Protagonisten aus diesem politischen Lager kreiste um das *Volk*, das zum alles entscheidenden Bezugspunkt stilisiert wurde. Daher verwundert es nicht, dass das Adjektiv *völkisch* bald zur Bezeichnung der radikalnationalistischen Weltanschauung verwendet wurde.[1] Der in diesen Kreisen primär im Sinne einer ethnischen Gemeinschaft gedachte Begriff *Volk* bildete einen – wenn nicht gar den – gemeinsamen ideologischen Nenner und gab daher dieser Strömung ihren Namen. Der allgegenwärtige Rekurs auf das Hochwertwort *Volk* schuf eine (vermeintliche) weltanschauliche Einheit und bildete eine Klammer, welche die verschiedenen völkischen Gruppen und ihre Anhänger miteinander zu verbinden schien. Doch kaschierte die allseitige Berufung auf das *Volk* allenfalls oberflächlich, dass es unterschiedliche Vorstellungen, Definitionen und Konzepte von *Volk* gab – auch innerhalb des völkischen Lagers.

Allgemein lässt sich konstatieren, dass der Begriff zu Beginn des 20. Jahrhunderts im politischen Sprachgebrauch im Deutschen Reich drei verschiedene – teilweise einander überlappende – Bedeutungen besaß: Unter *Volk* konnte die nationale Abstammungsgemeinschaft (*ethnos*), das als gleichberechtigt gedachte Staatsvolk (*demos*) oder die als minderprivilegiert empfundene untere Bevölkerungsschicht (*plebs*) verstanden werden.[2] Soweit der generelle Befund.

---

[1] Seit der Wende vom 19. zum 20. Jahrhundert wurde laut Uwe Puschner das Wort *völkisch* fast ausschließlich zur Benennung einer radikalnationalistischen Ideologie gebraucht, vgl. Uwe Puschner, „Wildgeworden" und „gefährlich"! Die öffentliche Auseinandersetzung mit den Völkischen in ihrer Zeit, in: Patrick Merziger u. a. (Hg.), Geschichte, Öffentlichkeit, Kommunikation. Festschrift für Bernd Sösemann zum 65. Geburtstag. Stuttgart 2010, S. 109–126, hier: S. 111f.; ebenfalls zur Verwendung des Begriffs, aber bei der Beurteilung zurückhaltender: Günter Hartung, Völkische Ideologie, in: Uwe Puschner/Walter Schmitz/Justus H. Ulbricht (Hg.), Handbuch zur „Völkischen Bewegung" 1871–1918. München 1996, S. 397–410; Rolf Peter Sieferle, Rassismus, Rassenhygiene, Menschenzuchtideale, in: ebd., S. 22–41, hier: S. 22–24.

[2] Vgl. hierzu die soziologische Theorie von Emerich Francis, Ethnos und Demos. Soziologische Beiträge zur Volkstheorie. Berlin 1965, S. 69–87. Zur Anwendung auf die Weimarer Republik

Doch wie sah es bei den Völkischen aus? Welche Wortbedeutung und welche Vorstellungen von *Volk* waren hier vorherrschend und wurden diskutiert?

Aufgrund der Fülle an zeitgenössischen völkischen Publikationen ist es unmöglich, eine repräsentative Auswahl zu treffen oder gar eine vollumfängliche Auswertung vorzunehmen. Auch stehen der Forschung für dieses politische Spektrum bislang keine volltextdigitalisierten und durchsuchbaren Quellenkorpora, die eine quantitative Analyse ermöglichen würden, zur Verfügung. Im Folgenden soll daher die Wortverwendung in der frühen Weimarer Republik schlaglichtartig anhand von Artikeln aus den völkischen Periodika *Hammer*[3] und *Deutschlands Erneuerung*[4] untersucht werden. Die herangezogenen Zeitschriftenbeiträge verweisen beispielhaft auf Volkskonzepte, die im völkischen

---

(mit Erweiterung um die Dimension *plebs*) vgl. Michael Wildt, Die Ungleichheit des Volkes. „Volksgemeinschaft" in der politischen Kommunikation der Weimarer Republik, in: Frank Bajohr/Michael Wildt (Hg.), Volksgemeinschaft. Neue Forschungen zur Gesellschaft des Nationalsozialismus. Frankfurt a. M. 2009, S. 24–40, hier: S. 38; Jörn Retterath, „Was ist das Volk?". Volks- und Gemeinschaftskonzepte der politischen Mitte in Deutschland 1917–1924. München 2016, S. 44f. Allgemein zum Volksbegriff vgl. Fritz Gschnitzer u. a., Volk, Nation, Nationalismus, Masse, in: Otto Brunner u. a. (Hg.), Geschichtliche Grundbegriffe. Historisches Lexikon zur politisch-sozialen Sprache in Deutschland. Bd. 7. Stuttgart 1992, S. 141–431.

3 Zum *Hammer* und zu seinem Herausgeber Theodor Fritsch vgl. Michael Bönisch, Die „Hammer"-Bewegung, in: Uwe Puschner/Walter Schmitz/Justus H. Ulbricht (Hg.), Handbuch zur „Völkischen Bewegung" 1871–1918. München 1996, S. 341–365; Andreas Herzog, Theodor Fritschs Zeitschrift „Hammer" und der Aufbau des „Reichs-Hammerbundes" als Instrument der antisemitischen völkischen Reformbewegung (1902–1914), in: Mark Lehmstedt/ders. (Hg.). Das bewegte Buch. Buchwesen und soziale, nationale und kulturelle Bewegung um 1900. Wiesbaden 1999, S. 153–182; Uwe Puschner, Die völkische Bewegung im wilhelminischen Kaiserreich. Sprache – Rasse – Religion. Darmstadt 2001, S. 57–62; Egbert Klautke, Theodor Fritsch. The „Godfather" of German Antisemitism, in: Rebecca Haynes/Martyn Rady (Hg.), In the Shadow of Hitler. Personalities of the Right in Central and Eastern Europe. London 2011, S. 73–88; Julian Köck, „Die Geschichte hat immer Recht". Die Völkische Bewegung im Spiegel ihrer Geschichtsbilder. Frankfurt a. M. 2015, S. 119–148.

4 Zu *Deutschlands Erneuerung* und zum diese Zeitschrift verlegenden J. F. Lehmanns Verlag vgl. Sigrid Stöckel (Hg.), Die „rechte Nation" und ihr Verleger. Politik und Popularisierung im J. F. Lehmanns Verlag 1890–1979. Berlin 2002; Mario Heidler, Die Zeitschriften des J. F. Lehmanns Verlages bis 1945, in: ebd., S. 47–107, hier bes.: S. 64–77; Justus H. Ulbricht, „Ein heimlich offener Bund für das große Morgen ...". Methoden systematischer Weltanschauungsproduktion während der Weimarer Republik, in: Hubert Cancik/Uwe Puschner (Hg.), Antisemitismus, Paganismus, Völkische Religion. München 2004, S. 65–81, hier: S. 72–74; Justus H. Ulbricht, Völkische Publizistik in München. Verleger, Verlage und Zeitschriften im Vorfeld des Nationalsozialismus, in: Richard Bauer u. a. (Hg.), München – „Hauptstadt der Bewegung". München 2002, S. 131–136, hier: S. 132f.; Gary D. Stark, Der Verleger als Kulturunternehmer: Der J. F. Lehmanns Verlag und Rassenkunde in der Weimarer Republik, in: Archiv für Geschichte des Buchwesens 16 (1976) 2, S. 291–318.

Lager anzutreffen waren. Diese Befunde werden anschließend zusammengefasst.

Volksvorstellungen im *Hammer*

Trotz seines zwischenzeitlich geführten Untertitels „Parteilose Zeitschrift für nationales Leben"[5] war das – mal monatlich, mal halbmonatlich erscheinende – Blatt *Hammer* keineswegs überparteilich, sondern besaß ein eindeutig völkisches Profil. Seine oft hetzerischen Artikel waren geprägt von antirepublikanischer, rassistischer und antisemitischer Weltanschauung. Juden – mitunter als „Orientalen" bezeichnet – standen nach Ansicht der *Hammer*-Autoren im Gegensatz zum „arischen" deutschen *Volk*.

So schrieb beispielsweise der Jurist Arnold Wagemann im Juli 1923 in der Zeitschrift: „(D)er Begriff des Volkes ist durch die orientalische Lüge verwirrt. Volk ist etwas ganz anderes, als was bisher als solches auftrat. Die Regierenden fühlten sich nicht im Volk verwurzelt, glaubten sich über ihm stehend, neigten mithin zum falschen orientalischen Machtgedanken. Tatsächlich liegt die Sache umgekehrt. Ein großer Teil dieser Regierenden (...) hat für unser Volksleben nur noch den Charakter der Schlacke; es sind undeutsch gewordene Volk-Bestandteile, welche das Leben als zweckwidrig ausscheiden wird. In dieser Schicht lag bisher mehr, als man sich eingestand, die Schwäche unseres Volkes; seine Stärke hat von jeher in der Masse der Schaffenden geruht, die auf dem Lande oder in der Stadt mit redlicher Arbeit sich und die Ihrigen ernährten. (...) (U)nser wirkliches Volk ist rein geblieben. Trotz einer bereits ein Jahrtausend währenden Beschmutzung durch fremde Einflüsse hat es sich völkisch rein gehalten. Kein deutscher Bauer und kein deutscher Arbeiter mischt sich mit Orientalenblut, nur die sogenannte Oberschicht leistet sich dieses völkische Verbrechen."[6]

Wagemann griff damit die Weimarer Republik und ihre Politiker scharf an. Er denunzierte die praktizierte Herrschaft des Volkes als schändliche „jüdische" Erfindung und warf den Regierenden vor, vom *Volk* entfremdet zu sein. Gleichwohl schloss er sie nicht selbst aus dem *Volk* aus, nannte sie vielmehr „undeutsch gewordene Volks-Bestandteile", die „das Leben (...) ausscheiden" werde. Mit dieser Aussage knüpfte er an holistische Vorstellungen von einem *Volksorganismus* an und betrachtete den Ausschluss als eine biologische Gesetzmäßigkeit. In antisemitischem Duktus stellte der Autor den *jüdischen* be-

---

5 So der auf dem Titelblatt abgedruckte Untertitel des *Hammers* im Jahr 1923 (22. Jahrgang).
6 Arnold Wagemann, Schafft deutsches Recht, in: Hammer 22 (1923), S. 249f., hier: S. 250.

ziehungsweise von *Juden* beeinflussten Politikern die „Masse der Schaffenden" als „völkisch rein" gebliebenes „wirkliches Volk" gegenüber. Damit rekurrierte er auf das völkische Stereotyp von der ehrlichen *deutschen* Arbeit im Gegensatz zur betrügerischen *jüdischen* Schacherei.[7] Zugleich bediente er sich des romantischen Konzepts von der unverfälschten Naturhaftigkeit der Landbevölkerung[8] und lud dieses mit rassistischem Denken auf. In Wagemanns Artikel trat das *Volk* als holistisch-organischer *ethnos* zutage. Außerdem griff er auf die *plebs*-Bedeutung zurück und erklärte – mit antisemitischer Stoßrichtung – die arbeitenden in Abgrenzung zu den herrschenden Schichten zum „wirkliche(n) Volk". Das *demos*-Konzept lehnte er als „jüdisch" ab.

Auch andere Autoren des *Hammers* verknüpften antisemitische *ethnos*- und nicht sozialistische *plebs*-Volksvorstellungen miteinander und grenzten diese vom republikanischen *demos* ab. So schrieb Chefredakteur Theodor Fritsch unter dem Pseudonym „Ferdinand Roderich Stoltheim" von der angeblich von Juden ins Werk gesetzten Novemberrevolution: „Der Jude sagt nicht: Ich wünsche das und das – sondern: das Volk wünscht es! Und so lügt er dem Volke schließlich vor, es habe den Wunsch, von den Juden regiert und ausgebeutet zu werden. (...) So lügt der Jude dem Volke auch vor, daß es durchaus eine Revolution brauche. Und das Volk glaubt es. (...) Nicht das Volk macht die Revolutionen, sondern das Gesindel, der Mob – auf jüdische Bestellung. Der ehrenhafte Arbeiter denkt nicht daran, sich an diesem verbrecherischen Treiben zu betätigen."[9] Nach Ansicht von Fritsch würden sich *die Juden* anmaßen, für *das Volk* zu sprechen. Auch wenn er nicht definiert, was nach seinem Dafürhalten *das Volk* sei, so ist erkennbar, dass er die Arbeiterschaft als grundlegenden Bestandteil des *Volkes* ansah und sie von der *Schuld* an der Revolution freisprach. In diesen Zeilen spiegelt sich die Vorstellung wider, das *Volk* sei in einer Art Trance-Zustand und setze sich daher nicht gegen die *jüdische Verschwörung* zur Wehr – ein Gedanke, der auch in anderen *Hammer*-Beiträgen immer wieder aufschien: „Unser Volk krankt an einer Willenslähmung; es steht im Banne eines Hypnotiseurs,

---

[7] Zum Begriff der *Arbeit* in der nationalsozialistischen Ideologie vgl. Johanna Bach, Das Narrativ „sittlicher Arbeit" im moralischen Selbstverständnis der Deutschen, in: Werner Konitzer/David Palme (Hg.), „Arbeit", „Volk", „Gemeinschaft". Ethik und Ethiken im Nationalsozialismus. Frankfurt a. M. 2016, S. 49–65. Vgl. auch Andrea Hoffmann, Das Stereotyp des jüdischen Modernisierers. Abwehr mit vormodernen Begrifflichkeiten: Der „Schacherer", in: Hubert Cancik/Uwe Puschner (Hg.), Antisemitismus, Paganismus, Völkische Religion. München 2004, S. 27–32.
[8] Vgl. Lutz Hoffmann, Das deutsche Volk und seine Feinde. Die völkische Droge. Köln 1994, S. 112–115; Retterath, „Was ist das Volk?", S. 50–52 [wie Anm. 2].
[9] F. Roderich Stoltheim (= Theodor Fritsch), Der Betrug am Volke, in: Hammer 22 (1923), S. 141–145, hier: S. 144f.

der mit teuflischer List alle seine Sinne umstrickt hält. Wer zerbricht diesen Zauber?"[10]

Über die vom *Hammer* als Hauptfeind apostrophierten Juden schrieb ein gewisser Ludwig Neuner, sie seien „ein abgeschlossenes Volk, ja eine Rasse für sich" und bildeten „einen Staat im Staat, einen Fremdkörper in unserer Nation (...), von dem wir uns befreien müssen, auf Grund des Rechtes der Selbsterhaltung".[11] Das *Volk* wurde als eine organisch-biologische Gemeinschaft begriffen. So schrieb ein unbekannter Autor in einer Besprechung des Buchs *Staatsphilosophie* von Max Wundt zustimmend: „Der Einzelne richtet sein Handeln nicht auf eine beliebige oder unbestimmte Gemeinschaft, sondern auf die *natürliche*, mit der ihn ein *gemeinsamer Boden* und *gemeinsame Abstammung* verbindet. Diese Gemeinschaft ist sein *Volk*. (...) *Volk ist die natürliche, Volkstum die sittliche Einheit*; Volk ist die gegebene, Volkstum die geforderte Gemeinschaft. Das Volkstum hat eine zweifache Wurzel: Gemeinschaft des Bodens und des Blutes. Das gemeinsame Blut ist das innere Band der Volksgenossen. In der Gemeinschaft der *Arbeit* wird die natürliche Volksgemeinschaft zur bewußten umgestaltet. (...) *In der Arbeit vollzieht sich die Umwandlung der natürlichen Volksgemeinschaft in eine sittliche.* (...) Die bewußte Volksgemeinschaft äußert sich in der Gemeinschaft der Sitte und Sprache. *In der Sitte finden die in einem Volke lebendigen sittlichen Anschauungen ihren äußeren Ausdruck; in der Sprache offenbart sich seine Seele.*"[12] In diesen Ausführungen zu Wundts philosophischen Überlegungen mischten sich Ideen Johann Gottfried Herders und Wilhelm Heinrich Riehls mit rassistisch-ethnischen Konzepten sowie der Betonung von *Arbeit*. Auch wenn es nicht explizit gemacht wurde, so blieb in den Augen des Autors Juden der Zutritt zur „bewußten Volksgemeinschaft" gleich mehrfach verwehrt: Sie gehörten nicht zur „Gemeinschaft (...) des Blutes" und sie verrichteten keine ehrliche Arbeit.

Mit der Vagheit des Faktors *Sprache* zur Bestimmung eines *Volkes* setzte sich Kurt Gerlach auseinander. Der völkische Schriftsteller plädierte im November 1923 dafür, nicht die Sprache bei der Definition des *Volkes* in den Mittelpunkt zu stellen, sondern „auszugehen von Innenwerten wie der Erbmasse, dem Leib, dem Blut, dem Fleisch, aus welchem Gedanken, Geist und Taten entstehen". „Das Gesicht, die Gestalt der Glieder eines Volksteiles gibt also Auskunft über ein Volk, welches verschiedene Gesichter hat wie das deutsche."

---

10 [unbek. Verf.], Zahlen-Wahnsinn und anderer, in: Hammer 22 (1923), S. 338–340, hier: S. 340.
11 Ludwig Neuner, Biologische Vorteile der jüdischen Nation, in: Hammer 22 (1923), S. 357–360, hier: S. 357.
12 P. L., Staatsphilosophie, in: Hammer 22 (1923), S. 419–423, hier: S. 420 (Hervorhebungen im Original).

Sein Artikel gipfelte im Lobgesang auf die von Willibald Hentschel propagierte „Rassenzucht und Züchtung". Im Gegensatz zu anderen *Hammer*-Autoren sprach sich Kurt Gerlach ausdrücklich gegen eine Definition des *Volkes* unter Rückgriff auf „sittlich(e)" oder „philosophisch(e)" Kriterien aus und für eine „naturwissenschaftlich(e)" Betrachtungsweise.[13] Er verfolgte somit eindeutig biologistisch-rassistische Vorstellungen und glaubte, dass der Geist durch die Abstammung bestimmt werde.

Über den Siedlungsraum des *deutschen Volkes* und das Verhältnis zwischen *Volk* und *Stämmen* gab im März 1919 der Wiener Karl Grube in einem Artikel im *Hammer* Auskunft. Darin hieß es: „*Alles durch das deutsche Volk, alles für das deutsche Volk!* Wir wollen in Wahrheit den germanischen Volksstaat. Vom Belt bis Bozen ein geeintes, wirklich *deutschempfindendes* Volk, das gemeinsam in die Zukunft schreitet, stets vertrauend auf die eigene Kraft, innig verbunden durch die *Blutsgemeinschaft*. Ein *deutscher Volksrat* soll unsere Geschicke leiten. (...) Der völkische Eigensinn soll uns Wegweiser sein. Die Eigenart aller Stämme soll weiterbestehen, gehegt und gepflegt werden, aber jeder Ast und Zweig an der deutschen Eiche soll wissen, daß er zu dem einen herrlichen Baume gehört, der nur gedeihen kann, wenn er fest im Erdreich wurzelt, wenn er deutsch ist bis in die äußersten Spitzen."[14] Das diesen Äußerungen zugrunde liegende Großdeutschlandkonzept sah nicht nur eine Vereinigung des bestehenden Deutschen Reichs mit Deutsch-Österreich vor, sondern auch zu Dänemark und Italien gehörende Gebiete wurden als Bestandteile eines – keinesfalls als parlamentarisch-demokratisch zu verstehenden – „germanischen Volksstaats" betrachtet. Der Begriff „Blutsgemeinschaft" deutet zwar darauf hin, dass der Autor ein ethnisches Volkskonzept verfolgte, das zugleich verwendete Adjektiv „deutschempfindend" stand jedoch in einem gewissen Widerspruch dazu – Abstammung und Empfinden mussten keineswegs kongruent sein. Wichtig war es Grube zu betonen, dass der „germanische Volksstaat" die regionalen Eigenheiten seiner „Stämme" nicht nivellieren würde.

Essenziell erschien es den Autoren im *Hammer*, auf den hohen Wert und den spezifischen Charakter des *Volkes* hinzuweisen. Bereits in der Wahlrechtsdiskussion während des Ersten Weltkriegs wurde dieses Argument gegen ein allgemeines und gleiches Stimmrecht in Stellung gebracht. In einem Aufsatz hieß es: „Aber was ist ein Volk? Doch kein zusammengewürfelter Haufe von Menschen, doch kein Raupenklumpen, kein Waggon mit Weizenkörnern, kein Sandberg! Aber die Formen des Wahlrechts sind so beschaffen, als wenn das

---
13 K[urt] Gerlach, Volk und Held, in: Hammer 22 (1923), S. 441f.
14 Karl Grube, Der Hammer und Deutsch-Oesterreich, in: Hammer 18 (1919), S. 114–117, hier: S. 116f. (Hervorhebungen im Original).

Volk etwas derartiges wäre. Und wenn man an diesen Wahlrechtsformen etwas ändern will, dann geschieht es stets unter stillschweigender Übernahme des nämlichen Fehlers, unter der Voraussetzung, als wenn ein Volk ein Mehlhaufe, den man hin und wieder mal umschaufeln muß, damit er nicht muchlich (sic!). In Wirklichkeit ist ein Volk aber ein Organismus, etwas Gewachsenes und Wachstumsfähiges. Ein Volk ist keine gleichartige Masse, es ist in sich gegliedert, eine Zusammenfassung sich ergänzender Kräfte und Organe." Wahlen innerhalb der Berufsstände eröffneten nach Ansicht des Autors, der unter dem Pseudonym „Fagus" schrieb, den richtigen Weg zu einer „Vertretung des Volkes (...) – eines Volkes nicht als ein zufällig zusammengewürfelter Haufe, sondern als eines vielgestaltigen organischen Körpers". In dieser ständisch-korporatistischen Forderung schlug sich die Angst vor einer Dominanz der sozialdemokratisch bzw. sozialistisch gesinnten „ungesonderten Massen", der *plebs*, nieder.[15] Unklar blieb hingegen, wer genau zum *Volk* gehörte. Zu vermuten ist, dass es tendenziell als *ethnos*, nicht als gleichberechtigter *demos*, begriffen wurde. Allerdings ist auffallend, dass der Autor auf explizit völkisch-antisemitische Äußerungen verzichtete. Seine Aussagen waren aber von holistisch-organischen Vorstellungen und einem antirepublikanischen Geist durchzogen.

Vielfach griffen *Hammer*-Autoren die parlamentarisch-demokratische Ordnung scharf an. Im September 1919 erschien im Blatt eine mit „Lenhardt" beziehungsweise „Lehnhardt" gezeichnete Artikelserie, die – unter Bezug auf das Buch *Das Problem der Demokratie* des schwedischen Soziologen Gustaf Fredrik Steffen – die Idee der *Volkssouveränität* kritisierte und dabei auch auf den *Volkswillen* einging: „Nun zeigt aber die Wirklichkeit niemals *einen* Willen des *ganzen* Volkes, sondern immer nur vielfache, sich widersprechende Willensäußerungen von Gruppen und Parteien. Aus diesem Durch- und Gegeneinander kann nie ein einheitlicher Willensentschluß hervorgehen, der als Wille des *ganzen Volkes* gelten könnte. Beim ersten Eindringen in den Gedanken-Aufbau der Demokratie erweist sich ihr Grundbegriff, die Volks-Souveränität rein gedanklich wie in der Wirklichkeit als unhaltbar, vernunftwidrig, er kann also nur als ein Glaubenssatz, als Dogma gelten. Politik, d. i. Staatskunst, die auf festen Grunde Dauerndes zu schaffen hat, muß deshalb den Begriff der Demokratie als eine Fiktion (Irrung oder Täuschung) ablehnen."[16] Diese Schlussfolgerung mutet für einen Beitrag in einem völkischen Periodikum wenig überraschend, umso interessanter ist die Kritik, die an der *Volkswillen*-Vorstellung geäußert

---

15 Fagus, Politische Betrachtungen eines Unpolitischen. [Teil] II, in: Hammer 17 (1918), S. 199–202, hier: S. 200.
16 Lenhardt, Gemeinwohl und Demokratie. [Teil] I, in: Hammer 18 (1919), S. 340–344, hier: S. 341 (Hervorhebungen im Original).

wurde. Wenn sich diese auch zuvorderst auf den *Volkswillen* im Parlament bezog, so widersprach sie doch – wohl unbeabsichtigt – auch der Idee eines metaphysischen *Volkswillens*, wie sie im völkischen Denken verbreitet war. Im klassischen Duktus der Parlamentarismuskritik wurde darüber hinaus die Annahme, die demokratisch gewählten Abgeordneten repräsentierten das *Volk*, zurückgewiesen:[17] „Volks-*Vertreter* können (...) nicht den Willen des Volkes, sondern nur *ihren eigenen, rein persönlichen* zur Geltung bringen; damit ist es mit der Volks-Souveränität aus. Eine Volksvertretung ist nicht Herrschaft des ganzen Volkes, sondern der Vielen oder vielmehr, im Vergleich zu der großen Masse des Volkes, der *Wenigen*, aus denen sich eine Volksvertretung zusammensetzt."[18] Aus der Kritik an der Demokratie sprach Misstrauen, ja gar Verachtung, gegenüber der *Masse* und dem „Massengeist"[19] sowie gegenüber Parteien, Kompromissen und Wahlen: „Unerschüttert wird (...) daran festgehalten, daß durch Summierung der verschiedenen, einander feindlichen Partei-Bestrebungen oder durch eine vermittelnde mittlere Linie der Wille des *ganzen Volkes* zum Ausdruck kommen könnte. *Es gibt nie einen Volkswillen*, ganz und gar nicht im Parteileben."[20] Während er die demokratisch-parlamentarischen Ordnung wortreich verwarf, ging der Autor nur knapp auf die von ihm favorisierte Staatsform der aristokratischen Monarchie ein, in der das „Gemeinwohl" „durch eine, den streitenden Parteien *übergeordnete* Macht gewahrt" werde.[21]

Insgesamt lässt sich konstatieren, dass im *Hammer* von *Volk* zwar häufig die Rede war, es aber nur selten näher bestimmt wurde. Aus dem Kontext lässt sich schließen, dass die Autoren den Begriff oftmals im ethnischen Sinne verwendeten. Wenn näher auf die Definitionsmerkmale eingegangen wurde, so lässt sich die Uneinigkeit darüber erkennen, ob sich das *Volk* allein durch gleiche *Abstammung*, *Rasse* und *Aussehen* oder auch über Kriterien wie *Sprache* und *Sitte* konstituiere. Deutlich ist dagegen, dass dem deutschen *Volk* das jüdische als Antipode gegenübergestellt wurde. Wüste antisemitische Philippiken prägen die Zeitschriftenbeiträge. Die Republik von Weimar war in den Augen

---

[17] Vgl. Thomas Mergel, Parlamentarische Kultur in der Weimarer Republik. Politische Kommunikation, symbolische Politik und Öffentlichkeit. Düsseldorf 2002, S. 362–374; allgemein vgl. Marie-Luise Recker/Andreas Schulz (Hg.), Parlamentarismuskritik und Antiparlamentarismus in Europa. Düsseldorf 2018; Hartmut Wasser, Parlamentarismuskritik vom Kaiserreich zur Bundesrepublik. Analyse und Dokumentation. Stuttgart 1974.
[18] Lenhardt, Gemeinwohl und Demokratie. [Teil] I, S. 343 (Hervorhebungen im Original) [wie Anm. 16].
[19] Ebd., S. 344.
[20] Lehnhardt, Gemeinwohl und Demokratie. [Teil] II, in: Hammer 18 (1919), S. 355–358, hier: S. 357 (Hervorhebungen im Original).
[21] Ebd., S. 357 (Hervorhebungen im Original).

der *Hammer*-Autoren ebenso wie die Vorstellung vom *Volk* als *demos* Ergebnis einer jüdischen Verschwörung. Auffallend ist, dass in den Artikeln die *Masse* zwar negativ konnotiert wurde, aber die Autoren dennoch bestrebt waren, die *plebs* für die eigene Ideologie zu gewinnen. Dies knüpfte an romantische Vorstellungen vom naturhaft gebliebenen *einfachen Volk* an. Mittels Züchtung sollte die Qualität des *Volkes* – die nicht allein über körperliche, sondern auch über geistig-seelische Faktoren gefasst wurde – verbessert werden. Der verachteten parlamentarischen Ordnung der Gegenwart wurden vage holistisch-organische Ideen entgegengestellt. Dem deutschen *Volk* als *ethnos*, als *Blutsgemeinschaft* mit einer aristokratischen Führungsperson an der Spitze, sollte die Zukunft gehören. *Juden* und andere in den Augen der *Hammer*-Autoren *Fremdvölkische* hatten darin nichts mehr zu sagen.

Volksvorstellungen in *Deutschlands Erneuerung*

Auch in der im Münchner J. F. Lehmanns Verlag erscheinenden Zeitschrift *Deutschlands Erneuerung* beschäftigten sich die Autoren häufig mit dem *Volk*. Antisemitismus zog sich auch hier – wie ein ideologischer roter Faden durch das Periodikum – wenn auch in einem etwas weniger hetzerischen Duktus als im *Hammer*, so doch nicht minder radikal. In den Augen von Autoren wie etwa Axel von Freytagh-Loringhoven war für die Zugehörigkeit zum deutschen *Volk* die Abstammung, das „deutsche Blut", und nicht die Staatsangehörigkeit ausschlaggebend.[22] Die grenzübergreifend gedachte „deutsche Volksgemeinschaft" galt ihnen als „Gemeinschaft des deutschen Blutes", als „die geistige und seelische Einheit – auferblühend aus der Gemeinschaft des gleichen edlen Blutes".[23] Dieses auf Abstammung und *Rasse* rekurrierende *ethnos*-Konzept ging untrennbar mit Exklusion einher. Besonders im Fokus standen hierbei Juden, die als „Nichtdeutsche" und „Fremdstämmige" diffamiert wurden. Die Weimarer Reichsverfassung etwa wurde nicht nur aufgrund ihrer Inhalte, sondern auch aufgrund der jüdischen Herkunft ihres Verfassers, Hugo Preuß, abgelehnt.[24]

---

22 Axel von Freytagh-Loringhoven, Die deutschen Probleme und die Weimarer Verfassung, in: Deutschlands Erneuerung 7 (1923) 3, S. 265–270, Zitate: S. 270.
23 Hauptausschuß für die rechtliche und wirtschaftliche Sicherstellung der deutscharischen sudetendeutschen Studentenschaft: An die deutsche Volksgemeinschaft! Deutscharischen Gruß voran!, in: Deutschlands Erneuerung 7 (1923) 1, S. 34–36, hier: S. 34f.
24 Freytagh-Loringhoven, Die deutschen Probleme und die Weimarer Verfassung, Zitate: S. 270 [wie Anm. 22].

Wesentlich häufiger als im *Hammer* wurde in *Deutschlands Erneuerung* der Volksbegriff definiert. So schrieb der Vorsitzende des Alldeutschen Verbands, Heinrich Claß, im Juni 1923: „Unter *Volk* verstehen wir eine Vielheit von Menschen, die durch gemeinsame Abstammung, Sprache und Geschichte zur bewußten Einheit verbunden sind."[25] Und der Psychologe und Rassentheoretiker Ludwig Ferdinand Clauß unterschied ein halbes Jahr später zwischen *Volk* als „Gemeinschaft von Artgenossen (...), von Rein- und Gleichgearteten: eine einhällige (sic!) Gemeinschaft also, eine Gemeinschaft inneren Schicksals", einerseits und *Volk* als „Gemeinschaft, die zwar geschaffen ist von Genossen einer einzigen reinen Artung, die aber in sich auch Andersgeartete" umfasse, andererseits.[26] Wie die meisten Protagonisten, die in *Deutschlands Erneuerung* zu Wort kamen, hing Clauß selbstredend der erstgenannten Vorstellung an: Nur „Gleichgeartete" wurden als Angehörige des deutschen *Volkes* akzeptiert.

Dieses rassistische Denken richtete sich vor allem gegen Juden. Die Republik von Weimar wurde vehement abgelehnt, unter anderem durch Verweis auf die behauptete spezifische Disposition des deutschen *Volkes* und auf eine angebliche *jüdische Verschwörung*. So schrieb der Chemiker Hans von Liebig: „Eine Dauer dieser ,Volks'herrschaft wäre das größte Unglück für Deutschland. Das deutsche Volk ist (...) unter einer demokratischen Regierung allen anderen demokratischen Staaten gegenüber außerordentlich benachteiligt, weil ihm der Ausgleich des völkischen Empfindens fehlt, durch den für die anderen Völker die Demokratie noch halbwegs ermöglicht wird. Wie schon gesagt, ist Demokratie als Herrschaft der Massen oder auch nur als Ausdruck des Willens der Massen, des ,Volkswillens', in *allen* Ländern ein Schwindel, nicht nur in Deutschland. (...) In allen anderen Staaten außer Deutschland sind der Schädlichkeit des Wirkens der letzteren Schicht gewisse Schranken gesetzt durch das völkisch-nationale Empfinden der Massen. (...) Weite Kreise des deutschen Volkes sind in dieser Beziehung geradezu pervers veranlagt; sie suchen mit beinahe fanatischem Eifer, was ihrem Volkstum schadet und dem Volkstum ihrer Feinde nutzt. (...) Es ist überhaupt kennzeichnend: die drei deutschen Parteien, die eine zwar verderbliche, aber wenigstens folgerichtige Politik zu führen wußten, sind die unter *un*deutschem Einfluß und – teilweise unbewußt – Leitung stehenden zwei alljüdischen Parteien und die vatikanische Partei."[27] Die politische Lage werde sich erst dann bessern, so von Liebig, wenn „sich das deutsche

---

[25] Heinrich Claß, Volkseinheit, in: Deutschlands Erneuerung 7 (1923) 6, S. 311–315, hier: S. 311 (Hervorhebung im Original).
[26] Ludwig Ferdinand Clauß, Schicksalsgemeinschaft als „Volk". Entartung und Mißartung, in: Deutschlands Erneuerung 7 (1923) 12, S. 711–717, hier: S. 711.
[27] Hans von Liebig, Politische Betrachtungen. Schwindel, in: Deutschlands Erneuerung 3 (1919) 4, S. 284–295, hier: S. 294f. (Hervorhebungen im Original).

Volk die Männer als Führer wählt, die es jetzt in seiner überwältigenden Mehrheit als zu ‚scharf' verwirft".[28] Die Ablehnung der parlamentarischen Demokratie und die Furcht vor der als unkontrollierbar geltenden *Masse*[29] gingen in diesen Aussagen mit rassistisch-antisemitischem und völkerpsychologischem Gedankengut einher.

Autoren wie Heinrich Claß appellierten in *Deutschlands Erneuerung* an die „äußere" wie „innere Volkseinheit". Die linke Arbeiterbewegung galt ihnen als *jüdisch* und *undeutsch*: „Die handarbeitenden Volksgenossen" sollten „aus den Banden der Internationale befreit und zur Blutsgemeinschaft zurückgeführt" werden.[30] Vor dem Hintergrund, dass sich „Volk und Staat (...) decken sollten",[31] exkludierte Claß alle in seinen Augen *Nichtdeutschen* aus dem deutschen Staat: „Die dauernde Größe des geeinigten Deutschland (kann) nur erhalten werden, wenn die Volkseinheit im geschlossenen deutschen Staat auch dahin durchgeführt wird, *daß nur Deutsche in ihm wohnen – daß er reiner Nationalstaat* in dem Sinne wird, daß in ihm nur Deutsche ohne Untermischung mit Fremden zusammen leben."[32] Wie dies konkret bewerkstelligt werden sollte, ließ er offen und beließ es bei der vieldeutigen Aussage: „Was hieraus im einzelnen sich ergibt, kann im Rahmen dieser Darlegung nicht erörtert werden."[33]

Andere Autoren stießen in dasselbe Horn, wenn sie „die Lösung der Judenfrage" darin erblickten, „daß die beiden Völker, das deutsche Wirtsvolk und das jüdische Gastvolk, so radikal als möglich getrennt" würden. Ein erster Schritt wurde in der „Reinerhaltung unseres Blutes von jüdischem Blut" erblickt.[34] „Juden, Neger und andere nichteuropäische Rassen" seien „kein Gewinn für unser Volkstum".[35] Vielmehr müsse das „nordische Blutserbe im deutschen Volk" erhalten und verstärkt werden.[36] In solchen Texten kam zum Ausdruck, dass das *Volk* als *ethnos*, konkreter: als eine Gemeinschaft der *Rasse*, begriffen wurde. Die *Rasse* finde ihren Ausdruck nicht in der Sprache, sondern im Aussehen und im Denken.[37]

---

28 Ebd., S. 295.
29 Vgl. Fritz Gschnitzer u. a., Volk, Nation, Nationalismus, Masse, S. 366–368, S. 415–420 [wie Anm. 2].
30 Claß, Volkseinheit, S. 313 [wie Anm. 25].
31 Ebd., S. 311.
32 Ebd., S. 315 (Hervorhebung im Original).
33 Ebd., S. 315.
34 F. Lehmann: Rassenreinheit, in: Deutschlands Erneuerung 7 (1923) 6, S. 316–323, hier: S. 320.
35 Ebd., S. 322.
36 Ebd., S. 323.
37 Vgl. ebd., S. 322.

Selbstverständlich umfasste das deutsche *Volk* für die Autoren, die in *Deutschlands Erneuerung* publizierten, auch alle außerhalb der deutschen Grenzen lebenden Personen „deutschen Blutes". Franz Fiedler etwa betonte die „körperliche, geistige und seelische Gleichartigkeit des Volkes" sowie das „durch die Jahrhunderte" gewordene intensive „Verhältnis des Volkes zu seinem Boden".[38] Er sah in der „Zunahme des Volkes (...) das oberste völkische und damit auch volkswirtschaftliche Entwicklungsgesetz" und leitete daraus die Forderung nach „neue[m] Boden" ab. Seine Forderung nach „Lebensraum" für ein wachsendes deutsches *Volk* begründete er malthusianisch mit dem angeblichen Mangel an Arbeit und Nahrungsmitteln.[39]

Zusammenfassend lässt sich festhalten, dass die Artikel in *Deutschlands Erneuerung* – ähnlich wie die im *Hammer* – von antisemitisch-rassistischen Vorstellungen geprägt waren. Das deutsche *Volk* wurde zumeist als eine auf *Rasse* beruhende ethnische Gemeinschaft begriffen, konnte aber durchaus auch über Merkmale wie *Sprache* und *Geschichte* bestimmt werden. Juden und andere *Fremdvölkische* waren aus dieser Einheit ausgeschlossen. Ähnlich wie der *Hammer* lehnten auch die Autoren in *Deutschlands Erneuerung* die parlamentarische Demokratie von Weimar als einen „jüdischen" „Schwindel" ab. Jedoch setzten die Autoren des Blattes keine großen Hoffnungen in die *plebs*. Die *Masse* folge den falschen „Führer(n)" und ihr fehle es an „völkische(m)" Bewusstsein. Claß plädierte in der Zeitschrift für einen „reine(n) Nationalstaat". Was mit den Juden und den in seinen Augen *Fremdvölkischen* zu geschehen habe, führte er nicht aus. Der Gedanke der Exklusion der Juden prägte auch andere Stellungnahmen in *Deutschlands Erneuerung*. Zudem fanden sich Stimmen, die sich für eugenische Maßnahmen zur Erhaltung und Stärkung des „nordischen Blutserbes im deutschen Volk" sowie für „Lebensraum" aussprachen.

Fazit

Wie dargelegt, konnte der Volksbegriff mit verschiedenen Inhalten gefüllt werden. Von den drei idealtypischen Bedeutungsvarianten *ethnos*, *demos* und *plebs* war im völkischen Lager vor allem die erstgenannte verbreitet. Unter *Volk* verstanden die Radikalnationalisten eine auf Kriterien wie *Abstammung* oder *Rasse* beruhende Gemeinschaft. Juden sowie Personen, die aus ihrer Sicht *nicht deutscher* Abstammung beziehungsweise *fremdvölkischen* Aussehens waren, stan-

---

[38] Franz Fiedler, Der Sinn der Volkswirtschaft, in: Deutschlands Erneuerung 3 (1919) 10, S. 689–699, hier: S. 691, S. 694.
[39] Ebd., S. 698f.

den für die Radikalnationalisten außerhalb des *deutschen Volkes*. Das *deutsche Volk* als *ethnos* galt ihnen als höchster Wert. Dessen *Reinerhaltung* und *Expansion* bildete für sie das primäre politische Ziel. Da sich das Merkmal *Rasse* als nur vermeintlich objektiv erwies und da selbst die in den Augen der Völkischen *hochwertigsten* Deutschen als *gemischt-rassisch* angesehen wurden,[40] zogen einige radikalnationalistische Akteure *weiche* Kriterien wie *Kultur*, *Geist* und *Sprache* ergänzend heran, um einzuteilen, wer *deutsch* sei und wer nicht. *Volk* konnte somit auch als eine durch *Sprache*, *Kultur*, *Sitte* und *Geist* geeinte Gemeinschaft beziehungsweise als eine „beständige(s) Wesen" mit „unabänderliche(n) nationale(n) Charakterzügen" angesehen werden.[41] Solche metaphysischen – teils bereits in der Romantik verbreiteten – Ideen[42] standen neben rassistischen *ethnos*-Vorstellungen. Beide konnten miteinander aber auch Hand in Hand gehen.[43] Obgleich sich das – sei es metaphysisch, sei es rassistisch definierte – *ethnos* weder objektiv noch trennscharf bestimmen ließ, begründeten entsprechende völkische Konzepte in höchstem Maße Exklusion. Die Ausgrenzung von Juden und *Fremdvölkischen* war hierbei nicht eine Nebenfolge der radikalnationalistischen Volkskonstruktion, sondern muss als das von den völkischen Protagonisten intendierte Hauptziel angesehen werden. Der Hass auf Juden bildete die Basis ihrer Ideologie.

Völkischen Weltbildern war zudem die Vorstellung von einer Völker- beziehungsweise Rassenhierarchie inhärent. In dieser rangierte das *hochwertige* deutsche *Volk* oben, während als *minderwertig* geltende andere *Völker* sich mit den unteren Plätzen begnügen mussten. Letztgenannte, so die Forderung, sollten vom „deutschen Volk" ferngehalten werden, um es nicht mit „Keime(n) des Zerfalls" zu infizieren. Insbesondere „der Jude" galt Agitatoren wie Heinrich Claß oder Theodor Fritsch als „der Feind schlechthin", der nichts unversucht lasse, das „deutsche Volk" durch „jüdisches Blut und jüdischen Geist" zu zer-

---

40 Vgl. Köck, „Die Geschichte hat immer Recht", bes. S. 84–95 [wie Anm. 3].
41 Synnöve Clason, Schlagworte der „Konservativen Revolution". Studien zum polemischen Wortgebrauch des radikalen Konservatismus in Deutschland zwischen 1871 und 1933. Stockholm 1979, S. 129–133.
42 Vgl. Peter Walkenhorst, Nation – Volk – Rasse. Radikaler Nationalismus im Deutschen Kaiserreich 1890–1914. Göttingen 2007, S. 89–101; George L. Mosse, Die völkische Revolution. Über die geistigen Wurzeln des Nationalsozialismus. Frankfurt a. M. 1991, S. 78–98; Peter Emil Becker, Sozialdarwinismus, Rassismus und Völkischer Gedanke. Wege ins Dritte Reich. Teil II. Stuttgart 1990, S. 579–584.
43 Vgl. Jörn Retterath, Volk, in: Michael Fahlbusch/Ingo Haar/Alexander Pinwinkler (Hg.), Handbuch der völkischen Wissenschaften. Akteure, Netzwerke, Forschungsprogramme. Bd. 2, Berlin/Boston 2017. S. 1182–1189, hier: S. 1186f.

stören.⁴⁴ Gegen die für die Gegenwart konstatierten fortschreitenden Zersetzungsprozesse propagierten nicht wenige Radikalnationalisten rassenhygienische und eugenische Maßnahmen. Einige Völkische wie der Philosoph Christian von Ehrenfels oder der im *Hammer* gefeierte Willibald Hentschel träumten gar von der Züchtung der *germanischen Rasse* mittels Polygamie und spezieller Siedlungsprojekte.⁴⁵

Im Ausland lebende Personen *deutscher Abstammung* waren in den Augen der Völkischen selbstverständlich Angehörige des deutschen *Volkes*. Die in der völkischen Wahrnehmung zutage tretende Diskrepanz zwischen *ethnos* und *demos* sollte überwunden werden. Zur Umsetzung dieses Ziels wurde etwa im Alldeutschen Verband offen über eine gewaltsame territoriale Expansion mitsamt *Germanisierung* der Bewohner (sofern eine solche als möglich erachtet wurde) sowie über die Umsiedlung beziehungsweise Vertreibung *nicht deutscher* Bevölkerungsgruppen diskutiert. Entsprechende Hoffnungen auf eine „völkische Flurbereinigung", die bereits vor und im Ersten Weltkrieg auf Zuspruch gestoßen waren,⁴⁶ erschienen nach dem verlorenen Krieg und den Gebietsverlusten infolge des Versailler Vertrags virulenter denn je. *Raum-* und *Lebensraum-*Konzepte, die erstmals prominent um die Jahrhundertwende vom Leipziger Geografen Friedrich Ratzel vertreten worden waren, erlebten in der Weimarer Republik eine Konjunktur. Die Forderung nach Territorien für wachsende und aufstrebende Völker wurde belletristisch etwa von Hans Grimm oder Arthur Moeller van den Bruck erhoben. Deren Bücher mit sprechenden Titeln wie *Volk ohne Raum* (1926) und *Das Recht der jungen Völker* (1919) wurden breit rezipiert. Sie erfüllten augenscheinlich ein Bedürfnis nach politischer Zeitdiagnose und nach dem Programm für eine territoriale Expansion des Deutschen Reichs. Die Forderung nach einem größeren *Lebensraum* für das *deutsche Volk* zählte im völkischen Lager – vermutlich aber auch darüber hinaus – zu den zentralen politischen Vorstellungen und Zielen während der Weimarer Republik.⁴⁷

---

44 Vgl. Walkenhorst, Nation – Volk – Rasse, S. 96f., S. 123, S. 294–303, Zitate: S. 97, S. 298 [wie Anm. 42].
45 Vgl. Becker, Sozialdarwinismus, Rassismus und Völkischer Gedanke. Teil II, S. 599–611 [wie Anm. 42]; Ulrich Linse, Völkisch-rassische Siedlungen der Lebensreform, in: Uwe Puschner/Walter Schmitz/Justus H. Ulbricht (Hg.), Handbuch zur „Völkischen Bewegung" 1871–1918. München 1996, S. 397–410; Sieferle, Rassismus, Rassenhygiene, Menschenzuchtideale, S. 436–448 [wie Anm. 1]; Puschner, Die völkische Bewegung im wilhelminischen Kaiserreich. S. 173–201 [wie Anm. 3]; Justus H. Ulbricht, „Bünde Deutscher Lichtkämpfer". Lebensreform und völkische Bewegung, in: Kai Buchholz u. a. (Hg.) Die Lebensreform. Entwürfe zur Neugestaltung von Leben und Kunst um 1900. Bd. 1. Darmstadt 2001, S. 425–428.
46 Walkenhorst, Nation – Volk – Rasse, S. 334 [wie Anm. 42].
47 Besonders radikal wurden solche Forderungen von der NSDAP vertreten. Vgl. hierzu die entsprechenden Passagen in Hitlers *Mein Kampf* und die Kommentierungen mit Verweis auf

Die Vorstellung vom *Volk* als *demos* lehnten die Völkischen ebenso ab wie die parlamentarische Demokratie von Weimar. Beide galten ihnen als *jüdische Erfindungen* und mithin als *undeutsch*. Nicht Staatsangehörigkeit oder gar das freie Bekenntnis zu einem Gemeinwesen waren in ihren Augen ausschlaggebend für die Zugehörigkeit zu einem *Volk*, sondern allein ethnische Kriterien.

Weniger eindeutig war hingegen die Stellung der Radikalnationalisten zum *Volk* als *plebs*. Einerseits galt die *plebs* als willenlos und schwer kontrollierbar sowie als Unterstützer der linken, *undeutschen*, Parteien, andererseits gaben sich Sprecher aus dem völkischen Lager überzeugt, dass die *plebs* von der Moderne noch nicht verdorben, sondern weiterhin *rein* und dass sie lediglich zum *jüdischen* Marxismus verführt worden sei. Daher forderten einige Autoren, etwa im *Hammer*, eine vermehrte Hinwendung zur *plebs* und thematisierten gar – häufig in antisemitischem Duktus – die *soziale Frage*.

Die Leitvorstellung vom *Volk* als *ethnos* bildete – auch wenn dessen genaue Definition umstritten war – den weltanschaulichen Rahmen, welcher die verschiedenen Strömungen und Ideenwelten innerhalb des radikalnationalistischen Spektrums zusammenhielt. Die zur Bestimmung des *Volkes* herangezogenen Merkmale konnten rassistische, aber auch metaphysische sein. Die vagen Definitionen und der Rückgriff auf *weiche* Kriterien wie *Sprache* und *Geist* kaschierten nur notdürftig, dass es realiter nicht möglich war, objektiv naturwissenschaftlich zu definieren, wer zum *deutschen Volk* dazugehörte (und wer nicht). Um den eigenen ideologischen Anspruch nicht aufgeben zu müssen und um die Realität mit dem eigenen Wunschdenken in Einklang zu bringen, verzichteten Sprecher aus dem völkischen Lager daher häufig auf konkrete Ausführungen dazu, wie sich *Volk* für sie definiere beziehungsweise wie sich *Rasse* bestimmen lasse.

Trotz der vermehrt auf Zustimmung stoßenden Forderungen nach *Lebensraum* und trotz der Erfolge völkischer Schriftsteller blieb das völkische Lager während der ganzen Weimarer Republik in einer Minderheitsposition. Den Völkischen gelang es bis 1933 nicht, den Volksbegriff einseitig in ihrem Sinne zu besetzen. Gleichwohl diffundierten ihre Vorstellungen auch in den Sprach- und Ideenhaushalt der politischen Mitte. Die Verfechter der Weimarer Demokratie konnten keine republikanische Kultur und Sprache etablieren. Der auch im Milieu der politischen Mitte interpretationsbedürftig verwendete Volksbegriff war ein Einfallstor für die antirepublikanischen Vorstellungen der radikalen Rechten. Nach der *Machtergreifung* konnten die Nationalsozialisten an diesem Ter-

---

weitere Quellen und Forschungsliteratur: Christian Hartmann u. a. im Auftrag des Instituts für Zeitgeschichte München–Berlin (Hg.), Hitler, Mein Kampf. Eine kritische Edition. Bd. II, München 2016, S. 1652–1659.

minus anknüpfen und ihn nun ganz in ihrem Sinne mit rassistisch-antisemitischen Inhalten aufladen.

Sebastian Rosenberger
Oswald Spenglers „Der Untergang des Abendlandes". Eine völkische Geschichtsphilosophie?

Zum Begriff des Völkischen

Mit dem Aufstieg der rechtspopulistischen Partei AfD ist in Deutschland in den letzten Jahren auch der Begriff des *Völkischen* wieder Gegenstand öffentlicher Debatten geworden. Dies zeigte sich besonders, als am 11. September 2016 in der *Welt am Sonntag* ein Interview mit der damaligen Vorsitzenden der AfD, Frauke Petry, erschien, in dem sie die Verbindung des Adjektivs *völkisch* mit ‚Rassismus' zu einer „unzulässige(n) Verkürzung" erklärte und hinzufügte, man solle daran arbeiten, „dass dieser Begriff wieder positiv besetzt ist." Und sie bekräftigte noch einmal: „Volk mit Rassismus zu konnotieren, halte ich für falsch."[1]

Petrys Vorschlag erntete in der Öffentlichkeit weitgehend Ablehnung. Exemplarisch sei nur ein Kommentar von Kai Biermann auf *Zeit.online* vom gleichen Tag herangezogen, der zur Verwendung des Adjektivs folgendes schreibt:

> Der Begriff völkisch ist ein Synonym für extremen Nationalismus und eben für Rassismus. Er ist bis heute ein Symbol für den Nationalsozialismus und seine Ideologie, alles auszurotten und umzubringen, was nicht deutsch ist. (...) Völkisch grenzt aus. Es benennt den Wunsch, alles abzulehnen, was nicht zum eigenen Volk gehört. Es soll die Angst schüren, dass zu viele fremde Menschen herkommen und das Bestehende verändern könnten. Es ist die gleiche Angst, die sich auch im Begriff Umvolkung ausdrückt, den rechte Ideologen derzeit benutzen. Und es ist der gleiche Kampf, der versucht, lange verbrannte Worte wieder hoffähig zu machen, hinter denen sich eine Ideologie verbirgt.[2]

Biermann stellt das Adjektiv in eine Reihe mit anderen Schlagwörtern der Neuen Rechten wie *Lügenpresse*, *Umvolkung* und *Volksverräter*, die allesamt zum Vokabular der nationalistischen Gruppierungen der ersten Hälfte des 20. Jahrhunderts gehören. Er schließt mit den Worten: „Wer das Wort benutzt, will

---

[1] Vgl. das vollständige Interview in der Print-Edition der „Welt":https://www.welt.de/politik/deutschland/article158049092/Petry-will-den-Begriff-voelkisch-positiv-besetzen.html (abgrufen: 17.03.2020).
[2] https://www.zeit.de/kultur/2016-09/frauke-petry-afd-voelkisch-volk-begriff-geschichte (1.9.2018).

nicht irgendeinen Begriff positiv besetzen. Er oder sie will damit rassistische Gedanken verbreiten und Andersdenkende bekämpfen".[3]

Die Lexikographie der Gegenwartssprache stützt diese Einschätzung. Im *Digitalen Wörterbuch der deutschen Sprache* (DWDS) findet sich unter dem Lemma *völkisch* folgende Bedeutungsangabe: ‚nazistisch in chauvinistischer, rassistischer und demagogischer Absicht verwendete Kennzeichnung der Zugehörigkeit zur sogenannten deutschen Volksgemeinschaft, der Bindung an die nationalsozialistische Ideologie'. In der computergenerierten Liste typischer Verwendungsbeispiele finden sich folgende Kollokationen:

> *völkischer Agitator / Antisemit / Antisemitismus / Barde / Beobachter / Demagoge / Nationalismus / Wahn, völkische Eigenart / Gesamtbewegung / Gesinnung / Ideologe / Weltanschauung, völkisches Gedankengut / Gemeinschaftsleben / Reinheitsgebot / Ressentiment.*

Hinzu kommen folgende aggregierende oder synonyme Adjektive:

> *antisemitisch, deutschnational, v. gesinnt, militaristisch, nationalistisch, rassisch, rassistisch.*[4]

Während also das Adjektiv *völkisch* heute unverkennbar mit dem Nationalsozialismus, mit dem *Völkischen Beobachter*, mit Rassismus und Antisemitismus assoziiert wird, ist der Befund für die Zeit vor der Machtübernahme der Nationalsozialisten nicht so eindeutig. Vielmehr zeigt sich, dass der Gebrauch des Wortes in dieser Zeit bei Teilen der Bevölkerung positiv besetzt ist und auch der Eigenzuschreibung und Selbstcharakterisierung dienen kann. Der rassistische und antisemitische Literaturwissenschaftler Adolf Bartels etwa fühlt sich der Gruppe der *Deutschvölkischen* zugehörig, wie das Personalpronomen *wir* in der folgenden ironisierten Passage zeigt:

> „Daß ein Jude kein deutscher Dichter werden kann, und daß ein Deutscher, der mit den Juden geht, sein Bestes verliert, steht für so beschränkte Leute, wie wir Deutschvölkischen sind, ja nun freilich fest, aber das deutsche Volk des Durchschnitts hat sich zu solcher borniertet Auffassung nie bekennen wollen und die jüdischen Erfolgreichen verschlungen und erhoben wie die andern auch."[5]

Die tiefe Zäsur, die der Nationalsozialismus in der Geschichte hinterlassen hat, scheint auch eine historische Differenz in der Semantik und Gebrauchsweise des Adjektivs *völkisch* zu markieren. Zumindest legen die beiden willkürlich

---
3 Ebd.
4 „völkisch", bereitgestellt durch das Digitale Wörterbuch der deutschen Sprache, https://www.dwds.de/wb/völkisch (6.12.2018).
5 Adolf Bartels, Die deutsche Dichtung der Gegenwart. Die Jüngsten. Leipzig 1921, S. 89.

herausgegriffenen, gleichwohl aber charakteristischen Zitate von Biermann und Bartels dies nahe. Dieser Verdacht soll durch eine kleine empirische Studie erhärtet werden.

Eine Stichprobe im DWDS-Korpus *Deutsches Textarchiv (1473–1927)* zum Adjektiv *völkisch* brachte 86 Treffer, meist aus der *Marburger Zeitung*.[6] Abgesehen von einem frühen Beleg von 1871 sind alle Belege auf die Zeit nach der Jahrhundertwende datiert. Für die Zeit von 1900 bis zum Ausbruch des Ersten Weltkriegs 1914 dient das Adjektiv als Attribut zu folgenden Substantiven beziehungsweise Nominalphrasen:

> *der völkische Gedanke / Gegner / Idealismus / Schriftsteller / Turnverein / Verfall, die völkische Bestrebung / Erhebung / Feier / Gesinnung / Haltung / Organisation / Pflicht / Sache / Schutzbewegung / Versammlung, das völkische Bollwerk / Fühlen / Gewissen / Unternehmen / Wirken / Wohlergehen, die völkischen Fragen / Gesänge / Interessen / Lieder / Veranstaltungen / Vereine / Ziele; völkisch bedrängte Orte, verdienstvolle Persönlichkeit, nützliche Taten.*

Man kann diese Substantive in drei Gruppen zusammenfassen, um so verschiedene Aspekte des Adjektivs zu benennen; so ließen sich etwa ein ideologischer (*Gedanke, Gegner, Idealismus, Schriftsteller, Gesinnung, Haltung, Gewissen*), ein organisatorischer (*Verein, Feier, Organisation, Versammlung, Gesänge, Veranstaltungen*) und ein teleologischer Aspekt (*Bestrebung, Pflicht, Sache, Schutzbewegung, Bollwerk, Unternehmen, Wirken, Fragen, Ziele*) unterscheiden. Hieraus wiederum ließe sich die Folgerung destillieren, dass es sich beim Adjektiv *völkisch* um die Bezeichnung einer bestimmten Ideologie handelt, die in verschiedenen Formen der Gemeinschaft strukturiert und organisiert ist und bestimmte Ziele in Wort und Tat verfolgt, die einerseits in der Verteidigung von etwas (*Schutzbewegung, Bollwerk*), andererseits im Streben nach etwas (*Bestrebung, Unternehmung, Wirken*) liegen.

Natürlich reicht das nicht aus, um die Bedeutungen des Adjektivs *völkisch* zu umreißen. Hierfür sind die Belege zu wenig konkret. Die Bemerkung in Meyers „Großem Konversationslexikon"[7], *völkisch* sei eine Verdeutschung des Fremdwortes *national*, hilft nicht weiter. Auch in der neueren Forschung wird der Bezug auf das lateinische Heteronym betont, wenn etwa Cornelia Schmitz-Berning *völkisch* für die Zeit des Nationalsozialismus als „national mit Betonung der in Rasse und Volkstum liegenden Werte" recht unspezifisch umreißt.[8] Es ist

---
6 https://www.dwds.de/r?corpus=dta;q=v%C3%B6lkisch (30.8.2018).
7 Meyers Großes Konversationslexikon. Ein Nachschlagewerk des allgemeinen Wissens. 6. Auflage Leipzig, Wien 1905–1909, Bd. 6, S. 229.
8 Cornelia Schmitz-Berning, Vokabular des Nationalsozialismus. 2. Auflage Berlin 2007, S. 645.

hilfreich, sich vor Augen zu führen, welche Personen und Gruppierungen das Adjektiv sich selbst und ihren Anschauungen und Zielen zuschreiben. Dies sind, nach einer Beobachtung von Karl Kraus, vor allem die Deutschnationalen: „Wenn ich mich entscheiden sollte, welche Parteipresse ich für die vernageltste halte, so würde ich doch der deutschnationalen den Vorzug geben. Was in den ‚völkischen' Gehirnen dieser in den deutsch-österreichischen Provinzen postierten ‚Schriftleiter' eigentlich vorgeht, zu ergründen, wäre von pathologischem Interesse."[9] Auch hier sind jedoch die Grenzen nur sehr unscharf gezogen, die distanzierenden Anführungszeichen beim Adjektiv *völkisch* deuten aber an, dass Kraus hier eine Selbstbezeichnung der Deutschnationalen aufgreift und ironisiert.

Somit lässt sich eine gewisse Vagheit des Begriffs konstatieren, welche es schwierig macht, sein semantisches Spektrum deutlich zu umreißen. Das Wort wird recht häufig verwendet, doch nur sehr selten explizit erläutert. Es wird somit als selbstverständlich und selbsterklärend verstanden.[10]

Mit dem Nationalsozialismus geht auch eine semantische Verengung des Adjektivs einher, die dazu führte, dass der Begriff des *Völkischen* auf die nationalsozialistische Weltanschauung bezogen und dabei verschiedene andere Aspekte im Gebrauchs- und Bedeutungsspektrum des Adjektivs nivelliert wurden. Einen ersten Schritt dazu unternahm Adolf Hitler selbst, der in *Mein Kampf* sein eigenes Verständnis von *völkisch* klar auf rassische und sozialdarwinistische Aspekte fokussiert:

> Demgegenüber erkennt die völkische Weltanschauung die Bedeutung der Menschheit in deren rassischen Urelementen an. Sie sieht im Staat prinzipiell nur ein Mittel zum Zweck und faßt als seinen Zweck somit keineswegs an eine Gleichheit der Rassen, sondern erkennt mit ihrer Verschiedenheit auch ihren höheren und minderen Wert und fühlt sich durch diese Erkenntnis verpflichtet, gemäß dem ewigen Wollen, das dieses Universum beherrscht, den Sieg des Besseren, Stärkeren zu fördern, die Unterordnung des Schlechteren und Schwächeren zu verlangen.[11]

---

9 Die Fackel 5/Nr. 147, 21.11.1903, S. 22, zitiert nach Schmitz-Berning (wie Anm. 8), S. 646.
10 Es wird ein wesentliches Ziel meiner derzeit entstehenden Habilitationsschrift sein, den zeitgenössischen Begriff des ‚Völkischen' anhand der Quellen schärfer herauszuarbeiten.
11 Adolf Hitler, Mein Kampf. Eine kritische Edition. Im Auftrag des Instituts für Zeitgeschichte hg. von Christian Hartmann/Thomas Vordermayer/Othmar Plöckinger/Roman Töppel, unter Mitarbeit von Edith Raim, Pascal Trees, Angelika Reizle, Martina Seewald-Moser, München, Berlin 2016, S. 981.

An anderen Stellen verspottet Hitler die „völkischen Ahasvere"[12], die „völkischen Johannesse"[13] und den „völkischen Nachtfalter"[14] und polemisiert damit gegen völkische Theoretiker, die seiner Ansicht nach die ‚Volksseele' nicht verstehen.

Die ganze von Hitler, den Nationalsozialisten und der Nachwelt nivellierte semantische Vielfalt des Adjektivs wird jedoch erst in der Retrospektive deutlich, im Überblick über die einschlägige Literatur, die in der ersten Hälfte des 20. Jahrhunderts publiziert und verbreitet wurde. Uwe Puschner fasst in einem Lexikonartikel die *Völkische Bewegung* so zusammen:

„Ihrem Charakter einer heterogenen nationalistisch-reformistischen Protestbewegung, deren überwiegend männliche und protestantische Klientel ein vornehmlich (bildungs-)bürgerliches, aber auch vom alten und neuen Mittelstand geprägtes Sozialprofil zeigt, entspricht die synkretistische völkische Weltanschauung. Sie hatte auf rassenideologischer – v. a. antisemitischer, zudem antislawischer und antiromanischer – Grundlage (...) die Schaffung einer antiegalitären, männerzentrierten, (berufs-)ständisch organisierten, von einer germanisch-christlichen bzw. neuheidnischen ‚arteigenen' Religion fundierten Gesellschaft mit germanenideologischem Wertesystem zum Ziel sowie einen Rassestaat mitteleuropäischen bzw. einen Staatenbund pangermanischen Zuschnitts."[15]

Das Adjektiv *völkisch*, das sich offensichtlich nur als Bündel von Eigenschaftszuschreibungen auffassen lässt, vereinigt demnach als zentrale Ideologeme Nationalismus und Reformismus, eine mehr oder weniger detailliert ausgearbeitete Rassenideologie, häufig verbunden mit der Forderung nach einem Rassenstaat, meist rassistisch begründeten Antisemitismus, eine mit einer antislawischen[16] und antiromanischen Einstellung verknüpfte Germanenideologie, antiegalitäre, autoritäre Staatsformen präferierende politische Ansichten, auf religiösem Gebiet germanisch-christliche beziehungsweise neuheidnische Vorstellungen sowie eine die gesellschaftliche Rolle der Frau marginalisierende Männerzentriertheit. Hinzu kommen noch weitere nicht genannte, aber aus der Literatur ableitbare Ideologeme. Zu diesen zählen ein häufig mit einer Verklärung des ländlichen Lebens einhergehender Antiurbanismus, Kritik an der Mo-

---

12 Ebd., S. 929.
13 Ebd., S. 930.
14 Ebd., S. 935.
15 Uwe Puschner, Artikel „Völkische Bewegung", in: Deutsche Geschichte im 20. Jahrhundert. Ein Lexikon. Hg. von Axel Schildt, München 2005, S. 383f.; um der besseren Lesbarkeit willen wurden die Abkürzungen im Zitat aufgelöst.
16 Bei einigen Autoren, etwa bei Arthur Moeller van den Bruck, finden sich allerdings auch positive Einstellungen den slawischen Völkern gegenüber.

derne, die sich meist als Technikkritik, als Kritik an modernen Lebensformen, an den Medien, an den Kulturschaffenden oder an modernen politisch-gesellschaftlichen Ideologien wie Sozialismus und Liberalismus äußert, und eine dezidiert antiwestliche Einstellung. Auf mentaler Ebene dominieren antirationale, auf Gefühl und Empfindung basierende Einstellungen, gleichwohl erheben die meisten völkischen Autoren Anspruch auf wissenschaftliche beziehungsweise historische Fundierung der eigenen Ideologie, beispielsweise auf biologische[17] und historische[18] Begründung rassistischer Theorien. Ein wesentliches Merkmal der völkischen Ideologie sind dichotomische Denkmuster, die sich als Freund-Feind-Schemata oder eindeutige Inklusion und Exklusion gesellschaftlicher Gruppen äußern. Schließlich ist die eigentümliche Verbindung von Kulturkritik und Utopie zu nennen, die sich in der Andeutung oder Ausformung eines künftigen Heilsversprechens manifestiert, die oft an zu erfüllende Bedingungen geknüpft ist.

Anhand von Oswald Spenglers (1880–1936) kulturphilosophischer Abhandlung *Der Untergang des Abendlandes* sollen die bisher genannten Punkte auf einen konkreten Text zur Analyse angewandt werden. Dafür müssen zunächst die Grundaussagen des Textes vorgestellt werden.

Oswald Spenglers Geschichtsphilosophie

Das Buch erschien zuerst 1918, in dem Jahr, in dem der Erste Weltkrieg zu Ende ging. Mit seiner bereits im Titel erkennbaren grundsätzlich pessimistischen Haltung passte es perfekt zu der Untergangsstimmung, die viele Deutsche nach der Niederlage bewegte und die dem Text seinen Erfolg sicherte. Nach eigener Aussage hatte Spengler das Buch in seinen Grundzügen jedoch bereits vor Kriegsausbruch vollendet und es bis 1917 nur noch einmal durchgearbeitet und seine

---

[17] Vgl. z. B. Ludwig Woltmann, Politische Anthropologie. Eine Untersuchung über den Einfluss der Descendenztheorie auf die Lehre von der politischen Entwicklung der Völker. Eisenach, Leipzig 1903.
[18] Vgl. z. B. Houston Stewart Chamberlain, Die Grundlagen des Neunzehnten Jahrhunderts. 20. Auflage München 1935. Zu Chamberlain vgl. grundlegend: Anja Lobenstein-Reichmann, Houston Stewart Chamberlain. Zur textlichen Konstruktion einer Weltanschauung. Eine sprach-, diskurs- und ideologiegeschichtliche Analyse, Berlin, New York 2008; und dies., Houston Stewart Chamberlain, in: Michael Fahlbusch/Ingo Haar/Alexander Pinwinkler (Hg.), Handbuch der völkischen Wissenschaften. 2. Auflage, 2 Bde. Berlin, Boston 2017, S. 114–119; sowie, wenn auch teils mit problematischen Apologien Chamberlains versehen: Udo Bermbach, Houston Stewart Chamberlain. Wagners Schwiegersohn – Hitlers Vordenker. Stuttgart, Weimar 2015.

Aussagen verdeutlicht[19]. Wenn man diesen Ausführungen folgt, ist zu konstatieren, dass die Ereignisse des Krieges für Spenglers Ansichten nur bestätigend wirken konnten.

Zu Beginn der Einleitung nennt Spengler das Ziel seiner Arbeit, nämlich eine Geschichtsphilosophie, welche sichere Prognosen für die Zukunft ermöglicht: „In diesem Buche wird zum erstenmal der Versuch gewagt, Geschichte vorauszubestimmen. Es handelt sich darum, das Schicksal einer Kultur, und zwar der einzigen, die heute auf diesem Planeten in Vollendung begriffen ist, der westeuropäisch-amerikanischen, in den noch nicht abgelaufenen Stadien zu verfolgen."[20]

Für ihn ist die *Welt* in ihrer Gesamtheit Geschichte, und das Ziel einer Geschichtsphilosophie soll es sein, eine *Morphologie der Weltgeschichte* zu entwerfen (s. Untertitel). Aus diesem Grund geht es ihm nicht darum, die Geschichte einzelner Kulturen oder Staaten zu beschreiben oder die Ereignisse chronologisch aufzulisten, sondern darum, die inneren, verborgenen Beziehungen aufzuzeigen:

> Wer weiß es, daß zwischen der Differentialrechnung und dem dynastischen Staatsprinzip der Zeit Ludwigs XIV., zwischen der antiken Staatsform der Polis und der euklidischen Geometrie, zwischen der Raumperspektive der abendländischen Ölmalerei und der Überwindung des Raumes durch Bahnen, Fernsprecher und Fernwaffen, zwischen der kontrapunktischen Instrumentalmusik und dem wirtschaftlichen Kreditsystem ein tiefer Zusammenhang der Form besteht? Selbst die nüchternen Tatsachen der Politik nehmen, aus dieser Perspektive betrachtet, einen symbolischen und geradezu metaphysischen Charakter an, und es geschieht hier vielleicht zum ersten Male, daß Dinge wie das ägyptische Verwaltungssystem, das antike Münzwesen, die analytische Geometrie, der Scheck, der Suezkanal, der chinesische Buchdruck, das preußische Heer und die römische Straßenbautechnik *gleichmäßig* als Symbole aufgefaßt und als solche gedeutet werden.[21]

Er verwirft aus diesem Grund die traditionelle Einteilung der geschichtlichen Epochen in Antike, Mittelalter und Neuzeit, da dies nur für West- und Mitteleuropa gelte und keine Entsprechung in der chinesischen oder mexikanischen Geschichte habe; zudem kritisiert er scharf den Eurozentrismus der traditionellen Geschichtswissenschaft:

> Aber hier redet in Wirklichkeit die durch keine Skepsis gezügelte Eitelkeit des westeuropäischen Menschen, in dessen Geiste sich dies Phantom ‚Weltgeschichte' entrollt. Ihr verdankt man die uns längst zur Gewohnheit gewordene ungeheure optische Täuschung, wo-

---

[19] Oswald Spengler, Der Untergang des Abendlandes. Umrisse einer Morphologie der Weltgeschichte. Mannheim 2011, S. IXf.; der Text wird im Folgenden mit der Sigle UA zitiert.
[20] UA, S. 3.
[21] UA, S. 8f.; Hervorhebung im Text.

nach in der Ferne die Geschichte von Jahrtausenden wie die Chinas und Ägyptens episodenhaft zusammenschrumpft, während in der Nähe des eigenen Standortes, seit Luther und besonders sein Napoleon, die Jahrzehnte gespensterhaft anschwellen. Wir wissen, daß nur scheinbar eine Wolke um so langsamer wandert, je höher sie steht, und ein Zug durch eine ferne Landschaft nur scheinbar schleicht, aber wir glauben, daß das Tempo der frühen indischen, babylonischen, ägyptischen Geschichte wirklich langsamer war als das unsrer jüngsten Vergangenheit. Und wir finden ihre Substanz dünner, ihre Formen gedämpfter und gestreckter, weil wir nicht gelernt haben, die – innere und äußere – Entfernung in Rechnung zu stellen."[22]

Ebenso lehnt er lineare oder teleologische Geschichtsmodelle ab, da die Geschichte weder ein Ziel noch einen stringenten Verlauf habe. Der zünftige Historiker stelle sich die Geschichte wie einen Bandwurm vor, bei dem eine Epoche nach der anderen folge. Vielmehr habe jedoch jede Kultur ihre eigene Form, ihre eigene Idee, ihr eigenes Leben und Wollen und Fühlen und ihren eigenen Tod; es gebe „aufblühende und alternde Kulturen, Völker, Sprachen, Wahrheiten, Götter, Landschaften, wie es junge und alte Eichen und Pinien, Blüten, Zweige und Blätter gibt".[23] Jede Kultur habe ihre eigenen Möglichkeiten des Ausdrucks, die erschienen, reiften, verwelkten. „Diese Kulturen, Lebewesen höchsten Ranges, wachsen in einer erhabenen Zwecklosigkeit auf wie die Blumen auf dem Felde. Sie gehören, wie Pflanzen und Tiere, der lebendigen Natur Goethes, nicht der toten Natur Newtons an."[24] Die Geschichte sei „das Bild einer ewigen Gestaltung und Umgestaltung, eines wunderbaren Werdens und Vergehens organischer Formen".[25] Spengler geht damit über eine biologisierende Metaphorik hinaus, er fasst vielmehr die Geschichte und die Kulturen selbst als Organismen, die sich als solche beschreiben lassen. Jede Kultur habe ihre Jugend- und Aufstiegszeit, ihre Blütezeit, ihre Verfalls- und ihre Untergangszeit.

An anderer Stelle vergleicht er den Verlauf der Kulturen mit den Altersstufen des einzelnen Menschen: Jede Kultur habe ihre Kindheit, ihre Jugend, ihre Männlichkeit und ihr Greisentum: „Eine junge, verschüchterte, ahnungsschwere Seele offenbart sich in der Morgenfrühe der Romanik und Gotik. Sie erfüllt die faustische Landschaft von der Provence der Troubadoure bis zum Hildesheimer Dom Bischof Bernwards. Hier weht Frühlingswind."[26] Kindheit spreche aus der frühhomerischen Dorik, aus altchristlicher Kunst und den Werken der 4. Dynastie des Alten Reiches in Ägypten. „Je mehr eine Kultur sich der Mittagshöhe ihres Daseins nähert, desto männlicher, herber, beherrschter, gesättigter wird

---
22 UA, S. 23.
23 UA, S. 29.
24 Ebd.
25 Ebd.
26 UA, S. 144.

ihre endlich gesicherte Formensprache, desto gewisser ist sie im Gefühl ihrer Kraft, desto klarer werden ihre Züge."[27] Das Mittlere Reich Ägyptens, Justinian, die Gegenreformation zeigten diese Ausdrücke, hier fänden sich die Vollendungen wie der Kopf Amenemhets III., die Hagia Sophia, die Gemälde Tizians. Im Greisentum der anbrechenden Zivilisation schließlich erlösche das Feuer der Seele; die abnehmende Kraft wage sich noch einmal an den Klassizismus, in der Romantik denke die Seele noch einmal an die Kindheit zurück. „Endlich verliert sie, müde, verdrossen und kalt, die Lust am Dasein und sehnt sich – wie zur römischen Kaiserzeit – aus tausendjährigem Lichte wieder in das Dunkel urseelenhafter Mystik, in den Mutterschoß, ins Grab zurück."[28]

Aus beiden beide Beschreibungen des Verlaufs von Kulturen, ob sie nun wie Pflanzen keimen, sprießen, wachsen, reifen, verwelken und absterben, oder ob sie wie Menschen geboren werden, jugendlich und erwachsen werden, altern und sterben, wird deutlich, dass Spengler ein zyklisches Geschichtsmodell entwirft, nach dem Kulturen einander ablösen und aus den Resten einer untergegangenen Kultur eine neue entstehen kann.

Jede Kultur folgt nach Spengler einem bestimmten Rhythmus, einem *Takt*: „Jede Kultur, jede Frühzeit, jeder Aufstieg und Niedergang, jede ihrer innerlich notwendigen Stufen und Perioden hat eine bestimmte, immer gleiche, immer mit dem Nachdruck eines Symbols wiederkehrende Dauer".[29] Die Kulturen entwickeln sich mit unterschiedlicher Geschwindigkeit, gleichwohl gebe es auch hier Parallelen. Diese Behauptung wird mit einem Beispiel belegt: Es gebe eine „in allen Kulturen auffallende 50jährige Periode im Rhythmus des politischen, geistigen, künstlerischen Werdens"[30], was in einer Fußnote an Beispielen konkretisiert wird:

> Ich mache hier nur auf den Abstand der drei Punischen Kriege und auf die ebenfalls rein rhythmisch zu begreifende Reihe des spanischen Erbfolgekrieges, der Kriege Friedrichs des Großen, Napoleons, Bismarcks und des Weltkriegs aufmerksam (...). Das seelische Verhältnis zwischen Großvater und Enkel hängt damit zusammen. Daher stammt die Überzeugung primitiver Völker, daß die Seele des Großvaters im Enkel zurückkehre, und die verbreitete Sitte, dem Enkel den *Namen* des Großvaters zu geben, der mit seiner mystischen Kraft dessen Seele wieder in die Körperwelt bannt.[31]

Spengler konstruiert damit innere Zusammenhänge zwischen verschiedenen Kulturen und Epochen, zwischen Geschichte und Tradition, zwischen Individu-

---

27 UA, S. 144f.
28 UA, S. 145.
29 UA, S. 148; im Text kursiv.
30 Ebd.
31 UA, S. 148, Anm. 2; Hervorhebung im Text.

um und Kollektiv, die jegliche zufällige Analogie in gesetzmäßige Notwendigkeit verwandeln. Somit entsteht ein Determinismus, der zwar die menschliche Willensfreiheit nicht völlig aufhebt, das Handeln der Menschen aber in eine bestimmte Richtung zwingt. Deutlich wird das anhand seiner Beschreibung des Wirkens Napoleon Bonapartes, der für Spengler den Übergang von der abendländischen Kultur zur Zivilisation markiert:

> Seine Siege und Niederlagen, in denen immer ein Sieg Englands, ein Sieg der Zivilisation über die Kultur verborgen war, sein Kaisertum, sein Sturz, die *grande nation*, die episodische Befreiung Italiens, die 1796 wie 1859 eigentlich nur das politische Kostüm eines längst bedeutungslos gewordenen Volkes änderte, die Zerstörung des Deutschen Reiches, einer gotischen Ruine, sind Oberflächenbildungen, hinter denen die große Logik der eigentlichen, unsichtbaren Geschichte steht, und in ihrem Sinne vollzog damals das Abendland den Abschluß der in französischer Gestalt, im ancien regime zur Vollendung gelangten Kultur durch die englische Zivilisation. Als Symbole ‚gleichzeitiger' Zeitwenden entsprechen also die Erstürmung der Bastille, Valmy, Austerlitz, Waterloo und der Aufschwung Preußens den antiken Tatsachen der Schlachten von Chäronea und Gaugamela, dem Zug nach Indien und dem römischen Sieg bei Sentinum, und man begreift, daß in Kriegen und politischen Katastrophen, dem Grundstoff unserer Geschichtsschreibung, der Sieg nicht das Wesentliche eines Kampfes und der Friede nicht das Ziel einer Umwälzung ist.[32]

Die Eigengesetzlichkeit der Geschichte tritt demnach immer und notwendig ein, während die Faktoren, die zu den bedeutenden geschichtlichen Ereignissen führen, zufällig sind. Selbst große *Persönlichkeiten* wie Napoleon folgen instinktiv diesen Gesetzen der Geschichte.

Aus der Biologie übernimmt Spengler den Begriff der Homologie, der die morphologische Gleichwertigkeit bezeichnet, im Unterschied zur Analogie, welche Funktionsgleichheit ausdrückt: Die Lunge der Landtiere ist homolog zur Schwimmblase der Fische und analog zu deren Kiemen. Homologe Bildungen in der Geschichte sind nach Spengler etwa die antike Plastik und die abendländische Instrumentalmusik oder die Pyramiden der 4. Dynastie und die abendländischen Dome, der indische Buddhismus und der römische Stoizismus.[33]

Dies seien symbolische Formen, durch welche die Kulturen miteinander vergleichbar würden. Diese gemeinsamen homologen, symbolischen Formen fasst Spengler mit dem Terminus *Gleichzeitigkeit*: „Ich nenne ‚gleichzeitig' zwei geschichtliche Tatsachen, die, jede in ihrer Kultur, in genau derselben – relativen – Lage auftreten und also eine genau entsprechende Bedeutung haben."[34] Es wird also eine symbolische Äquivalenz der Ausdrücke verschiedener Kultu-

---
32 UA, S. 197.
33 Vgl. UA, S. 149f.
34 UA, S. 151; Hervorhebung im Text.

ren untereinander zu behauptet, die sich miteinander in Beziehung setzen lassen und so *verborgene* und universal gültige Gesetze der Geschichte offenbaren. So seien etwa die Leistungen der Mathematiker Pythagoras und Descartes, Archytas und Laplace, Archimedes und Gauß *gleichzeitig* weil sie jeweils äquivalente Entdeckungen für die antike bzw. die abendländische Mathematik geleistet hätten. Ebenso seien Polygnot und Rembrandt sowie Polyklet und Bach *Zeitgenossen* im Bereich der bildenden Kunst und der Musik. Mit Alexander dem Großen sei in der Antike die Wende zur *Zivilisation* eingetreten, im Abendland sei dies *gleichzeitig* mit dem Wirken Napoleons geschehen (vgl. ebd.). Mit dem Konzept der *Gleichzeitigkeit* wird die oben zitierte Analogisierung der Kulturen mit den Lebensabschnitten von Pflanzen und Menschen weitergeführt und konkretisiert. Auf diese Weise wird kein zeitliches Nacheinander verschiedener Epochen, sondern ein strukturelles Nebeneinander der Kulturen konstruiert.

Spengler bezweckt mit den Begriffen des *Takts* und der *Gleichzeitigkeit* zweierlei: Einerseits hofft er, beweisen zu können, dass

> ohne Ausnahme alle großen Schöpfungen und Formen der Religion, Kunst, Politik, Gesellschaft, Wirtschaft, Wissenschaft in sämtlichen Kulturen *gleichzeitig* entstehen, sich vollenden, erlöschen; daß der inneren Struktur der einen die aller anderen durchaus entspricht; daß es nicht *eine* Erscheinung von tiefer physiognomischer Bedeutung im geschichtlichen Bilde der einen gibt, deren Gegenstück, und zwar in einer streng bezeichnenden Form und an ganz bestimmter Stelle nicht in den übrigen aufzufinden wäre.[35]

Zweitens ergebe sich damit die Möglichkeit, die Gegenwart zu überschreiten und die zukünftigen Zeitalter nach innerer Form, Dauer, Sinn, Tempo und Ergebnissen vorherzubestimmen, aber auch längst vergangene und unbekannte Epochen, ja ganze Kulturen anhand morphologischer Zusammenhänge zu rekonstruieren.[36]

Diese Methode ist nach wissenschaftlichen Maßstäben nicht rational. Im gesamten ca. 1.200 Druckseiten einnehmenden Text findet sich kaum ein wissenschaftlich zu nennendes Argument. Dies ist auch nicht vorgesehen, da Spengler bestrebt ist, sich von der Fachwissenschaft abzugrenzen. Zudem ist, wie sich unten zeigen wird, die *Rationalität* für Spengler eine Verfallsform. Gleichwohl ist er in seiner Gedankenführung stringent und systematisch. Zur Begründung seiner Methode unterscheidet er zwischen dem Werden und dem Gewordenen, die er mit dem Leben und dem Tod in Verbindung bringt: Nur das Tote, das Gewordene könne rational durch Zahlen, Formeln und Gesetze erfasst werden und sei damit Gegenstand der Naturwissenschaft. Das Leben, das Werden hingegen

---

[35] Ebd.; Hervorhebungen im Text.
[36] Vgl. UA, S. 152.

sei geschichtlich und könne nur intuitiv erfasst werden. Die den Ergebnissen des Buches zugrundeliegenden Bestimmungen liegen für Spengler deshalb zum großen Teil nicht mehr im Reich der Mitteilbarkeit durch Begriff, Definition oder Beweis, sondern sie müssen „ihrer tiefsten Bedeutung nach gefühlt, erlebt, erschaut werden".[37] In der Konsequenz entzieht sich Spengler so der Begründungs- und Beweispflicht.

Zu diesen grundlegenden Bestimmungen gehören für Spengler die drei Seelentypen, die apollinische, die magische und die faustische Seele. Ihnen werden bestimmte Eigenschaften und geistige Dispositionen zugeschrieben, mit denen der jeweilige Seelentyp charakterisiert und das Individuum einem bestimmten Typen zugeordnet werden kann.

Als erstes beschreibt Spengler die apollinische (antike) Seele, der Ausdruck ist explizit von Friedrich Nietzsche übernommen. Diese hat zum Idealtypus den sinnlich-gegenwärtigen Einzelkörper.[38] Ihr entsprechen auf künstlerischem Gebiet die Bildsäule des nackten Menschen, die Statik und Sinnlichkeit verkörpert und die Konturen begrenzt, sowie auf politischem Gebiet die Polis und auf mentalem Gebiet der Blick auf das Konkrete, gegenwärtig Vorhandene. Deshalb hat die apollinische Seele auch kein Interesse an der Vergangenheit oder der Zukunft und demnach kein wirkliches Geschichtsbewusstsein.[39] Sie kennt kein Streben nach dem Unbekannten, sondern bevorzugt Berechenbarkeit und Klarheit. Deshalb, so Spengler, kennt die antike Mathematik auch weder Logarithmus noch Potenz, noch Bruch, noch negative Zahlen, sondern nur ganze positive Zahlen als Repräsentanten von Fläche und Körper.[40]

Die magische (arabische) Seele wird von Spengler im Vergleich zu den beiden anderen Seelentypen etwas vernachlässigt. Über sie schreibt er:

> Und fernab, obwohl vermittelnd, Formen entlehnend, umdeutend, vererbend, erscheint die *magische* Seele der arabischen Kultur, zur Zeit des Augustus in der Landschaft zwischen Tigris und Nil, dem Schwarzen Meer und Südarabien erwachend, mit ihrer Algebra, Astrologie und Alchymie, ihren Mosaiken und Arabesken, ihren Kalifaten und Moscheen, den Sakramenten und heiligen Büchern der persischen, jüdischen, christlichen, ‚spätantiken' und manichäischen Religion.[41]

Dieser Seelentyp sei durch einen strengen Dualismus von Leib und Seele sowie durch ihren Monotheismus gekennzeichnet.

---

37 UA, S. 74f.
38 Vgl. UA, S. 234.
39 Vgl. UA, S. 234f.
40 Vgl. UA, S. 102.
41 UA, S. 235; Hervorhebung im Text.

Das *Ursymbol* der faustischen (abendländischen) Seele ist für Spengler der grenzenlose Raum. Künstlerisch entsprechen ihr die Kunst der Fuge und die Ölgemälde Rembrandts, die naturwissenschaftliche Dynamik Galileis ist ihre Entsprechung in der Wissenschaft. Politisch entsprechen ihr die großen Dynastien der Barockzeit und die Kabinettspolitik. Sie ist eine individuelle Seele, die ein tiefes Bewusstsein hat und dementsprechend zu großer Reflexion fähig ist. Sie strebt stets danach, ihre Grenzen zu überschreiten (deshalb die an Goethe angelehnte Bezeichnung *faustisch*).[42] Spengler stellt apollinische und faustische Seele einander dichotomisch gegenüber, wobei seine Präferenzen eindeutig letzterer gelten. So grenzt er etwa die abendländische Mathematik konsequent von der antiken ab:

> Darf die antike Welt, der Kosmos, aus jenem tiefen Bedürfnis nach sichtbarer Begrenztheit als abzählbare Summe von stofflichen Dingen definiert werden, so hat sich *unser* Weltgefühl im Bild eines unendlichen Raumes verwirklicht, in dem alle Sichtbare, als etwas Bedingtes dem Unbedingten gegenüber, beinahe als eine Wirklichkeit zweiten Ranges empfunden wird. *Sein* Symbol ist der entscheidende, in keiner andern Kultur angedeutete Begriff der *Funktion*. Die Funktion ist nichts weniger als die Erweiterung irgend eines vorhandenen Zahlbegriffs; sie ist dessen völlige Überwindung.[43]

Aus diesen Seelentypen lassen sich unterschiedliche Menschentypen herauslesen. Es läge aus zeitgenössischer Sicht nahe, diese Seelentypen mit dem Konzept der Menschenrasse zu verbinden, ähnlich wie es Joseph Arthur Comte de Gobineau und seine Nachfolger taten. Doch Spengler geht einen anderen Weg.

Für ihn spielt im geschichtlichen Prozess die *Rasse* eine wichtige Rolle. Allerdings lehnt er den biologistischen Rassenbegriff des *Darwinismus* (eine Sammelbezeichnung für die verschiedenen rassenbiologischen und auf dem Rassekonzept beruhenden bevölkerungswissenschaftlichen Strömungen) ab, den er als „flach", „plump" und „mechanistisch" bezeichnet.[44] Dieser mache die Unterscheidung der Rassen an Oberflächenmerkmalen fest wie Hautfarbe, Schädelform oder Nasenform. Spengler hingegen sieht *Rasse* in nicht objektiv messbaren Zusammenhängen, im Einfluss des Bodens auf den einfachen, mit der Natur verbundenen Menschen. Ein Volk ist für Spengler eine *„Einheit der Seele"*[45]: Wenn ein Volk auswandert, kann es sich dem einheimischen Volk assimilieren, die Rasse aber geht unter, da sie in der Heimat verbleibt. Deshalb geht der *Rasseausdruck* auch in einer Ansammlung vieler Menschen unterschiedlicher Herkunft, wie sie die Großstädte verkörpern, verloren. Wenn sich demnach

---

42 Vgl. UA, S. 234f.
43 UA, S. 101f.; Hervorhebung im Text.
44 UA, S. 704.
45 UA, S. 754; kursiv im Text.

eine Kultur weiterentwickelt, wenn sie beginnt, Städte zu bauen, verlieren die Stadtbewohner den unmittelbaren Bezug zum Boden und damit zu ihrer Rasse. Solange die Stadtbevölkerung sich noch durch Zuzug vom Land erneuern kann, kann sich die Kultur weiterentwickeln. Wenn aber die Großstädte zu Weltstädten anwachsen, geht der *Rasseausdruck* endgültig verloren. In diesen Städten lebten dann mehrheitlich „zeitlose, geschichtslose, literarische Menschen, Menschen der Gründe und Ursachen, nicht des Schicksals, welche, dem Blut und dem Dasein innerlich entfremdet, ganz denkendes Wachsein, für den Begriff der Nation keinen ‚vernünftigen' Inhalt mehr entdecken".[46] Sie werden zu einer „formlose(n) und deshalb geschichtslose(n) Masse".[47] Bei ihnen gehen Rationalismus, Vernunft, Kausalität und Kosmopolitismus über Rasse, Blut, Schicksal und Heimat. Dies ist der Augenblick, an dem die *Zivilisation* die *Kultur* ablöst:

> Statt der Welt eine *Stadt*, ein *Punkt*, in dem sich das ganze Leben weiter Länder sammelt, während der Rest verdorrt; statt eines formvollen, mit der Erde verwachsenen Volkes ein neuer Nomade, ein Parasit, der Großstadtbewohner, der reine traditionslose, in formlos fluktuierender Masse auftretende Tatsachenmensch, irreligiös, intelligent, unfruchtbar, mit einer tiefen Abneigung gegen das Bauerntum (...), also ein ungeheurer Schritt zum Anorganischen, zum Ende.[48]

Weiter unten fährt Spengler fort:

> Ihr Unverständnis für alles Überlieferte, in dem man die *Kultur* bekämpft (den Adel, die Kirche, die Privilegien, die Dynastie, in der Kunst die Konventionen, in der Wissenschaft die Grenzen der Erkenntnismöglichkeiten), ihre der bäuerlichen Klugheit überlegene scharfe und kühle Intelligenz, ihr Naturalismus in einem ganz neuen Sinne, der über Sokrates und Rousseau weit zurück in bezug auf alles Sexuelle und Soziale an urmenschliche Instinkte und Zustände anknüpft, das *panem et circenses*, das heute wieder in der Verkleidung von Lohnkampf und Sportplatz erscheint – alles das bezeichnet der endgültig abgeschlossenen Kultur gegenüber eine ganz neue, späte und zukunftslose, aber unvermeidliche Form menschlicher Existenz.[49]

Das Ideal des *Rassemenschen* ist für Spengler demnach der fest mit seiner Scholle verwurzelte traditionsbewusste Bauer, der unbehelligt von der Geschichte ein einfaches naturverbundenes Leben führt. Allerdings ist dieser geschichts- und damit kulturlos. Kultur kann erst mit dem Schritt in die Stadt entstehen. Dieser ist jedoch der Sündenfall, weil er unvermeidlich nach einer bestimmten Zeit in die Zivilisation mündet, in der der Mensch zum Gegenteil des

---
[46] UA, S. 780.
[47] UA, S. 782.
[48] UA, S. 45; Hervorhebungen im Text.
[49] UA, S. 46; Hervorhebungen im Text.

Bauern wird, zu einem *rasselosen*, entwurzelten Wesen, das alles Irrationale aus seinem Leben verbannt und somit sich selbst verliert. Die Zivilisation ist das notwendige, unvermeidliche Endstadium jeglicher Kultur, wie Spengler ebenso apodiktisch wie unmissverständlich darlegt:

> Wer nicht begreift, daß sich an diesem Ausgang nichts ändern läßt, daß man *dies* wollen muß oder gar nichts, daß man dies Schicksal lieben oder an der Zukunft, am Leben verzweifeln muß, wer das Großartige nicht empfindet, das auch in dieser Wirksamkeit gewaltiger Intelligenzen, dieser Energie und Disziplin metallharter Naturen, diesem Kampf mit den kältesten, abstraktesten Mitteln liegt, wer mit dem Idealismus eines Provinzialen herumgeht und den Lebensstil verflossener Zeiten sucht, der muß es aufgeben, Geschichte verstehen, Geschichte durchleben, Geschichte schaffen zu wollen.[50]

Aufgrund seiner Kenntnis der Entwicklung der antiken oder der chinesischen Kultur glaubt Spengler auf der Grundlage von Strukturanalogien (*Gleichzeitigkeit*) den Untergang des Abendlandes vorhersagen zu können. Die antiken Städte Rom und Alexandria waren für ihn die Weltstädte im Stadium der antiken Zivilisation, für das Abendland sind dies Paris oder New York. Die antike Zivilisation wurde nach Spengler durch den Hellenismus geprägt, die abendländische durch die Rationalität des 19. und 20. Jahrhunderts.

Spenglers Geschichtsbild ist damit nicht nur zyklisch, sondern es ist auch dichotomisch geprägt. So wie im obigen Beispiel Land und Stadt als polar zu verstehende Gegensätze angeordnet sind, die eindeutig positiv und negativ konnotiert sind, orientiert sich auch in den übrigen Aspekten der Geschichte alles nach positiven und negativen Polen. Dies kann exemplarisch anhand des Gegensatzes von *Kultur* und *Zivilisation* gezeigt werden, wobei die unter der Rubrik *Kultur* stehenden Einheiten eindeutig positiv konnotiert werden, die unter *Zivilisation* zu findenden eindeutig negativ:

Kultur	vs.	Zivilisation
Land	vs.	Stadt
Feudalismus	vs.	Demokratie
Mythos/Religion	vs.	Rationalismus
Tausch	vs.	Geld
Schlauheit	vs.	Intelligenz
Takt	vs.	Spannung
Volk	vs.	Masse
Blut	vs.	Geist
Schicksal	vs.	Kausalität
Fruchtbarkeit	vs.	Unfruchtbarkeit

---

50 UA, S. 53; Hervorhebung im Text.

Diese Polarität erlaubt es Spengler, die Merkmale der Moderne, die er unter dem Stichwort *Zivilisation* subsumiert, als, wenn auch geschichtlich notwendigen und unvermeidlichen, Verfall zu kritisieren und ihnen seine Ideale einer *gesunden* Kultur gegenüberzustellen. Sein zyklisches Geschichtsbild lässt zudem die Implikation zu, dass nach dem *Untergang des Abendlandes* eine neue Kultur entsteht, die, zwar dazu verurteilt, selbst als Zivilisation zu enden, dennoch Spenglers Gegenwart eine bessere Zukunft entgegenstellen kann. In Spenglers Zivilisationskritik und in seinem Pessimismus versteckt sich damit die Utopie in Form einer neuen Kultur.

Spengler im Urteil seiner Zeitgenossen

Dass *Der Untergang des Abendlandes* den Nerv der Zeit unmittelbar nach dem Ende des Ersten Weltkrieges und der krisenhaften Anfangsjahre der Weimarer Republik traf, ist schon an der Tatsache ersichtlich, dass der Titel des Buches sprichwörtlich wurde und als ‚geflügeltes Wort' ins kollektive Gedächtnis eingegangen ist. Die das Bildungsbürgertum adressierende bildreiche Sprache und der Reichtum an Versatzstücken akademischer Bildungselemente wirkten auf viele Leser attraktiv. Vor allem in intellektuellen Kreisen traf das Buch jedoch auf Kritik. Die folgenden Ausführungen beschränken sich auf Akteure des *völkischen* Diskurses und spiegeln die unterschiedlichen Wirkungen, die Spengler ausübte, wider.

Am interessantesten ist wohl Thomas Manns Auseinandersetzung mit dem *Untergang des Abendlandes*, den er im Sommer 1919 las. Zu diesem Zeitpunkt war Mann, der im Herbst zuvor seine *Betrachtungen eines Unpolitischen* veröffentlicht hatte, die er selbst als „Gedankendienst mit der Waffe"[51] bezeichnet und in denen er sich, wie in etlichen anderen während des Krieges erschienenen Aufsätzen auch, einigen der völkischen Positionen angenähert hatte, auf der Suche nach einer eigenen weltanschaulichen Identität. Entsprechend unsicher zeigt er sich auch bei der Lektüre des *Untergangs des Abendlandes*: Äußerte er in seinen Tagebüchern an einem Tag emphatisches Lob, so schlug dieses wenige Tage später in noch verhaltene Kritik um, wie aus den beiden folgenden Tagebucheinträgen hervorgeht:

> Fuhr mit dem Spengler fort: ein intellektueller Roman ersten Ranges. Das Künstlerische alles sehr zugespitzt, systematisch u. eigensinnig, aber durchaus glänzend und fesselnd,

---

51 Thomas Mann, Betrachtungen eines Unpolitischen. Mit einem Vorwort von Hanno Helbling. Frankfurt a. M. 2002, S. 31.

> z. B. die Absätze über Michelangelo. Das ist für mich etwas wie eine Einführung in die bildende Kunst (9.7.1919).[52]
> Las Einiges im Spengler, selbst unter so unruhigen Umständen mit stärkstem Interesse. Natürlich geistreiche Überspitzungen. Das ‚Abendland' als Einheit in völliger innerer Fremdheit gegenüber der antiken Kultur, das geht wohl nicht. Die Demokratie und Öffentlichkeit des romanischen Westens *ist* antik-rhetorisch. Alles ist sehr deutsch empfunden, die abendl. Kultur einfach als ‚faustisch' festgelegt (13.7.1919).[53]

Allmählich jedoch distanzierte sich Mann von seinen früheren Positionen und damit von Spengler und anderen der *völkischen Bewegung* zuzuordnenden Personen. In seiner 1922 gehaltenen Rede *Von deutscher Republik* bekannte sich Mann endgültig zur Weimarer Republik und fand deutliche Worte der Kritik an Spengler:

> Wir wollen unsere Meinung über Spenglers Werk hier einschalten (...). Sein ‚Untergang' ist das Erzeugnis enormer Potenz und Willenskraft, wissenschaftsvoll und gesichterreich (sic!), ein intellektueller Roman von hoher Unterhaltungskraft und nicht allein durch seine musikalische Kompositionsart an Schopenhauers ‚Welt als Wille und Vorstellung' erinnernd. (...) Gleichwohl haben wir unsere demokratische Meinung darüber, finden seine Haltung falsch, anmaßend und ‚bequem' bis zur äußersten Inhumanität. Es läge anders, wenn diese Haltung Ironie bärge, wie wir anfänglich glaubten; wenn seine Prophezeiung polemisches Mittel der Abwehr bedeutete. (...) Als ich aber erfuhr, daß dieser Mann seine Verkalkungs-Prophetie stockernst und positiv genommen haben wolle und die Jugend in ihrem Sinn unterweise, (...) als ich gewahr wurde, daß er tatsächlich dem Willen und der Sehnsucht des Menschen die kalte ‚naturgesetzliche' Teufelsfaust entgegenballt, – da wandte ich mich ab von so viel Feindlichkeit und habe sein Buch mir aus den Augen getan, um das Schädliche, Tödliche nicht bewundern zu müssen.[54]

An Thomas Manns Auseinandersetzung mit Spengler kann man demnach seine politische Entwicklung vom Antidemokraten zum Demokraten *in nuce* ablesen. Sie reicht von anfänglicher Begeisterung mit leichter Skepsis über zunehmende Entfremdung bis hin zum offenen Bruch, der einem Bekenntnis zur von Spengler stets heftig abgelehnten Demokratie und zur Weimarer Republik gleichkam.[55]

---

52 Thomas Mann, Tagebücher 1918–1921. Hg. von Peter de Mendelssohn. Frankfurt a.M 2003, S. 279.
53 Ebd., S. 281; Hervorhebung im Text.
54 Thomas Mann, Von deutscher Republik (1922), in: Thomas Mann, Essays. Band 2. Für das neue Deutschland 1919–1925. Hg. von Hermann Kurzke und Stephan Stachorski. 2. Auflage Frankfurt a. M. 2001, S. 126–166, hier S. 154f.
55 Zu Thomas Manns Auseinandersetzung mit Spengler vgl. auch: Barbara Beßlich, Faszination des Verfalls. Thomas Mann und Oswald Spengler. Berlin 2002.

Während Thomas Manns Ablehnung von Spenglers Positionen mit einem Wandel seiner politisch-gesellschaftlichen Ansichten einherging, zu der sie nicht mehr passten, blieben andere Kritiker des *Untergangs des Abendlandes* ihrer *völkischen* Position verhaftet. Chamberlain kritisierte etwa Spenglers Pessimismus und die Tatsache, dass dieser den biologischen Rassenbegriff ignoriert beziehungsweise gänzlich zurückgewiesen hatte. Aufgrund des Umstands, dass Chamberlain selbst für eugenische Manipulationen und *Rassenzucht* eingetreten war und die Utopie eines kulturschöpferischen arischen Übermenschen propagiert hatte[56], wurde er für seine Anhänger zu einer Art „Anti-Spengler".[57]

Der überaus einflussreiche Arthur Moeller van den Bruck stand Spengler näher. Beide waren von Nietzsche beeinflusste Metahistoriker, beide entwickelten eine Kulturphilosophie, in der Kultur und Zivilisation einander gegenübergestellt wurden, und beide verachteten die Weimarer Republik und bevorzugten einen Diktator, der den von beiden unterstellten kulturellen Niedergang aufhalten sollte.[58] Moeller teilte jedoch Spenglers Pessimismus nicht. Daher versuchte er, Spengler umzudeuten, indem er behauptete, dieser sei von einem Sieg Deutschlands im Ersten Weltkrieg ausgegangen, so dass Deutschland auf unabsehbare Zeit die politische und kulturelle Hegemonie zufallen und es in der Folge tatsächlich der Zivilisation erliegen könnte:

> Er (Spengler) nahm an, daß wir besonders berufen seien, die westlichen Völker, die sich zu einem gemeinsamen Kampfe gegen unsere mannigfachen Anwartschaften zusammengefunden hatten, in der politischen Herrschaft abzulösen – auf die Gefahr, in den allgemeinen Kulturzusammenbruch der folgenden Jahrhunderte mit hineingerissen zu werden. Spengler bejahte auch dieses Schicksal noch. Er tat es in der Erwartung, daß der Sieg eine große imperialistische Epoche unter deutscher Führung bringen werde, in der wir dann die letzte Tat der abendländischen Menschheit sehen müßten. In dieser Bejahung liegt die große Tapferkeit des Spenglerschen Buches, seine rücksichtslos unhumanistische, aber auch unsentimentale Sehweise.[59]

Die Niederlage habe jedoch die Voraussetzungen geändert. Den düsteren Prophezeiungen Spenglers setzt er deshalb die Lebenskraft der *jungen Völker* entgegen, die für ihn die Russen und die Deutschen sind. Schließlich verkündet Mo-

---

56 Vgl. dazu Lobenstein-Reichmann, Houston Stewart Chamberlain, in: Handbuch der Völkischen Wissenschaften (wie Anm. 18), S. 117.
57 Vgl. Karlheinz Weißmann, Armin Mohler, Die konservative Revolution in Deutschland 1918–1932. Ein Handbuch. 6. Auflage Graz 2005, S. 110.
58 Vgl. dazu und zum Folgenden: Fritz Stern, Kulturpessimismus als politische Gefahr. Eine Analyse nationaler Ideologie in Deutschland. Stuttgart ³2005, S. 319f.
59 Arthur Moeller van den Bruck, Die Auseinandersetzung mit Spengler (1920), in: ders., Das Recht der jungen Völker. Sammlung politischer Aufsätze, hg. von Hans Schwarz. Berlin 1932, S. 9–39, hier S. 31.

eller auch die Utopie vom *Dritten Reich*, in dem Deutschland wiederauferstehen werde.[60]

Stärker an Chamberlains Kritik angelehnt sind die Gründe, aus denen Alfred Rosenberg, nach Hitler einer der führenden Ideologen des Nationalsozialismus, Spenglers Geschichtsphilosophie ablehnt. Dies ist allerdings auch kein Wunder, denn Rosenberg kann in seinen Schriften durchaus als Epigone Chamberlains bezeichnet werden:

> Außerhalb der Kirchen entstand im 19. Jahrhundert (...) eine Weltanschauung, welche, nach jeder Seite hin unkritisch, sich bemühte, den ganzen Menschen in die mechanische Naturgesetzlichkeit einzureihen. Dieser plumpe, materialistische Versuch, eine unentrinnbare ‚ökonomische Gesetzlichkeit' zu verkünden, ist heute als überwunden zu betrachten. Dafür ist aber (namentlich durch Spengler) eine andere Anschauung aufgetreten in bezauberndem Gewande, dargestellt am ‚faustischen Menschen' mit beträchtlicher Überredungskunst begabt: die sogenannte morphologische Geschichtsbetrachtung. (...) Folgerichtig zu Ende gedacht, verneint diese glänzend dargestellte Lehre Rasse, Persönlichkeit, Eigenwert, jeden wirklich kulturfördernden Impuls, mit einem Wort des ‚Herzens Herz' des germanischen Menschen.[61]

Wie Chamberlain moniert auch Rosenberg das Fehlen einer biologistischen Rassentheorie, die zu einem Mangel an *Persönlichkeit, Eigenwert* und *kulturförderndem Impuls* führe. So wie Chamberlains Utopie des kulturschaffenden Ariers der Untergangsprophezeiung Spenglers diametral gegenübersteht, so war diese auch für Rosenbergs nationalsozialistische Herrenmenschenideologie nicht zu gebrauchen.

Anwendung des Begriffs des ‚Völkischen' auf Spenglers Geschichtsphilosophie

In diesem Abschnitt soll geprüft werden, welche der am Ende des ersten Kapitels aufgeführten Ideologeme, die mit der völkischen Weltanschauung einhergehen, in Spenglers *Untergang des Abendlandes* zu finden sind und welche nicht.

Aus den oben mehr angedeuteten als wirklich ausführlich beschriebenen Grundzügen von Spenglers Geschichtsphilosophie lassen sich verschiedene Punkte wiederfinden, die teils explizit geäußert werden, teils in seinen Gedankengängen präsupponiert bzw. impliziert sind. Sie alle lassen sich auf Speng-

---

60 Arthur Moeller van den Bruck, Das dritte Reich. Hg. von Hans Schwarz. Hamburg ³1931.
61 Alfred Rosenberg, Der Mythus des 20. Jahrhunderts. München ⁷1943, S. 402–404.

lers Zivilisationskritik zurückführen. Großstadtleben, Demokratien westlicher Prägung, Sozialismus, Rationalismus und moderne Lebensformen sind für ihn Anzeichen des Kulturverfalls beziehungsweise der bereits eingetretenen *Zivilisation*. Häufig bildet er, wie oben anhand des Beispiels *Kultur – Zivilisation* gezeigt wurde, Dichotomien, deren binär gegliederte Elemente einerseits positiv und andererseits negativ bewertet werden. Mit seiner Geschichtskonstruktion erhebt er zudem Anspruch auf eine historische Fundierung seiner Ideologie. Auch sein Denken ist männerzentriert, die Frau ist als Kulturträger für ihn praktisch inexistent und spielt lediglich als Gebärerin und Mutter eine Rolle. Konsequenterweise ist für ihn auch die Emanzipation der Frau ein Zeichen des Verfalls und der Zivilisation.[62]

Schwierig zu beantworten ist die Frage, ob die Rassenideologie hier im *völkischen* Sinne gewertet werden kann. In der *völkischen* Literatur der Zeit wird, meist in der Tradition Gobineaus, der biologistische Begriff der Rasse vertreten, der eine natürliche und biologisch fundierte Ungleichheit der Rassen postuliert und ‚höherwertige' Rassen (vor allem die weiße, nordische, germanische, arische) von ‚minderwertigen' Rassen (Gelbe, Schwarze, Semiten, Juden) unterscheidet. Von dieser Rassenideologie grenzt sich Spengler jedoch eindeutig ab und versucht, einen geophysisch-agrarischen Rassebegriff zu etablieren, der in der *völkischen* Literatur jedoch, wie oben gezeigt, teils scharf kritisiert wurde und nur wenig Widerhall fand.

Die anderen Ideologeme sind bei Spengler nicht oder bestenfalls rudimentär nachzuweisen. Trotz seiner Kritik an der Moderne macht er keine konkreten Reformvorschläge. Nationalismus ist nur insofern vorhanden, als Spengler der *faustischen* (abendländischen) Kultur einen Hang zum Cäsarismus zuschreibt, der die Weltmachtambitionen Deutschlands unter preußischer Führung erneuert.[63] Germanenideologie, antislawische beziehungsweise antiromanische Ein-

---

62 „Das Urweib, das Bauernweib ist *Mutter*. Seine ganze von Kindheit an ersehnte Bestimmung liegt in diesem Worte beschlossen. Jetzt aber taucht das Ibsenweib auf, die Kameradin, die Heldin einer ganzen weltstädtischen Literatur vom nordischen Drama bis zum Pariser Roman. Statt der Kinder haben sie seelische Konflikte, die Ehe ist eine kunstgewerbliche Aufgabe und es kommt darauf an, ‚sich gegenseitig zu verstehen'. (...) Sie gehören alle sich selbst und sie sind alle unfruchtbar. Dieselbe Tatsache in Verbindung mit denselben ‚Gründen' findet sich in der alexandrinischen und römischen und selbstverständlich in jeder anderen zivilisierten Gesellschaft (...). Kinderreichtum, dessen ehrwürdiges Bild Goethe im Werther noch zeichnen konnte, wird etwas Provinziales. (...) Auf dieser Stufe beginnt in allen Zivilisationen das mehrhundertjährige Stadium einer entsetzlichen Entvölkerung. Die ganze Pyramide des kulturfähigen Menschentums verschwindet. (...) Nur das primitive Blut bleibt zuletzt übrig, aber seiner starken und zukunftreichen Elemente beraubt" (UA, 680f.; Hervorhebung im Text).
63 Vgl. dazu Stefan Breuer, Die radikale Rechte in Deutschland 1871–1945. Eine politische Ideengeschichte. Stuttgart 2010, S. 209.

stellungen und neuheidnische oder nationalreligiöse Vorstellungen sind im *Untergang des Abendlandes* nicht zu finden, auch seine Aussagen über die Juden sind neutral gehalten. Sie würden auch der Grundaussage von der annähernden Gleichwertigkeit[64] der Kulturen, die stets den gleichen historischen Verlauf nehmen, widersprechen. Insbesondere das in der *völkischen* Literatur häufig zu findende utopische Heilsversprechen fehlt völlig, da der Untergang des Abendlandes für Spengler feststeht und unausweichlich ist. Eine Utopie stellt höchstens das oben dargelegte Ideal der geschichtslosen und bodenverbundenen Bauernexistenz dar, die, in eine religiöse Vorstellung übersetzt, der Garten Eden ist, bevor der Mensch vom Baum der Erkenntnis aß und Kultur entwickelte. Doch so wie Adam und Eva die Rückkehr nach Eden verwehrt war, so ist es dem Kulturmenschen unmöglich, zu diesem Zustand zurückzufinden.

Fazit

Auch wenn die am Ende des ersten Abschnitts aufgezählten Ideologeme keineswegs immer trennscharf voneinander zu scheiden sind und sich somit auch andere Konstellationen denken lassen, ist doch festzuhalten, dass Spenglers *Untergang des Abendlandes* nur einen Teil der Ideologeme abdeckt, die prototypisch der *völkischen* Weltanschauung zugeschrieben werden. Wenn die eingangs zitierten heutigen Begriffe des *Völkischen* auf Rassismus und Ausgrenzung abheben, so müsste man den *völkischen* Charakter des Buches bestreiten. Nimmt man jedoch den von der Forschung herausgearbeiteten und anhand zeitgenössischer Quellen belegbaren weiten, aber auch vageren Begriff des *Völkischen* zum Maßstab, dann trägt der *Untergang des Abendlandes* sicher *völkische* Züge, ohne jedoch in den engsten Kreis der prototypischen *völkischen* Literatur zu gehören. Deutlich wird anhand der Auseinandersetzungen von Seiten Moeller van den Brucks oder Rosenbergs auch, dass unterschiedliche Begriffe des *Völkischen* im Diskurs eine Rolle spielen, die auf eine ideologische Polysemierung und die Bildung verschiedener Lager innerhalb der *völkischen Bewegung* hinweisen.

Für die wissenschaftliche Erforschung der *völkischen* Ideologien stellt sich die Aufgabe, sinnvolle Kriterien zu finden, anhand deren Einzeltexte als *völkisch* klassifiziert werden können. Denn einige der oben genannten Ideologeme werden in Teilen der *völkischen* Literatur nicht geteilt oder sogar abgelehnt. Ei-

---

64 Zwar behandelt Spengler die Kulturen grundsätzlich gleich, doch in der Beschreibung der drei grundlegend von ihm unterschiedenen Seelentypen, der ‚apollinischen', der ‚magischen' und der ‚faustischen' Seele, wird der letzten eindeutig der Vorzug eingeräumt.

nige Autoren zeigen sich etwa fasziniert vom technischen Fortschritt und versuchen, diese Errungenschaften positiv für ihre Ziele zu nutzen. Nicht jeder Autor teilt den rassistischen Antisemitismus, der die Diskurse dominiert. Autoren wie Gobineau und Spengler entwerfen keine Zukunftsutopien, sondern sagen im Gegenteil den zwangsläufigen Verfall voraus. Und ein wichtiger Autor wie Arthur Moeller van den Bruck sah in der Zusammenarbeit mit den slawischen Völkern die Grundlage für ein neues Erblühen der Nation. Somit scheint es im Ermessen der Interpreten zu liegen, ob sie das Vorhandensein beziehungsweise das Fehlen eines oder mehrerer der genannten Ideologeme stark oder schwach gewichten und dementsprechend entscheiden, ob ein Text in das Zentrum oder in die Peripherie eines *völkischen* Diskurses gehört oder ob er als nicht zu diesem gehörig eingeordnet wird. Letztlich scheint nur sicher, dass das Nachdenken über den Begriff des *Völkischen* für dessen wissenschaftliche Erforschung unabdingbar ist und immer wieder von Neuem unternommen werden muss.

Uwe Hoßfeld
Wider den Rassenbegriff in seiner Anwendung auf den Menschen – ein Überblick

Einleitung

„Niemand darf wegen seines Geschlechts, seiner Abstammung, seiner Rasse (...) benachteiligt oder bevorzugt werden." So steht es in Artikel 3 unseres Grundgesetzes. Moment mal: Rasse? Hat sich nicht unlängst das EU-Parlament gegen das Wort *Rasse* in Verfassungstexten ausgesprochen; haben es Schweden, Finnland, Frankreich und Österreich nicht schon aus ihren zentralen Rechtsdokumenten entfernen lassen?[1]

Die Menschen stellen körperlich eine der variantenreichsten Spezies auf der Erde dar. Die Unterschiede zwischen den Menschen werden seit langem aber auch dazu benutzt, um Rückschlüsse auf ihre Abstammung zu ziehen. Dieser menschliche Hang, stets kategorisieren/hierarchisieren (nach einer Phase des Katalogisierens in der Anthropologie) zu wollen, hat im Laufe der Geschichte zu ungeheurem menschlichen Leid geführt. Menschengruppen wurden so wegen ihrer *Rasse*, ihrer Hautfarbe, Augen- oder Schädelform verfolgt, ermordet oder versklavt.[2]

Der Begriff der *Rasse* hat dabei eine wechselvolle, teilweise unrühmliche Geschichte. Ist es überhaupt wissenschaftlich korrekt, wenn man das Wort *Ras-*

---

[1] Einzelne Teile der nachfolgenden Argumentation finden sich bereits in früheren Publikationen wie Uwe Hoßfeld, „Rasse" – Evolution – Gesundheit: Wider den Rassenbegriff in seiner Anwendung auf den Menschen bis zur Gegenwart, in: Jörg Schulz/Karl-Friedrich Wessel (*Hg.*), Rehabilitation und Pflege im Spannungsfeld von Entwicklung und Tod, inmitten – Schriftenreihe der Stiftung Rehabilitationszentrum Berlin-Ost. Bd. 2 Berlin 2012, S. 123–144; ders., Institute, Geld, Intrigen. Rassenwahn in Thüringen, 1930 bis 1945. Landeszentrale für politische Bildung Thüringen, Staatskanzlei. Erfurt 2014; ders., Geschichte der biologischen Anthropologie in Deutschland. Von den Anfängen bis in die Nachkriegszeit. 2. Aufl. Stuttgart 2016. Sie wurden für diesen Beitrag ergänzt und aktualisiert.
[2] Vgl. John R. Baker, Race. New York 1974; Luca Cavalli-Sforza/Francesco Cavalli-Sforza, Verschieden und doch gleich. Ein Genetiker entzieht dem Rassismus die Grundlage. München 1994; Ulrich Kattmann, Was heißt hier Rasse? Unterrichtsmodell für die Sekundarstufe II. Unterricht Biologie, 19 (1996), S. 44–49; Marcus W. Feldman et al., Race: A genetic melting-pot, in: Nature 424 (2003), S. 374; Thomas Junker, Die Evolution des Menschen. München 2009; Catherine Bliss, Race decoded. The genomic fight for social justice. Stanford 2012; Sarah Reimann, Die Entstehung des wissenschaftlichen Rassismus im 18. Jahrhundert. Stuttgart 2017.

se in Bezug auf den Menschen verwendet? Wir sprechen zwar in der biologischen Terminologie bspw. von Hunde-, Tauben- oder Kaninchenrassen etc., doch konnte die Wissenschaft mit eindrucksvollen (heute vorwiegend genetischen und molekularbiologischen) Argumenten beweisen, dass die Einteilung der Menschen in Rassen wissenschaftlich nicht zu halten ist. Es wurde gezeigt, dass äußere Merkmale wie Haut- und Haarfarbe, die gerade von einem Dutzend Erbfaktoren bestimmt werden, nur der Anpassung der Natur an die jeweiligen örtlichen Gegebenheiten zu verdanken ist. Wir Menschen sind verschieden und dennoch gleich. Bis heute gibt es keine wissenschaftlich haltbare Definition des Begriffes *Rasse* in seiner Anwendung auf den Menschen. Und dennoch wird er mehr oder weniger unreflektiert ge- oder bewusst missbraucht. Der Rassismus unter den Menschen besteht weiter.[3] Man kann daher annehmen, dass der Rassismus menschlichen Bedürfnissen nach Abgrenzung und dem Wunsch nach „Kategorisierung beziehungsweise Hierarchisierung" entgegenkommt. Die Wahrnehmung von morphologisch-phänotypischen (äußeren) Unterschieden kann uns aber irrtümlicherweise auch oftmals dazu verleiten, von diesen auf genetische/genotypische (innere) Unterschiede zu schließen.

Aktuelle Befunde der Evolutions- und Molekularbiologie deuten heute darauf hin, dass es im Verlauf der Evolution des modernen Menschen relativ wenig Veränderungen in der genetischen Grundausstattung der menschlichen Populationen gegeben hat. Zudem legen neuere Genanalysen (Neandertaler, Human Genome Project etc.) den Verdacht nahe, dass der moderne Mensch sich erst vor relativ kurzer Zeit in die bewohnbaren Gebiete der Erde ausbreitete und sich während dieses Prozesses an die unterschiedlichen Umweltbedingungen (Klima etc.) anpassen musste. Als der moderne Mensch (*Homo sapiens*) vor ca. 50.000 bis 60.000 Jahren Afrika verließ, traf er in Eurasien nach heutigem Erkenntnisstand mindestens drei seiner unmittelbaren Verwandten – *Homo erectus*, den Neandertaler und wohl auch den jüngst entdeckten Denisova-Menschen aus dem russischen Altai-Gebirge. Diese Notwendigkeit der Anpassung an die jeweils unterschiedlichen Umweltbedingungen hat aber eben nur in einer kleinen Untergruppe von Genen, die die Empfindlichkeit gegenüber Umweltbedingungen betrifft, Veränderungen bewirkt. Zu Konsequenzen für das eigentliche

---

3 Vgl. Barbara Danckwortt et al. (Hg.), Historische Rassismusforschung: Ideologen, Täter, Opfer. Berlin 1995; Uwe Hoßfeld Geschichte der biologischen Anthropologie in Deutschland; Carsten Niemitz et al., Wider den Rassebegriff in Anwendung auf den Menschen, in: Anthropologischer Anzeiger 64 (2006), S. 463–464; Steve Olson, Herkunft und Geschichte des Menschen. Berlin 2003. Martin S. Fischer/Uwe Hoßfeld/Johannes Krause/Stefan Richter, Jenaer Erklärung – Das Konzept der Rasse ist das Ergebnis von Rassismus und nicht dessen Voraussetzung, in: Biologie in unserer Zeit 49 (2019) 6, 399–402.

(Über)leben haben sie aber nicht geführt, so dass die Deutung irreführend ist, sie spiegelten wesentliche Unterschiede zwischen Menschengruppen wider.[4]

Die aktuelle Genforschung (Archaeogenetik u. a.) hat nun den Schwachpunkt solcher Überzeugungen und Argumentationen aufgedeckt. Jede Gruppe von Menschen ist eine Mischung aus vielen früheren Gruppen, eine sich ständig verändernde Auswahl genetischer Varianten aus einem gemeinsamen genetischen Erbe.

Was heißt das nun für eine inhaltlich und politisch korrekte Begrifflichkeit? In einigen Publikationen wird neuerdings vorgeschlagen, für die jeweils zu betrachtende Menschengruppe beispielsweise von „geografischer Variante" oder „biologischer Fortpflanzungsgemeinschaft" zu sprechen. Begriffe, die allerdings sehr sperrig für eine Integrierung in Rechtsdokumente sind. Am wahrscheinlichsten scheint, dass zukünftig Begriffe wie „Ethnie" oder „Population von Menschen" den der *Rasse* ersetzen könnten, wenn eben auf den modernen Menschen (Homo sapiens) in Diskussionen reflektiert wird. Politisch bleibt das Thema nach wie vor ebenso hochaktuell wie die Klage vom Januar 2017 der Herero und Nama vs. Bundesregierung auf finanzielle Entschädigung für die im Jahre 1904 begangenen Verbrechen belegt. Die Charité sowie die Stiftung Preußischer Kulturbesitz in Berlin sind bei der Bearbeitung derartiger Fragen bisher wohl am weitesten inhaltlich und ethisch gelangt.[5] Als 2004 das Anthropologische Institut der Charité aufgelöst wurde, gingen die durch das Institut verwalteten Sammlungen von Schädeln, Knochen und anderen menschlichen Überresten in den Besitz des Berliner Medizinhistorischen Museums über. Fast zeitgleich gab es dann erste Forderungen nach Rückgabe von Objekten, die während der Kolonialzeit nach Berlin gekommen waren.[6] Gegenstand der ersten Forderung waren die Schädel von Opfern der Aufstände gegen die deutsche Kolonialherrschaft in Deutsch-Südwestafrika (1904–1908), dem heutigen Namibia.

---

4 Vgl. Steve Olson, Herkunft und Geschichte des Menschen. Berlin 2003; Christian Geulen, Geschichte des Rassismus. München 2007.
5 So wurden z. B. von der Charité am 26. April 2013 die Gebeine von 33 indigenen Australiern an eine australische Delegation übergeben; folgte in einer zweiten Rückgabezeremonie am 14. Juli 2014 dann die Übergabe weiterer sterblicher Überreste indigener Australier an Australien; übergab man am 5. März 1914 21 menschliche Gebeine an eine Delegation aus Namibia und übergab die Charité am 25. Juli 2014 einen Schädel aus Tasmanien an Vertreterinnen des *Tasmanian Aboriginal Centre* (vgl. Fächerverbund Anatomie: http://anatomie.charite.de/geschichte/human_remains_projekt/). Die Universität Freiburg veranstaltete am 4. März 2014 ebenso eine Übergabezeremonie. Dabei wurden menschliche Schädel von sechs Herero (Ovaherero), vier Nama und vier Damara, die während der Kolonialzeit aus „Deutsch-Südwestafrika" nach Freiburg verbracht wurden, an eine namibische Delegation übergeben (vgl. http://www.freiburg-postkolonial.de/Seiten/2014-03-Rueckgabe-von-Schaedeln-nach-Namibia.htm).
6 Vgl. auch Matthias Glaubrecht, Der Beutezug, in: Geo-Heft 3 (2011), S. 118–131.

Da weder die Herkunft der ca. 10.000 anthropologischen und anatomischen Sammlungsobjekte, noch der weitere kolonial- und wissenschaftshistorische Kontext der Sammlungsentstehung hinreichend bekannt war, um angemessen auf diese Forderung zu reagieren, entstand ein ab 2010 von der DFG gefördertes Forschungsprojekt. Es sollte exemplarisch die Herkunft und Geschichte der menschlichen Überreste (*human remains*) in den Sammlungen der Charité untersuchen und Vorschläge für einen zukünftigen Umgang damit erarbeiten.[7]

Die Zeit vor Darwin

Hatte das Mittelalter inhaltlich und methodologisch kaum oder nur wenig zur Etablierung eines Faches Anthropologie beigetragen, sollte der sich anschließende Zeitraum der Aufklärung und des deutschen Idealismus einen ersten bedeutenden Wendepunkt darstellen. Die naturwissenschaftliche Betrachtung des Menschen rückte immer mehr in den Fokus der Diskussion, man wandte sich zunehmend auch nomenklatorischen Gliederungen der Menschen zu. Es kam zu einer ersten Blütezeit der „Menschenforschung". Eine kurze Retrospektive zur Genese der biologischen Anthropologie um/nach 1800 und einzelner Vertreter zeigt, wie bei einigen Gelehrten unterschiedlichster Couleur schon frühzeitig ein klares naturwissenschaftliches Verständnis über Definition und Inhalt von Menschenkunde/Anthropologie (wenn auch noch nicht exakt formuliert) vorhanden gewesen ist, und das, obwohl noch fossile Belege bezüglich der Abstammung des Menschen (erst 1856 Neandertaler-Fund, 1890 Pithecanthropus-Fund usw.) fehlten.

Name	Fachgebiet	Werke
Kant, I.	Philosophie	Von den verschiedenen Racen der Menschen (1775), Bestimmung des Begriffs einer Menschenrace (1785), Über den Gebrauch teleologischer Principien in der Philosophie (1788), Anthropologie in pragmatischer Hinsicht (1798)
Blumenbach, J. F.	Naturgeschichte	De generis humani varietate nativa (1775)

---

7 Vgl. Holger Stoecker et al., Sammeln, Erforschen, Zurückgeben? Menschliche Gebeine aus der Kolonialzeit in akademischen und musealen Sammlungen. Berlin 2013.

Name	Fachgebiet	Werke
Zimmermann, E. W. A.	Physik, Geographie	Geographische Geschichte des Menschen und der allgemein verbreiteten Tiere nebst einer hierhergehörigen zoologischen Weltkarte (1778)
Sömmerring, S. T. v.	Medizin	Über die körperliche Verschiedenheit des Negers vom Europäer (1785)
Herder, J. G.	Philosophie	Ideen zur Philosophie der Geschichte der Menschheit (1784–1791), Briefe zur Beförderung der Humanität (1793–1797)
Meiners, Ch.	Philosophie	Grundriß der Geschichte der Menschheit (1786)
Forster, G. R.	Forschungsreisender	Noch etwas über die Menschenrassen (1786)
Loder, J. Ch.	Medizin	Anfangsgründe der medicinischen Anthropologie und der Staats-Arzneykunde (1791)
Hufeland, C. W.	Medizin	Die Kunst das menschliche Leben zu verlängern – „Makrobiotik" (1796)
Oken, L.	(Natur)Philosophie, Zoologie, Medizin	Abriß des Systems der Biologie (1805), Lehrbuch der Naturphilosophie (1809–11), Lehrbuch der Naturgeschichte (1812–26)
Carus, C. G.	Medizin	Lehrbuch der Zootomie mit stäter Hinsicht auf Physiologie (1818), Vergleichende Anatomie und Physiologie (1828)
Burdach, K. F.	Medizin	Der Mensch nach den verschiedenen Seiten seiner Natur. Anthropologie für das gebildete Publicum (1837)

Es war zunächst das Verdienst von Carl von Linné (1707–1778), in der Nachfolge von Aristoteles, den Menschen wieder in eine vergleichende Betrachtung der

Tierwelt (eine Biologie des Menschen) eingebettet zu haben.[8] Bereits 1735 findet sich in der ersten Auflage seines Werkes *Systema Naturae*, das bis 1766 zwölf Auflagen erleben sollte, eine für die damalige Zeit bemerkenswerte Klassifikation des Tierreiches mit dem Menschen an der Spitze. Dabei stellte er den Menschen (Homo sapiens) in die Ordnung der Primates (Herrentiere), die außer der Gattung Homo nach dem Wissen der damaligen Zeit noch die Gattungen Simia (Affen), Lemur (Halbaffen) und Vespertilio (Fledermaus) umfaßten. Der erste lateinische Name bezeichnet bei Linné die Gattung, der zweite die Art – so entstand Homo sapiens; mit einem dritten Subnamen war es möglich, die Rasse zu bestimmen. Zunächst nach dem Einzelmerkmal der Hautfarbe unterscheidend (später kommen noch Körpergestalt und Temperamentsunterschiede hinzu), benennt er vier Varietäten: Homo Europaeus albescens, Americanus rubescens, Asiaticus fuscus und Africanus nigrescens. Noch bedeutender waren aber seine Bemerkungen in der 10. umgearbeiteten Auflage (Systema Naturae) vom 1. Januar 1758, dem Stichtag für die Einführung der exakten lateinischen Fachnomenklatur in den Biowissenschaften und damit auch für die Anthropologie. In dieser Auflage fügte Linné zum Genus Homo (sapiens americanus, europaeus, asiaticus, afer) zudem in seiner Übersicht noch die Gruppen Homo (sapiens) ferus – verwilderte Menschen sowie Homo (sapiens) monstrosus – Individuen mit krankhaften Formabweichungen hinzu. An anderer Stelle schlägt er dann eine zweite Einteilung der Varietäten der Species Homo vor: albus, badius, niger, cupreus, fuscus.[9] Das Bedeutende an der Klassifikation von Linné war die damit verbundene Nennung bzw. Einführung der (noch heute) gültigen Fachnamen der Menschengruppen – Indianide, Europide, Mongolide und Negride – wobei die Indianiden erstmals überhaupt auftraten.

---

8 Linné setzte dabei eine Konstanz der Arten voraus, d. h. er ging davon aus, daß jede Art unabhängig von der anderen so wurde, wie es ihr von Ewigkeit her bestimmt war: „Tot sunt genera et species, quo ab initio mundi creatae sunt" – Es gibt so viele Arten von Lebewesen, wie sie am Anfang der Welt erschaffen wurden. Vgl. Tore Frängsmyr (ed.), Linnaeus. The Man and his Work. Canton 1994. Uwe Hoßfeld/Jörg Pittelkow, Anthropologie vor Darwin – Ein Überblick, in: Deszö Gurka (ed.), Changes in the image of man the Enlightenment to the age of Romanticism. Philosophical and scientific reception of (physical) anthropology in the 18-19th centuries. Budapest 2019, S. 97–124.

9 Vgl. Carolo Linnaei, Systema Naturae per regna tria naturae. X. Aufl., I. Hominae. Stockholm 1758, S. 20–24; Jeffrey H. Schwartz/Ian Tattersall, Defining the genus Homo, in: Science 349 (2015), S. 931–932.

Abb. 1: Die Anthropomorpha Linné's. In: Huxley, Thomas Henry: Zeugnisse für die Stellung des Menschen in der Natur, Braunschweig 1863, S. 14

Wie die angeführte Übersicht verdeutlicht, lassen sich zum Ende des 18. Jahrhunderts drei Stränge der anthropologischen Forschung klassifizieren: a) Diskussionen über ein allgemeines Menschenbild auf der Grundlage des „Tier-Mensch-Vergleiches", b) der konkrete Beitrag von Ärzten (insbesondere von vergleichenden Anatomen) bei der Erarbeitung von Kenntnissen über Variationen und die menschliche Anatomie/Morphologie und c) das Sammeln von Fakten zur geographischen Variabilität und Verbreitung des Menschen während der umfangreichen Sammelexpeditionen und wissenschaftlichen Reisen. All dies vereinigte sich dann in der/zu einer Naturgeschichte des Menschen. Mit Immanuel Kant, J. Hunter und später auch Johann Gottfried Herder hatte nahezu zeitgleich der Göttinger Gelehrte Johann Friedrich Blumenbach (1752–1840) – der eigentliche „Vater der Anthropologie" im deutschen Sprachraum – ebenso Vorstellungen über die Menschheitsgeschichte entwickelt. Zunächst mit dem Katalogisieren von Schädeln befasst, sollte sich seine 100 Seiten umfassende Dissertation *De generis humani varietate nativa* (1775) als bedeutend für die Geschichte der Anthropologie erweisen. Klar und übersichtlich geschrieben, machte diese Schrift Blumenbach über Nacht zu einer gelehrten Berühmtheit und in nur wenigen Jahren zum Ordinarius für Naturgeschichte an der Universität Göttingen. Seine Arbeit, die auch auf den großen Reisebeschreibungen fußte, stellt für die damaligen wissenschaftlichen Verhältnisse einen ersten Versuch dar, die Wesen der körperlichen Verschiedenheiten der Menschen übersichtlich und anschaulich darzustellen. Ebenso ist es sein Verdienst, die „technischen Mittel zur direkten Beobachtung und Untersuchung, die seine Zeit ihm bot, für die Anthropologie ausgewählt und zusammengestellt zu haben."[10] Als Methode und Formbeschreibendes Objekt nutzte er den Schädelvergleich und dürfte damit zu den ersten Gelehrten jener Zeit gehören, der planmäßig Kraniologie betrieb. Später verband Blumenbach seine Ergebnisse mit denen aus der vergleichenden Anatomie, Physiologie und Psychologie. Dieser wissenschaftliche Zugang sollte sich zunächst und für die nächsten Jahrzehnte als bedeutend erweisen, wurde doch so der anthropologischen Forschung mittels der Kraniologie ein handlicher Bezugspunkt vorgegeben, womit Formverschiedenheiten der Menschen klar nachzuvollziehen waren.[11] Andererseits wirkte diese Methode aber auch hemmend, indem sie zu Einseitigkeit in der anthropologischen Forschung führte, gerade in dem Moment, als auch die Naturphilosophie einen gewissen negativen Einfluss auf die anthropologische Entwicklung nehmen sollte. Als schließlich dann im Jahre 1890 der ungarische Anthropologe Aurel von Török auf rund 5.000 an *einem* Schädel zu nehmende Maße kam, war eine Art methodische Sackgasse der Kraniologie erreicht.[12] Mit seiner Rassengliederung (beruhend auf unterschiedlichen Hauttönungen), die in seinen einzelnen Werken differiert, gab Blumenbach eine Klassifikation vor, die bis an die Wende des 19. Jahrhunderts Bestand haben sollte und eine außerordentliche Verbreitung erlangte. Er unterschied seit seiner Dissertation fünf Hauptrassen[13], die einzelne beschreibende Abänderungen erfuhren, und fast drei Jahrzehnte nach deren Einführung liest man in der siebten Auflage des *Handbuch der Naturgeschichte* (1803):

> 1. Die caucasische Rasse: (...) von weißer Farbe mit rothen Wangen, langem, weichem, nußbraunem Haar (das aber einerseits ins Blonde, anderseits ins Dunkelbraune übergeht); und der nach den europäischen Begriffen von Schönheit musterhaftesten Schedel- und Gesichts-Form. Es gehören dahin die Europäer mit Ausnahme der Lappen und übri-

---

10 Vgl. Walter Scheidt, Beiträge zur Geschichte der Anthropologie. Der Begriff der Rasse in der Anthropologie und die Einteilung der Menschenrassen von Linné bis Deniker, in: Archiv für Rassen- und Gesellschafts-Biologie 15 (1922), S. 280–306, 383–397, hier S. 293.
11 Timothy Lenoir, Kant, Blumenbach, and Vital Materialism in German Biology, in: Isis 71 (1980), S. 77–108.
12 Aurel von Török, Grundzüge einer vergleichenden Kraniometrie: Methodische Anleitung zur kraniometrischen Analyse der Schädelform für die Zwecke der physischen Anthropologie, der vergleichenden Anatomie sowie für die Zwecke der medizinischen Disziplinen und der bildenden Künste. Stuttgart 1890.
13 Zum Vorwurf, Blumenbach hätte mit dieser Einteilung/Hierarchisierung der nationalsozialistischen Rassenkunde ein Grundgerüst vorgegeben, vgl. Stephen J. Gould, Der falsch vermessene Mensch. Basel 1983; ders., On mental and visual Geometry, in: Isis 89 (1998), S. 502–504. Im Jahre 1998 hat Junker nachgewiesen, dass Gould wissentlich für diese Aussage das Schema von Blumenbach gefälscht hat (in: Thomas Junker, Blumenbach's Racial Geometry, in: Isis 89 (1998), S. 498–501).

gen Finnen; dann die westlichern Asiaten, dießseits des Obi, des caspischen Meers und des Ganges; nebst den Nordafricanern; – also ungefähr die Bewohner der den alten Griechen und Römern bekannten Welt.

2. Die mongolische Rasse: (…) meist waizengelb (theils wie gekochte Quitten, oder wie getrocknete Citronschalen); mit wenigem, straffem, schwarzem Haar; enggeschlitzen Augenliedern; plattem Gesicht; und seinwärts eminirenden Backenknochen. Diese Rasse begreift die übrigen Asiaten, mit Ausnahme der Malayen; dann die finnischen Völker in Europa (Lappen etc.), und die Eskimos im nördlichen America von der Beringstraße bis Labrador.

3. Die äthiopische Rasse: (…) mehr oder weniger schwarz; mit schwarzem, krausem Haar; vorwärts prominirenden Kiefern, wulstigen Lippen und stumpfer Nase. Dahin die übrigen Africaner, nahmentlich die Neger, die sich dann durch die Fulahs in den Mauren etc. verlieren, so wie jede andere Menschen-Varietät mit ihren benachbarten Völkerschaften gleichsam zusammen fließt.

4. Die americanische Rasse: (…) Lohfarb oder zimmtbraun (theils wie Eisenrost oder angelaufenes Kupfer); mit schlichtem, straffem, schwarzem Haar, und breitem aber nicht plattem Gesicht, sondern stark ausgewirkten Zügen. Begreift die übrigen Americaner außer den Eskimos.

5. Die malayische Rasse: (…) von brauner Farbe (einerseits bis ins helle Mahagoni andererseits bis ins dunkelste Nelken- und Castanienbraun); mit dichtem schwarzlockigem Haarwuchs; breiter Nase, großem Munde. Dahin gehören die Südsee-Insulaner oder die Bewohner des fünften Welttheils und der Marianen, Philippinen, Molucken, sundaischen Inseln etc. nebst den eigentlichen Malayen.

Von diesen fünf Haupt-Rassen muß nach allen physiologischen Gründen die caucasische als die sogenannte Stamm – oder Mittel-Rasse angenommen werden (…).[14]

Als wichtigste „reizende Eindrücke", welche diese Varietätenunterschiede hervorbringen, sah Blumenbach den Einfluss des Klimas (für die Hautfarbe und die Körpergröße), die Nahrung, die Haarform usw. Anschauungen, die ihn schließlich dazu veranlassten, die Urheimat des Menschengeschlechts in Asien anzunehmen und somit die kaukasische Rasse mit der weißen Hautfarbe (als die ursprünglichste) an die Spitze seiner Einteilung zu stellen.[15]

---

14 Vgl. Johann F. Blumenbach, Handbuch der Naturgeschichte, 7. Aufl., Göttingen 1803, S. 66–68.

15 Vgl. Andreas Schwarz/André Karliczek, Mit Haut und Haar. Vom Merkmal zum Stigma – Farbbestimmungsmethoden am Menschen, in: André Karliczek/Andreas Schwarz (Hg.), Farre. Vom Bestimmen von und mit Farbe in den frühen Wissenschaften. Jena 2015; Nicolaas A. Rupke/Gerhard Lauer (eds.), Johann Friedrich Blumenbach: Race and Natural History, 1750–1850. Abingdon 2018.

Abb. 2: Johann Friedrich Blumenbach, der Begründer der klassischen Anthropologie (Bildarchiv des Verfassers)

Das letzte Drittel des 18. Jahrhunderts erwies sich somit als ein sehr fortschrittlicher Zeitraum für die Entwicklung der Menschenkunde, gelang es doch gleich von drei wissenschaftlichen Seiten aus, Beiträge für eine sich zukünftig biologisch zu konturierende Anthropologie zu leisten. So haben die Zoologie/Anatomie, Geographie und Philosophie in einigen Punkten wichtige und wesentliche Grundlagen für die exakte (spätere) „Hominidengliederung" (bereits 1830 lagen insgesamt 26 nomenklatorisch gültige Namen vor) sowie die zukünftige Wissenschaft gelegt. Kant formulierte die grundlegenden Begriffe für die Anthropologie, Blumenbach hingegen erweiterte diese um die biologischen Grundlagen bzw. gab er eine erste Einteilung der Menschenrassen. Zimmermann, Humboldt und Goethe dehnten den Fokus der Betrachtung auf die geographisch-zoologische sowie völkerkundliche Richtung aus, und das Verdienst von Sömmerring hatte darin bestanden, eine anatomisch-physiologische (medizinische) Sichtweise zu postulieren, die schließlich auch die Diskussionen innerhalb des „Affe-Mensch-Vergleiches" beendete.

Mit den philosophischen Erweiterungen, Ergänzungen oder Abwandlungen eines Herder, Meiners und Oken wurden ebenso ideengeschichtliche Grundlagen für eine biologisch exakte „Formenkunde" der Hominiden vorgegeben, die jedoch noch auf humanphylogenetische Interpretationsmuster verzichten musste. Allen hier erwähnten Gelehrten war ferner gemeinsam, sich in ihren Untersuchungen streng an das empirische Datenmaterial gehalten zu haben und bei den Interpretationen weitgehend weltanschaulichen und moralischen Fragen aus dem Weg gegangen zu sein. Die eigentlichen Rassenideologien, „mit ihren Vorstellungen von biologischer Potenz und kultureller Überlegenheit", waren den Gelehrten des 18. Jahrhunderts noch vollkommen fremd.[16] Biologische Anthropologie verstand sich zu jener Zeit als Bündelung der biologischen Forschung und Integrierung der philosophischen Weltsicht.[17]

Die Internationale der biologischen Anthropologen

Nachdem 1861, zwei Jahre nach dem Erscheinen von Darwins *On the Origin of Species* und auf Veranlassung von Carl Ernst von Baer und Rudolph Wagner, die erste Zusammenkunft einiger Anthropologen erfolgreich in Göttingen stattgefunden hatte, sollten nur zwei Jahre vergehen, bis es europaweit zu einem weiteren Höhepunkt in der inhaltlichen Auseinandersetzung mit Fragestellungen der biologischen Anthropologie (in ihrer Anwendung auf den Menschen) kam.[18] Hatte zu von Baers Zeiten noch eine Theorie der gemeinsamen Abstammung gefehlt, war mit dem Jahr 1859 nun den Naturwissenschaftlern eine theoretisch-methodologische Voraussetzung gegeben, um erstmals konkret ernsthafte wissenschaftliche Diskussionen über den Entwicklungsgedanken zu führen, stammesgeschichtliche Hintergründe bzw. Fragestellungen näher zu hinterfragen usw. Obwohl die damaligen wissenschaftlichen Ergebnisse aus Fachbereichen wie der Embryologie, vergleichenden Anatomie und Paläontologie immer zahlreicher wurden, war die letztlich logische Konsequenz der darwinschen Theorien, in Bezug auf ihre Anwendung auf die menschliche Entwicklung, auf erbitterte Widerstände gestoßen und somit nicht/nur sporadisch vollzogen worden. Begeisterte Anhänger Darwins machten sich nun daran, die

---

16 Urs Bitterli, Die „Wilden" und die „Zivilisierten". Grundzüge einer Geistes- und Kulturgeschichte der europäischen überseeischen Begegnung vom 15. zum 18. Jahrhundert. Zürich 1977.
17 Christine Hanke, Zwischen Aufklärung und Fixierung. Zur Konstitution von „Rasse" und „Geschlecht" in der physischen Anthropologie. Bielefeld 2007; Uwe Hoßfeld, Geschichte der biologischen Anthropologie in Deutschland; Stefan Schweizer, Anthropologie der Romantik: Körper, Seele und Geist. Anthropologische Gottes-, Welt- und Menschenbilder der wissenschaftlichen Romantik. Paderborn 2008; Thomas Gondermann, Evolution und Rasse. Theoretischer und institutioneller Wandel in der viktorianischen Anthropologie. Bielefeld 2007.
18 Vgl. Karl E. v. Baer/Rudolf Wagner, Bericht über die Zusammenkunft einiger Anthropologen. Leipzig 1861.

„Frage aller Fragen für die Menschheit" zu klären.[19] Zu ihnen gehörten Anatomen, Zoologen, Paläontologen (T. H. Huxley, Ch. Lyell, E. Haeckel, F. Rolle, C. Vogt, L. Büchner, F. de Filippi), Botaniker (M. J. Schleiden), Linguisten (A. Schleicher) und sogar Mathematiker/Physiker (K. Snell).

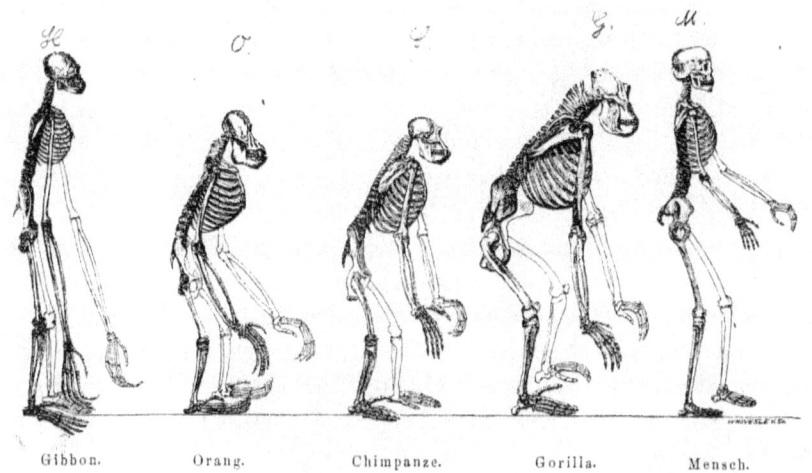

Abb. 3: Photographisch nach Abbildungen in natürlicher Größe reducirt (mit Ausnahme des Gibbonskelets, welches in doppelt natürlicher Größe war). In: Huxley, Thomas Henry: Zeugnisse für die Stellung des Menschen in der Natur, Braunschweig 1863, Titelseite

Das Jahr 1863 und mit diesem die „Internationale der biologischen Anthropologen" können als Vorstufe einer Synthetisierung von wissenschaftlichem Gedankengut, wie sie in den 1930er und 1940er Jahren international mit der Etablierung der Synthetischen Theorie der Evolution nochmals gelang, verglichen werden. Bereits um 1863 wurde die biologische Anthropologie somit zum festen Bestandteil der ersten darwinschen Revolution, wurde hier doch Fachwissen aus den naturwissenschaftlichen Teilgebieten wie der vergleichenden Anatomie, Morphologie, Paläo-Anthropologie, Primatenkunde, Geologie, Paläontologie, Botanik, Zoologie, Embryologie usw. sinnvoll miteinander vereint und folgte man in der Interpretation der Befunde weitgehend den Aussagen von Darwin

---

19 Vgl. Thomas H. Huxley, Zeugnisse für die Stellung des Menschen in der Natur (engl. Orig.: Evidence as to man's place in nature). dt. Übersetzung von J. V. Carus. Braunschweig 1863 (2. Aufl. *Hg.* von G. Heberer. Stuttgart 1970, hier S. 64).

(Variabilität, Selektion usw.).[20] Jahrzehnte später (während der zweiten darwinschen Revolution) kam dann schließlich nur noch die Genetik[21] mit ihren Aussagen in der Argumentation hinzu.[22] Die obige Auswahl einiger der wesentlichen europäischen Autoren, die sich um 1863 mit dem Abstammungsproblem des Menschen im Rahmen allgemeiner evolutionstheoretischer Vorstellungen befassten, zeigt, bei aller grundsätzlichen Anerkennung der evolutiven Entwicklung des Menschen aus nichtmenschlichen Vorfahren, dennoch im Detail auch Verschiedenheiten auf. So kann zunächst für den deutschsprachigen Raum konstatiert werden, dass bereits unmittelbar nach dem Göttinger-Anthropologentreffen 1861 – wie in keinem anderen Land – sich eine Mehrheit von Gelehrten diesem Thema zuwendete. Die wissenschaftliche (darwinistische) Argumentation wurde dabei besonders von Jenaer Wissenschaftlern (Haeckel, Schleicher, Schleiden, Snell und dazu noch Rolle) bestimmt, für eine publizistische und mehr populäre Verbreitung sorgten hingegen C. Vogt und L. Büchner. Ein Einfluss früher vorgetragener wissenschaftlicher Ansätze (von Baer, Blumenbach, Kant usw.) wird ebenfalls an dieser Stelle deutlich, aber diese liefen noch unter der Bezeichnung Naturgeschichte des Menschen und wurden eben von den Vertretern anderer Fächer erarbeitet. Eine Vernetzung der humanphylogenetischen Aussagen mit der Politik, Ideologie und Weltanschauung scheint noch nicht in dem Maße aufzutreten, wie es 50 Jahre später der Fall sein sollte. In England hingegen verlief die inhaltliche Auseinandersetzung mit diesem Thema – obwohl eigentliche Anlässe wie bspw. die Göttinger-Tagung und die Vorarbeiten von von Baer u. a. fehlten – ähnlich, zumal sich auch hier um 1863 eine ganze Anzahl von Gelehrten diesem Thema zuwendete. Thomas Henry Huxley ragt dabei als Persönlichkeit in der Geschichte der biologischen Anthropologie mit seinem Werk *Evidence as to Man's Place in Nature* besonders heraus. Etwas differenzierter muss hingegen die Entwicklung in Italien und Frankreich gesehen werden, die im Gegensatz zu England – aber ähnlich wie in Deutschland – auf längere Traditionen in der Auseinandersetzung mit anthropologischen Fragestellungen verweisen kann. In Italien etablierten sich schon früh verschiedene anthropologische Zentren, so in Florenz, Rom, später in Nea-

---

20 Vgl. Hanna Engelmeier, Der Mensch. Der Affe. Anthropologie und Darwin-Rezeption in Deutschland 1850–1900. Köln 2016.
21 Vgl. Michal Simunek et al. (eds.), The Mendelian Dioskuri. Correspondence of Armin with Erich von Tschermak-Seysenegg, 1898–1951. Praha 2011; Michal Simunek et al. (eds.), Mendelism in Bohemia and Moravia, 1900–1930. Praha 2010.
22 Vgl. Wolf-Ernst Reif et al., The synthetic theory of evolution: general problems and the German contribution to the synthesis, in: Theory in Biosciences 119 (2000), S. 41–91; Thomas Junker/Uwe Hoßfeld, Die Entdeckung der Evolution. Eine revolutionäre Theorie und ihre Geschichte. 2. Aufl. Darmstadt 2009.

pel, Padua, Bologna usw. Als eine Besonderheit in der Entwicklung ist die zeitweise Existenz eines eigenen Lehrstuhles für Kriminalanthropologie des Zoologen und Anthropologen Cesare Lombroso in Turin (1905/09) zu erwähnen, wo dieser versuchte, Elemente der vergleichenden Anatomie, Phrenologie und Abstammung des Menschen zu vereinen. Ein Einfluss dieser Theorie auf die Entwicklung der Psychiatrie (u.a. in Deutschland) ist für die Folgezeit erkennbar. Eine weitere Besonderheit der italienischen Entwicklung war die Verbindung der medizinisch-anthropologischen Erfahrungsebenen mit den Denkmodellen des Darwinismus und Positivismus. Diese Entwicklung war entsprechend auch für die Anthropologie nicht ohne Konsequenzen. So folgte, im selben Jahr als die Darwin Übersetzung in Italien erschien, auch hier der erste öffentliche Vortrag über Evolutionismus/biologische Anthropologie von Filippo de Filippi, äußerte sich zwei Jahre später Giovanni Canestrini ausführlich über die Abstammung des Menschen etc. Auch das Interesse zahlreicher italienischer Positivisten (Angiulli, Ardigo, Morselli) hinsichtlich einer Verbindung zwischen psychologischer/pädagogischer und anthropologischer Forschung ist an dieser Stelle hervorzuheben. In ihren Arbeiten überwiegen aber mehr die vergleichend zusammenfassenden Darstellungen als originäre Forschungen zu diesem Themenkomplex. Auch in Frankreich muss die Genese des Faches differenzierter gesehen werden. So gab es auch hier vor Darwin bereits zahlreiche Überlegungen für eine Verbindung von Abstammungsgeschichte mit anthropologischem Wissen (Voltaire, Rousseau, Lamarck, Cuvier), die aber weitgehend ohne Einfluss auf das Fach blieben. Erst 200 Jahre später sollte dann die Institutionalisierung des Faches auf zwei Wegen erfolgen: a) durch den unmittelbaren Unterricht am Musée d'Histoire Naturelle und b) durch die Aktivitäten von Paul Broca. Der Darwinismus hatte hierbei eine eher untergeordnete Rolle gespielt, eine Besonderheit in der Entwicklung gegenüber den anderen Ländern. Auch die frühe politisch-ideologische Instrumentalisierung anthropologischer Themen wie durch französische (Gobineau, Lapouge) oder italienische Gelehrte (Lombroso) war so in den beiden anderen Ländern nicht erfolgt.[23]

Sozialdarwinismus, Eugenik, Rassenhygiene und Rassenkunde

Hinsichtlich einer Verbindung von Anthropologie und Gesellschaft (Politik) hatte der Biologe Ludwig Woltmann im Jahre 1905 bereits bemerkt und gleichzeitig

---
23 Vgl. Uwe Hoßfeld, Geschichte der biologischen Anthropologie in Deutschland.

zu bedenken gegeben: „Bekanntlich gibt es eine Menge Anthropologen und Politiker, die von einer Verbindung der Anthropologie mit der Politik nichts wissen wollen. Gewiß sollen rein anthropologische Fragen nicht mit fremden Tendenzen vermischt werden, auch ist die Anthropologie nicht dazu da, bestimmten tagespolitischen Vorurteilen und Bestrebungen ein wissenschaftliches Gewand umzuhängen. Aber insofern der Staatsmann und Gesetzgeber überhaupt etwas aus der Geschichte des Menschengeschlechts lernen will, muß er dazu auch die Anthropologie und die anthropologische Geschichts- und Gesellschaftstheorie zu Rate ziehen; denn sie sind allein imstande, über Blüte und Verfall der Nationen Aufklärung zu geben."[24]

Mit der Titelüberschrift *Sozialdarwinismus, Eugenik, Rassenhygiene und Rassenkunde* sind nun auch die zentralen Stichworte gegeben, in denen die oben von Woltmann geäußerten Bedenken um 1900 teilweise breiten Niederschlag (eben auch in der Gesundheitspolitik) finden sollten.[25] Damit wird aber zugleich ein thematisch so weites Feld betreten, dass es notwendig wäre, jede dieser Disziplinen gesondert zu betrachten, zumal diese Bereiche auch für eine Art „Abgleiten" der biologischen Anthropologie in ein Fahrwasser stehen, indem politische und ideologische gegenüber wissenschaftlichen Prämissen die Oberhand gewannen. Schließlich sollte es auch mit einer Ausbreitung des nordischen Gedankengutes auf organisatorischer beziehungsweise gesellschaftlicher Basis rasant vorangehen: 1907 wird auf Initiative von Alfred Ploetz der *Ring Norden*, 1910 der *Geheime Nordische Ring* (Nordische Ring, 1926) sowie 1925 die *Nordische Bewegung* gegründet; 1911 folgten Willibald Hentschel mit dem *Mittgart-Bund* sowie Lanz von Liebenfels mit der *Ostara-Gesellschaft*. Ferner gerieten bevölkerungspolitische Überlegungen mehr und mehr in sozialdarwinistische Perspektive, und es war die Rede von der Zurückdrängung der Minderwertigen, der Auslese der Tüchtigsten usw. Dieser „sozialdarwinistische Biologisierungsschub"[26] in der Bevölkerungstheorie und Gesundheitspolitik führte zu einem tiefgreifenden Paradigmenwechsel, stießen doch nun zunehmend Stichworte wie „Rassenhygiene", „Eugenik", Selektion usw. auf breitere Resonanz in der Bevölkerung.[27] Gesellschaftspolitische und soziale Probleme des Staates wurden so als biologische Krise der Gesellschaft umgedeutet. Die sozialdarwinisti-

---

[24] Vgl. Ludwig Woltmann, Anhänger und Gegner der Rassetheorie, in: Politisch-anthropologische Revue V (1906), S. 257–268, hier S. 265.
[25] Vgl. Gunter Mann, Medizinische-biologische Ideen und Modelle in der Gesellschaftslehre des 19. Jahrhunderts, in: Medizinhistorisches Journal 4 (1969), S. 1–23.
[26] Vgl. Jochen-Christoph Kaiser et al., Eugenik, Sterilisation, „Euthanasie". Politische Biologie in Deutschland 1895–1945. Eine Dokumentation. Berlin 1992.
[27] Vgl. Jürgen Sandmann, Der Bruch mit der humanitären Tradition. Die Biologisierung der Ethik bei Ernst Haeckel und anderen Darwinisten seiner Zeit. Stuttgart 1990.

sche Bewegung fand deshalb innerhalb kurzer Zeit in weiten Kreisen der deutschen Bevölkerung Gehör und erhielt dann auch noch durch die neuen Forschungsergebnisse der Vererbungsforscher den notwendigen wissenschaftlichen Unterbau: „Nach sozialdarwinistischer Ansicht (...) teilten sich die generativen Technologien in Maßnahmen positiver und negativer Eugenik bzw. Rassenhygiene. An vorderster Stelle im Katalog der negativen eugenischen Maßnahmen rangierte die Unfruchtbarmachung von Personen mit ‚minderwertigem' Erbgut."[28]

Abb. 4: Felix von Luschan. Der Begründer des Berliner Lehrstuhls für Anthropologie. In: Eickstedt, Egon Frh. von: Rassenkunde und Rassengeschichte des Menschen, Erster Band, Stuttgart 1938, S. 131

In den Jahren nach dem Ersten Weltkrieg sollten dann Eugenik, Rassenhygiene und Rassenkunde unter dem angeblichen Eindruck der weiteren Schwächung

---

28 Vgl. Jochen-Christoph Kaiser et al., Eugenik, Sterilisation, „Euthanasie". Politische Biologie in Deutschland 1895–1945. Eine Dokumentation. Berlin 1992, hier S. XV; Pascal Grosse, Kolonialismus, Eugenik und bürgerliche Gesellschaft in Deutschland: 1850–1918. Frankfurt a. M. 2000.

des deutschen Volkskörpers (der deutschen Erbsubstanz) einen nachhaltigen konjunkturellen Aufschwung erfahren. So kam es innerhalb des spezifischen Forschungsverbundes von Rassenhygiene und Rassenanthropologie in Deutschland zu einer Präzisierung von Rassenkategorisierungen, zur weiteren Erforschung der Folgen der Rassenmischung für das Degenerationsproblem, sah man Leitbilder in den lebensreformerischen Vorstellungen, lehnte man weitgehend Rauschmittel ab (August Forel, Karl Astel usw.), bezog man verstärkt die Blutgruppenforschung mit ein usw.[29] Von diesen wissenschaftlichen Spezifika der 1920er und frühen 1930er Jahre profitierten letzlich auch die rassenkundlichen „Wissenschaftsprogramme" der Nationalsozialisten. Mühlmann hat ferner herausgearbeitet, dass die Bedeutung von Herbert Spencer (1820–1903) nicht nur auf dem Gebiet der ethnographischen Soziologie lag, sondern vielmehr das gesamte Gebiet der Anthropologie betraf und damit alle Zweige der Sozialwissenschaften bis heute aufs stärkste beeinflusste.[30] Demzufolge läßt sich die Anthropologie in der Nachfolge Spencers in zwei Richtungen gliedern, wobei Übergänge zwischen beiden sichtbar werden: a) die sozialdarwinistische Richtung und b) die deterministische Soziologie.[31] Über die USA und England (insbesondere durch Francis Galton) gelangte der Sozialdarwinismus dann auch nach Frankreich und Deutschland. In Frankreich finden sich frühe Elemente in Vacher de Lapouges Werk (Les sélection sociales, 1896), ebenso in Gobineaus Lehre von der Überlegenheit der weißen Rasse (*L'Aryen, son role social, 1899*). In Deutschland baute Houston St. Chamberlain seine Rassentheorie weiter aus, bildeten sich verschiedene sozialanthropologische Schulen im Umfeld von Otto Ammon (1842–1915), Wilhelm Schallmayer (1857–1919) oder Alfred Ploetz (1860–1940), die Binnenwanderungen, den Einfluss von Kriegen auf die menschliche Entwicklung etc. untersuchten.[32] Als weiterer Vertreter einer sozial-

---

29 Vgl. August Forel, Die sexuelle Frage. Eine naturwissenschaftliche, psychologische, hygienische und soziologische Studie für Gebildete. München 1905; Susanne Zimmermann et al., Pioneering research into smoking and health in Nazi Germany: The „Wissenschaftliches Institut zur Erforschung der Tabakgefahren" in Jena, in: International Journal of Epidemiology 30 (2001), S. 35–37; Erwin Baur, Der Untergang der Kulturvölker im Lichte der Biologie, in: Volk und Rasse 7 (1932), S. 65–79
30 Vgl. Wilhelm E. Mühlmann, Geschichte der Anthropologie. Bonn, Frankfurt a. M. 1968, hier S. 107ff.
31 Ebd., S. 110.
32 Vgl. H. Conrad-Martius, Utopien der Menschenzüchtung. Der Sozialdarwinismus und seine Folgen. München 1955; Klaus-Dieter Thomann/Werner F. Kümmel, Naturwissenschaft, Kapital und Weltanschauung. Das Kruppsche Preisausschreiben und der Sozialdarwinismus, in: Medizinhistorisches Journal 30 (1995), 1. Teil (2, S. 99–143), 2. Teil (3, S. 205–243), 3. Teil (4, S. 315–352).

anthropologischen Schule kann der Italiener Alfredo Niceforo (1876–1960) angesehen werden.

Für die Umsetzung derartiger Gedanken um 1900 stehen dann bspw. die Gründung des *Archivs für Rassen- und Gesellschafts-Biologie* im Jahre 1904 durch den Haeckel-Nachfolger Ludwig Plate (1862–1937), gemeinsam mit Alfred Ploetz (Berlin) und dem Juristen Anastasius Nordenholz (Jena), das zu einem zentralen Sprachrohr sozialdarwinistischer und rassenhygienischer Forschungen/Meinungsbildung werden sollte. In der ersten Nummer des *Archivs für Rassen- und Gesellschafts-Biologie einschließlich Rassen- und Gesellschafts-Hygiene*, mit dem Untertitel *Zeitschrift für die Erforschung des Wesens von Rasse und Gesellschaft und ihres gegenseitigen Verhältnisses, für die biologischen Bedingungen ihrer Erhaltung und Entwicklung, sowie für die grundlegenden Probleme der Entwicklungslehre* wurde als Ziel formuliert: „Das Wachsen biologischer Einsicht in den letzten Jahrzehnten hat dazu Veranlassung gegeben, auch die Grundlagen der menschlichen Gruppierungen, seien sie rassenhafter oder gesellschaftlicher Natur, einer biologischen Betrachtung zu unterziehen (...) Aber nicht nur um Sammlung handelt es sich, sondern auch um gegenseitige Anregung."[33] Zur beidseitigen Orientierung und den Begriffsbestimmungen in der Zeitschrift, die bereits eine umfassendere Herangehensweise sowie größere Professionalität erkennen ließ, bemerkten die Herausgeber weiter: „Rassenbiologie ist die Lehre vom Leben und von den inneren und äußeren Lebens- und Entwicklungs-Bedingungen der Rasse und, da man die Rassenhygiene mit einbeziehen muß, auch die Lehre von den optimalen Erhaltungs- und Entwicklungsbedingungen der Rasse (...) Zur Rassenhygiene gehören zunächst alle Versuche, ihr Ziel wissenschaftlich festzustellen, sodann aber die Herstellung aller von diesem Ziel ausgehenden Kausalketten bis zu beherrschbaren materiellen und psychologischen Faktoren unserer Gegenwart, mögen sie die Einzelnen, die Familie (Fortpflanzungshygiene), Gesellschaften oder Staaten betreffen, mit allen ihren Ausstrahlungen auf Moral, Recht und Politik (...) Die Gesellschaftslehre entnimmt der Biologie deren Grundtatsachen und Gesetze, um dafür zum Vorstellungskreis der letzteren ihre eigenen Ergebnisse über die Voraussetzungen, Gesetzlichkeiten und Formen der Assoziation unter den Lebewesen, vor allem aber den höchst organisirten Lebewesen, den Menschen, hinzuzutun (...) Wir verwahren uns dagegen, das Archiv von vornherein für eine bestimmte wissenschaftliche, sozial- oder rassenpolitische Richtung festzulegen. Alle Richtungen sind willkommen (...)."[34] Das inhaltliche Feld, das das Archiv erschließen woll-

---

[33] Archiv für Rassen- und Gesellschafts-Biologie einschliesslich Rassen- und Gesellschafts-Hygiene, Bd. 1, Vorwort 1904, S. III.
[34] Ebd., S. IV-VI, Hervorhebungen im Orig.

te, war enorm. Es umfasste solche Teilbereiche, die im Vorwort (s.o.) in Fettdruck hervorgehoben waren, wie Abstammungslehre und die mit ihr zusammenhängenden Fragen („sollen gebührende Berücksichtigung erfahren"); Verwertung der biologisch-evolutionistischen Erkenntnisse für die praktischen Bedürfnisse von Gesellschaft und Staat; Sozial- und Nationalökonomie, Rechts-, Staats- und Verwaltungswissenschaft, die allgemeine politische und die Kulturgeschichte; Moral-Philosophie usw. Als Autoren wirkten fast durchweg medizinisch und naturwissenschaftlich Gebildete verschiedenster Fachrichtungen.

Abb. 5: Titelblatt (1908)

Ein anderes, belegkräftiges Indiz für die eingangs des Kapitels aufgezeigte kulturpessimistische Dramatisierung der Lage des deutschen Volkes – auch hinsichtlich der Suche nach generativen Technologien der „Artverbesserung" – stellt ein Preisausschreiben von 1900 dar. Für eine Verbreitung der sozialdarwinistischen Ideen in Deutschland spielte das von Friedrich Alfred Krupp mit 30.000 Mark finanzierte und auf den 1. Januar 1900 datierte Preisausschreiben mit dem Thema *Was lernen wir aus den Prinzipien der Descendenztheorie in Beziehung auf die innerpolitische Entwickelung und Gesetzgebung der Staaten?* eine zentrale Rolle. E. Haeckel, J. Conrad (Halle) und Eberhard Fraas (Stuttgart) übernahmen dabei die Aufgabe, „die Ausführung der hochherzigen Stiftung zu leiten."[35] Später wurde dann noch der Jenaer Zoologe Heinrich Ernst Ziegler (hier ab 1898 Ritter-Professor) – obwohl schon früher in die Angelegenheit eingeweiht – offiziell mit hinzugezogen, vorwiegend um den Schriftverkehr und die späteren Drucklegungen beim Gustav Fischer Verlag etc. zu koordinieren. Außer der Preisarbeit *„Vererbung und Auslese im Lebenslauf der Völker. Eine staatswissenschaftliche Studie auf Grund der neueren Biologie"* (Bd. III) von Wilhelm Schallmayer erschienen zwischen 1903 und 1907 noch weitere Bände bei Gustav Fischer in Jena.[36]

Das Preisausschreiben trug in großem Maße zu einer Politisierung verschiedener Themata der biologischen Anthropologie bei und wurde zu einem Zeitpunkt ausgelobt, als die Bereitschaft in weiten Teilen der deutschen Bevölkerung vorhanden war, sich mit biologistischen Theorien näher zu beschäftigen (Lebensreform-Bewegung etc.). Die Erfolge der Naturwissenschaften um 1900 waren dabei oftmals so enorm, dass eine Übertragung dieser Inhalte auf die Gesellschaft nur eine logische Konsequenz dieser neuen Denkart darstellen konnte. Obwohl die Jenaer Biologen Haeckel und Ziegler (in Absprache mit Krupp) bei der Abfassung des Ausschreibungstextes zunächst nicht in diesen Kategorien dachten, riefen sie aber letztlich mit ihrem „offenem" Preisausschreiben alle

---

35 Vgl. Faltblatt zum Preisausschreiben, Nachlass E. Haeckel, Archiv des Ernst-Haeckel-Hauses Jena.
36 Vgl. Philosophie der Anpassung mit besonderer Berücksichtigung des Rechtes und des Staates (Heinrich Matzat) – Bd. I; Darwinismus und Sozialwissenschaft (Arthur Ruppin) – Bd. II; Natur und Gesellschaft. Eine kritische Untersuchung der Bedeutung der Deszendenztheorie für das soziale Leben (Albert Hesse) – Bd. IV; Prinzipien der natürlichen und sozialen Entwicklungsgeschichte des Menschen. Anthropologisch-ethnologische Studien (Curt Michaelis) – Bd. V; Soziologie (A. Eleutheropulos) – Bd. VI; Der Wettkampf der Völker mit besonderer Bezugnahme auf Deutschland und die Vereinigten Staaten von Nordamerika (Emil Schalk) – Bd. VII; Organismen und Staaten. Eine Untersuchung über die biologischen Grundlagen des Gesellschaftslebens und Kulturlebens (Alfred Methner) – Bd. VIII; Die ererbten Anlagen und die Bemessung ihres Wertes für das politische Leben (Walter Haecker) – Bd. IX; Die Vererbungslehre in der Biologie und in der Soziologie (Heinrich Ernst Ziegler) – Bd. X.

Anhänger rassistischer Theorien auf den Plan. Diese erhielten damit ein Podium, das den Sozialdarwinismus und Fächer wie Rassenhygiene, Rassenbiologie und Rassenkunde wissenschaftlich legitimierte. So verwundert nicht, dass alle gedruckten Arbeiten eine sozialdarwinistische und rassenhygienische Argumentationsbasis erkennen lassen: „Mit Hilfe des Preisausschreibens gewann der Sozialdarwinismus eine Legitimationsideologie, die auf biologischen Versatzstücken beruhte. Je nach Bedarf konnten ihr Elemente für den innen- oder außenpolitischen Gebrauch entnommen werden. Das Preisausschreiben wurde damit, rückblickend betrachtet, ein Markstein auf dem Weg zum Nationalsozialismus."[37] Auch Haeckel hat als einer der Hauptinitiatoren wissentlich diese Lesart des Preisausschreibens toleriert und unterstützt.[38] In der Endkonsequenz wurde das Preisausschreiben seinem eigentlichen Anliegen (Krupps Tenor) aber nicht gerecht.

In den Jahren nach der Katastrophe des Ersten Weltkrieges wurde die Eugenik schließlich weltweit als Mittel zur „Regeneration" angesehen. Entsprechende Hoffnungen auf eine „Gesundung" wurden in biologische Maßnahmen gesetzt. Man sprach über die Notwendigkeit einer „eugenischen Reform", in der dem interventionistischen Staat eine wichtige Rolle zufallen sollte.[39] Die Abkehr von einer voluntaristischen Version der Eugenik zu koercieven staatlichen Eingriffen erfuhr in Deutschland unter dem Eindruck der angeblichen weiteren Schwächung des deutschen „Volkskörpers" (der deutschen Erbsubstanz) auch die Rassenhygiene einen nachhaltigen konjunkturellen Aufschwung. Im angeblichen Verfall der Sitten und der politischen Stabilität sahen weite Teile der Öffentlichkeit Parallelen zum Verfall der *Rasse*. Es wurden Sterilisierungsmaßnahmen sowie Einwanderungsbestimmungen (in den 1920er besonders in den Vereinigten Staaten) diskutiert und in manchen Ländern sogar erlassen.[40] Aber auch die heute selbstverständlichen Maßnahmen zum Schutz vor mutagenen Strahlen und Substanzen oder finanzielle bzw. städtebauliche Programme wurden initiiert, die es Familien der Mittelschicht erleichtern sollten, Kinder zu haben usw. All dies gehörte in den Kontext der „eugenischen" Reform der Zwischenkriegszeit. Innerhalb des spezifischen Forschungsverbundes von Rassen-

---

37 Vgl. Thomann/Kümmel, Naturwissenschaft, Kapital und Weltanschauung, 3. Teil (4, S. 315–352), hier S. 351. (wie Anm. 32).
38 Vgl. Uwe Hoßfeld, Ernst Haeckel. Biographienreihe absolute. Freiburg i. Br. 2010.
39 Vgl. Ludger Weß, Die Träume der Genetik. Gentechnische Utopien von sozialem Fortschritt. Frankfurt a. M. 1989. Uwe Hoßfeld/Michal Simunek, Eugenik und Rassenhygiene in Europa: Definitionen des idealen Menschen und Versuche ihrer Umsetzung, in: Angela Schwarz (Hg.), Streitfall Evolution. Eine Kulturgeschichte. Wien, u.a. 2017, S. 431–448.
40 Vgl. Steven Selden, Inheriting Shame. The Story of Eugenics and Racism in America. New York, London 1999, hier S. 22–37.

hygiene, -kunde und Rassenanthropologie kam es dann zur Präzisierung von „Rassenkategorisierungen" sowie zur weiteren Erforschung der Folgen der „Rassenmischung", die besonders durch die sog. Rehobother Bastardstudien von Eugen Fischer die Diskussionen in Deutschland (sog. Rheinlandbastarde) dynamisierten.[41] Für den psychiatrischen Bereich kamen zu dieser Zeit wichtige Impulse von Rüdins Vererbungsstudien über Schizophrenie (Dementia praecox). Die Bestrebungen nach einem „Züchtungsstaat" trafen aber zugleich auch auf scharfe Kritik, die vieles vom Werdenden vorhersah und auch heute noch in aktuellen Diskussionen teilweise Bestand hat.[42]

Rasse-Sonderfall Drittes Reich

Ein Sonderfall und weltweit einzig war schließlich die Verbindung von Eugenik beziehungsweise Rassenhygiene und politischen Rassismus – speziell in seiner antisemitischen Variante – in der NS-Zeit.[43] Seit Mitte der 1920er Jahre hatten sich – neben dem Sozialdarwinismus – ebenso die Rassenkunde sowie die Rassenhygiene als geeignete Felder für eine nationalsozialistische Propagierung von Rassenideen erwiesen und weitgehend in der deutschen Wissenschaftslandschaft etabliert, wobei die Universitäten in Jena und Prag herausragen.

---

[41] Vgl. Eugen Fischer, Die Rehobother Bastards und das Bastardierungsproblem beim Menschen. Jena 1913.
[42] Vgl. Oscar Hertwig, Zur Abwehr des ethischen, des sozialen, des politischen Darwinismus. Jena 1918; Michal Simunek/Uwe Hoßfeld, Von der Eugenik zur Rassenhygiene – der tödliche Mythos vom „erbgesunden Volk", in: Dresdner Hefte 108 (2011), S. 57–65.
[43] Vgl. Uwe Hoßfeld, „Rasse" potenziert: Rassenkunde und Rassenhygiene an der Universität Jena im Dritten Reich, in: Karen Bayer et al. (Hg.), Universitäten und Hochschulen im Nationalsozialismus und in der frühen Nachkriegszeit. Stuttgart 2004, S. 197–218; ders., Rassenphilosophie und Kulturbiologie im eugenischen Diskurs: Der Jenaer Rassenphilosoph Lothar Stengel von Rutkowski, in: Klaus-Michael Kodalle (Hg.), Homo perfectus? Behinderung und menschliche Existenz, in: Kritisches Jahrbuch für Philosophie, Beiheft 5 (2004b), S. 77–92; Michal Simunek/Uwe Hoßfeld, Die Kooperation der Friedrich-Schiller-Universität Jena und der Deutschen Karls-Universität Prag im Bereich der „Rassenlehre" 1933–1945. Erfurt 2008; Uwe Hoßfeld, Institute, Geld, Intrigen. Rassenwahn in Thüringen, 1930 bis 1945. Erfurt 2014; ders., Biologie und Politik. Die Herkunft des Menschen. Erfurt 2017; ders., Eine kritische Edition wird zum Bestseller. Die Biowissenschaften und „Mein Kampf", in: Thüringer Vierteljahresschrift für Zeitgeschichte und Politik (Gerbergasse 18), (2016) 80. Ausgabe 3, S. 54–61.

Ort	Institut, Zeitraum, Fachvertreter
München	Institut für Erbbiologie und Rassenhygiene der Universität, Fritz Lenz 1923–1933, Lothar Tirala 1933–1936, Ernst Rüdin 1936–1945; ab 1919 Kaiser-Wilhelm-Institut für Genealogie und Demographie (Ernst Rüdin)
Hamburg	Rassenbiologisches Institut der Universität, Walter Scheidt 1926–1965; Abteilung für Erb- und Zwillingsforschung an der II. Medizinischen Universitätsklinik, Wilhelm Weitz 1934–1945
Leipzig	Institut für Rassen- und Völkerkunde der Universität, Otto Reche 1927–1945
Jena	o. Prof. und Seminar für Sozialanthropologie, Hans F. K. Günther 1930–1935/36; ab 1936–1955/1960 Bernhard Struck – o. Prof. und Seminar/Anstalt/Institut für Anthropologie und Völkerkunde
Berlin	Institut für Rassenhygiene der Universität, Fritz Lenz 1933–1945; Institut für Rassenbiologie der Universität, Wolfgang Abel 1942–1945; Anstalt für Rassenkunde, Völkerbiologie und ländliche Soziologie, Hans F. K Günther, 1935–1940; Kaiser-Wilhelm-Institut für Anthropologie, menschliche Erblehre und Eugenik, Eugen Fischer 1927–1942, Otmar Freiherr von Verschuer 1942–1945
Greifswald	Institut für menschliche Erblehre und Eugenik, Günther Just 1933–1942, Fritz Steiniger 1942–1945
Gießen	Institut für Erb- und Rassenpflege, Heinrich W. Kranz 1934–1942, Hermann Boehm 1943–1945
Düsseldorf	Extraordinariat für Erbgesundheits- und Rassenpflege, Friedrich E. Haag 1934–1940
Jena	o. Prof. und Institut für „Menschliche Züchtungslehre und Vererbungsforschung" (1934/35–1935), später dann für „Menschliche Erbforschung und Rassenpolitik", Karl Astel (bis 1945)
Königsberg	Rassenbiologisches Institut, Lothar Löffler 1934–1943, Bernhard Duis 1943–1945
Tübingen	Rassenkundliches Institut 1934–1938, Rassenbiologisches Institut 1938–1945, Wilhelm Gieseler 1934–1945
Frankfurt	Institut für Erbbiologie und Rassenhygiene der Universität, Otmar Freiherr von Verschuer 1935–1942, Heinrich W. Kranz 1943–1945; Institut zur Erforschung der Judenfrage ab 1941 unter Wilhelm Grau
Jena	o. Prof. für Phylogenetik, Vererbungslehre und Geschichte der Zoologie; Ernst-Haeckel-Haus (Institut), Victor Franz 1936–1945
Würzburg	Rassenbiologisches Institut der Universität, Ludwig Schmidt-Kehl 1937–1941, Friedrich Keiter 1941–1942, Günther Just 1942–1945 (1948)
Jena	Institut und Lehrauftrag für „Allgemeine Biologie und Anthropogenie", Gerhard Heberer 1938–1945
Köln	Institut für Erbbiologie und Rassenhygiene, Ferdinand Claussen 1939–1945 (Assistenz Wolfgang Bauermeister)
Innsbruck	Erb- und Rassenbiologisches Institut der Universität, Friedrich Stumpfl 1939–1945

Ort	Institut, Zeitraum, Fachvertreter
Prag	*Institut für Erb- und Rassenhygiene an der Medizinischen Fakultät der Karls-Universität, Karl Thums 1940–1945; Institut für Sozialanthropologie und Volksbiologie an der Philosophischen Fakultät, Karl Valentin Müller 1942–1945; Institut für Rassenbiologie an der Naturwissenschaftlichen Fakultät, Bruno Kurt Schultz 1942–1945*
Freiburg i.Br.	Anstalt für Rassenkunde, Völkerbiologie und ländliche Soziologie, Hans F. K. Günther 1940–1945
Straßburg	Institut für Rassenbiologie der Reichsuniversität, Wolfgang Lehmann 1942–1945
Danzig	Institut für Erb- und Rassenforschung der Medizinischen Akademie, Erich Grossmann 1942–1945
Wien	Rassenbiologisches Institut der Universität, Lothar Loeffler 1942–1945
Rostock	Institut für Erbbiologie und Rassenhygiene, Hans Grebe 1944–1945

Die Übersicht belegt, dass dabei das neue Regime von vielen Rassenhygienikern etc. unterstützt und befürwortet wurde. Der später umstrittene Anthropologe, der Berliner Ordinarius für Rassenhygiene und Doktorvater des berüchtigten Josef Mengele, Otmar Freiherr von Verschuer, bemerkte 1944 zum zehnjährigen Jubiläum des Rassenpolitischen Amtes der NSDAP: „Die Rassenpolitik gilt mit Recht als Kernstück des Nationalsozialismus (...) Der Nationalsozialismus dagegen hat den Menschen selbst mit den in ihm enthaltenen rassischen und erblichen Anlagen und die dem einzelnen Menschen übergeordnete Gesamterscheinungsform von Volk und Rasse in den Mittelpunkt seiner Politik gerückt (...) Die Vorschläge einzelner Wissenschaftler, Programme wissenschaftlicher Gesellschaften wären aber niemals zur Durchführung gekommen, wenn nicht der Nationalsozialismus die Rassenpolitik als Panier erhoben hätte."[44] So verwundert auch nicht, wenn 1938 der Tübinger Botaniker Ernst Lehmann einen Beitrag in der NS-Lehrerzeitung *Der Biologe* mit den Worten einleitete: „Vererbungslehre, Rassenkunde und Rassenhygiene gehören zu den Grundlagen nationalsozialistischen Denkens."[45] In seiner Untersuchung hatte Lehmann festgestellt, daß im Gegensatz zu genetischen Lehrveranstaltungen ab 1900 in Deutschland anthropologische Vorlesungen und Übungen in größerem Umfang zu verzeichnen waren, mit Steigerungsraten in der Vorkriegszeit, der Folgezeit nach 1918 bis hin zum vierten Jahrzehnt des 20. Jahrhunderts. So zählte er beispielsweise in den 10 Wintersemestern von 1909/1910 bis 1918/1919: 117, von

---

44 Vgl. Otmar von Verschuer, 10 Jahre Rassenpolitisches Amt, in: Der Erbarzt (1944) 3/4, S. 54.
45 Vgl. Ernst Lehmann, Vererbungslehre, Rassenkunde und Rassenhygiene, in: Der Biologe 7 (1938a), S. 306–310, hier S. 306; ders., Verbreitung erbbiologischer Kenntnisse durch Hochschule und Schule, in: Deutschlands Erneuerung 22 (1938b), S. 561–567, 642–650; Wilhelm Stuckart/Rolf Schiedermair, Rassen- und Erbpflege in der Gesetzgebung des Dritten Reiches. Leipzig 1939.

1919/1920 bis 1929/1930: 213 Vorlesungen auf diesem Gebiet; 1934 war ein Höchststand mit 62 erreicht – später bewegte sich das jährliche Angebot zwischen 40 bis 50 Lehrveranstaltungen.[46] Die Untersuchung dokumentiert weiterhin, dass sich seit Mitte der 1920er Jahre die Rassenkunde sowie später auch die Rassenhygiene als geeignete Felder für eine nationalsozialistische Propagierung der Rassen-Ideen erwiesen und in der deutschen Wissenschaftslandschaft etabliert hatten. Ausnahmen gab es bei der Rassenhygiene, die im ersten Jahrzehnt unseres Jahrhunderts noch kaum in den deutschen Lehrplänen vertreten war; die Statistik von Lehmann nennt für 1930/1931 lediglich 13 Lehrveranstaltungen. Nach der ‚Machtübernahme' stieg hingegen auch hier die Zahl an: 1933/1934 waren es 54, 1935/1936: 53 und 1937/1938: 32.[47] Diese Zahlenangaben dokumentieren, daß der Rasse(n)gedanke neben einem ebenso politisch durchsetzten Erziehungsprogramm und der späteren Apologie des Krieges zum zentralen Element einer nationalsozialistischen Lehre und Forschung an den Universitäten, einigen wissenschaftlichen Instituten (Kaiser-Wilhelm-Netzwerk) sowie in der Propagandamaschinerie der hauptamtlichen Partei- und Wissenschaftsstellen avancierte.

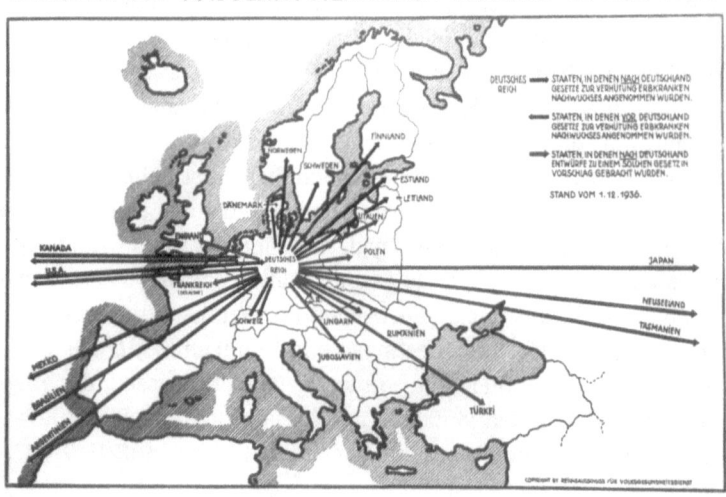

Abb. 6: Propagandamaterial aus der persönlichen Sammlung Wilhelm Fricks 1942 (A KPR Praha)

---

46 Vgl. Ernst Lehmann, Vererbungslehre, Rassenkunde und Rassenhygiene, in: Der Biologe 7 (1938a), S. 309.
47 Ebd., S. 310.

An dieser Stelle ist aber ausdrücklich zu betonen, dass es einen zentralen, homogenen Rasse-Begriff im Dritten Reich nie gab. Während der Rassenpopularisator Hans F. K. Günther beispielsweise einen statischen Rasse-Begriff bevorzugte[48], wählten andere den sog. dynamischen Rasse-Begriff. Verschiedene Autoren sahen ferner den nachhaltigen Einfluss, den die Rassentheorien in der deutschen Rassenkunde und Rassenhygiene haben sollten und der ihre wissenschaftspolitische Funktion für das Dritte Reich legitimierte, in dem Umstand begründet, dass zwischen der sich etablierenden (physischen) Anthropologie und den populären Rassentheorien „keine ausreichenden Differenzen bestanden, die es vor allem der Wissenschaft erlaubt hätten, sich von den politischen Bewegungen erfolgreich abzugrenzen."[49] So wurden zwar einerseits rassentheoretisch, biologistisch und sozialdarwinistisch beeinflusste Wissenselemente in die nationalsozialistische Ideologie übernommen, um den instrumentellen politischen Stellenwert zu dokumentieren. Andererseits wurde aber gerade durch diese Einfügung der aus dem rassenkundlichen Wissenskanon sich ergebenden praktischen Maßnahmen auch ein neues Betätigungsfeld („Eignungsprüfung", „Eindeutschung" usw.) geschaffen, wo man nun den Schritt der direkten Umsetzung der ideologischen Gesichtspunkte in konkrete wissenschaftliche Ergebnisse vollziehen konnte.[50] Die Forschung wurde nun eng mit den zwei Doktrinen der „Rassen-" und „Erbgesundheitspflege" verknüpft und somit Bestandteil der neuen Infrastruktur des NS-Staates. Am 15. Juli 1933 wurde dann das Gesetz zur Verhütung erbkranken Nachwuchses genehmigt und damit der Weg zu den Ausgrenzungsstrategien durch exzessive Unfruchtbarkeitsmachungen und der Euthanasie bereitet.[51] Der ideologisch bevorzugte Aufschwung an rassenkundlichen und vererbungswissenschaftlichen Fragestellungen spiegelte sich auch in den Bereichen der Human- und Biowissenschaften (Universitäten, Kaiser Wilhelm-Instituten usw.) wider: Rassenkunde wurde dabei als eine physisch-anthropologische, die Rassenhygiene als eine medizinische Wissenschaft mit zumeist klinischer Orientierung verstanden. Die Rassenbiologie entstand aus der

---

48 Es war ein völkisch-abstammungsgeschichtliches Modell, das auf den phänotypisch-morphologischen Studien basierte und die Bedeutung der „Rassenseele" hervorhob. Vgl. Uwe Hoßfeld, Die Jenaer Jahre des „Rasse-Günther" von 1930 bis 1935. Zur Gründung des Lehrstuhles für Sozialanthropologie an der Universität Jena, in: Medizinhistorisches Journal 34 (1999), S. 47–103.
49 Vgl. Peter Weingart et al. (Hg.), Rasse, Blut und Gene. Geschichte der Eugenik und Rassenhygiene in Deutschland. Frankfurt a. M. 1992, hier S. 99f.
50 Ebd.; Gunter Mann, Neue Wissenschaft im Rezeptionsbereich des Darwinismus: Eugenik – Rassenhygiene, in: Berichte für Wissenschaftsgeschichte 1 (1978), S. 101–111; Uwe Hoßfeld, Geschichte der biologischen Anthropologie in Deutschland.
51 Vgl. Götz Aly, Die Belasteten. Euthanasie 1939–1945. Frankfurt a. M. 2013.

Verknüpfung der Erblehre mit der Anthropologie, menschliche Erblehre und Erbbiologie entsprechen in etwa unserem heutigen Begriff Humangenetik.[52]

Abb. 7: Mitarbeiter des Landesamtes für Rassewesen in Weimar in einem Arbeitsraum, vermutlich 1937 (Archiv Gedenkstätte Buchenwald, 02-4-44)

Institutioneller Neubeginn nach 1945 in Deutschland

Die Perspektiven eines Neubeginns der deutschen Anthropologie verliefen nach dem Ende des Zweiten Weltkrieges auf unterschiedliche Weise, in verschiedenen Bahnen und erwiesen sich oftmals als außerordentlich schwierig, klebte doch an den Händen einiger Gelehrter der Makel und bestand der Vorwurf des

---

[52] Vgl. Hans-Walter Schmuhl, Rassenforschung an Kaiser-Wilhelm-Instituten vor und nach 1933. Göttingen 2003; Hans-Walter Schmuhl, Grenzüberschreitungen. Das Kaiser-Wilhelm-Institut für Anthropologie, menschliche Erblehre und Eugenik 1927–1945. Göttingen 2005; Hans-Christian Harten et al., Rassenhygiene als Erziehungsideologie des Dritten Reichs. Bio-bibliographisches Handbuch. Berlin 2006. Siehe weiterführend: https://www.mpiwg-berlin.mpg.de/KWG/publications.htm (31.5.2019).

wissenschaftlichen Missbrauches.[53] Für die DDR sollten Jena und Berlin die zentralen Orte humanphylogenetischer Forschung werden.[54] Völlig entgegengesetzt verlief hingegen die Entwicklung des Faches in der BRD. Wegen der mehr oder minder starken Involvierung in das nationalsozialistische Regime wurden hier zunächst das Institut in Würzburg sowie das Kaiser-Wilhelm-Institut für Anthropologie, menschliche Erblehre und Eugenik in Berlin aufgelöst. Die Institute in Breslau und Königsberg waren seit dem Ende des Zweiten Weltkrieges auch nicht mehr Bestandteil der deutschen Universitätslandschaft. Um 1950 wurde dann das Leipziger Institut für Anthropologie und Völkerkunde (nachdem dort für einige Zeit Egon von Eickstedt und Ilse Schwidetzky gearbeitet hatten) aufgelöst. Auf Dauer blieben zunächst nur die Institute in Tübingen, Jena und Hamburg (bis zur Emeritierung von W. Scheidt 1965) erhalten. Im Jahre 1950 konnte W. Kramp dann die Anthropologische Abteilung des ehemaligen Institutes für Erbbiologie und Rassenhygiene in Frankfurt am Main zu einem selbständigen Institut aufbauen; ebenso wurde das Anthropologische Institut in Mainz (von Eickstedt, Schwidetzky) neu gegründet. Als erster Anthropologe aus der Zeit des Nationalsozialismus war Fritz Lenz zum planmäßigen außerordentlichen Professor nach Göttingen (16. Oktober 1946) berufen worden. Ihm folgte 1947 dann Gerhard Heberer mit einer anthropologischen Forschungsstelle innerhalb der Zoologie. Die Berufung von Otmar Freiherr von Verschuer zum Sommersemester 1951 an die Universität Münster soll an dieser Stelle als letztes Beispiel angeführt sein. Insgesamt ergibt eine personelle und institutionelle Analyse der Situation nach 1945, dass die Mehrheit der in der nationalsozialisti-

---

53 Vgl. Rüdiger vom Bruch/Brigitte Kaderas (Hg.), Wissenschaften und Wissenschaftspolitik. Bestandsaufnahmen zu Formationen, Brüchen und Kontinuitäten im Deutschland des 20. Jahrhunderts. Stuttgart 2002. Ein Vorwurf der vor einigen Jahren erst wieder durch den Nobelpreisträger James D. Watson erneuert wurde: „Deutschlands historische Verstrickung in die Eugenik (Genetik zur Verbesserung der Menschheit) war ein moralisches Desaster. Allzu viele seiner führenden Humangenetiker predigten nordische Überlegenheit und hatten willentlich teil an der Eliminierung der Geisteskranken, Juden und Zigeuner (...) die Gelehrten, deren Hände nicht direkt blutig geworden waren und die sagen konnten, daß sie nie mehr als wissenschaftliche Berater waren, besetzten wieder die führenden akademischen Positionen in Genetik, Psychiatrie und Anthropologie. Die Deutschen hatten nie die sittliche Verkommenheit, die im Namen der Genetik begangen worden war, niedergekämpft. Ein wirkungsvolles Moratorium dieser Fächer für zehn oder zwanzig Jahre nach dem Krieg wäre besser gewesen. Statt dessen befleckte die Fäulnis der Nazi-Genetik das deutsche Universitätssystem bis in die späten sechziger Jahre" vgl. James D. Watson, Leichte Schatten über Berlin. Die Deutschen und ihre Genetiker: Anmerkungen eines amerikanischen Genetikers, in: Frankfurter Allgemeine Zeitung v. 19.7.1997, Nr. 165.
54 Vgl. Uwe Hoßfeld et al. (Hg.), „Kämpferische Wissenschaft". Studien zur Universität Jena im Nationalsozialismus. Köln 2003; Uwe Hoßfeld et al. (Hg.), Hochschule im Sozialismus. Studien zur Geschichte der Friedrich-Schiller-Universität (1945–1990). 2 Bde. Weimar 2007.

schen Zeit tätigen und belasteten Anthropologen in der BRD lebte, hier nach positiver Evaluierung wieder eine akademische Position zu finden suchte und oftmals diese auch bekam (von Verschuer, Heberer, Gieseler usw.) und man fast generell vermied, Diskussionen über die Vergangenheit des Faches etc. zu führen. So verwundert nicht, wenn es zunächst auf wissenschaftlicher Ebene nur in Form von zwei Büchern (*Rasse oder Menschheit? Eine Auseinandersetzung mit der nationalsozialistischen Rassenlehre* von G. Blume; *Die Rassenlehre des Nationalsozialismus in Wissenschaft und Propaganda* von K. Saller) eine sehr geringe und fast unbemerkte inhaltliche Auseinandersetzung mit der Rolle des Faches während der Zeit des Nationalsozialismus gegeben hat.[55] Die erste Schrift „Rasse oder Menschheit?" zu diesem Themenkomplex stammte aus der Feder des Berliner Nervenarztes Gustav Blume und datiert von 1948.[56] Dreizehn Jahre später legte dann Karl Saller sein bekanntes Buch vor, in dem er schonungslos die Rolle einiger seiner Kollegen und ihrer Forschungsprogramme im Dritten Reich offen legte.[57] Beide Bücher sind in dieser Form bis heute einzigartig, fokussieren und präsentieren sie doch aus unterschiedlichen Perspektiven, gemeinsamen Schicksalen (Opfer) usw. reichhaltiges Material zur Geschichte der Anthropologie unter nationalsozialistischer Herrschaft.[58] Innerhalb dieser punktuellen

---

55 Vgl. Ina Spiegel-Rösing/Ilse Schwidetzky (Hg.), Maus und Schlange. Untersuchungen zur Lage der deutschen Anthropologie. München 1982; Hans-Peter Kröner, Förderung der Genetik und Humangenetik in der Bundesrepublik durch das Ministerium für Atomfragen in den fünfziger Jahren, in: Karin Weisemann et al. (Hg.), Wissenschaft und Politik – Genetik und Humangenetik in der DDR (1949–1989): Dokumentation zum Arbeitssymposium in Münster, 15.-18.03.1995. Münster 1997, S. 69–82. Spiegel-Rösing und Schwidetzky widmen in ihrer Abhandlung Maus und Schlange diesem Themengegenstand (Anthropologie in Deutschland nach 1945) lediglich eineinhalb Seiten, die Anthropologie in der nationalsozialistischen Zeit wird gar auf nur zweieinhalb Seiten thematisiert.
56 „Die vorliegende Schrift ist aus Arbeiten hervorgegangen, die in den allerersten Monaten der Hitlerherrschaft begonnen und mit mancherlei Unterbrechungen während der zwölf Schreckens- und Wahnsinnsjahre fortgesetzt wurden, anscheinend ohne Aussicht, jemals das Dunkel der tiefsten Schreibtischschublade oder des Luftschutzkoffers zu verlassen (...) Die Tatsache, daß ich durch ‚nichtarische Versippung' für mich und meine Familie kennengelernt habe, was es im Dritten Reich hieß, den Anforderungen des Fragebogens nicht genügen zu können, war der persönliche Anlaß zu dieser Schrift." Gustav Blume, Rasse oder Menschheit. Eine Auseinandersetzung mit der nationalsozialistischen Rassenlehre. Dresden 1948, Vorwort.
57 „Nicht nur um der Vergangenheit und ihrer Bewältigung, sondern gerade um der Zukunft willen scheint mir das Buch jetzt notwendig. Es geht mir besonders auch um unseren akademischen Nachwuchs. Ich bin heute (leider) der einzige Anthropologe auf einem deutschen Universitätslehrstuhl, der während der Herrschaft des Nationalsozialismus in Opposition stand und der aus dieser Opposition auch die Konsequenz zog." Karl Saller, Die Rassenlehre des Nationalsozialismus in Wissenschaft und Propaganda. Darmstadt 1961, hier S. 7.
58 Vgl. dann ebenso die Detailstudie von Benno Müller-Hill, Tödliche Wissenschaft. Die Aussonderung von Juden, Zigeunern und Geisteskranken 1933–1945. Reinbek 1984.

Auseinandersetzungen mit dem wissenschaftlichen *Erbe* des Faches im Dritten Reich stellen sie wichtige Meilensteine dar, auch wenn Blume in neueren Abhandlungen zu dieser Thematik – im Gegensatz zu Saller – kaum Erwähnung findet. Massin hat ferner ermittelt, dass seit 1980 dann ungefähr 140 Bücher und Dissertationen über Medizin, Eugenik, Rassenhygiene und Euthanasie im Dritten Reich veröffentlicht wurden, zwischen 1945 und 1979 gab es hingegen nur ca. 20 Bücher zu diesen Themata.[59] Die Auseinandersetzung der Anthropologie mit ihrer Vergangenheit präsentierte sich in jenen Jahren also vielmehr nur als eine strukturelle Selbstfindung des Faches, wobei inhaltliche Diskussionen völlig vermieden wurden. Trotz dieser vielleicht auch wissentlich initiierten Startschwierigkeiten kam es dann aber, wie noch auszuführen sein wird, dennoch auf institutioneller und organisatorisch-gesellschaftlicher Ebene zur Diskussion der Frage: Quo vadis deutsche Anthropologie nach 1945?

International beschritt man hingegen eindeutigere Wege. So veröffentlichte die UNESCO in den 1950er Jahren zwei Serien (*The race question and modern science*; *The race question in modern thought*), die sich mit der „Rassenfrage" beschäftigten. Einen Überblick über die wesentlichen Texte gibt der Sammelband *The Race concept: Results of an Inquiry*, indem die Deklaration von 1950 zum Begriff *Rasse* (*Statement on Race*) enthalten ist. Demnach sind alle Menschen gleich und Unterschiede gebe es aufgrund der unterschiedlichen Ethnien.[60] Aus Deutschland war bezeichnenderweise nur ein Wissenschaftler als Berater, der Genetiker Hans Nachtsheim, hinzugezogen worden.[61]

Rasse im deutschen Grundgesetz

Vor 14 Jahren veröffentlichten drei Anthropologen eine aktuelle Stellungnahme der scientific community zum Thema *Wider den Rassebegriff in Anwendung auf*

---

59 Vgl. Bennoit Massin, Anthropologie und Humangenetik im Nationalsozialismus oder: Wie schreiben deutsche Wissenschaftler ihre eigene Wissenschaftsgeschichte?, in: Heidrun Kaupen-Haas/Christian Saller (Hg.), Wissenschaftlicher Rassismus: Analysen einer Kontinuität in den Human- und Naturwissenschaften. Frankfurt a. M. 1999, S. 12–64; Heidrun Kaupen-Haas/Christian Saller (Hg.), Wissenschaftlicher Rassismus, ebd.
60 Vgl. UNESCO (1950): U.N.E.S.C.O. on Race. Man 50, S. 138–139; UNESCO (1951): U.N.E.S.C. O.'s New Statement on Race. Man 51, S. 154–155; UNESCO (1952): U.N.E.S.C.O.'s New Statement on Race. Man 52: S. 9.
61 Michelle Brattain, Race, racism, and anti-racism: UNESCO and the politics of presenting science to the postwar public, in: American Historical Review 112 (2007), S. 1386–1413; Perrin Selcer, Beyond the Cephalic Index. Negotiating Politics to Produce UNESCO's Scientific Statements on Race, in: Current Anthropology 53 (2012), S. 173–184.

den Menschen und bemerkten u. a.: „Rassismus ist schwer zu bekämpfen. Wir wollen keinen Begriff aus dem Vokabular von Rassisten mit diesen teilen, um Missbrauch oder auch wissentliche und ignorante Missverständnisse vermeiden. Wir wollen das schon gar nicht, weil der Begriff Rasse oft missbraucht wurde und wird. Es ist dementsprechend notwendig, den wissenschaftlichen Nährboden hierfür durch Aufklärung zu entziehen und daraus resultierende Diskriminierung eindeutig abzulehnen." An anderer Stelle heißt es weiter: „Der Gebrauch des Begriffs Rasse sollte mit unserem Wissen für den modernen Menschen, den Homo sapiens, nicht mehr verwendet werden. (...) Daher wird vorgeschlagen, nur noch den im speziellen Fall treffendsten Begriff für die zu betrachtende Menschengruppe zu wählen, nämlich die geographische Variante, die Ethnie oder die jeweilige Population. Denn nur solche Begriffe sind international gültig und genügen wissenschaftlichen Kriterien."[62] Dass sich an dieser Auffassung nichts geändert hat, die Dimensionen (nicht nur auf die Wissenschaft bezogen) sogar weiter, bis hin zur Politik gefasst werden müssen, beweisen neben den hier angeführten Argumenten, u. a. die Initiativen des Deutschen Institutes für Menschenrechte, bspw. das Wort *Rasse* aus dem deutschen Grundgesetz streichen zu lassen. Wie heißt es doch in Artikel 3 Absatz 3 Satz 1: „Niemand darf wegen seines Geschlechts, seiner Abstammung, seiner Rasse (...) benachteiligt oder bevorzugt werden."

Das EU-Parlament hat sich bereits gegen das Wort Rasse in Verfassungstexten ausgesprochen; Finnland, Schweden, Frankreich und Österreich entfernten es bereits aus ihrem nationalen Recht.

Mit einem Positionspapier empfiehlt das Institut in Berlin eine Änderung dieses Diskriminierungsverbotes: Der Begriff *Rasse* sollte gestrichen werden, ohne den Schutzbereich der Norm dadurch zu verändern. Ihr Vorschlag lautet: „Niemand darf *rassistisch* oder wegen seines Geschlechtes, seiner Abstammung, seiner Sprache, seiner Heimat und Herkunft, seines Glaubens, seiner religiösen oder politischen Anschauungen benachteiligt oder bevorzugt werden." Nach ihrer Auffassung führe zudem die derzeitige Formulierung in Artikel 3 Absatz 3 GG „zu einem unauflösbaren Widerspruch. Nach dem gegenwärtigen Wortlaut von Artikel 3 Absatz 3 GG müssen Betroffene im Falle rassistischer Diskriminierung geltend machen, aufgrund ihrer ‚Rasse' diskriminiert worden zu sein; sie müssen sich quasi selbst einer bestimmten ‚Rasse' zuordnen und sind so gezwungen, rassistische Terminologie zu verwenden. Es geht bei der Diskussion um den Begriff ‚Rasse' nicht um ein intellektuelles Gedankenspiel, sondern um

---

[62] Vgl. Carsten Niemitz et al., Wider den Rassebegriff in Anwendung auf den Menschen, in: Anthropologischer Anzeiger 64 (2006), S. 463–464, hier S. 464, 463 (Hervorhebungen im Original); Barbara Danckwortt et al. (Hg.), Historische Rassismusforschung.

einen Perspektivwechsel: Rassismus lässt sich nicht glaubwürdig bekämpfen, wenn der Begriff ‚Rasse' beibehalten wird. Dies gilt umso mehr, als seine weitere Verwendung das Konzept menschlicher ‚Rassen' akzeptabel erscheinen lässt und dazu beitragen kann, rassistischem Denken Vorschub zu leisten."[63]

Dass aber eine bloße Streichung des Wortes *Rasse*, Intoleranz und Rassismus usw. nicht verhindert, ist allen Seiten klar und es bedarf gedanklicher und inhaltlicher Nachbesserungen, zumal sich Ersatzbegriffe wie ethnische Herkunft/ ethnische Zugehörigkeit auch nicht bewährt haben. So untersagt beispielsweise die Anti-Rassismusrichtlinie 2000/43/EG nicht nur Diskriminierungen aufgrund der *Rasse*, sondern ebenso aufgrund der „ethnischen Herkunft": „Würde man im Rahmen von Artikel 3 Absatz 3 Satz 1 GG den Begriff ‚Rasse' durch ein Merkmal mit Bezug zu Ethnizität zu ersetzen, könnte dies so verstanden werden, als ob der Schutzbereich der Norm dadurch eingeschränkt würde. Benachteiligungen, die an die tatsächliche oder vermeintliche Ethnie einer Person anknüpfen, sind nach der gegenwärtigen Fassung von Artikel 3 Absatz 3 Satz 1 GG nur ein Teilaspekt der Diskriminierung wegen der ‚Rasse'. Zudem ist auch die Verwendung der Kategorie ‚Ethnie' im Zusammenhang mit der Bekämpfung von Rassismus nicht unproblematisch. Dieser Begriff kann ebenfalls dazu führen, gruppenbezogene Zuschreibungen zu fördern, indem er die Vorstellung hervorruft oder verfestigt, es gebe (‚nach ethnischen Maßstäben') objektiv klar voneinander zu trennende Bevölkerungsgruppen. Insofern können auch Begriffe wie ‚ethnische Herkunft' oder ‚ethnische Zugehörigkeit' Trägerbegriffe für Rassismus sein."[64]

Tendenzen und Trends im 21. Jahrhundert

Das 20. Jahrhundert ist die Epoche, in der sich Wissenschaft, Gesellschaft und Politik am weitesten auf die Ideologie des Rassismus eingelassen haben, diese zum Teil neu begründete und an der praktischen Umsetzung ihrer Programme beteiligt war. Dieser Zusammenhang war ein wichtiger Faktor und treibendes Moment der Verwirklichung politisch-ideologischer Visionen. Dabei ging es beispielsweise um Visionen einer *reinen Rasse*, einer *Rasse ohne Fremdkörper* oder

---

[63] Vgl. Hendrik Cremer, „‚... und welcher Rasse gehören Sie an?" Zur Problematik des Begriffs „Rasse" in der Gesetzgebung, in: Policy Paper 10, Deutsches Institut für Menschenrechte. 2. Auflage Berlin 2009; ders., Ein Grundgesetz ohne „Rasse" – Vorschlag für eine Änderung von Artikel 3 Grundgesetz, in: Policy Paper, Deutsches Institut für Menschenrechte. Berlin 2010, hier S. 3.
[64] Ebd., S. 5.

eines *erbgesunden Volkes*. Eine der größten Perversionen bestand in einer Verquickung von *Rasse* und *Kultur* – also in der Tendenz, ein Volk bzw. eine Nation nicht nur kulturell, sondern auch genetisch auszugrenzen und für andersartig und eigenartig zu halten.[65]

Rassenkampf, Rassenmischung und Rassenerzeugung – das waren die drei großen Themen der Rassentheorie im 19. Jahrhundert gewesen. Schließlich fokussierte man aber auf die *Rassenerzeugung*, wo biologisches und politisches Leben endgültig kurz geschlossen wurden. In die Visionen und Pläne zur Schaffung neuer Menschen und Völker wurde fast genauso viel (Forschungs-)Energie gesteckt wie sie parallel das Leben unzähliger Menschen und Völker kostete. Die bis dato nur oftmals theoretisch formulierten Pläne/Ziele zur Züchtung und Vernichtung von Rassen etc. wurden jetzt unter den Bedingungen totalitärer Systeme und ihrer geführten Kriege (*Säuberungspraktiken*) in die Praxis umgesetzt. Biopolitische Diskurse und rassistische Praktiken kehrten so unmittelbar nach der globalen politischen Perestroika sogar in Formen wieder (Jugoslawien- und Tschetschenien-Kriege; Uiguren-Konflikt; Nepal-Problematik; Völkermord in Ruanda, Aborigines usw.), die man besonders Ende des 20. Jahrhunderts für endgültig (wie beispielsweise die Apartheid in Südafrika) überwunden gehalten hatte.

Zu Beginn des 21. Jahrhunderts sieht es nun so aus, dass Rasse als wissenschaftlicher Begriff weitgehend obsolet geworden ist und im Alltagsgebrauch zumindest in Deutschland geächtet wird, in den USA dagegen wohl noch toleriert ist. Stattdessen wird mehr von Fortpflanzungsgemeinschaften in biologischer Hinsicht, von Ethnien beziehungsweise Kulturen in Geistes- und Sozialwissenschaften geredet.[66]

Vor 25 Jahren klangen die Vokabeln noch etwas anders. Aber weder Rasse, noch Klasse, noch Masse wird in Zukunft entscheidend sein, da wir bereits nach Auffassung des französischen Soziologen Michel Maffesoli, *Le temps des*

---

[65] Vgl. Daniel J. Kevles, In the Name of Eugenics. Genetics and the Uses of Human Heredity. New York 1985; Paul J. Weindling, Health, race, and German politics between national unification and Nazism 1870–1945. Cambridge 1989; Mark B. Adams, The Wellborn Science: Eugenics in Germany, France, Brazil, and Russia. New York 1990; John Glad, Jewish Eugenics. Washington 2010; Anja Laukötter, Von der Kultur zur Rasse – vom Objekt zum Körper. Völkerkundemuseen und ihre Wissenschaften zu Beginn des 20. Jahrhunderts. Bielefeld 2013. J. Schulz/J. Pittelkow/U. Hoßfeld, Zur Entwicklung der Humangenetik in Deutschland in wechselnden Spannungsbereichen zwischen Politik und Pragmatismus, in: Annals of the History and Philosophy of Biology 21 (2016), 181–204.

[66] Vgl. Uwe Hoßfeld, Geschichte der biologischen Anthropologie in Deutschland.

tribus (1988), in das Zeitalter der Stämme eingetreten sind, der Netzwerke, der kleineren Gruppen, der ephemeren aber intensiven Treffen.[67]

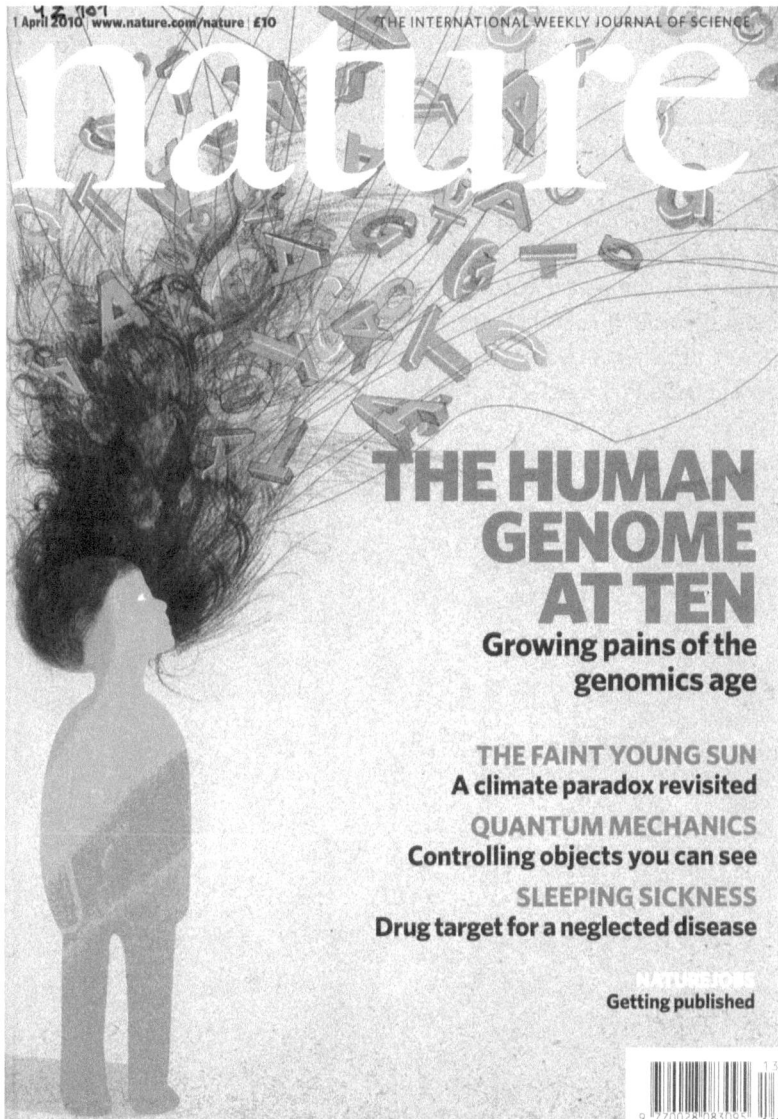

Abb. 8: Nature-Titelgrafik vom 1. April 2010 (Jonathan Burton)

---

67 Justin Stagl/Wolfgang Reinhard (Hg.), Grenzen des Menschseins. Probleme einer Definition des Menschlichen. Wien 2005.

Das zentrale Kennzeichen der heutigen, oftmals neuen Formen des Rassismus ist der explizite Wechsel vom dogmatischen Weltbild zur praktischen Weltveränderung, mithin die Wiederholung des Strukturwandels wie er am Ende des 19. Jahrhunderts stattgefunden hat. So verwundert auch nicht, dass gerade in den rechtsradikalen und fremdenfeindlichen Milieus oftmals der Rassebegriff vermieden, hingen aber umso mehr Wert auf die vom Rassismus geforderten Formen der Praxis gelegt wird: Selektion, Reinhaltung usw. So kann man ohne den Rassebegriff zu bemühen, auch leicht die Frage beantworten, gegen wen sich diese Ausschlusskriterien denn vornehmlich richten: gegen die Ausländer, die Anderen, die Fremden – auf kulturelle oder soziale Gruppen übertragen heißt das: gegen Homosexuelle, Lesben, Juden, Muslime, Sinti, Roma, Gitanos und Gypsies usw. Die Angst vor den Herausforderungen der/einer Globalisierung scheint hier bereits deutlich auf: In diesem Sinne beginnt Rassismus dort, wo Menschen der Ansicht sind, dass die Bekämpfung bestimmter Gruppen anderer Menschen die Welt besser macht.[68]

---

68 Vgl. Susan Arndt, Die 101 wichtigsten Fragen. Rassismus. München 2012; Wolfgang Benz, Sinti und Roma: Die unerwünschte Minderheit. Berlin 2014; Klaus-Michael Bogdal, Europa erfindet die Zigeuner. Berlin 2011; Christian Geulen, Wahlverwandte. Rassendiskurs und Nationalismus im späten 19. Jahrhundert. Hamburg 2004; Joachim S. Hohmann, Geschichte der Zigeunerverfolgung in Deutschland. Frankfurt a. M., New York 1988.

Teil III: **Nachwirkungen**

Julien Reitzenstein
Die Geschichte einer Villa als Spiegel der Geschichte des 20. Jahrhunderts

Die im Jahre 2014 erschienene Monographie *Himmlers Forscher – Wehrwissenschaften und Medizinverbrechen im ‚Ahnenerbe' der SS*, befasst sich mit dem aus dem „Ahnenerbe" hervorgegangenen „Institut für wehrwissenschaftliche Zweckforschung". Der Autor der Monographie – und dieser Zeilen – beschrieb darin unter anderem die gemeinsame Leitung dieser beiden Einrichtungen. Als ein Nebenaspekt spielten die beiden Standorte dieser Leitung eine Rolle. Neben der Zentrale, die sich in Berlin auf einem Straßenkarree in Dahlem befand, wurde ab 1943 kriegsbedingt eine Ausweichstelle in Waischenfeld unterhalten. Es stand die Frage im Raum, wie das Ahnenerbe sich einen Sitz in jenem Vorort leisten konnte, in dem die Preise von Grundbesitz stets am oberen Ende der Preisskala in Berlin rangierten.[1] Voreigentümer der Ahnenerbe-Liegenschaft in Berlin war der jüdische Bankier Rudolf Löb.[2] Mit verschiedenen Methoden gelang es Ahnenerbe-Geschäftsführer Wolfram Sievers, seiner Einrichtung praktisch ohne eigenes Kapital Löbs Liegenschaft und weitere Nachbargrundstücke zu verschaffen.[3] Eine Ausnahme war die Liegenschaft in der Pücklerstraße 14, die an drei Seiten von jenem Gelände umschlossen wurde, auf dem das Ahnenerbe schließlich seine Zentrale unterhielt und von wo Verbrechen, wie das der *Straßburger Schädelsammlung* koordiniert wurden.[4]

Wer war jedoch zum Zeitpunkt des Wirkens des Ahnenerbes in Dahlem – ab 1938 – Eigentümer dieser Liegenschaft, die Sievers nicht für das Ahnenerbe akquirieren konnte, und warum blieb das bis 1945 so? Zum Zeitpunkt des Ein-

---
[1] Julien Reitzenstein, Himmlers Forscher. Wehrwissenschaft und Medizinverbrechen im „Ahnenerbe" der SS. Paderborn 2014, S. 270ff., 262ff.
[2] Zu Rudolf Löbs Bedeutung (Generalkonsul, Berater mehrerer Reichskabinette, Aufsichtsrat mehrerer Banken und das erste Nicht-Familienmitglied an der Spitze der Mendelssohn-Bank) vgl. Sebastian Panwitz, Das Haus des Kranichs. Die Privatbankiers von Mendelssohn & Co. (1795–1938). Berlin 2018, S. 242ff.
[3] Bundesarchiv (BArch) NS 21/27a, Urkunde 1217/1939 v. 30.10.1939 des Notars Dr. Felix Hans. Löb emigrierte und seine prachtvolle Liegenschaft ging über den Fiskus an das Ahnenerbe. Die Forschungseinrichtung kaufte ohne eigenes Geld mittels eines unbesicherten Darlehens der Dresdner Bank zu einem sehr niedrigen Preis. Anschließend nahm der Reichsgeschäftsführer des Ahnenerbes, Wolfram Sievers, noch eine weitere Grundschuld auf die Liegenschaft auf und erhielt den Beleihungsbetrag zu Gunsten der Ahnenerbe-Finanzen ausbezahlt.
[4] Julien Reitzenstein, Das SS-Ahnenerbe und die „Straßburger Schädelsammlung" – Fritz Bauers letzter Fall. Berlin 2018; dazu auch: www.hugo-heymann.de.

https://doi.org/10.1515/9783110654592-009

zugs des Ahnenerbes war dieser Nachbar Waldemar Gerber, der gute Kontakte zur SS-Spitze hatte.[5] Möglicherweise war es Sievers deshalb nicht möglich, dieses Anwesen für eine Erweiterung der Ahnenerbe-Zentrale zu erwerben. Jedoch lag die weitere Frage nahe, seit wann Gerber Eigentümer war und von wem er die Liegenschaft erworben hatte.

Es stellte sich heraus, dass Gerber das Anwesen nach dem Stichtag 30. Januar 1933 von dem jüdischen Kaufmann Hugo Heymann gekauft hatte: Hugo Heymann war am 31. Dezember 1881 als Sohn einer Kaufmannsfamilie in Mannheim geboren worden.[6] Nach einer kaufmännischen Ausbildung und einem Chemiestudium machte er sich selbstständig. Im März 1920 wurde Heymann persönlich haftender Gesellschafter in der neu gegründeten Regensburger & Co. KG. Der andere Komplementär, Norbert Regensburger, stammte ebenfalls aus Mannheim, wie auch der Alleinkommanditist Jacob Feitel. Das von diesem eingebrachte Kommanditkapital betrug 500.000 RM. Die Kommanditgesellschaft befasste sich mit dem Import französischer Parfüms sowie der Herstellung, dem Verkauf und auch dem Export von Fischsilberperlen. Ab 1921 gab es für sechs Jahre eine Filiale in Köln; ab 1927 war das Unternehmen ausschließlich in der Kurfürstenstraße in Berlin tätig. Im Bereich der Herstellung von Fischsilberperlen waren weit über hundert Mitarbeiter beschäftigt. Gemäß dem Handelsgesetzbuch (HGB) führten Hugo Heymann und Norbert Regensburger die Geschäfte. Jacob Feitel war als Kommanditist hingegen davon ausgeschlossen.[7] Beide Komplementäre teilten sich die Aufgaben nach Geschäftsgebieten. Während Regensburger sich um den Parfum-Import und -vertrieb kümmerte, verantwortete Heymann die Herstellung und den Vertrieb der Kunstperlen. Kunstperlen waren kein Luxusprodukt, sondern preiswerte Massenware; besonders in den Zeiten der Weltwirtschaftskrise waren sie ein beliebtes Ersatzprodukt.[8] Der Grundstoff Fischsilber besteht aus zwei Purinen (Guanin und Hypoxanthin). Diese kristalli-

---

[5] Landesarchiv Potsdam (LAPO), Rep. 203 AVE Bet Nr. 1020, Bl. 265, Schreiben des Reichskriminalpolizeiamtes an RA Krüger vom 30.03.1938; vgl. Berliner Zeitung vom 27.2.1948: „Entnazifizierung abgelehnt. Die Entnazifizierungskommission für Kunstschaffende lehnte den Antrag auf Entnazifizierung des Verlegers der früheren Potsdamer Tageszeitung, Waldemar Gerber, ab, da sich herausgestellt hatte, dass er enge Beziehungen zum damaligen Chef der Polizei, Daluege, pflegte und wesentlich zur Verbreitung nazistischen Ideenguts beigetragen hatte."
[6] Landesarchiv Berlin (LAB) B Rep. 025–08 Nr. 118/50, Rückerstattungssache Kaps gegen Gerber, I WGA 650/49, Bd. 1, Bl. 82, Geburtsurkunde Nr. 1869 vom 14.7.1927.
[7] Vgl. § 164 HGB.
[8] Andere Ansicht im Gutachten von Michael Wildt und Julia Hörath vom 6.12.2016, S. 23, http://www.bundespraesident.de/SharedDocs/Downloads/DE/Anhaenge/Gutachten-Dienstvilla-Berlin-Dahlem.pdf?__blob=publicationFile, (3.11.2018) (im Folgenden zitiert: Gutachten Wildt).

sieren in sehr kleiner, feinstrukturierter Blättchenform. Die Purine werden durch Herauslösung mittels organischer Lösungsmittel aus den Schuppen von Weißfischen gewonnen, beispielsweise Hering oder Sardine. Anschließend wird die Lösung zentrifugiert und sodann gewaschen. In Fabriken wie jener der Regensburger & Co. KG wurden Glasperlen mit der gewonnenen Fischsilber-Essenz ausgeschwenkt und anschließend mit Wachs gefüllt. Alternativ wurden Glasperlen in Fischsilber getaucht und anschließend mit Wachs überzogen.[9]

Hugo Heymann war ein erfolgreicher Unternehmer. Schon Ende 1926 erwarb er in der Pücklerstraße 14 die bereits erwähnte herrschaftliche Villa. Gemäß dem Bebauungsplan sah dieser Bereich ausschließlich derartige Liegenschaften vor.[10] Heymann kaufte die fast fertiggestellte Villa vom Testamentsvollstrecker des Villen-Erbauers Julius Wurmbach.[11] Dieser hatte – wohl wegen wirtschaftlicher Schwierigkeiten in Folge der Hyperinflation 1923 – in der Villa einen Verwandten erschossen und sich dann das Leben genommen. Gerade bei besonderen Immobilien haben solche in den Medien berichteten Suizide im Haus einen nicht unerheblichen Einfluss auf den Kaufpreis. Hugo Heymann kaufte das Anwesen für 150.000 RM.[12] Er investierte und ließ die Liegenschaft fertigstellen, die Inneneinrichtung wurde von Siegfried Farmann gestaltet, welcher in Berlin eines der bedeutendsten Innenarchitekturgeschäfte betrieb.[13] Die Fertigstellung, die hochwertige Inneneinrichtung und das Bewohnen eines „Puffereigentümers nach Suizid" dürfte den Wert der Liegenschaft auf einen Betrag von schätzungsweise deutlich über 200.000 RM angehoben haben.[14] Auch die Nachbarschaft hat bei der Immobilienbewertung – insbesondere bei hochwertigen freistehenden Wohnimmobilien – Einfluss auf den Wert. Heymanns Grundstück war an zwei Seiten umgeben von einem parkähnlichen Anwesen, in der die Villa von Rudolf Löb und das sogenannte kleine Schloss nebst Wirtschaftsgebäuden lagen. Die dritte Grundstücksgrenze des von Heymann erwor-

---

9 Ein Beispiel: www.kremer-pigmente.com/media/pdf/53500.pdf (5.09.2018).
10 LAB B Rep. 025–08 Nr. 118/50, Gutachten von Prof. Dipl.-Ing. Schwenke, Lehrstuhl für Städtebau und städt. Tiefbau, TU Berlin.
11 LAB B Rep. 025–08 Nr. 118/50, I WGA 650/49. Bd. 1, Konvolut Korrespondenz Liegenschaft Pücklerstr. 14.
12 LAB B Rep. 025–08, Nr. 118/50, Bd. 1, Bl. 17f., notariell beglaubigte Abschrift des Kaufvertrages der Villa Pücklerstraße 14 vom 19.11.1926.
13 LABO Berlin H. 211.355, Bl. D3, Entschädigungsakte Hugo Heymann, Antragstellerin Maria Kaps, Eidesstattliche Erklärung Siegfried Farmann vom 13.12.1948.
14 LAB B Rep. 025–08, Nr. 118/50, Bd. 1, Bl. 260, Beschluss Kammergericht Berlin vom 9.10.1952, es seien allein für Baumaßnahmen 20.000,00 Reichsmark angefallen; vgl. LAB B Rep. 025–08, Nr. 118/50, Bd. 1, Bl. 176f., Eidesstattliche Versicherung Farmann, der allein die Einrichtung der Räume Herren-, Damen- und Bibliothekszimmer mit über 80.000 RM bewertet.)

benen Grundstücks grenzte an das Anwesen von Richard Semmel. Der jüdische Kaufmann war der Inhaber der Wäschefabrik Arthur Salumon und einer der bekanntesten Kunstsammler Berlins. Er kaufte 1922 ein weiteres Grundstück in Dahlem, in der Cecilienallee 19/21 (zuvor Cecilienstraße, heute Pacelliallee), auf welchem der Architekt Adolf Wollenberg 1926 eines der wohl gelungensten Wohnhäuser Berlins fertigstellte. Semmel und Löb waren die einzigen und zudem prominenten Nachbarn, was dem Wert der Liegenschaft gewiss nicht abträglich war. In den Jahren nach der Fertigstellung durch Heymann fanden in der Villa zahlreiche gesellschaftliche Veranstaltungen statt. Deren Gastgeberin war Maria Heymann, genannt Wera. Das Paar hatte im Jahre 1927 in London geheiratet.

Die Quellen geben keinerlei Hinweis auf wirtschaftliche Schwierigkeiten im Haushalt oder dem Unternehmen der Heymanns, auch nicht in Zusammenhang mit der Weltwirtschaftskrise. Heymanns Partner, der Kommanditist der Regensburger & Co. KG, Jacob Feitel, scheint hingegen wirtschaftlich in Mitleidenschaft gezogen worden zu sein und Liquidität benötigt zu haben. Der Kommanditist kündigte Mitte 1931 die Gesellschaft und zog auf diesem Wege so seine Kommanditeinlage in Höhe von bilanziell 500.000 RM ab. Nach dem Gesetz ging das Unternehmen damit mitsamt aller Aktiva und Passiva auf die Komplementäre über. Es lag also keine Insolvenz oder Auflösung wegen wirtschaftlicher Schwierigkeiten der Regensburger & Co. KG selbst vor.[15] Auch gründete Hugo Heymann kein neues Unternehmen, dem er aus eigenem Entschluss den eigenen Namen gab. Nach der damals geltenden Gewerbeordnung hatte das durch Kündigung des Kommanditisten in automatischer Rechtsfolge entstehende Einzelunternehmen ausschließlich den Vor- und Zunamen des Inhabers zu tragen. Während Norbert Regensburger das – nach der Krise gewiss schwierigere – Parfumgeschäft als Einzelunternehmen weiterführte, führte Hugo Heymann das Kunstperlengeschäft als Einzelunternehmen weiter, einschließlich der Expansion in neue Märkte wie das Auslands- und Automobilgeschäft. Die neue Geschäftsadresse lag in der Ritterstraße 69 in Kreuzberg.[16] Zahlreiche im sogenannten Export-Viertel sitzende Unternehmen hatten intensiven Kontakt mit dem Ausland, einschließlich grenzüberschreitendem Zahlungsverkehr. Niemand ahnte in diesem Sommer 1931, dass nur wenige Monate später, am 8. De-

---

15 Vgl. Gutachten Wildt, S. 22.: „Die Gründe für die Auflösung der Kommanditgesellschaft gehen aus den gesichteten Unterlagen nicht hervor. Der Zeitpunkt – 1931 befand sich die Weltwirtschaftskrise auf ihrem Höhepunkt – legt die Vermutung nahe, dass wirtschaftliche Schwierigkeiten den Anlass gebildet haben könnten." Der Grund für die Auflösung ist ersichtlich die Kündigung der Gesellschaft durch den Kommanditisten.
16 Vgl. https://digital.zlb.de/viewer/readingmode/34115495_1932/1272, Berliner Adreßbuch. Ausgabe 1932, S. 1253 (14.12.2018).

zember 1931, die neu eingeführte Reichsfluchtsteuer dem Kapitalabfluss ins Ausland vorbeugen sollte. Niemand ahnte in diesem Sommer 1931, dass nur wenige Jahre später die Gestapo sehr genau Verdachtsmomenten nachging, dass derartige Unternehmen zum „Schaden des Reiches" verdeckt Kapital ins Ausland geschafft haben könnten; insbesondere galt das für Unternehmen jüdischer Kaufleute. Und (fast) niemand ahnte in diesem Sommer 1931, dass Deutschland nur eineinhalb Jahre später ein sehr gefährlicher Ort für Juden werden würde. Dass niemand ahnte, was kommen würde, ist ein häufig bemühtes Klischee, das allerdings nicht selten falsch ist: Ein Blick auf die Fakten zeigt eine signifikante jüdische Emigration vor 1933. So vermerkte Oskar Loerke, Lektor des S. Fischer Verlags und Sekretär der Sektion Dichtkunst der Preußischen Akademie der Künste, am 4. August 1932 in seinem Tagebuch: „Mit Zwang ans Verreisen gedacht. Gefühl: Ich werde vertrieben werden. Die Totengräber Deutschlands werden auch mich bei lebendigem Leib begraben."[17] In der Rückschau auf diese Monate schrieb Carl-Herrmann Ebbinghaus 1946: „Niemand wird behaupten, dass die Deutschen als Gesamtheit die Juden für ‚lebensunwürdig' erklärt hätten, wie es Hitler und seine Apostel taten. Aber unverkennbar hatte die Feindschaft gegen die Juden schon vor 1933 einen Grad angenommen, der für sie höchst gefährlich war."[18]

Das Scheitern der Präsidialkabinette einerseits und eine NSDAP, die seit Herbst 1930 die zweitstärkste und seit Sommer 1932 die stärkste Kraft im Reichstag war, mündeten für viele Beobachter nicht in der Frage, ob die NSDAP mitregieren würde, sondern wann. Und was dann mit Juden, vermögenden und prominenten gar, geschehen solle, wurde laut genug angekündigt: Ob in Reichstagsreden, dem *Stürmer* oder dem *Völkischen Beobachter* oder den Reden Goebbels' – man konnte dem nicht ausweichen. „Schon vor 1933 waren Juden Ziel gewalttätiger Attacken, gerade in Berlin, wo mit rund 160.000 jüdischen Menschen die größte Gemeinde in Deutschland existierte. Für die Berliner SA-Stürme war es üblich, am Sonntag zum Kurfürstendamm zu fahren, um dort Passanten zu belästigen oder zu verprügeln. So ereigneten sich dort am Abend des jüdischen Neujahrstages, am 12. September 1931, blutige Ausschreitungen. Etwa tausend SA-Männer marschierten auf, brüllten Parolen wie „Deutschland

---

[17] Oscar Loerke, Tagebücher 1903–1939. Herausgegeben von Hermann Kasack. Heidelberg, Darmstadt 1956, S. 256.
[18] Carl-Hermann Ebbinghaus, Professoren und Studenten, in: Der Ruf, 2 (1.9.1946), zit. nach Hans Schwab-Felisch (Hg.), Der Ruf. Eine deutsche Nachkriegszeitschrift. München 1962, S. 188–195, S. 193.

erwache, Juda verrecke" oder „Schlagt die Juden tot" und schlugen Menschen, die „jüdisch" aussahen, brutal zusammen."[19]

Im Oktober 1932 besaß Hugo Heymann eine Fabrik für Kunstperlen in Berlin-Heinersdorf, ein vermietetes Mehrfamilienhaus in Köln, eines in Mannheim, die selbstgenutzte Villa in Dahlem und zwölf Jahre profunde Erfahrung als Geschäftsmann, die ihn trotz einer Hyperinflation und einer Weltwirtschaftskrise aufgrund seiner Fähigkeiten erfolgreich bleiben ließ. Und, dies legen die Indizien nahe, er hatte die Absicht, Deutschland zu verlassen. Zur Beurteilung des Handelns von Hugo Heymann genügen nicht nur Indizien, die in historisch-politische Sachverhalte eingeordnet werden. Sein Handeln muss plausibilisiert werden, unter anderem bezüglich rechtlicher Möglichkeiten und Usancen, aber auch bezüglich unternehmerischer Konsistenz und Schlüssigkeit. In keinem Fall ist es zur Sachverhaltsaufklärung sinnvoll, damals Handelnden heutiges Wissen nahezulegen. Die Fabrik bescherte Hugo Heymann laufende Einkünfte. Diese reduzierten sich aufgrund der Boykottmaßnahmen des NS-Regimes bis 1938, jedoch fielen bei der Produktion von Fischsilberperlen kaum Fixkosten an. Zudem stand die Fabrik nebst Inventar in Heymanns Eigentum.[20] Aufgrund der erfolgten Reduktion des Personals war bei dadurch sinkenden variablen Kosten auch bei abnehmendem Umsatz mit Überschüssen zu rechnen. Die wirtschaftliche Struktur der Kunstperlenherstellung lässt es mit Blick auf Arbeitsmarkt und Arbeitsrecht als sehr unwahrscheinlich scheinen, dass Heymann Verluste erwirtschaftete, während aber ein laufendes Sinken der Gewinne sehr wahrscheinlich ist.

Hugo Heymann konnte 1932 oder Anfang 1933 nicht wissen, wie sehr Juden in Deutschland ausgegrenzt, immer weiter entrechtet und vor allem ausgeplündert werden würden: Wer mit den genannten Assets im Portfolio 1932 auswandern wollte, ausgehend von freier Verkäuflichkeit, hätte nach wirtschaftlichen Grundsätzen die Fabrik zuletzt verkauft, da für dem Grunde nach rentable Betriebe vergleichsweise einfach Käufer zu finden sind. Zudem erwirtschaftete die Fabrik – selbst bei schwindenden Umsätzen – zunächst noch Überschüsse zur Deckung von Lebenshaltungs- und möglicherweise sogar Auswanderungskosten der Familie Heymann.

Vermietete Mehrfamilienhäuser, insbesondere in *Core*-Lagen, verkaufen sich zu allen Zeiten rasch. Zwar dürfte ein jüdischer Emigrant weniger bekom-

---

19 Wildt, Michael: Als die Judenverfolgung begann. Tagesspiegel vom 28.03.2013, https://www.tagesspiegel.de/wissen/kauft-nicht-bei-juden-als-die-judenverfolgung-begann/7994804.html (28.11.2018).
20 LAB H. 211.355, Bl. D29, Schreiben Hugo Heymann vom Juli 1931, LAB A Rep. 342–02, Nr. 31436; Amtsgericht Charlottenburg, Handelsregister Abteilung A, Schreiben Industrie- und Handelskammer zu Berlin vom 6.4.1938.

men haben als ein nichtjüdischer Verkäufer. Aber die Nachfrage war und ist stets im Vergleich zu anderen Asset-Klassen hoch, gleiches gilt für die Transaktionsgeschwindigkeit. Am schwersten sind zu allen Zeiten hochwertige Wohnimmobilien zu verkaufen, bei denen praktisch nur Eigennutzung in Frage kommt. Die Zielgruppe für solche Immobilien hat einen deutlich individualisierten Geschmack, der sich in Grundrissen und technischer Gebäudeausstattung niederschlägt. Insofern ist es schwierig jemanden zu finden, der genau dieselben Anforderungen wie der Voreigentümer hat. Abstriche bei den Anforderungen bedeuten Abstriche beim Preis. Villen im Ausstattungsstandard wie jene Heymanns sind in heutiger Zeit mit mehreren Millionen Euro zu bewerten. Wer die aus solchen Kaufpreisen resultierenden Nettomieten im fünfstelligen Bereich zahlen kann, wird in der Regel oft gleich selbst investieren. Die Suche nach einem Mieter ist daher oft noch schwieriger als die ohnehin langwierige Suche nach einem Käufer, der genau diesen Immobiliengeschmack hat. Hinzu kommt die Erfahrung, dass Käufer für solche Millionenobjekte zu allen Zeiten nicht so zahlreich sind, wie beispielsweise für eine Eigentumswohnung in Charlottenburg. Kurzum: Es wäre schlüssig, wenn Hugo Heymann 1932 geplant hätte, das am schwersten verkäufliche Objekt zuerst zu verkaufen, die Fabrik im letzten Augenblick und die Zinshäuser hinreichend rechtzeitig vor der Ausreise.

Im Oktober 1932 nahm Heymann eine Grundschuld auf die Liegenschaft in der Pücklerstraße auf. Er belastete die Villa mit 60.000 RM, was einem Beleihungsgrad von rund 20–30 Prozent entsprach, so dass er mit Blick auf den anzunehmenden Beleihungswert wohl auch höher hätte beleihen können. Zeugenaussagen nach dem Kriege berichten von einer Produktionseinrichtung für Kunstperlen in etwa gleichem Wert, die Hugo Heymann vier Wochen nach Eintrag der Grundschuld – also bei damaligen Bankbearbeitungsfristen unmittelbar nach Auszahlung des Geldes – nach Norwegen verschiffen ließ.[21] Das wirkt plausibel, da Norwegen das Auswanderungsziel der Familie bis zu Heymanns Tod 1938 war.[22] Norwegen war Zentrum einer großen Fischfang- und Fischkonserven-Industrie. Dort fiel tonnenweise der Rohstoff für Fischsilberperlen an. Möglicherweise hatte Hugo Heymann bereits in den Vorjahren dort Rohstoff eingekauft und Kontakte gepflegt.

---

21 LABO Berlin H. 211.355, Bl. M18ff., Antragstellerin Maria Kaps, Anlage zum Antrag auf Entschädigung wegen Schaden an Eigentum und Vermögen vom 28.9.1954.
22 LAB B Rep. 025-08, Nr. 118/50, Bd. 1, Bl. 11f., Eidesstattliche Erklärung Hermine Stecher vom 22.12.1948, Stecher gibt Harstad in Nordnorwegen als Auswanderungsziel an. Andere Quellen sprechen von Stavanger. Möglicherweise war das Oberzentrum Stavanger Anlaufpunkt und Harstad das endgültige Ziel.

Bei einem Verkauf der Villa als zuerst verkaufter Liegenschaft wäre die im Herbst 1932 aufgenommene Grundschuld abzulösen gewesen.[23] Was immer Heymann dann – in Unkenntnis der noch nicht erlassenen Ausplünderungsgesetze des Regimes – noch für seine anderen drei Assets erlöst hätte: Sein Lebensunterhalt wäre mit Erreichen Norwegens gesichert gewesen. All das zeigt ein unternehmerisch schlüssiges Handeln. Möglicherweise unterlief Hugo Heymann dabei Kapitalverkehrsvorschriften, möglicherweise prellte er den Fiskus jenes Landes, das er aufgrund des ihm unerträglichen Antisemitismus verlassen wollte. Aber er konnte 1932 nicht wissen, dass eine Gestapo gegründet und dass diese für Devisenkontrolle und Devisenvergehen zuständig sein würde. Vielleicht wusste er aber schlicht auch nicht, ob und wie diese Maschinenverlagerung der Kapitalverkehrskontrolle und der Reichsfluchtsteuer unterlagen und handelte im guten Glauben. Hierzu sind bislang keine Quellen bekannt..

Was wir aber wissen ist, dass Maria Heymann im Herbst 1932, wohl noch vor Aufnahme der Grundschuld im Oktober 1932, den Reichstagsabgeordneten und vormaligen SPD-Reichsinnenminister Friedrich Wilhelm Sollmann im Reichstagsgebäude besuchte. Da sie sich von den vielen braunen und schwarzen Uniformen im Gebäude befremdet zeigte, warnte Sollmann sie eindringlich, dass die NSDAP bald an die Macht kommen würde. Dies bedeute, dass schreckliche Zeiten für Heymanns heraufziehen würden. Er riet dringend, sich finanziell beweglich zu machen und sich auf grundlegende Veränderungen einzustellen.[24] Insofern war es nicht nur unternehmerisch und immobilienwirtschaftlich schlüssig, dass Heymann die Grundschuld nicht auf eines der Zinshäuser aufnahm, sondern eben auf die Villa und diese im November 1932 über den Makler Carl Markiewicz auf den Markt brachte und eine Fabrikeinrichtung an das Ziel der geplanten Emigration schickte.[25]

Ein Käufer war rasch gefunden: Waldemar Gerber. Dieser hatte in Potsdam eine Druckerei, eine Verlagsgesellschaft nebst einigen Tageszeitungen und ein Vermögen von seinem Vater geerbt – allerdings auch einen Teilhaber. Nun suchte der konservative Verleger mit Schmissen im Gesicht eine standesgemäße Liegenschaft. Er beziehungsweise sein ihn während seiner Abwesenheit in Davos vertretende Teilhaber Günther Dreyer setzte Heymann bezüglich des Kauf-

---

23 LAB B Rep. 025–08, Nr. 118/50, Bd. 1, Bl. 261, Beschluss Kammergericht Berlin vom 9.10.1952, der Hinweis, dass Heymann bei der Suche über den Makler Barzahler bevorzugte, legt nahe, dass er bezüglich des Verkaufserlöses eine Warnung des vormaligen Reichsinnenministers Friedrich Wilhelm Sollmann ernst nahm und (finanziell) beweglich sein wollte.
24 LAB B Rep. 025–08, Nr. 118/50, Bd. 1, Bl. 18f, Eidesstattliche Versicherung Sollmann vom 08.11.1949.
25 LAB B Rep. 025–08, Nr. 118/50, Bd. 1, Bl. 31, Schreiben Jorge Lehmann vom 17.12.1949; vgl. LAB B Rep. 025–08, Nr. 118/50, Bd. 1, Bl. 259, Beschluss Kammergericht Berlin vom 9.10.1952.

preises nach Zeugenaussagen massiv unter Druck.[26] Heymann forderte – auch das legt nahe, dass er rasch abschließen und das Land verlassen wollte – zunächst 120.000 RM. Dies war selbst angesichts des seinerzeitigen marktbedingten Preisverfalls ein äußerst niedriger Preis. Heymann erhielt eine Summe, die nahe dem Einheitswert von 75.600 RM – also einen Bruchteil des Verkehrswertes, Herstellungswertes, Beleihungswertes oder Ertragswertes – lag. Es ist kein wirtschaftlicher Grund zu erkennen, aber Tatsache bleibt, dass Heymann als Jude in Zeiten des Erstarkens des Nationalsozialismus stärker unter Druck stand, als nichtjüdische Verkäufer.[27]

Bundespräsident Frank-Walter Steinmeier hielt dazu fest, dass der „Verkauf der Villa durch das Ehepaar Heymann unter dem Druck befürchteter und real drohender Verfolgung stattfand".[28] Heymann konnte nicht wissen, ob und wann der nächste Interessent für die Villa gefunden werden würde und stimmte schließlich einem Kaufpreis in Höhe von 86.000 RM für Grundstück und Bebauung zu.[29] Das war weniger als die Hälfte des anzunehmenden Wertes nach Erwerb und Fertigstellung sechs Jahre zuvor, als die Preise nach der Hyperinflation niedrig waren.[30] Zwar waren nach der Weltwirtschaftskrise auch und gerade Preise für hochwertige Immobilien zur Eigennutzung noch weiter gefallen. Jedoch wäre die Annahme eines Preisverfalls des Verkehrswertes von rund 50

---

26 LAB B Rep. 025–08, Nr. 118/50, Bd. 1, Bl. 3, Antrag auf Rückerstattung der Villa in der Pücklerstraße 14 vom 24.12.1948.
27 Michael Wildt urteilt einerseits „Die Differenz (zwischen Wert und Kaufpreis, der Verf.) ist aber nicht darauf zurückzuführen, dass Hugo Heymann als Jude erpressbar war und keinen höheren Preis für das Anwesen hätte erzielen können." (Gutachten Wildt S. 3) und schreibt andererseits, dass Berlin schon vor 1933 ein sehr gefährlicher Ort für Juden war (Michael Wildt, Als die Judenverfolgung begann, in: Tagesspiegel vom 28.03.2013); vgl. LAB B Rep. 025–08, Nr. 118/50, Bd. 1, Bl. 239, Bezugnahme auf Urteil OLG München RZW 50/271 in Schriftsatz von RA Roßmann vom 30.7.1951, S. 6, dahingehend, dass allein „der Hinweis bei Verkauf auf die Gefahr, dass das Grundstück in der Hand eines Juden nicht zu halten sei, eine Machtposition ausnützt." Dies ist für die rechtliche Beurteilung des ähnlich gelagerten Falles bei Heymann bedeutsam; vgl. LAB B Rep. 025–08, Nr. 118/50, Bd. 1, Bl. 268, Beschluss Kammergericht Berlin vom 9.10.1952, Diskussion der tatsächlichen Machtposition Gerbers.
28 Vgl. http://www.bundespraesident.de/DE/Die-Amtssitze/Schloss-Bellevue/Dienstvilla-Berlin-Dahlem/dienstvilla-node.html, Darstellung der Geschichte der „Villa Wurmbach"; vgl. http://www.bundespraesident.de/SharedDocs/Reden/DE/Frank-Walter-Steinmeier/Reden/2018/06/180604-Gedenktafel-Puecklerstrasse.html, Rede Bundespräsident Steinmeier vom 4.6.2018, „Unter dem Druck drohender Verfolgung verkaufen die Heymanns im Februar 1933, nur sieben Tage nach der Machtergreifung, überstürzt das Anwesen." (20.11.2018).
29 LAB B Rep. 025–08, Nr. 118/50, Bd. 1, Bl. 12, Urkunde 11/1933 des Notars Dr. Georg Lehmann vom 8.2.1933.
30 LAB B Rep. 025–08, Nr. 118/50, Bd. 1, Bl. 239ff., Aussage Maria Kaps, zitiert im Schriftsatz von RA Roßmann vom 30.7.1951, S. 2.

Prozent immobilienhistorisch und aufgrund von Vergleichswerten ebenso lebensfremd, wie die Annahme, dass es krisenbedingt keinen Markt mehr für solche Immobilien gab:[31] In unmittelbarer Nachbarschaft Heymanns wurden im Verkaufszeitraum sogar noch zahlreiche neue, ebenso luxuriöse Villen geplant, finanziert und anschließend gebaut, so dass sie 1933, 1934 oder 1935 fertiggestellt waren.[32]

Der Verkauf wurde von Notar Georg Lehmann beurkundet.[33] Dieser teilte nach dem Krieg mit, dass er Gerber schon zuvor anwaltlich vertreten habe und dies sogar bei den Verkaufsverhandlungen.[34] Das war mit Blick auf das Vorbefassungsverbot für Notare eine bemerkenswert offene Aussage, die zudem Zweifel zulässt, inwieweit das Geschäft rechtlich wirksam beurkundet wurde. Die Stellung Lehmanns nach dem Kriege und sein Wissen, wie sich die Situation für Juden in Deutschland und die SS-Nähe Gerbers entwickelt hatte, sind für die

---

[31] Anders das Gutachten Wildt, S. 44ff.

[32] Siehe Denkmaldatenbank des Landesdenkmalamt Berlin: Haus Lille, Fertigstellung 1935, Max-Eyth-Str. 12A, https://www.stadtentwicklung.berlin.de/denkmal/liste_karte_datenbank/de/denkmaldatenbank/daobj.php?obj_dok_nr=09070306; Haus Witt, für Schriftsteller Dr. Cornelius Witt, Baujahr Fertigstellung 1935, Finkenstr. 9, https://www.stadtentwicklung.berlin.de/denkmal/liste_karte_datenbank/de/denkmaldatenbank/daobj.php?obj_dok_nr=09075330; Einfamilienhaus Auf dem Grat 35, Fertigstellung 1934, Auf dem Grat 35 https://www.stadtentwicklung.berlin.de/denkmal/liste_karte_datenbank/de/denkmaldatenbank/daobj.php?obj_dok_nr=09075302 (04.12.2018).

[33] PAAA B8/676 (Protokollbestand / Dr. Georg Lehmann): Georg Lehmann hatte aufgrund des Reichsbürgergesetzes vom 25.11.1941 die deutsche Staatsangehörigkeit verloren. Der nach Argentinien emigrierte Jurist arbeitete als Anwalt in Buenos Aires. Nach dem Krieg wurde er wieder deutscher Staatsbürger und publizierte als Sprecher der in Argentinien sitzenden und bei deutschen Gerichten zugelassenen Rechtsanwälte in deutschen Fachzeitschriften. Bezüglich der Kooperation mit der 1951 wieder eröffneten deutschen Botschaft heißt es in den Quellen, dass Lehmann „trotz seiner sonstigen großen Arbeitsbelastung ständig in aufopfernder und selbstloser Weise ohne eigenen finanziellen Nutzen die deutsche Botschaft in Wiedergutmachungsfragen (...) beraten und unterstützt" hatte. Er erhielt für sein überragendes Engagement das „über das sonst für Rechtsanwälte in erster Linie in Betracht kommende Verdienstkreuz I. Klasse" das Große Verdienstkreuz des Verdienstordens der Bundesrepublik Deutschland. Daraus ist erkennbar, dass der 1887 geborene Notar Dr. Georg Lehmann beurkundete – es gab zwei jüdische Notare dieses Namens in Berlin, was bisher unbeachtet blieb. (Berliner Adreßbuch. Ausgabe 1933, S. 1545, https://digital.zlb.de/viewer/readingmode/34115495_1933/1558/.) Vgl. Gutachten Wildt, S. 18; vgl. http://www.bundespraesident.de/SharedDocs/Downloads/DE/Anhaenge/Folgegutachten-Dienstvilla-Berlin-Dahlem.pdf?__blob=publicationFile, Nachrecherchen Wildt, S. 8 (14.12.2018). Lehmann kehrte nicht nach Deutschland zurück, wie die Rechercheergebnisse nahelegen. Der Protokollbestand zeigt, dass Lehmann zwar beim Berliner Kammergericht eine Zulassung erhielt, aber weiterhin – wie viele seiner deutschen oder vormals deutschen – Kollegen von Argentinien aus praktizierte.

[34] LAB B Rep. 025–08, Nr. 118/50, Bd. 1, Schreiben von Lehmann an Gerber vom 17.12.1949.

Beurteilung seiner Positionierung im Schreiben an Gerber essentiell. In diesem Licht ist zu betrachten, dass er während der Beurkundung – diese bestand im Wesentlichen aus Verlesung des dreiseitigen Kaufvertrages – keinen Zwang bemerkt habe.[35] Die Rechtsbegriffe des Zwangs (Vis compulsiva oder gar Vis absoluta) und des Verfolgungsdrucks sind zwei verschiedene Dinge, weshalb der Wiedergutmachungsexperte Lehmann präzise formulierte. Es wäre nach 1945 auch bemerkenswert gewesen, wenn ein Notar schriftlich mitgeteilt hätte, dass er eine unter Zwang vollzogene Unterschrift eines Juden unter einen Kaufvertrag beurkundet habe. Jedoch teilte Lehmann bemerkenswerterweise auch mit, dass Hugo Heymann zum Verkaufszeitpunkt in geordneten wirtschaftlichen Verhältnissen gelebt habe.[36] Die ohne jeden Beleg unterstellte wirtschaftliche Notlage Heymanns ist nicht nur aufgrund dieser Information des Notars zu bezweifeln.[37]

Der Käufer, Waldemar Gerber, begann kurz nach dem Kauf Freunde durch das Haus zu führen – während die Heymanns noch dort wohnten und sich das rüde Benehmen verbaten.[38] Kurz gesagt: Gerber vergraulte Heymanns noch vor dem vereinbarten Auszugstermin. Waldemar Gerber, Jahrgang 1888, gab zu diesem Zeitpunkt in seiner eigenen Druckerei unter anderem die *Potsdamer Tageszeitung* heraus, die sich schnell der regimenahen Presse anpasste. Gerber wurde Mitglied des Nationalsozialistischen Kraftfahrer Korps (NSKK) und ebenfalls Förderndes Mitglied der SS. Eine häufige Voraussetzung für diese Mitgliedschaft war, dass das Fördernde Mitglied die Ideologie der SS auch in der Öffentlichkeit mittrug. Das Verhältnis Gerbers zur SS zeigt sich an einem bemerkenswerten Beispiel: Himmler persönlich stellte Gerber in Aussicht, den lukrativen Auftrag für den Druck des „Deutschen Kriminalpolizeiblatts" sowie die Fahndungskartei erhalten zu können. Allerdings verlangte Himmler, dass Gerber seinen langjährigen Partner Günther Dreyer aus dem Unternehmen drängt.[39] Gerber entledigte sich daraufhin Dreyers, der schon Teilhaber im Geschäft seines Vaters gewesen war. Die Zuwendungen an die SS als Förderndes Mitglied machten sich mit dem lukrativen Auftrag für Gerber rasch bezahlt. Privat war der Verleger in den kommenden Jahren oft in Gesellschaft von Himmlers Stellvertreter,

---

35 LAB B Rep. 025–08, Nr. 118/50, Bd. 1, Bl. 12, Urkunde UR 11/1933 des Notars Dr. Georg Lehmann vom 8.2.1933.
36 LAB B Rep. 025–08, Nr. 118/50, Bd. 1, Schreiben von Lehmann an Gerber vom 17.12.1949.
37 Vgl. dagegen das Gutachten Wildt, S. 43.
38 LABO Berlin H. 211.355, Antrag auf Rückerstattung der Villa in der Pücklerstraße 14, 24.12.1948, Bl. 3.
39 LAB B Rep. 025–08, Nr. 118/50, Bd. 2, Bl. 250, 252, vgl. Bundesarchiv, R 9361 V-19342, Aufnahme 2572–2574.

dem Chef der Ordnungspolizei Kurt Daluege.[40] Noch kurz bevor die Rote Armee im April 1945 vor Gerbers Betrieb stand, propagierte er den Endsieg.[41] Doch Gerber war ein typischer Opportunist: Er veröffentlichte nicht nur Propaganda, sondern auch Artikel des späteren Bundespräsidenten Theodor Heuss, der seine Artikel vor 1945 nur sehr schwer in deutschen Medien platzieren konnte, da er beim Regime nicht gut gelitten war.[42] Für Gerber war das Risiko gering, er hatte ja gute Kontakte zur SS. Nach dem Krieg zeigte sich, dass er diese Hintertüre gut nutzen konnte. Bereitwillig stellte Heuss einen „Persilschein" aus; auch andere Zeugen charakterisierten Gerber als „innerlich antifaschistisch".[43]

Hugo Heymann konnte Deutschland nach dem Verkauf der Villa nicht mehr ohne weiteres verlassen. Es begann ein Wettlauf: Immer neue Gesetze zur Ausplünderung von Juden wurden erlassen und Hugo Heymann musste nun unter diesen neuen Umständen seine drei verbliebenen Assets verkaufen, wollte er das darin gebundene Vermögen nicht vollständig verlieren. Im Dezember 1935 verkaufte Heymann seine Liegenschaft in Mannheim für 153.970 RM an die Karlsruher Lebensversicherung.[44] Im Geschäftsjahr 1937 erwirtschaftete Heymann mit nur noch einem Viertel der Belegschaft in der Produktion immer noch hohe fünfstellige Jahresumsätze. Welcher Teil der Belegschaftsreduktion auf einbrechende Umsätze zurückging (bei Juden wurde deutlich weniger gekauft) oder aufgrund von Kündigungen (mancher Mitarbeiter dürfte eine Tätigkeit bei einem nichtjüdischen Betrieb bevorzugt haben) wissen wir nicht. Jedoch ist anzunehmen, dass die Margen Hugo und Maria Heymann zunächst noch zu ernähren vermochten.

Damit ließe sich auch die nach dem Auszug aus der Villa bezogene Wohnung in der Berkaer Straße erklären, die acht Zimmer sowie Räume für Dienst-

---

40 BArch R 9361 V-19342, Aufnahme 2598; vgl. Landesarchiv Potsdam, Rep. 203 AVE Bet Nr. 1020, Bl. 265, Schreiben des Reichskriminalpolizeiamtes an RA Krüger vom 30.03.1938; vgl. Berliner Zeitung vom 27.2.1948.
41 Potsdamer Tageszeitung, Not-Ausgabe, Nr. 89, vom 20.4.1945: Titelseite, Überschrift: „Treu und tapfer sein, das heißt Sieg!".
42 BArch, R 9361 V-19342, Aufnahme 2386. Eine Aufstellung der Artikel (ebenda, Aufnahme 2394) belegt Veröffentlichungen von Heuss-Artikeln in der Potsdamer Tageszeitung bis 1944.
43 Landesarchiv Potsdam (LAPO) Rep. 203 AVE Bet. Nr. 1020, Bl. 266, undatierte Liste aller Artikel von Theodor Heuß in der Potsdamer Tageszeitung vom 6.3.1942 bis 17.12.1944. Neben Beiträgen zum Betriebsjubiläum von Gerbers Unternehmen in der Regel Beiträge zu historischen Personen, u. a. „Fürstin Dorothea Lieven", „Ferdinand von Richthoven (sic)", „Soldat und Staatsmann des Barock G. v. Waldeck", „Mehemet Ali", aber auch „Ricarda Huch", „Der Kampf um die deutsche Einheit" oder „Der temperamentvolle Katheder Sozialist."
44 LABO Berlin H. 211.355, Bl. D42, Beschluss der Rückerstattungskammer des Obersten Landgerichts Mannheim im Rückerstattungsverfahren Maria Kaps gegen Karlsruher Lebensversicherungs AG, 16.21953; ebd. Schreiben Grundbuchamt II Mannheim, 10.3.1949.

mädchen und Chauffeur gehabt haben soll.[45] Diese bot aber einen weiteren bemerkenswerten Vorteil: Während ein Villenverkauf langwierig war, hatte diese Mietwohnung nur 14 Tage Kündigungsfrist.[46] Ab 1938 erhöhte das Regime den Druck: Was Juden nicht offenkundig brauchten, wurde versteigert. Die vermögende Schuh-Händler-Familie Leiser beispielsweise, die noch 1937 einen fabrikneuen amerikanischen Luxuswagen gekauft hatte, musste mit ansehen, wie dieser 1938 zwangsversteigert wurde.[47] Auch wertvoller Besitz der Familie Heymann ging so an die vielen Schnäppchenjäger, die ohne Skrupel auf derartigen Auktionen kauften.[48]

Als 1937 der erfolgreiche Verkauf des Hauses in Köln und ebenso der Fabrik bevorstand, beantragte Hugo Heymann die Ausreise. Allein die DeGo-Abgabe[49] war bis dahin schon von 20 im Jahre 1934 auf 81 Prozent des auszuführenden Vermögens angehoben worden. Im September 1937 verfasste Heymann ein Testament zu Gunsten seiner Frau und löste im Dezember 1937 den Hausstand auf.[50] Das Umzugsgut wurde dem Gesetz folgend in Anwesenheit von Zollbeamten verpackt und bei der Spedition Schenker eingelagert, die Heymanns zogen in das Savoy-Hotel in der Fasanenstraße.[51] Es ist fraglich, ob Familie Heymann ein so teures Hotel gewählt hätte, wenn sie nicht davon ausgegangen wäre, bald ausreisen zu können. Bargeld und Schmuck wurden im Hoteltresor aufbewahrt, wohl um bei Ausreise sofort zugreifen zu können. Doch mit den Ausreiseformalitäten geriet Hugo Heymann in den Fokus der zuständigen Gestapo-Dienststellen. Aufgrund deren Zuständigkeiten liegt nahe, dass sie sich für seine Devisentransaktionen interessierten; möglicherweise war dabei die verschiff-

---

45 LAB B Rep. 025–08, Nr. 118/50, Bd. 1, Bl. 57, Schreiben Karl Kaps, 13.5.1950.
46 LAB B Rep. 025–08, Nr. 118/50, Bd. 1, Bl. 174, Schriftsatz RA Kaps vom 24.1.1951.
47 Auktionskatalog zur Versteigerung „Luxus-Villeneinrichtung" vom 24. und 25. August 1938, Auktionshaus Dr. Walther Achenbach, Tafel 8, Nr. 382, Lincoln-Limousine Rolldach Modell 1937 V 12.
48 Vgl. Wolfgang Dreßen: Betrifft: „Aktion 3". Deutsche verwerten jüdische Nachbarn, Berlin 1998.
49 Bei der DeGo-Abgabe handelte es sich um eine vom NS-Regime zur Ausplünderung legal emigrierender Juden laufend verschärfte Vermögensabgabe. Verkaufserlöse (von Kunstgegenständen, Aktien, Unternehmensanteilen, etc.) mussten auf einem Sperrmarktkonto deponiert werden. Der Umtausch in Devisen erfolgte nur nach ausdrücklicher Genehmigung der DEutschen GOlddiskontbank und unter Einbehalt eines Disagio, der sogenannten DeGo-Abgabe. Später wurde die Abgabe zusätzlich auch auf Gegenstände erhoben, die die Emigranten bei der Ausreise mitnehmen wollten.
50 LABO Berlin H. 211.355, Beglaubigte Abschrift des Testaments von Hugo Heymann vom 18.9.1937, ausgefertigt am 28.5.1954.
51 LABO Berlin H. 211.355, Anlage zum Antrag auf Entschädigung wegen Schaden an Eigentum und Vermögen, 28.9.1954, Bl. M18.

te Fabrikeinrichtung ein Thema. Die entsprechenden Gestapo-Unterlagen sind nicht erhalten. Die bei der Gestapo angesiedelten Devisenstellen waren seit 1. Dezember 1936 befugt, auf jüdisches Kapital zuzugreifen, sollte der Verdacht aufkommen – und praktisch jedes jüdische Export-Unternehmen stand im Verdacht –, dass dieses unter Umgehung der neu eingeführten Gesetze ins Ausland gerettet werden sollte.[52] Es gibt unzählige dokumentierte Fälle, in denen die Gestapo versuchte, Vermögen durch Anwendung von Folter aufzuspüren. Auch Hugo Heymann kehrte von den Verhören mit blutiger Unterwäsche heim, wie Zeugen mitteilten.[53] Maria Heymann wurde ebenfalls zur Gestapo vorgeladen. Man sagte ihr Straffreiheit und volle Verfügung über ihr Vermögen zu, wenn sie sich scheiden lasse. Sie lehnte ab und erkrankte unter dem psychischen Druck, dem ihr Mann und sie ausgesetzt waren, schwer.[54] Im März 1938 kaufte Karlernst Nadolny die Perlenfabrik für 50.000 Mark.[55] Inwieweit dieser Preis fair war, lässt sich anhand fehlender Unterlagen nur bedingt beurteilen. Aber als absolute Summe handelt es sich damals um sehr viel Geld, nämlich um etwa 25 Jahresdurchschnittsentgelte. Am 27.4.1938 erfolgte die Umschreibung der Firma im Handelsregister.[56]

Vorerkrankungen waren bei Hugo Heymann zu diesem Zeitpunkt nicht bekannt, mit Ausnahme einer chronischen Erkrankung der Gallenblase. Am 4. Juni 1938 wurde er mit der Diagnose Urämie unmittelbar nach einem Gestapo-Verhör in das Krankenhaus St. Gertrauden eingeliefert.[57] Solch eine Harnstoffvergiftung tritt ein, wenn die Nieren die Arbeit einstellen und sich Harnstoff im Körper anreichert. Wenige Foltermethoden hinterlassen so starke Schmerzen und so wenige dauerhafte Spuren wie Schläge auf die Nieren. Es ist nicht selten, dass die Nieren dann stark geschädigt ihre Arbeit einstellen. Die Folge ist eine Herzinsuffizienz, die zum Tode führt. Am frühen Morgen des 5. Juni 1938 starb

---

52 Vgl. Monika Nakath (Bearb.): Nationalsozialistische Judenverfolgung in Brandenburg. Vertreibung und Ermordung. Materialsammlung für Lehre und Unterricht, Potsdam 2010, S. 5.
53 LAB B Rep. 025–08, Nr. 118/50, Bd. 1, Bl. 59, Eidesstattliche Erklärung Hermine Stecher vom 16.3.1949.
54 LABO Berlin H. 211.355, Bl. M9, Eidesstattliche Erklärung Hermine Stecher vom 22.12.1948, ebd. Bl. M10, Eidesstattliche Erklärung von Julius Nardello vom 10.11.1949; vgl. LAB B Rep. 025–08, Nr. 118/50, Bd. 1, Bl. 18, Eidesstaatliche Erklärung Maria Kaps vom 14.6.1946 und vom 28.11.1949; vgl. Landesarchiv NRW/Westfalen, Regierung Münster, Wiedergutmachung Nr. 4831, Bescheid Regierungspräsident Münster/Westfalen vom 20.12.1956, Bl. 54., dort erwähnt „mehrfache Vorladungen zur Gestapo", möglicherweise Widergabe der Argumentation der Antragstellerin.
55 LABO Berlin H. 211.355, Bl. M33-M35.
56 LAB A Rep. 342-02, Nr. 31436, Amtsgericht Charlottenburg, Handelsregister Abteilung A.
57 Vgl. LABO Berlin H. 211.355 Bl. A6, Schreiben Entschädigungsamt Berlin vom 15.11.1972; ebenda, Schreiben St. Gertrauden-Krankenhaus vom 10.3.1960.

Hugo Heymann an Herzinsuffizienz.[58] Die zuständigen Behörden verzichteten auf Klärung der genauen Todesursache des jüdischen Kaufmanns durch eine Obduktion, so dass heute kein Beweis der (naheliegenden) Todesursache vorliegt. Maria Heymann und ihre Hausangestellte waren der festen Überzeugung, dass die Misshandlungen, die Hugo Heymann während der Gestapo-Haft erlitten hatte, seinen Tod verursacht hatten.[59]

Die Beurkundung des schon verhandelten Verkaufs der Liegenschaft in der Kurfürstenstraße 11 in Köln durch den beauftragten Notar erfolgte zwei Tage nach Heymanns plötzlichem Tod.[60] Maria Heymann erlitt in diesem Zeitraum einen Zusammenbruch. Dies lag nicht nur daran, dass sie nach Quellenlage nie den vollen Kaufpreis für die Fabrik erhielt. Die fortschreitende Entrechtlichung über fünf Jahre mit immer neuen Schikanen, Ausplünderungsgesetzen und Ausgrenzung hatte ihr zu schaffen gemacht. Nun lebte sie als alleinstehende Witwe in einer Pension. Ob sie vom erlösten Vermögen profitierte, wissen wir nicht. Die Indizien deuten aber darauf hin, dass der NS-Unrechtsstaat sich große Teile von Heymanns hinterlassenem Vermögen angeeignet und die Witwe weitgehend mittellos zurückgelassen hat. Am 13. Dezember 1938 heiratete sie ihren Anwalt Karl Kaps, möglicherweise in der Hoffnung auf Halt und Sicherheit.[61] Im Jahre 1940 gebar sie einen Sohn, Erbe ihrer Ansprüche und damit auch jener von Hugo Heymann. Die gemeinsame Wohnung in der Landgrafenstraße – rund hundert Meter von der Dienststelle Adolf Eichmanns in der Kurfürstenstraße 115/116 entfernt – wurde ebenso wie die Anwaltskanzlei Unter den Linden durch Bomben zerstört. Die Familie zog nach Schräbsdorf in Preußisch-Schlesien, wo Karl Kaps als Gutsverwalter tätig war. Im April 1946 durfte Maria Heymann 20 Kilogramm Handgepäck mit sich nehmen und wurde ausgewiesen. Acht Monate später traf die Familie im Münsterland ein. Nach verschiedenen Notunterkünften konnte sie acht Jahre später ein Aussiedlerhaus in Havixbeck beziehen.[62] Der promovierte Jurist Karl Kaps begann wieder als Anwalt tätig zu sein, statt in der Landwirtschaft zu arbeiten.

---

58 LAB P Rep. 570, Nr. 1718, Sammelakten zum Sterbebuch 1938, Eintrag vom 5.6.1938; vgl. LAB, P Rep. 570, Nr. 1230, Sterberegister des Standesamts Berlin-Wilmersdorf 1938, Nr. 954 vom 7.6.1938.
59 LABO Berlin H. 211.355, Bl. M9, Eidesstattliche Erklärung Hermine Stecher vom 22.12.1948; vgl. LAB B Rep. 025–08, Nr. 118/50, Bd. 1, Bl. 59, Eidesstattliche Erklärung Hermine Stecher vom 16.3.1949.
60 Landesarchiv NRW/Rheinland BR 366, Nr. 30/110/723, Rückerstattungsverfahren Hugo Heymann gegen Matthias Schmitz wegen Hausgrundstück Köln, Kurfürstenstraße 11, Schreiben des Kreisbeauftragten vom 4.4.1951.
61 Stadtarchiv Münster, Sterberegister der Stadt Münster, Nr. 8/1972 vom 10.4.1972.
62 Stadtarchiv Münster, Amt Roxel II, Meldekartei.

Ab 1946 stellte Maria Kaps für sich selbst, aber auch als Erbin von Hugo Heymann mehrere Anträge, um das durch das NS-Regime erlittene Unrecht wieder gutzumachen.[63] Deutschland war jedoch nach dem Kriege und auch nach Gründung der Bundesrepublik nicht gut vorbereitet auf die Millionen von Fällen staatlicher Wiedergutmachung. Das Bundesentschädigungsgesetz wurde erst 1953 erlassen.[64] Das Bundesrückerstattungsgesetz trat erst 1957 in Kraft.[65] Zudem war die Richterschaft mindestens bis Ende der 1950er weitgehend identisch mit jenen Richtern, die den Reichsadler mit Hakenkreuz auf der Robe getragen hatten. In jenen Jahren versagte die juristische Aufarbeitung des NS-Unrechts und spätestens Anfang der 1970er Jahre trat in der Regel bereits die Verjährung ein.

In unzähligen Einzelfällen sahen sich die vom Regime entrechteten Antragstellern zynisch argumentierenden Richtern gegenüber: So teilte die zuständige Wiedergutmachungskammer in Berlin 1951 Hugo Heymanns Witwe Maria Kaps mit: „Wenn ein besserer Kaufpreis für das Grundstück zu erzielen gewesen wäre, dann ist es unerfindlich, warum der sich bis zu seinem Tod im Jahre 1938 in Deutschland aufhaltende Hugo Heymann nicht einen besseren Käufer für das Grundstück suchte und fand."[66]

Eine Anerkennung von Hugo Heymann als Verfolgten lehnte das Gericht deshalb ab. Von der gleichen absichtsvollen Blindheit des Staates in der Nachkriegszeit zeugt die ebenfalls ablehnende Begründung des Entschädigungsamtes Berlin noch aus dem Jahr 1974. Darin heißt es, es sei „weder nachgewiesen noch glaubhaft dargelegt worden, dass der Tod des Verfolgten im ursächlichen Zusammenhang mit der Verfolgung stand".[67]

Waldemar Gerber hingegen wurde rasch entnazifiziert.[68] Nachdem sich der Eiserne Vorhang quer durch Berlin gesenkt hatte, sah die Politik dringendere Aufgaben, als sich mit der Schuld von nun wieder wichtigen Unternehmern allzu sehr zu befassen. Die Villa in der Pücklerstraße hatte keine Kriegsschäden, so dass Gerber mit seiner Familie dort noch glückliche Jahre verbringen konnte.

---

63 LABO Berlin H. 211.355, Entschädigungsakte Hugo Heymann, Antragstellerin Maria Kaps; LAB B Rep. 025–08, Nr. 118/50, Bd. 1, Rückerstattungssache Kaps gegen Gerber.
64 https://www.gesetze-im-internet.de/beg/_241.html, Bundesgesetz zur Entschädigung für Opfer der nationalsozialistischen Verfolgung (21.11.2018).
65 Vgl. https://www.gesetze-im-internet.de/br_g/_48.html, Bundesgesetz zur Regelung der rückerstattungsrechtlichen Geldverbindlichkeiten des Deutschen Reichs und gleichgestellter Rechtsträger (21.11.2018).
66 LAB B Rep. 025–08, Nr. 118/50, Bd. 1, Bl. 208, Beschluss der Wiedergutmachungskammer beim Landgericht Berlin vom 18.4.1951.
67 LABO Berlin H. 211.355, Bl. A11, Bescheid Entschädigungsamt Berlin vom 30.1.1974.
68 BArch R 9361 V-19342, Aufnahme 2630–2652, 2274.

1953 erwarb die AEG die Liegenschaft. Der Kaufpreis von 97.500 DM ist eine Betrachtung wert. Nach der Währungsreform wurden Reichsmark zu Deutscher Mark im Verhältnis 10:1 umgestellt. Familie Gerber konnte die Villa entsprechend für etwa das Neunfache dessen verkaufen, was Hugo Heymann 20 Jahre zuvor erhalten hatte.

Maria Kaps erhielt einige tausend Mark pauschale Entschädigung. Auch die Immobilie in Mannheim erhielt sie zurück. Das Gebäude war jedoch durch Bomben komplett zerstört worden, so dass der Wert nur noch marginal war.[69] Die Enttrümmerung musste jedoch dennoch bezahlt werden. Zudem forderte die vor dem Rückerstattungsantrag Maria Kaps' tätig gewordene *Jewish Restitution Successor Organization*, eine Gebühr in Höhe von 4.573 DM.[70] Da genaue Zahlen nicht vorliegen, kann nur vermutet werden, dass Maria Kaps, die Alleinerbin von Hugo Heymann, mindestens leer ausging, wenn nicht sogar mit Blick auf die Kosten Verluste erwirtschaftete.

Die Villa wurde von der AEG als Gästehaus genutzt, auch Bundeskanzler Konrad Adenauer übernachtete dort. Im September 1962 kaufte die Bundesrepublik die Liegenschaft von der AEG. Mal wurde sie als Dienstwohnung genutzt, mal als Gästehaus, in dem unter anderem die Bundeskanzler Helmut Schmidt und Helmut Kohl übernachteten. Bundeskanzler Gerhard Schröder nutzte die Villa als Dienstwohnung, bis er ins neue Kanzleramt im Spreebogen zog; danach diente die Liegenschaft wieder als Gästehaus. Seit 2004 ist sie die Dienstwohnung des jeweils amtierenden Bundespräsidenten.

Seit dem 4. Juni 2018, 80 Jahre nach dem Tod Hugo Heymanns, erinnert eine Gedenkstele vor der Dienstvilla an das Schicksal ihres Voreigentümers. In Kürze gibt das Bundespräsidialamt eine Broschüre zur Geschichte der Villa und zum Gedenken an das Schicksal ihres Voreigentümers heraus.[71]

---

69 LABO Berlin H. 211.355, Beschluss der Rückerstattungskammer des Obersten Landgerichts Mannheim im Rückerstattungsverfahren Maria Kaps gegen Karlsruher Lebensversicherungs AG, ebd. Schreiben Grundbuchamt II Mannheim, 10.3.1949.
70 LABO Berlin H. 211.355, Bl. D6f., D12.
71 Claudia Kramatschek, in: Bundespräsidialamt (Hg.), „Hugo Heymann – Ein geraubtes Leben". Berlin 2018. Bei der Entstehung der Broschüre und dieses Aufsatzes wurden zahlreiche Informationen und Quellen im Dialog mit dem Bundespräsidialamt beidseitig getauscht, gegengeprüft und plausibilisiert. Für diese übergreifende Kooperation sei Autorin und Amt herzlich gedankt.

Joël Hoffmann
Der Fall Curt Glaser

Wie die Basler Regierung und die Bergier-Kommission die Öffentlichkeit hinters Licht führten

Christoph Eymann mag sich an nichts mehr erinnern. Der ehemalige Basler Regierungsrat der Liberal-Demokratischen Partei, einer nur in Basel existierenden Partei des Basler Daigs (Oberschicht), war seinerzeit für die Kultur zuständig und hat 2008 die Rückgabe von aus der Nazizeit erworbenen Bildern an die Erben eines verfolgten Juden verweigert. Die Begründung damals: Das Basler Kunstmuseum habe im guten Glauben die Ware erworben, zu marktüblichen Preisen, man habe nichts von der problematischen Herkunft der Werke gewusst.[1] Doch offizielle Unterlagen von 1933 belegen: Eymanns Aussagen von 2008 sind nachweislich falsch.

Der vorliegende Beitrag befasst sich mit der Geschichte von Curt Glaser (1879–1943), einem der ersten Opfer der Judenverfolgung. Sie handelt von enthusiastischen Baslern Kunstkäufern 1933 und von einem Regierungsrat, der zusammen mit prominenten Exponenten des Basler Großbürgertums die Bevölkerung und die Glaser-Erben täuschte. Glaser war ein bedeutender deutscher Kunsthistoriker und 1924 bis 1933 Direktor der Kunstbibliothek in Berlin. Weil er Jude war, haben ihn die Nazis entlassen. Er floh am 30. Mai 1933 mit einigem Gepäck, darunter Kunstwerke, in die Schweiz und später nach New York, wo er 1943 starb. Um seine Flucht zu finanzieren, war Glaser gezwungen, sein Eigentum zu verkaufen: die Einrichtung seiner Berliner Wohnung, die komplette Bibliothek, aber auch weiter Teile der Kunstsammlung, die er mit seiner Frau zusammen aufgebaut hatte – besonders Werke von Edvard Munch hatten es dem Ehepaar angetan.[2]

Am 18. und 19. Mai 1933 wurde Glasers Sammlung in Berlin im Auktionshaus Max Perl versteigert. Mit dabei: Otto Fischer, der damalige Direktor des

---

[1] Medienmitteilung des Regierungsrates vom 19.02.2008 mit dem Titel „Rückgabeforderung an das Kunstmuseum Basel nicht gerechtfertigt". www.bs.ch/nm/2008-02-19-rrbs-005.html (31.5.2019). Der vorliegende Beitrag basiert auf meiner Artikelserie in der Basler Zeitung 2018/19.

[2] Andreas Strobl, Curt Glaser. Kunsthistoriker, Kunstkritiker, Sammler. Eine deutsch-jüdische Biographie. Köln 2006; Esther Tisa Francini/Anja Heuß/Georg Kreis, Fluchtgut – Raubgut. Der Transfer von Kulturgütern in und über die Schweiz 1933–1945 und die Frage der Restitution. Zürich 2001.

https://doi.org/10.1515/9783110654592-010

Basler Kunstmuseums. Er ersteigerte zirka 200 Werke, welche seit 2004 von Glasers Erben zurückgefordert werden.

2008 wiesen das Kunstmuseum und die Basler Regierung den Rückgabe-Antrag aufgrund eigener Abklärungen zurück. Für die Prüfung des sogenannten Restitutionsbegehrens zuständig waren der damalige Regierungsrat Eymann und sein Kulturchef Michael Koechlin.[3] Letzterer ist Fraktionschef der Liberal-Demokratischen Partei (LDP) im Grossen Rat[4], dem Basler Kantonsparlament, und Eymanns Parteikollege. In der Kunstkommission, quasi dem Verwaltungsrat des Kunstmuseums, saßen 2008 bekannte und einflussreiche Persönlichkeiten der Stadt, etwa Pharma-Erben, renommierte Anwälte oder der Obmann des Fasnachtskomitees – die Basler Fasnacht, nach dem FCB fast schon Religion und inzwischen Unesco Weltkulturerbe.[5]

Eymann, Koechlin und die Kunstkommission stellten sich auf den Standpunkt, dass der Kauf auf einem rechtmäßigen Auktionsvertrag basiere. „Das Kunstmuseum Basel hat in enger Zusammenarbeit mit der Erziehungsdepartement (Vorsteher ist Eymann, Anm. JH) und einer renommierten Basler Anwaltskanzlei alle juristischen wie auch moralischen Aspekte dieser Rückgabeforderung geprüft", lautet die Medienmitteilung des Regierungsrates vom 19. Februar 2008.[6] Vor allem habe man nicht gewusst, dass die etwas „über 100" Werke aus der Glaser-Sammlung stammen. „Es gab zum Zeitpunkt der Auktion keinerlei Hinweise (…), dass die Kunstwerke aus der Sammlung von Dr. Curt Glaser stammen", führt die Mitteilung weiter aus. Zudem habe man „marktkonforme" Preise bezahlt. Fischer habe also 1933 die Werke gutgläubig erworben. Drei Mal betont die Regierung, die Abklärungen seien „umfassend und sehr sorgfältig" vorgenommen worden. Und: „Die Analyse und objektive Einschätzung der Geschichte (…) lässt (…) keinen anderen Entscheid zu als die Rückweisung der Restitutionsforderungen." Für weitere Auskünfte wurde in der Mitteilung Kulturchef Koechlin angegeben.

Diese offizielle Verlautbarung sollte sich neun Jahre später als Fehlinformation erweisen, mit der die Öffentlichkeit und vor allem die Glaser-Erben hinters Licht geführt wurden.

---

3 Vgl. Medienmitteilung des Regierungsrates vom 19.02.2008 mit dem Titel „Rückgabeforderung an das Kunstmuseum Basel nicht gerechtfertigt".
4 Vgl. Mitteilung Mitglieder des Großen Rats: http://www.grosserrat.bs.ch/de/kat5/15003906/michael_koechlin (31.5.2019)
5 Vgl. Mitteilung des Kunstmuseums: https://web.archive.org/web/20070827121640/ (31.5.2019) http://www.kunstmuseumbasel.ch/de/sponsoring/kunstkommission.html.
6 Medienmitteilung des Regierungsrates vom 19.02.2008: „Rückgabeforderung an das Kunstmuseum Basel nicht gerechtfertigt".

Ein Protokoll der Kunstkommission vom 8. Juni 1933[7] zeigt, dass die Basler sehr wohl wussten, was sie im Mai 1933 getan haben: „Der Konservator berichtet über die Auktion Curt Glaser", steht im Protokoll. Die Beträge für die Stücke der Glaser-Sammlung seien „nicht gerade Schleuderpreise", aber „Schätzungspreise" auf „niedrigem Niveau". „Die Gelegenheit war günstig", und die „vorzügliche" Sammlung, die „für uns von besonderem Interesse schien", wurde „zu billigen Preisen gekauft".

Museumsdirektor Fischer kam offenbar in eine Art Kaufrausch und sprengte sein Budget, weshalb die Kommission die Mehrkosten bewilligen musste. Das war kein Problem, denn die Sichtung der „Blätter" führte „zu Beifall der Kommission", hält das Protokoll weiter fest. Schließlich hat das Kunstmuseum 200 Werke zum Gesamtpreis in Höhe von 3.130 Franken erworben! Das sind heute umgerechnet rund 25.000 Franken. Zum Vergleich: Nur schon der Druck „Madonna" von Edvard Munch aus der Glaser-Sammlung ist heute mehrere Millionen Franken wert.

Ein anderes Argument, das Regierungsrat Eymann 2008 ins Feld führte und das bis heute genannt wird, ist, dass Museumsdirektor Fischer 1933 noch keinen Grund zur Skepsis gehabt habe: „Das Kunstmuseum hat die in solchen Fällen erforderliche Sorgfalt walten lassen, zu weiteren Nachforschungen oder Erkundigungen nach der Person des Einlieferers gab es weder Anlass noch die Verpflichtung", so begründet es in die Medienmitteilung.[8] Denn die Glaser-Auktion im Mai 1933 sei zu einem frühen Zeitpunkt der NS-Herrschaft erfolgt. Die Repressionen gegen Juden und die Zwangsversteigerungen ihrer Sammlungen habe sich erst später ereignet, ebenso die Hetze gegen entartete Kunst, so die offizielle Basler Version. Das würde letztlich bedeuten, dass Glaser seine Sammlung nicht für die Finanzierung seiner Flucht, sondern freiwillig aus bis heute unbekannten Gründen verkaufte – und kein Zusammenhang mit der Judenverfolgung besteht. Historisch betrachtet, sind diese Aussagen gewagt, zumal in der Unabhängigen Expertenkommission (Bergier-Kommission), welche sich ebenfalls mit Flucht- und Raubgut befasste, hierzu eindeutige Definitionen lieferte.

Was geschah vor der Auktion Glaser, also vor Ende Mai, in Deutschland? Adolf Hitler übernahm am 30. Januar 1933 die Macht. Seither wurde der Terror der Sturmabteilung (SA) gegen Sozialdemokraten, Kommunisten und Juden intensi-

---

[7] Kunstmuseum Basel, Korrespondenzen von Otto Fischer; Kupferstichkabinett. Kopie des Protokolls wurde mir vom Kunstmuseum ausgehändigt.
[8] Medienmitteilung des Regierungsrates vom 19.02.2008: „Rückgabeforderung an das Kunstmuseum Basel nicht gerechtfertigt".

viert. Am 20. März wurde das Konzentrationslager Dachau errichtet. Am 1. April organisierten die Nationalsozialisten den Boykott jüdischer Geschäfte. Am 7. April trat das Gesetz zur Wiederherstellung des Berufsbeamtentums – die Grundlage für Glasers Entlassung – mit dem Ziel in Kraft, die Säuberung der Verwaltung von politisch Andersdenkenden und Juden durchzusetzen. Am 10. Mai – acht Tage vor der Glaser-Auktion – fand die Bücherverbrennung statt. Diese *Aktion wider den undeutschen Geist* richtete sich gegen den „jüdischen Zersetzungsgeist", der „ausgemerzt" werden müsse. Curt Glaser war als einer der bedeutendsten Persönlichkeiten des deutschen Kulturbetriebs ein Symbol dieses auszumerzenden „jüdischen Intellektualismus". So hetzte jedenfalls *Der Stürmer* bereits vor der Machtübernahme der Nazis explizit gegen Glaser.

Hitler investierte von Anbeginn seiner Herrschaft viel Zeit in die Kunst. Sie war ein wichtiger Bestandteil seiner rassistischen Ideologie: Die Kunst müsse vom Undeutschen, „Entarteten" gesäubert werden. Adolf Hitler, der wegen fehlender Matura und mangels Talent in Wien kein Kunststudium absolvieren konnte, ließ die Werke als entartet veräußern, die er hasste, und raubte die Stücke, die er liebte. Die Schäden, welche die systematischen Kunst-Raubzüge der Nationalsozialisten bis 1945 anrichteten, sind bis heute nicht beseitigt – was unter anderem auch die weltweiten Kontroversen um Raubkunst und die Rückgabe an die Nachkommen der NS-Opfer zeigen. Die vielen Fälle sind Juristenfutter und unterliegen trotz unzähliger Gutachten letztlich der Willkür der Institutionen. Zwar orientieren sich viele Kunsthäuser, darunter auch das Basler Kunstmuseum, an der Washingtoner Erklärung von 1998, die zur Rückgabe von Raubkunst an die Nachkommen verpflichtet, auch wenn nach den nationalen Gesetzen die Fälle verjährt sind. Diese Deklaration ist jedoch nicht juristisch bindend, sondern ein rein moralisches Bekenntnis, sogenanntes „NS-verfolgungsbedingt entzogenes Kulturgut" an die Opfer und deren Erben zurückzugeben.

Nun unterscheiden Juristen wie Peter Mosimann, der 2008 das angebliche Gutachten für die Basler Regierung miterstellte, entgegen der Definition der Bergier-Kommission zwischen Raubkunst und Fluchtkunst, die anders zu werten sei.[9] Demnach sei verfolgungsbedingter Verlust durch einen Verkauf für Mosimann etwas anderes als der Raub durch die Nazis. Weil das Museum einen Auktionskaufvertrag besitze und im guten Glauben gehandelt habe, so der Jurist 2008, seien die 200 Werke Fluchtkunst und keine Raubkunst im Sinne der Washingtoner Erklärung, weshalb die Werke rechtmäßig im Besitz des Basler Kunstmuseums seien. Nach dem Gutachten für Regierung und Kunstmuseum wurde Mosimann noch im selben Jahr Präsident der Kunstkommission.[10]

---
9 Peter Mosimann, Restitution von Raubkunst in der Schweiz, in: Basler Zeitung 08.11. 2017.

Während in Deutschland das Thema Restitution Anlass für politische Diskussionen bot, muss man festhalten, dass in Basel die Angelegenheit unbeachtet blieb: Es gab beispielsweise keinen einzigen parlamentarischen Vorstoß im Großen Rat zum Fall Glaser.

Eymann mag sich, angesprochen auf den massiven Widerspruch zwischen seiner Medienmitteilung 2008 und dem Protokoll 1933, nicht mehr erinnern: „Ich kann dazu nicht Stellung nehmen, weil ich nicht über die entsprechenden Unterlagen und auch nicht über die Medienmitteilung von 2008 verfüge."[11] Dennoch fügte er an: „Wir haben damals sehr sorgfältig, unvoreingenommen und ergebnisoffen abklären lassen, und der Regierungsrat hat den Entscheid nach bestem Wissen und Gewissen getroffen." Die Frage, ob er es grundsätzlich für moralisch korrekt halte, Fluchtkunst zurückzugeben, beantwortete der LDP-Politiker nicht.

Eymann gilt unter Basler Juden eigentlich als Judenfreund: Er war Handball-Trainer im Jüdischen Turnverein. Aber auch er setzte sich seinerzeit als Regierungsrat nicht für die Sicherheit der Juden ein. Für die hohen Sicherheitskosten kamen die Juden bisher immer selber auf, bis die existenzbedrohenden Kosten schließlich, nach mehrjähriger Diplomatie und teilweise unter Widerstand der Sozialdemokraten nun per 2019 der jüdischen Gemeinde teilweise abgenommen werden. Acht Polizisten sollen nun jüdische Einrichtungen schützen, so wie das etwa in Deutschland eine Selbstverständlichkeit ist. Für die Juden in der Schweiz ist nun klar: Obwohl der Nachrichtendienst eine erhöhte Gefährdung der Juden feststellt, ist deren durch die Verfassung garantierter Schutz jedoch Verhandlungssache in einem kantonalen Parlament. Eymanns Engagement als Trainer wirkt denn auch eher wie eine symbolische Geste. Zu erwähnen ist, dass die jetzige Schutz-Lösung auf Bestreben der LDP-Präsidentin, Eymanns ehemaliger Lebenspartnerin zurückgeht.[12]

Zurück zum Fall Glaser: Die aktuelle Regierung und die Kunstkommission wollten sich konfrontiert mit den Recherchen – vorerst nicht äußern. Man wolle erst die Unterlagen prüfen, hieß es. Was den problematischen Regierungsentscheid von 2008 angeht, so stellen sich einige Fragen: Haben die Verantwortlichen das belastende Protokoll von 1933 übersehen? Haben sie womöglich, die „sehr sorgfältige und unvoreingenommene" Untersuchung von 2008, die offensichtlich fehlerhaft war, im guten Glauben durchgeführt? Doch diese entlasten-

---

10 Vgl. Tribune, S. 2. akbs.ch/download/169/08-4.pdf (31.5.2019).
11 Joël Hoffmann, Die Leichen im Basler Kunstmuseum, in: Basler Zeitung 04.12.2017.
12 Vgl. http://www.grosserrat.bs.ch/de/geschaefte-dokumente/datenbank?such_kategorie=1&content_detail=200108369 (31.5.2019).

de These entspricht kaum der Quellenlage in hiesigen Archiven, wie weitere Recherchen zeigen.

Die Kunstkommission, die für Ankäufe zuständig ist und über wichtige Unterlagen verfügt, wurde 2008 von Eymanns Erziehungsdepartement, das damals für die Museen zuständig war, über das Rückgabegesuch der Glaser-Erben zwar orientiert, aber nicht miteinbezogen. In deren Archiv im Kunstmuseum jedoch wären nebst dem bereits genannten Protokoll auch weitere Unterlagen zu finden, welche der offiziellen Regierungsverlautbarung widersprechen. Neben dem Auktionskatalog von Berlin 1933 und der Eingangsbestätigung der Werke in Basel liegt dort ein weiteres bis zu diesen Recherchen unbekanntes Protokoll der Kunstkommission vom 16. Mai 1933. Die Kunstkommission erteilt darin dem damaligen Direktor des Museums, Otto Fischer, die Erlaubnis, nach Berlin zu reisen: „Die Kommission ist damit einverstanden, dass der Konservator auf der Auktion die Handzeichnungen und Graphik aus der Sammlung Glaser (...) günstige Erwerbungen zu machen sucht."[13]

Dass die Basler hier die Chance witterten, um eine Notlage Glasers auszunutzen, hätten die mit der Prüfung betrauten Kulturchef Koechlin und Anwalt Mosimann in Zeitungsartikeln von 1933 nachlesen können. Die *Basler Nachrichten* vom 9. Mai 1933 berichteten beispielsweise in einem großen Artikel über *Das Regime des Dritten Reichs – die Auslegung des neuen Beamtengesetzes* über Glaser.[14] Das neue Gesetz hatte das Ziel, die Verwaltung von Juden und Andersdenkenden zu säubern. Im Artikel wurden auch die Leidtragenden dieses Gesetzes genannt – als Erstes wird Curt Glaser erwähnt, der aus dem Staatsdienst entlassen und dessen Wohnung von der Gestapo übernommen wurde. Glaser hatte keine Stelle, keine Wohnung und keine Zukunft mehr in Deutschland. Solche alten Zeitungen wären im Staatsarchiv, bei der Unibibliothek oder bei der *Basler Zeitung* einsehbar gewesen.

Die Regierung behauptet auch, dass Glaser seine Sammlung freiwillig veräußert habe. Hätten die Basler Behörden die Kollegen in Berlin angefragt oder die Erben, sie wären auf Dokumente des Entschädigungsamts Berlin vom Oktober 1959 und vom Dezember 1963 gestoßen: Darin wird Glaser amtlich als „Opfer der nationalsozialistischen Verfolgung" bestätigt und der „Schaden im beruflichen Fortkommen" (1959) sowie der „Schaden an Eigentum und Vermögen" (1963) anerkannt.[15]

---

13 Den Protokollauszug erhielt ich als Kopie vom Kunstmuseum Basel.
14 Aus dem Archiv der Basler Zeitung.
15 Mir wurden auf Nachfrage Kopien der Unterlagen zur Verfügung gestellt.

Zudem lagen seit 1962 und 1963 diverse eidesstattliche Erklärungen vor.[16] Elly Glaser, Curt Glasers Schwägerin, erwähnt unter anderem besagte Auktion 1933 in Berlin: „In der damaligen Zeit verliessen zahlreiche deutsche wohlhabende Nicht-Arier mehr oder weniger fluchtartig Deutschland und so kam es, dass man bei den Auktionen die wertvollsten Sachen nur zu einem minimalen Preis verwerten konnte." Curt Glaser habe ihr gegenüber gesagt, dass die Auktion „einem Totalverlust sehr nahe kam". Für Eymann waren die Preise damals hingegen „marktkonform".

Und Curt Glasers zweite Frau Maria spricht über den Entscheid, Berlin zu verlassen, die Flucht in die Schweiz und über die „vollständige Verschleuderung" der wertvollen Bibliothek und der „graphischen Sammlung von ungewöhnlichem Werte". Sie hält in der eidesstattlichen Erklärung fest: „Es ist mir in Erinnerung, dass mein Mann mir wiederholt sagte, sein Verlust durch die Verschleuderung der Werte sei weit mehr als RM 100.000 gewesen".

Der Bergier-Bericht[17], eine der wichtigsten Studien zum Umgang der Schweiz mit NS-Deutschland, wurde wohl ebenfalls nicht konsultiert. Im Kapitel Raubgut, an dem der mittlerweile emeritierte Basler Historiker Georg Kreis federführend mitgearbeitet hatte, wird Raubkunst wie folgt definiert: „Mit ‚Raubgut' sind Kulturgüter aus jüdischem Eigentum gemeint, die entweder im ‚Reich' beschlagnahmt wurden oder von den Eigentümern noch in Deutschland veräussert werden mussten, zum Beispiel an einer Auktion oder freihändig."[18] Diese Definition trifft demnach auch auf Glaser zu. Sein Fall wird in der Studie aufgeführt. Kreis und seine Mitarbeiter halten fest, dass verfolgungsbedingte Veräußerung von Kunstwerken, also Fluchtkunst, ab 1933 die erste „Entzugsphase" zur „völligen Auflösung der deutsch-jüdischen Sammlungen" war. Auch zeigt der Bericht, dass die Verfolgten ihre Sammlungen „nicht freiwillig veräusserten". Schweizer Händler und Sammler nutzten diese Phase bereits kräftig aus: „Auch der Basler Museumsdirektor Otto Fischer kaufte eigenhändig oder über Mittelsmänner zwischen 1933 und 1937 vor Ort Grafiken ein", heißt es im Bericht weiter.[19] Kurzum: Anwalt Mosimanns Unterscheidung bezüglich Raub- und Fluchtkunst erscheint absurd: Beides ist Raubgut.

Was die angeblich „marktkonformen" Zahlungen angeht, hält der Bergier-Bericht fest, dass die Preise von den Käufern bestimmt wurden und nicht von „der Verfolgung ausgesetzten Seite". „Der Handel mit dem in mehrfacher Hin-

---

16 Auch hier wurden mir Kopien der besagten Unterlagen zur Verfügung gestellt.
17 Veröffentlichungen der Unabhängigen Expertenkommission Schweiz – Zweiter Weltkrieg: Die Schweiz, der Nationalsozialismus und der Zweite Weltkrieg Schlussbericht, Zürich 2001. (Im Folgenden UEK, Schlussbericht) https://www.uek.ch/de/index.htm (31.5.2019).
18 UEK, Schlussbericht, S. 372.
19 UEK, Schlussbericht, S. 369.

sicht fragwürdigen Kunstgut war ein wesentlicher und weitgehend als unproblematisch empfundener Teil des normalen Kunsthandels", schreiben die Historiker.[20] Es ließen sich an dieser Stelle noch unzählige weitere für den Fall Glaser relevante Stellen zitieren. Angesichts dieser Fakten stellt sich die Frage, ob 2008 überhaupt eine wirkliche Prüfung des Restitutionsbegehrens stattgefunden hat? Mit diesen Recherchen und dieser Frage konfrontiert, reagierten die Basler Behörden mit Schweigen. Sie wollten nicht einmal die Existenz des Mosimann-Gutachtens bestätigen.

2010, zwei Jahre nach der umfassenden Fehlinformation der Öffentlichkeit durch die Basler Behörden erhält das Bundesamt für Kultur (BAK) am 18. Februar 2010 Post von Anwalt Mosimann.[21] Die Umstände, wie es zu dieser Zusendung kam, konnte bis jetzt nicht geklärt werden, doch die Sendung enthielt Brisantes: Darin befand sich unter anderem jenes Protokoll der Kunstkommission von 1933, das der offiziellen Verlautbarung der Basler Regierung widerspricht. Daraus ergeben sich zwei Fragen: Wieso hat die Regierung 2010 ihren Entscheid von 2008 nicht revidiert? Oder waren Eymann, Koechlin und Mosimann bereits 2008 im Besitz dieser Unterlagen und haben sie diese für sie nicht genehmen Dokumente beiseitegeschoben? Die drei Herren schweigen.

Während Eymann bis heute über die Falschinformation schweigt, äußerte sich der Basler Historiker und Mitautor des Bergier-Berichtes Georg Kreis in diversen Schweizer Medien zu meinen Recherchen. Er nahm die Behörden in Schutz, bezeichnete den Kauf der Glaser-Sammlung, die mehrere Millionen Franken wert sein dürfte, entgegen seinen Studienergebnissen vor 16 Jahren als „korrekt": „Die Präsidialabteilung (die heute für die Kultur zuständig ist, Anm. JH) wird sich auf die geltende Rechtslage berufen müssen und wird korrekt erworbene Werke nicht aus dem Verwaltungsvermögen herauslösen und restituieren können", schreibt er 2017 in der *TagesWoche*[22], bei der er als Kolumnist arbeitete. Und wenn, dann könne man den Erben den damaligen Kaufpreis, der heute 25.000 Franken wäre, als „Geste" zum „Herstellen des Friedens" bezahlen. Mal abgesehen davon, dass 1933 jener Kaufpreis als „besonders billig" bezeichnet wurde, zeigte sich derselbe Georg Kreis in anderen Fällen – welche nicht Basel betreffen – indessen weitaus verständnisvoller für die Anliegen der Erben. 2013 findet er etwa im Interview mit dem Zürcher *Tages-Anzeiger* deutliche Worte für Käufer, die Bilder von verfolgten Juden zu „billigen Preisen" er-

---

20 UEK, Schlussbericht, S. 366.
21 Darauf wies mich freundlicherweise der heutige Präsident des Kunstmuseums, Felix Uhlmann, in einer Antwort per E-Mail hin.
22 Georg Kreis, Der Fall Curt Glaser: Recht gegen Moral?, in: TagesWoche v. 17.12.2017. https://tageswoche.ch/gesellschaft/der-fall-curt-glaser-recht-gegen-moral/ (31.5.2019).

warben: „Ja, das ist der klassische Tatbestand des Ausnützung einer Notlage. Aber der ist nur dann gegeben, wenn man lediglich einen Dumpingpreis bezahlt."[23]

Und ebenso deutlich wurde der Basler Historiker, als es um das Kunstmuseum St. Gallen ging, dass einer Erbin die Rückgabe eines Bildes verweigerte, welches der jüdische Besitzer 1935 unter Druck der Nazis verkaufen musste. „Allerdings, so hielt Professor Georg Kreis als ehemaliges Mitglied der Bergier-Kommission schon vor Jahren in einem Brief fest, ‚müsste öffentlicher Besitz besonders sauber sein'", schrieb die *Neue Zürcher Zeitung* 2009.[24]

Im Bergier-Bericht wird der Fall Glaser von Georg Kreis jedenfalls besonders hervorgehoben, ist also eine bedeutende, exemplarische Angelegenheit. Der Bericht behandelt jedoch nur, wie Glaser dem Kunstmuseum Zürich ein Ölbild (Edvard Munch, Musik auf der Strasse) verkaufte, um seine Flucht aus Europa zu finanzieren. Zitiert wird ein Brief Glasers und gefolgert: „Die Schwierigkeiten, in denen Glaser sich befand, zeigt das Schreiben auf eindrücklichste", so der Bericht.[25] Glaser bot das Bild für 15.000 Franken an, also weit unter dem Marktpreis, doch das reichte nicht. Das Zürcher Museum drückte den Kaufpreis auf 12.000 Franken.

In Zürich ging es um ein Bild, das Basler Kunstmuseum kaufte hingegen 200 Werke. Dennoch erwähnt Kreis besagte Auktion von 1933 in Berlin im mit keinem Wort – weder im Schlussbericht der Bergier-Kommission noch in der ausführlichen Studie. Die diversen Protokolle und Korrespondenzen von 1933, welche heute Eymann der Fehlinformation nachweisen, kamen erst 2017 durch die Medien an die Öffentlichkeit. Könnte es also sein, dass Georg Kreis 2001, als die Studie herauskam, nichts von diesen Unterlagen wusste?

Diese Frage kann klar mit Nein beantwortet werden. In der Studie schreibt Kreis: „Auch der Basler Museumsdirektor Otto Fischer kaufte eigenhändig oder über Mittelsmänner zwischen 1933 und 1937 vor Ort Graphiken ein."[26] 1933 war Fischer in Berlin an der Glaser Auktion. Wenn ein Historiker etwas behauptet, dann hat er dafür Quellen. Diese sind in der Fußnote 66 zum oben zitierten Satz angegeben: „Kunstmuseum Basel, Korrespondenzen von Otto Fischer; Kupferstichkabinett, Inventarbuch des Kupferstichkabinettes." Darin befinden sich die bereits mehrfach genannten Protokolle, aus denen hervorgeht, dass Otto Fi-

---

23 „Die Nötigung hat ja nicht der Kunsthändler zu verantworten", in: Tages-Anzeiger v. 04.11.2013.
24 Die „Stockhornkette" und die Moral, in: Neue Zürcher Zeitung v. 23.07.2009
25 UEK, Schlussbericht, S. 372.
26 Francini u. a., Fluchtgut – Raubgut, S. 51.

scher 1933 die Chance nutze, die Glaser-Sammlung zu „billigen Preisen" zu erwerben.

Die Autoren der Studie hatten also Unterlagen in der Hand, die nach ihrer eigenen Definition einen großen Raubgut-Fall mit 200 Werken – und nicht nur einem wie in Zürich – belegen und die Einblick in das Geschäftsgebaren des Basler Kunstmuseums während der Nazizeit liefern. Doch im Bergier-Bericht, der genau solche Geschäfte aufdecken soll und insbesondere den Fall Glaser in Bezug auf Zürich hervorhob, blieb der Basler Aspekt des Falles Glaser also der weitaus umfangreichere Raubgut-Kauf der Basler unerwähnt und beschwiegen.

Nach meinen veröffentlichten Recherchen gab das Basler Kunstmuseum am 19. Januar 2018 bekannt, die Akte Glaser aufzurollen.[27] Am 23. Januar gesteht Kreis Lücken in Bergier-Bericht zwar ein, nennt diese Recherchen in der *Tages-Woche* jedoch „beleidigend" und „berufsschädigend".[28] Ich würde verkennen, dass der Bergier-Bericht „mit ausgewählten Beispielen arbeitete und unmöglich ‚vollständig' sein konnte und dies auch nicht sein musste", schreibt Kreis, der weder mit mir sprechen wollte, noch meine Fragen beantwortete. Ich hätte zudem den Bergier-Bericht auch genutzt, um gegen Basel zu polemisieren, so Kreis weiter. Weshalb der Basler Historiker jedoch das Züricher Museum mit Kritik überzog und Basel verschonte, sagte Kreis nicht. Er gibt in seinem Artikel sogar seinen Mitarbeiterinnen die Schuld für die Lücke, weil diese angeblich im Archiv des Kunstmuseums gewesen sein sollten und nicht er. Und Studienleiter Kreis schließt: Eine Rückgabepflicht bestehe dennoch nicht.

Am 15. Februar 2018 bestätigt die Basler Regierung meine Recherchen: Es gab nie ein Gutachten zum Restitutionsgesuch der Glaser Erben.[29] Die Regierungsmitteilung 2008 war damit offiziell unwahr. Aufgehoben ist der abschlägige Entscheid damit jedoch nicht. Alt-Regierungsrat Eymann hält unbeirrt an seiner bisherigen Position fest. Im Herbst 2018 sollen die neuen Abklärungen durch das Basler Kunstmuseum beendet sein. Auf dieser Grundlage sollte dann der Regierung eine Empfehlung abgegeben werden, ob diese die Werke an die Glaser Erben restituieren soll oder nicht. Der Entscheid jedoch bleibt ein politischer.

Doch die Untersuchungen verzögern sich. Ende 2018 hat die Regierung noch immer nicht entschieden. Dafür hat das Kunstmuseum seine historische Aufarbeitung größtenteils abgeschlossen. Diese bietet die Grundlage für die Fra-

---

[27] Kunstmuseum rollt Akte Glaser auf, in: Basler Zeitung v. 19.01.2018.
[28] Georg Kreis, Raubkunst? Wo sind die Räuber? – Georg Kreis zu den neusten Vorwürfen der BaZ im Fall Glaser, in: TagesWoche v. 19.1.2018, https://tageswoche.ch/gesellschaft/raubkunst-wo-sind-die-raeuber-georg-kreis-zu-den-neusten-anwuerfen-der-baz-im-fall-glaser/ (31.5.2019).
[29] Es liegt kein Gutachten vor, in: Basler Zeitung v. 15.02.2018.

ge: Soll mit den Erben über eine „faire und gerechte" Lösung verhandelt werden? Kommt also die Untersuchung zum Schluss, dass es sich bei der Glaser-Sammlung um Raubgut im Sinne der Washingtoner Prinzipien handelt?

2019 passiert lange nichts. Es ist ein politisch heikles Jahr. Im Herbst fanden nationale Wahlen statt. Christoph Eymann schaffte die Wiederwahl in den Nationalrat souverän und seine LDP gehörte mit einem Stimmenzuwachs von fast vier Prozent mit den Grünen zusammen zu den Wahlsiegern.[30] Im Dezember schließlich bestätigen mir die Glaser-Nachfahren, dass das Kunstmuseum nun mit ihnen über eine faire und gerechte Lösung verhandelt. Und das Museum ergänzt auf Nachfrage, dass diese Gespräche mit dem „Einverständnis der Regierung" erfolgen. Das ist eine Kehrtwende.

Der Schweizer Historiker Thomas Buomberger geht im Gespräch mit mir weiter. Dass nun das Museum mit den Erben verhandle, sei „eine Schmach für die Verantwortlichen von damals". Er findet es peinlich, dass Eymann und seine Helfer, den Fall Glaser ohne Prüfung der Tatsachen, ad acta legen wollten, und dass es erst Recherchen eines Journalisten gebraucht hätte, damit den Erben Gerechtigkeit widerfahre. Buomberger findet es wichtig, dass nun auch im Fall Glaser die Washington Richtlinien angewendet und eine „faire und gerechte Lösung" gesucht werde, schließlich sei die Akte Glaser der größte Raubkunstfall der Schweiz. „Ich kenne jedenfalls keinen vergleichbaren Fall", sagt er.

Die Provenienzforschung hat in den letzten Jahren auch in der Schweiz an Bedeutung gewonnen – auch im Kunstmuseum, das gemäß Insider gerne offensiver über den Fall Glaser kommunizieren würde. Doch der Wille zur größeren Transparenz beim Basler Museum ist auch sonst offensichtlich. So erhielt 2019 die Provenienzforschung nicht nur eine bessere Sichtbarkeit auf der Website des Museums, sondern wird ausgebaut. 2014 beantragte das Kunsthaus Geld beim Bundesamt für Kultur für ein erstes Projekt zur Herkunftsforschung. Dieses wurde 2018 beendet. Nun sind zwei weitere Projekte im Gang, unter anderem zum Erwerb von Werken im Kupferstichkabinett zwischen 1933 und 1945 – darunter die Glaser-Sammlung. Zudem wird eine Abteilung Provenienzforschung institutionalisiert. Die neue Leiterin nimmt 2020 ihre Arbeit auf.[31]

20 Jahre also nachdem die Schweiz die Washingtoner Prinzipien unterzeichnet hat und 12 Jahre nach der Falschinformation der Basler Regierung haben die Verantwortlichen in der Regierung und beim Museum offenbar erkannt, dass es sich bei der Glaser-Sammlung um Raubgut im Sinne der internationalen Richtlinien handelt. Wie die „faire und gerechte Lösung" konkret aussehen

---

30 https://www.staatskanzlei.bs.ch/politische-rechte/wahlen-abstimmungen/resultate-archiv/wahlen-2019.html (1.1.2020).

31 https://www.kunstmuseumbasel.ch/de/forschung/provenienzforschung (1.1.2020)

wird, kann erst nach Abschluss der Verhandlungen gesagt und öffentlich diskutiert werden. Wahrscheinlich ist, dass die Werke in Basel bleiben, können sich doch die Erben nicht selber um den Erhalt der Werke kümmern. Denkbar sind eine Abfindung und eine Ausstellung der Werke inklusive Dokumentation der historischen Forschungsergebnisse.

Am 27. März 2020 schließlich teilt das Basler Kunstmuseum mit, dass es sich mit den Erben geeinigt habe – 15 Jahre nach der ersten Anfrage der Glaser-Erben und 12 Jahre nach der fragwürdigen Gesprächsverweigerung der Basler Regierung. Die Einigung besteht aus zwei Punkten: Zum einen soll es 2022 eine Ausstellung über Glaser geben. An dieser sollen Teile seiner Sammlung aber auch seine Geschichte, als bedeutender Intellektueller und seine Flucht thematisiert werden. Zum anderen erhalten die Erben eine finanzielle Entschädigung, über deren Höhe Stillschweigen vereinbart wurde. Die Einigung zwischen Kunstmuseum, der Kunstkommission und den Erben ist von der Basler Regierung abgesegnet. Der Entscheid 2008 ist damit revidiert. Basel anerkennt nun, dass Glaser ein Opfer der Nazis war. Die Bilder werden jedoch nicht restituiert, sondern bleiben in Basel.[32]

Die Haltung der Kunstkommission basiert auf einem 170-seitigen Bericht einer Arbeitsgruppe des Museums. Darin wurde die Geschichte Glasers aufgearbeitet und gewürdigt. Der Bericht verweist auf diverse Lücken, etwa darauf, dass nicht genau klar sei, wann Glaser den Entscheid getroffen habe, seine Sammlung zu veräußern. Aber dies sei alles nicht zentral, weil Glaser klar gefährdet war.

Im Zentrum der Abklärungen stand denn auch die Frage, ob Curt Glaser 1933 gezwungen war, seine Sammlung zu verkaufen. Das bejaht die Kommission: „Sie ist der Grund, weshalb Curt Glaser emigrierte und am 18./19. Mai 1933 einen erheblichen Teil seiner Kunstwerke versteigerte, von denen das Kunstmuseum Basel 200 Zeichnungen und Druckgrafiken erworben hat." Folglich kommen auch die Washingtoner Richtlinien zum Umgang mit NS-Raubkunst zur Anwendung.[33] Diese sind keine rechtlich bindenden Bestimmungen, sondern fordern lediglich, mit den Nachfahren eine faire und gerechte Lösung zu finden.

Glaser war also nun auch für die Kunstkommission ein erstes Opfer der Naziverfolgung und ihres Raubzuges gegen jüdisches Eigentum. Glaser verkaufte Teile seiner Sammlungen, um die Emigration zu finanzieren. Dennoch möchte das Kunstmuseum nicht von Raubkunst oder Raubgut sprechen, obwohl etwa

---

32 https://www.kunstmuseumbasel.ch/de/forschung/provenienzforschung/curtglaser (29.3.2020)
33 Entscheid Kunstkommission, Seite 161. Einsehbar unter https://www.kunstmuseumbasel.ch/de/forschung/provenienzforschung/curtglaser (29.3.2020)

der Bergier-Bericht, der die Rolle der Schweiz im Zweiten Weltkrieg untersuchte, unter Raubgut sowohl Raubkunst (im wortwörtlichen Sinn) als auch Fluchtkunst (zur Finanzierung der Flucht) definiert. Das Museum spricht lieber von einem „verfolgungsbedingten Verlust". [34]

Zentral für eine Rückgabe der Werke, also für eine Restitution, ist der Zwang, wie etwa der Druck, die Sammlung (billig) zu verkaufen. Dieser Zwang ist gegeben, dennoch will das Museum die Bilder nicht restituieren. Der Grund: Glaser habe über die Einnahmen aus der Auktion verfügen können und eine „vergleichsweise grosse Freiheit" genossen, einzelne Werke zu verkaufen und andere zu behalten.[35]

Diese Argumentation ist zweifelsohne nicht stringent. Unbestritten war Glaser bedroht, und er ist früh geflüchtet. Die Nazis haben namentlich gegen ihn gehetzt, ihn entlassen und die Wohnung weggenommen. Und nun legt es die Kunstkommission negativ aus, dass er – trotz Verfolgung – nicht alle Bilder für seine Emigration verkaufen musste. Und das Museum habe kein Unrecht getan, weil es „generell bestrebt" sei, günstig Erwerbungen zu machen. [36]

Hier wird die Ambivalenz des Entscheids der Kunstkommission deutlich: Entweder haben die Verkäufe mit der Verfolgung zu tun oder nicht. Sie geht einen Mittelweg und anerkennt zwar die Verfolgung und dass Glaser dadurch weite Teile seiner Sammlung verlor. Die Kunstkommission findet aber auch Gründe, weshalb die Bilder nicht restituiert werden sollen: Der Zwang sei nicht so gross wie später bei anderen Verfolgten gewesen, und das Kunstmuseum habe 1933 beim Kauf kein Unrecht begangen. Die Washingtoner Prinzipien bieten im Sinne der *Transitional Justice* Spielraum für solche politischen Entscheide. Die Kunstkommission hat mit diesem Mittelweg letztlich wohl auch versucht, dass die Verantwortlichen von damals ihr Gesicht wahren konnten, in dem man zwar neu die NS-Verfolgung Glasers anerkennt, die Restitution aber, wie schon 2008, ablehnt.

Bemerkenswert ist die Revision des Entscheids der Kommission von 2008 und die Einigung mit den Erben, wenn man bedenkt, dass sie nicht nur Partei ist, sondern aus Mitgliedern besteht, die zum Teil sehr enge persönliche Verbindungen zu den politischen Verantwortlichen von 2008 haben. Die Erben zeigten sich auf Nachfrage zufrieden mit der Lösung. Für sie war zentral, dass Glasers Geschichte, seine Verfolgung, nun endlich auch vom offiziellen Basel aner-

---

[34] https://www.srf.ch/play/radio/_/audio/_?id=c9f0b9a5-896d-42a4-bb44-017b59224fb4&urn=urn:srf:audio:c9f0b9a5-896d-42a4-bb44-017b59224fb4 (29.3.2020)

[35] Entscheid Kunstkommission, Seite 156. Einsehbar unter https://www.kunstmuseumbasel.ch/de/forschung/provenienzforschung/curtglaser (29.3.2020)

[36] Entscheid Kunstkommission, Seite 162. Einsehbar unter https://www.kunstmuseumbasel.ch/de/forschung/provenienzforschung/curtglaser (29.3.2020)

kannt wurde – 75 Jahre nach dem Ende der Shoa und 87 Jahre nach Glasers Flucht. Damit findet eine fast unendliche dunkle Geschichte Basels ein positives Ende.

Esther Abel
Aktenraub und Völkische Wissenschaft

Die Aktivitäten des Osteuropahistorikers Peter Scheibert im Sonderkommando Künsberg, seine eigene Entschuldungsstrategie und die seiner „Schüler"

Claus Leggewie hat in seinem Aufsatz *Mitleid mit den Doktorvätern* bereits 1999 umfangreiche Strategien nachgezeichnet, diejenigen Personen zu schützen, denen man vermeintlich die eigene akademische Karriere verdankt.[1] Schützen vor was? Bei Leggewie ging es um den Schutz vor allzu hartnäckigem Nachhaken über die Tätigkeit der Honoratioren im Nationalsozialismus. Haben im Nachgang des Historikertags 1998 noch Jürgen Kocka und Hans-Ulrich Wehler insbesondere Theodor Schieder und Werner Conze vehement verteidigt, so scheinen bis heute irrationale und fragwürdige Kritiken an aufklärerisch konnotierten Werken über Geisteswissenschaftler, die dem nationalsozialistischen Regime direkt zugearbeitet haben, immer noch an der Tagesordnung zu sein.[2] Neben einem Abriss über die Tätigkeiten Peter Scheiberts im Sonderkommando Künsberg soll es im Folgenden auch um die rhetorische Strategien und semantischen Strukturen gehen, mit denen NS-belastete Historiker immer noch zu verteidigen versucht werden. Ein passendes Beispiel ist der „Marburger Historikerstreit", wie Jaromír Balcar die Auseinandersetzung der Scheibert-Schüler mit der Autorin nannte.

Scheiberts-Biographie – und worum eigentlich geht?

Peter Scheibert, geboren 1915 in Berlin als dritter von vier Söhnen einer preußischen Offiziersfamilie, nahm im Wintersemester 1933/1934 sein Studium der Ge-

---

[1] Claus Leggewie, Mitleid mit den Doktorvätern oder: Wissenschaftsgeschichte in Biographien, in: Merkur 53 (1999), S. 433–444.
[2] Inge Auerbach/Egbert Jahn, Der Osteuropahistoriker Peter Scheibert. Anmerkungen zu einer misslungenen Biographie, in: Osteuropa 67 (2017) 1–2, S. 27–57; Wolfgang Schuller, Anatomie einer Kampagne. Hans Robert Jauß und die Öffentlichkeit. Leipzig 2017. Letzteres ist der Versuch einer Diskreditierung der Biographie über den Konstanzer Romanisten Hans Robert Jauß. Vgl. Jens Westemeier, Hans Robert Jauß. Jugend, Krieg und Internierung. Konstanz 2016.

schichte, Kunstgeschichte, Philosophie und Slawistik auf, das er in Berlin, Breslau und Königsberg vorantrieb. Zu den für seine Laufbahn wesentlichen Förderern zählten Otto Hoetzsch, bei dem Scheibert studierte, und sein Doktorvater Hans Uebersberger. Der Nationalkonservative, aber parlamentarisch orientierte Hoetzsch geriet bald in Konflikt mit den nationalsozialistischen Machthabern, vor allem aber mit den Königsberger Historikern um Hans Rothfels und seinen Schülern Erich Maschke, Rudolf Craemer und Theodor Schieder, denen es auf die Positionen der preußischen Geschichtswissenschaften und ihre „Säuberung" von den alten demokratischen Eliten ankam.[3] Die Nationalsozialisten warfen ihm aufgrund seiner weitgehend prorussischen Einstellung „Salon- und Kulturbolschewismus" vor. 1935 verlor er seinen Lehrstuhl in Berlin.[4] Es ist wenig verwunderlich, dass Scheibert sich nach dem Krieg gerne als „aus der Schule von Otto Hoetzsch stammend"[5] bezeichnete, bot er doch als entlassener Professor und Russlandfreund eine willkommene Projektionsfläche für eine angebliche Ferne von allem völkischen und NS-konformen. In der Tat promovierte Scheibert 1939 bei Uebersberger, dem Nachfolger Hoetzschs am Berliner Seminar, mit einer Arbeit zur Staatsbildung Finnlands. Hans Uebersberger war im Gegensatz zu Hoetzsch ein NS-Ostforscher, der die rassistische Lebensraumpolitik unterstützte. Er war nicht nur der erste nationalsozialistische Rektor der Universität Wien[6], er verfasste auch 1936 eine tendenziöse Abhandlung über die Situation der Sudetendeutschen[7] und galt als äußerst feindselig gegenüber der polnischen und tschechischen Bevölkerung sowie den Balkan-Ländern.[8] Die akademische Ausbildungssituation Scheiberts ist ein Entlastungsmoment seiner Anhängerschaft, die gerne das vermeintlich unverfängliche Dissertationsthema „Finnische Staatswerdung" betont, freilich ohne die Handlungen des absolut

---

3 Ingo Haar, Historiker im Nationalsozialismus. Göttingen 2002; ders., Anpassung und Versuchung. Hans Rothfels und der Nationalsozialismus, in: Johannes Hürter/Hans Woller (Hg.), Hans Rothfels und die deutsche Zeitgeschichte. München 2005, S. 49–67, 65; ders. Osteuropaforschung und „Ostforschung" im Paradigmenstreit: Otto Hoetzsch, Albert Brackmann und die deutsche Geschichtswissenschaft, in: Dittmer Dahlmann (Hg.), Hundert Jahre Osteuropäische Geschichte. Vergangenheit, Gegenwart und Zukunft. Stuttgart 2005, S. 37–54.
4 Christoph Kleßmann, Osteuropaforschung und Lebensraumpolitik im Dritten Reich, in: Peter Lundgreen (Hg.), Wissenschaft im Dritten Reich. Frankfurt a. M. 1985, S. 350–383, hier S. 361.
5 Erwin Oberländer, Geschichte Osteuropas. Zur Entwicklung einer historischen Disziplin in Deutschland, Österreich und der Schweiz 1945–1990. Stuttgart 1992, S. 61.
6 Kleßmann, Osteuropaforschung und Lebensraumpolitik, S. 359.
7 Hans Uebersberger, Der Kampf des Sudentendeutschtums, in: Osteuropa 12 (1936), S. 87–96.
8 Manfred Stoy, Das Seminar für osteuropäische Geschichte der Universität Wien 1907–1948. Wien 1983, S. 131.

regimekonformen Uebersberger in diese Erwähnungen einzubeziehen.⁹ Jahn und Auerbach gehen sogar so weit, den Rauswurf Otto Hoetzschs durch die Nationalsozialisten mit der Entlassung Uebersbergers *nach* dem Krieg, freilich aus politischen Gründen, zu vergleichen.¹⁰ In der Tat schien sich Scheibert mit seiner Methodik nicht an die nationalsozialistischen Gepflogenheiten der Volksgeschichtsschreibung zu halten. Er hielt sich an einen Nationenbegriff, der sich am politischen Vertragsgedanken orientierte. Scheibert schrieb hier Politische Geschichte und übernahm eindeutig nicht den Volksbegriff der nationalsozialistischen Historiographie. Doch wird bei der geflissentlichen Betonung der angeblich neutralen Dissertation Scheiberts gern vergessen, dass es beim Forschungsgegenstand Finnland 1809–1856 keinen Anlass gab, dezidert nationalsozialistisch-rassistische Volksgeschichtsschreibung zu betreiben. *Neutral* zu schreiben war hier also keineswegs eine besonders mutige Aktion, sondern kann als bequem und unverfänglich bezeichnet werden, da es ein völlig unbelastetes Themengebiet war; Methoden waren frei wählbar.¹¹ Zudem war Finnland in der öffentlichen Wahrnehmung durchaus positiv besetzt. Schließlich hatte sich das literarische Stereotyp der ländlichen Idylle in Finnland zumindest Ralph Tuchtenhagen zufolge bis ins Dritte Reich behauptet. Demnach war das von der nationalsozialistischen Publizistik vermittelte Finnlandbild „von einer romantischen Wahrnehmung geprägt, die einen engen Zusammenhang zwischen Natur und Mensch postulierte und die Bewohner des Landes als Produkt ihrer natürlichen Umgebung erscheinen ließ".¹² Im Jahr 1940, ein Jahr nach Scheiberts Promotion, stieg die Anzahl der Sachtexte deutschsprachiger Publizistik zu Finnland auf 30 an, im Gegensatz zu acht Veröffentlichungen im Vorjahr. Tuchtenhagen führt dies auf den finnländisch-russischen Winterkrieg zurück, im Zuge dessen er eine „allgemeine Sympathie der Deutschen für das einsam und verzweifelt gegen Sowjetrussland kämpfende Volk" durch das pu-

---

9 Inge Auerbach u. a. (Hg.), Peter Scheibert zum Gedächtnis. Nachrufe, Erinnerungen, Würdigungen. Marburg 1997; Inge Auerbach, Peter Scheibert †, in: Jahrbücher für Geschichte Osteuropas 43 (1995) 2, S. 318.
10 Auerbach/Jahn, Der Osteuropahistoriker Peter Scheibert, S. 33. Die Autoren formulieren, Uebersberger „teile" das Schicksal der Zwangspensionierung. Den enormen Unterschied, ob eine Zwangspensionierung eines Hochschullehrers vor oder nach 1945 geschieht, scheinen sie nicht bemerken zu wollen.
11 Esther Abel, Kunstraub – Ostforschung – Hochschulkarriere. Der Osteuropahistoriker Peter Scheibert. Paderborn 2016, S. 29–33.
12 Ralph Tuchtenhagen, Die Vermarktung des nördlichen Waffenbruders. Finnland in der deutschsprachigen Publizistik 1939–1945, in: Finnland und Deutschland. Forschungen zur Geschichte der beiden Länder und ihrer Beziehungen. Hamburg 1996, S. 287–315, hier S. 293.

blizistische Interesse an Finnland widergespiegelt sah.[13] Scheibert befand sich also mit seiner Themenwahl auf der Höhe der Zeit.

Nach der Promotion, die Scheibert mit Magna cum Laude abschloss, folgte der Dienstantritt im Auswärtigen Amt, von wo aus Scheibert dann im Sonderkommando Künsberg eingesetzt wurde. Es war für Bibliotheks- und Archivplünderung verantwortlich. Spätestens ab hier eignet sich seine Vita hervorragend, um deutlich zu machen, wie eng Kulturgutraub in Osteuropa und völkische Ostforschung, also „Feindforschung", miteinander verbunden waren. Das Sonderkommando Künsberg hatte zunächst den Auftrag, politisches Aktenmaterial, landeskundliche Daten und militärisch-geographische Karten in den eroberten Gebieten sicherzustellen. Es stand bei seiner Gründung im Dienst des Auswärtige Amts und wurde 1941 in die Waffen-SS überführt.[14] Das Auswärtige Amt war an Unterlagen interessiert, die der „Lösung bevölkerungspolitischer Fragen" in den besetzten Staaten dienten. Das hieß also, Material zu beschaffen, das zur endgültigen Grenzziehung im Ostraum, zur Verwaltungseinteilung und der „Umsiedlung" oder „Rücksiedlung" sogenannter Volksdeutscher aus der Wolga- und Schwarzmeerregion beitrug.[15] Das Sonderkommando handelte konkret unter dem rassistischen Superioritätsgedanken und der aggressiven Ostexpansion NS-Deutschlands. Seine Einsätze erschöpften sich mitnichten im Aufspüren von Material zur politischen Kriegsführung, sondern es ging um die wirtschaftliche Erschließung des Ostraumes, des „Lebensraumes", sowie um die Erforschung und explizit die Vernichtung des Bolschewismus und des „slawischen Untermenschen". Also: der Lebensraum im östlichen Europa sollte „deutsch dominiert sein, das vorgefundene kulturelle Erbe entweder für Zwecke des Reichs verwandt oder zerstört" werden.[16] Scheibert war in zwei dieser Einsatzkommandos als Politischer Berater, als Dolmetscher und Mitarbeiter für die Archivkommission tätig. Die Bezeichnung dieser Tätigkeiten veranlassten ihn konsequenter Weise dazu, selbst in seinem Entnazifizierungsverfahren die angeblich nebensächliche Übersetzer-Tätigkeit hervorzuheben, so wie es seine Schüler noch 2017 in ihrer Verteidigung für ihn betonten.

Gerade das Sonderkommando Künsberg hatte im Rahmen des Vernichtungskrieges gegen die Sowjetunion seine Arbeit unter der Befehlssituation auf-

---

13 Ebd., S. 289f.
14 Zum Sonderkommando Künsberg vor allem: Ulrike Hartung, Raubzüge in der Sowjetunion. Das Sonderkommando Künsberg 1941–1943. Bremen 1997; Anja Heuss, Kunst- und Kulturgutraub. Eine vergleichende Studie zur Besatzungspolitik der Nationalsozialisten in Frankreich und der Sowjetunion. Heidelberg 2000.
15 Politisches Archiv des Auswärtigen Amtes (PAAA), R 27539, Krallert vom 3.7.1941.
16 Marlene Hiller, Bücher als Beute – Das Schicksal sowjetischer und deutscher Bibliotheken als Folge des Zweiten Weltkrieges, in: Nordost-Archiv (1995) 4, S. 9–27, hier S. 9.

genommen, „politisch relevantes Material" zu beschaffen. Es diente dazu, „den Gegner in seiner ideologischen Motivation" zu erkennen und zu brechen.[17] Er war in militärischen Einsätzen an vorderster Front mit von der Partie. Mehr zum militärischen Aspekt und zurück zu Scheibert: Das Sonderkommando Künsberg wurde mit Wirkung vom 1. August 1941 in die Waffen-SS eingegliedert. Bei Scheiberts Eintritt in die Waffen-SS gilt es genauer hinzuschauen. Er war sogleich 1933 in die SA eingetreten und 1937, nach dem Aufnahmestopp, in die NSDAP.[18] Seine Mitgliedschaft in der Waffen-SS, die er später als Hochschullehrer zwar nicht hervorhob, aber auch nicht bestritt, schob er stets auf die Überführung des kompletten Sonderkommandos Künsberg in die SS zu. Allerdings war er Untersturmführer, und einem Führerdienstgrad ging stets ein entsprechender Antrag plus persönliche Überprüfung und Genehmigung voraus. Niemand wurde aus Versehen Untersturmführer.[19] Später stellte Scheibert auch diese Mitgliedschaft später vor seinen Studenten als Sachzwang dar. Doch geriet er tatsächlich mit der SS-Maschinerie in einem erwähnenswerten Konflikt, der in Hinblick auf seine Person zunächst dem Bild eines angepassten SS-Manns zu widersprechen scheint. Scheibert handelte sich 1942 durch allerlei unbedachte Äußerungen ein Wehrkraftzersetzungsverfahren ein. Diesem Verfahren lagen verschiedene Vorwürfe seitens Scheibert von Korruption und anderen Verfehlungen im Sonderkommando Künsberg zugrunde. SS-Obersturmführer Alfred Karasek äußerte sich folgendermaßen über Scheibert:

> Er zeigte sich (...) als ein (...) leicht ironischer Kritiker, dem das Kritisieren und die Einnahme eines gegensätzlichen Standpunktes Gewohnheit ist. (...) Er ist sich der Wirkungen und Folgerungen derartiger Stellungnahmen nicht immer bewußt und mildert, schärfer angefaßt, seinen Standpunkt. Er spricht gern und viel und erzählt auch gern Klatschgeschichten über jedermann. Seine Haltung ist eine *unsoldatische*, wie er sich ja auch nicht als Soldat, sondern als (...) Angehöriger des Auswärtigen Amtes fühlt. Er ist im Einsatz selbst nicht feige; *Grund hierzu ist weniger persönlicher Mut, als das völlige Unverständnis für vorhandene Gefahren. Ich halte Scheibert weder für einen Nationalsozialisten, noch als SS-Führer geeignet.*[20]

Letztlich wurde die Angelegenheit mit einem einfachen Verweis beigelegt. In diesem Zusammenhang ist es besonders zutreffend, Scheibert als „chamäleon-

---

[17] Anja Heuss, Die „Beuteorganisation" des Auswärtigen Amtes. Das Sonderkommando Künsberg und der Kulturgutraub in der Sowjetunion, in: Vierteljahreshefte für Zeitgeschichte (1997) 4, S. 535–556, hier S. 539.
[18] HSTA Hannover, Nds. 171, 19132 (Entnazifizierungsakte), Abschluss des Berufungsverfahrens, 03.05.1950.
[19] Für diesen Hinweis danke ich Dr. Jens Westemeier, RWTH Aachen.
[20] BArch-Militärarchiv Freiburg, RS 4/1165, „Verhalten von Dr. Scheibert im Einsatzkommando", 12.11.1942, S. 185.

artig" zu bezeichnen. Es besteht einerseits das Andienen an das Regime durch seinen Eintritt in die Waffen-SS, andererseits könnte er aber für uns heute nach entsprechender Lesart als Kritiker, Widerständler dastehen. Ist das so? In seinen Autobiographischen Skizzen schrieb Scheibert Jahrzehnte später:

> Allmählich dämmerte mir, dass diese ‚Gruppen' (wie das SKK) (...) keinerlei Daseinsberechtigung hatten und in einer normalen *wohlgeordneten Heeresverfassung* gar nicht erst hätten entstehen können.²¹

In diesem Zitat wird sehr deutlich, dass es Scheibert kaum um eine fundamentale Kritik am NS-System gegangen sein kann, ja er verhält sich mit keinem Wort zur Expansionswut der Nationalsozialisten und zum rassistischen Weltbild, auf dem diese gründete. Im Gegenteil: die Gegenstände des Untersuchungsverfahrens gegen ihn implizieren einen bürgerlichen Wertekodex, die Anschuldigungen seitens Scheibert gegen seine Vorgesetzten richteten sich gegen Korruption und Betrügereien Einzelner, taugten jedoch nicht zur Zerstörung, Erschütterung oder Blockierung des Sonderkommandos Künsberg oder der Waffen-SS und ihrer Machenschaften.

Noch weniger heldenhaft, aber von Scheibert stets als rein wissenschaftlich dargestellt, ist seine eigene Verstrickung in die völkische Wissenschaft, die sich zum einen in der Intention des Sonderkommandos Künsberg zeigte, das über das Aufspüren von Akten und „feindlichem Material" hinaus durchaus die wirtschaftliche Erschließung des „Ostraumes" – des „Lebensraums" – zum Ziel hatte und darüber hinaus Forschungen anstrengte zur Erforschung und explizit Vernichtung des Bolschewismus und des „slawischen Untermenschen". Zum andern wird Scheiberts persönlicher Anteil an völkischer Wissenschaft insbesondere in seinen Aufsätzen in der Zeitschrift *Jomsburg* deutlich. Das bemerkenswerte an Scheiberts Aufsätzen in der *Jomsburg* von 1938 und 1940²² ist, dass es starke inhaltliche Überschneidungen gibt zu einem Text mit unbekanntem Autor aus einem Meldebericht des Sonderkommandos. Er handelt von der „weißruthenischen Frage" und gibt Aufschluss über die Sicht des Einsatzkommandos auf das „geschichtslose" Volk. Die inhaltlichen Überschneidungen zwischen Scheiberts *Jomsburg*-Texten und dem Bericht zur „weißruthenischen Frage" bestehen einmal in der Kernaussage, Weißrussland sei über einen erhebli-

---

21 Scheibert, Autobiografische Skizzen, S. 23. Bei den Autobiographischen Skizzen handelt es sich um hektographische Blätter, die laut seiner Nichte von ihm verfasst worden sein sollen. Trotz des quellenkritisch höchst fragwürdigen Dokumentes wurden sie in Abel, Kunstraub – Ostforschung – Hochschulkarriere als atmosphärische Ergänzung herangezogen.
22 Peter Scheibert, Der weißrussische politische Gedanke bis 1919, in: Jomsburg 2 (1938), S. 335–354; ders., Der Weg der Weißruthenen zur Weißruthenischen Sowjetrepublik, in: Jomsburg 4 (1940), S. 191–196.

chen Zeitraum „fremdbestimmt" gewesen und habe kein eigenes Profil oder auch Nationalbewusstsein entwickeln können, und weiter in der Überzeugung, die polnische Oberschicht habe das gesamte geistige und öffentliche Leben in der Hand gehabt[23], oder der Behauptung, die Aufhebung der kirchlichen Union (die „religiöse Spaltung") habe zur Dominanz der russischen Orthodoxie und damit des russischen Kultureinflusses geführt, was langfristig der nationalen Entwicklung der „Weißruthenen" geschadet habe.[24] Es scheint beinahe überflüssig zu erwähnen, dass Scheibert diese Aufsätze später gerne als Beleg anführte, wie marginal und unpolitisch er im Zweiten Weltkrieg gearbeitet habe – zwei Aufsätze über Weißrussland, was hatte das schon für eine Bedeutung? Für völkische Darstellungen gab es übrigens seit Anfang 1942 eine Sprachregelung für „Begriffe des Ostens"[25], die auch den Terminus „Weißruthenen" erklärt. Zur „Vermeidung falscher Darstellungen" wurden folgende Überlegungen angestellt:

> (...) Russland: Rein geschichtlich ist die Bezeichnung ‚Russland' zulässig für das russische Kaiserreich (...) Ebenso ist ‚Weißrussland' (‚Weißrusse') zu ersetzen durch das allein zutreffende ‚Weißruthenien' (‚Weißruthene'). Der Begriff ‚Reich' ist zu vermeiden! (...) Sowjetunion: Grundsätzlich sind für das Gebiet der ehemaligen (sic!) Sowjetunion nur solche ethno- und geographische Bezeichnungen anzuwenden, die den *völkischen* Verhältnissen gerecht werden und damit der deutschen Konzeption entsprechen. (...) Die Begriffe Räte-Union, Räte-Russland sind zu vermeiden. Der Begriff ‚Sowjetland' hat nur bei Vergleichen in ironischem Sinne Berechtigung, z. B. ‚Im gepriesenen Sowjetland'. (...) Begriffe wie Weißrussland, Kleinrussland, Russisches Meer, russisch-Asien sind unbedingt zu vermeiden, da sie zur einstigen moskowitisch-imperialistischen Terminologie (Russifizierungsmaßnahmen) gehören.[26]

Neben dem Vorhandensein von Propagandamaterialien, die die „Nationale Wiedergeburt Weißrutheniens" sowie dem Kriegsverlauf entsprechende antipolnische und antirussische Parolen verfolgten, gründete sich 1941 das sogenannte Weißruthenische Selbsthilfewerk, das unter anderem die Aufgabe hatte, die sozialen Folgen der deutschen Unterversorgung zu kaschieren. Gleichzeitig diente es als Sammelbecken für politische Mitläufer der Deutschen.[27]

---

23 In PAAA, R 27003, S. 18; Scheibert in Jomsburg 4 (1940), S. 191.
24 Ebd., R 27003, Druckstück Nr. 26, „Meldungen vom Einsatz in den baltischen Ländern", 1941, S. 18–20; Scheibert in Jomsburg 4 (1940), S. 192.
25 Ebd., Inland II C, R 100522, vorhanden in: UAA, Vorlass Fahlbusch. Kopie, in Box „VFG-Archiv XII, PAAA". „Vorläufige Sprachregelung über Begriffe des Ostens" vom 14.03.1942.
26 Ebd.
27 Babette Quinkert, Propaganda und Terror in Weißrussland 1941–1944. Die deutsche „geistige" Kriegsführung gegen Zivilbevölkerung und Partisanen. Paderborn 2009, S. 193.

Zurück zum Kunst- und Kulturgutraub, den Scheibert betrieb: wie zielgerichtet die Akteure sich bereits während des Krieges, aber auch danach auf den euphemistischen Begriff *Kunstschutz* stürzten, zeigt das Beispiel Monte Cassino, die nächste Station Scheibers nach dem Sonderkommando Künsberg. Dieses war im August 1943 aufgelöst worden und Scheibert wurde in den „wissenschaftlich-methodischen Forschungsdienstes" des Reichssicherheitshauptamtes (RSHA) versetzt. Das RSHA mit seinem „wissenschaftlich-methodischen Forschungsdienst", der Abteilung VI G, war unmittelbar an der Zerstörung des kulturellen Erbes der Juden in Ungarn beteiligt, die wiederum Bestandteil der sogenannten Endlösung war.[28] Um an dieser Stelle Abschnitt III des Aufsatzes vorzugreifen: die Tatsache, dass ich Scheiberts Arbeitsplatz, die Abteilung VI G, in meinem Buch *Kunstraub – Ostforschung – Hochschulkarriere* näher beschreibe, brachte mir heftige, teils persönlich beleidigende Kritik ein. Dass Scheibert etwa an der Plünderung jüdischer Buchhandlungen durch die Abteilung VI G im Mai 1944 nicht beteiligt war, geht aus meinem Buch deutlich hervor. Der Grund, warum die Abteilung VI G an dieser Stelle eingehend beschrieben wurde, ist der Zusammenhang zwischen dem Sonderkommandos Künsberg und Reichssicherheitshauptamt. Dieser besteht neben der Übernahme des Personals in den „wissenschaftlich-methodischen Forschungsdienst" in der Verfügung desselben über das geraubte Forschungsmaterial. Scheibert war seit dem 1. August 1943 eben dort tätig.[29] Er war im September 1943 vom RSHA VI G mit einem Einsatzkommando unter Führung des SS-Untersturmführers Viktor Paulsen zunächst nach Italien entsendet worden. Der Einsatz dieses Einsatzkommandos war Anfang November 1943 offiziell beendet; Scheibert blieb jedoch auf Ansuchen der deutschen Botschaft in Rom.[30] Von dort aus wurde er später als *Kunstschützer* in Monte Cassino eingesetzt. Darin bestand hernach Scheiberts Arbeit in Italien.

Das Kloster Monte Cassino wurde im Februar 1944 durch die Alliierten bombardiert. Allerdings hatte die „Abteilung Kunstschutz" der deutschen Militärverwaltung vor der Bombardierung in Italien die zahlreichen Kunstwerke des Klosters in einer spektakulären Aktion nach Rom transportiert. Diese Vorgehensweise gilt bis heute als umstritten. Es ist immer noch nicht klar, inwieweit die Mönche des Klosters in den Abtransport der Kunstwerke eingebunden und darüber informiert worden waren. Dass *Kunstschutz* lediglich eine getarnte

---

28 Michael Fahlbusch, Wissenschaft im Dienst der nationalsozialistischen Politik? Die „Volksdeutschen Forschungsgemeinschaften" von 1931–1945. Baden-Baden 1999, S. 498ff.; Michael Wildt, Generation des Unbedingten. Das Führungskorps des Reichssicherheitshauptamtes. Hamburg 2003.
29 Bundesarchiv Berlin, R 58/127, Fiche 1.
30 Ebd., R 58/2693, Tgb.Nr. 390/44, 15.03.1944.

Kunstraubaktion war, darauf verwies bereits der Kunsthistoriker Silvio Bertoldi: „Die deutschen Besatzer (errichteten) ein organisatorisches Meisterwerk, um ihren Raubzügen einen legalen Anstrich, ja gar den Anschein des Wohlwollens zu verleihen."[31]

Diese seine Arbeit in Italien hielt Scheibert für besonders geeignet, sich der Nachwelt als *Kunstschützer* zu präsentieren. So betonte er die Räumung des Klosters vor seinen Studenten sowie auch im Entnazifizierungsverfahren als besonders gute Tat. 1950 wurde er im Zuge der Entnazifizierung in Kategorie V eingestuft, also entlastet. Zu seiner Verteidigung gab er an, „für das Auswärtige Amt" (!) nach Akten gesucht zu haben, „was eine völlig normale Tätigkeit ist". Damit seien immerhin die Schätze in Monte Cassino gerettet worden, wofür es ihm auch gelang, ein Entlastungszeugnis von einem italienischen Generalinspektor zu erhalten.[32] Nach seiner Entnazifizierung ging Scheibert zu Theodor Schieder nach Köln und habilitierte sich 1955 mit einer Arbeit zur russischen Geistesgeschichte. Ab 1961 hatte er in Marburg den Lehrstuhl für Osteuropäische Geschichte bis 1981 inne.

Scheibert engagierte sich außeruniversitär in der Kommission für Ostforschung der DFG, die von 1958 bis 1960 existierte, sowie in der Marxismuskommission der Evangelischen Studiengemeinschaft, der er von 1951 bis 1978 angehörte. Außerdem hielt er Vorträge für das Bundesverteidigungsministerium und wurde vom Arbeitsgebiet Innere Führung des Bundeswehramtes für beratende Tätigkeiten herangezogen.[33] Seine berufliche Tätigkeit war durch einen strikten antikommunistischen Kurs gekennzeichnet sowie einem vorbehaltlosen Bekenntnis zur Politik der USA. In diesem Zusammenhang arbeitete er nicht nur mit dem International Book Exchange zusammen, der russischen Wissenschaftlern bei Bedarf westliche Literatur beschaffte, sondern auch mit dem CIA-Sender Radio Liberty, das für „jegliche Information über Sowjetisch-Zentral-Asien dankbar" war.[34]

---

31 Lutz Klinkhammer, Die Abteilung „Kunstschutz" der deutschen Militärverwaltung in Italien 1943–1945, in: Quellen und Forschungen aus italienischen Archiven und Bibliotheken. Tübingen 72 (1992), S. 483–549, hier S. 493.
32 Wie Anm. 17.
33 STA Marburg (STAMA), 340 Scheibert, Nr. 10, Persönliches, Dr. Widder an Scheibert, 13.10.1964.
34 Ebd., Nr. 39, USA, Gaither Stewart an Scheibert, 20.7.1966.

Scheibert als Hochschullehrer

Das Erscheinungsbild Scheiberts als Hochschullehrer war Schwankungen unterworfen. Galt er bis weit in die 1960er Jahre hinein als aufgeschlossen für Utopien und führte zahlreiche Veranstaltungen mit dem Marburger Politikwissenschaftler Wolfgang Abendroth durch, so entwickelte er sich im Zuge der Studentenbewegung zu einem erbitterten Gegner aller, die er als politisch „links" einstufte. Dem vorausgegangen war jedoch eine Zeit mit einem überaus soliden Lehrer-Schüler-Verhältnis in den Jahren nach seiner Berufung. Hatte Scheibert selbst gegenüber dem Dekan der Aachener Fakultät, die um Scheibert gleichzeitig mit Marburg geworben hatte, abgesagt mit der Begründung, er könne sich dort, in Aachen, „keinen Schülerkreis heranzüchten, wie ich ihn hier bereits habe"[35], so sollte sich sein Wunsch nach einer wahrnehmbaren Anhängerschaft erfüllen. Die Gruppe seiner frühen Schüler, die zwischen 1964 und 1970 promoviert wurden, ist identisch mit den später überwiegend in Marburg tätigen Osteuropaforschern, die Scheibert als *schulbildend* betrachten.[36] Die „Scheibert-Schule", der Inge Auerbach im Nachrufband auch Scheibert ein Kapitel widmet[37], sei „zu hoch" für manche Studenten gewesen, daher seien etliche abgesprungen. Der Lehrmeister, der „konservativ, aber nicht reaktionär" gewesen sei, habe sogar bei der Vergabe von Zensuren bei Hausarbeiten eine einheitliche Denkweise bei seinen akademischen Schützlingen ausmachen können, was auf die „gleiche Schule" zurückzuführen sei.[38] Inge Auerbach beschrieb diese Zeit folgendermaßen: „Schüler von Scheibert zu sein, bedeutete mehr als einen Doktorvater zu haben oder sich habilitieren zu können. Man fand Eingang in eine Art Familie des Junggesellen, der in den ersten Marburger Jahren auch im Seminar lebte und dort mit seinen besten Schülern zusammen regelmäßig Abendbrot aß."[39]

---

35 UA Aachen, N 0118, Scheibert an Dekan Röper, 02.09.1960.
36 Inge Auerbach u. a. (Hg.), Felder und Vorfelder russischer Geschichte. Studien zu Ehren von Peter Scheibert. Freiburg i. Br. 1985, S. 342–343. Es handelt sich beispielsweise um Inge Auerbach, Egbert Jahn, Peter Jakobs, Reimer Wulff, Hans-Jürgen und Uta Krüger-Löwenstein, Dietrich Grille und Stephan Hartmann. Vgl. auch Interview mit PD Dr. Inge Auerbach, Dr. Otto-Heinrich Elias, Dr. Stephan Hartmann, Prof. Dr. Egbert Jahn, Dr. Hans-Jürgen Löwenstein, Heinrich Mrowka, Prof. Dr. Gottfried Schramm und Dr. Reimer Wulff am 04.09.2010 in Marburg, in: Abel, Kunstraub – Ostforschung – Hochschulkarriere, S. 214.
37 Auerbach 1997, S. 47–50.
38 Ebd.
39 Auerbach 1997, S. 49.

Die Frage, ob Scheibert *schulbildend* gewesen war, muss vor dem Hintergrund der Schilderung solcher Anekdoten in Frage gestellt werden. Zur Bildung einer „wissenschaftlichen Schule" gehört der wissenschaftliche Horizont und die längerfristige wissenschaftliche Wirkung. Diese Aspekte zuzüglich einer klaren Nachfolgeregelung nennt Bordieu „universitäres Kapital".[40] Meinungen wie die, dass Scheibert „wissenschaftlich nicht ausgeprägt genug" war, um *schulbildend* zu sein, sind zu einer ergebnisorientierten Diskussion ebenso hinzuzuziehen wie die Beschreibung von informellen Teerunden als wichtigem pädagogischen Aspekt, da Elitebildung „typisch für Ordinarien" in den 1960er Jahren gewesen sei.[41] Genügt dies, um *schulbildend* zu sein? Meint *wissenschaftliche Schule* einen Kreis von Wissenschaftlern, der ähnlich der auf Hans-Ulrich Wehler zurückgehenden *Bielefelder Schule*, einen gemeinsamen theoretisch-methodischen Ausgangspunkt haben sowie über ähnliche Forschungsschwerpunkte und eine längerfristige Ausstrahlungskraft verfügte, so kann dies bezweifelt werden, dass Scheibert wissenschaftlich *schulbildend* war. Dazu gehört auch, dass sein Schülerkreis wissenschaftlich deutlich heterogen ist, was Methode sowie Forschungsschwerpunkte anbetrifft. Die von Scheibert betreuten Habilitationen und Promotionen sind der Militärgeschichte, der Sozialgeschichte, der Ideengeschichte sowie der Strukturgeschichte zuzuordnen. Die Interessensschwerpunkte sind zeitlich vom 16. bis weit hinein ins 20. Jahrhundert gestreut, inhaltlich-räumlich reichen sie von Polen bis Japan, von der Erforschung des Königsberger Judentums über Katharina II. bis zu Kasseler Unterschichten. Scheiberts Schülerschaft mag sich durch die Sympathie für ihren früheren Professor untereinander verbunden fühlen; ein homogener Strang hinsichtlich Theorie, Forschungsschwerpunkten oder Arbeitsweisen, der ein Hinweis auf eine „wissenschaftliche Schule" wäre, existiert dort jedoch nicht. In Bezug auf die wissenschaftliche Wirkung Scheiberts gibt Inge Auerbach eine Auskunft, aus der sich, je nach Lesart entweder Konsequenz, Fokussierung und Konzentrierung erkennen lassen, oder aber auch Unflexibilität und Einseitigkeit: „Im Fach lag der Schwerpunkt des Unterrichts zunächst auf der russischen und sowjetischen Geschichte der jüngsten Zeit, des 19. und 20. Jahrhunderts, auf Diplomatiegeschichte, politischer Theorie und Ideologiegeschichte und hierbei blieb es im Kern."[42]

Der benannte Personenkreis sollte noch Jahrzehnte lang das subjektiv wahrgenommene Erbe des Lehrers in Ehren halten. Im Jahr 2005 besuchte rund ein Dutzend früherer Scheibert-Schüler das Seminar für Osteuropäische Ge-

---

40 Pierre Bourdieu, Homo academicus. Frankfurt a. M. 1992, S. 149.
41 Interview mit Ulrich Heinz am 05.11.2014 in Marburg.
42 Auerbach 1997, S. 49f.

schichte, um „den widrigen Geldverhältnissen der Seminarbibliothek in Erinnerung an unseren geistigen Ziehvater Peter Scheibert auf die Sprünge zu helfen". Dem Krisengespräch über klamme Finanzen folgten „erinnerungsbesonnte Anekdoten" wie jene an Scheiberts Tipps zur Gestaltung von eindrucksvolleren Visitenkarten.[43]

Wenngleich die Frage, ob der Terminus *schulbildend* tatsächlich für Scheiberts Wirken angemessen ist, nicht hinreichend beantwortet werden kann, so ist doch unbestritten, dass Scheibert in den 1960er Jahren hohes Ansehen bei seinen Schülern genoss. Dies wird untermalt von der Tatsache, dass auch Scheibert die Ehre der in den 1950er und 1960er Jahren verbreiteten Sitte der „Fackelzüge" zuteilwurde. Anlass war, dass er zwei weitere Rufe abgelehnt hatte: 1965 nach Bochum und 1966 nach Hamburg.[44] Auf eine schauspielerische Darbietung von 30 Studenten, die mit „wild lodernden Fackeln den Berg zum Hause (...) hinaufstiegen"[45], reagierte Scheibert recht unkonventionell: „Der völlig überraschte Professor konnte nur noch die Arme in die Luft werfen und verkünden: ‚Kinder, jetzt feiern wir ein Fest'. Es wurde eins."[46]

Scheibert war demnach bis dato ein für die Ordinarienuniversität typischer Professor. Das sollte so bleiben bis zur Studentenbewegung, die 1968 ihren Anfang nahm und in Marburg auch einen prominenten Stellenwert einnahm. Die unmittelbare Reaktion auf die Studentenbewegung war das „Marburger Manifest", zu dessen Erstunterzeichnern Scheibert gehörte. Es war im April 1968 von 35 Marburger Hochschullehrern verfasst und später von 1.500 Professoren aus ganz Deutschland unterschrieben worden.

Mit ihm formierte sich erstmals eine akademische Gegnerschaft zur studentischen Mitbestimmung. Das Manifest sprach von „einer Art Machtergreifung". Es meinte die Tatsache, dass der SDS für die neue Satzung der Uni Marburg 1967 15 % studentischer Stimmberechtigung in den Gremien gefordert hatte. Auch Scheibert klammerte sich weiter an alle Punkte, die er von der alten Ordinarienuniversität als *Macht* wahrgenommen hatte.

Dies zeigt sich auch im „akademischen großen Stil", wenn er versucht, sein Dasein als Ordinarius vor den Reformen zu „retten", wie beim Habilitationsverfahren seines langjährigen Mitarbeiters Richard Lorenz. Scheibert selbst hatte das Habilitationsverfahren im Dezember 1970 eingeleitet und nicht einmal drei Wochen später, als die Dekanin zur Konstituierenden Sitzung der Kommission

---

43 Philipps-Universität Marburg, UniBund & Alumni 2005, S. 62.
44 UAM, 307 d, Nr. 889. 1970 folgten Verhandlungen mit der Universität Bonn, an deren Ende Scheibert sich erneut für einen Verbleib in Marburg entschied.
45 Oberhessische Presse, 05.09.1966.
46 Ebd.

einladen wollte, verkündet, dass er an keiner Sitzung teilnehmen und die Habilitationsschrift negativ begutachten würde. Grund war, dass laut der neuen Universitätsstatuten nun Studierende an der Kommission teilnehmen konnten. Scheibert kämpfte also mit allen Mitteln gegen das Verfahren bei einer Arbeit über die Neue Ökonomische Politik, die er zuvor als „den ersten geglückten Versuch die Voraussetzungen der plötzlichen Industrialisierung und Kollektivierung in der Sowjetunion zu beschreiben" angekündigt hatte[47], weil der formelle Ablauf nicht in sein Bild der Ordinarienuniversität passte.

Damit nicht genug: Beim Versuch Scheiberts, seine *Macht* mit allen Mitteln zu halten, ging er so weit, dass er einen Brief schrieb an eine Mehrzahl nicht genannter Kollegen ohne Bezeichnung des Personenkreises. Hierin formulierte er noch einmal seine Sicht und machte seine Empörung vor allem an der Beteiligung von Studenten fest. Somit warf der Brief ein schlechtes Licht auf die Fakultät, weil ja angeblich eine unrechtmäßige Fakultätsversammlung die Habilitation angenommen hatte, sowie auf Lorenz, der sich angeblich geweigert habe, die Überarbeitungsvorschläge anzunehmen. Scheibert stellt sich in dem Brief durchgehend als Opfer einer Kampagne dar.

Ein weiterer beispielhafter Punkt für Scheiberts Verhalten als Hochschullehrer ist sein Umgang mit verschiedenen Flugblättern des Marxistischen Studentenbundes Spartakus (MSB). Keineswegs rätselhaft, sondern außerordentlich logisch nach seinen eigenen bisher festgestellten Maßstäben handelte Scheibert im nächsten Konflikt. 1973 veröffentlichte der MSB mindestens drei Flugblätter mit eindeutigen Angriffen auf Scheibert. Teilweise bezogen sie sich auf seine NS-Vergangenheit, teilweise auf seine aktuellen Tätigkeiten in der Universität und als Erstunterzeichner des Marburger Manifests. Die Verfasser enthüllten Scheiberts Aktivitäten beim Sonderkommando Künsberg, diskutierten seine Promotion bei Uebersberger sowie über personelle und inhaltliche Kontinuitäten von Ostforschung und erläuterten Scheiberts aktuelle Arbeit im reaktionären „Bund Freiheit der Wissenschaft", einer Art Gegenbewegung zu den Hochschulreformen. Die Flugblattautoren bezeichneten ihn als „Altnazi" und bewerteten seine aktuellen Positionen als „undemokratisch".[48] Der inhaltliche Rahmen sowie die Intention werden damit deutlich: Es ging den Verfassern um die Frage, ob und in welchem Umfang belastete Personen ihre Karriere in

---

[47] STAMA, 340, Scheibert, Nr. 5, Rechtmäßigkeit der Fakultätsversammlung, Habilitationsakte Lorenz, Scheibert an Kanzler, 10.12.1970.
[48] STAMA, 280 Kassel, Nr. 3103. – Die herangezogenen Exemplare werden wie folgt zitiert: Flugblatt I, „Ostforschung und Reaktion", Februar 1973 (kurz: Flugblatt I); Flugblatt II, „Scheibert verhängt Studierverbot", 10.05.1973 (kurz: Flugblatt II); Flugblatt III, „Nochmal: P. Scheibert", 15.05.1973 (kurz: Flugblatt III).

der Bundesrepublik nahtlos fortsetzen konnten.[49] Im ersten Flugblatt werden einer Beurteilung Scheiberts, die sich weitgehend auf sein Osteuropabild bezieht, veröffentlichte Werke zugrunde gelegt[50], im dritten werden Akten aus dem Deutschen Zentralarchiv Potsdam sowie Scheiberts Promotionsakte aus dem Archiv der Humboldt-Universität herangezogen.[51] Die Quellenangaben der abgedruckten Dokumente halten einer Überprüfung stand; die dort aufgeführten, aus dem Deutschen Zentralarchiv Potsdam entnommenen Akten finden sich heute unter neuer Signatur im Bundesarchiv Berlin. Des Weiteren wird im dritten Flugblatt die einstweilige Verfügung des Landgerichts Marburg öffentlich gemacht, die die Verbreitung einzelner Passagen des zweiten Flugblatts vom 10. Mai 1973 „bei Geld- oder Haftstrafe" verbot.[52] Der Inhalt des von der einstweiligen Verfügung gestoppten zweiten Flugblatts war die Beschreibung Scheiberts als „Mitglied der SA, der NSDAP und SS-Untersturmführer".[53]

Das beleuchtet den Kern dieser Diskussion: Wie reagierte Scheibert ganz konkret auf Nachweise seiner NS-Vergangenheit? Es ist wichtig, sich vor Augen zu halten, dass mit den MSB-Flugblättern, zumindest nach aktueller Quellenlage, Scheibert erstmalig mit der Veröffentlichung belastender Materialien ohne sein Wissen und ohne sein Zutun konfrontiert wurde. Überdies stand diese Aktion des MSB in engem Zusammenhang mit der hochschulpolitischen Entwicklung der vergangenen Jahre, die Scheibert ablehnte. Die einstweilige Verfügung, die Scheibert am gleichen Tag erlassen hatte, verbot jedoch in bemerkenswerter Weise nicht die Bezeichnung Scheiberts als NSDAP-, SA- oder SS-Mitglied, sondern es wurde dem Antragsgegner „verboten, zu behaupten,

---

49 Vgl. zu den beginnenden Nachforschungen von studentischer Seite zu den Biographien ihrer Hochschullehrer auch Leggewie 1999.
50 Scheiberts Einbindung in den „Kreis der Studenten, die während des Faschismus eine (...) zielstrebige Ausbildung erhielten", wird anhand der Thesen von Gerd Voigt diskutiert. Gerd Voigt, Methoden der „Ostforschung", in: Zeitschrift für Geschichtswissenschaft 8 (1959), S. 1780–1802; weiter wird eingegangen auf Scheiberts Aufsätze in der Zeitschrift Jomsburg, in: Flugblatt I, S. 5. Vgl. dazu Kapitel I.2.3.3.; ebenso bezieht sich der Verfasser in seinen Urteilen auf Publikationen Scheiberts wie seine Habilitationsschrift *Von Bakunin zu Lenin*, a.a.O. oder einen Aufsatz in der Schriftenreihe des Forschungsrates des Landes Hessen, Flugblatt I, S. 8f.
51 Flugblatt III, S. 3–4.
52 Von der einstweiligen Anordnung ist nur die im Flugblatt enthaltene Kopie vorhanden. Einstweilige Verfügung des Landgerichts Marburg vom 10.05.1973, Nr. 1 O 145/73, 10.05.1973. Die Suche nach dem Original blieb erfolglos, da alle Verfahren, die in einem Zusammenhang mit der NS-Zeit standen, an das Staatsarchiv Marburg gegeben wurden. Elektronische Post von Rudolf Schmitt, Landgericht, Archiv und Asservatenverwaltung vom 15.05.2007. Entsprechende Unterlagen konnten im Staatsarchiv trotz des dankenswerten Einsatzes von Dr. Katharina Schaal nicht ausfindig gemacht werden.
53 Flugblatt II, S. 1.

der Antragsteller sei vom faschistischen Dritten Reich als Ostforscher ausgebildet worden und sei nach dem Überfall auf die Sowjetunion dort mit dem Raub von Kunstschätzen, Bibliotheken und Archiven beschäftigt gewesen".[54] Die Verfasser schwärzten sogleich den vom Landgericht vorgegebenen Abschnitt und publizierten das Flugblatt in dieser Weise – allerdings mit dem öffentlichen Dokument des Landgerichts im Anhang, auf dem die zur Veröffentlichung untersagten Passagen wörtlich zitiert waren.

Abb. 1: Karikatur aus Flugblatt I

Scheibert hatte also gegen die Publikmachung seiner Mitgliedschaften der SA, der NSDAP und der SS nichts unternommen, wohl aber gegen die Behauptung, er sei vom Dritten Reich als Ostforscher ausgebildet worden und mit Kunstraub in der Sowjetunion beschäftigt gewesen. Ersteres mag damit zu erklären sein, dass seine Mitgliedschaften bereits weitgehend bekannt waren[55] oder, dass er diesem Umstand, warum auch immer, keine größere Bedeutung beigemessen

---

54 Einstweilige Verfügung des Landgerichts Marburg vom 10.05.1973, Nr. 1 O 145/73, 10.05.1973.

55 An dieser Stelle ist anzumerken, dass Scheibert tatsächlich mit seiner Mitgliedschaft in NS-Organisationen vor seinen Studenten zu kokettieren schien. Dies ist freilich zu datieren auf die Zeit als unangefochtener Ordinarius, als er sich deutlich vor den Hochschulreformen libertär und zuweilen auch als „schräger Vogel" inszenieren konnte. Dazu Dietrich Grille, Peter Scheibert in der Marxismus-Kommission. Zur kirchlichen Nachkriegswahrnehmung der Sowjetideo-

hat, beziehungsweise keine Nachteile durch die Publikmachung befürchtete. Dass er seine Tätigkeit im Sonderkommando Künsberg leugnete, ist keine neue Entwicklung, sondern seit seinem Entnazifizierungsverfahren Praxis. Seine offizielle Tätigkeitsbezeichnung hieß stets, analog zu seinem Entnazifizierungsverfahren, er sei beim Auswärtigen Amt beschäftigt gewesen. Auch in seinen Angaben zum Lebenslauf in den Universitätsakten von Marburg und Aachen ist ausschließlich von „politisch-dokumentarischem Material"[56] oder einfach vom „Dienst beim Auswärtigen Amt"[57] die Rede. Weder seine Zeit beim „wissenschaftlich-methodischen Forschungsdienst" des RSHA findet je Erwähnung, noch dass das Sonderkommando Künsberg nur kurz unter der Obhut des Auswärtigen Amts stand und nach wenigen Wochen von der Waffen-SS übernommen worden war.[58]

Sein Umgang mit den im Flugblatt formulierten Vorwürfen zeigt Scheiberts eigene Prioritäten in der Bewertung der einzelnen Punkte seiner Biographie. Dass er in diesem Zuge nicht nur seine Kunstraubaktivitäten, sondern auch die Vokabel „Ostforscher" streichen ließ, könnte den Hintergrund haben, dass er jegliche *wissenschaftliche* Beteiligung an der mörderischen Expansionspolitik des NS-Regimes von sich weisen wollte. Gleichzeitig zeigt die Reaktion, sogleich eine einstweilige Verfügung zu beantragen, einen äußerst autoritären Scheibert, der, ähnlich wie während des Lorenz-Konflikts oder in seinem Vorgehen gegen die neue Universitätssatzung, weit entfernt von intellektueller Neugier, Aufgeschlossenheit und Utopie-Affinität handelte, die ihm seine „Schüler" so gerne nachsagen.

Seine Unversöhnlichkeit beziehungsweise sein endgültiger Abschied von etwaiger Aufgeschlossenheit wird deutlich in seinem Lebenswerk Lenin an der Macht, in dem er sich akribisch an einer Alltagsgeschichte der Revolutionsjahre versucht. Er hatte nahezu 30 Jahre daran gesessen, entschied sich aber 1983 bei der Herausgabe dafür, es als „Versuch der inneren Bewältigung der (Marburger) kommunistischen Offensive konzipiert"[59] zu haben. Dies zeigt sehr eindrucks-

---

logie, in: Erik Gieseking u. a. (Hg.), Zum Ideologieproblem in der Geschichte. Lauf a. d. Pegnitz 2006, S. 237–254.
56 UA Aachen, N 0118, Lebenslauf.
57 UAM, 305 f, Nr. 1575, Personalakte Scheibert, Peter, Bl. 7, Bescheinigung des Auswärtigen Amtes, 13.12.1955. Dort wird bescheinigt, dass Scheibert „vom 1. November 1939 bis Kriegsende im Dienst des Auswärtigen Amtes gestanden hat", wobei „1. November 1939 bis Kriegsende" von Hand unterstrichen ist. Allerdings wurde Scheiberts Arbeit offensichtlich durchgehend vom AA vergütet: Handschriftliche Anmerkung: „Ich erhielt eine Vergütung nach TO A III, Scheibert, Datum".
58 Hartung 1997, S. 14.
59 Peter Scheibert, Lenin an der Macht. Das russische Volk in der Revolution 1918–1922. Weinheim 1984, S. XI.

voll, wie enorm sich Scheiberts Weltbild verschoben hat. Dietrich Geyer sagt hierzu in einer Rezension: „(Peter Scheibert) ein im alteuropäischen Sinn gebildeter Kopf, ebenso gescheit wie eigensinnig, ein Mann, der noch als Emeritus mit der Erfahrung lebt, den Protagonisten der bolschewistischen Revolution in den sechziger und siebziger Jahren an der Philipps-Universität in Marburg begegnet zu sein, und der seinen Lesern freimütig gesteht, diesen voluminösen, vorzüglich ausgestatteten Band ‚auch als Versuch zur inneren Bewältigung der dortigen (Marburger) kommunistischen Offensive konzipiert' zu haben (...). Tatsächlich ist dieses Buch von den Marburger Erfahrungen nicht loszumachen. Scheibert will widerlegen, was er die ‚mehr oder minder reflektierten, allzu oft apologetischen Bemühungen engagierter Nachlebender' nennt; er will die ‚Linken', ‚die selbsternannten Präzeptoren unserer Zeitläufte', von denen, nebenbei gesagt, nicht die Schlechtesten seine eignen Schüler waren, unter Beweiszwang setzen, will ihnen die Realität vor Augen führen, – so ‚wie sie war, nicht wie sie sein sollte'. Im Zentrum stehen nicht Theorien und Programme (...). Im Zentrum des Buches steht der ‚gemeine Mann', der ‚die ganze Last des Umsturzes' trägt."[60]

Hatte er zwanzig Jahre zuvor noch mit Schülern Wolfgang Abendroths gemeinsam Kolloquien abgehalten, zu einer Zeit, als sein Haus offenstand für jedermann und er den SDS finanziell unterstützt haben soll[61], so setzte er in dieser Vorbemerkung seine damaligen Weggefährten in unmittelbaren Zusammenhang mit dem Sowjetregime, über dessen Charakter Scheibert in *Lenin an der Macht* zu einem vernichtenden Ergebnis kam. Lenin als der „Charismarch", der „mitleidlos Hassende", dem Menschen „im Grunde gleichgültig gewesen" seien, ein über 700 Seiten langes Buch über Terror, Tod und Grausamkeit schien Scheibert geeignet zu sein zur Auseinandersetzung mit der „kommunistischen Offensive" seiner eigenen Studenten – die Relation in der stilisiert anmutenden Erklärung ist zumindest fragwürdig.

Weiterschreiben der Entlastungsstrategien

Bemerkenswert ist, dass seine Schüler über 30 Jahre nach Erscheinen von *Lenin an der Macht* und 22 Jahre nach Scheiberts Tod auf ähnliche, wenn nicht identische Entschuldigungsmuster zurückgreifen, wie Scheibert sie selbst nutzte, um mit diesen Legenden die Öffentlichkeit zu täuschen. Das beginnt schon bei der

---

60 Dietrich Geyer, Rezension zu Peter Scheibert, Lenin an der Macht. Das russische Volk in der Revolution 1918–1922. Weinheim 1984, in: DIE ZEIT, Nr. 23, 31.05.1985.
61 Telefongespräch mit Stephan Dolezel am 01.09.2007.

nahezu wörtlichen Übernahme der Angaben in der Entnazifizierungsakte. Hatte Scheibert behauptet, als „Beamter im Dienste des Staates" nach Akten gesucht zu haben, „was eine völlig normale Tätigkeit ist"[62], so betonten Jahn und Auerbach seine Arbeit als „Aktensortierer", wobei sie gleichzeitig sein Dolmetscher-Dasein (das sie vorsorglich mit
der Beschreibung „Übersetzer und Dolmetscher" spickten, aber ohne dabei den Unterschied zu erklären) inklusive der Tatsache hervorhoben, dass ja der Dolmetscher nichts für den Inhalt des Gedolmetschten könne. Im Nachruf-Heft seiner Schüler geht Gottfried Schramm sogar so weit, Scheibert eine Tätigkeit „im Vorzimmer von Adam von Trott zu Solz" zuzusprechen, um Scheibert in die Nähe der Protagonisten des 20. Juli 1944 zu rücken. Diese Behauptung jedenfalls hielt einer Überprüfung in den Quellen nicht stand; nicht einmal Scheibert selbst hat in seinem Entnazifizierungsverfahren etwas in dieser Hinsicht verlauten lassen, was zweifelsohne von großem Vorteil für ihn gewesen wäre, entspräche es denn der Wahrheit. Ein weiteres schwaches Argument Scheiberts selbst sowie seiner Anhänger lautete, Kunst- und Kulturgutraub sei nicht das gleiche, wie Waffen gegen Menschen zu richten. Abgesehen davon, dass Kulturgutraub nach der UN-Genozidkonvention als Verbrechen gegen die Menschlichkeit eingestuft wird, erschöpfte sich mitnichten das Vorgehen des Sonderkommandos Künsberg in *Aktenklau*. Gerade das Sonderkommando Künsberg hatte im Rahmen des Vernichtungskrieges gegen die Sowjetunion seine Arbeit unter der Befehlssituation aufgenommen, „politisch relevantes Material" zu beschaffen, das „den Gegner in seiner ideologischen Motivation" erkennen und brechen könne.[63] Es war in militärischen Einsätzen an vorderster Front mit von der Partie. So waren die Einsatzkommandos Nürnberg und Hamburg (in beiden arbeitete Scheibert) den entsprechenden Heeresgruppen zugeteilt, um mit den ersten Truppen Moskau beziehungsweise Leningrad zu erreichen.[64] Die Einsatzkommandos des Sonderkommandos Künsberg waren stets personell mit den Heeresgruppen verbunden. Die hier zur Sprache gekommene Dimension ist also eindeutig eine andere als die bloße Beschlagnahme von Akten. Im Falle des Sonderkommandos Künsberg kommt beim Kulturgutraub eine durchaus schwammige Nähe zum Kunstraub hinzu, wo etwa die Plünderung diverser Bibliotheken nicht allein mit *Feindforschung* oder der Suche nach militärisch verwertbaren Dokumenten zu begründen war. Hier handelte es sich um bibliophile

---

62 Nds. 171 Hannover, 19132, Begründung der Berufung durch Scheibert gegen die Entnazifizierungs-Entscheidung im mündlichen Verfahren vom 17.11.1949, Nr. Kult 40/43, 18.12.1949.
63 Anja Heuss, Die „Beuteorganisation" des Auswärtigen Amtes. Das Sonderkommando Künsberg und der Kulturgutraub in der Sowjetunion, in: Vierteljahreshefte für Zeitgeschichte (1997) 4, S. 535–556, hier S. 539.
64 PAAA, R 27554, Kommandobefehl 14.07.1941.

Kostbarkeiten, mit denen sich ein Sonderkommando durchaus schmücken konnte. Jahn und Auerbach gingen sogar so weit, die Kulturgutraubaktionen des Sonderkommandos Künsberg als im staatlichen Auftrag geschehen zu verharmlosen: „Alle Staaten unterscheiden zwischen geregelter (sic!) staatlicher Beschlagnahme und privater Plünderung". Und weiter: „Das Verdikt Kunst- und Kulturguträuber über Personen, die ausschließlich im staatlichen Auftrag Akten beschlagnahmt haben, ist somit irreführend."[65] Hierbei drängt sich die Frage auf, was für ein Staat den Auftrag gegeben hat. Ein Rechtsstaat? Oder ein diktatorischer Unrechtsstaat, der sich in einem Angriffskrieg befand? Abgesehen davon, dass Scheibert in seinem Entnazifizierungsverfahren genau das als Entschuldigung angab, nämlich „nur ein Beamter im Dienste des Staates" gewesen zu sein, ist es ja die Absicht biographischer Forschung, die Handlung des Protagonisten vor dem jeweiligen historischen Hintergrund zu bewerten.

Der nächste wirkungsvolle Coup ist die altbewährte Taktik, wissenschaftlich fundierte Studien als links unterwandert darzustellen, um sie zu desavouieren, beziehungsweise sie darauf zu beschränken. Dieses Diskursmuster wurde bereits 1973 angewandt, aber damals schon ohne jeden Erfolg. Scheibert selbst stellte sich nach dem Erscheinen der MSB-Flugblätter als Opfer einer Kampagne dar. Ebendiese Flugblätter wurden denn auch von Auerbach und Jahn für völlig untauglich erklärt, für eine wissenschaftliche Erörterung herangezogen zu werden, mit der Begründung, die Dokumente seien den Flugblattautoren immerhin in der DDR zugänglich gemacht worden.[66] Also, die Herkunft der Quelle entwerte den Vorwurf. Dem folgte eine Verunglimpfung der Autorin als „politisch-moralische Richterin"; Forschungsergebnisse wurden plötzlich zu „Urteilen".[67] Wenn – hier nach Jahn und Auerbach – „kommunistische Kampfbegriffe"[68] zugrunde gelegt und „Kontinuitäten zwischen ‚faschistischer Diktatur' und der Bundesrepublik"[69] erkannt werden, so könne die Biographie über Peter Scheibert nichts anderes sein als eine „nachträgliche politische Abrechnung" mit einem späteren Professor. Beeindruckend ist hierbei auch die rhetorische Frage, ob Scheibert in meiner Arbeit auf mehr Verständnis gestoßen sei, wäre er prokommunistisch und antiamerikanisch eingestellt gewesen.[70]

War Scheiberts Intention noch die Verteidigung seiner Person, so sind die Absichten seiner Epigonen vielschichtiger. Bei den Schein-Argumenten an sich kommen laut Stefan Plaggenborg mehrere Aspekte in Frage, die objektiv – viel-

---

65 Auerbach / Jahn, S. 34.
66 Ebd., S. 31.
67 Ebd.
68 Ebd.
69 Ebd., S. 48.
70 Ebd., S. 56.

leicht subjektiv ungewollt – auf eine Relativierung der NS-Verbrechen hinauslaufen, zusammen: soziologisch die In-group-Konstellation, inhaltlich die dargelegten argumentativen Strategien und die Rhetorik der Entlastung, psychologisch die Täterfixierung, sozialethisch die Blindheit für die Opfer, politisch die „Links-Angst" sowie die Ausklammerung aller Wiedergutmachungs- und Entschädigungsfragen.[71] Bei der Motivation sind zunächst die Loyalitäten von Bedeutung, die durch Arbeitsverhältnisse, aber auch durch akademische Abhängigkeiten geschaffen worden sind und auf die Leggewie im anfangs erwähnten Aufsatz als Resultat einer geschlossenen und verschworenen Gemeinschaft eingeht. Im Kern geht es aber um etwas anderes. Es geht darum, wer denn hier eigentlich Geschichte schreiben „darf". Jahn und Auerbach machen deutlich, welches Ergebnis sie erwarten: es wäre zu wünschen, „dass ein junger Forscher oder eine Forscherin in Bälde sich der Aufgabe unterziehen würde, eine ernsthafte Biographie *sine ira et studio*, also ohne politische Abrechnungsbedürfnisse (sic!), über Peter Scheibert zu schreiben, in dem Bemühen, seiner Persönlichkeit in einer Zeit gerecht zu werden".[72]

Scheiberts Zeit als Professor für Osteuropäische Geschichte in Marburg war geprägt vom Beschweigen des gänzlich Unangenehmen wie die eigene Zugehörigkeit zum RSHA, dem Schönreden von Verbrechen wie Kulturgutraub durch das Herunterbrechen auf *Aktenklau*. Hinzu kommt das Kokettieren mit der SS-Mitgliedschaft sowie mit mitgebrachten Ikonen aus der Kriegszeit, die er angeblich aus einem überfluteten Keller in Nowgorod gerettet habe. Hierbei konnte der Euphemismus von der „geretteten" Kunst freilich solange plakativ bedient werden, wie die im Krieg geschädigte Seite nicht nach dem gestohlenen Kulturgut fragte. Nicht zuletzt zeigt der immer noch konfliktbeladene Umgang der Zeitgeschichte mit diesem kontaminierten Erbe in der eigenen Fachlichkeit, dass diese bis heute nicht frei von schwärmerischen Narrativen der NS-Herrschaft und ihrer Seilschaften ist, einschließlich der selbstgestrickten Legendenbildung von ehemals akademisch Abhängigen der folgenden Nachkriegsgeneration, die ihre Fetische nicht dem Sezierbesteck aufgeklärter Rationalität und historiographischer Kritik ausgeliefert sehen lassen wollen. Die Auseinandersetzung mit individuellen Karrieren, die 1933 einsetzten und nach 1945/48 fortgesetzt werden konnten, ist eben noch immer mit Tabus und Ächtungen belegt, gerade weil eben die Geschichte der Bundesrepublik nicht nur ein Neuanfang

---

71 Stefan Plaggenborg, Marburger Historikerstreit. In Sachen Scheibert: Der Revisionismus formiert sich, in: Osteuropa 67 (2017) 3–4, S. 157–166, hier S. 166.
72 Auerbach /Jahn, S. 58.

für die Demokratie war, sondern auch ein Integrationskurs für NS-Belastete.[73] Umso wichtiger ist es, die eigene Fachdisziplin immer wieder zu einer aktuellen und zeitgemäßen Standortbestimmung zu bewegen. Die Qualität und Glaubwürdigkeit der bundesdeutschen Zeitgeschichte wird nach wie vor daran gemessen, wie offen sie mit dem belastenden Erbe der NS-Vergangenheit umgeht, ob die deutsche Geschichtswissenschaft eben doch nur eine *Zunft* oder schon eine wissenschaftliche Disziplin ist und inwieweit ihre Selbstheilungskräfte reichen, um solche Problemfälle wie die von Scheibert offen und ohne polemische Ausfälle diskutieren zu können.

---

[73] Vgl. Felix Bohr, Die Kriegsverbrecherlobby, Bundesdeutsche Hilfe für im Ausland inhaftierte NS-Täter. Berlin 2018.

Cordelia Heß
Das Ostprogramm der Preußischen Archivverwaltung

Angesichts der Vielzahl von Organisationen und Institutionen, die sich seit den 1920er Jahren der wissenschaftlichen Erforschung des Deutschtums im Osten und damit der Legitimierung deutscher Besitzansprüche widmen wollten, waren Kompetenz- und Ressourcenstreitigkeiten vorprogrammiert. Angesichts des Erfolgs der Volksdeutschen Forschungsgemeinschaften einerseits und der Publikationsstelle Berlin-Dahlem (PuSte) andererseits, zudem nach wie vor eingebunden in die Aktivitäten der Historischen Kommissionen und diverser lokalhistorischer Vereine, hatte die Preußische Archivverwaltung Schwierigkeiten, sich als Forschungsinstitution zu behaupten. In diesem Zusammenhang ist das „Ostprogramm" der Archivverwaltung zu sehen – als Versuch, die bestehende und ohnehin geplante Forschung der Archivare zu bündeln, programmatisch zu rahmen und damit besser für den Kampf um Ressourcen und prestigeträchtige Konferenzen und Publikationen zu rüsten. Während die inhaltlichen Zielsetzungen und Projekte im Wesentlichen mit denjenigen für die Ostuniversitäten und die Forschungsgemeinschaften übereinstimmten,[1] muss das Programm der Archivverwaltung doch im Kontext der Forschungsaktivitäten vor allem von Königsberger Archivaren gesehen werden, die bereits lange vor dem Ostprogramm in Planung waren. In weiten Teilen transportiert das Ostprogramm keine explizit völkische oder nationalsozialistische Ideologie – dennoch lohnt sich eine Analyse der dort geplanten und teilweise auch nach 1945 ausgeführten Forschungsvorhaben. Vor allem die Geschichte des spätmittelalterlichen Deutschordensgebietes und seiner Nachbarregionen fand Aufmerksamkeit im Ostprogramm, ganz im Einklang mit den Interessen der Archivare vor allem im Staatsarchiv Königsberg, die sich ebenfalls nicht auf administrative und konservatorische Aufgaben reduzieren lassen wollten.

---

[1] Vgl. Ingo Haar, Historiker im Nationalsozialismus, Göttingen 2000, vor allem S. 150–159, und ders., Deutsche „Ostforschung" und Antisemitismus, in: ZfG 48/6 (2000), S. 485–508.

https://doi.org/10.1515/9783110654592-012

Forschung und Archivarbeit in der Zwischenkriegszeit

Die preußische Archivverwaltung hatte sich seit dem Ende des 19. Jahrhunderts zum Ziel gesetzt, eine quellennahe Verfassungsgeschichte Preußens in mehreren Bänden vorzulegen. Das Archivwesen war dem Ministerpräsidenten unterstellt, der die Direktorenstellen seit den 1850er Jahren meist mit Historikern mit starker mediävistischer Expertise besetzte: Max Duncker, Heinrich von Sybel, Reinhold Koser, Paul Fridolin Kehr.[2] Forschungen in Form von Quelleneditionen und in Form von Untersuchungen, die an unedierten Quellen in den eigenen Archiven gemacht wurden, stellten einen nicht unerheblichen Anteil der archivarischen Arbeit dar, meist mit einem Fokus auf die Geschichte des mittelalterlichen Reichs sowie der Territorialstaaten, die als Vorläufer des deutschen Kaiserreichs galten. Exklusive Publikationskanäle gab es dagegen wenige, viele Arbeiten erschienen in den Abhandlungen der Preußischen Akademie der Wissenschaften,[3] Bestandsübersichten in der eigenen Reihe Mitteilungen der Preußischen Archivverwaltung.[4] Vor allem aber kleinere Arbeiten aus den unterschiedlichen Staatsarchiven, die der Preußischen Archivverwaltung unterstellt waren, erschienen in den unzähligen Zeitschriften der historischen Vereine und Kommissionen, die für die akademische und halb-akademische Pflege lokaler Geschichtsschreibung standen. Nach dem ersten Weltkrieg nahmen viele dieser Vereine eine dezidiert revisionistische Zielsetzung an, vor allem in den östlichen Gebieten Preußens, die von den territorialen Veränderungen nach dem Versailler Frieden betroffen waren.

In Königsberg waren die Archivare eng mit der Historischen Kommission für ost- und westpreußische Landesgeschichte verbunden und nahmen Positionen in deren Vorsitz ein sowie als Herausgeber der zugehörigen Zeitschrift *Altpreußische Forschungen*. Wie der Name nahelegt, fokussierte sich die Kommission auf die Erforschung der Vormoderne in Preußen. Die ersten Publikationen nannten eine klar politisch-revisionistische Zielsetzung der Kommission:

> Die Verbindung der ehemaligen Provinzen Ost- und Westpreußen mit dem Reiche ist durch den Machtanspruch der Feinde zerrissen. Alle äußeren Machtmittel sind uns entwunden. Um so heiliger muss uns allen die Aufgabe sein, was unser ist, die uralte Über-

---

2 Siehe hierzu Johanna Weiser, Geschichte der preußischen Archivverwaltung und ihrer Leiter: von den Anfängen unter Staatskanzler von Hardenberg bis zur Auflösung im Jahre 1945. Köln 2000, S. 46–110.
3 Abhandlungen der Preußischen Akademie der Wissenschaften, Philosophisch-Historische Klasse. Berlin 1908–1944.
4 Mitteilungen der Königlich Preußischen Archivverwaltung. Leipzig 1900–1936.

lieferung der Zusammengehörigkeit der Ostmark mit dem deutschen Vaterlande zu pflegen, den ehrenvollen Anteil Ost- und Westpreußens an der deutschen Kulturgemeinschaft seit den Tagen, da deutsche Ritter, Bürger und Bauern unsere Heimat besiedelten und kultivierten, aufzuweisen. Dieser Aufgabe haben bisher unsere heimatlichen Geschichtsvereine treu gedient. Infolge der ungeheuren Verteuerung der Druck- und Papierkosten sind sie jedoch kaum noch in der Lage, ihre Veröffentlichungen weiter fortzusetzen. Das bedeutet einen schweren Verlust für unsere heimatliche Geschichtsforschung und muss unsere im Kampf um die Behauptung ihres Deutschtums stehenden Provinzen aufs Schwerste schädigen. Um diesem Unglück vorzubeugen, hat sich eine Reihe von Freunden der Heimatgeschichte zu einer Historischen Kommission für ost- und westpreußische Landesforschung zusammengeschlossen.[5]

Die Kommission war nicht die einzige wissenschaftliche und lokalhistorische Vereinigung, die sich den Kampf gegen den Danziger Korridor und die Gebietsansprüche des polnischen Staates auf die Fahnen geschrieben hatte, aber sie war am engsten mit dem Königsberger Staatsarchiv und damit der Preußischen Archivverwaltung verknüpft. Insofern gab es eine Kontinuität sowohl in der Ausrichtung der Forschungsarbeiten der Archivare als auch in der lokalen institutionellen Rahmung derselben von der Zwischenkriegszeit bis in den Nationalsozialismus – wobei auch hier betont werden muss, dass trotz der klar revisionistischen Zielsetzung viele der dabei entstandenen Forschungsarbeiten nach wie vor wichtige Quelleneditionen und Grundlagenforschung ausmachen. Der politische Rahmen drückte sich, in den 1920er Jahren ebenso wie später, eher in der Auswahl dessen aus, was erforscht und was ignoriert wurde.

Das Staatsarchiv Königsberg nach dem deutschen Überfall auf Polen

Der deutsche Überfall auf Polen führte für die Preußische Archivverwaltung zu einer gewaltigen Ausweitung der Arbeitsaufgaben, bzw. mussten die bestehenden Arbeitsaufgaben in der Sichtung, Konservierung, Verschickung und Verzeichnung von Archiven plötzlich auf ein viel größeres Gebiet, zudem das eines anderen Staates, ausgedehnt werden. Die Briefwechsel zwischen Ernst Zipfel, dem Generaldirektor der Preußischen Staatsarchive, und Max Hein, dem Leiter des Königsberger Staatsarchivs, zeigen, dass das Staatsarchiv nicht auf den immensen Gebiets- und Arbeitszuwachs eingestellt war, der mit dem deutschen

---
[5] Aufruf zur Unterstützung der Kommissionsarbeit, Königsberg nach dem 13. Mai 1923, in: Bernhart Jähnig (Hg.), 75 Jahre Historische Kommission für ost- und westpreußische Landesforschung: Forschungsrückblick und Forschungswünsche, Lüneburg, 1999, S. 38–39.

Überfall auf Polen auf es zukam – aber auch, dass auch die zentrale Archivverwaltung keinen konkreten Masterplan für die Archivgliederung des besetzten Polens hatte, ein Problem, das sich nach Beginn der Operation Barbarossa noch verschärfte. Die Verwaltung der Archivbestände des Generalgouvernements wurde in Warschau zentralisiert, während alle anderen ehemals polnischen Gebiete zum Archivbereich Königsbergs kamen, zunächst Westpreußen und Pommern sowie die neu gegründeten Bezirke Warthegau und Zichenau, später auch Litauen und Bialystok.[6] Gleichzeitig bekam das Staatsarchiv Königsberg keine neuen personellen Ressourcen, im Gegenteil wurden einige der jüngeren Archivare zum Kriegsdienst eingezogen und viele fielen während des Krieges. Die Arbeitsaufgaben, die zu den bestehenden in Königsberg hinzukamen, waren zunächst die Sichtung und Beurteilung der Archive in den neuen Gebieten, was umfassende Reisen notwendig machte. Nach dieser ersten Sichtung mussten Maßnahmen angeordnet, koordiniert und manchmal beaufsichtigt werden: Verpackung und Transport wertvoller Archivbestände nach Königsberg, Vernichtung aussortierter und zu kassierender Bestände, gesonderte Sicherung von Kirchenbüchern und jüdischen Gemeindearchiven, soweit sie für die „Rasseforschung" und die Erstellung von Deportationslisten relevant waren. Auch die Organisation der weiteren Archivarbeit unter deutscher Aufsicht, teilweise mit polnischen Archivaren in Zwangsarbeit, musste aus Königsberg koordiniert werden, all das unter den Bedingungen einer militärischen Besatzung und den damit verbundenen Problemen bezüglich der Zuständigkeiten sowie der Infrastruktur. Dazu kam die mangelnde Koordination zwischen den verschiedenen Stellen und Organisationen, die am Archivraub beteiligt waren: SD, Einsatzstelle Reichsleiter Rosenberg, Kommando Paulsen, die oft schon vor den Archivaren die wertvollen Sammlungen gesichtet und geplündert hatten.[7]

Diese Aufgaben der Archivare aus Königsberg ähnelten den Aufgaben der Archivpflege, die schon vorher in peripheren und ländlichen Bereichen für kleinere Archive übernommen worden waren, mit dem Unterschied, dass sie nun auf eine bestehende Verwaltungsstruktur eines anderen Landes angewandt wurden und viel deutlicher den Bedingungen der rassistischen Besatzungspolitik folgen mussten. Konkrete Anweisungen für die Ausführung der Kassierungen und Einzüge von Archivgut sind nicht überliefert – damit muss davon ausgegangen werden, dass die Archivare einerseits große Entscheidungsfreiheit im Einzelfall hatten, andererseits eine gewisse grundlegende Auffassung davon,

---

[6] Siehe hierzu allgemein Stefan Lehr, Ein fast vergessener „Osteinsatz": Deutsche Archivare im Generalgouvernement und im Reichskommissariat Ukraine. Düsseldorf 2007.
[7] Cordelia Heß, The Absent Jews: Kurt Forstreuter and the Historiography of Medieval Prussia. New York 2017, S. 79.

welche Bestände zu sichern waren. Die übergeordnete Koordination lag bei Ernst Zipfel, die Entscheidung, welcher Archivar welche Reisen übernahm, bei Max Hein. Die konkreten Entscheidungen der Arbeit vor Ort lagen bei den Archivaren.[8]

Das Ausmaß dieser Reisen kam für die Königsberger Verwaltung offenbar überraschend und keinesfalls willkommen, denn zwar waren seit Mitte der 1930er Jahre junge Archivare vermehrt in den im Osten notwendigen Sprachkenntnissen, vor allem Polnisch, ausgebildet worden, aber noch gab es nicht genug Personal, das die notwendigen Kompetenzen für die Archivsichtung hatte. Außerdem klagten alle Archive im Reich über die zusätzliche Belastung, die die Ausstellung sogenannter Ariernachweise bedeutete, da hierfür hoch qualifiziertes Personal gebunden wurde.[9] Zudem waren in Königsberg mehrere Personen mit dem großen Projekt der Eindeutschung der Ortsnamen im Gebiet Zichenau beschäftigt, die nach Möglichkeit auf Quellenstudien aufbauen sollte.

Angesichts dieser umfassenden Verwaltungstätigkeiten, die mit der Besatzung auf das Königsberger Archiv zukamen, war es offensichtlich schwierig, genug Dienstzeit für Forschungsarbeiten freizuräumen. Gleichzeitig wollte die Preußische Archivverwaltung aber nicht den Anspruch aufgeben, ein wichtiger Akteur in der Ostforschung zu sein, zudem entsprach es dem Berufsbild und Selbstverständnis der Archivare, wissenschaftlich tätig zu sein; viele brachten dafür auch ihre Freizeit auf. Ernst Zipfel fasste das Selbstverständnis in den Worten zusammen, dass Archivare „eine besondere Art von Historikern" seien, und das an prominenter Stelle, nämlich in seiner Denkschrift über die Leistungen des Archivschutzes in den Ostgebieten. Dabei formulierte er gleichzeitig den Anspruch, die Preußische Archivverwaltung besser zu positionieren, was die planvolle Forschungsleistung in der Ostforschung betraf, und hängte das Ostprogramm an. Dieses als Rundschreiben an alle Staatsarchive verschickte Schreiben forderte großen Widerspruch heraus, mehrere Archivdirektoren wehrten sich gegen die ihrer Ansicht nach überzogenen Ansprüche an For-

---

8 Siehe hierzu allgemein Weiser, Geschichte der preußischen Archivverwaltung, S. 144–212; Heß, Absent Jews, 101–148; Astrid M. Eckert, Archivare im Nationalsozialismus. Zum Forschungsstand, in: Wissenschaftliche Bibliothekare im Nationalsozialismus: Handlungsspielräume, Kontinuitäten, Deutungsmuster. Wiesbaden 2011, S. 51–89.
9 Die Arbeit an den sogenannten Ariernachweisen wird in der Forschung immer wieder als ein Bereich genannt, in dem ausnahmslos alle Archivare und Archivarinnen in die antisemitische Politik des nationalsozialistischen Deutschlands eingebunden waren. Die Frauenburger Archivarin Anneliese Triller hatte ein System entwickelt, wie mit Hilfe von Karteikarten die Anfragen schneller bearbeitet wurden, eine Episode, die noch in Zeitungsartikeln zu ihrem 80. Geburtstag 1983 positiv hervorgehoben wurde. Vgl. Heß, Absent Jews, S. 99.

schung und Verwaltung in ihren Häusern.[10] In dieser Debatte zeigte sich auch, dass das Staatsarchiv Königsberg bis 1940 trotz der spezifischen Belastungen durch die Eingliederung der neuen Verwaltungsbezirke als einziges eine relevante Forschungsleistung im vorgegebenen Themenbereich aufzuweisen hatte – was vielleicht an der besonderen Motivation der dortigen Archivare lag, sich den Zielen der Ostforschung zu verschreiben, vielleicht aber auch einfach daran, dass die im Programm angedachten Forschungsvorhaben nahezu ausschließlich Quellenbestände aus Ost- und Westpreußen umfassten.

Das Ostprogramm und die Denkschrift hatten nicht rein nach außen gerichtete propagandistische und normative Absichten, sie sollten auch in die Kompetenzstreitigkeiten zwischen der Preußischen Archivverwaltung und vor allem der PuSte intervenieren. Diese drehten sich einerseits um persönliche Auseinandersetzungen zwischen Ernst Zipfel und Johannes Papritz, die von beiden Seiten nicht ohne Beleidigungen geführt wurden. In diesem Konflikt wurde andererseits aber auch die strategische Bedeutung, die Zipfel dem Ostprogramm in Konkurrenz zur PuSte beimaß, deutlich. Zipfel behauptete, PuSte und NOFG versuchten ihn auszuschalten, indem sie die Archivare für ihre eigenen wissenschaftlichen Zwecke einladen und einspannen würden, ohne Zipfel davon zu unterrichten. Er bezeichnete die Trennung von Archivverwaltung und PuSte als Fehler, da sie erstere als wissenschaftliches Instrument gegen Polen ausgeschaltet habe.[11] Ostprogramm und Denkschrift aus Zipfels Feder spiegeln damit seine forschungsstrategischen Pläne für die Preußische Archivverwaltung, die er im Vergleich zur PuSte nicht zur rein administrativen Einheit verkommen sehen wollte. Entworfen von Ernst Zipfel auf Grundlage der Rechenschaftsberichte der Archive aus den vergangenen Jahren, in denen jeweils auch die Forschungsarbeiten der Archivare und deren Bearbeitungsstatus aufgelistet waren, stellten die Dokumente aber nicht nur ein strategisches Instrument, sondern auch in weiten Teilen eine Beschreibung des Status quo dar, also der Archivarbeit der Vorkriegsjahre und der bestehenden Pläne, diese weiterzuführen.

Neben der Denkschrift, in der die umfassenden Umstrukturierungen, Plünderungen und Kassierungen in den besetzten Gebieten dokumentiert und als „Archivschutz" gelobt wurden, und einer weiteren Denkschrift konkret zu den wissenschaftlichen Plänen der Archive, umfasste das Ostprogramm 1940 eigentlich nur eine Handvoll von Forschungsvorhaben, einige davon bereits angefangen, und eine kurze Beschreibung der politischen Relevanz derselben. Die Hauptarbeit sollte demnach in die Edition spätmittelalterlicher Quellen zur Ver-

---

10 Heß, Absent Jews, S. 83–88; Weiser, Geschichte, S. 117.
11 GStA, I. HA, Rep. 178, Nr. 1174, Nord- und Ostdeutsche Forschungsgemeinschaft Bd. 1. Ernst Zipfel an Max Hein, Berlin 11.11.1940.

waltungs- und Stadtgeschichte fließen. Besonders drei Bereiche wurden als politisch relevant angesehen: die Deutschordensgeschichte, die mittelalterliche Geschichte des „Warthelandes", und die frühneuzeitliche Geschichte derjenigen Gebiete, die während der Polnischen Teilungen preußisch waren. Konkret geplant waren:

> Anlage 5. Das ‚Ostprogramm' der Preußischen Archivverwaltung (die + angekreuzten Themen sind in Arbeit)
> 1. Regestenwerk, das die polnische Kronmetrik für die deutsche Volkstums- und Landesgeschichte auswertet. (Frederichs)
> 2. Die preußische Verwaltung in Süd- und Neuostpreußen 1793–1806 (Dülfer)
> 3. Die politische Korrespondenz des Deutschen Ordens im 15. Jh. (Forstreuter) +
> 4. Pommern und Polen bis zum Anfang des 15. Jh. (Morré) +
> 5. Auswanderung aus Pommern nach dem Osten insbesondere nach Polen (Seeberg-Elverfeldt) +
> 6. Verwaltungsgeschichte der Provinz Posen (Kohte) +
> 7. Herausgabe der Grodbücher von Dt. Krone (Gollub, Sandow und Böhm) +
> 8. Herausgabe der ‚Schadensbücher' des Deutschen Ordens (Gollub)+
> 9. Listen der Bürgermeister, Ratsherren und Schöffen im Wartheland bis etwa 1400 (Sandow)
> 10. Geschichte des deutschen Zunftwesens im Wartheland (Gollub)."[12]

Dieser knappe Anhang umfasste also die gesamte Forschungsplanung der Preußischen Archivverwaltung zu dem Zeitpunkt, als die größten Hoffnungen in die politische und territoriale Expansion des nationalsozialistischen Deutschlands gesetzt wurden. Insofern lohnt eine genauere Betrachtung der aufgeführten Forschungsfelder und -projekte.

Forschung und Aktenaustausch im *Wartheland*

Das *Wartheland* war der Bereich Süd-Westpreußen um Poznań herum, dessen östlicher Teil auch vor dem Ersten Weltkrieg nicht zum Deutschen Reich gehört hatte, während der westliche Teil mit der Provinz Posen seit dem Wiener Kongress dazu gehört hatte. Im Mittelalter und in der Frühen Neuzeit bildete ein Großteil des Gebietes das Herzogtum Großpolen, mit den beiden Erzbischofssitzen Gniezno und Poznań sowie zahlreichen Bischofsstädten (etwa Kalisz, Bydgoszcz, Włoclawek). Ein kleinerer Teil gehörte zum Herzogtum Masowien

---

[12] GStA, I. HA, Rep 178, Nr. 590. Archivabteilung, Generalia Nr. 17. Ernst Zipfel übersendet eine Denkschrift „Die wissenschaftlichen Pläne der preußischen Archivverwaltung." Anlage 5. Das „Ostprogramm" der Preußischen Archivverwaltung, Berlin vom 17.12.1940.

mit dem Bistum Płock. Die Bevölkerung in dieser Region bestand aus einer polnischsprachigen Mehrheit sowie deutschen und kaschubischen Minderheiten. Auch während der größten territorialen Ausdehnung des Deutschordenslandes bis 1410 gehörte dieser Bereich zum Königreich Polen, er grenzte westlich an die vom Deutschen Orden kurz gepachtete Neumark (1402–1455), nördlich an Pomerellen, und östlich an das Deutschordensland Preußen. Die Provinz Posen war ein Bezirk, der zunächst polnisch war mit einzelnen deutschen mittelalterlichen Siedlungsgebieten, dann während der Polnischen Teilungen an Preußen gelangte und 1807 nach dem Frieden von Tilsit eigentlich polnisch werden sollte, aber von Preußen annektiert wurde und nach dem Wiener Kongress erneut Preußen zugeschlagen wurde. Die Verwaltungsgeschichte dieser Provinz müsste Aufschluss geben über die Frage, wie die deutsche Verwaltung mit der katholisch-polnischen und der jüdischen Minderheit umging, ebenso wie in Süd- und Neuostpreußen. Während diese Verwaltungsgeschichte gewissermaßen die deutsche Seite der Regionalgeschichte beleuchten sollte, deckte das Projekt über die polnische Kronmetrik den frühneuzeitlichen polnischen Verwaltungsbereich ab. Diese Kronmetrik war ein Steuer- und Verwaltungssystem, das im frühen 16. Jahrhundert im Königreich Polen eingeführt worden war und für die Zeit hervorragende Bevölkerungsdaten liefert, zudem eine Vielzahl von Abschriften von Urkunden und Kaufverträgen enthält, deren Originale oft verloren sind. Die unedierten Bücher der Kronmetrik lagen im Archiv in Warschau, der Zugang war vor dem 2. Weltkrieg deutschen ForscherInnen nicht grundsätzlich verwehrt, und es gab auch diverse Forschungen, die die Kronmetrik für preußische Fragen benutzten, sowie in Polen angefertigte und gedruckte Teileditionen und -register.[13] Das im „Ostprogramm" angekündigte Regestenwerk sollte allerdings lediglich diejenigen Teile der Kronmetrik verzeichnen, die für sogenannte Deutschtumsfragen relevant waren, also vor allem diejenigen aus der Provinz Posen und den Gebieten, die seit dem 15. Jahrhundert zum Königlichen Preußen gehörten. Dass ein entsprechendes Regestenwerk in der Preußischen Archivverwaltung und nicht in der des Generalgouvernements angesiedelt werden sollte, deutet darauf hin, dass das „Ostprogramm" durchaus einen thematisch-politischen und nicht rein archivalisch geleiteten Anspruch vertrat. Zudem fanden parallel umfassende Verhandlungen statt, in denen die preußische Archivverwaltung Akten aus Warschau forderte, vor allem solche, die nach dem Frieden von Tilsit 1807 nach Warschau gekommen waren, weil die entsprechenden Gebiete polnisch wurden – „ein Akt archivalischer Barbarei", so das Urteil aus

---

[13] Joseph Kolberg, Ermländisches in der polnischen Kronmetrik, in: Zeitschrift für Geschichte und Altertumskunde Ermlands 19 (1916), S. 476–495.

Berlin.[14] Diesbezügliche Verhandlungen hatten bereits vor dem deutschen Überfall auf Polen begonnen, jedoch sah die preußische Archivverwaltung 1940 noch ganz andere Möglichkeiten der Aktenforderungen vor allem über die westpolnischen Gebiete, und nicht nur die archivalischen Barbareien gingen weiter.

> „Neben dem Provenienzprinzip sind noch andere Grundsätze notwendig; jeder Staat soll das behalten, was er zum Aufbau seiner Verwaltung und der geschichtlichen Untermauerung ihrer Entwicklung braucht. Auf die Verhältnisse im Osten angewandt, bedeutet dies, daß das Reich aufgrund der Machtstellung und alleinigen Entscheidungsgewalt über die Hinterlassenschaft des polnischen Staates, die ihm zugefallen ist, auf alle Fälle für sich selbst diejenigen Archivalien sichert, die es für die Entfaltung seiner Wirksamkeit in den neuen Gebieten und für die Wahrung der geschichtlichen Überlieferungen, die es hier zu pflegen gewillt ist, benötigt. (...) Besonderer Nachdruck ist dabei auf alle Quellen zu legen, die über die Geschichte des Deutschtums jener Gebiete Aufschluß geben."[15]

Damit forderte Ernst Zipfel konkret eine Abkehr des archivalisch etablierten Provenienzprinzips in denjenigen Gebieten, die einen Wechsel der staatlichen Zugehörigkeiten erlebt hatten, zugunsten einer Art von „Deutschtumsprinzip". Im Kontext dieser Auseinandersetzung um die Akten erscheinen die Forschungsprojekte des „Ostprogramms" über das Wartheland als die theoretisch-wissenschaftliche Untermauerung und Umsetzung der praktischen Forderungen: gleichzeitig sollten die Akten selbst nach Königsberg kommen und wissenschaftlich für die „Erforschung des Deutschtums" ausgewertet und ediert werden. Ob der Plan tatsächlich längerfristig vorsah, die polnische Kronmetrik für die einzelnen Gebiete auseinanderzureißen, oder ob sie gemäß des Provenienzprinzips als polnische Zentralbehörde in Warschau bleiben sollte, was ebenfalls in der Denkschrift festgehalten war, ist unklar. In jedem Fall stellen die Forschungsprojekte *Deutsches Zunftwesen im Wartheland, Auswertung der polnischen Kronmetrik für die deutsche Volkstums- und Landesgeschichte* und *Listen der Bürgermeister, Ratsherren und Schöffen im Wartheland bis etwa 1400* (auf Basis von Quellen, die vor der Kronmetrik entstanden waren) des Ostprogramms die wissenschaftliche Seite des praktischen Anspruchs auf Territorium und Überlieferung dar. Eine viel weiterreichende praktische Umsetzung stellte die zeitgleich vorgenommene Umsiedlung von *Volksdeutschen* aus russischen Gebieten in den Warthegau dar, bei gleichzeitiger Vertreibung der christlichen und jüdischen polnischen Bevölkerung, nachdem und obwohl auch die wissen-

---

14 GStA, I. HA, Rep 178 Nr. 30, Archivalienforderungen des Deutschen Reiches an das Archivwesen des Generalgouvernements, Abschrift „Denkschrift der preußischen Archivverwaltung, betreffend die zwischen dem deutschen Reiche und Polen vorzunehmende Aktenteilung." 15.1.1940.
15 Ibid.

schaftlichen Bemühungen der Preußischen Archivverwaltung nicht zum Nachweis der erhofften deutschen Dominanz führen konnten.

Das mittelalterliche *Deutschtum* in Warthegau und Zichenau

Letztgenannte Forschungsarbeit über die Bürgermeister, Ratsherren und Schöffen im *Wartheland* hängt wissenschaftstheoretisch mit den ebenfalls geplanten Themen über den Deutschen Orden zusammen, da sie ebenfalls auf der Grundannahme beruht, dass die spätmittelalterlichen Quellen eine deutsche politische, ethnische und kulturelle Dominanz in den Städten belegen würden. In vielen Fällen ist das auch der Fall, was aber eher an der Struktur der Überlieferung als an den politischen Verhältnissen liegt.

Relevante Städte für diese Untersuchungen waren Bydgoszcz (Bromberg), Wałcz (Deutsch Krone), Poznań (Posen), Gniezno, Płock und Kalisz. Die meisten dieser Städte im Grenzgebiet zum Deutschordensland Preußen hatten im 13. Jahrhundert das Magdeburger Stadtrecht erhalten – gerne verliehen vom polnischen König, stellte dieses Stadtrecht die verbreitetste Rechtsgrundlage für Neugründungen östlich der Elbe dar. Völkisch inspirierte HistorikerInnen wollten daraus ableiten, dass die Städte insgesamt deutsch-kulturell geprägt waren und das Stadtrecht gewissermaßen den deutschen Geist auch in die polnischen Städte brachte. Einige gingen gar so weit, das mittelalterliche Städtewesen insgesamt als eine deutsche Errungenschaft darzustellen – eine lange nachwirkende Idee über deutsche Dominanz im Ostseeraum, die erst in den letzten Jahrzehnten kritisch hinterfragt wird.[16] In vielen dieser Städte, gut dokumentiert etwa für Płock, stritten sich die Archivverwaltung und die nationalsozialistischen Institutionen für den Kulturgutraub um die besten Stücke aus den bischöflichen mittelalterlichen Sammlungen, während der gleichzeitigen Deportation lokaler Kleriker.[17]

---

16 Sofia Gustafsson, German Influence in Swedish Medieval Towns: Reflections upon the Time-bound Historiography of the Twentieth Century, in: Lars Bisgaard/ Lars Boje Mortensen/Tom Pettitt (Hg.), Guilds, Towns and cultural Transmission in the North, 1300–1500, Odense 2013, S. 109–130; vgl. auch die Ausstellung „Faszination Stadt. Die Urbanisierung Europas im Mittelalter und das Magdeburger Recht" am Kulturhistorischen Museum Magdeburg 2019, siehe https://magdeburg-law.com/de/magdeburger-recht/projekte/tafelausstellung-ottonenland-sachsen-anhalt/.
17 Heß, Absent Jews, S. 106–108, mit weiteren Literaturangaben.

Sowohl in den polnischen als auch in den preußischen Städten gab es eine wirtschaftlich und politisch signifikante deutschsprachige Oberschicht, die den Handel bestimmte und Einfluss auf die lokale Politik nahm. Im 14. Jahrhundert beendete Kasimir III. eine Reihe von lokalen Konflikten mit dieser Gruppe, zudem beförderte er die Ansiedlung von Handwerkern und Baumeistern aus dem Reich – weshalb deutsche Präsenz in polnischen mittelalterlichen Stadtbüchern keinerlei Überraschung darstellen sollte. Dennoch gab die preußische Archivverwaltung eines ihrer Projekte rasch auf: die Edition der Grodbücher (Stadtbücher) von Deutsch Krone, Anfang 1940 noch geplant, wurde kurz darauf eingestellt, da sich aus dem Material nicht die erwünschte deutsche Dominanz ergab.[18]

Der Deutschordensstaat Preußen

Was die Deutschordensgeschichte betrifft, so wurde sie offensichtlich als eine rein deutsche Periode der Geschichte des Gebietes zwischen Pomerellen und Samaiten betrachtet und erforscht. Tatsächlich dominieren in den Deutschordensquellen deutsche Namen und die deutsche Sprache, was aber nicht daran liegt, dass das gesamte Territorium rein deutsch besiedelt gewesen wäre, sondern daran, dass eben die Verwaltungsstrukturen des Deutschen Ordens von Deutschsprachigen getragen wurden, die auch die entsprechenden Quellen produzierten. Auch waren die städtischen Oberschichten, die in mittelalterlichen Quellen insgesamt am besten abgebildet sind, mehrheitlich deutschsprachig.

Hier mag der Fokus des Ostprogramms auf dem 15. Jahrhundert erstaunen, stellte die Periode nach 1410 doch eine dar, in der Preußen schwere militärische Einbrüche erlebte und große Teile seines Territoriums an Polen-Litauen abgeben musste. Allerdings bezogen sich die Forschungsprojekte nicht primär auf das *Deutschtum*, sondern stellten Editionen und Auswertungen zentraler, für die Forschung insgesamt relevanter Bestände dar, die es in vielen Fällen vor 1400 gar nicht gegeben hatte. Die „Schadensbücher" verzeichneten Kriegsschäden, Wüstungen und andere Verluste in den preußischen Gebieten, vor allem nach der Schlacht von Tannenberg 1410, und beinhalteten insofern zentrale Angaben zur Demographie, Sozial- und Wirtschaftsgeschichte, Siedlungsgeschichte und Agrargeschichte des urbanen und ländlichen Preußens. Das Königsberger Archiv selbst sah dieses Projekt dennoch nicht als vorrangig an.[19] Drei der

---
18 GStA, I. HA, Rep. 178 Nr. 1878, Publikationen auf dem Gebiet der Ostforschung, Bd. 1, Tagebuch 1729, Max Hein, 29. Juli 1940.
19 Ibid.

Folianten, die innerhalb des Ostprogramms ediert werden sollten und im Staatsarchiv Königsberg lagen, sind seit 1945 verschollen und werden für immer ungedruckt und unbekannt bleiben.[20]

Die politische Korrespondenz des Deutschen Ordens wiederum war ein Thema, das sich nicht ausschließlich aus den Beständen in Königsberg oder aus denen der besetzten Gebiete erschließen ließ. Zumindest das Ordensarchiv in Wien war ebenfalls notwendig, zudem handelte es sich nicht um ein Editionsprojekt, sondern eine umfassende Forschungsfrage, die die Beziehungen zwischen dem Deutschordensland und dem Heiligen Römischen Reich während der Phase der schärfsten Angriffe gegen den Orden zu definieren suchte. Hierzu gehört der Prozess Polen-Litauens gegen den Orden auf den Konzilien von Basel und Konstanz, geführt mit umfassender juristischer Unterstützung und propagandistischer Publikationstätigkeit beiderseits. Vieles aus dieser Korrespondenz wurde nach dem 2. Weltkrieg von Ernst Weise ediert – eine Quellenedition, die in einem seltenen Fall von mediävistischer politischer Selbstkritik als von neuzeitlichen politischen Interessen geleitet auch in der Fachwissenschaft abgelehnt wurde.[21]

Fazit

Von Ernst Zipfel ausformuliert und strategisch platziert, bildete das Ostprogramm der Preußischen Archivverwaltung einerseits eine strategische Positionierung der Archive als zentrale Forschungseinrichtungen in Konkurrenz zu PuSte und NOFG, die hierfür besser personell aufgestellt waren. Andererseits war der Titel *Ostprogramm* eine etwas aufgeblasene Bezeichnung für eine Liste von Forschungsvorhaben, die entweder ohnehin bereits an den Archiven bearbeitet wurden oder im Rahmen der Jahresplanungen dort angedacht waren und aus denen so ein politisch und praktisch äußerst folgenreiches kohärentes Programm gemacht werden sollte. Vor allem die Zusammenarbeit mit der Historischen Kommission für ost- und westpreußische Landesgeschichte war das übergeordnete Ziel die „Erforschung der deutschen Leistung im Nordosten", und

---

20 GStA PK, Findbuch XX. HA, OF HMK, Nr. 5a, Schadensbuch, 1411–1414, GStA PK, Findbuch XX. HA, OF HMK, Nr. 5b, Schadensbuch, 1411–1419, GStA PK, Findbuch XX. HA, OF HMK, Nr. 11a, Schadensbuch, 1420–1421.

21 Erich Weise, Die Staatsverträge des Deutschen Ordens in Preußen im 15. Jahrhundert. 3 Bände. Königsberg, Marburg 1939–1966; dazu Hartmut Boockmann, Johannes Falkenberg, der Deutsche Orden und die polnische Politik. Untersuchungen zur politischen Theorie des späteren Mittelalters. Göttingen 1975.

das bereits Jahre vor der Formulierung des Ostprogramms.[22] Diese übergeordnete Zielsetzung manifestierte sich vor allem in der Auswahl der Forschungs- und Editionsprojekte, weniger jedoch im konkreten Inhalt. Die Tatsache, dass Projekte, in denen das Material nicht die erwünschten Ergebnisse brachte, eingestellt wurden, weist auf eine gewisse Forschungsethik hin, die immerhin vor der Manipulierung von Quelleneditionen zurückschreckte – wobei dies noch nicht genau untersucht wurde, zumal etwa Erich Weises Edition von Teilen der Akten des Konstanzer Konzils durchaus bewusst selektiv vorging.

Einige der Forschungsparadigmen, die die Arbeit der Archivare der Preußischen Archivverwaltung leiteten, hatten lange über den deutschen Nationalsozialismus hinaus Bestand, etwa die Neigung, das Magdeburger Recht als Beweis deutscher Kulturleistungen zu sehen – die im Übrigen eine Parallele in der Untersuchung der Verbreitung des Lübischen Rechts im nördlichen Ostseeraum fand. Auch die Quellenbegriffe deutsch und undeutsch wurden erst in den letzten Jahrzehnten kritisch auf ihren Gehalt für die Möglichkeiten der Determinierung mittelalterlicher Ethnizität untersucht.

Das Ostprogramm an sich und seine geplanten und teilweise während des Krieges, teilweise noch danach ausgeführten Forschungsvorhaben bekommen ihre politische Relevanz nicht so sehr durch ihren Inhalt, sondern vielmehr durch den historischen Hintergrund, auf dem sie entstanden sind: zunächst die revisionistische Politik der Zwischenkriegszeit, dann der deutsche Vernichtungskrieg im Osten, in dessen Folge die Preußische Archivverwaltung in umfassenden Kulturraub, die Vernichtung polnischer und jüdischer Archivbestände und die administrative Unterstützung des Holocaust eingebunden war. Das Ostprogramm an sich wird erst problematisch, aber auch erst praktisch umsetzbar mit den umfassenden territorialen Annektierungen in Osteuropa.

---

22 GStA, I. HA, Rep 178 Nr. 1878, Publikationen auf dem Gebiet der Ostforschung, Bd. 1, Tagebuch 1729, Max Hein, 29. Juli 1940.

Teil IV: **Folgen**

Matthias Berg
Völkische Geschichtswissenschaft – aber welche?

Es hätte manches anders kommen, die Fachgeschichtsschreibung der Geschichtswissenschaft einen anderen Verlauf nehmen können, wenn sich der Mediävist Gerd Tellenbach vor mehr als fünfzig Jahren mit einem Vorschlag, den er im Juli 1966 dem Vorsitzenden des Verbandes deutscher Historiker Karl Dietrich Erdmann unterbreitete, durchgesetzt hätte. Zumindest wäre es wohl denkbar, dass nunmehr nicht die zweite Auflage eines *Handbuches der völkischen Wissenschaft*, sondern die sechste oder siebente vorläge, dass mit dem Handbuch nicht eine wichtige Wegmarke wissenschaftshistorischer Forschung der letzten zwanzig Jahre, sondern eben eines halben Jahrhunderts in den Blick genommen würde. Denn Tellenbach hatte vorgeschlagen, sich auf dem im Oktober 1967 anstehenden Freiburger Historikertag der „Frage der deutschen Geschichtswissenschaft in der NS-Zeit" zu widmen. Kontroverse Themen waren dem Historikertag beileibe nicht fremd, just auf der Versammlung zuvor, in Berlin 1964, waren die „deutschen Kriegsziele im ersten Weltkrieg" in einer Sektion diskutiert worden, die für die Popularisierung der Thesen Fritz Fischers einige Bedeutung erlangen sollte. Zudem wurde der Freiburger Historikertag tatsächlich von fachgeschichtlichen Vorträgen geprägt – eine disziplinäre Selbstvergewisserung angesichts fachlicher Konkurrenz, etwa durch die Sozialwissenschaften, und einsetzender gesellschaftlicher Veränderungen, die später unter der Chiffre *1968* subsumiert werden sollten. Die nicht sektionsgebundenen Vorträge einte gar dieses Profil: Theodor Schieder vermaß die „Geschichte im System der Geistes- und Sozialwissenschaften", Otto Brunner wollte das „Verhältnis des Historikers zur Geschichte von Recht und Verfassung" klären und Gerhard Oestreich offerierte mit seinem Beitrag zur „Fachhistorie und den Anfängen der sozialgeschichtlichen Forschung" ein weitgespanntes Panorama, das die Auseinandersetzung mit Karl Lamprecht wesentlich befördern sollte.

Für den Druck ist der Charakter eines Kommentars beibehalten worden, bibliographische Angaben und Nachweise wurden ergänzt. Einige Überlegungen sind an anderer Stelle bereits erörtert worden, vgl. Matthias Berg, Geschichtswissenschaft und die Last der Vergangenheit. Überlegungen zur Historisierung der Disziplingeschichte im Nationalsozialismus, in: Susanne Ehrlich u. a. (Hg.), Schwierige Erinnerung: Politikwissenschaft und Nationalsozialismus. Beiträge zur Kontroverse um Kontinuitäten nach 1945, Baden-Baden 2015, S. 81–100.

https://doi.org/10.1515/9783110654592-013

Den Vorschlag Tellenbachs aber lehnte der Ausschuss des Historikerverbandes ab.¹ In einem wissenschaftlichen und gesellschaftlichem Umfeld, das eben jener Frage nach der NS-Zeit nachzugehen begann, verschenkte man die Chance einer institutionellen Selbstreflexion, begab sich auch der Chance, eine Führungsrolle in der Auseinandersetzung mit der unmittelbaren Vergangenheit einzunehmen. In der Abwehr unliebsamer vergangenheitspolitischer Diskussionen sollte sich der Verband zudem treu bleiben, wie sich besonders im Vergleich mit anderen Disziplinen markant heraushebt, blickt man etwa auf die Germanistik, für die die Auseinandersetzung mit der Fachgeschichte im Nationalsozialismus auf dem Münchner Germanistentag in eben jenem Jahr 1966 zur fachgeschichtlichen Zäsur werden sollte.

Der rhetorische Kniff des Einstiegs ist leicht zu durchzuschauen – eine einzelne Historikertagssektion macht noch keinen historiographiegeschichtlichen Frühling, mithin ein Erfolg Tellenbachs kaum alle gegenläufigen Entwicklungen ins Leere hätte laufen lassen. Deshalb erscheinen einige fachgeschichtliche Überlegungen, weshalb es zunächst nicht und schließlich doch zur Aufarbeitung der Fachgeschichte im Nationalsozialismus mitsamt einer beinahe heilsgeschichtlichen Rang einnehmenden Historikertagssektion in Frankfurt 1998 kam, durchaus angebracht. Zählt doch überdies die zunächst ausbleibende oder als defizitär zu markierende Auseinandersetzung mit *völkischer Geschichtswissenschaft* in Deutschland zur unmittelbaren Vorgeschichte jener dann einsetzenden Forschungskonjunktur, die in zahlreichen Beiträgen zum Handbuch aufgegangen ist.

Das Schweigen der Lämmer titelte im Jahr 2000 eine Besprechung des einschlägigen Interviewbandes mit einflussreichen Historikern der alten Bundesrepublik, griff damit nicht ohne Hohn den Hauptvorwurf an die Disziplin auf.² Indes, schlicht geschwiegen worden war nicht, und dies von Beginn der noch lange nicht so genannten „Vergangenheitsbewältigung" an. Bereits in den nach Siegfried Kaehler „ominösen Entlausungsverfahren"³ – gemeint waren die

---

1 Karl Dietrich Erdmann an Gerhard Tellenbach, 22.7.1966, BArch, NL Karl Dietrich Erdmann 67. Zum Historikertag vgl. den Bericht über die 27. Versammlung deutscher Historiker in Freiburg/Breisgau, Stuttgart 1969 sowie umfassend: Matthias Berg u.a., Die versammelte Zunft. Historikerverband und Historikertage in Deutschland 1893–2000, Göttingen 2018, hier den Abschnitt von Olaf Blaschke und Jens Thiel, Umkämpfte Vergangenheiten: Die Fischer-Kontroverse um die Kriegsschuld 1914, S. 520–531, v.a. 530f.
2 Christoph Jahr, Das Schweigen der Lämmer. Deutsche Historiker und die Vergangenheit der Zunft, in: Neue Zürcher Zeitung v. 23.9.2000 (Rezension zu: Rüdiger Hohls/Konrad H. Jarausch (Hg.), Versäumte Fragen. Deutsche Historiker im Schatten des Nationalsozialismus, Stuttgart u.a. 2000).
3 Siegfried Kaehler an Theodor Schieder, 19.8.1946, BArch, NL Theodor Schieder 88.

Spruchkammerverfahren – kamen die fachlichen Vergangenheiten in den von den Beteiligten geführten Korrespondenzen durchaus und teils in enervierender Ausführlichkeit und steter Wiederholung zur Sprache, jedoch – wen würde das wundern – zweckgebunden. Begriffen als Prozess der Neuaushandlung von Regeln, Loyalitäten und Hierarchien, zwang die „Entnazifizierung" zur ersten Auseinandersetzung mit den Praxen „völkischer Geschichtswissenschaft" und „lehrte" die Beteiligten, in welchen Formen diese vorzunehmen sei. Günther Franz etwa wandte sich im Sommer 1949 an seinen früheren Vertrauten Kurt von Raumer und erinnerte, dass jener das Wirken von Franz seinerzeit, im NS-Staat, gutgeheißen habe. Er wolle, fügte Franz drohend an, nun „unseren damaligen Briefwechsel nicht gern heute zu den Akten geben", weshalb er Raumer um eine schriftliche Bestätigung seiner Unschuld bitte.[4] Natürlich ließ Raumer den Kollegen kühl abblitzen. Im sich neu justierenden Koordinatensystem des Faches „irrlichterte" Franz mit dieser brieflichen Attacke – und besann sich alsbald, fügte sich in die gewünschten Diskursformen ein und konnte schließlich auch deshalb in der Disziplin reüssieren. Kurzum: Selbstredend unterschieden sich die deutschen Historiker nach 1945 in ihrer jeweiligen Vergangenheit, ihrer Gegenwart und ebenso ihren Zukunftsaussichten – der nach außen, gegen die Spruchkammern gerichtete Blick jedoch einte und disziplinierte, anhaltende „Störenfriede" dieses Konsenses blieben außen vor.

Rasch war klar geworden, dass die konkreten Praxen *völkischer Geschichtswissenschaft* der 1930er und 1940er Jahre kaum Verhandlungsmasse im disziplinären Wettstreit sein durften. Semantische Umdeutungen – wie von Volks- zur Struktur- oder Sozialgeschichte –, die bereits eingehend Aufmerksamkeit erfahren haben, trugen zur von Paul Weindling zu Recht bemängelten „Marginalisierung des Völkischen in der Wissenschaftsgeschichte nach 1945"[5] bei. Eine Marginalisierung, die gleichwohl nicht lediglich „passierte" oder unter der Hand durch Beteiligte gleichen Interesses erfolgte, sondern konkreter Schritte resp. alternativer Deutungen bedurfte. Ein Verzicht auf Sinndeutung, auf Aushandlung einer Legitimation verleihenden disziplinhistorischen Erzählung jedoch war (und bleibt) ausgeschlossen. Keine Wissenschaft kann auf Dauer auf eine Reflexion der eigenen Grundlagen verzichten, fachliche Traditionen und – um

---

[4] Günther Franz an Kurt von Raumer, 8.8.1949, Universitäts- und Landesbibliothek Münster, NL Kurt von Raumer A 1,55.
[5] Paul Weindling, Einleitung. Volk und Forschung: eine Wissenschaft für die Nation, in: Michael Fahlbusch u. a. (Hg.), Handbuch der völkischen Wissenschaften. Akteure, Netzwerke, Forschungsprogramme, Berlin/Boston ²2017, S. 1–8, hier S. 1.

den Begriff Lutz Raphaels zu bemühen – „Erbschaften" aber können „Wahlverwandtschaften" sein, können angetreten oder ausgeschlagen werden.[6]

Zwei Beispiele aus der Fülle solcher Umdeutungen: Als im NS-Staat zurückhaltend agierender, fachlich einflussreicher Historiker war Gerhard Ritter der gegebene Mann, den verunsicherten Kollegen neuerliche Orientierung zu geben. Der erste Nachkriegshistorikertag im Herbst 1949 in München bot das geeignete Podium, auf welchem Ritter als designierter Vorsitzender des Historikerverbandes die „Gegenwärtige Lage und Zukunftsaufgaben" – so lautete sein Vortragstitel – des Faches umriss. Ein vielfach kritisch bewerteter Auftritt, rein apologetisch jedoch fiel Ritters Rückblick nicht aus, durchaus gab es Traditionsbestände, von denen sich nach Ritter das Fach künftig distanzieren sollte. Es hätten, stellte Ritter beinahe erschrocken fest, „angesehene, an gelehrten Einzelaufgaben wohlerprobte Fachhistoriker wie Dietrich Schäfer und Johannes Haller Vorlesungen über deutsche Geschichte veröffentlicht [...], deren nationalistischer Grundton uns heute unerträglich dünkt."[7] Diese *völkischen Geschichtsdeutungen* Schäfers und Hallers in den fachgeschichtlichen Orkus zu geben, war allerdings wohlfeil, nicht nur waren beide längst verstorben, ihr *Nationalismus* war überdies kaum eine Beziehung zur Praxis des Faches nach 1933 eingegangen. Weitaus besser als Schäfer und Haller hätte Ritter seine Kollegen im Verbandsausschuss Hermann Heimpel und Hermann Aubin oder die dem Verband just wieder angehörenden Ernst Anrich und Günther Franz zu jener fachlichen Praxis im NS-Staat befragen können.

Welche „völkische Geschichtswissenschaft" kritisch aufs Tapet kam, war demnach eine Frage der Perspektive, eine Frage der Zuschreibung. Vier Jahre danach übte sich Ritter in dieser Praxis erneut und berichtete 1953 der Fachöffentlichkeit, dass – nachdem der Erfurter Historikertag 1937 die Unvereinbarkeit mit Walter Frank erwiesen habe – man sich fortan „nur noch in kleinen, von Theodor Mayer und Walter Platzhoff organisierten, mehr oder weniger privaten Treffen" in Weimar und Nürnberg zusammengefunden habe, ohne Frank.[8] Ganz beiläufig hatte Ritter den geschichtswissenschaftlichen „Kriegseinsatz der Geis-

---

6 Lutz, Raphael, Geschichtswissenschaft im Zeitalter der Extreme. Theorien, Methoden, Tendenzen von 1900 bis zur Gegenwart, München 2003, S. 14.
7 Gerhard Ritter, Gegenwärtige Lage und Zukunftsaufgaben deutscher Geschichtswissenschaft. Eröffnungsvortrag des 20. Deutschen Historikertages in München am 12. September 1949, in: Historische Zeitschrift 170 (1950), S. 1–23, hier S. 6.
8 Gerhard Ritter, Die deutschen Historikertage. Zur 22. Versammlung deutscher Historiker in Bremen, 17.-20. September 1953, in: Geschichte in Wissenschaft und Unterricht 4 (1953), S. 513–521, hier S. 517 sowie Berg, Versammelte Zunft (wie Anm. 1), S. 306.

teswissenschaften"⁹ zu oppositionellen Gegentagungen umgewidmet. Der von Ritter vor der Tür der Disziplin plazierte Walter Frank hingegen trat bald in konträrer, keineswegs marginalisierter Rolle auf: Als allzu nützlichem Scheinriese wurde Frank retrospektiv ein umfassender Einfluss im Fach zugeschrieben, dem ihm zeitgenössisch, während der NS-Zeit, kaum jemand zugebilligt hätte. Grund hierfür war zunächst Helmut Heibers ebenfalls in jenem bereits erwähnten Jahr 1966 erschienene, voluminöse Studie, die hinter redundanter Fakten- und Anekdotenfülle ihre eklatante fachhistorische Fragearmut verbarg.¹⁰ Wichtiger und folgenreicher als ein vielleicht misslungenes Buch aber war dessen bereitwillige Rezeption als letztgültiger Umriss *völkischer Geschichtswissenschaft*.

Dass Frank und seine Mitstreiter eine solche betrieben, war und ist wohl unstrittig. Doch wurde bislang bezüglich einer Reihe von Beispielen recht freihändig mit dem Begriff *völkische Geschichtswissenschaft* operiert, ohne diesen auch nur zu umreißen. Fraglos vertrat Dietrich Schäfer politische Ansichten, die der völkischen Bewegung zuzurechnen waren, aber betrieb er zugleich *völkische Geschichtswissenschaft*? Fasst man deren Grenzen eng und bindet sie an die politische Bewegung resp. *völkische* Weltanschauung, dann bliebe von *völkischer* Geschichtsschreibung in wissenschaftlicher Hinsicht zunächst nicht viel übrig. Die *Völkischen* bedienten sich zwar wissenschaftlicher Formen, suchten die Autorität eines wissenschaftlichen Habitus für ihre Weltanschauung zu entlehnen, Anschluss an den zeitgenössischen geschichtswissenschaftlichen Diskurs suchten sie gleichwohl nicht, ihre Glaubensüberzeugungen entwickelten und wirkten weitgehend unabhängig von diesem. Im einschlägigen Handbuch hatte sich Wolfgang Weber deshalb der Mühe zu unterziehen, in der Musterung der Forschungsentwicklung seit dem ausgehenden 18. Jahrhundert einen „Argumentationskomplex völkischer Historie" zu entwerfen, zu dessen wesentliche Kriterien zusammengefasst unter anderen zählten: „die Vorstellung eines die übrigen sozialen Einheiten (...) überwölbenden und integrierenden Volkskörpers", dem spezifische Merkmale wie historische Wirksamkeit zugeschrieben wurde, verbunden mit der „gemanozentrisch-deutschvölkischen Hierarchisierung der Völker" sowie der Annahme einer „sozialdarwinistischen Radikalisierung der Verhältnisse der Völker untereinander". Da Webers Überblick jedoch

---

9 Frank-Rutger Hausmann, „Deutsche Geisteswissenschaft" im Zweiten Weltkrieg. Die „Aktion Ritterbusch" (1940–1945), Heidelberg ³2007.
10 Helmut Heiber, Helmut, Walter Frank und sein Reichsinstitut für Geschichte des neuen Deutschlands, Stuttgart 1966.

mit dem Untergang des Kaiserreiches 1918 endete, beließ er seine Einschätzung bei „völkischen Tendenzen in der Geschichtswissenschaft".[11]

Tendenzen, die jedoch in der Weimarer Republik bereits wesentlich stärker Anspruch auf historische und zeitgenössische Deutungsmacht erheben konnten. Die Gründe hierfür sind bereits mehrfach erörtert worden. Völkische Geschichtsinterpretationen nahmen in den 1920er Jahren zunehmend Raum auch in der Geschichtswissenschaft ein, ohne sich um die eigentliche völkische Bewegung zu scheren, auch ohne bei dieser wesentlichen Anklang zu finden. Ebenso wie schließlich die politische Ideologie der Völkischen im NS-Staat im Wesentlichen aufging, erhielt die *völkische Geschichtswissenschaft* nun einen zuvor ungekannten Resonanz- und Gestaltungsrahmen, ohne dass jede nach 1933 betriebene Geschichtswissenschaft *völkisch* gewesen ist. Prolongiert man aber die thematischen und methodischen Tendenzen im Fach über die Ressourcenverknappungen nach der Kriegswende 1942/43 oder gar kontrafaktisch über einen gegebenenfalls gewonnenen Krieg hinaus, wird deutlich, wie stark sich die Gewichte in der Disziplin zugunsten völkischer Interpretationen verschoben hatten resp. dies noch würden.

Dass zugleich de facto oft Staat und Politik in Darstellungen dominierten, die „Volksgeschichte" zu propagieren meinten, mindert diesen Befund keineswegs, auch die als „historistisch" gescholtene Geschichtswissenschaft band ein sehr viel breiteres Spektrum, als das bloße Label es erfasste. Dass jedoch ausgerechnet bei der *völkischen Geschichtswissenschaft* diese paradigmatischen Grenzen im Rückblick oft ausgesprochen eng gezogen worden sind, mithin jene allenfalls im Bereich dilettantischer Geschichtsschreibung angesiedelt bleiben musste, führt zurück zum Ausgang, den 1960er Jahren: Denn tatsächlich stellte Heibers Studie, auch der im Jahr darauf erschienene Überblick Karl Ferdinand Werners[12] eine Chance dar, die im Zuge der gesellschaftlichen Liberalisierung der Bundesrepublik vielfach ergriffen wurde. Wichtige Wegmarken der Auseinandersetzung mit der NS-Vergangenheit wie der Ulmer Einsatzgruppen-Prozess oder der Auschwitz-Prozess blieben auch im Bereich der Wissenschaft nicht ohne Widerhall, Vorlesungsreihen widmeten den Wissenschaften oder dem „Geistesleben" im NS-Staat Aufmerksamkeit. Im Rahmen der im Wintersemester 1964/65 abgehaltenen Tübinger Ringvorlesung steuerte Hans Rothfels seine Deutung der „Geschichtswissenschaft in den dreißiger Jahren" bei. Allerdings

---

11 Wolfgang Weber, Völkische Tendenzen in der Geschichtswissenschaft, in: Uwe Puschner u. a. (Hg.), Handbuch zur „Völkischen Bewegung" 1871–1918, München 1999, S. 834–858, hier S. 835f.

12 Karl Ferdinand Werner, Das NS-Geschichtsbild und die deutsche Geschichtswissenschaft, Stuttgart u. a. 1967.

griff Rothfels den bereits im Zuge der Entnazifizierung gern behaupteten, vermeintlichen Gegensatz von Wissenschaft und Nationalsozialismus auf, die NS-Historiographie habe nicht Universitätslehrer zu Autoren, sondern „wildgewordene Studienräte und Außenseiter".[13] Die Zuweisung *völkischer Geschichtswissenschaft* in den Bereich fanatisierter Amateure war ebenso erfolg- wie folgenreich, als *Pseudowissenschaft* verblieb diese außerhalb der zu reflektierenden Disziplingeschichte.

Vom Aufschwung der Erforschung des Nationalsozialismus seit den 1960er Jahren blieb die Geschichtswissenschaft als Untersuchungsgegenstand deshalb, von wenigen Ausnahmen abgesehen, für beinahe drei Jahrzehnte ausgenommen. Bezüglich des eigenen Faches wurde auf differenzierte Analysen von Funktionsweisen, Zielstellungen und Anpassungsfähigkeiten des NS-Regimes verzichtet. Frühere Protagonisten des Faches durften sich hingegen kurzerhand befreiende Atteste ausstellen. Nicht zuletzt Günther Franz, der 1981 zunächst mit einem Bekenntnis – „auch ich war damals Nationalsozialist" – hervortrat, um seine wissenschaftliche Entwicklung umgehend eben davon zu separieren und festzustellen, dass „der Einfluss des Nationalsozialismus auf die Geschichtswissenschaft verhältnismäßig gering war und die Geschichte als Wissenschaft sich unabhängig vom Nationalsozialismus" entwickelt habe.[14]

Ein Ende konnte diese disziplinhistorische Absenz erst mit einem Generationenwechsel innerhalb des Faches finden. Nach den Führungsfiguren der Nachkriegszeit wie Ritter oder Aubin war im Laufe der 1960er Jahre eine Alterskohorte an die Spitze der Disziplin getreten, die ihre Ausbildung und Profilierung in der späten Weimarer Republik sowie im Nationalsozialismus erfahren hatte. Zugespitzt formuliert: Die bundesrepublikanische Geschichtswissenschaft zwischen den 1950er und 1980er Jahren war nicht unwesentlich vom wissenschaftlichen Nachwuchs des NS-Staates geprägt. Die Historiker der „alten" Bundesrepublik blieben fast alle weder politisch noch historiografisch dieser wissenschaftlichen Prägephase verhaftet. Aber ihre Erfahrungen als einstmals zukünftige Elite des NS-Staates, als dessen ausgewählter Nachwuchs, hatten ihre Möglichkeit wie Bereitschaft zur fachhistorischen Reflexion offenkundig erheblich gemindert. Ihr anhaltender Einfluss in der Disziplin blockierte eine fachliche „Vergangenheitsbewältigung", die erst ab den 1990er Jahren im neu-

---

13 Hans Rothfels, Die Geschichtswissenschaft in den dreißiger Jahren, in: Andreas Flitner (Hg.), Deutsches Geistesleben und Nationalsozialismus. Eine Vortragsreihe der Universität Tübingen, Tübingen 1965, S. 90–107, hier S. 99.
14 Günther Franz, Das Geschichtsbild des Nationalsozialismus und die deutsche Geschichtswissenschaft, in: Oswald Hauser (Hg.), Geschichte und Geschichtsbewußtsein. 19 Vorträge. Für die Ranke-Gesellschaft, Vereinigung für Geschichte im öffentlichen Leben, Göttingen u. Zürich 1981, S. 91–111, hier S. 106f. und 110.

erlichen Generationenwechsel – zum Teil auch gegen den Widerstand ihrer Schülergeneration – durchzusetzen war.

Erst mit der nun einsetzenden Forschungskonjunktur aber bekam die Frage nach der Gestalt „völkischer Geschichtswissenschaft" einen eigentlichen Gegenstand, erst – das ist so basal wie banal – die tatsächliche Erforschung der Paradigmen und Praxen der Disziplin seit dem Ende des Kaiserreiches ermöglichte, die vielfältigen, auch widersprüchlichen Erscheinungsformen „völkischer Geschichtswissenschaft" fachhistorisch zu erklären, zu gewichten, vielleicht auch zu relativieren. Ein Unternehmen, das für die „völkische Geschichtswissenschaft" weit vorangeschritten, jedoch nicht zum Abschluss gekommen ist und begrifflich wie auch analytisch der weiteren Präzisierung bedarf. Dass etwa die Geschichtswissenschaft im 20. Jahrhundert sich nicht in der Geschichtsschreibung erschöpfte, sondern ein weites Panorama von wissenschaftlichen oder wissenschaftsnahen Tätigkeiten institutioneller, organisatorischer, verwaltender und ausbildender Art umfasste, überdies eine Fülle von Sozialcharakteren als Hochschullehrer, Auftragsforscher, Gutachter, Militärangehöriger usw. ausprägte, ist für die Historiographiegeschichtsschreibung noch keineswegs gänzlich erfasst geschweige denn hinreichend erforscht.

Schließlich auch, dass wir als im Wesentlichen aus und in Universitäten Forschende inmitten einer „Blackbox" sitzen, die für die Geschichtsforschung des in den Blick genommenen Zeitraumes seit dem frühen 19. Jahrhundert keineswegs der erst in der zweiten Hälfte des 20. Jahrhunderts erreichte „Normalzustand" war. Denn für lange Zeit bildete ein enges Geflecht aus regionalen und lokalen Kommissionen, Geschichtsvereinen und Archiven die Grundlage historiographischer Forschung. Ein oft noch von „Amateuren" geprägtes Netzwerk, das mit der Professionalisierung des Faches ins Abseits und schließlich ins Vergessen gedrängt worden ist. Hier aber wurde um die Wende zum 20. Jahrhundert die Basis für eine keineswegs *völkische*, aber am Volk, seiner Herkunft und Entwicklung interessierte Forschung gelegt, die mit der entsprechenden politischen Zugkraft versehen in den 1920er Jahren rasant an Bedeutung gewann. Voller Begeisterung etwa wurde für den fünften Historikertag in Nürnberg im Frühjahr 1898 ein Vortrag Karl Lamprechts angekündigt, denn dieser betrachte „unsere gesamte Volksgeschichte".[15] Dass meinte noch etwas anderes, bald aber organisierte Lamprecht in der heute nahezu unbekannten „Konferenz der Vertreter landesgeschichtlicher Publikationsinstitute" die vernetzte Erforschung historischer Karten, unter reger Beteiligung auch des belgischen Historikers

---

15 Universitäts- und Landesbibliothek Bonn, NL Karl Lamprecht S 2713 (Korr.51), Wilhelm Vogt an Karl Lamprecht, 5.2.1898.

Henri Pirenne.[16] Weder Pirenne noch Lamprecht betrieben *völkische Geschichtswissenschaft*, es gilt aber, diese Grundlagen in den Blick nehmen, um den Fragen- und Problemkreis zu verstehen, der zur „Historischen Bevölkerungsforschung" vor allem für die 1920er Jahre kritisch umrissen worden ist.[17] Es ist sich auch davon zu verabschieden, dass für alle wissenschaftspolitischen Wegmarken stets 1933 die Sollbruchstelle war: 1914 war in mancherlei Hinsicht folgenreicher, schnitt Verbindungen ab, die in den 1920er Jahren nicht wiederbelebt wurden, etwa die Beziehungen Pirennes zu seinen deutschen Kollegen.

Noch werden die Variationen *völkischer Geschichtswissenschaft* – universitär oder außeruniversitär institutionalisiert, von einem historistisch geprägten Fragenkanon ausgehend und mit völkischen Versatzstücken angereichert oder im engeren Sinne *volksgeschichtlich* ausgerichtet, dezidiert an den politischen Problemstellungen der ersten Nachkriegszeit des 20. Jahrhunderts orientiert oder tiefer in der Raum-, Siedlungs- und Bevölkerungsforschung der Neuzeit verankert – noch werden die Spielarten dieses Spektrums zu isoliert oder gar konträr gedacht, dabei bedingen sie sich gegenseitig, bedurften die unterschiedlichen Ausprägungen einander, um ihre tatsächliche Wirkungsmacht entfalten zu können. Als politische Ideologie wie als wissenschaftliches Paradigma gewann das *Völkische* gerade aus seiner Vagheit eine besondere Anschlussfähigkeit, weshalb es ebenso fruchtlos wie fehlgeleitet ist, die *völkische Wissenschaft* sachlicher Fehler oder logischer Ungereimtheiten überführen zu wollen. Ausgehend von einem festen, ideologisch geformten *völkischen* Kern eröffnete erst die begriffliche und paradigmatische Unbestimmtheit *völkischer Geschichtswissenschaft* die Möglichkeit ihrer dynamischen Radikalisierung, ein Merkmal, dass dem Nationalsozialismus als gesellschaftlichem System ohnehin, und damit auch seinem Wissenschaftsbetrieb und nicht zuletzt auch seinen Geschichtsschreibern eigen war.

---

16 Vgl. Berg, Versammelte Zunft, S. 45–117 sowie Wilfried Reininghaus, Karl Lamprecht und die Historischen Kommissionen in Deutschland vor 1914. Zur „Konferenz der landesgeschichtlichen Publikationsorgane" während der Deutschen Historikertage, in: Niedersächsisches Jahrbuch für Landesgeschichte 83 (2011), S. 51–74.
17 Alexander Pinwinkler, Historische Bevölkerungsforschungen. Deutschland und Österreich im 20. Jahrhundert, Göttingen 2014.

Sabine Bamberger-Stemmann
Das Volk – Phoenix oder Wiedergänger? Überlegungen zur Attraktivität eines Konstruktes

Eine Miszelle zum Jahr 2019

Im Folgenden geht es um einige Überlegungen[1] wie das *Völkische* als Herausforderung „unserer" Moderne genommen werden könnte, und wie das Problem des *Völkischen* in Zusammenhang mit Wissenschaft und neuer Rechte betrachtet werden könnte – ein aktueller Bezug also zum 2017/18 in neuer Auflage erschienenen *Handbuch der völkischen Wissenschaften*[2]. Die Herausforderungen wachsender, zum Teil nationalistisch, zum Teil völkisch-nationalistisch unterlegte Populismen in Europa bieten hierzu eine direkte Aufforderung.

Ausgangspunkt dazu ist die Betrachtungsweise der politischen Bildung und Demokratiebildung. Das ist eine Herausforderung – und für die politische Bildung ist es Teil einer ganz praktischen Arbeit, denn man hat es mit der Frage zu tun, was das *Volk* sei, wie es politisch genutzt werde, was heute *völkisch* genannt werden könnte und zugleich den Beutelsbacher Konsens mit seinen Prinzipien der Diskursivität, des Überwältigungsverbotes und der Multiperspektivität zu diskutieren.[3] Mithin hat man also die Frage anzugehen, ob die völkischen Populismen Teil von Radikalismen sind – ab wann sie es sind – und wie das Gebot der unbedingten Unabhängigkeit politischer Bildung und Demokratiebildung zu wirken hat. Es ist also erstens zu klären, ab wann völkische Ideologeme der freiheitlich-demokratischen Grundordnung entgegenstehen. Zweitens bis wohin sie als ein Teil politischer Meinungsäußerung in einem demokratischen Spektrum darzustellen sind, also inwieweit sie Teil der politischen Diskursfähigkeit und – im besten Falle – auch des Partizipationswillens von Bevölkerung sind.

Das Unbehagen, das weite Teile des demokratischen Spektrums in Deutschland mit dem Begriff des Volkes und mit der Wirkung und den Deutungen dieses Begriffes verbinden, soll sich im Titel der Überlegungen niederschlagen. Zu-

---

[1] Es handelt sich um eine leicht überarbeitete Fassung des auf der Tagung gehaltenen Vortrages.
[2] Michael Fahlbusch u. a. (Hg.), Handbuch der völkischen Wissenschaften. Bd. 1 und 2; 2. Aufl. Berlin, Boston 2017.
[3] Dazu vielfältig: Demokratie gegen Menschenfeindlichkeit. Zeitschrift für Wissenschaft und Praxis: Schwerpunktheft „Radikalismus" (2018) 2.

gleich kann man kaum anders, wenn man die politischen Debatten in den Medien betrachtet, als dass man die (neu gewonnene) Attraktivität des Begriffes *Volk* in einem dynamischen gesellschaftlichen Diskurs wahrnimmt. Damit verbunden sind aber auch Debatten um Begriffe wie Respekt, Kultur, Religion, wie Rechtsempfinden oder Heimat.[4]

Michael Wildt nennt den Begriff des Volkes eine „überlebte Kategorie",[5] weil auch insgesamt mit der begrifflichen Synchronität von Volk/Bürger und Demokratie wie in den USA oder in Frankreich exkludierte Bevölkerungsgruppen zu finden seien, und weil diejenigen, die heute in Deutschland leben, nicht alle wählen dürften. Aber damit besitzt man schon eine der Grundlagen des Problems: nämlich die Definition dessen, was ein Volk sei sowie die Verbindung von Volk, politischem System und Wohn-/Lebensort. Eine theoretische Diskussion um die Begriffsklärung ist weitgehend ausgeblieben.[6] Dagegen steht aber die Mannigfaltigkeit der Diskurse,[7] die mit dem Begriff *Volk* oder seiner impliziten und expliziten Verwendung im Lexikon unter anderem von Johann Heinrich Zedler, im Grimmschen Wörterbuch, bei Gustav Freytag in *Soll und Haben*, in den völkisch-antisemitischen Vorlesungen Heinrich von Treitschkes, aber auch in den Protokollen des Europäischen Nationalitätenkongresses der Zwischenkriegszeit im Rahmen einer analytisch vorgehenden Begriffsklärung findet. Die Frage nach der Wirksamkeit völkischer Konstrukte der völkischen Topoi ist also aktuell. Zugleich würde man Traditionen, Volkskünste, Sitten und Gebräuche ebenso betrachten müssen wie politische Muster der Trennung von Völkern: besonders schwerwiegende Beispiele für letztere sind die Volksliste der nationalsozialistischen Besatzer im besetzten Polen, aber auch (ohne diese beiden Muster von Bevölkerungseinteilungen auch nur ansatzweise vergleichen zu wollen) die polnischen Verifikationen nach dem Zweiten Weltkrieg oder die Zwangsumsiedlungen nach dem Lausanner Vertrag 1923. Und sehr direkt käme man zu politischen Umsetzungen wie den Abgrenzungen von Siedlungsgebieten von Völkern sowie von Staatsgebieten wie den Wehrbauern Katharina der Großen und der Habsburger gegen Osmanen, aber auch zu aktuellen Beispielen wie der Ansiedlungspolitik der heutigen Türkei an der Grenze zu Syrien. Anzureißen wären dann Begriffe wie jene der „unsicheren Kantonisten" und der „Fünften Kolonne", also die Fremden im Eigenen. *Volk* als Begriff und Grundlage praktischer Politik geht einher mit Abwehrängsten wie jenen vor al-

---

4 Zum Multikulturalismus siehe neuestens: Kenan Malik, Das Unbehagen in den Kulturen. Eine Kritik des Multikulturalismus und seiner Gegner. Bonn 2018.
5 Michael Wildt, Volk, Volksgemeinschaft, AfD. Hamburg 2017, hier insbes. S. 27–37.
6 Jörn Retterath, Volk, in: Michael Fahlbusch u. a. (Hg.): Handbuch der völkischen Wissenschaften, S. 1182–1189.
7 Dirk Jörke/Veith Selke u. a., Theorien des Populismus zur Einführung. Hamburg 2017.

lem des polnischen Staates gegenüber seinen eigenen nationalen Minderheiten an den Grenzen in der Zwischenkriegszeit oder Frontier-Lagen wie die im Wilden Westen der USA und Russlands Expansionen.[8]

Was ist denn das Ziel des *Volkes*? Oder vielmehr: was ist das Ziel der Nutzung völkischer Topoi in der politisch-gesellschaftlichen Auseinandersetzung? Ist es das Streben nach Glück für die Angehörigen *des* Volkes oder für das Volk als imaginäres *Ganzes*? Oder gar der Pursuit of Happiness wie in der US-Verfassung? Gibt es eventuell einen kollektiven Anspruch auf Glück oder Zufriedenheit respektive Befriedigung? Und wie sieht diese dann aus? Vielfach scheint dieses Glück der Masse des Volkes heute ein wirtschaftliches Glück zu sein, ein Glück, dass auch eine Behaglichkeit, gar ein Cocooning in der Peer Group oder *Zuhause* ermöglicht – vielleicht sogar Zufriedenheit ohne Leistung.

Politische Propagandisten übersehen absichtsvoll, dass *Volk* grundsätzlich nur unterlegt sein kann durch eine Vielzahl von Individuen, von Individualitäten. Mithin Volk als einen pseudo-anthropologischen Organismus mit einem eigenen „Willen" als Volk wie bei Donald Trump oder seinem vormaligen Adlatus Steve Bannon zu betrachten, ist absurd. Gleichermaßen abwegig ist ein sogenanntes „gesundes Volksempfinden" oder gar, wie es der nordrhein-westfälische Innenminister Reul im August 2018 kurzfristig sehen wollte, ein „Rechtsempfinden" des Volkes per se. Wenn es einen Willen des Volkes gäbe, der das Wollen der Individuen bräche: dann gäbe es eine aus dem Volk entstandene und entstehende Bewegung und aus dieser Bewegung des Volkes eine Gerechtigkeit als solche. Zumindest dies widerspricht fundamental den Prinzipien der Aufklärung, aber auch jenen der freiheitlich-demokratischen Grundordnung.[9]

Zu *Volk* gehören auch letztlich kaum trennbar der Begriff der *Heimat*, und damit eng verbunden die *Identität*. Der Frankfurter Ethnologe Karl-Heinz Kohl hat die politische Renaissance des Heimatbegriffes mit der politischen Deklaration eines neuen „Sehnsuchtsortes" untersucht.[10] Landschaft, Gelände, Raum und deren Seelenhaftigkeit (Esther Kinsky) oder Kontaminierung von Landschaften (Martin Pollack) sind ebensolcher Teil von Identitäten. Aber diese wird in der Öffentlichkeit (noch) weitgehend dem völkischen ideologischen Diskurs überlassen; es lohnte hier ein genauer Blick zum Beispiel bei Ute Daniel.[11]

---

8 Kerstin Jobst, Die Perle des Imperiums. Der russische Krim-Diskurs im Zarenreich. Konstanz 2007.
9 Immer noch eindrucksvoll: George Orwell, Notes on Nationalism. London 2018, S. 1–31.
10 Karl-Heinz Kohl, Interview, in: Frankfurter Allgemeine Zeitung (FAZ) Nr. 68 v. 21.03.2018, S. N 4.
11 Ute Daniel, Politische Sprache und Medien, in: Andreas Wirsching (Hg.), Weimarer Verhältnisse. Historische Lektionen für unsere Demokratie. Bonn 2018, S. 51–64.

Dabei taucht der Heimat-Begriff auch zum Beispiel bei der Debatte um den Begriff *Volk* in den bisherigen ethnologischen Sammlungen oder auch Völkerkundemuseen deutlich auf: Grundsätzlich ging es dabei um die Sichtbarkeit des eigenen Volkes in Abgrenzung zu fremden Völkern.[12] Ebenso aktuell sind die Kolonialismus-Debatte und die damit verbundenen Überlegungen zur Rückgabe indigener Artefakte aus europäischen Sammlungen an die Herkunfts-Communities. Diese Diskurse sind natürlich begleitet von Fragen wie Dekolonialisierung und Erinnerungskultur an die koloniale Vergangenheit und die Verbrechen des eigenen Volkes an den zumeist in den Völkerkundemuseen dargestellten, patriarchal-folkloristischen bewerteten Kulturen in der Fremde. Aber viel mehr muss es daraus abgeleitet auch um die Debatte gehen, wie Volk eben nicht nur „in der Fremde" zu definieren sei, sondern was eigentlich die Betrachtung von Vielfalt in der von Migration und Austausch geprägten Welt von heute museal und in der eigenen Gesellschaft bewirken könne und solle.

Heimat ist in ihrer heutigen Anwendung zunehmend sichtbar als die Absicherung des Eigenen gegen die Globalisierung und deren Verunsicherung und Eingriffe. Der Begriff *Volk* ist für diese Versicherung nicht geeignet, denn er lässt eben keinen Raum für individuelle Facetten; er presst in Negierung des Individuellen die Menschen als Gruppe zusammen und lässt kein „Ich" zu. Die entscheidende Frage in der Debatte um Sicherheit und Heimat gerade in den völkischen Bewegungen bis hin zu den radikalnationalistischen und rassistischen Gruppierungen ist aber, ob dieses „Ich" überhaupt gewollt ist. *Heimat* ist nämlich in den Populismen eher ein sekundärer, abgeleiteter Begriff.

Wenn *Heimat* und *Volk* als politische Konzepte verbunden werden, wird die Individualität des Einzelnen negiert, national übertönt durch das, was als *Volk* definiert ist. Extreme Fälle sehe man derzeit in Ungarn und auch in Polen.[13] Die Überhöhung von *Volk* zieht unabdingbar die Absage an die Individualität nach sich und zerstört damit auch den Begriff der Heimat, der eigentlich nur ein individueller sein kann, vielfach auch nur eine Gefühlslage. Da eine Gefühlslage aber kein wirksames und berechtigtes politisches Konzept für die freiheitlich-demokratische Grundordnung ist, ist Heimatgefühl auch für die Berechtigung von Veränderungsforderungen an die freiheitlich-demokratische Grundordnung nicht geeignet und noch weniger legitimiert.

Europa beziehungsweise die EU ist Teil der Globalisierung und damit Teil einer gefühlten Desintegration vieler Menschen in die nationalen Grenzen.[14]

---

12 Siehe auch Neubenennung des Völkerkundemuseums in Hamburg zum MARK 2018.
13 Jan-Werner Müller, Was ist Populismus. Ein Essay. Berlin ⁵2017.
14 Diese spezielle Form einer kontinentalen Globalisierung positiv zu bewerten, ist infolge der massiven Zweifel weiter Bevölkerungskreise an die Wirksamkeit europäischer Instanzen nicht

Diese Haltung erleichtert die Neufassung von individuellen und Gruppen-Identitäten aus den traditionellen Mythen und historisch-kulturellen Erinnerungen. Volk ist dabei ein nicht zu vernachlässigender Baustein. Auf die Gefahren und deren mögliche Abwehr wies erst kürzlich in anderem Zusammenhang Günther Morsch hin, wie noch zu zeigen sein wird.[15]

Für diesen Zusammenhang wurde die „Griechenland-Rettung" im Euro-Raum, wie auch immer man ihr volkswirtschaftlich gegenüberstehen mag, vielfach auch in der deutschen Bevölkerung als globalistisch und zugleich kolonial geprägt wahrgenommen; sie sei Teil einer hegemonial deutsch geprägten europäischen Politik. Für die einen ist sie Durchsetzung eines politischen „Systems Merkel", für die anderen der Versuch einer deutschen Expansion mit den Panzern der Moderne, den Mitteln der globalen Finanzwirtschaft. Man muss nur die Reden des ehemaligen griechischen Finanzministers Yanis Varoufakis während seiner Amtszeit einmal genauer ansehen. Sehr schnell kommt man hier auch immer wieder auf die Frage von nationalem Stolz und die Forderung nach „Respekt" der finanzkräftigen Volkswirtschaften vor Griechenland und damit zu nationalen Mustern des 19. und frühen 20. Jahrhunderts: Nationale Ehre und die Forderung nach Respekt halten wieder Einzug in die politische Debattenkultur. Populistische Diskurse greifen diesen Ansatz begierig auf und machen daraus eine politische anti-demokratische und zugleich antikapitalistische Systemkritik.[16]

Der innerdeutsche Diskurs bietet aber ein viel grundlegenderes Problem: man vermeidet den Diskurs um die Möglichkeit einer Verbindung von Begriffen wie Volk und Demokratie. der Demokratiebegriff ist nicht geklärt; letztlich kann man ganz pessimistisch-überspitzt sagen: es braucht gar keine völkische Bewegung, die *Volk* als Begriff wieder stark und *gegen* Demokratie und die freiheitlich-demokratische Grundordnung stellt, sondern die deutsche Zivilgesellschaft hat an vielen Stellen ein viel grundsätzlicheres Identitätsleck, nämlich eine Abkoppelung zwischen Demokratie und der Bevölkerung als der Menge der Individuen der handelnden Staatsbürger. Die Idee einer freiheitlich-demokratischen Grundordnung aus Verantwortung für Demokratie und Erinnerung sollte im öffentlichen Diskurs konsequent genutzt werden, um hier stark gestellt zu sein.

---

mehr Konsens. Die Institutionalisierung Europas als Staaten übergreifende Idee steht absurderweise ein reziprokem Verhältnis zu der Identifizierung vieler Bevölkerungsteile mit diesem überstaatlichen Konstrukt.

15 Günther Morsch, Interview, in: Die Welt vom 2.08.2018.

16 Eine Streitschrift über den Diskurs als Teil von Demokratie lieferte kürzlich Meredith Haff, Streit! Eine Aufforderung. München 2018. Vgl. auch Yanis Varoufakis u. a., Bescheidener Vorschlag zur Lösung der Eurokrise. München 2015.

Dabei definiert der Volksbegriff notwendigerweise auch die Haltung zum Bürger im Staat und in der Verfassung. Der Bürger in der Gesellschaft, die Gruppe der Bürger als Volk und der Staat können in einer Demokratie nicht voneinander getrennt werden. Dazu haben weder Bürger noch Parteien, Gruppen oder politisch Verantwortliche das Recht. Daher kann auch das sogenannte Rechtsempfinden nur eine Haltung eines Individuum sein und nicht eine Gruppen-Referenz zur Handlung von Verfassungsorganen. Denn Empfinden ist eine subjektive und keinesfalls legal gefasste Haltung; es ist per se unmöglich, ein Empfinden zur Rechtsnorm zu machen oder gar zur Auslegung von Gesetzen und deren Anwendung.

Historisch betrachtet hat man schon mit dem Begriff der Volksgruppe in der völkischen Denkwelt der Zwischenkriegszeit dieses Problem exemplarisch vorgeführt bekommen. Der heutzutage wieder im politischen Diskurs platzierte Volksgruppen-Begriff, der in der Zwischenkriegszeit rein politisch organisatorisch für die deutschen Minderheiten angewandt worden war,[17] kann nicht mehr zusammen mit einer Identifizierung auf eine wie auch immer geartete Heimat verwendet werden. Er bezieht nämlich nur die Identität von „Zuhause" – also den Kernbestand von *Heimat* – ein. Wesentliche und prägende Debatten hinaus auf die Ebene des Überregionalen führten dabei Politiker wie der deutschbaltische Rechtsanwalt und Rechtsberater und Lobbyist des Verbandes der deutschen Volksgruppen in Europa, Werner Hasselblatt, und der Vorsitzende des Deutschen Schutzbundes, Karl Christian von Loesch, mit ihrer radikalnationalistischen überstaatlichen Volksgemeinschaft.[18] Ziel beider war es, die Handlungsspielräume für die (deutschen) „Volksgruppen" als politische Akteure von außen auf die deutsche Politik selbst zu erlangen. Diese Volksgemeinschaftsideologie sollte nach dem Zweiten Weltkrieg ein weiteres Mal prägend für die deutsche Politik zum Beispiel in der Vertriebenenfrage gegenüber den ostmitteleuropäischen Staaten werden, indem die theoretische Grundlage *Das eigenständige Volk* (1932) von Max Hildebert Boehm in den 1950er Jahren neu

---

17 Sabine Bamberger-Stemmann, Staatsbürgerliche Loyalität und Minderheitenstatus als transnationale Rechtsparadigmen im Europa der Zwischenkriegszeit, in: Peter Haslinger u. a. (Hg.), Staat, Loyalität und Minderheiten in Ostmittel- und Südosteuropa 1918–1941. München 2007, S. 209–236.

18 Sabine Bamberger-Stemmann, Der Europäische Nationalitätenkongress 1925 bis 1938. Nationale Minderheiten zwischen Lobbyistentum und Großmachtinteressen. Marburg 2000. Zu dieser Ideologie gehört auch die sprachliche Wendung, die verschiedenen Gruppen zur Volksgemeinschaft gezählter deutscher Siedlungen als *polendeutsch, wolhyniendeutsch, baltendeutsch* u.ä. zu kennzeichnen und damit ebenso wie in der Nutzung des Begriffes *auslanddeutsch* (und nicht *auslandsdeutsch*) eine Zusammengehörigkeit in der Volksgemeinschaft zu konstruieren.

aufgelegt wurde:[19] Boehm prägt den Begriff der „Dissimilation" der Völker, mithin als eine Vorstufe zu einer Apartheid, als Grundlage für das Bestehen eines Volkes gegen seine Nachbarn und in starker Abgrenzung gegenüber diesen. Damit ist eine strikte Trennung von Lebens- und Siedlungsraum sowie allen sozialen und politischen Kontakten gemeint. Diese Dissimiliationsidee der 1920er Jahre, umgesetzt in der völkischen Politik im Übergang zum Nationalsozialismus, prägte weite Bereiche der Politik und der politischen Bildungsarbeit im Umfeld der Vertriebenenverbände auf Basis des § 96 des Bundesvertriebenen- und Flüchtlingsgesetzes (BVFG) bis weit in die 1990er Jahre hinein. Und sie findet sich heute in politischen Äußerungen über die vorgeblich notwenige Erhaltung des christlichen Gedankengutes als des grundlegenden Bestandteiles deutscher und europäischer Kultur in der Migrationsdebatte vor allem am rechten Rande des Diskurses wieder.

Aber schon Gustav Stresemanns Rede vor dem Völkerbund im September 1929 zerstörte die scheinbare Objektivität und Unschuld der Begriffe Volksgruppe oder Heimat: Stresemann machte in seiner Rede die Idee des Volkes als Volks*gemeinschaft* zum politischen Programm Weimarer Außenpolitik. Er nutzte sie als Korrektur der kleindeutschen Reichslösung, als Korrektur zur politischen Heimat des Nationalstaates, der aus Versailles entstanden war und damit weiten Teilen der Weimarer Gesellschaft als temporär und abzuschaffen, als illegitim, galt. Er nutzte sie als Korrektur der demokratischen Republik von Weimar in ihrem verfassungsrechtlichen Gesamtbestand, also als eine Entsolidarisierung von *Heimat*, *Volk* und *Staat*. Einer der bedeutenden demokratischen Politiker der deutschen Geschichte zerschlägt also die Idee der Freiheit des Individuums in der Demokratie des Weimarer Staates zugunsten der überstaatlichen deutschen Volksgemeinschaft mit dem Reich als Schutzmacht.[20]

Doch auch in eine ganz andere Richtung wird die Argumentationslage heute zunehmend schräg: Sonja Zekri schreibt in der *Süddeutschen Zeitung*:[21] „Dass die Falschen demokratische Mittel missbrauchen, um die Demokratie zu defor-

---

19 Max Hildebert Boehm, Das eigenständige Volk. Volkstheoretische Grundlagen der Ethnopolitik und Geisteswissenschaften. Göttingen 1932; neue, unveränderte Auflage Darmstadt 1965. Dazu inkl. weiterführender Literatur Sabine Bamberger-Stemmann, Volksgemeinschaft als Siedlungsgemeinschaft: Das Volksgruppenkonzept von Rudolf Brandsch und seine Wirkung in den 1930er Jahren, in: Cornelia Eisler u. a. (Hg.), Minderheiten im Europa der Zwischenkriegszeit. Wissenschaftliche Konzeptionen, mediale Vermittlung, politische Funktion. Münster, New York 2017, S. 219–232.
20 Hierzu gehört auch die Minderheitenpolitik des Reiches ab spätestens 1927, die letztlich die völkerbundlichen Minderheitenschutzverfahren zur Kontrolle und öffentlichen Diskreditierung der ostmitteleuropäischen Staaten missbrauchte.
21 Sonja Zekri, War's das mit der Demokratie, in: Süddeutsche Zeitung vom 4.04. 2018.

mieren oder sogar abzuschaffen, ist eines der Bedrohungsszenarien in der allmählich doch sehr reichhaltigen Demokratiedämmerungsliteratur." Sie sieht Studien zum „Siechtum einer einst unbesiegbaren Idee" sowie „besorgte Analysen". Sie fährt fort: „26 Jahre, nachdem Francis Fukuyama das ‚Ende der Geschichte' und den Sieg der westlichen Demokratie ausrief, trägt eben jene Demokratie nur noch Episodencharakter. Der unschlagbare Magnetismus des demokratischen Modells wurde vom Aufstieg der Rechten, Populisten und Autokraten längst performativ widerlegt."

Plötzlich Fukuyama[22] wieder als Referenz aufscheinen zu lassen und zugleich Demokratie zu reduzieren auf das Gewollte, das Gute, das Liberale, das Menschliche – das scheint doch zu eng. Demokratie, die freiheitlich-demokratische Grundordnung muss aushalten, sie lebt von der Kontroverse. Wieso erwartet man, dass die Menschen als Gruppe – als Volk – „richtig", mithin: demokratisch, wählen? Aus dem Scheitern des Arabischen Frühlings ein Scheitern von Demokratie per se abzuleiten, ist durchaus gewagt und destruktiv. Aber: derartige Analysen stärken in Teilen der Öffentlichkeit die Volksideologie als eines Gegenpols zur individuell geprägten Demokratie. Wieso vergleichen wir, wie Sonja Zekri dies tut, den Arabischen Frühling mit einer Demokratiebewegung, wo es sich doch weitgehend nur um die Ablösung einer Ideologie durch eine andere handelte und schon der Verlauf der Demonstrationen wie in Ägypten geprägt war von Menschenrechtsverletzungen, sexuellen Übergriffen und Gewalt gegen religiöse Gruppen? Die Utopie einer demokratischen Logik stülpte man dabei Bewegungen über, die nichts weniger im Sinn haben als eine freiheitliche, parlamentarische Demokratie westlichen Musters.

Da braucht es kaum einer sogenannten Flüchtlingsdebatte: der wieder in die Debatte einer Partei des Deutschen Bundestages geworfene Begriff der (islamischen) „Umvolkung" ist klare völkische Ideologie der ersten Hälfte des 20. Jahrhunderts.[23] Die „schleichende (...) Landnahme"[24] durch Flüchtlinge, vor der ein Politiker im Sommer 2017 zu warnen glaubte, das ist Frontier-Topos gepaart mit Umvolkungsideologie. Er ist angstgetrieben und furchtversessen. Aber auch hier haben die demokratischen Gesellschaften Europas, vor allem Deutschlands, doch letztlich aus den Entwicklungen des 20. Jahrhunderts nicht gelernt: man sieht Srebrenica, den Mord an den tausenden muslimischen Jungen und Männern; man betrauert diese, aber man hinterfragt nicht die Tatsache, dass

---

22 Francis Fukuyama, Das Ende der Geschichte. Wo stehen wir? München 1992.
23 Jiri Nemec, Umvolkung, in: Fahlbusch u. a. (Hg.), Handbuch der völkischen Wissenschaften, Bd. 2, S. 1158–1164.
24 Gauland warnt vor „schleichender Landnahme" durch Flüchtlinge, in: Die Welt v. 10.06. 2017.

dies mitten in Europa geschehen ist, und man akzeptiert nicht den Zusammenhang, dass die(se) Muslime seit Jahrhunderten zu Europa gehören. Oder noch schlimmer: waren es ja „nur" Muslime? Teile der deutschen Gesellschaft leisten sich trotzdem die Debatte, ob der Islam zu Europa gehöre. Ist der Balkan nicht Europa? Wer solches vertritt, verbirgt hinter einer scheinbaren historischen oder geographischen Unkenntnis glasklar rassistische Ideen.

Warum also wehrt man gegen die Einwanderung von Menschen, die muslimischen Glaubens sind, wo doch weite Teile der europäischen Geschichte eine Vielzahl von Migrationsgeschichten sind. Warum koppelt man aus dem politischen Diskurs um derartig skandalöse Konzepte wie „Umvolkung" die Debatte um die europäischen Verantwortungen in Übersee bei den Migrationen des 16.-19. Jahrhunderts weitgehend ab? Der Islam gehört nicht zu Europa? Welch ein ahistorischer Unfug: Allerdings hat Europa an seinen Muslimen zugleich auch ein Exempel statuiert, das 1923 begann und in Srebrenica auf fürchterlichste Weise wieder auf die politische Tagesordnung kam. Und man blendet diese antimuslimische Haltung Europas in der Debatte um muslimische Flüchtlinge seit 2015 völlig aus. Dabei ist nämlich eines der Beispiele, dass Konzepte, Ideen, politische Bewegungen, gesellschaftliche Diskurse, auch Verbrechen und Diktaturen dieses 20. Jahrhundert in Europa umklammern: 1915 hatte der schweizerische Anthropologe Georges Montandon, der sich zu einem Vordenker der völkischen Rechtsradikalen in Europa entwickeln sollte, das Konzept des ethnic cleansing entwickelt. Man nennt es heute „ethnische Säuberung". Die Idee war, dass nur eine „massive Verpflanzung" von gemischt siedelnden Bevölkerungsgruppen sogenannte „objektive Grenzen" und damit eine Sicherung aller Völker in Europa erziele. Die Wirkungen dieser Idee setzten sich schnell als modernes Instrument der Friedens- und zugleich der Grenzsicherung durch: so eben 1923 in Lausanne. Aber auch dieser Vertrag zwischen der Türkei, Großbritannien, Frankreich, dem Königreich der Serben, Kroaten und Slowenen, sowie Rumänien und Griechenland von 1923 hatte ein unmixing of populations zum Ziel: ihm folgte die Vertreibung der Griechen aus Izmir und der Türken aus Westthrakien unter unsäglichen menschlichen und seelischen Verlusten, deren Nachwirkung in Infrastruktur, Wirtschaft und Identität der Nachkommen der Betroffenen bis heute reichen.

Wir haben 2004 und 2007 mehrere Länder in die EU aufgenommen, die niemals die Folgen des Lausanner Vertrages von 1923 vergessen haben und sie in Teilen ihrer Bevölkerung als Trauma des 20. Jahrhunderts mit sich tragen, darunter Bulgarien und Rumänien, und für 2025 Mazedonien (seit Januar 2019: der Republik Nordmazedonien) ist eine Aufnahmezusage offeriert. Zu allem Überfluss forderte der türkische Präsident Recep Tayyip Erdogan bei einem Staatsbesuch in Griechenland 2017 eine Nachverhandlung des 96 Jahre alten Vertrages wegen angeblich unklarer Details bei der Grenzziehung – man merke: zwischen Griechenland, also der EU, und der Türkei, den NATO-Partnern seit 1952. Und man hat in den furchtbaren Vernichtungen der muslimischen Bevölkerung beim Zerfall Jugoslawiens in den sogenannten Balkankriegen der 1990er Jahre einmal mehr ethnische Säuberungen erlebt. In Westeuropa sind diese zumeist weitgehend verdrängt, aber in Kroatien, in allen anderen Nachfolgestaaten Jugoslawiens und in den neu an die Tür der EU klopfenden Staaten ist dieses Trauma der Balkankriege der 1990er Jahre präsent. Es wird notwendig zu begreifen – gerade auch, wenn man darüber diskutiert –, dass der Islam als Glaube und Kultur zu Europa gehört.

Und doch tolerierte man jahrelang mitten in Europa Debatten um Staatsnamen, die Volksidentitäten, Nationalismen und damit Identitäten berühren und stärken: Mazedonien und Griechenland. Wieso dies? Weil man die Debatte um den Zusammenhang von Volk und Demokratie, von Identität und staatlicher sowie gesellschaftlicher Zusammengehörigkeit zu lange als überkommen deklariert hatte. Die europäische Öffentlichkeit war versucht, die Liberté des französischen Bürgergedankens als erstrebenswerten und zugleich schon in der EU erreichte Realität des friedlichen Zusammenlebens von Völkern und Staaten nach den europäischen Katastrophen des Zweiten Weltkrieges, aber auch der Jugoslawienkriege der 1990er Jahre zu bewerten. Man ist zu faul geworden zu erwarten, dass Krisen alte Chiffren wieder aufflackern lassen könnten. Die demokratischen Gesellschaften sind selbst schuld! Keine nationalistischen Politiker oder Demagogen.

Stattdessen redet ein Bundestagsabgeordneter im September 2018 mitten in Deutschland auf einer Wahlveranstaltung von „Umvolkung" und verbindet diesen Furchtbegriff mit der Forderung nach der „Entsorgung" von Menschen in Anatolien.[25] Derartige Bemerkungen, man sollte Menschen irgendwo in Anatolien, also im gefühlten und abgewerteten Nirgends, „entsorgen", richten sich gegen das *Menschsein* als solches; man entledigt sich der Menschen. Dabei – und es wäre schlimm genug – könnte man sich höchstens der Fürsorge *um* Menschen entledigen. Dies alles ist klarer, antihumaner Rassismus. Aber um diese provozierende Falle sichtbar zu machen, haben die neurechten Bewegungen den Begriff des solidarischen Patriotismus und eine Verknüpfung von völkischer Identität und sozialpolitischer Solidarität erfunden. Beides basiert wiederum auf dem Begriff des Volkes als ethnischer Konsensgemeinschaft – der Deut-

---

[25] Der spätere Fraktionsvorsitzende der AfD im Deutschen Bundestag, Alexander Gauland, im August 2017 bei einer Wahlkampfveranstaltung. Zur Sprachwahl siehe Ekkehard Felder, Parteien-Sprech zwischen Jargon der Anmaßung und angemessenem Sprachgebrauch, in: Aus Politik und Zeitgeschichte 68 (2018), Nr. 46–47 v. 12.11.2018, S. 33–38.

schen natürlich – hier wird es als *völkisch*, als Schutz des eigenen Volkes verbrämt. Folgt man aber genau hier Michael Wildt verschiedentlich, so ist der Begriff des Mitbürgers zentral[26]; und die Frage, ob man das Volk und die Umvolkung als Begriffspaar nach Kant ebenso wie das „ungestalte" Volk einhegen könne und so die exkludierende Auswirkung des Bösen und des Nationalistischen begrenzen. Meines Erachtens sollten dabei die Überlegungen der Philosophin Bettina Stangneth zu bösem Denken und zur Erkenntnis der Lüge, die sie in den letzten Jahren publiziert hat, scharf unter die Lupe genommen werden. Man wäre womöglich dann *Fake News* nicht mehr so ausgeliefert.[27]

Ohne dies entstehen Diskurse, in denen „man doch wohl mal etwas sagen" oder „etwas zeigen darf". Und zwar auf vielen Seiten und oft genug durch Bilder. Ein immens wichtiges Beispiel dafür ist die fast schon hysterisch geführte Debatte um ein Foto des Präsidenten der Türkei und die daraus erwachsene Affäre der beiden Fußballspieler Ilkay Gündogan und Mesut Özil im Mai 2018.

Der Hintergrund ist einfach: die derzeit staatstragende AKP Erdogans baut einen Führerkult auf, der das einheitliche türkische Volk als muslimisches Staatsvolk auf diesen Führer, den Präsidenten, also Erdogan, bezieht. Damit werden die anderen Völker und Religionen in der Türkei: Kurden, Esiden, Aramäer, Christen und Assyrer ausgegrenzt. Für diesen religiös konnotierten völkisch-präsidialen Führerkult gibt es Bilder wie jenes mit den beiden ehemaligen Fußball-Nationalspielern mit dem türkischen Präsidenten Erdogan in London aus dem Mai 2018.

Erdogans strategische Grundlage ist die Turkisierung des Osmanentums. Es wird ein nationalistisches osmanisch-türkisches Volkstum propagiert, das sich sicherheitspolitisch abgrenzt und zugleich geostrategisch wie innenpolitisch die Rolle der Türkei und der Türken als Einheit von Volk, Staat und Führerfigur definiert. Nicht umsonst siedelt die Türkei an der Grenze zu Syrien seit spätestens Juni 2018 planmäßig syrische Flüchtlinge an, die *nicht* kurdischer Herkunft sind: man baut damit eine Volksgrenze gegen die überwiegend kurdisch besiedelten Teile des nördlichen Syrien und destabilisiert diese noch dazu, indem man dort, in Afrin, einmarschiert ist und zugleich zulässt, dass islamistische Kämpfer dorthin aus den durch die syrische Armee eroberten Enklaven abgeschoben werden. Alles wird dem Ziel untergeordnet, eine kurdische Bevölkerung und damit eine kurdische Politik an der Grenze und gegebenenfalls in die kurdischen Siedlungsgebiete der Türkei hinein zu verhindern – „türkisches Staatsgebiet den Türken" lautet die Devise.

---

26 Michael Wildt, Volk, Volksgemeinschaft, AfD. Hamburg 2017.
27 Bettina Stagneth, Böses Denken. Reinbek b. Hamburg 2016; dies., Lügen lesen. Reinbek b. Hamburg 2017.

Ein quasi personalisiertes Ebenbild dieser Strategie der Osmanen als des türkischen Volkes und umgekehrt, zeigte der Auftritt Ilkay Gündogans auf jenem Londoner Foto: dieser bot das Aussehen des traditionellen anatolischen Türken in Frisur, Kleidung und Bartschnitt. Es ist erstaunlich, wenn man die Bilder vergleicht mit denen seines alltäglichen Auftretens auf dem Fußballplatz als eines jungen, gut aussehenden, sportlichen, modernen Mannes, der auf sein Aussehen achtet, weil er weiß, dass seine Anhänger ihn darin genau beobachten und ihm auch folgen: Gündogan tritt auf dem Londoner Foto als „wahrer" Türke auf, als das Idealbild eines traditionsbewahrenden türkischen Mannes. Gündigan zeigt dem Volk das Bild des Volkes und dem Führer Erdogan das Bild des Türken als Gefolgsmann. Er musste nicht diskutieren, ob er das dürfe oder solle wie Mesut Özil, denn die Chiffre wird intern in der türkeistämmigen Community verstanden, extern aber nicht oder kaum. Das Gündogan-Bild ist ein Volks-Bild. Es grenzt damit auch alle anderen Türkeistämmigen in Deutschland letztlich aus dieser Community aus. Dabei liefert Gündogan die groß-türkisch-nationalistische Optik und Haltung frei Haus. Zugleich ergänzt er es um das T-Shirt mit der Signatur „... für meinen Präsidenten", welche die nicht der türkischen Sprache fähigen Menschen gar nicht wahrnehmen können. Er schafft also einen exklusiven Raum der Beziehung. Die deutsche Öffentlichkeit hat diese Konnotation des Bildes weitgehend übersehen: Gündogans optisches Statement blieb weitgehend unkommentiert oder gar unkritisiert.

Anders Mesut Özil: dieser machte letztlich den Fehler zu sprechen, zu argumentieren; er versuchte eine *politische* Rechtfertigung, basierend auf einer Verletzung durch Geringschätzung als „Türke" und in der Integration, die nur über den Fußball überhaupt ansatzweise gelungen zu sein schien. Dies überforderte ihn letztlich aber und er verstrickte sich (oder man verstrickte ihn) in eine Rassismus-Debatte. Die Folge: der Verlust des Status als „Fußball-Held" oder Muster-Migrant, mithin: eine tragische Persönlichkeit.

Natürlich berührt dieses Doppel-Beispiel auch die Tatsache, dass als „Deutsche" im Sinne der Staatsbürgerschaft bis heute diejenigen schneller anerkannt werden, die über ethnische Konstrukte bis hin in das Staatsbürgerschaftsrecht als Deutsche definiert werden. Schließlich besitzt die Bundesrepublik ein Staatsbürgerschaftsrecht, das trotz aller Reformen das ethnisch-kulturelle Volk als Nukleus der Gesellschaft und des Staates definiert. Warum also wundert man sich, wenn diese Idee von politischen Bewegungen wie Pegida wieder aufgenommen und radikalisiert wird? Natürlich ist es unanständig, wenn das *Volk* als Begriff und als Widerstand gegen die illegitime Herrschaft der Politiker mit dem Slogan der DDR-Bürgerrechtsbewegung gegen die SED-Diktatur als einer Massenbewegung missbraucht wird: „wir sind das Volk!" Hier wird die Legitimität der freiheitlich-demokratischen Grundordnung *und* ihrer Politiker von dem sogenannten *Volk* bewusst abgetrennt. Das *Volk* wird damit aber letztlich ideologisch aufgeladen, radikalisiert, marginalisiert zu einem gewaltbereiten Plebs – es wird benutzt und die Mitmarschierenden merken es zum Teil nicht einmal.

Volker Weiß untersuchte dies 2017 in seinem Artikel ‚*Neue Rechte' und ideologische Traditionen*.[28] Hier sollte man ansetzen, den Volksbegriff der völkischen oder radikalnationalistischen Bewegungen zu hinterfragen: er zerstört den Begriff des Staatsbürgers und negiert per se die Legitimität der freiheitlich-demokratischen Grundordnung. Nicht also erst die sogenannten Reichsbürger oder „-Gida"-Bewegungen sind eine Bedrohung des demokratischen Gemeinwesens. Wenn der *Volk*(s)begriff zum Kampfbegriff wird, sind es auch schon die anderen: die warum-auch-immer-Frustrierten, die sich-nicht-mehr-behaust-Fühlenden, die zu Lasten ihres Heimatgefühles, ihres Cocons Entfremdeten und der Globalisierung gefühlt-Ausgelieferten. Nicht weil sie aktiv dagegen arbeiteten; vielmehr weil sie es nicht wertschätzen, vielleicht nicht mehr wertschätzen können aus individuellen Erfahrungen, die nicht diskutiert wurden oder werden.

Jörg Häntzschel schreibt in der *Süddeutschen Zeitung*[29] im Juli 2018 in seinem Artikel *Deutsch auf Bewährung*: „Deutschland hat keine Vorstellung vom Deutschsein, das nicht ethnisch definiert ist. Die gängige Definition der Zugehörigkeit zur Nation hinkt damit sogar der rechtlichen um Jahrzehnte hinterher."

Damit hat er zweifelsfrei Recht. Die Debatte um ein Einwanderungsgesetz kommt erst seit wenigen Jahren parteiübergreifend in Gange. In den frühen 1980ern, als die vielen Hunderttausend sog. Spätaussiedler aus Polen und der UdSSR nach Deutschland kamen, glaubten konservative Kreise, hier die richtigen Deutschen zu sehen: *hier* waren die, die den Rest einer traditionellen Lebensform (wieder) mitbrachten und damit einen gefühlt linken oder linksradikalen Mainstream durch ihre pure Anwesenheit entgegensteuerten. Integration bedeutete damit auch die neue Definition eines Volksbegriffes – der war deutsch! Dass man sich dazu fragwürdiger Methoden bediente, zum Beispiel dass die Volkslistenausweise Gruppe III oder Wehrmachtsausweise des Großvaters als Beleg für Deutschtum justiziabel waren, ist verwunderlich, aber systemimmanent logisch. Dass diese zugewanderten Menschen erstarrt waren vor so vielen anderen Menschen in Deutschland, die sie als Ausländer bezeichneten – nämlich die Nachkommen der frühen sogenannten Gastarbeiter der 1960er Jahre –, dass sie sich in diesem Deutschland nicht wohl fühlten, weil es nicht das

---

[28] Volker Weiß, „Neue Rechte" und ideologische Traditionen, in: Aus Politik und Zeitgeschichte 67 (2017), Nr. 42–42 v. 16.10.2017, S. 4–9.
[29] Jörg Häntzschel, Deutsch auf Bewährung, in: Süddeutsche Zeitung v. 29.07. 2018.

Deutschland ihrer Traditionen, ihrer von den Altvorderen vermittelten und gegen die sowjetischen, polnischen und rumänischen Regime und die zum Teil muslimischen Nachbarn in den zentralasiatischen Republiken der UdSSR verteidigten Sitte, Gebräuche und Werte waren, das verstanden die Deutschen in der Bundesrepublik kaum. Und dass sich hier – trotz christlicher Religion, deutscher Sprache und einem als deutsch definierten Bewusstsein –, eigene gesellschaftliche Räume bildeten, wo die Migranten nur untereinander lebten, Umgang pflegten und heirateten, mithin also das, was heute in der Debatte um Einwanderung und Integration, um Deutschsein und Staatsbürger werden den muslimischen Bevölkerungsgruppen versagt wird, das sollte dringend erinnert werden. Die damalige westdeutsche bundesrepublikanische Gesellschaft ist schon an dieser Integration letztlich weitgehend gescheitert – trotz aller Fort- und Weiterbildung derjenigen, die diese Integration beruflich-professionell vorzubereiten hatten.[30] Eine gemeinsame Religion, eine gemeinsame Sprache und die Eigenbezeichnung als Deutsch oder eine deutsche Identität wirkten hier nicht im Mindesten integrationserleichternd oder gar -fördernd. Kurioserweise passierte in den 1980ern just im beschaulichen Mittelhessen und der Wetzlarer Gegend Folgendes: es bildeten sich (vorwiegend rußlanddeutsche) Enklaven, die es der jüngeren Generation der „Spätaussiedler", die überwiegend mit den Eltern und Großeltern mit-migrieren mussten, unendlich schwer machte, ihren Platz in der neuen Umgebung zu finden.

Über die Methoden einer Integration wurde damals für die Deutschen und heute für die muslimischen Flüchtlinge heftig gestritten. Und mit dem Mahnruf Günther Morschs vom August 2018 ist man mitten in der Methodik:[31] Morsch sieht die Gedenkstättenarbeit als zentralen, als integralen Bestandteil der staatlichen und gesellschaftlichen Identität und der freiheitlich-demokratischen Grundordnung; er bemerkt Defizite nachdrücklich. Und hier muss man auch die gegenwärtige Erinnerungskultur bewerten: was soll es sein, um nicht wieder in die Debatte der nationalen Geschichtsschreibung zu geraten, welche die vorgebliche Größe und Leistung „der deutschen Geschichte" betont („Vogelschiss")? Wie kann man wissenschaftliche Forschung, Geschichtsunterricht in den Schulen und politische Erinnerungskultur vermeiden zu trennen und politischen Konjunkturen anheim zu geben? Denn wenn man es täte, dann löste man die Grundlagen der Demokratiebildung der jungen Generationen und der Immigranten auf. Und damit auch die Wahrnehmung um die populistischen Strate-

---
30 Aus der Vielzahl von Maßnahmen, um diese Lehrenden, Sozialarbeitenden, Verwaltungsmitarbeitern u. a. zu unterstützen, sei hier nur das besonders umfängliche Projekt des Staatlichen Instituts für Lehrerfortbildung Rheinland-Pfalz benannt.
31 Günther Morsch, Interview, in: Die Welt v. 3.08.2018.

gien: denn bezüglich der Integration von Zugewanderten würde es heißen, man darf ausloten, wie weit man gehen kann gegen Ausländer und auch gegen die freiheitlich-demokratische Grundordnung. Das ist derzeit offensichtlich fast ein Spiel geworden. Und immer wieder wird der Begriff des Volkes dazu benutzt. Der Begriff *völkisch* wird dann verharmlosend eingesetzt und behauptet, dieser sei doch völlig normal und eigentlich könne nur dagegen sein, wer gegen das Volk als solches sei, also gegen das Deutschtum und damit gegen Deutschland und die so bedeutungsvolle deutsche Geschichte. Und dann diskutiert die Öffentlichkeit in der Bundesrepublik – richtigerweise, aber nicht zielführend –, ob gewisse politische Strömungen wirklich *völkisch* oder ob der Begriff *völkisch* ein Deckmantel für Rechtsradikalismus sei. Wenn ein Deckmantel, dann kann er ja nur einer sein, um mit einem positiv konnotierten *Volk* als Gruppenbezeichnung Legitimität zu produzieren. Exakt hier wird es, wenn man Morsch genau liest, gefährlich: im Unterschied zu den völkischen Bewegungen der Zwischenkriegszeit gehört heute offensichtlich zu völkischen *und* zu rassistischen Ideologien die strikte Ablehnung der Gedenkstätten- und Verantwortungs-Kultur der BRD, also ein Grundbestandteil der deutschen Verantwortung aus den Verbrechen des Nationalsozialismus und des Zweiten Weltkrieges.

Politische Strömungen, die sich jetzt als eine Art Heimatpartei im Osten gerieren, haben zuvor just die Gedenkkultur der BRD als „Denkmal der Schande" diskreditiert. Jetzt pflegt man die Politik eines Kümmerers und lokale respektive regionale Programme gerade in den ostdeutschen Bundesländern – tut also genau das, was sich auch in anderen Bewegungen als erfolgreich herausgestellt hat: man fokussiert die Menschen auf das Hiesige, die kleine Lebenswelt, das Heimelige. Also: man startet eine Bewegung des Cocooning und auch die Volksdebatte definiert sich aus diesem Cocooning – und das löst sie aus der Verankerung in dem demokratischen Gemeinwesen. Es geht um den Schutz des als „Eigen" empfundenen gegen das Fremde. Um es zu pointieren: ob das Fremde Muslime sind oder andere, die direkte Lebenswelt berührende Fragen, das ist in der Motivation des als berechtigt empfundenen „Widerstandes" manchmal nahezu egal – und darauf *können* radikale Ideologeme aufsetzen, wenn sie mobilisieren *wollen*: das Vehikel sind die Analogien einer alles-war-besser-Mentalität gegen den Einbruch der Globalisierung in die heimische, sichere kleine Welt. Dann werden (womöglich berechtigte) Bürgerproteste plötzlich diskreditiert und es gehen bürgerliche Städter mit Rechtsradikalen gemeinsam auf die Straße wie in Chemnitz 2018.

Diese Cocooning-Haltung hat in einem Teil der österreichischen Lokalpolitik im Juli 2018 dazu beigetragen, die Registrierung von Menschen zu fordern, die Vieh schächten lassen. Man betreibt ein klassisches *Othering*, das Label ist ganz einfach: *die* sind fremd,– *das* widerspricht dem „Volksempfinden" und deswegen sind diese Begriffe so gefährlich. Stichwort: es geht um „widernatürliche" Verhaltensweisen, hier ganz bezogen auf die Wählerbasis einer ländlichen Bevölkerung, und zugleich um einen pseudo-Tierschutz. Da müssen gar nicht aktiv alte Antisemitismen abgerufen werden; da wird einfach jemand als fremd gelabelt und damit alter Antisemitismus wieder mit aktiviert oder als Bestandteil einer modern aufbereiteten radikal-nationalistischen „Volkstumsarbeit" vor Ort mit Kinderbetreuung, Musikfestival und Gemeinschaftserlebnis.

Wenn man also solche Bewegungen oder Phänomene betrachtet, dann lösen sich Volk, Staatsbürger und Demokratie voneinander ab, im radikalsten gibt es eine Haltung Volk *versus* Demokratie. Oft genug ist dann die Abkoppelung Volk und Demokratie systemisch in den radikalen Bewegungen enthalten. Und daraus folgt die Frage der Wechselwirkung von Volk und Politikverdrossenheit respektive Demokratieverdrossenheit als Analogon.

Wenn man genau hinsieht, findet man auch in Ungarn (sehr viel mehr als in Polen!) die Umsetzung derartiger politischer Analogien in der Tagespolitik, so zum Beispiel in Österreich. Gerade in Ungarn wird die Individualität durch staatliche Konzepte stark zurückgedrängt, sie wird national übertönt durch das, was als Volk und Volkes Willen, was als Volksempfinden definiert ist. Ein Beispiel ist die Bekämpfung der wissenschaftlichen Geschlechterforschung 2018 durch entsprechende Gesetzesvorlagen; dies ist ja mitnichten nur ein weiterer Schlag gegen die Central European University des ehemals jüdischen Bürger Ungarns, Georges Soros, sondern sie setzt eine antiliberale und damit gleichzeitig gegen die Menschenwürde gerichtete Ideologie gegen ein Toleranzversprechens für jedes Individuum. Das Ungarntum wird als exkludierende Gruppenidentität mit traditionellen Denk- und Handlungsmustern definiert: Victor Orbans Politik sieht ein gesamtungarisches Volk, das sowohl den Staat Ungarn als auch die ungarisch definierten Menschen darüber hinaus in den Nachbarstaaten konstruiert. Also eine überstaatliche Volksgemeinschaft. Er nutzt dafür nicht direkt die Religion, aber er lässt Ansätze eines politischen Führerkultes erkennen. Religion ist vielmehr ein indirektes Muster.

Erinnert sei an Victor Orbans Rede zur Flüchtlingsfrage im Januar 2018: „Wir betrachten diese Menschen nicht als muslimische Flüchtlinge (so Orban). Wir betrachten sie als muslimische Invasoren".[32] Und plötzlich kommen radikal-christliche Abgrenzungstendenzen wieder auf die europäische Tagesordnung. So wird letztlich auch Orbans Volksbegriff deutlich: in Polen während eines Staatsbesuches sagte er im September 2017: „Wir wünschen keine vermischte Bevölkerung (...) so wie westlich von uns, wo verschiedene Zivilisationen Seite an Seite leben und wo als Ergebnis dieses Mixes das christliche Element

---

32 Interview „Ihr wolltet die Migranten, wir nicht!", in: Bild-Zeitung vom 7.01.2018.

seine Bedeutung verliert."[33] *Beides zusammen* ist das staatlich sanktionierte Wiederaufnehmen eines historisch fundierten nationalistisch-ungarischen Hasses auf die Osmanen, auf die Zerschmetterung des eigenständigen Ungarischen Königreiches im Gefolge einer Schlacht gegen die Osmanen 1526. Dieser Vorstellung eines christlich-national geschlossenen Volks der Ungaren ist die pseudoreligiöse Verachtung einer Bevölkerungsgruppe implizit, die man nun als fremd deklariert, als Fremde marginalisiert. Diese sollen nicht mehr hineingelassen werden in den Staat und in die Nähe der eigenen Gesellschaft sowie der Staatsbürger.

Orbans Regierungspartei sucht eine Legitimation ihres eigenen Handelns gegen Flüchtlinge und findet sie in einer offensichtlich tiefen Angst der ungarischen Gesellschaft gegen die Muslime, die historischen osmanischen Angreifer, weil die Reste dieses historischen Wissens und dieser Identitätslage in weiten Teilen der ungarischen Gesellschaft trotz Kommunismus noch enthalten und abrufbar sind; weil sie vielleicht sogar Teil des Widerstandes gegen die Kommunisten waren.[34] Und genau deswegen kann Victor Orban letztlich in Nachfolge der großungarischen Außenpolitik der Zwischenkriegszeit, insbesondere der 1920er Jahre, umgekehrt ungeniert allen ungarischen Minderheiten im Ausland Pässe Ungarns versprechen. Diese beantragen sie und bekommen sie. Nun beschwert sich Rumänien in Brüssel wegen seiner im Land lebenden zahlenmäßig nicht unbedeutenden ungarischen Minderheit. Dies sind bestehende historische Konfliktlinien in Europa, die bis heute ignoriert werden. Und dabei schien doch alles Nationale so europäisch überformt, so unwichtig und spätestens seit dem Ersten Weltkrieg tiefes 19. Jahrhundert. Letztlich ist es ein verspäteter Kampf gegen den Friedensvertrag von Trianion, der hier ausgefochten wird: und damit ein Kampf gegen die liberalen Ideen des Westens, die Ungarn „zerstört" hätten – 1919 in Trianon und jetzt auch 2015 und folgende durch die Öffnung der Grenzen. Zugleich erhält das Volk seine Helden in einer neuen staatlichen Erinnerungskultur, die Orban implementiert.[35] Es gibt also ganz entschieden eine Verbindung dieses großungarischen Volksaufbaus unter Ausgrenzung fremdreligiöser Bevölkerung mit dem Kampf gegen liberales Gedankengut.

Ein Heft der Zeitschrift *Osteuropa* bezeichnet im Titel sowohl Polen als auch Ungarn als „illiberale (...) Staat(en)".[36] Anders als in Ungarn trägt in Polen aber eine analoge völkisch-nationale Strategie nicht, weil Jaroslaw Kaczynski als

---

33 21.09. 2017.
34 Manfred Sapper u. a. (Hg.), Unterm Messer. Der illiberale Staat in Ungarn und Polen, in: Osteuropa 68 (2018) 3–5.
35 FAZ Nr. 48 v. 26.02. 2018: „Flirt mit der Diktatur".
36 Sapper u. a. (Hg.), Unterm Messer (wie Anm. 34).

Führerfigur oder Identitätskern außerhalb der Partei Recht und Gerechtigkeit (PIS) abgelehnt wird. Vielmehr verbindet sich mit dem Begriff des Volkes tatsächlich der Begriff der Nation (anders als manche Rechtsnationalisten dies für Deutschland behaupten) und diese trägt eine grundsätzliche und zunehmend wieder romantisierte Widerstandsidee des polnischen Volkes aus dem 19. Jahrhundert, also aus den Zeiten der Nichtstaatlichkeit infolge der drei Teilungen mit. Aber genau dazu haben liberale Kreise in Polen keine Antithese, obwohl die EU-Verunsicherung ähnlich ist wie in Deutschland, denn in Polen ist der Rückschluss ein anderer: es geht hier um den historisch hergeleiteten Widerstand gegen ein angebliches Aufsaugen Polens durch seine übermächtigen Nachbarn, mithin um seine Zerstörung; und noch dazu um eine latente Angst, zwischen Deutschland als mächtigem Partner in der EU und Russland zerrieben zu werden, ein Trauma, das den deutsch-sowjetischen Vertrag von Rapallo (1922) zum Anlass nimmt, das sich mit Volksglauben an den polnischen Widerstand ebenso verbindet wie an den Glauben an das Umzingeltsein als Nation, Volk und Staat. Ausweise dafür sind neben vielen anderen das Konzept des Widerstandes im Muzeum Powastania Warszawskiego (Museum des Warschauer Aufstandes) und die Affären um die Entlassungen der Direktoren im Nationalmuseum in Warschau 2019 und dem Museum des Zweiten Weltkriegs in Danzig 2018, aber auch die scharfe nationalistisch unterlegte Ablehnung der Pipeline Northstream 2 in der aktuellen politischen Auseinandersetzung Polens vor allem mit Deutschland.

Auch die Polonia, die als Gruppe begriffenen Auslandspolen, wird zunehmend definiert als nationaler Organismus, welcher in ihrer in Verbänden und Vereinen organisierten Form für Polen arbeiten soll. Die Polonia als Teil des Gesamtvolkes zieht unabdingbar die Absage an die Individualität nach sich und zerteilt damit auch den Begriff der Heimat: wahrer Pole ist qua definitionem nur noch, wer der Polonia und ihren Organisationsformen angehört.

Und nichts anderes als eine tiefe Verunsicherung um den Volksbegriff ist die gesetzlich legitimierte Forderung letztlich, die es als eine Frage der Identität der *Polen als Staat und als Nation* akzeptiert wissen will, dass es niemals Kollaboration von *Polen als Nation oder als Staat* gegeben habe. Die traurige Pointe ist bekanntermaßen: niemand Ernstzunehmendes in Politik, Wissenschaft und Gesellschaften – weder in Polen noch im Ausland – bezweifelt dies. Aber das sogenannte IPN-Gesetz konstruiert den Angriff auf die polnische Nation und die polnische Integrität als Staat, wenn die individuelle Schuld einzelner Kollaborateure allein oder in Gruppen erforscht und dargestellt werde. Es geht also hier um die Identität Polens als Gemeinschaft und um das polnische Volks als lebendiger Organismus mit einem eigenen integralen Bewusstsein als eines Hortes des Widerstandes gegen alle Besatzer und zu jeder Zeit. Mithin: um die grundsätzliche Auseinandersetzung um Polen als eines Volkes *und* eines Staates. Wenn diese Debatte als eine geführt wird, bei der Volk als nationale Einheit *und* als Ethnie betrachtet werden, dann wiederholt sie letztlich (in um die schrecklichen Erfahrungen aus der nationalsozialistischen Besatzung und um die als zweite Besatzung definierte Volksrepublik ergänzten Form) die nationalistischen Fehler der polnischen Staatlichkeit der Zwischenkriegszeit. Die Debatte spaltet: denn nicht zuletzt desintegriert sie auch all jene Teile der Bevölkerung, die sich in der Volksrepublik auf die Seite des (polnischen) Staates gestellt haben, als Verräter und damit Fremde – in extremster Ausprägung könnten diese auch als nicht-polnisch definiert werden. Käme es so weit: die Werte der polnischen Demokratie wären damit in existentieller Gefahr.

Summa summarum sind *völkische* und *rassistische* Topoi als Konstrukte im Diskurs zwar zu unterscheiden, aber sie gehören deutlich zusammen beziehungsweise ergänzen sich in ihren politischen Absichten. Wenn man beide nicht zusammendenkt, dann besteht die Gefahr, den radikalnationalistischen Rassismus des *Völkischen* zu verharmlosen mit dem verschleiernden Hinweis, er sei ja (noch) nicht rassistisch, sondern womöglich (nur) *völkisch*. Es ist zu prüfen, ob gegenwärtig tatsächlich ein Analogon der völkischen Bewegungen mit denen der Zwischenkriegszeit vorliegt, in denen völkische Bewegungen vielfach Vorstufen zum Nationalsozialismus waren, also eine spezifische Form des Rassismus darstellten, der aber scheinbar „gezähmt" daher käme und „so schlimm" nicht sein könne. Letztlich fehlt hier eine eindeutiger Befund über die Bedeutung völkischer Bewegung in Europa und deren Transfers zwischen 1945 und Mitte der 2000er Jahre sowie über die Verbindung zwischen völkischen Ideologemen und antikommunistischer Bildungsarbeit: ich erinnere nur an die Bildungsarbeit nach § 96 BVFG und die antikommunistischen Publikationen der politischen Bildung in den 1950er/60er Jahren.[37]

Man sollte sich dabei auch vor Augen führen, dass nicht nur die Aufklärungsarbeit an den Schulen und in der politischen Bildung, nicht nur die Rezeption der Konsequenz eines Fritz Bauers oder einer Hannah Arendt den Deutschen die Verbrechen und die Schuld zwischen 1933 und 1945 plastisch, breit und nachhaltig vor Augen geführt hat. Neben den Forderungen der 68er-Bewegung und der ihnen nachfolgenden Wissenschaftlergeneration, die zumeist an den Universitäten marginalisiert, in Geschichtswerkstätten und andere Forschungskollektive gelangten, war dies eine amerikanische TV-Serie namens „Holocaust" 1978.

---

[37] Gudrun Hentges, Staat und politische Bildung: Die Bundeszentrale für Heimatdienst bzw. Bundeszentrale für politische Bildung im Spannungsfeld zwischen Propaganda, Public Relations und politischer Bildung. Wiesbaden 2013.

Besorgnis löst aber vor allem die Verknüpfung des Begriffs Respekt mit dem Begriff *Volk* aus. In vielen Ländern Europas wird der Volksbegriff mit der Forderung nach Respekt, mithin mit einem Ehrbegriff verbunden. Polen und Ungarn sind heute nur einige Bespiele: andere Völker sollen Respekt haben. In manchen politischen Bewegungen in Deutschland wird dieser Respektbegriff letztlich mit der Forderung nach einer neuen, dem Volke vorgeblich aus seinem Willen heraus dienenden Erinnerungs- und Heimatkultur verbunden.[38]

Die Würde *des* Menschen ist unantastbar – ebenso klar wie grundlegend ist es – und diese Präambel des Grundgesetztes der Bundesrepublik fordert implizit zur Wachsamkeit auf gegen jede Art einer Änderung des Volksbegriffes hin zu einer politisierten völkischen Idee oder zu einer Verstärkung kulturell-religiöser Implikationen.

---

[38] Ein verbreitet wahrgenommenes Beispiel ist der Ort Jamel in Mecklenburg-Vorpommern.

Hans-Henning Kortüm
Die langen Schatten der Vergangenheit: Der Historiker Otto Brunner (1898–1982) und die bundesrepublikanische Geschichtswissenschaft (1949–1968)

Eine Skizze

Einleitung

Es gehört zu den Paradoxien der Geschichtswissenschaft, dass ihr *ex officio* die immerwährende Aufgabe gestellt ist, sich um alles Vergangene zu kümmern, dass sie aber gleichzeitig, was die eigene Vergangenheit als Fachwissenschaft angeht, bisweilen mit unübersehbarer Blindheit geschlagen ist. Offensichtlich fällt Historikern die Historisierung eigener Denkmuster ausgesprochen schwer. Der Umgang bundesrepublikanischer Historiker mit der Zeit des Nationalsozialismus bietet ein besonders anschauliches Beispiel für die Resistenz des Faches Geschichte gegenüber einer Aufarbeitung der eigenen Vergangenheit. Abgesehen von einzelnen Ausnahmen, kam es erst gegen Ende der neunziger Jahre des letzten Jahrhunderts zu einer intensiveren Beschäftigung mit der Vergangenheit, die vor allem in Form einer biographischen Aufarbeitung prominenter Fachvertreter erfolgte und noch immer erfolgt. Das alles ist bekannt und braucht hier im Einzelnen nicht noch einmal vorgestellt zu werden.[1] Fragt man nach den Gründen für die lange fehlende Bereitschaft, sich der Vergangenheit zu stellen, so wird man auch und vor allem ein generationengeschichtliches Argument anführen müssen: Die Generation der Söhne wollte ihre wissenschaftlichen Väter, die sie in aller Regel geprägt und denen sie in vielen Fällen auch buchstäblich alles zu verdanken hatten, die wissenschaftliche Karriere und die feste Verankerung im akademischen Milieu, die berufliche Sicherheit und die gesellschaftliche Reputation, nicht schlachten.[2] Skrupelloser konnten und können erst die Enkel agieren, die ihre wissenschaftlichen Großväter häufig nur

---
[1] Zur einschlägigen Literatur vgl. Hans-Henning Kortüm, „Gut durch die Zeiten gekommen". Otto Brunner und Nationalsozialismus, in: Vierteljahrshefte für Zeitgeschichte 66 (2018) 1, S. 117–160, hier S. 118; Ingo Haar, Historiker im Nationalsozialismus. Deutsche Geschichtswissenschaft und der „Volkstumskampf" im Osten, Göttingen 2000, S. 111, 314ff.
[2] Christof Dipper, Keine Neigung, die „Väter in die Pfanne zu hauen". Der Jahrgang 1943 im Feld der deutschen Historiker, in: Christoph Cornelißen (Hg.), Geschichtswissenschaft im Geist

noch in Form anekdotischer Überlieferung kennen und ihnen deshalb ungleich unbefangener gegenübertreten können.

Darüber hinaus wird die kritische Sicht auf die Vergangenheit dadurch erschwert, dass vielfach Historiker in den Rang von Klassikern aufgestiegen und damit in gewisser Weise unangreifbar geworden sind. Die Jüngeren werden von den Älteren angehalten, diese Klassiker zu lesen. Der Nachweis, dass man selbige auch gelesen und rezipiert habe, erfolgt dann bei den Jüngeren in Form von Zitationen, die als Entréebillets für die weitere akademische Karriere verstanden werden wollen. So soll der bekannte Heidelberger Sozialhistoriker Werner Conze (1910–1986)[3] noch in den siebziger Jahren des letzten Jahrhunderts das Bestehen der Doktorprüfung von einer vorherigen intensiven Lektüre von *Land und Herrschaft* abhängig gemacht haben, also des berühmten und immer wieder zitierten Werkes seines mit ihm eng verbundenen Hamburger Mediävistenkollegen Otto Brunner.[4] Und noch heute wird Brunners Darstellung angehenden GeschichtsstudentInnen der Mediävistik ans Herz gelegt. Der Klassikerstatus birgt aber auch die Gefahr in sich, dass die von den einschlägigen Darstellungen vermittelten Einsichten als nicht mehr hinterfragbare Wahrheiten gelten. Durch den offensichtlichen Anschein ihrer zeitlosen Gültigkeit erübrigt sich scheinbar auch ihre Kontextualisierung. Schon allein der Versuch, die Zeitbedingtheit von Klassikern durch ihre historische Verortung zu erweisen, gerät allzu leicht in den Verdacht eines Majestätsverbrechens, denn historische Kontextualisierung kann leicht als dezidierter Angriff auf den Klassikerstatus interpretiert und zurückgewiesen werden – vor allem dann, wenn der Rückbezug auf die Vergangenheit schwierig ist, weil selbige als „belastet" gilt. Der Umgang mit dem, folgt man dem emphatischen Urteil eines Frühneuzeitlers, angeblich größten deutschen Historiker im 20. Jahrhundert, mit dem soeben erwähnten Otto Brunner,[5] ist ein Fallbeispiel für die Tücken, denen sich die historische Aufarbeitung eines bis heute als Klassiker geltenden Historikers ausgesetzt sieht.

---

der Demokratie. Wolfgang J. Mommsen und seine Generation. Berlin 2010, S. 277–292, hier S. 277.
3 Werner Lausecker, Werner Conze, in: Michael Fahlbusch et al. (Hg.), Handbuch der völkischen Wissenschaften. Akteure, Netzwerke, Forschungsprogramme. Band 1: Biographien. 2. Auflage, Berlin/Boston 2017, S. 132–143.
4 Diskussionsbeitrag von Reinhard Elze in der *Discussione finale* zur ersten Sektion der Trientiner Otto-Brunner-Tagung von 1987, in: Annali dell'Istituto Storico Italo-Germanico in Trento 13 (1987), S. 149–153, hier S. 149: „Wenn Werner Conze in Heidelberg, wie ich gestern erfuhr, einmal in seiner Vorlesung *Land und Herrschaft* hochhielt und dazu sagte ‚Das müssen alle gelesen haben, sonst werden sie nicht promoviert …'".
5 Vgl. Anm. 52.

Der berufliche Wiederaufstieg Brunners in den fünfziger Jahren

Der 19. November 1959 muss ein ganz besonderer Tag im Leben des österreichisch-deutschen Historikers Otto Brunner gewesen sein, auch wenn man berücksichtigt, dass bereits seine bisherige Karriere höchst erfolgreich und reich an Höhepunkten verlaufen war: Vom schlecht bezahlten Posten eines Unterstaatsarchivars am Wiener Haus-, Hof- und Staatsarchiv, den er im Herbst 1926 angetreten hatte, war Brunner binnen eines Jahrzehnts zu einem der angesehensten Mediävisten in der Zeit des Nationalsozialismus aufgestiegen. Brunners hervorgehobener Position im Rahmen der Volkstumsforschung hatte im April 1939 das Reichsministerium des Inneren Rechnung getragen, als er neben etablierten älteren Volkstumsforschern, wie dem Berliner Albert Brackmann (1871–1952) und dem Breslauer Hermann Aubin (1885–1969), als Nachfolger seines verstorbenen Lehrers Hans Hirsch in den Vorstand der Volksdeutschen Forschungsgemeinschaften berufen wurde.[6] Das Ministerium für Wissenschaft, Erziehung und Volksbildung schließlich hatte dies nicht zuletzt durch die Verleihung des höchst prestigeträchtigen Verdun-Preises für das Jahr 1940 gewürdigt.[7] So gesehen, hatte Brunner schon manchen Höhepunkt in seinem Leben als ein sich dezidiert als Wissenschaftler-Soldat fühlender nationalsozialistischer Historiker erlebt.

Der im Mai 1945 erfolgte *Zusammenbruch* und die an der Wiener Universität nur vergleichsweise milde durchgeführten Entnazifizierungsverfahren hatten zwar 1948 endgültig zu Brunners Zwangspensionierung mit gekürzten Bezügen geführt. Aber dennoch hatte es das Schicksal ausgesprochen gut mit ihm gemeint: Niemand aus der Entnazifizierungskommission warf einen Blick in Brunners vorläufig letztes Manuskript, *Der Schicksalsweg des deutschen Volkes*, das schon im Herbst 1944 im Umbruch vorlag und dann kriegsbedingt nicht mehr in Brunners Hausverlag Franz Rohrer erscheinen konnte.[8] Von einer gewissen Verdrießlichkeit einmal abgesehen, war er doch offensichtlich „mit Familie, Wohnung, Büchern gut durch die Zeiten gekommen", wie er seinen Briefpart-

---

6 Kortüm, „Gut durch die Zeiten gekommen", S. 134.
7 Zur wissenschaftlichen Sozialisation Brunners in den zwanziger Jahren, seinem wissenschaftlichen Werdegang und den Hintergründen der Preisverleihung vgl. Kortüm, „Gut durch die Zeiten gekommen", S. 122–137.
8 Zum Inhalt des lange als verschollen geltenden Buches, das sich als Umbruchexemplar im Besitz von Brunner befand und nach seinem Tod von einer japanischen Universitätsbibliothek zusammen mit anderen Werken aufgekauft worden ist, vgl. Kortüm, „Gut durch die Zeiten gekommen", S. 142–148.

ner, den ebenfalls zwangspensionierten Carl Schmitt am 2. September 1950 wissen ließ.[9] Brunner hatte sich vom „Zusammenbruch" des Jahres 1945 jedenfalls nicht unterkriegen lassen. Bereits 1946 begann Brunner wieder fleißig zu publizieren; erschienen allein sechs der niederösterreichischen Landesgeschichte gewidmete Aufsätze[10], ehe er schließlich im übernächsten Jahr seine große Monographie *Adeliges Landleben und europäischer Geist. Leben und Werk Wolf Helmhards von Hohberg 1612–1688*[11] publizierte. Diese Darstellung trug ihm, sieht man einmal von einer sehr kritischen, wenn auch aus späterer Perspektive durchaus gewichtigen ausländischen Stellungnahme ab[12], nur lobende Rezensionen ein und sicherte ihm angeblich „ebenfalls Klassikerstatus unter Gelehrten in diesem Feld"[13], ungeachtet oder vielleicht gerade wegen eines offen zur Schau getragenen Agrarromantizismus von „erobernden Großviehzüchtern" mit „herrenmäßiger Haltung", der eine unübersehbare Nähe zu einschlägigen Konzepten der gerade untergegangenen NS-Zeit aufwies.[14] Wie wenig das Ende des Zweiten Weltkrieges für seine wissenschaftliche Tätigkeit eine Zäsur darstellte und wie sehr er sich auch nach 1945 in den alten Bahnen bewegte und *business as usual* betrieb, zeigt der Umstand, dass er sich schon in seinem im letzten

---

9 Kortüm, „Wissenschaft im Doppelpaß"? Carl Schmitt, Otto Brunner und die Konstruktion der Fehde, in: Historische Zeitschrift 282 (2006) 3, S. 585–617, hier S. 604 mit Anm. 76.

10 Otto Brunner, Wolf Helmhard von Hohberg (1612–1688) und die Entwicklung der Agrarwissenschaften in Österreich, in: Anzeiger der Akademie der Wissenschaften in Wien. Philosophisch-historische Klasse 83 (1946), S. 289–290; ders., Zwei Bücherverzeichnisse der Pfarre Hainburg an der Donau, in: Anzeiger der Akademie der Wissenschaften in Wien. Philosophisch-historische Klasse 83 (1946), S. 292–297; ders., Dörfliche Selbstverwaltung im alten Niederösterreich, erläutert am Weistum von Meidling, in: Neue Ordnung. Monatsschrift für Gesellschaftsfragen 15 (1946) 10, S. 17–29.; ders., Dörfliche Selbstverwaltung, in: Neue Ordnung. Monatsschrift für Gesellschaftsfragen 16 (1947) 1, S. 6–16; ders. Dörfliche Selbstverwaltung, in: Neue Ordnung. Monatsschrift für Gesellschaftsfragen 16 (1947) 2 und 4, S. 54–65 und S. 156–165.

11 Otto Brunner, Adeliges Landleben und europäischer Geist. Leben und Werk Wolf Helmhards von Hohberg 1612–1688. Salzburg 1949.

12 Zur „vernichtenden Kritik" Fernand Braudels an Brunners „autoritärer Dichotomie" und seinem Verhaftetsein an einschlägigen ideologischen Konstrukten vgl. Hans Derks, Über die Faszination des „Ganzen Hauses", in: Geschichte und Gesellschaft 22 (1996) 2, S. 221–242, hier S. 234 mit Anm. 39.

13 So James Van Horn Melton, „Otto Brunner and the Ideological Origins of Begriffsgeschichte", in: Hartmut Lehmann/Melvin Richter (Hg.), The Meaning of Historical Terms and Concepts. New Studies on Begriffsgeschichte, Occasional Paper No. 15, Deutsches Historisches Institut. Washington 1996, S. 21–35, hier zitiert nach der deutschen Übersetzung von Christian Scherer: James Van Horn Melton, Otto Brunner und die ideologischen Ursprünge der Begriffsgeschichte, in: Hans Joas/Peter Vogt (Hg.), Begriffene Geschichte. Beiträge zum Werk Reinhart Kosellecks. Berlin 2011, S. 123–137, hier S. 123.

14 Vgl. die Brunner-Zitate bei Kortüm, „Gut durch die Zeiten gekommen", S. 153–154.

Kriegsjahr veröffentlichten Aufsatz, erschienen im *Jahrbuch der Gesellschaft für die Geschichte des Protestantismus in Österreich* 1944/1945, mit eben jenem „protestantischen Edelmann" Wolf Helmhard beschäftigt hatte, dem Protagonisten seiner eben erwähnten Nachkriegsmonographie. Den alten Vorkriegsthemen wie Germanen, Adel, Bauerntum, Südosteuropa fühlte er sich offensichtlich nach wie vor verbunden, erkennbar an den vielen Rezensionen thematisch einschlägiger Werke[15], wie auch ablesbar an der im Jahre 1952 erfolgten Berufung als Mitherausgeber der 1936 von Friedrich Valjavec[16] begründeten *Südostforschungen. Internationale Zeitschrift für Geschichte, Kultur und Landesforschung*, eine Tätigkeit, die er bis 1982, also fast bis an sein Lebensende, wahrnahm. In diesem Zusammenhang ist es deshalb auch nicht weiter überraschend, wenn Brunner gleich mit zwei Beträgen in der ebenfalls von Valjavec herausgegebenen zehnbändigen, der „Volks- und Kulturbodendoktrin verhafteten" *Historia Mundi*-Reihe[17] präsent war.[18]

Brunner konnte aber auch mit einiger Zuversicht in die Zukunft blicken, weil er auf ein Netzwerk „alter Kameraden" zurückgreifen konnte. Dieses Netzwerk gründete in seinem Fall auf „Gemeinsamkeiten des Lebensschicksals".[19] Bei allen Personen seines Netzwerkes war die eigene wissenschaftliche Karriere mit der in den zwanziger Jahren aufkommenden Volkstumsforschung auf das Engste verbunden gewesen. Und allen gemeinsam war auch die Erfahrung des deutschen Zusammenbruchs 1945 mitsamt den damit vielfach verbundenen beruflichen Konsequenzen. Diese musste sich vor allem bei den wie im Fall Brunners in der NS-Zeit bereits fest etablierten Ordinarien naturgemäß stärker, bei den jüngeren Nachwuchswissenschaftlern weniger stark auswirken. Das end-

---

15 Besonders einschlägig: Otto Brunner, Rezension von Otto Höfler, Germanisches Sakralkönigtum, Band 1: Der Runenstein von Rötz und die germanische Individualweihe. Köln 1952, in: Mitteilungen des Instituts für Österreichische Geschichtsforschung 61 (1953), S. 409–412.
16 Zu Friedrich Valjavec (1909–1960) vgl. Ingo Haar, Friedrich Valjavec: ein Historikerleben zwischen den Wiener Schiedssprüchen und der Dokumentation der Vertreibung, in: Lucia Scherzberg (Hg.): Theologie und Vergangenheitsbewältigung, Paderborn 2005, S. 103–119; sowie Klaus Popa, Fritz Valjavec, in: Fahlbusch et al. (Hg.), Handbuch der völkischen Wissenschaften, Bd. 1, S. 854–857.
17 Popa, Valjavec, S. 856.
18 Otto Brunner, Inneres Gefüge des Abendlandes, in: Fritz Valjavec (Hrsg.), Historia Mundi. Ein Handbuch der Weltgeschichte in zehn Bänden (1952–1961), Band. 6: Hohes und spätes Mittelalter. München 1958, S. 319–385; ders., Humanismus und Renaissance, in: ebd., S. 557–583.
19 Morten Reitmayer, Zur Bedeutung von Netzwerken in der deutschen Zeitgeschichte, in: Jürgen Elvert (Hg.), Geschichte jenseits der Universität. Netzwerke und Organisationen in der frühen Bundesrepublik. Stuttgart 2016, S. 11–27, hier S. 14.

gültige berufliche Aus wie bei Karl Alexander von Müller (1882–1964)[20] und Theodor Mayer (1883–1972)[21], mit denen Brunner in der NS-Zeit eng zusammengearbeitet hatte, war aber eher die Ausnahme denn die Regel. Jedenfalls war es kein Zufall, dass sich einer der jüngeren Protagonisten der Ostforschung und Verfasser der so genannten Polendenkschrift, Theodor Schieder (1908–1984)[22], für Brunner einsetzte, als dieser in der jungen Bundesrepublik wieder beruflich Fuß zu fassen suchte. Schieder seinerseits hatte ja seine Berufung auf den Kölner Lehrstuhl für Neuere Geschichte im November 1948 einer erfolgreichen Intrige des „konservativen Mediävisten Peter Rassow" zu verdanken.[23] Auch wenn Brunners Bewerbung um die Nachfolge von Gerhard Kallen (1884–1973) für den Lehrstuhl für Mittelalterliche Geschichte an der Universität zu Köln trotz aller Bemühungen Schieders schließlich am Widerstand der nordrheinwestfälischen Kultusverwaltung scheiterte, sah Brunner noch im selben Jahr 1954 Licht am Ende seines beruflichen Tunnels: An der Hamburger Universität war schon ein anderer „alter Kamerad", Hermann Aubin, ungleich erfolgreicher gewesen. Er hatte seine Professorenkollegen sowie die Universitätsspitze überzeugen können, sich über die Bedenken des sozialdemokratischen Hamburger Schul- und Wissenschaftssenators Heinrich Landahl (1895–1971) hinwegzusetzen und sich für Brunner zu entscheiden.[24] Und nur vier weitere Jahre sollte es dauern, bis Brunner, der inzwischen neben seiner österreichischen auch noch die deutsche Staatsangehörigkeit angenommen hatte, nach der Wahrnehmung vorhergehender akademischen Würden als Institutsdirektor und Dekan schließlich im

---

20 Grundlegend jetzt Matthias Berg, Karl Alexander von Müller. Historiker für den Nationalsozialismus. Göttingen 2014.
21 Reto Heinzel, Theodor Mayer, in: Fahlbusch et al. (Hg.), Handbuch der völkischen Wissenschaften. Band 1, S. 485–488.
22 Ingo Haar, Theodor Schieder, in: Fahlbusch et al. (Hg.), Handbuch der völkischen Wissenschaften. Band 1, S. 714–725.
23 Peter Schöttler, Rezension zu C. Nonn, Theodor Schieder. Ein bürgerlicher Historiker im 20. Jahrhundert, Düsseldorf 2013, in: H-Soz- Kult, 19.12. 2013, www.hsozkult.de/publicationreview/id/rezbuecher-21182 (24.2.2019).
24 In einem als „vertraulich" gekennzeichneten Brief vom 17.10.1953 bittet der Dekan der philosophischen Fakultät den „sehr verehrte(n) Herrn Aubin" „mir die notwendigen Stichworte und Direktiven an die Hand zu geben", „um der Anklage entgegenzutreten und den Vorschlag zu rechtfertigen", da er selbst „Herrn Brunner nicht persönlich kenne und von seiner Arbeit und seinen Schriften nur die alleroberflächlichste Kenntnis habe". – Der Schul- und Wissenschaftssenator sei „über einen Passus gestolpert, aufgrund dessen er eine Berufung Brunners ablehnt". (UA Hamburg 364-5I_A110.70.1: Lehrstuhl für Mittlere und Neuere Geschichte.) – Der anstößige Passus, der dem Brief an Aubin beilag, stammte aus einem Beitrag Brunners zur Festgabe H. Hirsch: Moderner Verfassungsbegriff und mittelalterliche Verfassungsgeschichte, in: Mitteilungen des Österreichischen Instituts für Geschichtsforschung, Erg.-Bd. 14 (1939), S. 513–528.

September 1959 für eine zweijährige Amtszeit als Rektor an die Spitze der Hamburger Universität trat. Er war damit wieder „ganz oben" angelangt, wenn auch jetzt in einem völlig anderen politischen Umfeld, der parlamentarischen Demokratie der jungen Bundesrepublik. Der ersten österreichischen Republik war er seit seiner Wiener Studienzeit in den frühen zwanziger Jahren hingegen mit erkennbarer Skepsis und Distanz begegnet und hatte sie seit den dreißiger Jahren durch seine insgeheim vom Auswärtigen Amt des Deutschen Reiches finanzierte Volkstumsarbeit auch aktiv bekämpft. Ihre endgültige Liquidierung durch den *Anschluß* im Frühjahr 1938 hatte seine weitere Universitätskarriere enorm beschleunigt, so dass er im Jahr 1940/1941 als Direktor des Österreichischen Instituts für Geschichtsforschung und Ordinarius für Mittelalterliche Geschichte, als Vorsitzender der Südostdeutschen Forschungsgemeinschaft schließlich dort angelangt war, wohin ihn sein Ehrgeiz schon immer getrieben hatte: nämlich ganz oben.[25]

In verschiedenen Reden, auf die gleich noch näher einzugehen sein wird, stellte sich Brunner immer wieder einem akademisch interessierten Nachkriegspublikum vor: Am 29. Mai 1954 präsentierte sich der frisch ernannte Ordinarius für Mittlere und Neuere Geschichte an der Hamburger Universität „anläßlich der Feier des 35. Jahrestages der Universität Hamburg" mit einer Rede und am 11. November 1959 sprach Brunner in seiner Funktion als neu gewählter Rektor der Hamburger Universität. Wenig überraschend ging es jedes Mal um „die Geschichte", wenngleich mit unterschiedlicher Akzentuierung, aber doch, wie noch zu zeigen sein wird, immer mit derselben Kernbotschaft.[26]

Zunächst gilt es aber jenen eingangs erwähnten 19. November 1959 in den Blick zu nehmen, der ein überaus bedeutsamer Tag im Berufsleben des frisch gebackenen Hamburger Rektors gewesen sein muss. Zwar waren vergleichbare akademische Ritualakte Brunner schon seit seiner Studienzeit und durch seinen universitären *cursus honorum* seit über dreißig Jahren bestens vertraut, jetzt aber musste Brunner in der Herzkammer der altehrwürdigen Freien und Hansestadt Hamburg, im Festsaal des Rathauses, einer Feierlichkeit als Mit- oder gar als einer der Hauptzelebranten beiwohnen, die ihm, so steht zu vermuten, nur bedingt Freude gemacht haben dürfte.

---

[25] So hatte sich Brunner nachträglich selbst noch handschriftlich auf die Liste derjenigen gesetzt, die an dem traditionell vom Auswärtigen Amt gegebenen Frühstück im Berliner Hotel „Adlon" für die Leiter der „Volksdeutschen Forschungsgemeinschaften" teilnehmen sollten: PAAA, R 60280.

[26] Vgl. dazu unten Brunner als Klassiker der bundesrepublikanischen Geschichtsschreibung.

Abb. 1: Preisübergabe an Theodor Heuss vom 19. November 1959 in Anwesenheit Otto Brunners an der Universität Hamburg (Quelle: Universität Hamburg, Arbeitsstelle für Universitätsgeschichte)

Auch wenn das vorliegende Foto als Bildquelle natürlich nur bedingt und unter Berücksichtigung einschlägiger Kautelen, die eine historische Bildforschung zu Recht einfordern kann[27], aussagekräftig ist, so scheint es doch etwas von der besonderen Atmosphäre jenes Festaktes zu vermitteln. Das Foto bietet eine Momentaufnahme aus der Verleihung des Hansischen Goethepreises an den vor zwei Monaten, im September 1959, aus dem Amt geschiedenen Bundespräsidenten Theodor Heuss. Der Blick des hier ein wenig sauertöpfisch und abgehoben dreinschauenden Otto Brunner, im Talar mit Halskrause und Amtskette, scheint sich in einer für den Betrachter imaginären Ferne zu verlieren und ist damit stärker „einer vordemokratischen Ästhetik verpflichtet".[28] Auf jeden Fall kontrastiert Brunners Gesichtsausdruck scharf mit dem jovial-freundlich lächelnden Altbundespräsidenten auf der linken Bildseite, dessen Bürgerlichkeit durch den Anzugshabitus unterstrichen wird. Bei der ebenfalls durch ihren liebens-

---

27 Gerhard Paul, Das visuelle Zeitalter. Punkt und Pixel. Göttingen 2016.
28 Paul, Das visuelle Zeitalter, S. 394 mit Verweis auf Fotografien von Konrad Adenauer, die „den Kanzler zumeist ernst, nachdenklich, zuweilen verschlossen, immer auf Distanz bedacht und selten nur lächelnd" zeigen: „Auf den meisten Fotografien schaut er an dem Fotografen und damit an dem Betrachter vorbei oder fixiert diese allenfalls skeptisch. Es waren eher einer vordemokratischen Ästhetik verhaftete Bilder ...".

würdigen Gesichtsausdruck charakterisierten Person auf der rechten Bildseite, die Heuss die Hand reicht, handelt es sich um den ersten Hamburger Lehrstuhlinhaber für die Wissenschaft von der Politik, Siegfried Landshut (1897–1968).[29] Der Kontrast zwischen Heuss und Landshut einerseits und Brunner andererseits erscheint durch die jeweils unterschiedliche Art der Porträtdarstellung kongenial nuanciert: Während Brunners Kopf hier ein wenig ungünstig *en face* erscheint, sind Heuss und Landshut beide im vornehmeren Profil abgebildet. Der Bundespräsident im Ruhestand hatte allen Grund zur Freude, nicht nur deswegen, weil er, der sich selbst dezidiert auch als *homme de lettres* definierte und inszenierte[30], den Goethepreis in Anerkennung seiner Verdienste um „die Verlebendigung deutscher Gestalten als Zeugen weltbürgerlicher Humanität" und „als Schriftsteller, als Lehrer und nicht zuletzt als erster Repräsentant des wiedererstandenen Staates" erhielt, wie es in der von Otto Brunner als Hamburger Rektor und Siegfried Landshut als Vorsitzendem des Preiskuratoriums unterschriebenen Verleihungsurkunde hieß.[31] Auch das für damalige Verhältnisse sehr üppig dotierte Preisgeld in Höhe von fünfundzwanzigtausend Mark, das der Stiftungsträger, die Freiherr vom Stein-Stiftung, ausgelobt hatte[32], war Heuss höchst willkommen, hatte er doch gerade seinen neu erbauten Stuttgarter Altersruhesitz bezogen.[33] Zwar bleibt einem die Introspektion in Brunners innere Gestimmtheit an jenem 19. November 1959 verwehrt, aber man wird schwerlich fehlgehen in der Annahme, dass sich Brunner angesichts der beiden Personen zu seiner Rechten und zu seiner Linken eher ein wenig unwohl gefühlt haben dürfte. Der Liberalismus in beiderlei Gestalt, sowohl der wissenschaftliche, in Form der älteren und vornehmlich von liberalen Juristen getragenen deutschen Verfassungsgeschichtsschreibung, wie auch der politische in Gestalt der parlamentarischen Demokratie und der sie tragenden liberal gesonnenen Parteien, war ihm seit jeher zutiefst suspekt und verhasst gewesen. Und jetzt, im Spätherbst 1959, musste Brunner mit einem für ihn alles andere als einfachen Umstand fertig werden: Ausgerechnet Siegfried Landshut, ein liberaler

---

[29] Zu Siegfried Landshut jetzt Rainer Nicolaysen, Siegfried Landshut. Die Wiederentdeckung der Politik. Eine Biographie. Frankfurt a. M. 1997, insbesondere S. 362–421 zu seiner Hamburger Wirkungszeit.
[30] Zum Amtsverständnis von Heuss als Bürgerpräsident vgl. zusammenfassend Ernst Wolfgang Becker, Theodor Heuss. Bürger im Zeitalter der Extreme. Stuttgart 2011, S. 124–163.
[31] Stiftung F.V.S. zu Hamburg, Hansischer Goethe-Preis 1959. Gedenkschrift zu Verleihung des Hansischen Goethe-Preises 1959 der gemeinnützigen Stiftung F.V.S. zu Hamburg an Professor Dr. Theodor Heuss, o. O., o. J., S. 11.
[32] Susanne Hornfeck, Der Hansische Goethe-Preis 1949–1999. Hamburg 1999, S. 41: „... wurde mit Wirkung vom Jahre 1959 die Preissumme von 10.000, – DM auf 25.000.- DM erhöht ... ".
[33] Becker, Theodor Heuss, S. 167.

jüdischer Remigrant, den man von der Hamburger Universität im Frühjahr 1933 „wegen der geänderten Verhältnisse" fortgejagt hatte, der gleichwohl schon 1951 als neu ernannter Ordinarius für Politische Wissenschaften an seine alte *Alma Mater* zurückgekehrt war und sich seither einen Ruf als einer der besten Kenner des Frühmarxismus erarbeitet hatte[34], war als neu amtierender Kuratoriumsvorsitzender wohl mit dafür verantwortlich gewesen, dass man auf der Sitzung vom 27. Januar 1959 „einmütig" beschloss, den *elder statesman* des deutschen Liberalismus und dezidierten Gegner des Nationalsozialismus, also des Systems, dem Brunner so viel zu verdanken hatte, mit dem Hansischen Goethepreis auszuzeichnen.[35] Gleichwohl konnte Brunner sich mit dem Umstand trösten, dass der Hansische Goethe-Preis ausgerechnet von der 1931 durch den Hamburger Großkaufmann Alfred C. Toepfer (1894–1993)[36] gegründeten Freiherr vom Stein-Stiftung (F.V.S.) ausgelobt worden war. Als ehemaliges Kuratoriumsmitglied des Prinz Eugen von Savoyen-Preises, der mit tatkräftiger Unterstützung der F.V.S von der Wiener Universität verliehen wurde[37], wusste Brunner mit Sicherheit um die tiefe Verstrickung Toepfers, eines dezidierten Verfechters deutscher Volkstumsarbeit, in das nationalsozialistische System, der dessen ungeachtet aber schon „ab 1948 (...) wieder frei über das Stiftungsvermögen verfügen (konnte)".[38] So gesehen, bewegte sich Brunner bei der Preisverleihung, am Vormittag im Festsaal des Hamburger Rathauses, wie auch am Nachmittag beim Empfang im unweit der Elbe gelegenen Jenisch-Haus, auf vertrautem Terrain.

---

34 Gleichwohl gab es Berührungspunkte zwischen Brunner und Landshut: Nicolaysen, Landshut, S. 169, hat darauf aufmerksam gemacht, dass L. „in seiner Arbeit über den ‚Begriff des Ökonomischen'" (...) „spätere Entdeckungen Otto Brunners über die alteuropäische Ökonomik vorweg (genommen)" habe.
35 Vgl. Hornfeck, Der Hansische Goethe-Preis, S. 40–41 über die Wahl eines neuen Kuratoriums durch den vom damaligen Rektor, Karl Schiller, einberufenen akademischen Senat der Universität Hamburg am 18.7.1958: „Landesbischof Hanns Lilje und Professor Ernst Michel, die auch bisher schon dem Kuratorium angehört hatten; Marion Gräfin Dönhoff, Journalistin aus Hamburg, Adolf Beck, Professor für Germanistik an der Universität, und Siegfried Landshut, Leiter des Instituts für Politik der Universität Hamburg, der den Vorsitz übernahm. Heinrich Landahl war der amtierende Schul- und Hochschulsenator (...) Preisträger des Jahres 1959 (...) Bundespräsidenten Theodor Heuss, auf den sich das neue Kuratorium in der Sitzung vom 27.1.1959 einmütig und ohne Diskussion weiterer Kandidaten verständigt hatte (...)".
36 Karl Heinz Roth, Alfred C. Toepfer, in: Fahlbusch et al. (Hg.), Handbuch der völkischen Wissenschaften, Band 1, S. 825–843.
37 Lionel Boissou, Stiftung FVS Hamburg und Johann Wolfgang Goethe-Stiftung Vaduz, in: Fahlbusch et al. (Hg.), Handbuch der völkischen Wissenschaften, Band 2: Forschungskonzepte – Institutionen-Organisationen-Zeitschriften. 2. Auflage, Berlin/Boston, S. 2007–2022, hier S. 2013.
38 Boissou, Stiftung FVS Hamburg, S. 2015.

Auch schon die unmittelbare Nachkriegszeit und nicht erst sein Hamburger Rektorat Ende der fünfziger Jahre hatte Brunner bereits eine erste Gelegenheit geboten, über die aus seiner Sicht vielleicht schon fast absurd anmutenden Kapriolen der Zeitgeschichte, in die er ja selbst als Akteur im Rahmen seiner Tätigkeit als aktiver Wissenschaftssoldat[39] verwickelt war, nachzudenken. Denn nach seiner Zwangspensionierung 1948 nahm Brunner im Sommer 1950 an den *Internationalen Hochschulwochen* im Tiroler Bergdorf Alpbach teil. Diese heute noch unter dem Namen *Europäisches Forum Alpbach* existierende informelle Sommerakademie war unmittelbar nach dem Zweiten Weltkrieg von dem konservativ-katholisch und durch Ständestaat und Austrofaschismus wie auch durch seinen Widerstand gegen das NS-System geprägten ehemaligen Studenten Otto Molden (1918–2002) gemeinsam mit dem Philosophiedozenten Simon Schober (1901–1988) schon 1945 gegründet worden, zunächst mit dem Ziel, dem Nachkriegsösterreich „ein Fenster zur Welt" zu eröffnen. Durch die Auswahl der von ihnen nach Alpbach eingeladenen ausländischen Vortragenden sollte nicht zuletzt im Sinne einer *moral reeducation* und eines Werbens für den europäischen Gedanken auf eine größere, vor allem akademisch gebildete Öffentlichkeit Einfluss genommen werden. Und tatsächlich liest sich die Liste der vielen in den „Goldenen Fünfziger Jahren" auftretenden Redner, unter anderen Fritz A. von Hayek, Karl Popper und in der zweiten Hälfte der fünfziger Jahre auch Max Horkheimer und Theodor W. Adorno, noch heute wie ein *who is who* der seit 1933 emigrierten österreichischen und deutschen Intellektuellenelite.[40] Zur Sommerakademie des Jahres 1950 hatte man auch einen Altersgenossen von Brunner, den um ein Jahr jüngeren Geschichtsphilosophen Karl Löwith (1897–1972), erstmalig zu einem Vortrag eingeladen. Dessen frühe Sozialisation weist so manche mit Brunner vergleichbare Züge auf: Auch er war als begeisterter Kriegsfreiwilliger schon 1914 in den Ersten Weltkrieg gezogen und hatte, wenngleich in einem deutschen Regiment, an der Seite der österreichisch-ungarischen Bundesgenossen gegen die Italiener gekämpft. Im Unterschied zu Brunner war Löwith aber schon 1915 in italienische Kriegsgefangenschaft geraten. Ebenfalls im Unterschied zu Brunner zerschlugen sich Löwiths Hoffnungen auf eine Universitätskarriere: 1928 in Marburg habilitiert, musste er auf Grund seines jüdischen Hintergrundes schon 1934 die Universität verlassen und konnte über einige Zwischenstationen schließlich 1941 in die USA emigrieren. 1952

---

[39] Brunner sah zwischen „soldatischer Haltung" und der Haltung des Historikers, der „Geschichte nur von einem festen eigenen politischen Standpunkt aus" schreiben könne, eine enge Verwandtschaft; vgl. dazu die Zitate bei Kortüm, „Gut durch die Zeiten gekommen", S. 145.

[40] Maria Wirth, Ein Fenster zur Welt. Das Europäische Forum Alpbach 1945–2015. Innsbruck u. a. 2015.

kehrte Löwith als Remigrant nach Deutschland zurück und wurde durch Vermittlung seines Studienfreundes Hans-Georg Gadamer an die Universität Heidelberg berufen. Brunner berichtete dem von ihm verehrten Pensionärskollegen Carl Schmitt in einem in der Alpbacher Sommerakademie des Jahres 1950 geschriebenen Brief vom September 1950 über seinen dortigen Aufenthalt und erwähnt in diesem Zusammenhang auch kurz Karl Löwith[41], der damals über *Natur und Geschichte*[42] gesprochen hatte. Obwohl Brunner in seinem Brief an Carl Schmitt nicht weiter auf Löwiths Vortrag eingegangen war[43], müssen ihn dessen Ausführungen und seine Persönlichkeit nicht ganz kalt gelassen haben, wie im Folgenden noch zu zeigen sein wird.

Die Neuorientierung der *Internationalen Hochschulwochen* im Jahr 1950, die jetzt als das *Europäische Forum Alpbach* firmierten und unter anderem „die geistige Zusammenarbeit mit anderen Nationen im Sinne einer abendländischen Bildungsgemeinschaft fördern und durch ein Beispiel internationaler Zusammenarbeit die Bestrebungen um die Einigung Europas unterstützen"[44] wollten, fügte sich jedenfalls passgenau in Brunners alteuropäische Abendlandbeschwörung. So kann es auch kaum überraschen, dass Brunner im Zeitraum zwischen 1951 und 1955 sich mit einschlägigen Seminaren und Vorträgen an Veranstaltungen des Wiener „Forschungsinstituts für europäische Gegenwartskunde" engagierte. Dieses war 1950 ebenfalls von Otto Molden gegründet worden und mit dem Europäischen Forum Alpbach eng verbunden und mit Hilfe amerikanischer Stiftungsgelder finanziert.[45] Wenn „das Institut zu einer Abwehr des Kommunismus beitragen wolle – habe das Kriegsende doch ‚eine politische und geographische Situation geschaffen, die jener Wiens vor 300 Jahren, zur Zeit der Türkenkriege, nicht unähnlich' sei, was Wien wieder zum ‚entscheidenden Verteidigungspunkt der westlichen Welt gegen den Osten', diesmal gegen den ‚asiatischen Kommunismus' gemacht habe"[46], – dann entsprach eine solche Lageeinschätzung eins zu eins den Überzeugungen Brunners.[47]

---

41 Vgl. oben Anm. 9.
42 Karl Löwith, Natur und Geschichte, in: Die Neue Rundschau 62 (1951) 4, S. 65–79.
43 Brunner berichtet in seinem Brief an Schmitt vom 2. September 1950 lediglich über „eine höchst angeregte Ansprache mit Prof. Löwith u. einem französischen Jesuiten" und über „unsere Diskussion, die hier auf der Bergwiese unter großen Bäumen" vor sich gegangen sei (HSTA Düsseldorf, RW 265-2112).
44 Wirth, Ein Fenster zur Welt, S. 54.
45 Ebd. S. 98–99 mit dem Nachweis von Brunners Tagungsteilnahmen.
46 Ebd., S. 97.
47 Vgl. Anm. 61.

Brunner als Klassiker der bundesrepublikanischen Geschichtsschreibung

Brunners Klassikerstatus in der bundesrepublikanischen Geschichtsschreibung ist insofern außergewöhnlich, als er vor allem auf seinem Hauptwerk *Land und Herrschaft* beruht, das, 1939 erstmalig erschienen, bereits 1941 und 1943 zwei weitere Auflagen erfuhr und schließlich in den fünfziger und sechziger Jahren, an den Zeitgeschmack angepasst, noch zweimal neu aufgelegt wurde und bis heute nachgedruckt wird.[48] Das mit diesem Werk verbundene wissenschaftliche Kapital ließ sich auch noch nach 1945 sozial ummünzen und erleichterte damit Brunner 1954 den Wiedereinstieg in die zuvor so jäh unterbrochene Universitätskarriere. Denn Brunners Darstellung *Land und Herrschaft* mit ihrer Konzentration vornehmlich auf spätmittelalterliche österreichische Landesgeschichte wirkte auf Außenstehende unter der Kategorie einer *political correctness* zunächst einmal völlig unverfänglich, weil es etwas, zumal auch aus der Perspektive von Neuzeithistorikern, ausgesprochen Randständiges, eben typisch Mittelalterliches zu behandeln schien. So hatte beispielsweise der Brunners Bewerbung an der Hamburger Universität unterstützende Dekan der Philosophischen Fakultät nach eigenem Bekunden nur die „alleroberflächlichsten Kenntnisse" von Brunners Werk.[49] Die in den ersten drei Auflagen an manchen Stellen durchscheinenden und später dann getilgten Imprägnierungen mit nationalsozialistisch-völkischem Jargon[50] ließen sich leicht als entschuldbare Konzessionen eines aufstrebenden jüngeren Historikers an den damals herrschenden Zeitgeist entschuldigen. Aber ansonsten war auch und gerade unter den Rahmenbedingungen universitärer Lehre und Forschung in den fünfziger und sechziger Jahren Brunners Darstellung aus den verschiedensten Gründen völlig akzeptabel: Denn sie kritisierte die tradierte historiographische Begrifflichkeit, die sich in den Augen Brunners als unhistorische Konstrukte des bürgerlich-politischen Liberalismus des 19. und frühen 20. Jahrhunderts entpuppt hatten und damit völlig ungeeignet seien, die historische Wirklichkeit des Mittelalters adäquat zu beschreiben. Solche Kritik fand naturgemäß das Interesse einer sich in den sechziger Jahren formierenden historischen Begriffsgeschichte, die auf das

---

48 Vgl. Klaus Schreiner, Führertum, Rasse, Reich. Wissenschaft von der Geschichte nach der nationalsozialistischen Machtergreifung, in: Peter Lundgreen (Hg.), Wissenschaft im Dritten Reich. Frankfurt a. M. 1985, S. 163–252, hier S. 208–211.
49 Vgl. Anm. 24.
50 Nachweise bei Schreiner, Führertum (wie Anm. 48).

Engste mit dem Namen von Reinhart Koselleck (1923–2006) verbunden ist.[51] Es ist daher nicht überraschend, dass gerade Brunner neben Werner Conze zu den Mitherausgebern der *Geschichtlichen Grundbegriffe* gehörte. Inwieweit nun Brunner damit zu dem entscheidenden Ideengeber für die Begriffsgeschichte geworden ist, die ohne ihn angeblich gar nicht denkbar gewesen wäre, wie ein Brunnerbewunderer gemeint hat, muss angesichts des nach wie vor unbefriedigenden Forschungsstandes, was die Genese der Begriffsgeschichte angeht, dahingestellt bleiben.[52] Jedenfalls wird man Brunner aber nicht absprechen können, auf die Zeitbedingtheit historischer Kategorienbildung aufmerksam gemacht zu haben, nur dass eben seine Lösung dieses grundlegenden Problems genauso wenig überzeugend ausgefallen war, weil er, wie Koselleck anmerkt, eben vergessen hatte, auch seine eigene Position zu historisieren.[53] Denn so wenig liberal-bürgerlich gesonnene Historiker ihrer zeitgenössischen Begrifflichkeit entrinnen konnten, so wenig vermochte dies auch Brunner. Seine eigene Begrifflichkeit spiegelt den nationalsozialistischen Wertekosmos wider: Treue, Ehre, Tapferkeit, Männlichkeit, Schutz und Herrschaft waren in der *lingua tertii imperii* eben genau so präsent, wie sie Brunner zu Folge schon in germanisch-mittelalterlicher Zeit gewesen seien. Letztlich übertrug Brunner von ihm als historische Tatsachen angenommene, angeblich völkisch-germanische Handlungspraktiken, deren Erbe das Dritte Reich anzutreten versprochen hatte, auf die Zeit des Mittelalters. In diesem Sinne überaus bezeichnend ist der Umstand, dass in Brunners *Land und Herrschaft* prägende Faktoren des Lateinischen Mittelalters, das Christentum und die römisch-katholische Kirche als Institution wie als Religion, konsequent ausgespart bleiben, obwohl gerade sie beide mit-

---

51 Zur Bedeutung von Brunners *Land und Herrschaft* für den jungen Reinhart Koselleck vgl. Niklas Olsen, History in the Plural. An Introduction to the Work of Reinhart Koselleck. New York, Oxford 2012, S. 138–140.
52 Die Bedeutung Brunners wiederholt unterstrichen hat Reinhard Blänkner, vgl. etwa ders., Begriffsgeschichte in der Geschichtswissenschaft. Otto Brunner und die *Geschichtlichen Grundbegriffe*, in: Forum Interdisziplinäre Begriffsgeschichte 1 (2012), S. 102–108, hier S. 106f. Brunners Einfluss stark relativierend hingegen Christof Dipper, Die „Geschichtlichen Grundbegriffe". Von der Begriffsgeschichte zur Theorie historischer Zeiten, in: Historische Zeitschrift 270 (2000), S. 281–308, verbunden mit dem Hinweis, dass Brunner nur ein einziges Lemma, den Artikel *Feudalismus*, für die *Grundbegriffe* verfasst habe.
53 Vgl. Reinhart Koselleck, Begriffsgeschichtliche Probleme der Verfassungsgeschichtsschreibung, in: ders., Begriffsgeschichten. Frankfurt a. M. 2006, S. 365–401, hier S. 372f.: „Und Brunner spart nicht mit Kritik auch an soziologischen Definitionsangeboten, die zu allgemein seien, um überhaupt zeitspezifische Probleme des 14. und 15. Jahrhunderts greifen zu können. Hier handelt es sich um einen konsequenten Historismus, der freilich darauf verzichtet, eigene zeitspezifische Begriffe noch einmal historistisch zu relativieren" und dazu Olsen, History in the Plural, S. 140 und 163, Anm. 124.

telalterliche Rechts- und „Verfassungs"wirklichkeit mit geprägt haben. Mit seiner Kritik an der angeblich verfehlten, weil anachronistisch argumentierenden bürgerlich-liberalen Geschichtsschreibung des 19. und frühen 20. Jahrhunderts stieß Brunner mit Sicherheit auch auf das Interesse des jungen Koselleck. Denn auch dieser teilte den Skeptizismus an bürgerlich-liberalen Wertvorstellungen und Deutungsmustern, wie seine von seinem Mentor Carl Schmitt nachhaltig beeinflusste Münsteraner Dissertation *Kritik und Pathogenese des Bürgertums* zeigt.[54] Zwar war Brunner bei weitem nicht so „gefährlich"[55] wie der einstige „Kronjurist des Dritten Reiches" und deshalb ja auch wieder im Unterschied zu diesem in ein universitäres Amt gekommen, aber ganz sicher wusste oder ahnte man zumindest in den einschlägigen Wissenschaftskreisen, welch glänzende Karriere Brunner schon im Dritten Reich absolviert hatte. Das konnte ihn, vergleichbar mit Carl Schmitt, in den Augen des einen oder anderen, gerade auch für Mitglieder der sogenannten Ritter-Schule an der Universität Münster[56], nur attraktiv machen.

Bei allen inhaltlichen Unterschieden, die zwischen Carl Schmitt und Otto Brunner im Einzelnen bestanden haben[57], respektierte man doch einander und bezog sich aufeinander – schon im Krieg und dann noch in der Nachkriegs-

---

[54] Einschlägig die in ihrem ironischen Ton eindeutige und vielzitierte Kritik von Jürgen Habermas, demzufolge der Wert der Koselleckschen Arbeit darin bestünde, dass „wir jetzt wüssten, was Carl Schmitt über das Thema denkt". – Vgl. dazu jetzt ausführlich Olsen, History in the Plural, S. 80–100. – Zum Nachweis der einschlägigen Übernahmen Schmittscher Terminologie durch Koselleck vgl. auch Kortüm, „Wissenschaft im Doppelpaß?", S. 605–606. Zum Nachweis des tiefen Einflusses, wie er sich vor allem am Briefwechsel zwischen Koselleck und Schmitt ablesen lässt, zuletzt ausführlich Gennaro Imbriano, Der Begriff der Politik. Die Moderne als Krisenzeit im Werk von Reinhart Koselleck. Frankfurt/New York 2018, S. 27–29.

[55] Karl Siegfried Bader, Rezension zu Otto Brunner, Land und Herrschaft. Grundfragen der territorialen Verfassungsgeschichte Österreichs im Mittelalter, in: Zeitschrift der Savigny-Stiftung für Rechtsgeschichte 77 (1960), S. 378–380, hier S. 379 mit dem Wunsch des Rezensenten, „daß er (O. Brunner scl.) sich nicht so einseitig dem gefährlich schillernden Carl Schmitt anvertraut hätte."

[56] Bekannt sind die engen Kontakte des um den Münsteraner Philosophen Joachim Ritter (1903–1974) sich scharenden liberalkonservativen Kreises, der in Opposition namentlich zur stärker demokratisch-linken „Frankfurter Schule" stand, zu Carl Schmitt. Zur Ritter-Schule ausführlich Jens Hacke, Philosophie der Bürgerlichkeit. Die liberal-konservative Begründung der Bundesrepublik. Göttingen 2006; zum Einfluss der Ritter-Schule und des gerade in Heidelberger Universitätskreisen besonders präsenten Carl Schmitt, die Olsen als „The Various Educations of Reinhart Koselleck" bezeichnet, auf Koselleck vgl. Olsen, History in the Plural, S. 9–39; ebd. S. 16 und S. 35, Anm. 37 u. 38 zu den unterschiedlichen Positionen von „Ritter-Schule" und „Frankfurter Schule".

[57] Dazu Kortüm, „Wissenschaft im Doppelpaß"?, S. 596 und 602.

zeit.[58] Auch für viele seiner sonstigen wissenschaftlichen Kontakte galt: Brunner agierte in einem wissenschaftlichen Feld, das ihm schon deshalb bestens vertraut war, weil er viele der anderen Akteure gut kannte, von denen, wie bereits erwähnt, etliche durch ein gemeinsames Lebensschicksal mit ihm verbunden waren. Seine Position hatte sich, verglichen mit früheren Zeiten, sogar noch verbessert. Denn mit den beiden gereinigten Nachkriegsversionen von *Land und Herrschaft* und durch seine glänzende berufliche Resozialisierung in Gestalt des Hamburger Ordinariats hatte er endgültig den Status eines Klassikers für die bundesrepublikanische Historikerzunft erreicht. Und dank seiner deutschen Staatsbürgerschaft, deren Erlangung er zu einer Herzensangelegenheit gemacht und die er im Jahre 1956 nach intensivem Bemühen erreicht hatte[59], war es auch unmöglich geworden, ihn dezidiert nur als einen „österreichischen" Historiker anzusprechen. Strukturell-wissenschaftssoziologisch betrachtet, sprach also alles dafür, dass Brunner, unter Beibehaltung der gewiss notwendigen semantischen Anpassungen, im Herzen auch derjenige bleiben konnte, der er bis 1945 gewesen war. Schon allein dieser Umstand sollte vor der Annahme bewahren, von einem gänzlich gewandelten Brunner nach 1945 auszugehen, ganz zu schweigen von dem ja auch naheliegenden generationengeschichtlichen Altersargument, das den Umstand zu berücksichtigen hätte, dass Brunner bei Kriegsende schon siebenundvierzig und bei seiner Hamburger Berufung sechsundfünfzig Jahre alt gewesen war. Dafür, dass bei Brunner nicht zwangsläufig eine ideologische Häutung stattfinden musste, spricht vor allem der Umstand, dass bestimmte Ideologeme aus der Zeit vor dem Zweiten Weltkrieg sich auch in der Nachkriegszeit im Westen perpetuieren konnten. Nicht nur bei Theodor Schieder, sondern auch und gerade bei Otto Brunner musste das Gefühl einer vom „Osten" ausgehenden existentiellen Gefährdung des „Abendlandes" nach wie vor sehr groß sein. Traditionell hatte sich Deutschösterreich als Bollwerk gegenüber allen Gefährdungen aus Südosteuropa interpretiert. Österreichs geschichtliche Bedeutung lag nach dieser Lesart in seiner Funktion als Ost- oder Grenzmark, als der Vorhutposten des Reiches, wenn nicht der abendländischen Zivilisation. Und Wien, Brunners Heimatstadt seit 1918, war nicht, wie in der heutigen dritten Österreichischen Republik, ein exzentrisch gelegener Wasserkopf, sondern verstand sich als „das Tor nach dem Südosten".[60] Brunner hatte schon Ende Januar 1945 in einem Berliner Vortrag

---

58 Kortüm, „Wissenschaft im Doppelpaß"?, S. 599.
59 Zur doppelten Staatsbürgerschaft Brunners vgl. Kortüm, „Gut durch die Zeiten gekommen", S. 149.
60 Petra Svatek, „Wien als Tor nach dem Südosten". – Der Beitrag Wiener Geisteswissenschaftler zur Erforschung Südosteuropas während des Nationalsozialismus, in: Mitchell G.

unter Rekurs auf die angebliche Bedrohung und Rettung des Abendlandes durch Otto den Großen in der berühmten Lechfeldschlacht des Jahres 955 seiner Hoffnung Ausdruck verliehen, Deutschland könne, vorausgesetzt, es sei in allen seinen Stämmen einig, unter einem neuen „Führer" erneut der Gefahr aus dem Osten erfolgreich Paroli bieten. In der Mitte des zehnten Jahrhunderts war aus der Sicht Brunners das asiatische Steppenvolk endgültig in seine Schranken verwiesen worden, als es bis vor die Tore Augsburgs gezogen war, dann aber auf dem nahegelegenen Lechfeld seinen Untergang erleben musste.[61] Deshalb wurde auch Augsburg zu dem *lieu de mémoire* katexochen, als man unter stetem Bezug auf die durch den Kalten Krieg und den Eisernen Vorhang geprägte Gegenwart im Sommer des Jahres 1955 mit Hunderttausenden von Teilnehmern sich der tausendjährigen Wiederkehr der Lechfeldschlacht erinnerte.[62] Dass Brunner zumindest im privaten Bereich von alten Vorstellungen einfach nicht lassen konnte oder wollte, lässt sich vielleicht auch an einem bezeichnenden Umstand ablesen: Er, der ansonsten keine ungedruckt gebliebenen wissenschaftlichen Arbeiten aufzubewahren pflegte, hat neben seinem Umbruchexemplar von *Deutschlands Schicksalsweg* auch seinen soeben erwähnten Berliner Vortrag vom Januar 1945 aufbewahrt, in dem er den erfolgreichen Abwehrkampf der unter Führung Ottos des Großen geeinten Deutschen in der Lechfeldschlacht thematisiert hatte.[63]

Mit dem Abendlandsmythos eng verbunden war spätestens seit Anfang der vierziger Jahre, zumal angesichts der sich dramatisch verschlechternden militärischen Lage, auch der Europamythos: Den Völkern Europas sei die historische Aufgabe gestellt, unter deutscher Führung das Abendland zu retten. Auch Teile der völkisch gesonnenen nationalsozialistischen Elite bedauerten jetzt die Unterdrückung und Okkupation wesentlicher Teile Mittel- und Westeuropas und bewerteten sie als einen historischen Fehler. Und man war jetzt auch verstärkt bereit, die alten Feinde wieder als eigenständige politisch-staatliche Einheiten anzuerkennen, vorausgesetzt, sie kämpften als Bundesgenossen an der Seite Deutschlands.[64]

Ash et al. (Hg.), Geisteswissenschaften im Nationalsozialismus. Das Beispiel der Universität Wien, Göttingen 2010, S. 111–139.
61 Hans-Henning Kortüm, Otto Brunner über Otto den Großen. Aus den letzten Tagen der reichsdeutschen Mediävistik, in: Historische Zeitschrift 299 (2014), S. 297–333.
62 Matthias Pape, Lechfeldschlacht und NATO-Beitritt. Das Augsburger „Ulrichsjahr" 1955 als Ausdruck der christlich-abendländischen Europaidee in der Ära Adenauer, in: Zeitschrift des Historischen Vereins für Schwaben 94 (2001), S. 269–308.
63 Vgl. Anm. 61.
64 Vanessa Conze, Das Europa der Deutschen. Ideen von Europa in Deutschland zwischen Reichstradition und Westorientierung (1920–1970). München 2005.

Zur Kontinuität von Brunners Geschichtsverständnis in der frühen Bundesrepublik (1954–1960)

Man muss diese zeithistorischen Umstände mitbedenken, wenn man den Brunner der fünfziger und frühen sechziger Jahre verstehen will. Ihm ging es bei seinen großen öffentlichen Auftritten in Hamburg, sowohl 1954 anlässlich seiner Ernennung zum Ordinarius für Mittlere und Neuere Geschichte, wie auch in seiner Rede anlässlich des Rektorwechsels an der Universität am 11. November 1959, immer um das große Ganze: um „Abendländisches Geschichtsdenken" (1954[65]) bzw. um „das Fach ‚Geschichte' und die Historischen Wissenschaften" (1959[66]). Vor allem der zweite Vortrag belegt die Konstanz von Brunners Geschichtsbild vor und nach 1945 ganz eindeutig: „Geschichte" bestand, daran ließ seine Rektorrede keinerlei Zweifel, für ihn eben nicht aus jenen kleinteilig angelegten und positivistisch eingefärbten Rekonstruktionen von Vergangenheit, die er unter offenkundigem Bezug auf Nietzsche[67] als „antiquarische Materialsammlung"[68], „antiquarisches Kompendium"[69] und „totes antiquarisches Wissen"[70] schmähte. Auch für die Geschichte, um die sich die so genannten Fachwissenschaften der verschiedenen geisteswissenschaftlichen Disziplinen kümmerten, verspürte er kein größeres Interesse, ebenso wenig wie für eine „Kultur"- oder „Geistesgeschichte" im engeren Sinn. Was ihn hingegen wirklich faszinierte, war, wie schon vor und während des Krieges, die „allgemeine Geschichte". Ihr genuiner Gegenstand sind laut Brunner „Menschen und menschliche Verbände, Familien, Dörfer, Städte, Stände, Klassen, Staaten, Völker, Stämme usw.". Das Proprium der Menschen und aller menschlichen Verbände

---

65 Hamburger Universitätsreden, Heft 17, Hamburg 1954; Ndr. in: Otto Brunner, Neue Wege der Sozialgeschichte. Vorträge und Aufsätze, Göttingen 1956, S. 168–193 und in: ders., Neue Wege der Verfassungs- und Sozialgeschichte. 2. Auflage, Göttingen 1968, S. 26–44.
66 Otto Brunner, Das Fach „Geschichte" und die historischen Wissenschaften. Rede gehalten anläßlich der Feier des Rektorwechsels an der Universität Hamburg am 11. November 1959, Hamburg 1959, Ndr. in: ders., Neue Wege der Verfassungs- und Sozialgeschichte, S. 9–25.
67 Brunner, Das Fach „Geschichte". Hamburg 1959, S. 12 erwähnt den Philosophen, als er, entsprechende Anmerkungen des Historikers Alfred Heuss aufgreifend, „von der Gefährdung des elementaren Verhältnisses zur Vergangenheit durch die Geschichtswissenschaft" spricht und anmerkt: „im Grunde freilich ein altes Thema, seit Friedrich Nietzsche von ‚Nutzen und Nachteil der Historie' gehandelt hat."
68 Brunner, Das Fach „Geschichte", ebd., S. 20: „Wirft man aber einen Blick in die vielen Bücher, die sich Kulturgeschichte nennen, so findet man entweder eine antiquarische Materialsammlung oder, in einer höheren Stufe, anschauliche Bilder kultureller Zustände, die doch der äußeren Erscheinung verhaftet bleiben (...)."
69 Ebd., S. 22.
70 Ebd., S. 29.

ist in Brunners Augen ihr Ringen „um ihre Existenz", also eine erfolgreiche Selbstbehauptung, die sich im „Ringen um Herrschaft und Macht" niederschlägt, wie Brunner in seiner Rektorrede 1959 formulierte.[71] Mit dem Verbum *ringen* bzw. dem Nomen *Ringen* ist man endgültig im Kernbereich von Brunners Geschichtssemantik angekommen: Es ist ein nach wie vor zutiefst darwinistisch angelegtes Geschichtskonzept: „Politik" und „politisch" sind Synonyme von „Kampf" und „kämpferisch". Ein solches Geschichtsverständnis hatte Brunner bereits in vielen Publikationen seit den dreißiger Jahren und dann in seinem Buch *Deutschlands Schicksalsweg* aus dem Jahre 1944 breit entfaltet, in dem die Darstellung *des Ringens* der Deutschen und des deutschen Volkes einen zentralen Raum eingenommen hatte.[72] Zum semantischen Feld des *Ringens* bzw. des *Kampfes* gehören ihre Akteure, die „menschlichen Verbände" bzw. „Sozialgebilde" mit ihren „Herrschaftsverhältnissen", die in Brunners Augen „rechtlich geordnete Machtverhältnisse" sind.[73] Unter dem „inneren Gefüge" „menschlicher Verbände" habe man die „sozialen Strukturen" und „geistigen Haltungen" zu verstehen.[74] Auch hier sind die Konstanten in Brunners Geschichtsbild unübersehbar. Das soziale *Gefüge* von Verbänden erweise sich so lang als stabil, solange nur eine „rechtliche Ordnung" vorhanden sei. Diese ermögliche ihrerseits *Herrschaft* durch Ausübung von *Macht*. Diese unverblümte Nähe von Brunners Geschichtsmodell der Nachkriegszeit zu einschlägigen Vorstellungen der NS-Zeit[75] überrascht dann doch. Ganz offensichtlich kann sich der Historiker

---

[71] Ebd., S. 23 über „allgemeine Geschichte", die es mit „dem Menschen, sowohl mit dem einzelnen Menschen, der uns stets in gesellschaftlicher Verbundenheit entgegentritt, wie mit menschlichen Gruppen" zu tun habe: „Eine Geschichte im engeren Sinn haben daher nur Menschen und menschliche Verbände, Familien, Dörfer, Städte, Stände, Klassen, Staaten, Völker, Stämme usw. Menschen und menschliche Verbände ringen um ihre Existenz, behaupten sich selbst; sie handeln in diesem Sinne ‚politisch'. Es sind Sozialgebilde, in denen Herrschaftsverhältnisse bestehen, rechtlich geordnete Machtverhältnisse. Hier gibt es daher ständig ‚Politik' im engeren, jüngeren Sinn als Machtkampf. Aber dieses Ringen um Herrschaft und Macht spielt in vorgegebenen Ordnungsgefügen, ist also auch Politik im älteren, umfassenderen Sinn (...)".
[72] Vgl. Kortüm, „Gut durch die Zeiten gekommen", S. 147.
[73] Vgl. das Zitat in Anm. 71.
[74] Brunner, Das Fach „Geschichte", S. 24.
[75] Bereits Adolf Hitler hatte in „Mein Kampf" II, S. 303 (Hitler, Mein Kampf. Eine kritische Edition, hg. v. Christian Hartmann et al., München-Berlin 2016, S. 1631) vom „gigantischen Völkerringen der Jahre 1914–1918" gesprochen, welches „nur das Ringen des deutschen Volkes um seine Existenz auf diesem Planeten" gewesen sei. – Über die Bedeutung des „Kampfes", der „mit unerschütterlicher Beharrlichkeit durchgeführt" werden müsse, über den „großen ewigen Lebenskampf um das Dasein", über den „Kampf für unsere neue Auffassung", der als „unser gewaltiges Ringen" charakterisiert wird, hatte er ebenfalls philosophiert, vgl. Mein Kampf, II, S. 31 (ed. Hartmann et al., S. 1019–1021). – Zu einem im Dritten Reich „belieb-

auch unter gänzlich veränderten Verhältnissen zumindest nicht von der einschlägigen Terminologie lösen. Als ein von spezifisch nationalsozialistischer Semantik beeinflusster Begriff erweist sich beispielsweise auch die von Brunner hier und auch an anderer Stelle gebrauchte Junktur „Inneres Gefüge".[76] Sie war als Terminus technicus erstmalig in einem Wehrmachtserlass vom 22. Mai 1942 verwendet worden und verdankte ihre Formulierung Hermann Foertsch (1895–1961), „der Anfang der dreißiger Jahre in seinem Buch ‚Die Wehrmacht im nationalsozialistischen Staat' die Identität von NS-Regime und Reichswehr propagiert hatte. Foertsch, General der Infanterie, war im Reichswehrministerium für das ‚Innere Gefüge' zuständig gewesen; dort hatte er als erste Leistung den persönlichen Eid auf den ‚Führer' erarbeitet."[77] Im Unterschied zur früheren, stark adlig geprägten Armee des untergegangenen Kaiserreichs sollte jetzt die angeblich besonders enge, gleichsam symbiotische Verbundenheit von Offizieren und einfachen Dienstgraden, ihr sogenanntes „inneres Gefüge", in der nationalsozialistischen Wehrmacht betont werden. Dieser Begriff überlebte das Ende des Krieges und wurde zunächst noch in der Gründungsphase der Bundeswehr auf Betreiben von Foertsch weiter gebraucht, später jedoch, weil er als allzu stark nationalsozialistisch belastet galt, aus dem offiziellen Sprachgebrauch der im Entstehen begriffenen Bundeswehr getilgt und zu Beginn der fünfziger Jahre gegen erhebliche Widerstände seitens der sogenannten „Traditionalisten" durch den Begriff der „Inneren Führung" substituiert.[78] Es handelt sich hier um mehr als um bloße zufällige Übereinstimmungen in der Wortwahl zwischen Brunners Begrifflichkeit und dem Wehrmachtsjargon. Entscheidend ist vielmehr, dass der

---

te(n) Sinnspruch, der nicht nur auf Widmungsblättern in Hochzeitsausgaben von *Mein Kampf* abgedruckt" wurde, avancierte Hitlers Aufforderung (Mein Kampf I, S. 305 (ed. Hartmann et al. S. 753)): „Wer leben will, der kämpfe also, und wer nicht streiten will in dieser Welt des ewigen Ringens, verdient das Leben nicht."
76 Brunner, Das Fach „Geschichte", S. 24: „Aber das politische Handeln kann nicht verstanden werden ohne Kenntnis des inneren Gefüges, der sozialen Strukturen und der geistigen Haltungen". – Vom „inneren Gefüge des Abendlandes" sprach Brunner übrigens auch in seinem *Historia Mundi*-Beitrag (wie Anm. 18). Ebenso hatte er ihn in seinem Aufsatz „Das Problem einer europäischen Sozialgeschichte" (Historische Zeitschrift 177 (1954), S. 469–494, hier zitiert nach dem Ndr. in: ders., Neue Wege der Sozialgeschichte, S. 7–32, hier S. 7–8) verwendet: „Von Volksgeschichte, Geschichte der Volksordnung hat man auch bei uns gesprochen und damit wohl auf dasselbe gezielt, was hier unter Sozialgeschichte verstanden wird, die Geschichte des inneren Gefüges menschlicher Gruppen, nicht zuletzt von ‚Völkern'".
77 Detlef Bald, Kämpfe um die Dominanz des Militärischen, in: ders./Johannes Klotz/Wolfram Wette, Mythos Wehrmacht. Nachkriegsdebatten und Traditionspflege. Berlin 2001, S. 17–65, hier S. 28.
78 Detlef Bald et al. (Hg.), Was ist aus der Inneren Führung geworden? Zum hundertsten Geburtstag Wolf Graf von Baudissins. Hamburger Beiträge zur Friedensforschung und Sicherheitspolitik. Heft 146, Hamburg 2007, S. 13 mit Anm. 10.

Begriff des „inneren Gefüges" auch bei Brunner die innere Haltung, die geistige Übereinstimmung in gemeinsamen Wertvorstellungen beschreiben soll. Denn erst die gemeinsame Ideologie kann ein „Gefüge" entstehen lassen.

Ungleich wichtiger als alle semantisch-stilistischen Übereinstimmungen, die im Einzelnen hier nicht aufgeführt werden können, ist aber vor allem Brunners spezifische Auffassung von Geschichte. Wenn, so führte er in seiner Hamburger Rede von 1959 weiter aus, der Historiker sich der „allgemeinen Geschichte" zuwende, der „Geschichte im engeren Sinn", dann sei eine solche Geschichte immer eine zutiefst „politische", weil es „hier um menschliche Verbände, ihre Selbstbehauptung und innere Struktur geht", weil es „um die geschichtlichen Voraussetzungen unserer eigenen Existenz, um eine ‚Ortsbestimmung' unserer jeweiligen Situation (geht)"[79] – ‚Allgemeine', ‚politische' Geschichte ist also laut Brunner immer „auf die Gegenwart bezogen" und verlangt nach Deutung. Diese Aussage ist nicht nur ein unübersehbares Indiz für sein außerordentlich großes und nach wie vor ungebrochenes Selbstbewusstsein als Historiker. Sie lässt sich als ein Hinweis darauf lesen, dass Brunner derselbe geblieben ist, der er schon vor und während des Zweiten Weltkrieges gewesen war, denn bereits im Jahre 1939 hatte er ebenso vollmundig wie selbstbewusst in enger Anlehnung an Carl Schmitt eine erneuerte ‚politische', und das hieß, dezidiert völkisch-nationale Geschichtswissenschaft eingefordert und selbst zu verwirklichen versprochen. Ihm zufolge müsse „der Historie der Weg zu einem neuen Verständnis der Vergangenheit und zugleich zum Dienst an der Gegenwart eröffnet" werden, die nicht mehr durch einen „bürgerlichen Rechtsstaat", sondern von „Recht und Verfassung des Dritten Reichs" geprägt sei.[80] So gesehen, hatte er zwischen 1939 und 1959 wenig oder eigentlich gar nichts dazu gelernt. Denn er wollte auch in der frühen Bundesrepublik noch immer der ‚politische Historiker' sein, der er schon seit den dreißiger Jahren immer hatte sein wollen, wenngleich er, zeitbedingt, das völkisch-nationale Moment der von ihm vertretenen Geschichtsschreibung jetzt nicht mehr offen einfordern konnte. Aber andere entscheidende Charakteristika politischer Geschichtsschreibung konnten ja fortbestehen: der Verzicht auf bloße Erklärung von Vergangenem,

---

79 Brunner, Das Fach „Geschichte", S. 23–24, 29.
80 Otto Brunner, Moderner Verfassungsbegriff und mittelalterliche Verfassungsgeschichte, in: Mitteilungen des Österreichischen Instituts für Geschichtsforschung, Erg.-Bd. 14 (1939), Festgabe H. Hirsch, S. 513–528, hier S. 528. – Ähnlich hatte Brunner schon 1937 auf dem Erfurter Historikertag argumentiert, vgl. Politik und Wirtschaft in den deutschen Territorien des Mittelalters, in: Vergangenheit und Gegenwart 27 (1937), S. 404–422, hier S. 422: „Worum es heute geht, ist eine Revision der Grundbegriffe. Unerträglich ist der Zustand, daß Begriffe, die einer toten Wirklichkeit entstammen, noch immer die wesentlichen Maßstäbe und Fragestellungen für eine Zeit bestimmen, deren innerer Bau durchaus anderer Art gewesen ist."

um stattdessen durch die Klärung der geschichtlichen Grundlagen auch ‚Orientierung' in der Gegenwart zu versprechen. Das 1939 propagierte „neue Verständnis der Vergangenheit" und der damit verbundene „Dienst an der Gegenwart" tauchten zwanzig Jahre später, 1959, im Kern unverändert als „Klärung der geschichtlichen Voraussetzungen" und der eigenen „Ortsbestimmung" wieder auf.

Nun hatte sich aber die politische Situation seit der NS-Zeit doch grundlegend verändert. Auch Brunners „neue Zeit", die er mit der Durchsetzung des Nationalsozialismus hatte anbrechen sehen und die er selbst so freudig begrüßt hatte, erwies sich als überraschend kurzlebig. Brunner gab dies, wenn auch ein wenig verschlüsselt, zu, als er davon sprach, dass „Zeiten relativer Stabilität und ungebrochener Kontinuität" „für uns" nicht gegeben seien und dass „die letzten Generationen immer wieder erlebt (hätten), daß das in den Schulen gelehrte Geschichtsbild als veraltet, ja schädlich erklärt, der Lehrplan geändert wurde", wobei dies nach Brunners Ansicht bis in die Gegenwart andaure: „Auch heute ist hier noch vieles im Fluß".[81] Auf die grundsätzlichen Schwierigkeiten, die mit dem Begriff der „politischen Geschichte" verbunden sind, ist Brunner, wenn auch sehr kryptisch, immerhin an zwei Stellen eingegangen: So deutete er am Ende seines Vortrags an, dass eine politische Geschichte doch „Ergebnisse" „produziere", „die die Lehre nicht aufzunehmen vermag"[82], ohne freilich zu erklären, worin diese „Ergebnisse" nun beständen und warum selbige die Lehre nicht vermitteln könne. Offensichtlich stand Brunner vor dem Dilemma, sein nach wie vor unübersehbar völkisch-darwinistisch-nietzscheanisch geprägtes Geschichtsverständnis mit der Betonung des existentiellen Ringens und Kämpfens des deutschen Volkes – so das seit den dreißiger Jahren im Wesentlichen unveränderte „Ergebnis" seiner Forschungen –, mit dem jetzt offiziell, zumindest für „Lehre" und „Schule", erwünschten liberal-demokratisch-parlamentarischen Geschichtsbild zu vereinbaren. Etwas deutlicher, aber letztlich auch nur für denjenigen verständlich, der um sein Engagement und seine Äußerungen in der NS-Zeit wusste, hatte sich Brunner an anderer Stelle seiner Rede geäußert, die man nur als ein, wenn auch leises Eingeständnis eigener Verfehlung und Schuld verstehen kann: „Wie man weiß, ist in der Natur des Politischen die Gefahr angelegt, einen totalen Anspruch zu erheben, die eigenständigen Bereiche menschlichen Daseins zu vergewaltigen und so ‚totalitär' zu werden. Diese Gefahr ist auch für den Historiker gegeben, gerade dann, wenn er sich nicht damit begnügt, als politischer Historiker im engeren Sinn den äußeren Ablauf des politischen Geschehens zu beschreiben, sondern wenn er mit

---

81 Brunner, Das Fach „Geschichte", S. 7.
82 Ebd., S. 30.

Hilfe der Strukturgeschichte, der Ideen und Institutionen die Hintergründe zu erfassen sucht."[83]

Die Bruchlinie zwischen dem, was die Öffentlichkeit von einem deutschen Geschichtsprofessor in der Nachkriegszeit erwartete, und dem, was dieser aber insgeheim vielleicht noch immer dachte, wird unterschwellig spürbar, wenn man Brunners Laudatio für den Goethepreisträger Heuss mit der Dankesrede des Altbundespräsidenten vergleicht. Wir beschränken uns hier auf einen einzigen, aber signifikanten Punkt: Für den späten, bundesrepublikanischen Brunner typisch erscheint sein unverhohlenes Missvergnügen, dass ein völkisch-kulturell definierter Begriff des *Deutschen* – er denkt hier ganz offensichtlich an den nicht nur für seine Forschungen so zentralen Begriff des *Volksdeutschen* – mittlerweile im offiziellen Sprachgebrauch obsolet geworden war. So monierte Brunner, dass die außerhalb der „staatlichen Grenzen" lebenden „Deutschen" ja „nur noch als ‚Deutschsprechende' bezeichnet werden"[84] und eben leider nicht – und ein leises Bedauern schwingt unausgesprochen mit – als „Volksdeutsche". – Ganz anders erscheint hingegen der Begriff des *Volkes* in der Dankesrede von Heuss. Er stellte in seinem Vortrag über *Selbstgestaltung der Demokratie* die naheliegende und für eine wirkliche „Herrschaft des Volkes" ja auch entscheidende Frage: „Wer gehört eigentlich zum ‚Volk'?"[85] Und wenig überraschend ist für ihn als Liberalen der Begriff des *Volkes* eben nicht rassisch-biologisch determiniert, sondern dieser bemisst sich an der „Berechtigung, an der öffentlichen Willensbildung teilzunehmen." Und so gesehen, müssten, wie Heuss völlig zu Recht anmerkte, eben auch „die Neger" in den Vereinigten Staaten, wenn ihnen denn nicht skandalöser Weise bislang das Wahlrecht vorenthalten worden wäre, zum „politischen" Volk gezählt werden.[86] Für die Definition von *Volk* ist also aus der Sicht eines Liberalen wie Heuss[87], nicht ein bio-

---

[83] Ebd., S. 24–25.

[84] Ansprache des Rektors der Universität Hamburg, Professor Dr. Otto Brunner, in: Gedenkschrift zur Verleihung des Hansischen Goethe-Preises 1959 der gemeinnützigen Stiftung F.V.S. zu Hamburg an Professor Dr. Theodor Heuss (Hamburg 1959), S. 5–11, hier S. 8.

[85] Theodor Heuss, „Selbstgestaltung der Demokratie", in: Gedenkschrift (wie Anm. 84), S. 15–26, hier S. 20.

[86] Heuss, ebd., S. 20

[87] Schon gut dreißig Jahre früher hatte es ein anderer Liberaler, der Begründer der Wiener rechtspositivistischen Schule, Hans Kelsen (1881–1973), auf den Punkt gebracht: Hans Kelsen, Vom Wesen und Wert der Demokratie (2. Auflage 1929), in: ders., Verteidigung der Demokratie. Abhandlungen zur Demokratietheorie, hg. von Matthias Jestaedt/Oliver Lepsius. Tübingen 2006, S. 149–228, hier S. 163 über das Volk als „die Einheit der das Verhalten der normunterworfenen Menschen regelnden staatlichen Rechtsordnung".

logisch-völkischer *ethnos*-, sondern der rechtliche *demos*-Begriff die entscheidende Kategorie.[88]

Genau fünf Jahre vor diesen Ereignissen, im Jahr 1954, hatte sich Brunner nach seiner beruflichen Wiedereingliederung als Ordinarius für Mittlere und neuere Geschichte an der Hamburger Universität schon einmal einem größeren akademischen Publikum in seiner Antrittsvorlesung präsentiert. Der Ton, den Brunner in dieser Rede anschlug, unterschied sich freilich ein wenig von den soeben erwähnten späteren Reden aus dem Jahr 1959. Brunner wirkte hier noch nicht ganz so selbstbewusst, was aber auch nicht weiter überraschen sollte. Denn er war neu in der Hansestadt und an der Universität, und vor allem war seine Berufung auch nicht ganz so glatt über die Bühne gegangen.[89] Der frisch berufene Lehrstuhlinhaber widmet sich dem „geschichtlichen Denken", das ihm zufolge „nach seinem Ursprung europäisch, eine abendländische Leistung" darstelle.[90] Mit *Europa* und *Abendland* waren die zwei thematischen Schwerpunkte gesetzt, bei denen er auf alle Fälle mit Aufmerksamkeit und Zustimmung seines Auditoriums rechnen durfte. Brunners Strategie erweist sich als ausgesprochen geschickt: Um jeden etwaigen Zweifel über seine abendländisch-europäische und damit selbstverständlich auch christliche Gesinnung auszuräumen, schüttet er ein wahres Füllhorn seines abendländisches Bildungsschatzes aus und zitiert einschlägige christliche, spätantike wie mittelalterliche Autoritäten, nicht zuletzt im lateinischen Original. Seine von ihm zur Schau gestellten *moral* und *political correctness* sollten aber vor allem zwei in der frühen Bundesrepublik hoch geschätzte Autoren belegen, die Brunner in seinem Vortrag bemühte: zum einen den seit 1952 an der Universität Heidelberg lehrenden und oben schon erwähnten Geschichtsphilosophen Karl Löwith, wie der ebenfalls bereits genannte Siegfried Landshut, ein Remigrant mit jüdischen Wurzeln, dem Brunner bereits 1950 auf einer Alpbacher Sommertagung begegnet war[91], und zum anderen den in Deutschland gebliebenen und dann 1937 zwangspensionierten Leipziger Reformpädagogen Theodor Litt (1884–1962). Mit der Erwähnung dieser Nachkriegsautoritäten, die zu Recht als dezidierte Gegner des Nationalsozialismus galten, wollte Brunner ganz offensichtlich seine Anschlussfähigkeit an eine jetzt offiziell geforderte neue Sicht der Dinge erweisen. Er war sogar dazu bereit, unter Berufung auf Litt, der eine entschiedene Revisi-

---

88 Vgl. Michael Wildt, Volk, Volksgemeinschaft, AfD. Hamburg 2017, S. 46.
89 Vgl. Anm. 24.
90 Otto Brunner, Abendländisches Geschichtsdenken (Hamburg 1954), in: ders., Neue Wege der Sozialgeschichte, Göttingen 1956, S. 168–193, hier S. 193; Ndr. in: Walther Lammers (Hrsg.), Geschichtsdenken und Geschichtsbild im Mittelalter. Ausgewählte Aufsätze und Arbeiten aus den Jahren 1933 bis 1959. Darmstadt 1965, S. 434–459.
91 Vgl. Anm. 43.

on des alten nationalen Geschichtsbildes verlangt und dezidiert von deutscher Schuld gesprochen hatte, ebenfalls von einem „Irrweg" zu sprechen, hatte aber gleich trotzig hinzugefügt, dass man „wohl auch einmal einen Irrweg erst zu Ende gehen (müsse), um ihn als solchen zu erkennen",[92] was angesichts tiefster eigener Verstrickung in ein System, das für Abermillionen unschuldig Ermordeter verantwortlich gewesen war, dann fast schon zynisch wirkt. Und vor allem vermied es Brunner, sein Publikum darüber aufzuklären, worin sein eigener Irrweg denn nun konkret bestanden haben könnte. Bei genauerem Hinsehen verfocht Brunner schon 1954, wie dann in der späteren Rektorrede aus dem Jahr 1959, dieselben Grundsatzpositionen, wie sie sich seit den dreißiger Jahren entwickelt hatten: Denn auch schon in der Rede von 1954 erteilte Brunner der „antiquarischen" Geschichte, dem „bloß antiquarischen Sammeln", eine entschiedene Absage und verurteilte ein solches Geschichtsverständnis „als Flucht vor der Gegenwart" „Jede geschichtliche Sicht" sei „von der Gegenwart bestimmt", ja es gelte, dass „jede echte Geschichte" laut Brunner, der sich hier auf Benedetto Croce berief, nur eine „‚Geschichte der Gegenwart'" sein könne.[93] Und auch noch am Schluss seiner Rede wiederholte Brunner sein Credo, dass es keinesfalls „die Aufgabe des Historikers" sein könne, „totes antiquarisches Wissen zu vermitteln."[94] Brunner hielt also auch 1954, neun Jahre nach Kriegsende, unbeirrt an seiner Maxime einer dezidiert „politischen" Geschichtsschreibung fest, wenngleich er das ‚gefährliche', weil möglicherweise Assoziationen an Carl Schmitt auslösende Adjektiv „politisch" ebenso mied wie eine namentliche Erwähnung des durch die NS-Ideologie belasteten Nietzsche. Das mag auch der Grund dafür gewesen sein, dass Brunner diesen scharfen Kritiker des Historismus mit seiner bekannten Forderung „Nur aus der höchsten Kraft der Gegenwart dürft ihr das Vergangene deuten" nicht zitierte, obwohl es der Kontext doch ausgesprochen nahegelegt hätte.[95] Aber dennoch ließ Brunner keine Zweifel aufkommen: Geschichtsschreibung hatte für ihn eine Orientierungsfunktion durch Bestimmung des geschichtlichen Standortes: „Es geht um die Aufdeckung der geschichtlichen Situation, in der er (der Historiker) selbst steht und aus der er erwachsen ist, um eine Selbstbestimmung des geschichtlichen Den-

---

92 Brunner, Abendländisches Geschichtsdenken, S. 193.
93 Ebd., S. 171.
94 Ebd., S. 192.
95 Vgl. Ernst Müller, Falko Schmieder, Begriffsgeschichte und historische Semantik. Ein historisches Kompendium. Berlin 2016, S. 123 über den „Satz des jungen Nietzsche aus ‚Vom Nutzen und Nachteil der Historie für das Leben' (1874), der ganz im Zeichen des ‚Willens zur Macht' steht und als Ausbruchsmöglichkeit aus der Denkart interpretiert wurde, die gerade aufgrund von Nietzsches Intervention pejorativ als Historismus bezeichnet wurde: ‚Nur aus der höchsten Kraft der Gegenwart dürft ihr das Vergangene deuten'".

kens. Sollte dies gelingen, dann ist wenigstens eine Plattform gewonnen, von der aus mit anderen Mitteln eine weitere Klärung gesucht werden kann."[96] Und daraus folgte zwingend – und auch hier findet sich Brunners Position seiner Rektoratsrede von 1959 bereits formuliert –: „Geschichte im engeren, man darf wohl sagen, eigentlichen Sinn ist Geschichte von Menschen und menschlichen Gruppen, sozialen Gebilden, Familien, Stämmen, Völkern, Staaten, Städten, Kirchen usw.", während Brunner wiederum die Ideen-, Kunst-, Religionsgeschichte, der Kultur- und Geistesgeschichte als Formen einer Kryptogeschichte verwirft.[97] Überhaupt stand Brunner dem Begriff des *Geistes* ausgesprochen skeptisch gegenüber, für den er sich nur in seiner konkreten materiell-körperlichen Ausformung interessiert: Nach seiner erfolgreichen Liquidierung durch die „mathematisch-mechanischen Naturwissenschaften" in der „Welt des Anorganischen" friste der „Geist" vor allem in der Geschichtsphilosophie sein Dasein: „Da gibt es ja jenen ‚Geist' der Welt, der Menschheit, der Zeit, der Völker, und es gibt ihre ‚Körper', die Gesellschaft, die Klassen, die Rassen, die Volkskörper".[98] – Die hier zum Ausdruck kommende entschiedene Absage Brunners an jedwede Geschichtsphilosophie dürfte nicht nur darauf zurückzuführen sein, dass er mit seiner eigenen Geschichtsphilosophie, die bis 1945 in weiten Stücken mit der nationalsozialistischen identisch gewesen war, einen grandiosen Schiffbruch erlitten hatte. Vielmehr geht seine sich nach Kriegsende abzeichnende geschichtsphilosophische Skepsis wohl auch auf den schon erwähnten Karl Löwith zurück, dem er bereits in Alpbach 1950 begegnet war. Dessen 1949 erschienene Abhandlung *Meaning in History. The theological implications of the philosophy of history* erlebte in den fünfziger Jahren zahlreiche Auflagen und Übersetzungen ins Deutsche, Spanische, Niederländische, Italienische und Japanische.[99] Der Erfolg dieses bekanntesten Buches von Löwith dürfte nicht zuletzt mit dem Umstand zusammenhängen, dass die hier vollzogene radikale Absage an jedwede Geschichtsphilosophie[100] den Nerv einer Nachkriegszeit getroffen hatte, die angesichts des Scheiterns von großen

---

96 Brunner, Abendländisches Geschichtsdenken, S. 172.
97 Ebd., S. 172–173.
98 Ebd., S. 186.
99 Vgl. dazu: „Editorisches Nachwort" von Bernd Lutz, in: Karl Löwith, Weltgeschichte und Heilsgeschehen. Die theologischen Voraussetzungen der Geschichtsphilosophie. Stuttgart/Weimar 2004, S. 241–244, hier S. 241–242.
100 Löwith, Heilsgeschehen, S. 14: „Daß wir aber überhaupt die Geschichte im ganzen auf Sinn und Unsinn hin befragen, ist selbst schon geschichtlich bedingt: jüdisches und christliches Denken haben diese maßlose Frage ins Leben gerufen. Nach dem letzten Sinn der Geschichte ernstlich zu fragen, überschattet alles Wissenkönnen und verschlägt uns den Atem; es versetzt uns in ein Vakuum, das nur Hoffnung und Glaube auszufüllen vermögen."

Geschichtsphilosophien in der unmittelbaren Vergangenheit ausgesprochen skeptisch geworden war. Wie unmittelbar Löwiths Darstellung Brunners Nachdenken über „abendländisches Geschichtsdenken" beeinflusst hat, zeigt sich beispielsweise an den von Letzterem bemühten abendländischen Geschichtsdenkern: Augustinus, Orosius, Joachim von Fiore, Bossuet und Voltaire waren allesamt auch schon von Löwith als Kronzeugen abendländischer Geschichtsphilosophie aufgerufen worden. Aber da Brunner einer traditionellen „Geistesgeschichte" mit erkennbarer Skepsis begegnet war und er sich stattdessen „mit der geschichtlichen Wirklichkeit, mit Gruppen, Völkern, Kulturen", kurz gesagt: mit der „empirischen Wirklichkeit"[101] beschäftigen wollte, verschob sich sein Fokus notwendigerweise ganz wesentlich. So hatte das jüdisch-christliche Konzept der Heilsgeschichte, deren „letzter Sinn (...) der Brennpunkt einer erwarteten Zukunft (ist)"[102], und deren sich seit der Aufklärung (Voltaire) abzeichnende Säkularisierung, die im 19. Jahrhundert dann mit Hegel und Marx ihren endgültigen Durchbruch erlebt hatte, noch eindeutig im Zentrum von Löwiths Darstellung gestanden. Im Unterschied dazu verzichtete Brunner jetzt nicht nur auf eine Berücksichtigung der jüdischen Wurzeln christlicher Geschichtsdeutung, sondern er versuchte gleichsam Löwith vom Kopf auf die Füße zu stellen und „nach den geschichtlichen Voraussetzungen dieses Denkens (zu) fragen. Hier ist zuerst festzustellen, daß Religionsgeschichte nicht einfach als Geistesgeschichte getrieben werden kann. Denn Religion ist ein sozialgeschichtlicher Faktor ersten Ranges (...) Die Kirche ist aber als Sozialgebilde nicht trennbar von ihrem ‚Geist', von dem ihre irdische Existenz transzendierenden Glauben (...) Die Kirche ist aber als ganzes auch nicht der Ort, in dem sich eine spezifische Geistlehre entfalten könnte. Es liegt ja in ihrer Natur, alle Bekenner zu umfassen und mehr oder minder der Welt verhaftet zu sein. Aber es treten ständig in ihr einzelne oder Gruppen von intensiverer Frömmigkeit auf und führen teils in, teils neben den Kirchen zu Sonderbildungen von gesteigerter Spiritualität."[103] Für Brunners geschichtliches Denken primär bleibt die gesellschaftliche Basis, oder um es weniger marxistisch und mit seinen Worten zu sagen: „die kirchlichen und staatlichen, die rechtlichen und wirtschaftlichen Strukturen", welche „die Voraussetzungen, die Bedingungen des geschichtlichen Denkens klären (...)".[104]

Die ungebrochene Kontinuität von Brunners Geschichtsdenken zwischen den dreißiger und den sechziger Jahren wird aber wohl am deutlichsten bei sei-

---

101 Brunner, Abendländisches Geschichtsdenken, S. 187.
102 Löwith, Heilsgeschehen, S. 16.
103 Brunner, Abendländisches Geschichtsdenken, S. 188–189.
104 Ebd., S. 191.

nem Lieblingsthema schlechthin, der Lehre vom *Ganzen Haus*. Die Attraktivität dieses Konzeptes hat sich teilweise bis heute erhalten, wenngleich vor allem seit den neunziger Jahren des vergangenen Jahrhunderts sich die Vorbehalte in der Forschung doch zunehmend verstärkt haben.[105] Brunner hatte diese Lehre ansatzweise bereits 1939 in seinem Klassiker *Land und Herrschaft* skizziert[106], sie dann aber in seiner bereits erwähnten, schon 1949, also kurz nach Kriegsende, erschienenen Darstellung *Adeliges Landleben und europäischer Geist* breiter entwickelt[107] und war dann immer wieder in seinen Aufsätzen und Reden auf sie zurückgekommen.[108] Auf die Zugkraft seiner Thesen vertrauend, hatte er auch in Vorbereitung seiner Kölner Bewerbung im Sommersemester 1951 schon an der dortigen Universität einen Vortrag über *Das ‚Haus' im alteuropäischen Sozialdenken* gehalten.[109] Bereits der Titel seines Nachkriegsbuches versammelt schlagwortartig die heuristischen Kernkategorien von Brunners geschichtlichem Denken: Adel, in Brunners Deutung: männlich, hart, herrschaftsbetont, tugendsam, allzeit bereit, seine ‚Ehre' im Kampf zu bewahren bzw. wiederherzustellen; ferner den Raum adliger Entfaltung von „Herrschaft": ein von Brunner recht unspezifisch definiertes, auf alle Fälle aber in strenger Opposition zur „Stadt" stehendes „Land", und schließlich das in selbigem sich befindliche „ganze Haus" des Adels. Soziale Beziehungen zwischen „Adel" und „Nichtadel" sind hierarchisch definierte Beziehungen von oben und unten mit einher gehenden wechselseitigen, aber eben nicht äquivalenten Verpflichtungen: Für Schutz und Schirm, die der Adel den seiner Herrschaft Unterworfenen gewährt, sind diese zu Treue und Arbeit verpflichtet. Für Brunner typisch erscheint vor allem ein Umstand: Sein Blick in die von ihm gezeichnete alteuropäische Vergangenheit ist vor allem eines: unendlich nostalgisch eingefärbt. Ein wenig platt formuliert: Für Brunner war „früher" eben einfach alles besser. Und früher heißt: als noch kein regulierender „Staat" in das durch Autonomie und Autarkie gekennzeichnete Leben des alteuropäischen und vornehmlich auf dem Lande lebenden Adels eingegriffen hatte. Um seiner Interpretation besondere Durchschlagskraft zu verleihen, argumentierte Brunner als ein veritabler *laudator acti temporis* streng dichotomisch: Die in den Augen Brunner so verhängnisvolle

---

105 Vgl. Anm. 111.
106 Otto Brunner, Land und Herrschaft. Grundfragen der territorialen Verfassungsgeschichte Südostdeutschlands im Mittelalter, Baden bei Wien/Brünn/Leipzig/Prag 1939, S. 293–297.
107 Brunner, Adeliges Landleben, S. 240–280.
108 Otto Brunner, Der Untergang des „Ganzen Hauses", in: Der Hag 3 (1950), S. 3–7; ders., Die alteuropäische „Ökonomik", in: Zeitschrift für Nationalökonomie 13 (1950), S. 114–139; Ndr. unter dem Titel „Das ‚ganze Haus' und die alteuropäische ‚Ökonomik'", in: ders., Neue Wege der Sozialgeschichte, S. 33–61.
109 UA Köln 34/344 fol. 1.

Moderne in Gestalt des bürgerlich-liberalen Zeitalters habe „Alteuropa" abgelöst. Anstelle des Adels habe eine erwerbsorientierte Bourgeoisie nun die führende politische Rolle übernommen, statt selbstgenügsamer Autarkie und ‚Idee der Nahrung' als Ausdruck einer „letztlich ... bäuerlichen Denkweise" habe der „rationale ‚Erwerbstrieb' des modernen Kapitalismus" zur Dominanz des „Marktes" und der „Marktwirtschaft" geführt; der Landtag habe sich von einem Ort, an dem ein „Land"-Adel zusammen mit dem „Landes"-Herrn in organischer Verbundenheit das „Land" regiert hätten, in eine Stätte politischer Auseinandersetzungen von Parteien verwandelt, die ihrerseits die gesellschaftliche Zerrissenheit des Landes widerspiegelten; „die zwischenmenschlichen Beziehungen" seien „weggefallen, das ‚Haus' zudem in Haushalt und Betrieb aufgespalten".[110] Die moderne Forschung ist inzwischen zu einem ungleich differenzierteren Bild des „Hauses" gelangt und hat die ideologische Einseitigkeit und ahistorische Deutung, von der Brunners Darstellung geprägt ist, hervorgehoben.[111] Und leider hatten sich – so musste sich Brunner eingestehen – seine Hoffnungen auf eine langfristige Wiederherstellung einer alten, auf deutsch-völkischen Wurzeln gründenden politischen Werteordnung durch ein nur zwölf Jahre bestehendes Drittes Reich als trügerisch erwiesen. Das *Ganze Haus*, so wie es Brunner konstruiert hatte, war ein zutiefst nostalgisch eingefärbter Rekonstruktionsversuch eines an der Moderne leidenden konservativ-völkischen Historikers, der sich in eine von ihm dargestellte angebliche „Gemütlichkeit" einer alteuropäischen Vormoderne[112] zu retten versuchte und damit letztlich genau

---

110 Brunner, Adeliges Landleben, S. 244–245.
111 Besonders pointiert und überzeugend bei Derks, Faszination, S. 232–242. – Einen Überblick über die einschlägige Forschungsdiskussion zu Brunners Thesen gibt jetzt Philip Hahn, Trends der deutschsprachigen Forschung nach 1945: Vom ‚ganzen Haus' zum ‚offenen Haus', in: Joachim Eibach, Inken Schmidt-Voges (Hg.), Das Haus in der Geschichte Europa. Ein Handbuch. Berlin/Boston 2015, S. 47–63.
112 In seinem Aufsatz „Der Untergang des ‚Ganzen Hauses'", in: Der Hag (3) 1950, S. 3–7, hier S. 3 ließ Brunner zustimmend und ausführlich den sozial-konservativ eingestellten Wilhelm Heinrich Riehl (1823–1897), einen der Gründerväter der Volkskunde, zu Wort kommen: „Damit verliert eine Daseinsform an Gewicht, das ‚ganze Haus', die durch Jahrtausende das Leben und Denken der Menschen bestimmt hatte. Vor bald 100 Jahren hat Wilhelm Heinrich Riehl in seinem Buch ‚Die Familie' diesen grundlegenden Vorgang beschrieben. Er sagt hier: ‚Es zeigt die Auflösung des Familienbewußtseins, daß es mehr und mehr Sitte wird, die einzelnen Genossen des ‚Hauses' in Gruppen abzusondern: Mann und Frau, die Kinder, das Gesinde, die Geschäftsgehilfen usw. bilden in dem vornehmeren Hause je eine Familie für sich. Der alte Gedanke des ‚ganzen Hauses' ist damit faktisch aufgehoben... Die moderne Zeit kennt leider fast nur noch die ‚Familie', nicht mehr das ‚Haus', den freundlichen, gemütlichen Begriff des ganzen Hauses, welches nicht bloß die natürlichen Familienmitglieder, sondern auch alle jene freiwilligen Genossen und Mitarbeiter der Familie in sich schließt, die man vor allem mit dem Worte ‚Ingesinde' umfaßte.'"

den gleichen Fehler beging, den er der „antiquarischen" Geschichtsschreibung immer angelastet hatte: sich in die Vergangenheit zu flüchten.

Fabian Link
Rassisch-völkische Metaphysik, innovative Deutungen und moderne Methoden: Zur Epistemologie völkischer Wissenschaften

Moderne Methoden, regressive Ideologie?

Jede Diskussion über die Modernität oder Nichtmodernität, den progressiven oder regressiven Charakter des NS-Regimes führt zur Frage nach denjenigen, die zu dieser Modernität oder Nichtmodernität beigetragen haben, den Wissenschaftlern, Technikern und Intellektuellen. Neuere Studien zu den Natur-, Geistes-, Kultur- und Sozialwissenschaften sowie zur technologischen Entwicklung im Nationalsozialismus zeigen, dass mehr innovative Forschung während des NS-Regimes betrieben wurde als bislang angenommen.[1] Die Produktion glaubwürdigen wissenschaftlichen Wissens endete nicht 1933, vielmehr unterstützten NS-Politiker Wissenschaftler und Techniker, um das von ihnen generierte Wissen für die Zwecke des Nationalsozialismus einzusetzen, und boten diesen Akteuren damit Möglichkeiten, mit dem NS-Regime Profitverhältnisse einzugehen. Die Vorstellung, dass zahlreiche NS-Politiker keineswegs wissenschaftsfeindlich waren und dass Wissenschaftler vom NS-Regime profitierten, ist in der Historiografie der Wissenschaften im Nationalsozialismus mittlerweile Konsens.[2]

Der vorliegende Aufsatz fokussiert ein wissenschaftliches Feld, das während des NS-Regimes stark gefördert wurde, nämlich dasjenige der sogenannten völkischen Wissenschaften. Hierzu zählen mehrere Forschungsbereiche der Geistes-, Kultur- und Sozialwissenschaften deutschsprachiger Länder und Regionen von den frühen 1920er bis in die 1940er Jahre, so die Volks- und Kulturbodenforschung, die Landes- und Volksgeschichte und die Kulturraumforschung, wobei insbesondere die Fächer Regional-, Wirtschafts- und Kunstgeschichte, Sprachwissenschaften, Sozialanthropologie, Ur- (oder Vor-) und Frühgeschichte, mittelalterliche Archäologie und Bauforschung sowie die Humangeografie darin eine prominente Rolle gespielt haben. Auch wenn mit Johann Gottfried Herder und anderen Gelehrten schon seit dem späten 18. Jahrhundert als weitgehend *völkisch* zu bezeichnende Ideen im wissenschaftlichen

---

[1] Für die Natur- und technischen Wissenschaften Vgl. Ash, Die Kaiser-Wilhelm-Gesellschaft; Biagioli. Für die Geisteswissenschaften Vgl. Bialas/Rabinbach, Nazi Germany; Fahlbusch/Haar, Wissenschaftliche Politikberatung. Literaturliste am Ende des Beitrags.
[2] Ash, Wissenschaft und Politik.

und kulturellen Feld deutschsprachiger Länder zirkulierten, entstanden die *völkischen* Wissenschaften vor allem nach dem Ersten Weltkrieg. Sie setzten sich zum Ziel, wissenschaftliche Argumente zu entwickeln, mit denen die Rechtmäßigkeit des Versailler Vertrags unterminiert werden konnte. Seit dem Machtwechsel 1933 erlangten völkische Wissenschaftler wichtige Positionen im deutschen Wissenschaftsfeld, weil sie der NS-Außen- und Bevölkerungspolitik bei der territorialen Besetzung und Annexion „deutschen Kulturbodens" in Nord-, Ost-, Südost- und Westeuropa wissenschaftliche Expertisen anbieten konnten und deshalb von NS-Politikern gefördert wurden.[3] Im Gegensatz zu Wissenschaftlern, die sich eindeutig zum Nationalsozialismus bekannten und unmittelbar nach 1933 als Vertreter einer wie auch immer gearteten „NS-Wissenschaft" auftraten, etwa der Pädagoge Ernst Krieck, der Philosoph und Pädagoge Alfred Baeumler oder der Symbolist Herman Wirth,[4] galten die hier zu behandelnden Akteure mehrheitlich als respektable Wissenschaftler, die sich auf Demografie, Soziografie oder Siedlungs- und Agrargeschichte vom frühen Mittelalter bis zur Industrialisierung konzentrierten und das deutsche Volk in seinem Verhältnis zu anderen Völkern untersuchten.[5]

Die völkischen Wissenschaften prägen das Spannungsverhältnis zwischen der Entwicklung und Anwendung von modernen und innovativen wissenschaftlichen Methoden sowie theoretisch-analytischen Ansätzen und der antimodernen, regressiven völkisch-nationalistischen Ideologie, wie sie sich seit dem späten Kaiserreich im deutschen Bildungsbürgertum entwickelte. In Anlehnung an einen Aufsatz Jürgen Kockas mit dem Titel *Ideological Regression and Methodological Innovation*[6] argumentieren nicht wenige Historikerinnen und Historiker,[7] dass zwischen der Anwendung moderner Methoden und der Einnahme einer regressiven ideologischen Haltung ein Zusammenhang bestanden habe. Nach dieser Deutung hätten völkische Wissenschaftler einer völkisch-nationalistischen und revisionistischen politischen Ideologie angehangen, die sie dazu motiviert hatte, neue quantifizierende und inter- und multidisziplinäre Methoden zu entwickeln. Diese neuen Methoden und Forschungspraktiken trugen nach dieser Deutung zur Überwindung des Historismus des 19. Jahrhunderts bei und stellten eine Art Vorstufe der Sozial- und Strukturgeschichte dar, wie sie sich in der Bundesrepublik Anfang der 1970er Jahre entwickeln sollte.[8] Dieser Sichtweise zufolge streiften völkische Wissenschaftler nach 1945 ihre regressive Ideologie

---

[3] Fahlbusch, Für Volk, Führer und Reich!; ders., Wissenschaft im Dienst, S. 65–73.
[4] Vgl. Kater, S. 15–16.
[5] Vgl. Klingemann; Weber, Völkische Tendenzen, S. 835–836.
[6] Kocka, Ideological Regression. Vgl. auch Koselleck, Sozialgeschichte, S. 90–91.
[7] Besonders prominent Oberkrome, Volksgeschichte.
[8] Ebd.; Oberkrome, Reformansätze; van Horn Melton/Schulze; Schulze.

ab, führten jedoch ihre modernen und innovativen Methoden weiter, ein Prozess, der für die Formierung der bundesrepublikanischen Sozial- und Strukturgeschichte von entscheidender Bedeutung gewesen sei.

Demgegenüber wird hier eine alternative Deutung des Verhältnisses von regressiver völkisch-nationalistischer Ideologie und modernen und innovativen Wissenschaftspraktiken dargelegt, indem die spezifischen Erkenntnisverfahren völkischer Wissenschaftler genauer in den Blick genommen werden. In diesem Aufsatz wird die These vertreten, dass die oben darlegte Charakterisierung völkischer Wissenschaften die epistemologische Fundierung der völkisch-wissenschaftlichen Forschungspraxis zu wenig beachtet, indem sie bloß das Verhältnis zwischen Methoden und politischer Ideologie fokussiert. Eine solche Sichtweise suggeriert, dass eine klare Differenz zwischen regressiver *schlechter* politischer Ideologie und progressiver *guter* wissenschaftlicher Forschungspraxis bestehe, dass die eigentlich *gute* Forschung bloß durch eine *falsche* politische Vereinnahmung korrumpiert worden sei. Diese Ansicht kann aufgrund neuerer Forschungsergebnisse zu den Wissenschaften im NS-Regime im Allgemeinen und den völkischen Wissenschaften im Speziellen nicht mehr länger aufrechterhalten werden.[9] Mitchell Ash argumentiert in einem vielzitierten Aufsatz, dass es sich beim Verhältnis von Wissenschaft und NS-Politik keineswegs um einen instrumentellen Missbrauch der Wissenschaft durch die NS-Politik gehandelt hatte, sondern um einen symmetrischen Ressourcenaustausch.[10] Regressive politische Ideologie auf der einen, progressive wissenschaftliche Methoden auf der anderen Seite erscheinen aus dieser Perspektive als falsches Gegensatzpaar in Bezug auf die völkischen Wissenschaften. Es müsste vielmehr danach gefragt werden, welche ideologischen wissenschaftlichen (nicht bloß politischen) Elemente in den Ideenkonstruktionen völkischer Wissenschaftler den Ressourcenaustausch auf ideologischer Ebene mit den NS-Politikern ermöglicht hatten, und ob dadurch womöglich die Suche nach neuen Methoden und theoretischen Ansätzen befördert wurde oder eben nicht. Dabei steht außer Zweifel, dass völkische Wissenschaftler eine jungkonservative, sich vom klassischen Konservatismus abgrenzende politische Haltung vertreten und deshalb mit rechtsradikalen und nationalsozialistischen Politikern zusammengearbeitet hatten. Ebenso wenig wird bestritten, dass diese Kollaboration in einem Zusam-

---

9 Biagioli, S. 185, 198; Mehrtens, S. 18.
10 Ash, Wissenschaft und Politik.

menhang mit Verbrechen gegen die Menschheit stand.[11] Was der vorliegende Aufsatz jedoch anders darlegen möchte als die oben dargelegte Deutung, ist das Verhältnis innerhalb des epistemischen Komplexes *völkische Wissenschaften* zwischen Forschungszielen, apriorischen, weitgehend in den metaphysischen Bereich gehörenden Vorannahmen, theoretischen Perspektiven und Methoden.

Um die Spezifität der völkischen Wissenschaften analytisch zu erfassen, bedarf es einer Untersuchung der von ihren Akteuren vertretenen spezifischen Arten des wissenschaftlichen Erkennens. Diese völkischen Arten des Erkennens umfassten drei Aspekte: Ins Metaphysische weisende, apriorische Vorannahmen, theoretisch-analytische Ansätze und Methoden, woraus sich dann die spezifischen Forschungspraktiken völkischer Wissenschaftler ergaben. Der epistemische Kern völkischer Wissenschaften bestand aus rassisch-metaphysisch und quasi-religiösen Vorannahmen, die gegen ‚rationalistisch-liberales' Denken in Anschlag gebracht wurden. Konkret gemeint ist damit die Idee von der Existenz einer ewigen Ur-‚Rasse' der Germanen, die dann völkisch-genealogisch bis zu den Deutschen verlängert wurde, deren Überlegenheit anderen ‚Rassen' und Völkern gegenüber in der Eigenart des germanischen oder eben deutschen Bluts verankert sei.[12] Diese Idee widersprach grundsätzlich rationalen und logischen Grundlegungen in der zeitgenössischen Erkenntnistheorie und war daher mehr oder weniger inkompatibel mit den Standards der internationalen Wissenschaft. Allerdings bedeutet dies nicht, dass die von völkischen Wissenschaftlern entwickelten und angewandten Methoden un- oder vorwissenschaftlich gewesen wären. Im Gegenteil, um ihre rassisch-metaphysischen Vorannahmen zu untermauern, entwickelten und verwendeten völkische Wissenschaftler quantitative und qualitative Methoden, die von den Methoden der westlichen Wissenschaftsgemeinschaft nicht allzu sehr differierten. Völkische Wissenschaftler entwickelten und wandten auch neue theoretisch-analytische Ansätze an, etwa die Kategorie *Raum*, um ihre rassisch-metaphysischen Annahmen epistemisch zu plausibilisieren. Seit den 1950er und 1960er Jahren passten ehemals völkische Wissenschaftler dann ihre Methoden und theoretischen Ansätze an die Standards der vor allem westlichen Wissenschaftsgemeinschaft an, während die rassisch-metaphysischen Grundlegungen in den Hintergrund traten.

Zur Untermauerung dieser These wird wie folgt vorgegangen: Der erste Abschnitt kontextualisiert die völkischen Wissenschaften kultur- und intellektuel-

---

11 Vgl. z. B. die Beiträge in Haar/Fahlbusch, German Scholars. Der Aufsatz folgt hier der von Karl Jaspers und Hannah Arendt präferierten Terminologie von den „Verbrechen gegen die Menschheit", die „Verbrechen gegen die Menschlichkeit" als Euphemismus ansahen.
12 Vgl. Chun, S. 52.

lenhistorisch, indem er ihre Ziele darlegt und die Positionen aufzeigt, gegen die sich völkische Wissenschaftler absetzten. Wie zu zeigen sein wird, stand die Entwicklung der völkischen Wissenschaften in einem engen Zusammenhang mit der Krise der kontinentaleuropäischen Erkenntnistheorie, die im späten 19. Jahrhundert einsetzte und sich nach dem Ersten Weltkrieg zuspitzte. Der darauffolgende Abschnitt analysiert die Arten völkischen Erkennens. Der letzte Abschnitt thematisiert die Transformationen völkischen Wissens nach 1945 und fragt nach der Kontinuität bestimmter Wissenselemente innerhalb der westdeutschen Wissenschaftskultur im frühen Kalten Krieg.

Die völkischen Wissenschaften als alternative Wissenschaftskultur nach 1918

Das Entstehen der völkischen Wissenschaften muss erstens im Zusammenhang mit der sogenannten „Krise der Wirklichkeit" (Ludwik Fleck) gesehen werden. Dabei handelte es sich um eine Krise des wissenschaftlichen Bewusstseins in den Natur-, Sozial-, Geistes- und Kulturwissenschaften, die in den 1880er Jahren begann und etwa in den frühen 1930er Jahren endete und für die der Erste Weltkrieg katalytische Wirkung hatte. Diese Krise war durch neue erkenntnistheoretische Ansätze verursacht worden, wie etwa Konstruktivismus, Relativismus oder abstrakte physikalische, soziologische und ökonomische Theorien. Paul Forman hat 1971 die These vertreten, dass deutsche Physiker im Zusammenhang mit dieser insbesondere nach 1918 intensivierten Suche nach neuen wissenschaftlichen Gewissheiten über Rationalismus, Determinismus, Formallogik und das Kausalitätsprinzip hinaus die Quantenmechanik entdeckten, und zwar gerade deshalb, weil diese deutschen Physiker durch irrationale und nicht-kausale Gedankengänge zu neuen Erkenntnismodellen und Theorien kamen.[13]

Dieser mit dem Trauma des Ersten Weltkriegs und der Niederlage der Achsenmächte zusammenhängende Irrationalismus zeigte sich nicht nur bei modernistischen Physikern, sondern muss als weit verbreitete intellektuelle Stimmung in der Weimarer Republik gesehen werden. Wissenschaftler und Intellektuelle, die politisch gesehen jungkonservative und rechtsradikale Positionen vertraten, reagierten anders als die Quantenphysiker auf die neuen wissenschaftlichen Ansätze; sie nahmen sie als Entstellungen und Verzerrungen

---

13 Oreskes, Science in the Origins of the Cold War S. 17. Vgl. Forman.

ihrer wissenschaftlichen Realität wahr.[14] Wie die Quantenphysiker, distanzierten sich auch diese jungkonservativen Wissenschaftler von Rationalismus, Determinismus und Kausalitätsdenken und suchten neue Grundlagen der wissenschaftlichen Wirklichkeit. Anders als den Quantenphysikern schwebte ihnen jedoch ein holistisches Konzept wissenschaftlichen Erkennens vor, das Natur-, Sozial-, Geistes- und Kulturwissenschaften gleichermaßen berücksichtigen sollte und dessen daraus hervorgehendes Wissen ein anwendungsorientiertes Wissen war, das den Bedürfnissen rechtsradikaler Politik entsprechen und jungkonservative Gesellschaftsentwürfe wissenschaftlich legitimieren sollte.

Das Entstehen der völkischen Wissenschaften war zweitens eng mit der Entwicklung der sogenannten völkischen Bewegung verbunden. Die völkische Bewegung kann als Amalgamierung verschiedener sozialer Gruppen aus der Lebensreform- und Wandervogelbewegung, politischer Gruppierungen und einzelner Akteure gesehen werden, die im späten 19. Jahrhundert entstand und in den 1920er Jahren an politischer Relevanz gewann, da sie als entschiedene Gegnerin der Weimarer Republik auftrat und statt eines demokratischen ein organizistisches Staatsmodell vertrat, das auf rassischen, völkisch-nationalistischen und antisemitischen Prämissen beruhte.[15] Während auch unpolitische Gruppen innerhalb der Lebensreformbewegung oder einige linke Gruppierungen den Terminus *Volk* für ihre alternativen Ideen verwendeten, wie die deutsche Gesellschaft gestaltet sein sollte, findet sich die semantische Verbindung von Volk und ‚Rasse' im deutschsprachigen Raum vor allem bei rechtsradikalen Bewegungen, insbesondere aber bei der völkischen Bewegung.[16] Jene bestand von Beginn an nicht nur aus Politikern, sondern auch aus jungkonservativen und völkisch-nationalistischen Wissenschaftlern und Intellektuellen, etwa Houston Stewart Chamberlain, der Mitglied des Alldeutschen Verbands und des Bayreuther Kreises war, oder Martin Spahn und Max Wundt, die dem Völkischen Reichsausschuss der Deutschnationalen Volkspartei (DNVP) angehörten.[17] Wie für die Wissenschaftler, die sich selbst als völkische Forscher sahen, stellten die Niederlage des Deutschen Reichs im Ersten Weltkrieg und der Versailler Vertrag auch für die völkische Bewegung ein take-off-Moment dar, denn beide Ereignisse wurden als Tiefpunkte der deutschen Geschichte und Kultur gesehen.

---

14 Vgl. Oexle, Krise des Historismus. vgl. auch Blänkner, S. 342–346.
15 Vgl. Breuer; Puschner.
16 Koselleck, Volk.
17 Bundesarchiv, R 8048/315, Bl. 5: Houston Stewart Chamberlain an J. F. Lehmanns (Verleger) vom 8. August 1916; ebd., R 8048/223, Bl. 60: Völkischer Reichsausschuss der Deutschnationalen Volkspartei an den Alldeutschen Verband vom 16. Oktober 1924.

Eine der Grunddispositionen völkischer Akteure war, dass sie wissenschaftliches Weltbild und politisch-ideologische Weltanschauung nicht voneinander trennten, wie dies Max Weber mit seinem Postulat der Werturteilsfreiheit der Wissenschaft forderte.[18] Für völkische Wissenschaftler repräsentierte Webers Forderung das als seelenlos und mechanistisch apostrophierte 19. Jahrhundert. Völkische Wissenschaftler vertraten dagegen eine gegen den angeblich im 19. Jahrhundert vorherrschenden Rationalismus gerichtete Form wissenschaftlichen Erkennens, die eine Fundamentalkritik der zeitgenössischen, d. h. demokratisch-republikanisch verfassten Gesellschaft, Kultur und Wissenschaft implizierte und eine „Philosophie der Zerstörung" postulierte, die auf die Destabilisierung des bestehenden Gesellschaftssystems abzielte.[19] Völkische Wissenschaftler kombinierten eine jungkonservative Lesart von Friedrich Nietzsches Kritik der bürgerlichen Gesellschaft, seiner Glorifizierung der menschlichen Vitalkraft und seines Aristokratismus mit rassischem Denken, um Korruption und Dekadenz der Weimarer Republik zu akzentuieren.[20] Für sie war der „Wert des Blutes" eine wissenschaftliche Kategorie, die aristokratisches Bewusstsein mit dem Glauben an die rassische Superiorität des weißen Mannes über alle anderen ‚Rassen' ausdrücken sollte.[21] Diese rassisch-vitalistische Philosophie diente völkischen Wissenschaftlern als Alternative zu abstrakten Theorien und relativistischem Denken, zu Positivismus und Historismus, die sie allesamt als Elemente des bürgerlichen 19. Jahrhunderts betrachteten.

Die zentrale epistemische Kategorie völkischer Wissenschaftler war *Volk*, eine Kategorie, die zwei Aspekte beinhaltete: Zum einen war sie die Grundkategorie zur Schaffung einer holistischen Wissenschaft, die nicht länger im akademischen Elfenbeinturm angesiedelt, sondern im Volk als von den zivilisatorischen Degenerationserscheinungen unaffiziert gebliebenem Landvolk (nicht Stadtbevölkerung) verankert sein sollte, was bedeutete, dass die Grenzen zwischen der engeren akademischen Fachwissenschaft und einer öffentlichen Laienwissenschaft, wie sie etwa Vereinigungen für Heimatschutz praktizierten, überwunden werden sollten.[22] Zum anderen stellte *Volk* eine paradigmatisch gedachte, analytische Perspektive dar, die Wissen über die materielle und geistige Kultur einer bestimmten, räumlich begrenzten Bevölkerungsgruppe generieren sollte, denn völkische Wissenschaftler verbanden eine biologische Vorstellung

---

18 Gordon, S. 52–64.
19 Jansen. Vgl. auch Aschheim.
20 Vgl. Oexle, Krise des Historismus, S. 88. Vgl. auch Rabinbach, S. 124–127.
21 Conze/Sommer, S. 137.
22 Vgl. Grüttner. Vgl. auch Archiv des Historischen Museums der Pfalz in Speyer (HMP Speyer), Ordner: XM, Hist. Museum. Allgemein (Sach.) 1939–45: Rembert Ramsauer, Aufgabe und Arbeit des Saarpfälzischen Instituts für Landes- und Volksforschung, undatiert, Bl. 1.

von Volk mit dessen geistig-moralischen Eigenschaften und zogen daraus wiederum Rückschlüsse auf die materielle Kultur des entsprechenden Volks.[23] Durch archäologische Funde konnte somit nicht bloß Wissen über das Alter dieser Artefakte generiert werden, vielmehr verwies dieses Wissen auch auf die völkische Beschaffenheit der Erzeuger dieser Artefakte.[24] Von besonderer Bedeutung war dabei das Verhältnis zwischen der jeweiligen Form des Artefakts und dem Grad der „rassischen Reinheit" desjenigen Volks, das das betreffende Objekt hergestellt hatte: Je weniger biologisch gemischt ein Volk sei, als desto reiner stellten sich völkische Wissenschaftler den künstlerisch-handwerklichen Ausdruck dieses Volks vor. So wollten völkische Wissenschaftler einen „germanischen Stil" bei frühneuzeitlichen Bauernhäusern im Elsass und in Lothringen beobachten und wissenschaftlich beschreiben, indem sie sich auf die Ornamentik und Symbolik konzentrierten, die in den Tür- und Fensterpfosten von Fachwerkhäusern eingraviert oder ins Fachwerk selbst eingelassen waren, mit dem Argument, dass sich dieser „germanische Stil" deshalb erhalten habe, weil in diesen Regionen seit Jahrhunderten deutsche Siedler lebten, die sich mit der romanischen Bevölkerung nicht vermischt hätten.[25]

Das letztere Beispiel zeigt, dass völkische Wissenschaftler die Kategorie *Volk* jeweils mit der geografischen Kategorie *Boden* respektive *Raum* zusammendachten: *Volk* und *Raum* waren seit den Arbeiten des Zoologen und Geografen Friedrich Ratzel und des Kulturhistorikers Wilhelm Heinrich Riehl sich wechselseitig bedingende Kategorien. Daher konnte die soziale Struktur eines Volks, die aus seinen biologisch bestimmten geistig-moralischen, sozialen und ästhetischen Normvorstellungen und der daraus sich ergebenden materiellen Kultur hervorging, nur durch die Analyse des Raums, in dem dieses Volk lebte, erforscht werden. Diese völkisch-räumliche Begrenzung implizierte einen Partikularismus, der gegen das universalistische Prinzip als ein Grundelement der westlichen Aufklärung stand und völkischen Wissenschaftlern ermöglichte, einen deutschen, französischen oder englischen Stil von Politik, Ökonomie oder Wissenschaft zu konzipieren, der auf den jeweiligen Eigenschaften dieser Völker und ihrer Lebensräume beruhte. Für die völkische Forschungspraxis bedeutete dies, dass nur Angehörige des jeweiligen Volks Geschichte, Geist, Kultur, Politik und Ökonomie dieses Volks erforschen konnten, nicht aber Vertreter eines anderen Volks.[26] Konzeptionen wie die „Deutsche Physik" (Philipp Lenard, Johannes Stark) oder die „deutsche Soziologie" (Andreas Walther, Gunther Ip-

---
23 Zur ethisch-moralischen Dimension völkischen Denkens vgl. Konitzer/Palme.
24 Brather.
25 So z. B. Christmann; Keuth; vgl. dazu Großmann.
26 Vgl. Muller, S. 29–30.

sen, Karl Heinz Pfeffer, Hans Freyer), die mitunter dezidiert antisemitische Positionen beinhalteten, waren Manifestationen dieses völkisch-partikularistischen Denkens.[27]

Charakteristisch für die völkischen Wissenschaften war darüber hinaus, dass Wissenschaft nach völkisch gebundenen Zielen als Leitkonzepte der zu verändernden zeitgenössischen Gesellschaft ausgerichtet sein sollte. Ein solches Ziel war etwa die wissenschaftliche Beweisführung, dass die Regionen Elsass und Lothringen zum deutschen Kulturraum gehörten, weil sie angeblich seit Jahrhunderten von germanisch stämmigen Menschen bewohnt seien. Hierbei ging es allerdings nicht bloß um gesellschaftliche Anwendung völkischen Wissens, vielmehr verband sich damit auch eine spezifische Vorstellung völkischen Erkennens, das tiefere Einsichten in die Sozialstruktur eines Volks ermöglichen sollte, als dies der Mechanismus und Formalismus des 19. Jahrhunderts erlaubt hatte. Denn nach Ansicht völkischer Wissenschaftler war die Zielgerichtetheit ihrer Forschung ein Gegenkonzept zum Autonomieprinzip des Wissenschaftskonzepts Wilhelm von Humboldts und der späteren Forderung nach Wertfreiheit der Wissenschaft Max Webers, die sie beide der als zu überwindenden Wissenschaftskultur des 19. Jahrhunderts zuschrieben.[28] So musste für den Philosophen und Soziologen Hans Freyer die Soziologie deshalb einem Ziel unterstellt werden, weil menschliche Gesellschaften und Gemeinschaften, wie sie der Soziologe untersuchte, selbst zielgerichtet operierten und sich dahingehend entwickelten.[29] Nach Freyer konnten Intentionen und Mechanismen der Gesellschafts- und Gemeinschaftsbildung nur durch die Einnahme einer subjektiv-hermeneutischen Position richtig erfasst werden, weil Ideen über Kultur, Gesellschaft und Natur nicht von der Sinneserfahrung von Kultur, Gesellschaft und Natur, in die der jeweilige Wissenschaftler eingebettet war, getrennt werden konnten.[30] Aus dieser Perspektive generierte die möglichst neutrale Rekonstruktion einer historischen Epoche, wie dies der Historismus verlangte, gerade kein wahres historisches Wissen. Im Gegenteil konnten für Freyer historische Objekte ihrem Sinn nach nur durch die Linse der Gegenwart und die subjektive Position des Individuums erforscht werden. Gerade dieses Prinzip führte dazu, dass völkische Wissenschaftler ihren wissenschaftlichen Ansatz in den Dienst des NS-Regimes stellten,[31] das für sie den wahren Ausdruck des deut-

---

27 Vgl. Beyerchen; Rammstedt.
28 Vgl. Dierig, S. 147–151.
29 Muller, S. 94, 104–105.
30 Vgl. dazu Harrington, S. 46.
31 Ein ähnliches Konzept hatte Giovanni Gentile in Italien entwickelt. Vgl. Fogu.

schen Volks, seiner Kultur und seines Geistes, repräsentierte. Martin Heideggers frühes Engagement für das NS-Regime ist das bekannteste Beispiel hierfür.[32]

Arten des Erkennens völkischer Wissenschaften im historischen Kontext

Mit Bezug auf die Arbeiten Gaston Bachelards, Georges Canguilhems und Hans-Jörg Rheinbergers[33] werden im Folgenden die völkischen Wissenschaften als ein spezifischer Ansatz der Sinngenerierung von Phänomenen dieser Welt durch die Einnahme theoretisch-analytischer Perspektiven und die Anwendung wissenschaftlicher Methoden aufgefasst. Hinzu kommt ein Bestand an „verborgenem" oder „kulturellem Wissen", das der intellektuellen Sozialisation und dem politisch-ideologischen Hintergrund völkischer Wissenschaftler entstammte. Theodore Arabatzis meint, dass bei vorwissenschaftlichen Gegenständen verborgene Entitäten vorliegen würden, die, im Sinne einer idiomatischen Vorstrukturierung,[34] vor dem Zeitpunkt existent sind, als diese Gegenstände zu wissenschaftlichen Gegenständen werden.[35] Solche verborgenen Elemente entstammen meist der Sphäre metaphysischer, religiöser oder aber politischer Glaubenssätze, die das jeweilige Wissenschaftskonzept vorstrukturieren. Somit können die völkischen Wissenschaften als eine spezifisch historische epistemische Konfiguration aufgefasst werden, die aus metaphysischen Vorannahmen, theoretisch-analytischen Ansätzen und Methoden bestand. In den drei nachfolgenden Unterabschnitten wird die Beschaffenheit der epistemischen Konfiguration „völkische Wissenschaften" nach diesen drei Bestandteilen analysiert.

Apriorische metaphysische Vorannahmen: Rassischer Essentialismus

Die metaphysische Grundlage völkischer Wissenschaften ist als Gegenkonzept zu erkenntnistheoretischen, auf formallogischen Prinzipien bauenden Ansätzen zu sehen, die im internationalen Wissenschaftsfeld von den 1920er Jahren bis in

---
32 Vgl. dazu Sluga.
33 Canguilhem; Rheinberger.
34 Vgl. Waldenfels, S. 310–330.
35 Arabatzis, S. 382.

die 1940er Jahre etabliert waren. Zu diesen Ansätzen, die es laut völkischen Wissenschaftlern zu überwinden galt, gehörten der neukantianische *Rationalismus*, Verfahren der hypothetisch-deduktiven Prüfung im Anschluss an Francis Bacon, wie sie in der angloamerikanischen Wissenschaftsgemeinschaft etabliert waren, der reine Empirismus, den völkische Wissenschaftler einem als „westlich" apostrophierten wissenschaftlichen Denken zuschrieben, der Logische Empirismus Wiener Prägung, das relationale Denken Karl Mannheims und partiell auch die Phänomenologie Edmund Husserls.[36] Alle diese Ansätze versuchten, die Plausibilität von Theorien durch ihren Rückbezug auf das Empirische zu prüfen und möglichst zu härten. Darüber hinaus bemühten sich ihre Repräsentanten, jegliche Metaphysik aus ihren epistemologischen Grundlegungen herauszuhalten. Gerade diese Glaubenselemente jedoch, die ihrerseits stark mit antirationalistischen und neuromantischen Sichtweisen verbunden waren, wollten völkische Wissenschaftler im Sinne einer „Wiederverzauberung der Welt" in die Wissenschaft reimportieren.

Wie andere epistemische Konfigurationen unterstanden auch die völkischen Wissenschaften einer normativen Setzung, die zweierlei beinhaltete: Erstens die Denkfigur von der „Volkwerdung", also die prozessuale Ebene völkischen Wissenschaftsverständnisses, zweitens die Purifizierung dieses Volks im Sinne einer rassischen Verfeinerung nach dem Reinheitsgebot, was im Sinne der oben dargelegten, zielorientierten gesellschaftlichen Anwendung völkischen Wissens auf eine vitalistische, eugenisch (positiv oder negativ) orientierte Optimierung dieses Volks hinauslief. Grundvoraussetzung dieser apriorischen Setzung war die Annahme von der Existenz einer rassisch-biologischen Essenz des jeweiligen Volks. Diese völkisch-rassische Grundannahme, die bei der Anwendung völkischen Wissens auf politische Entscheidungen rasch in offenen Rassismus und Nationalismus umschlagen konnten, waren mit wissenschaftlich-methodischen Kategorien nicht nur nicht falsifizierbar im Sinne Karl R. Poppers, sondern ganz generell nicht durch wissenschaftliche Methoden zu beweisen. Die völkisch-rassische Sichtweise auf Kultur und Geschichte war eine nicht beobachtbare und nicht beweisbare Vorannahme, die die metaphysische Basis der völkischen Wissenschaften bildete, weil sie auf dem Glauben basierte, die Menschheitsgeschichte müsse nach völkisch-rassischen Kategorien neu aufgeschlüsselt werden, um Erscheinungen, Phänomene und Entwicklungen der zeitgenössische Gesellschaft zu erhellen.

---

[36] Carrier, S. 35–39; Friedman, S. 10f. Mit Martin Heideggers, von Husserls Phänomenologie inspirierter Existentialontologie waren die Grundannahmen völkischer Wissenschaft jedoch tendenziell kompatibel.

Um diese Interpretation der metaphysischen Grundlagen völkischer Wissenschaften zu plausibilisieren, wird in den nachfolgenden Abschnitten eine Arbeit Wilhelm Emil Mühlmanns mit dem Titel *Der heutige Bestand der Naturvölker* aus dem Jahr 1943 näher betrachtet.[37] Mühlmann hatte sich im NS-Regime als enthusiastischer Nationalsozialist hervorgetan. Stark beeinflusst von den Rassenanthropologen Hans F. K. Günther und Eugen Fischer sowie dem Ethnologen Richard Thurnwald hatte er als aktives Mitglied der SA für das Amt Rosenberg und das Institut für Grenz- und Auslandstudien in Berlin-Steglitz gearbeitet. Mühlmann erhielt 1950 eine Diätendozentur und 1957 eine ordentliche Professur für Ethnologie an der Universität Mainz. 1960 folgte er einem Ruf nach Heidelberg, wo er das Institut für Soziologie und Ethnologie aufbaute.[38]

Mühlmann setzte sich in seinem Aufsatz das Ziel, Kategorien für die „volklichen Zustände" der „Gesamtheit der sog. Naturvölker" zu entwickeln, um diese Völker in biologisch-rassischer und kultureller Hinsicht zu klassifizieren. Laut Mühlmann konnten Naturvölker nicht als vollwertige Völker angesehen werden, vielmehr befanden sie sich noch auf der Stufe von Klans oder Stämmen: „Die Gesamtheit der sog. Naturvölker befindet sich in vorvolklichen Zuständen, ein Teil von Ihnen sogar in vorstammlichen Zuständen."[39] Hierbei wird das prozessuale Element, die Idee von der „Volkwerdung", im völkisch-wissenschaftlichen Denken deutlich, denn Mühlmann ging offenbar von der Annahme aus, dass sich alle Völker nach denselben Mustern entwickeln würden, nämlich von familialen Stammesgemeinschaften zu Völkern. Weil Naturvölker keine wirklichen Völker waren, sondern Klans oder Stammesgemeinschaften, zählte Mühlmann nur „Großraumvölker" wie die Europäer, die Japaner oder „das werdende Großraumvolk der Chinesen" zu den wirklichen Völkern, womit er ein Beispiel für den oben erwähnten Konnex zwischen Volk und Raum lieferte. Obwohl Mühlmann konstatierte, dass hoch entwickelte Formen der Religion, etwa das Christentum, der Buddhismus oder der Islam, für die „Neuvolkbildung" von entscheidender Bedeutung seien, zählte er muslimische Bevölkerungsgruppen nicht zur Gruppe der wirklichen Völker, weil seiner Ansicht nach der Islam eine „Gleichgültigkeit gegenüber den Rassenunterschieden" zwischen den Stämmen und Klans zeige, „ein Faktor, der zwar Stammesunterschiede zu überbrücken vermag, aber bei allzu großer Rassendifferenz eben doch keine Neuvolkbildung zuwegebringt." Diese angeblichen Eigenschaften des Islams waren laut Mühl-

---

37 Mühlmann.
38 Klingemann, Soziologie und Politik, S. 363–364; Rammstedt, S. 42; vgl. Michel.
39 Mühlmann, S. 5. Dieses Stereotyp haben schon Heinrich von Treitschke und Friedrich Ratzel zu Beginn des Kaiserreichs vertreten.

mann für „die eigentümlichen ‚scheinvolklichen' Bindungen des Orients" verantwortlich.[40]

Laut Mühlmann rechneten „(r)assisch zersetzte und stammlich entwurzelte Gruppen (...) natürlich nicht zu den ‚Naturvölkern'." Als „rassisch zersetzte" Gruppen sah Mühlmann die „Neger und Mulatten der USA, Westindiens, Brasiliens" an.[41] Die wirklichen Naturvölker waren für Mühlmann dagegen „Rückzugsgruppen der Menschheit", sie dienten den Hochkulturen als „eine Art von ‚barbarischer Rassenreserve'". Sie lebten in mehr oder weniger isolierten Regionen und gaben von Zeit zu Zeit ihre Vitalkraft anderen Völkern weiter, indem sie sich mit ihnen vermischten.[42] Demnach war die vitalistisch-rassische Reinheit der Naturvölker der Hauptfaktor für eine mögliche „Neuvolkbildung", dafür also, dass ein Klan oder Stamm sich überhaupt zu einem Volk entwickeln konnte, denn sie stellte das biologisch-vitalistische Rückgrat für die weitere Existenz einer gesunden Hochkultur dar. Elemente, die dagegen zu einer rassischen Qualitätsminderung von Völkern, ja zu einer „Entvolkung" führten, waren für Mühlmann „Bolschewisierung, Vermassung, Amerikanisierung, Proletarisierung". Noch gefährlichere Erscheinungen stellten allerdings „Sinisierung, Hinduisierung oder Islamisierung" dar, weil diese Prozesse Mühlmanns Ansicht nach zu einer „Niederlegung der rassischen und ethnischen Grenzen" führten.[43] Diese Zitate zeigen deutlich, dass völkische Wissenschaft in der Art, wie sie Mühlmann betrieb, eine normative Kritik der zeitgenössischen sozialen und politischen Situation implementierte, die mit der Art völkischen Erkennens inhärent verbunden war: Mühlmann vermengte politisch-ideologische Beschreibung von als negativ angesehener Prozesse wie „Bolschewisierung" oder „Amerikanisierung" mit seinen sozialanthropologischen Kategorien.

Zum Ende seines Aufsatzes entwickelte Mühlmann eine Definition von Volk. Seiner Ansicht nach besaßen wirkliche Völker folgende Eigenschaften: Sie okkupierten Großräume im Sinne Carl Schmitts, in denen Stämme mit verwandten Sprachen und Kulturen zusammengefasst waren, ihre soziale Organisation war hierarchisch und sie hatten ein Bewusstsein über eine gleichartige Abstammung, über einen „(g)eschlossene(n) Volksboden und (einen) relativ geschlossene(n) Blutkreislauf", der keine Elemente eines fremden Volks – nicht zu verwechseln mit den Naturvölkern, die für die Hochkulturen, also die wirklichen Völker, die „barbarische Rassenreserve" darstellen würden – aufgenommen hatte. In einem wirklichen Volk sollte zudem ein Gleichgewicht zwischen

---

40 Ebd., S. 6.
41 Ebd., S. 8.
42 Ebd., S. 10f.
43 Ebd., S. 18.

urbanen und ruralen Bevölkerungsanteilen herrschen, wobei ein „echtes Bauerntum" als zentrales Element nicht nur die Vitalkraft des entsprechenden Volks (als Äquivalent zu den Naturvölkern) garantierte, sondern auch seine Bevölkerungsstärke multiplizieren half, wodurch andere Völker unterjocht werden konnten.[44] Es ist offensichtlich, dass Mühlmann seine Definition von Volk an der Bildung europäischer Völker, und hierbei ganz besonders des deutschen Volks, entwickelt hatte. Mühlmann vertrat nicht nur die Ansicht, dass ein Grundbestand an rassischer Reinheit als uranfänglicher Wert der Hauptmechanismus für die Entwicklung „primitiver Völker" zu „Großraumvölkern" war, sondern meinte implizit auch, dass das deutsche Volk als normatives Beispiel dieses Prozesses anzusehen sei.

Die Idee, dass rassische Reinheit im Sinne unvermischten Bluts Grundvoraussetzung für die Bildung von wirklichen Völkern sein sollte,[45] stellt das Hauptargument dafür dar, diese metaphysische Kategorie als quasi-religiös und vorwissenschaftlich zu beurteilen.[46] Denn die Vorstellung, Blut sei Träger bestimmter Charakteristiken und Werte wurzelt in einem essentialistischen Denken, das Gaston Bachelard mit Bezug auf das alchemistische Denken der Frühen Neuzeit als vorwissenschaftlich bezeichnet hat. Nach Bachelard folgt ein solches Denken einem „Mythos des Innern", der Annahme nämlich, dass in chemischen oder biologischen Substanzen und Stoffen ein Schlüssel zu finden sei, mit dem das Tor zu den innersten, den geheimen und verborgenen Qualitäten dieser Substanzen und Stoffen im Sinne einer göttlichen Essenz geöffnet werden könnte. Kennzeichnend für diese alchemistischen Ideen ist, dass sie jeweils eine Wertung der entsprechenden Substanz implizierten, wie etwa „Feinheit", was der Alchemist immer als ein Zeichen von besonderen Kräften und Fähigkeiten auffasste.[47] Auch das essentialistische und quasi-religiöse Denken völkischer Wissenschaftler der ersten Hälfte des 20. Jahrhunderts implementierte eine Wertung völkischer Eigenschaften und der Träger dieser Eigenschaften; die Mehrzahl von ihnen sah im „nordischen Blut" die Trägersubstanz überlegener geistiger, biologischer und kultureller Qualitäten, das „jüdische" und „slawische Blut" erschien ihnen dagegen als infektiös, als Träger von Krankheit, völkischer Zersetzung und rassischer Degeneration.[48]

Mit Bachelard wird hier die Position vertreten, dass wissenschaftliches Wissen niemals aus feststehenden Essenzen bestehen kann, vielmehr ist es vorläu-

---
44 Ebd., S. 19.
45 Vgl. Schöttler, Von der rheinischen Landesgeschichte.
46 Vgl. Flügel, S. 664–671.
47 Bachelard, Die Bildung, S. 159–163, 172.
48 Berg.

figes Resultat eines unabgeschlossenen, tastenden und reflektierenden Prozesses.[49] Dass diese Position normativ und anti-relativistisch ist und die Annahme voraussetzt, dass die Entwicklung wissenschaftlichen Wissens als ein wie auch immer gearteter progressiver, aber nicht teleologischer, Prozess zu beschreiben ist, soll nicht bestritten werden. Sie erhält aber dadurch an Plausibilität, dass die Mehrzahl der Wissenschaftler, die sich in der ersten Hälfte des 20. Jahrhunderts in der internationalen Wissenschaftsgemeinschaft modernen Ansätzen verpflichtet fühlte, auf die eine oder andere Weise an den prozessual-progressiven Charakter wissenschaftlichen Wissens glaubte. Wladimir I. Lenin stellte diese Sichtweise in pointierter Weise dar, als er idealistische Konzepte wissenschaftlichen Denkens kritisierte und meinte, dass der Glaube an die Existenz unveränderlicher Elemente Charakter eines theologisch-metaphysischen Glaubenssystems sei, das auf Ebene der beobachtbaren materialen Realwelt keinerlei empirische Evidenz aufweise.[50] Auch wenn Lenin mit dieser Position vornehmlich das hegelianische Denksystem aushebeln wollte, indem er es als westlich-idealistisch und kapitalistisch korrumpiert bezeichnete, untermauert sie die Interpretation, dass die metaphysische Fundierung völkischer Wissenschaft eine Art rassisch-religiöser Idealismus darstellte, substantiiert in dem Glauben an eine a priori existierende biologische, gegenüber anderen Völkern superiore Eigenschaften beinhaltende Essenz.[51] Völkische Wissenschaftler wie Mühlmann gingen von der Annahme aus, dass die überlegenen Eigenschaften der „germanischen Rasse" und des „deutschen Volks" unabhängig von Zeit und Raum existieren würden; sie erschienen ihnen eben als uranfänglich, und eine solche Sichtweise muss zwingend als un- oder vorwissenschaftlich beurteilt werden.

Die Beispiele hierfür ließen sich mehren: Hermann Aubin schrieb 1931 von den „Kräften", die den „Raum" Westfalen im Laufe der Geschichte geformt hätten und meinte damit die angeblich formbildenden und kulturerschaffenden Kräfte der germanisch stämmigen Sachsen.[52] Ganz generell attestierte Aubin dem „Westfalenbegriff" eine „Lebenskraft",[53] was einer vitalistischen Essentialisierung einer als räumlich gebunden gedachten Bevölkerungsgruppe gleichkommt. Der völkische Schweizer Wirtschaftshistoriker Hektor Ammann rekurrierte auf einen anthropologischen Essentialismus, als er in den 1920er und 1930er Jahren den oberdeutschen Kaufleuten des späten Mittelalters die Charak-

---

49 Vgl. Bachelard, Die Philosophie, S. 82.
50 Lenin, S. 260–262.
51 Auch Theodor W. Adorno bezeichnete in seiner *Negativen Dialektik* von 1966 die Suche nach Ursprung und Anfang als essentialistischen „Fetischismus". Adorno, S. 117.
52 Aubin, Die geschichtliche Entwicklung, S. 7f.
53 Ebd., S. 24.

tereigenschaft „Tüchtigkeit" zuschrieb und sie dadurch gegen die angeblich passiveren und fauleren französischen Kaufleute absetzte, nur um für das Elsass darzulegen, dass ihm wirtschaftlich, politisch und kulturell eben durch die tüchtigeren oberdeutschen Kaufleute eine Blütezeit beschert worden sei, wogegen die französischen Kaufleute für Verfall und Niedergang des elsässischen Wirtschaftsraums standen.[54] Und was anderes als Ausdruck eines völkisch-rassischen, essentialistischen Fetischismus sollte die vom Ur- und Frühhistoriker Ernst Wahle geprägte und vom Westforscher Franz Petri wiederholte Metapher von der „unhörbaren Stimme des Blutes" für die Bezeichnung einer germanisch-deutschen und daher auch nur von Deutschen zu verstehenden Sendung sein, die Petri spätestens in seiner Funktion bei der deutschen Militärverwaltung in Brüssel zur „Säuberung" der belgischen Universitäten von Juden realisierte?[55]

Der Grund, weshalb diese metaphysische Grundierung als quasi-religiös und deshalb un- oder vorwissenschaftlich angesehen werden muss, ist der, dass zwischen dem Forschungsziel und überprüfbaren Hypothesen ein unüberwindbarer Abgrund bestand. Im Gegensatz zu Kategorien wie „Klasse" oder „Geschlecht" existierte mit Ausnahme der physiologischen Differenzen zwischen beispielsweise Europäern und Aborigines auch in der ersten Hälfte des 20. Jahrhunderts keine wissenschaftliche Evidenz dafür, dass zwischen den einzelnen Menschengruppen profunde psychologische, charakterliche, intellektuelle oder emotionelle Unterschiede bestanden.[56] Denn eine angeblich rassische Differenz konnte zeitgenössisch weder durch die biotechnische Genetik noch durch kognitionswissenschaftliche Verfahren bestimmt werden. Schon im 19. Jahrhundert zweifelten zahlreiche Wissenschaftler, unter ihnen auch Charles Darwin, den wissenschaftlichen Wert einer Interpretation der menschlichen Evolutionsgeschichte vermittels rassischer Kategorien an.[57] Anlässlich eines Vortrags am zehnten Internationalen medizinischen Congress in Berlin 1890 meinte Joseph Stokvis, „dass die Existenz specifischer Rassenkrankheiten ebenso fraglich ist, wie das Bestehen irgend einer absoluten durch die Rasse gegebenen Immunität für bestimmte Krankheiten".[58] Angeblich apriorisch existierende Seinszustände wie Volk und ‚Rasse' konnten nicht durch wissenschaftliche Verfahren bewiesen werden, weil sie Zuschreibungen und Zugehörigkeitsempfin-

---

[54] Ammann, Deutschland und die Messen, S. 73, 62; ders., Elsässisch-schweizerischen Wirtschaftsbeziehungen, S. 38, 42.
[55] Vgl. Schöttler, Von der rheinischen Landesgeschichte, S. 102, Anmerkung 67; Tiedau, S. 580–583.
[56] Vgl. Cavalli-Sforza/Cavalli-Sforza. s. auch Appiah.
[57] Vgl. Sarasin, S. 286–296.
[58] Stokvis, S. 194.

dungen waren, die im Sinne einer wissenschaftlich zu beobachtenden und beschreibenden Realität nicht existierten. Was völkische Wissenschaftler demnach taten, war eine Verwissenschaftlichung quasi-religiöser, essentialistischer Ideen, wie etwa die „innere Ordnung" der Völker.[59] Diese quasi-religiöse und rassische Grundierung der völkischen Wissenschaften ist vergleichbar mit der wissenschaftlich-religiösen Denkweise, die Ernst Haeckel mit seinem physikalisch-theologischen Ansatz des Monismus in der Biologie entwickelt hatte, der „religious joys of reveling in the beauty of ‚mother nature' with the assurance of progress based on scientific certainty" verschnürte, wie Bernhard Kleeberg dies formuliert.[60] Diese quasi-religiösen Elemente waren ein entscheidender Grund dafür, dass so viele völkische Wissenschaftler der SS nahestanden, denn deren Ontologisierung von Blut und ‚Rasse' und die Verankerung ethisch-moralischer Prinzipien in einem germanozentrischen Weltbild stellten den Kern der SS-Ideologie dar, der in keiner logisch aufgebauten systematischen Philosophie wurzelte, sondern in rassisch-völkischen Vorannahmen.[61]

Die Betrachtung des soziohistorischen Kontexts völkischer Wissenschaftler gibt eine mögliche Antwort auf die Frage, weshalb sich dieser Forschungszweig mit seiner quasi-religiösen metaphysischen Grundierung im deutschen Wissenschaftsfeld während des NS-Regimes etablieren konnte. Nach dem Machtwechsel 1933 wurden völkische Wissenschaftler nicht länger sanktioniert, denn das NS-Regime protegierte diese Wissenschaftler und beförderte dadurch ihre Etablierung im deutschen Wissenschaftsfeld. Hinzu kam, dass viele deutsche Professoren zwar nicht explizit völkisch dachten, jedoch nationalistische und konservative Positionen begrüßten, was in einer partiellen Akzeptanz der politischen Stoßrichtung völkischer Wissenschaftler resultierte. Die einzige schlagkräftige Kritik an den völkischen Wissenschaften wurde von linken, liberalen und jüdischen Wissenschaftlern vorgebracht, die in den Jahren nach 1933 allerdings aus dem deutschen Wissenschaftsfeld gedrängt wurden.[62] Erst das NS-Regime ermöglichte völkischen Wissenschaftlern, ihre Wissenschaftskonzepte durchzusetzen, weil sie nun ihre Forschungsergebnisse nicht mehr vor der internationalen Wissenschaftsgemeinschaft rechtfertigen mussten.[63]

---

59 Bundesarchiv, R 73/323, Bl. 1–19, hier: Bl. 4, 16: Friedrich Metz, Wissenschaft und Volkstumskampf. Vortrag, gehalten auf der Jahresversammlung des VDA am 23. Januar 1935 in Berlin. Vgl. auch Raphael, ‚Ordnung', S. 118–120, 125. Zu den religiösen Elementen in den Natur- und Geisteswissenschaften vgl. Vidal/Kleeberg, S. 385.
60 Kleeberg, S. 537.
61 Mineau, S. 33.
62 Bialas/Rabinbach, Introduction, S. x-xi.
63 Vgl. dazu zeitgenössisch Francastel; Merton. Vgl. auch Wengenroth.

Theoretisch-analytische Perspektiven: Antihistorismus und Raum

Die oben dargelegte Interpretation der völkischen Wissenschaften als Wissenschaftskonzept, das auf quasi-religiösen, rassisch-metaphysischen Vorannahmen beruhte, dessen Etablierung in Deutschland nach 1933 nur aufgrund der Machtübernahme durch die Nationalsozialisten möglich war, bedeutet nicht, dass völkische Wissenschaftler keine innovativen theoretisch-analytischen Perspektiven von Geschichte und zeitgenössischer Kultur entwickelt hätten. Zwei innovative Perspektiven stechen dabei ganz besonders ins Auge, nämlich die antihistoristische Interpretation historischer Prozesse und die Verwendung von *Raum* als analytisches Konzept. Diese zwei Ansätze werden deshalb als innovativ und modern interpretiert, weil sie für die Entwicklung sozialhistorischen und strukturfunktionalistischen Denkens in den Geistes-, Kultur- und Sozialwissenschaften nicht nur in Deutschland, sondern auch in den Vereinigten Staaten oder in Frankreich entscheidend waren. Zu denken wäre an die in den Vereinigten Staaten ab den 1920er Jahren sich etablierenden sozialwissenschaftlichen Area Studies (Regionalstudien) oder an die Ansätze der französischen Annales-Schule.[64] In Bezug auf die völkischen Wissenschaften müssen diese innovativen und modernen Ansätze allerdings immer im Lichte ihrer quasi-religiösen, rassisch-metaphysischen Basis gesehen werden. Wie zu zeigen sein wird, ist es nicht möglich, Theorie und Analyse von der oben dargelegten metaphysischen Grundierung zu trennen.

Der erste innovative und moderne Ansatz völkischer Wissenschaftler war der Wandel von einer historistischen Sichtweise auf Kultur und geschichtliche Abläufe zu einer mehr strukturellen Interpretation historischer Prozesse, die über die Fokussierung auf große und bedeutende Männer, die Geschichte machten – Könige, Grafen, politische Führer –, hinausging. Der völkische Mittelalterhistoriker Otto Brunner entwickelte sogar eine dezidiert negative Sichtweise auf diese „großen Männer", weil er sie dafür verantwortlich machte, dass sie im Mittelalter die Bildung eines großdeutschen Reichs verhindert hätten; laut Brunner hatten diese Adligen bloß ihre eigenen egoistischen materiellen Interessen verfolgt und dadurch dem deutschen Volk die Möglichkeit verwehrt, als ‚auserwähltes' Volk ein „Mitteleuropa" als großdeutsches Reich zu gründen. Der wirkliche Träger des großdeutschen Reichs war für Brunner das deutschsprachige *Volk*, und dieses Volk konstituierte sich für ihn strukturell aus einer

---

64 Vgl. Haney; Raphael, Die Erben.

harmonischen Gemeinschaft zwischen adligen Herren und deutsch-germanischen Bauern.⁶⁵

Dass dieser antihistoristische Ansatz nicht als sozial- und strukturgeschichtliche analytische Perspektive avant la lettre bezeichnet werden kann, hat Gadi Algazi ausführlich dargelegt. Algazi betont, dass Brunners Ansatz weit von den Perspektiven westdeutscher Sozialhistoriker der 1970er und 1980er Jahre entfernt war; weder Klassenkonflikte noch soziale Problemlagen waren für den Otto Brunner der 1930er Jahre zentral, ihm stand vielmehr die Gemeinschaftsvorstellung zwischen Herren und Bauern vor Augen, deren angeblich harmonisches Verhältnis zueinander die Grundstruktur des deutschen Volks gebildet hätte, und dass dieses *Volk* Träger großer und bedeutender Ideen gewesen sei, was wiederum der „inneren Ordnung" des deutschen Volks entsprochen habe.⁶⁶ Dennoch stellte Brunners Sichtweise der mittelalterlichen Gesellschaft eine neue Interpretation der Herrschaftsverhältnisse zwischen Adligen und Bauern dar, denn Brunner interessierte sich für die innere, d. h. die strukturell-soziale, Konstitution der mittelalterlichen Gesellschaft und verwendete für die Plausibilisierung seiner Perspektive mittelalterliche Rechtsquellen. Auch andere Volkshistoriker, die sich für mittelalterliche Siedlungs-, Agrar- und Regionalgeschichte interessierten, etwa der Wirtschaftshistoriker Hektor Ammann,⁶⁷ entwickelten neue Sichtweisen auf das Verhältnis zwischen historischen Individuen, dem Volk und spezifischen Arten ökonomischen Handelns, was allerdings auch bei ihm – wie im vorhergehenden Unterabschnitt gezeigt – mit einem Superioritätsgedanken der Wirtschaftsweise der Deutschen gegenüber anderen Wirtschaftsformen verbunden war; Ammann meinte, dass die Genfer Wirtschaft im Mittelalter immer nur dann blühte, wenn sie unter dem Einfluss von oberdeutschen Kaufleuten stand, jedoch darnieder ging unter französischer Herrschaft.⁶⁸ Brunner und Ammann waren an dem Verhältnis zwischen Bevölkerungsgruppen und dem jeweiligen ökonomischen, politischen und Rechtssystem interessiert und nicht an der Erforschung einzelner historischer Individuen oder Ereignisse, wie dies die historistischen Historiker des 19. Jahrhunderts praktiziert hatten. Sie ersetzten dabei das historistische Denken durch ein essentialistisches, um strukturelle Ordnungen im Sinne von Lebensgesetzen zu finden, die sie als die maßgebenden Kräfte für die Entwicklung von Völkern, des „großgermanischen Reichs" und dessen Ökonomie, Politik und

---

65 Vgl. dazu Algazi, Herrengewalt; und den Beitrag über Brunner von Kortüm in diesem Band.
66 Zitiert nach: Algazi, Otto Brunner, S. 181.
67 Zu Ammann vgl. Fahlbusch, Hektor Ammann, S. 21–27; Simon.
68 Ammann, Deutschland und die Messen. Vgl. Simon, S. 43. Vgl. auch Ammann, Die Anfänge; Brunner, Österreichs Weg, S. 525–526.

Recht ansahen. Dieser Ansatz kann durchaus als prä-strukturalistisch gesehen werden, auch wenn der völkisch-rassische Essentialismus davon nicht zu trennen ist.

Ähnlich verhält es sich mit der analytischen Kategorie *Raum*, die ein Kernkonzept der völkischen Wissenschaften war. Diese geografische Kategorie war als solche zwar nicht neu, neu aber war, dass sie als nomadisierendes Konzept in so unterschiedliche Fächer wie Soziologie, Landes- und Kunstgeschichte oder Volkskunde eingebaut wurde. So generierte die Analysekategorie *Raum* neue Perspektiven und Forschungsgegenstände in diesen Fächern. In der Kunstgeschichte des Mittelalters beispielsweise begannen Wissenschaftler damit, mittelalterliche Burgen und Kirchen im Lichte regional operierender Handwerkergruppen zu sehen, um einen Erklärungsansatz für unterschiedlich ausgeprägte Baustile zu finden.[69] Die Verwendung von Karten erlaubte völkischen Wissenschaftlern dabei, die räumlichen Beziehungen zwischen einzelnen historischen Gegenständen – Dörfern, Städten, Burgen, Handelswegen – und der demografischen Verteilung von Handwerkergruppen herzustellen.[70]

Gleichzeitig beinhaltete das theoretisch-analytische Konzept *Raum* eine nationalistisch-pangermanische Idee, die in einer an Arthur de Gobineau angelehnten, vitalistisch-rassischen Grundanschauung begründet lag.[71] Denn völkische Wissenschaftler gingen von der Annahme aus, dass sich nach dem Fall des Römischen Reichs eine germanische Oberschicht in Europa etabliert hatte und die Völker Europas von nun an beherrschte. Doch nur im deutschen „Volksraum" bildeten Adel und Volk eine wahre, organische Gemeinschaft, weil beide germanischer Abstammung gewesen seien.[72] Völkischen Wissenschaftlern, etwa den beiden Westforschern Franz Petri und Franz Steinbach, zufolge bildete diese Sozialordnung die völkische Grundlage des fränkischen Reichs, an dessen Spitze der seinem Wesen nach als germanisch gedachte Herrscher Karl der Große stand und dessen Ausbau durch die fränkische Landnahme vorangetrieben wurde. Diese „innere Ordnung" des Reichs der Franken „auf breiter germanischer Volksgrundlage" bildete für Petri den Prototyp aller mittelalterlichen Reiche Europas.[73] Für Petri basierte das Reich der Franken auf den völkischen Charakteristiken der Germanen und auf ihrem „Lebenszusammenhang" mit verwandten Völkern, also den Niederländern und den Flamen.[74] Dies ist der Grund, weshalb Petri germanische Hinterlassenschaften in Nordfrank-

---

69 Schock-Werner, S. 196.
70 So z. B. Aubin/Frings/Müller.
71 Vgl. Kale.
72 Aubin, Geschichte, S. 77; Dannenbauer; Hotz, S. 11; Storm, S. 122f.
73 Petri, Die fränkische Landnahme, S. 16.
74 Petri, Germanisches Volkserbe; ders., Die Niederlande, S. 7f., 13, 42.

reich, den Niederlanden und in Belgien zu finden glaubte. Hinter dieser Interpretation stand die von Petri intendierte Beweisführung, dass eine kulturelle Hegemonie der Deutschen qua Dominanz des germanischen Bluts und der germanischen Kultur im „Großraum" Europa rechtens sei.[75]

Neue methodische Verfahren

Das primäre, in der Historiografie zum Thema vorgebrachte Argument dafür, dass völkische Wissenschaften innovativen Charakter besaßen, ist die Betonung ihrer inter- oder multidisziplinären Forschungspraxis.[76] Völkische Wissenschaftler nannten diese Praxis „Gemeinschaftsforschung", ein Wort, das in den 1920er Jahren allerdings auch Wissenschaftler für die Beschreibung ihrer Forschungspraktiken verwendeten, die nicht zur epistemischen Konfiguration „völkische Wissenschaften" gerechnet werden können. Der Volkshistoriker Hermann Aubin forderte 1925 eine „innige Zusammenarbeit aller geschichtlich gerichteten Fächer, der Archäologie und Kunstgeschichte, Sprachwissenschaft und Volkskunde, selbstredend auch der Kirchen-, Rechts- und Wirtschaftsgeschichte samt der historischen Soziologie".[77] Werner Conze, der sich in der Nachkriegszeit zu einem der maßgebenden Vertreter der westdeutschen Sozial- und Strukturgeschichte entwickeln sollte, plädierte 1934 ebenfalls für eine „Verbindung von historischer, soziologischer, volkskundlicher und statistischer Methode".[78] Und der Neuzeithistoriker Kurt von Raumer schlug nicht nur eine Zusammenarbeit zwischen Vertretern unterschiedlicher Disziplinen vor, sondern auch Kooperationsformen zwischen Wissenschaft und außerakademischen Gelehrtenvereinen, Politikern und lokal ansässigen Laienforschern.[79]

Das Problematische an der Sichtweise, „Gemeinschaftsforschung" mit Inter- oder Multidisziplinarität gleichzusetzen, ist, dass „Interdisziplinarität" (für zwei miteinander kooperierende Fächer, von Multidisziplinarität war damals noch kaum die Rede) kein Begriff aus der Periode von den 1920er Jahren bis in die mittleren 1940er Jahre ist, sondern aus Debatten um unterschiedliche Kooperationsformen zwischen wissenschaftlichen Fächern stammte, die in die Zeit von den 1960er bis in die 1980er Jahre datieren. Einen Niederschlag fanden diese Diskussionen in der Gründung des Zentrums für interdisziplinäre For-

---

75 Steinbach/Petri.
76 Oberkrome, S. 99.
77 Zitiert nach: Krieg, S. 44.
78 Zitiert nach: Lenger, S. 49.
79 von Raumer, S. 11.

schung (ZiF) an der Ende der 1960er Jahre gegründeten Universität Bielefeld.[80] Völkische Wissenschaftler verwendeten zur Beschreibung ihrer Forschungspraxis aber nicht „inter- oder multidisziplinär", sondern „ganzheitlich" und/oder „total",[81] sie beschrieben ihre Kooperationsformen eben als „Gemeinschaftsforschung" oder „Forschungsgemeinschaften".[82] „Gemeinschaftsforschung", also die Zusammenarbeit von Vertretern unterschiedlicher Fächer wie Archäologie, Geschichte, Geografie, Sprachwissenschaften oder Volkskunde, erschien demnach als praktische Umsetzung einer von völkischen Wissenschaftlern konzipierten ganzheitlichen Wissenschaft.[83] Völkische Wissenschaftler beabsichtigten nicht, komplexere Forschungsfelder durch Kooperationen zwischen den verschiedenen Disziplinen zu schaffen, wie dies den Konzepten um Inter- oder Multidisziplinarität aus der zweiten deutschen Nachkriegszeit zugrunde lag. Im Gegenteil, sie wollten mit ihrer „Gemeinschaftsforschung" gerade gegen die zunehmende Ausdifferenzierung der Wissenschaft vermittels eines holistischen Wissenschaftskonzepts angehen. Kurt von Raumer stellte die Forderung auf, die Deutschen sollten sich mit den Ländern und dem Reich beschäftigen, dem Ganzen und den Einzelteilen, denn sie seien in der Vergangenheit zu sehr einem auf Einzelphänomenen beschränkten Denken verhaftet gewesen. Durch die Erforschung des Ganzen konnte für von Raumer der „geschichtliche Sinn" erfahrbar gemacht werden, der für ihn „etwas viel Tieferes" war, „etwas Unableitbares, das sich rational überhaupt nicht voll erfassen lässt, um einen menschlichen Urtrieb."[84] Die Alternative zu dem, was völkische Wissenschaftler „Atomisierung" des Wissenschaftsfelds und des wissenschaftlichen Wissens nannten, war ein vitalistischer und oft rassischer Holismus, eine Aufhebung dessen, was Max Weber als „Entzauberung der Welt" benannt hatte.[85]

Dies alles bedeutet wiederum nicht, dass der rassisch-völkische Holismus völkischer Wissenschaftler ausschließlich anti- oder unmodern war.[86] Aus der Perspektive einer relativistischen Sichtweise auf die verschiedenen Spielarten wissenschaftlicher Modernität können die völkischen Wissenschaften ihrer Me-

---

80 Vgl. dazu Kocka, Interdisziplinarität.
81 Vgl. Algazi, Otto Brunner, S. 166–203.
82 Vgl. z. B. von Raumer, S. 11. Vgl. auch Politisches Archiv des Auswärtigen Amtes, Kult VI A, 2, no. 11, 6: Vortrag Bolko von Richthofen (Hamburg): Die Slawen in Schlesien, anlässlich der XVI. Tagung der Stiftung für Volks- und Kulturbodenforschung in Bad Salzbrunn vom 18.-20.10.1929, S. 506–508, hier: S. 506.
83 Haar, „Volksgeschichte"; Hausmann, „Termitenwahn".
84 von Raumer, S. 9, 11.
85 Weber, Wissenschaft als Beruf, S. 488f.
86 Vgl. Ash, Gestalt Psychology; Harrington. Vgl. Ash, Krise der Moderne.

thodologie nach als eine von vielen Varianten moderner Wissenschaft gesehen werden, auch wenn diese Wissenschaftsform aufgrund ihres Germanozentrismus und aggressiven Nationalismus mehrheitlich nicht mit den Wissenschaftskulturen Frankreichs, Großbritanniens, Skandinaviens oder der Vereinigten Staaten kompatibel war, obwohl Rassismus und Eugenik in diesen Ländern und Regionen ebenfalls verbreitet waren. Das Beispiel der deutschen vor- und frühgeschichtlichen Archäologie zeigt, dass moderne Forschungsmethoden sehr wohl mit rassisch-völkisch bestimmten Forschungsgegenständen und -zielen zusammengehen konnten. Der Archäologe Herbert Jankuhn, der für Heinrich Himmlers SS-Ahnenerbe gearbeitet hatte,[87] praktizierte „Gemeinschaftsforschung" und galt im wissenschaftlichen Feld aufgrund seiner Anwendung technisch avancierter Grabungsmethoden und seiner Interpretationen archäologischer Befunde als innovativer Ausgräber und kreativer Archäologe. Nach 1945 führte Jankuhn seine wissenschaftliche Laufbahn erfolgreich weiter und wurde in der Bundesrepublik zu einem der einflussreichsten deutschen Archäologen auf dem Gebiet der Mittelalterarchäologie.[88] Die epistemische Grundierung von Jankuhns wissenschaftlichem Denken wurzelte in einem völkischen Germanozentrismus, der auf der Annahme basierte, dass sich ethnische Zuschreibungen in den archäologischen Hinterlassenschaften abbilden würden[89] und dass die Germanen Träger von Hochkultur waren, womit er den deutschen Imperialismus in Europa während des Zweiten Weltkriegs wissenschaftlich legitimierte.[90]

Damit erscheint Jankuhns Archäologiekonzept der 1930er und 1940er Jahre nicht als anti- oder unmodern, sondern als spezifischer wissenschaftlicher Ausdruck einer organisch-rassischen, technisch-wissenschaftlichen Modernität, die sowohl neueste Methoden und Techniken als auch völkische Ideen beinhaltete. Problematisch an einer solchen Sichtweise ist ihre relativistische Tendenz, denn sie lässt den soziopolitischen Kontext und den spezifischen Effekt, den das NS-Regime auf diese Wissenschaftskultur und auf das von ihr generierte wissenschaftliche Wissen hatte, in den Hintergrund treten. Darauf hat schon Ingo Haar in seinem Buch über die deutsche Geschichtswissenschaft und ihres „Volkstumskampfs" in Osteuropa hingewiesen: „Die Volkstumshistoriker verfolgten inhumane Ziele. Durch ihre wissenschaftlichen Verfahren sollte lediglich der ‚naturgegebene' ‚Volkskörper' des deutschen Volkes rekonstruiert oder stabilisiert werden."[91] Dieser spezifische Effekt des NS-Regimes bestand in der

---

87 Vgl. Steuer.
88 Steuer, S. 516–517.
89 Der Archäologe Gustaf Kossinna vertrat diese Grundannahme besonders prominent. Vgl. Kossinna. Zu Jankuhn vgl. auch Link/Hare.
90 Mahrsarski.
91 Haar, Historiker, S. 372.

ethnischen Neuordnung Europas und der Auslöschung der europäischen Juden, der Sinti und Roma sowie der nach der von den Nationalsozialisten vorgeschriebenen völkischen Rassennorm als sexuell, religiös oder sonst wie als deviant angesehenen Menschen.[92] Während die völkischen Wissenschaften in der Weimarer Republik nur eine von vielen neueren Entwicklungen im wissenschaftlichen Feld des deutschsprachigen Raums darstellten, wurden sie, wie oben gezeigt, erst nach dem Machtwechsel 1933 zu einer dominanten Richtung im deutschen Wissenschaftsfeld mit hegemonialer Deutungshoheit. Völkische Wissenschaftler boten den NS-Funktionären Instrumente und Methoden für die demografisch-räumliche Neuordnung Europas an, insbesondere während des Zweiten Weltkriegs, denn sie konnten empirisches und daher politisch verwertbares Wissen über die besetzten Gebiete und die dort lebenden Bevölkerungen generieren.[93] Siedlungsbewegungen und Agrarpolitik waren zentrale Themen völkischer Wissenschaftler im NS-Regime, weil Expertise in diesen Themenbereichen für die Raumplanung und Umsiedlung von Bevölkerungsgruppen, wie sie etwa durch die SS in den von den Deutschen besetzten Ostgebieten Europas durchgeführt wurde, unverzichtbar war.[94] Der Ökonom und Sozialwissenschaftler Heinz Sauermann oder Ludwig Neundörfer, Leiter des Soziographischen Instituts in Frankfurt am Main, arbeiteten beispielsweise für verschiedene NS-Organisationen, Sauermann für die Reichsarbeitsgemeinschaft für Raumforschung und die Reichsstelle für Raumordnung, Neundörfer stand dagegen in Diensten Heinrich Himmlers in dessen Rolle als Reichskommissar für die Festigung deutschen Volkstums.[95] Sauermann und Neundörfer produzierten sozialempirisches Wissen durch die Anwendung quantitativer und qualitativer Methoden, wie Statistik, Interviews und Fragebogenerhebungen zu Themen wie die Wohnsituation in urbanen und ruralen Gebieten, Stadtplanung und die wirtschaftliche Lage im deutschen Reich, also „Erkenntnisse zur Erneuerung des Gesamtvolkes", wie es in den Referaten der deutschen Delegierten beim 14. Internationalen Soziologie-Kongress 1939 in Bukarest hieß. Das Ziel dieser völkischen Sozialwissenschaftler bestand in der Rationalisierung, Modernisierung und Neuordnung des als germanisch gedachten europäischen Siedlungsraums.[96]

Das NS-Regime basierte auf einer Apologie von Gewalt, Zerstörung und Vernichtung, einer antirationalistischen, rassenmythisch-eschatologischen Ausle-

---

92 Vgl. Hausmann, Die Geisteswissenschaften, S. 71.
93 Haar, „Volksgeschichte"; Haar/Fahlbusch, German Scholars; Sachse; Wedekind.
94 Klingemann, Soziologie, S. 417–423.
95 Klingemann, Soziologie und Politik, S. 19–21; vgl. auch ders., Sozialwissenschaften in Frankfurt am Main, S. 118–124.
96 Klingemann, Soziologie und Politik, S. 120f.

gung historischer Prozesse und auf den Zielen, eine „arische Ethnokratie" zu begründen und die Herrschaft über Europa, später dann über die ganze Welt zu erlangen.[97] Als offizielles Staatsprogramm waren diese Elemente inkompatibel mit den Werten westlich-demokratisch-parlamentarischer Staaten, auch wenn eugenisch grundierte Sozialtechnologie in jeder industriell-modernen Gesellschaft praktiziert wurde.[98] Um ihre Ziele zu erreichen, sahen NS-Politiker und NS-Ideologen nur ein Mittel, nämlich unbedingte Gewalt,[99] was auf einen weltumspannenden Krieg hinauslief, in dem zahlreiche Menschengruppen, die die Nationalsozialisten als lebensunwert ansahen, ermordet wurden. Jankuhn ist ein gutes Beispiel für das Engagement völkischer Wissenschaftler in NS-Unternehmungen, die Teil des Vernichtungskriegs im Osten waren. Als Hauptsturmführer der Waffen-SS und SS-Sturmbannführer der allgemeinen SS war Jankuhn Leiter des Sonderkommandos Jankuhn innerhalb der SS-Division „Wiking" und dadurch verantwortlich für den Denkmalgüterschutz in Museen Südrusslands. In den frühen 1940er Jahren schulte Jankuhn darüber hinaus SS-Männer seiner Division in „nordischer" Weltanschauung. Jankuhn und seine Truppe fotografierten archäologische Artefakte, raubten Museumsbestände in den besetzten Gebieten und verbrachten sie nach Berlin. Dirk Mahrsarski hält fest, „dass Jankuhn die gleichzeitig ablaufenden Massenerschießungen nicht verborgen geblieben" sein konnten, die Mitglieder der SS-Division „Wiking" verübten. Im Gegenteil sei es sehr viel plausibler, dass Jankuhn die Ermordung von „Untermenschen" in Südrussland voll und ganz befürwortet hatte.[100]

Der historische Kontext, durch den die völkischen Wissenschaften an Bedeutung gewannen, stellt die Hauptdifferenz zu anderen, strukturell verwandten epistemischen Konfigurationen in den Geistes-, Kultur- und Sozialwissenschaften anderer Länder und Regionen dar, die ebenfalls „Gemeinschaftsforschung" praktizierten, wie etwa die französische Annales-Schule. Obwohl Mitglieder der Annales-Schule, etwa Lucien Febvre und Fernand Braudel, teilweise agrarromantischen Ideen nachhingen,[101] operierten sie doch in einem republikanischen Kontext und nicht in einem faschistischen. Im Gegensatz zu den völkischen Wissenschaftlern akzeptierten sie die als universal konzipierten Menschenrechte und überschritten in diesem Rahmen die Grenzen moralisch-ethischer Normen in der Wissenschaft nicht.[102] Ähnlich wie die deutschen völki-

---

97 Chapoutot.
98 Vgl. Etzemüller; Fritzsche, S. 166–172.
99 Aschheim, S. 156. Zur faschistischen Gewaltkultur vgl. Reichardt, S. 28, 696–716. Vgl. auch Thies.
100 Mahrsarski, S. 240–257, Zitat: S. 256.
101 Raphael, Zwischen Agrarromantik, S. 147–172.
102 Schöttler, Die intellektuelle Rheingrenze.

schen Wissenschaftler, interessierte sich auch Braudel für Volk und Raum. Allerdings konzentrierte er sich nicht auf Konflikte zwischen den Völkern im Sinne eines rassentheoretisch unterlegten Sozialdarwinismus,[103] sondern erforschte die naturgegebenen räumlichen Verhältnisse und ihre kulturelle Aneignung und Umwandlung durch ihre Bewohnerinnen und Bewohner, die er als ausschlaggebend für die Bildung der „mediterranen Welt" ansah.[104]

Auch die Ausstellung von Experten für die demografische Neuordnung des besetzten Europas durch völkische Wissenschaftler kann nicht mit der Feindforschung verglichen werden, wie sie Organisationen des amerikanischen Geheimdiensts nach dem Eintritt der Vereinigten Staaten in den Zweiten Weltkrieg praktizierten und bei denen deutsch-jüdische Emigranten wie Herbert Marcuse, Otto Kirchheimer oder Franz Neumann eine entscheidende Rolle spielten. Marcuses, Kirchheimers und Neumanns wissenschaftliche Expertisen dienten nicht der systematischen Vernichtung ganzer Bevölkerungen, sondern im Gegenteil der Befreiung Europas von solch mörderischen Regimen wie dem NS-Staat und der Etablierung einer demokratischen Ordnung in Europa nach dem Zweiten Weltkrieg.[105]

Diese Differenz wird auch durch den Vergleich der Wissenschaftsförderung durch amerikanische philanthropische Organisationen wie der Rockefeller Foundation mit solchen Institutionen, die völkische Wissenschaftler unterstützten, etwa die Alfred C. Toepfer-Stiftung F.V.S., deutlich. Für das Forschungsförderungsprogramm der Rockefeller Foundation war die Idee richtungsweisend, dass wissenschaftlicher Fortschritt zur Lösung sozialer und technischer Probleme beitragen sollte. Dies war der Grund, weshalb die Stiftung nach dem Ersten Weltkrieg die Wissenschaften in Europa massiv unterstützt hatte, so vor allem in Deutschland, das durch die Kriegsniederlage und dann durch den Versailler Vertrag mit den größten Problemen sozialer, wirtschaftlicher und wissenschaftlicher Art konfrontiert war.[106] Sicher dürfen solche Programme nicht naiv gesehen werden, denn auch die progressiv-liberale und humanistische Auslegung von Wissenschaft hat ihre Schattenseiten. Wie Mark Mazower dargelegt hat, ist der dunkle Zwilling von Liberalismus und Humanismus der Imperialismus.[107] Dennoch, die Rockefeller Foundation finanzierte – jedenfalls ihrem Programm nach – keine Forschung, die zum Ziel hatte, Europa demografisch neu zu ordnen, indem die angeblich rassisch-biologische und kulturelle Superiorität be-

---

103 Vgl. von Klimo, S. 2.
104 Vgl. Braudel.
105 Haar, Historiker, S. 373. Zum Einsatz Marcuses und anderer für den amerikanischen Kriegseinsatz vgl. Müller.
106 Fleck, S. 487–495.
107 Mazower.

stimmter Bevölkerungsgruppen mit wissenschaftlichen Mitteln bewiesen werden sollte, nur um sie wissenschaftlich abgesichert geografisch zu verlagern und dabei als inferior abgeurteilte Gruppen zu deportieren und/oder zu vernichten. Der deutsche und völkisch-nationalistisch eingestellte Hamburger Kaufmann Alfred C. Toepfer unterstützte dagegen mit seinem Förderprogramm Forschungen, die die Legitimität einer deutschen Beherrschung Europas in der Gegenwart wissenschaftlich untermauerten, die also die wissenschaftliche Beweisführung anstrebten, dass das „germanische Blut" demjenigen aller anderen Bevölkerungsgruppen überlegen war.[108]

Obschon die internationale moderne Wissenschaft größtenteils als eine spezifische Ausformung europäischer und nordamerikanischer Kultur angesehen werden kann und daher niemals als normativ für alle anderen Kulturen dieser Welt gelten sollte, sondern als kontingent und historisch gesehen werden muss, operierten völkische Wissenschaftler im Rahmen dieser europäisch-angloamerikanischen Wissenschaftsgemeinschaft. Daher müssen ihre Konzepte im Verhältnis zu dieser Wissenschaftskultur gesehen werden, die ihrer Programmatik und ihrer Rhetorik nach nun einmal nicht auf inhumanen Prinzipien beruhen. Es ist wichtig, diese Differenz zwischen Wissenschaftlern, die Wissen generierten, das im europäisch-angloamerikanischen Wissenschaftsfeld als glaubwürdig angesehen wurde, weil es den Regeln dieses Felds folgte, und solchen Wissenschaftlern im Hinterkopf zu behalten, die einem germanozentrischen und völkisch-nationalistischen Partikularismus anhingen, der auf inhumanen Positionen beruhte; wenn mit einer relativistischen Perspektive in Bezug auf das Verhältnis von deutschsprachiger völkischer und internationaler Wissenschaft die ethischen Werte der Wissenschaft unterschlagen werden, erscheinen die Expertisen völkischer Sozialwissenschaftler für die demografische Neuordnung des nationalsozialistisch besetzten Europas oder die Menschenversuche Josef Mengeles bloß als gängige Praktiken einer Wissenschaftskultur unter vielen.[109] Nach der in diesem Aufsatz vertretenen Position erscheint eine solche Negation dieser fundamentalen Differenz qua relativistischer Interpretation der völkischen Wissenschaften als unverantwortlich.[110] Moralisch-ethische Werte im Sinne der Menschenrechte müssen in die Analyse der theoretisch-analytischen und methodologischen Grundierung von Wissenschaft integriert werden, gerade weil Theorien und Methoden zunächst solche Werte neutralisieren und dadurch zu blinden Generatoren bestimmter Arten wissenschaftlichen Wissens wer-

---

108 Vgl. Boissou.
109 Dazu Kitcher.
110 Der Aufsatz folgt in diesem Punkt Friedländer.

den.[111] Werden Theorien und Methoden nicht humanistischen Prinzipien unterstellt, kann nicht verhindert werden, dass sie zum Zweck inhumaner Unternehmungen instrumentalisiert werden, was auch bei der historischen Analyse epistemischer Konfigurationen wie den völkischen Wissenschaften mitberücksichtigt werden sollte.[112]

Transformationen der völkischen Wissenschaften nach 1945

Nach 1945 wurden „Struktur" und „Funktion" zu zentralen theoretisch-analytischen Konzepten in den Geistes- und Sozialwissenschaften, in welche die völkischen Wissenschaften integriert werden konnten, indem sie ihre rassisch-metaphysischen Elemente abstreiften und sich dadurch der internationalen Wissenschaftsgemeinschaft anpassten.[113] So wurde der antihistoristische und vitalistisch-rassische Essentialismus in die strukturalistische Theorie der 1950er und 1960er Jahre übersetzt. Ein Grund, weshalb völkische Ideen, die auf einem germanozentrischen Weltbild beruhen, als unwissenschaftlich abgetan und marginalisiert wurden, war, dass mit dem Ende des Zweiten Weltkriegs und damit des NS-Regimes auch die völkischen Wissenschaftler an das westliche Wissenschaftsfeld im frühen Kalten Krieg anschließen mussten, um den guten Ruf der deutschen Wissenschaft wiederherzustellen und ihre Laufbahnen fortzuführen.[114] Von einer historisch-epistemologischen Perspektive aus betrachtet, konnte völkisches Wissen in einem demokratischen Kontext nicht mehr als „wahr" angesehen werden,[115] auch wenn manches Element dieser epistemischen Konfiguration nach 1945 weitergeführt wurde.

Otto Brunner ist ein gutes Beispiel für diese Entwicklung. In einem Aufsatz über *Sozialgeschichtliche Forschungsaufgaben*, den Brunner 1948 publizierte, vermied er Begriffe wie *Volk*, *Rasse* oder *Volksordnung*. Für Brunner war die erste Aufgabe der Sozialgeschichte die „Darstellung der inneren Struktur histori-

---

111 Vgl. Horkheimer.
112 Solche Fragen wurden im Rahmen der Kontroverse um den polnisch-jüdischen Serologen und Wissenschaftssoziologen Ludwik Fleck und dessen Forschungen im Konzentrationslager Buchenwald erörtert, vgl. Amsterdamska et al.; Hedfors.
113 Chun, S. 61–62, 158. Vgl. auch Miller, S. 173.
114 Ein gutes Beispiel dieses Mechanismus ist die deutsche Soziologie und empirische Sozialforschung. Vgl. Klingemann, Soziologie und Politik, S. 259–286.
115 Vgl. Kusch, S. 488, der auf Ian Hackings historischen Relativismus rekurriert.

scher Gebilde".¹¹⁶ Seiner Ansicht nach konnte diese „innere Struktur" nur durch eine detaillierte historische Untersuchung verschiedener mittelalterlicher Quellengattungen herausgearbeitet werden, vor allem aber bedurfte es „einer Analyse der wirtschaftlichen Funktionen und des rechtlichen Wesens des Hauses mit Hilfe der betreffenden historischen und theoretischen Fachwissenschaften, aber ebenso sehr der Erfassung des Sozialgebildes des ‚ganzen Hauses', wie es W. H. Riehl genannt hat."¹¹⁷ Brunner wandelte demnach die Idee der „Volksordnung", die für ihn die harmonische Beziehung zwischen germanischem Herrscher und germanischem Bauerntum bildete, in „wirtschaftliche Funktionen" um, während er ältere Vorstellungen wie diejenige vom „ganzen Haus" als holistisch-totales Konzept beibehielt. Das Beispiel Brunners zeigt, dass Kontinuitäten von der Volksgeschichte zur Strukturgeschichte nur durch Übersetzungsprozesse sowie De- und Rekontextualisierungen möglich war. Ein wichtiger Mechanismus hierfür war in den 1950er und 1960er Jahren die Demonstration von Gemeinsamkeiten mit der französischen Annales-Schule durch vormals völkische Wissenschaftler wie Brunner, Hektor Ammann oder Werner Conze. Die Verbindung zwischen deutscher „innovativer" Volksgeschichte und den französischen Innovationen in der Sozial- und Strukturgeschichtsschreibung resultierten darin, dass Brunner nun als Vordenker der *Nouvelle Histoire* erschien, eine Sichtweise, die das Faktum verdeckte, dass die deutschen Volkshistoriker der Vorkriegszeit und die Vertreter der französischen Annales-Schule konzeptionell ganz erheblich voneinander differierten.¹¹⁸

Diese Entwicklung wurde dadurch befördert, dass sich die von völkischen Wissenschaftlern entwickelten Methoden als für die Alliierten verwendbar erwiesen. So war das American Counter Intelligence Corps (CIC) an dem Wissen interessiert, das völkische Soziologen und Demografen über Menschen und Räume in den vormals von den Deutschen besetzten Gebieten Osteuropas generiert hatten. 1948 beabsichtigte der amerikanische Soziologe Talcott Parsons, deutsche Osteuropaexperten für das Russian Research Center an der Harvard University zu rekrutieren, die ehemals im Auftrag von SS-Organisationen Expertisen zur sozialen Zusammensetzung Russlands und Osteuropas verfertigt hatten.¹¹⁹ Die mehr oder weniger bekannten Verstrickungen dieser Wissenschaftler mit NS-Organisationen und der NS-Politik wurden ignoriert, denn ihre Erfahrungen mit Geheimdienstarbeit waren von größter Wichtigkeit, um die west-

---

116 Brunner, Sozialgeschichtliche Forschungsaufgaben, S. 335. Vgl. auch Mommsen, S. 74.
117 Brunner, Sozialgeschichtliche Forschungsaufgaben, S. 348.
118 Oexle, Von der völkischen Geschichte, S. 33f.
119 Klingemann, Soziologie und Politik, S. 241–244; Weissberg, S. 126–128, 152.

deutsche Nachkriegsdemokratie zu stabilisieren.[120] Dieser vor allem von den amerikanischen Besatzungsbehörden praktizierte Utilitarismus war sicher nicht der einzige Grund für die Umwandlung völkischen Denkens in liberale und demokratische Denkhorizonte. Auch war die langsame Liberalisierung und Demokratisierung der westdeutschen Geistes-, Kultur- und Sozialwissenschaften nach dem Zweiten Weltkrieg keineswegs bloß das Resultat einer strategischen Vergangenheitspolitik ehemals nationalistischer und völkischer Wissenschaftler. Für viele völkische Wissenschaftler hatte die Zerstörung großer Teile Europas und vor allem Deutschlands gezeigt, dass ihre rassische und völkisch-nationalistische metaphysische Grundeinstellung in eine falsche Richtung geführt hatte, und diese Erkenntnis implizierte eine partielle und teils generelle Revision ihrer politisch-ideologischen Überzeugungen.[121]

Die Verdeckung der völkischen und nationalsozialistischen Vergangenheit und die Rekontextualisierung der eigenen wissenschaftlichen Ansätze nach 1945 führte bei einigen westdeutschen Historikern zur Etablierung der Ansicht, dass Brunner, Conze u. a. als Gründungsväter der westdeutschen Sozial- und Strukturgeschichte anzusehen seien. Besonders Vertreter der Bielefelder Sozial- und Strukturgeschichte wie Jürgen Kocka entwickelten die Sichtweise, dass die deutsche Volksgeschichte der 1920er und 1930er Jahre aufgrund neuer inter- und multidisziplinärer Ansätze methodisch innovativ und gleichzeitig ideologisch regressiv gewesen sei. Diese Sichtweise passt zum von Kocka mitentwickelten Theorem des deutschen Sonderwegs, der Annahme, dass die Charakteristiken des Kaiserreichs, also rasche Industrialisierung bei gleichzeitigem Ausbleiben der Bildung einer liberalen politischen Kultur, die Konstellationen für den Machtwechsel 1933 dargestellt hätten. Eine mögliche Deutung, weshalb Kocka, der einer der maßgebenden Gründungsväter der westdeutschen Sozial- und Strukturgeschichte ist, die Idee einer spezifisch deutschen Tradition ebendieser Sozial- und Strukturgeschichte entwickelte, könnte sein, dass er für sein eigenes Forschungsfeld Tradition und Legitimation begründen wollte.[122] Und zu dieser Deutung gehörte, dass die historischen Ansätze der 1920er und 1930er Jahre eben nicht nur regressiv, sondern in vielerlei Hinsicht auch progressiv waren. Die Universität Bielefeld, an der Kocka und Hans-Ulrich Wehler forschten und lehrten, war darüber hinaus für ihre inter- und multidisziplinäre Wissenschaftspraxis in den Geistes-, Kultur- und Sozialwissenschaften bekannt, was ganz besonders für Kooperationsprojekte zwischen Historikern und Soziologen

---

120 Klingemann, Soziologie und Politik, S. 23f. Vgl. Unger.
121 Vgl. Jarausch/Geyer, S. 37, 41f.
122 Zu diesem Prinzip vgl. Lenoir.

gilt.¹²³ Der Rückverweis auf eine genuin deutsche Tradition inter- und multidisziplinären Arbeitens in den 1920er und 1930er Jahren diente der Traditionsbildung der eigenen inter- und multidisziplinären Ansätze in den 1970er und 1980er Jahren. In diesem Sinne kann die Denkfigur, dass das Fundament der westdeutschen Sozial- und Strukturgeschichte in den völkischen Wissenschaftspraktiken der 1920er und 1930er Jahren liege, als eine „erfundene Tradition" im Sinne Eric Hobsbawms und Terence Rangers angesehen werden.¹²⁴

Konklusion: Die völkischen Wissenschaften als moderne rassische Metaphysik

Völkische Wissenschaftler entwickelten zwar neue analytische Perspektiven und innovative Methoden, ihre erkenntnisleitenden Annahmen beruhten aber gleichzeitig auf rassischen, quasi-religiösen und vorwissenschaftlichen Grundprinzipien. Sie standen den erkenntnistheoretischen Grundlegungen entgegen, die zeitgenössisch in der internationalen Wissenschaftsgemeinschaft längst als etabliert galten. Es zeigte sich, dass nicht das von Jürgen Kocka thematisierte Verhältnis zwischen Wissenschaft und politischer Ideologie das für die historisch-epistemologische Beurteilung der völkischen Wissenschaften entscheidende Problem war – niemand würde bestreiten, dass es sich bei völkischen Wissenschaftlern um rechtsradikal und jungkonservativ eingestellte Akteure gehandelt hätte –, sondern die Kernelemente der Arten völkischen Erkennens selbst waren problematisch. Die epistemische Konfiguration *völkische Wissenschaften* ließe sich mit Reinhart Koselleck als ein Nebeneinander ungleichzeitiger epistemischer Zeitschichten charakterisieren; neue und innovative Ansätze bestanden gleichzeitig neben eindeutig im frühneuzeitlichen alchemistischen Denken wurzelnden essentialistischen Elementen.¹²⁵ Letzteres ist nicht bloß Resultat einer im Nachhinein getroffenen Interpretation, sondern entsprach den Intentionen der Akteure: Ähnlich wie Martin Heidegger suchten völkische Wissenschaftler nach einem Unvermittelten, einem Urmoment, dem Voranalytischen und Unüberblendeten als Gegenkonzept zur fortschreitenden Komplexitätserhöhung durch Differenzierung und Technisierung der wissenschaftlichen Wissensgenerierung.¹²⁶ Kockas griffige Formel müsste demnach *Metaphysical*

---

123 Vgl. Weinreich; vgl. Kocka, Interdisziplinarität.
124 Hobsbawm/Ranger.
125 Vgl. Koselleck, Zeitschichten.
126 Adorno, S. 44–45.

Regression and Methodological Innovation lauten, was darauf verweisen würde, dass es sich bei der völkischen Wissenschaft um eine methodologische und theoretisch-analytische Rationalisierung eines rassisch-metaphysischen Glaubenssystems gehandelt hatte.

Literatur

Adorno, Theodor W., Negative Dialektik, in: Ders., Negative Dialektik. Jargon der Eigentlichkeit. Frankfurt a. M. 2003, S. 7–412.

Algazi, Gadi, Herrengewalt und Gewalt der Herren im späten Mittelalter: Herrschaft, Gegenseitigkeit und Sprachgebrauch. Frankfurt a. M., New York 1996.

Algazi, Gadi, Otto Brunner – ‚Konkrete Ordnung' und Sprache der Zeit, in: Peter Schöttler (Hg.), Geschichtsschreibung als Legitimationswissenschaft 1918–1945. Frankfurt a. M. 1997, S. 166–203.

Ammann, Hektor, Elsässisch-schweizerische Wirtschaftsbeziehungen im Mittelalter, in: Elsass-Lothringisches Jahrbuch 7 (1928), S. 36–61.

Ammann, Hektor, Deutschland und die Messen der Champagne, in: Gerhard Kallen (Hg.), Jahrbuch der Arbeitsgemeinschaft der Rheinischen Geschichtsvereine. 2. Jg., Düsseldorf 1936, S. 61–75.

Ammann, Hektor, Die Anfänge der deutsch-italienischen Wirtschaftsbeziehungen des Mittelalters, in: Rheinische Vierteljahrsblätter 7 (1937) 2/3, S. 179–194.

Amsterdamska, Olga et al., Medical Science in the Light of a Flawed Study of the Holocaust: A Comment on Eva Hedfors' Paper on Ludwik Fleck, in: Social Studies of Science 38 (2008) 6, S. 937–944.

Appiah, Kwame Anthony, In My Father's House: Africa in the Philosophy of Culture. Oxford 1992.

Arabatzis, Theodore, On the Historicity of Scientific Objects, in: Erkenntnis 75 (2011), S. 377–390.

Ash, Mitchell G., Gestalt Psychology in German Culture 1890–1967: Holism and the Quest for Objectivity. Cambridge 1998.

Ash, Mitchell G., Krise der Moderne oder Modernität der Krise? Stimmen aus der Akademie, in: Wolfram Fischer/Peter Nötzold (Hg.), Die Preußische Akademie der Wissenschaften zu Berlin 1914–1945. Berlin 2000, S. 121–142.

Ash, Mitchell G., Wissenschaft und Politik als Ressourcen für einander, in: Rüdiger vom Bruch/Brigitte Kaderas (Hg.), Wissenschaften und Wissenschaftspolitik. Bestandsaufnahmen zu Formationen, Brüchen und Kontinuitäten im Deutschland des 20. Jahrhunderts. Stuttgart 2002, S. 32–51.

Ash, Mitchell G., Die Kaiser-Wilhelm-Gesellschaft im Nationalsozialismus, in: NTM 18 (2010) 1, S. 79–118.

Aschheim, Steven E., The Nietzsche Legacy in Germany, 1890–1990. Berkeley, Los Angeles, London 1992.

Aubin, Hermann, Geschichte, in: Ders./Theodor Frings/Josef Müller, Kulturströmungen und Kulturprovinzen in den Rheinlanden. Geschichte, Sprache, Volkskunde. Bonn 1926, S. 1–89.

Aubin, Hermann, Die geschichtliche Entwicklung, in: Ders. u. a. (Hg.), Der Raum Westfalen, Bd. 1: Grundlagen und Zusammenhänge. Berlin 1931, S. 7–27.

Aubin, Hermann/Frings, Theodor/Müller, Josef, Kulturströmungen und Kulturprovinzen in den Rheinlanden. Geschichte, Sprache, Volkskunde. Bonn 1926.

Bachelard, Gaston, Die Bildung des wissenschaftlichen Geistes. Beitrag zu einer Psychoanalyse der objektiven Erkenntnis. Frankfurt a. M. 1987 [1938].

Bachelard, Gaston, Die Philosophie des Nein. Versuch einer Philosophie des neuen wissenschaftlichen Geistes. Frankfurt a. M. 1980.
Berg, Nicolas; Völkische Wissenschaft und Antisemitismus. Was bedeutet die Formel „Jüdischer Geist" um 1900?, in: Michael Fahlbusch/Ingo Haar (Hg.), Wissenschaftliche Politikberatung im 20. Jahrhundert, völkische Expertise und „Neuordnung" Europas, Paderborn 2010, S. 39–61.
Beyerchen, Alan D., Scientists under Hitler: Politics and the Physics Community in the Third Reich. New Haven, London 1977.
Biagioli, Mario, Science, Modernity, and the „Final Solution", in: Saul Friedländer (Hg.), Probing the Limits of Representation: Nazism and the „Final Solution". Cambridge, Mass. 1992, S. 185–205.
Bialas, Wolfgang/Rabinbach, Anson (Hg.), Nazi Germany and the Humanities. Oxford 2007.
Bialas, Wolfgang/Rabinbach, Anson (Hg.), Introduction: the Humanities in Nazi Germany, in: Dies. (Hg.), Nazi Germany and the Humanities. Oxford 2007, S. viii-lii.
Blänkner, Reinhard, Nach der Volksgeschichte. Otto Brunners Konzept einer „europäischen Sozialgeschichte", in: Manfred Hettling (Hg.), Volksgeschichten im Europa der Zwischenkriegszeit. Göttingen 2003, S. 326–366.
Boissou, Lionel, Stiftung FVS Hamburg und Johann Wolfgang Goethe-Stiftung Vaduz, in: Michael Fahlbusch/Ingo Haar/Alexander Pinwinkler (Hg.), Handbuch der völkischen Wissenschaften. Akteure, Netzwerke, Forschungsprogramme, Bd. 2: Forschungskonzepte, Institutionen, Organisationen, Zeitschriften. 2. Aufl. Berlin, Boston 2017, S. 2007–2022.
Brather, Sebastian, Ethnische Interpretationen in der frühgeschichtlichen Archäologie. Geschichte, Grundlagen und Alternativen. Berlin, New York 2004, S. 29–52.
Braudel, Fernand, The Mediterranean and the Mediterranean World in the Age of Philip II. 2 Bde., Berkeley, Los Angeles 1995 [1949].
Breuer, Stefan, Die Völkischen in Deutschland. Kaiserreich und Weimarer Republik, Darmstadt 2008.
Brunner, Otto, Österreichs Weg zum Großdeutschen Reich, in: Deutsches Archiv für Landes- und Volksforschung 2 (1938) 1, S. 519–528.
Brunner, Otto, Sozialgeschichtliche Forschungsaufgaben, erörtert am Beispiel Niederösterreichs, in: Anzeiger der österreichischen Akademie der Wissenschaften, Philosophisch-Historische Klasse 48 (1948) 23, 335–369.
Canguilhem, Georges, Wissenschaftsgeschichte und Epistemologie. Gesammelte Aufsätze, Hg. von Wolf Lepenies. Frankfurt a. M. 1979.
Carrier, Martin, Wissenschaftstheorie zur Einführung. Hamburg 2006.
Cavalli-Sforza, Luigi Luca/Cavalli-Sforza, Francesco, Verschieden und doch gleich. Ein Genetiker entzieht dem Rassismus die Grundlage. München 1994.
Chapoutot, Johann, Das Gesetz des Blutes. Von der NS-Weltanschauung zum Vernichtungskrieg, aus dem Französischen von Walther Flekl. Darmstadt 2016 [2014].
Christmann, Ernst, Beiträge zur Hausforschung im Gau Westmark, in: Saarpfälzische Abhandlungen 4 (1940), S. 190–210.
Chun, Jin-Sung, Das Bild der Moderne in der Nachkriegszeit. Die westdeutsche „Strukturgeschichte" im Spannungsfeld von Modernitätskritik und wissenschaftlicher Innovation 1948–1962. München 2000.
Conze, Werner/Sommer, Antje, Rasse, in: Otto Brunner/Ders./Reinhart Koselleck (Hg.), Geschichtliche Grundbegriffe. Historisches Lexikon zur politisch-sozialen Sprache in Deutschland. Bd. 5, Stuttgart 1992, S. 135–178.

Dannenbauer, Heinrich, Adel, Burg und Herrschaft bei den Germanen. Grundlagen der deutschen Verfassungsentwicklung, in: Historisches Jahrbuch 61 (1941), S. 1–50.

Dierig, Sven, Wissenschaft in der Maschinenstadt. Emil Du Bois-Reymond und seine Laboratorien in Berlin. Göttingen 2006.

Etzemüller, Thomas (Hg.), Die Ordnung der Moderne. Social Engineering im 20. Jahrhundert. Bielefeld 2009.

Fahlbusch, Michael, Für Volk, Führer und Reich! Die Volksdeutschen Forschungsgemeinschaften und Volkstumspolitik, 1931–1945, in: Doris Kaufmann (Hg.), Geschichte der Kaiser-Wilhelm-Gesellschaft im Nationalsozialismus. Bestandsaufnahme und Perspektiven der Forschung. Göttingen 2000, S. 468–489.

Fahlbusch, Michael, Wissenschaft im Dienst der nationalsozialistischen Politik? Die „Volksdeutschen Forschungsgemeinschaften" von 1931–1945. Baden-Baden 1999.

Fahlbusch, Michael, Hektor Ammann, in: Ders./Ingo Haar/Alexander Pinwinkler. (Hg.), Handbuch der völkischen Wissenschaften. Akteure, Netzwerke, Forschungsprogramme, Bd. 1: Biographien, 2. Aufl. Berlin, Boston 2017, S. 21–27.

Fahlbusch, Michael/Haar, Ingo (Hg.), Wissenschaftliche Politikberatung im 20. Jahrhundert, völkische Expertise und „Neuordnung" Europas, Paderborn 2010.

Fleck, Christian, Transatlantische Bereicherungen. Zur Erfindung der empirischen Sozialforschung. Frankfurt a. M. 2007.

Flügel, Axel, Ambivalente Innovation. Anmerkungen zur Volksgeschichte, in: Geschichte und Gesellschaft, 26 (2000) 4, S. 653–671.

Fogu, Claudio, The Historic Imaginary: Politics of History in Fascist Italy. Toronto, Buffalo, London 2003.

Forman, Paul, Weimar Culture, Causality, and Quantum Theory: Adaptation by German Physicists and Mathematicians to a Hostile Environment, in: Historical Studies in the Physical Sciences 3 (1971), S. 1–115.

Francastel, Pierre, L'Histoire de l'Art. Instrument de la Propagande Germanique. Paris 1945.

Fritzsche, Peter, Life and Death in the Third Reich. Cambridge, Mass. 2009 [2008].

Friedländer, Saul, Nazi Germany and the Jews, Bd. 1: The Years of Persecution 1933–1939, Bd. 2: The Years of Extermination. London 1997/2007.

Friedman, Michael, Carnap, Cassirer, Heidegger. Geteilte Wege, aus dem Englischen von der Arbeitsgruppe ‚Analytische Philosophie' am Institut für Philosophie der Universität Wien. Frankfurt a. M. 2004 [2000].

Gordon, Peter E., Continental Divide: Heidegger, Cassirer, Davos. Cambridge, Mass., 2010.

Großmann, G. Ulrich, Völkisch und national – Der „Beitrag" der Hausforschung. Zum Wiederaufleben der Runenkunde des SS-Ahnenerbes, in: Uwe Puschner/Ders. (Hg.), Völkisch und national. Zur Aktualität alter Denkmuster im 21. Jahrhundert. Darmstadt 2009, S. 31–64.

Grüttner, Michael, Wissenschaftspolitik im Nationalsozialismus, in: Doris Kaufmann (Hg.), Geschichte der Kaiser-Wilhelm-Gesellschaft im Nationalsozialismus. Bestandsaufnahme und Perspektiven der Forschung. Göttingen 2000, S. 557–585.

Haar, Ingo, Historiker im Nationalsozialismus. Deutsche Geschichtswissenschaft und der „Volkstumskampf im Osten". Göttingen 2000.

Haar, Ingo, „Volksgeschichte" und Königsberger Milieu. Forschungsprogramme zwischen Weimarer Revisionspolitik und nationalsozialistischer Vernichtungsplanung, in: Hartmut Lehmann/Otto Gerhard Oexle (Hg.), Nationalsozialismus in den Kulturwissenschaften, Bd. 1: Fächer – Milieus – Karrieren. Göttingen 2004, S. 169–209.

Haar, Ingo/Fahlbusch, Michael (Hg.), German Scholars and Ethnic Cleansing, 1919–1945. New York, Oxford 2005.
Haney, David Paul, The Americanization of Social Science: Intellectuals and Public Responsibility in the Postwar United States. Philadelphia 2008.
Harrington, Anne, Reechanted Science, Holism in German Culture from Wilhelm II to Hitler. Princeton 1996.
Hausmann, Frank-Rutger, „Termitenwahn" – Die Bedeutung der Gemeinschaftsforschung für die NS-Wissenschaft, in: Georg Bollenbeck/Clemens Knobloch (Hg.), Semantischer Umbau der Geisteswissenschaften nach 1933 und 1945. Heidelberg 2001, S. 58–79.
Hausmann, Frank-Rutger, Die Geisteswissenschaften im ‚Dritten Reich'. Frankfurt a. M. 2011.
Hedfors, Eva, Medical Science in the Light of the Holocaust: Reply to a Based Reading, in: Social Studies of Science, 38 (2008) 6, S. 945–950.
Hobsbawm, Eric/Ranger, Terence (Hg.): The Invention of Tradition. Cambridge 1983.
Horkheimer, Max, Zur Kritik der instrumentellen Vernunft. Frankfurt a. M. 2007 [1967].
Van Horn Melton, James/Schulze, Winfried (Hg.), Paths of Continuity: Central Europe Historiography from the 1930s to the 1950s. Cambridge 1984.
Hotz, Walter, Kunstwerk und Landschaft im Elsass. Berlin, Köln 1941.
Jansen, Christian, Völkische und rassistische Tendenzen in den deutschen Wissenschaften 1900–1940, in: Jan Erik Schulte (Hg.), Die SS, Himmler und die Wewelsburg. Paderborn 2009, S. 141–160.
Jarausch, Konrad H./Geyer, Michael, Zerbrochener Spiegel. Deutsche Geschichten im 20. Jahrhundert. München 2005.
Kale, Steven Gobineau, Racism, and Legitimism: A Royalist Heretic in Nineteenth-Century France, in: Modern Intellectual History 7 (2010) 1, S. 33–61.
Kater, Michael H., Das „Ahnenerbe" der SS 1933–1945. Ein Beitrag zur Kulturgeschichte des Dritten Reiches. 4. Aufl., München 2006.
Keuth, Hermann, Bauernhaus und Siedlung in Lothringen, in: Saarpfälzische Abhandlungen 4 (1940), S. 175–189.
Kitcher, Philip, Darwins Herausforderer. Über Intelligent Design oder: Woran man Pseudowissenschaftler erkennt, in: Dirk Rupnow u. a. (Hg.), Pseudowissenschaft. Konzeptionen von Nichtwissenschaftlichkeit in der Wissenschaftsgeschichte. Frankfurt a. M. 2008, S. 417–433.
Kleeberg, Bernhard, God-Nature Progressing: Natural Theology in German Monism, in: Science in Context 20 (2007) 3, S. 537–569.
von Klimo, Árpád, Rezension: Die Volksgeschichte der NS-Zeit: Vorläuferin der Sozialgeschichte der Bundesrepublik? Werner Conze und Theodor Schieder in der Diskussion. H-Soz-u-Kult, H-Net Rezensionen. Juni 1997 (http://www.h-net.org/reviews/showrev.php?id=27110).
Klingemann, Carsten, Sozialwissenschaften in Frankfurt am Main während der NS-Zeit, in: Heinz Steinert (Hg.), Die (mindestens) zwei Sozialwissenschaften in Frankfurt und ihre Geschichte. Frankfurt a. M. 1989, S. 101–127.
Klingemann, Carsten, Soziologie und Politik. Sozialwissenschaftliches Expertenwissen im Dritten Reich und in der frühen westdeutschen Nachkriegszeit. Wiesbaden 2009.
Klingemann, Carsten, Soziologie, in: Jürgen Elvert/Jürgen Nielsen-Sikora (Hg.), Kulturwissenschaften und Nationalsozialismus. Stuttgart 2008, S. 390–444.
Kocka, Jürgen (Hg.), Interdisziplinarität: Praxis – Herausforderung – Ideologie. Frankfurt a. M. 1987.

Kocka, Jürgen, Ideological Regression and Methodological Innovation: Historiography and the Social Sciences in the 1930s and 1940s, in: History and Memory 2 (1990) 1, S. 130–138.
Konitzer, Werner/Palme, David (Hg.), „Arbeit", „Volk", „Gemeinschaft". Ethik und Ethiken im Nationalsozialismus. Frankfurt, New York 2016.
Koselleck, Reinhart, Sozialgeschichte und Begriffsgeschichte, in: Wolfgang Schieder/Volker Sellin (Hg.), Sozialgeschichte in Deutschland. Entwicklungen und Perspektiven im internationalen Zusammenhang. 2. Bde., Göttingen 1986, S. 89–109.
Koselleck, Reinhart, Volk, Nation, Nationalismus, Masse. Einleitung, in: Otto Brunner/Werner Conze/Ders. (Hg.), Geschichtliche Grundbegriffe. Historisches Lexikon zur politisch-sozialen Sprache in Deutschland. Bd. 7, Stuttgart 1992, S. 141–151.
Koselleck, Reinhart, Zeitschichten. Studien zur Historik, mit einem Beitrag von Hans-Georg Gadamer. Frankfurt a. M. 2000.
Kossinna, Gustaf, Die Herkunft der Germanen. Zur Methode der Siedlungsarchäologie. 2. Aufl., Leipzig 1920.
Krieg, Heinz, Zur Geschichte des Begriffs ‚Historische Landschaft' und der Landschaftsbezeichnung ‚Oberrhein' in der Kunstgeschichte, in: Peter Kurmann/Thomas Zotz (Hg.), Historische Landschaft – Kunstlandschaft? Der Oberrhein im späten Mittelalter. Ostfildern 2008, S. 31–64.
Kusch, Martin, Reflexivity, Relativism, Microhistory: Three Desiderata for Historical Epistemologies, in: Erkenntnis 75 (2011), S. 483–494.
Lenger, Friedrich, Eine Wurzel fachlicher Innovation? Die Niederlage im Ersten Weltkrieg und die ‚Volksgeschichte' in Deutschland – Anmerkungen zu einer aktuellen Debatte, in: Horst Carl u. a. (Hg.), Kriegsniederlagen. Erfahrungen und Erinnerungen. Berlin 2004, S. 41–55.
Lenin, Wladimir I., Materialismus und Empiriokritizismus (= W. I. Lenin Werke, Bd. 14). Berlin 1971 [1908].
Lenoir, Timothy, Instituting Science: The Cultural Production of Scientific Disciplines. Stanford 1997.
Link, Fabian/Hare, Laurence J., Pseudoscience Reconsidered: SS Research and the Archaeology of Haithabu, in: Monica Black/Eric Kurlander (Hg.), Revisiting the „Nazi Occult": Histories, Realities, Legacies. Rochester 2015, S. 105–131.
Mahrsarski, Dirk, Herbert Jankuhn (1905–1990). Ein deutscher Prähistoriker zwischen nationalsozialistischer Ideologie und wissenschaftlicher Objektivität. Rahden/Westfalen 2011.
Mazower, Mark, No Enchanted Palace: The End of Empire and the Ideological Origins of the United Nations. Princeton 2009.
Mehrtens, Herbert, Kollaborationsverhältnisse. Natur- und Technikwissenschaften im NS-Staat und ihre Historie, in: Christoph Meinel/Peter Voswinckel (Hg.), Medizin, Naturwissenschaft, Technik und Nationalsozialismus: Kontinuitäten und Diskontinuitäten. Stuttgart 1994, S. 13–32.
Merton, Robert K., Science and Technology in a Democratic Order, in: Journal of Legal and Political Sociology 1 (1942) 1, S. 115–126.
Michel, Ute, Wilhelm Emil Mühlmann (1904–1988) – ein deutscher Professor. Amnesie und Amnestie: Zum Verhältnis von Ethnologie und Politik im Nationalsozialismus, in: Carsten Klingemann u. a. (Hg.), Jahrbuch für Soziologie-Geschichte 1991. Opladen 1992, S. 69–117.
Miller, Peter N., Nazis and Neo-Stoics: Otto Brunner and Gerhard Oestreich before and after the Second World War, in: Past and Present 176 (2002) 1, S. 144–486.
Mineau, André, SS Thinking and the Holocaust. Amsterdam, New York 2012.

Mommsen, Wolfgang J., Die Geschichtswissenschaft und die Soziologie unter dem Nationalsozialismus, in: Helmut Coing u. a., Wissenschaftsgeschichte seit 1900. 75 Jahre Universität Frankfurt. Frankfurt a. M. 1992, S. 54–84.

Muller, Jerry Z., The Other God That Failed: Hans Freyer and the Deradicalization of German Conservatism. Princeton 1987.

Mühlmann, Wilhelm E., Der heutige Bestand der Naturvölker, mit 3 Kartenskizzen. Heidelberg, Berlin, Magdeburg 1943.

Müller, Tim B., Krieger und Gelehrte. Herbert Marcuse und die Denksysteme im Kalten Krieg. Hamburg 2010.

Oberkrome, Willi, Reformansätze in der deutschen Geschichtswissenschaft der Zwischenkriegszeit, in: Michael Prinz/Rainer Zitelmann (Hg.), Nationalsozialismus und Modernisierung. Darmstadt 1991, S. 216–238.

Oberkrome, Willi, Volksgeschichte. Methodische Innovation und völkische Ideologisierung in der deutschen Geschichtswissenschaft 1918–1945. Göttingen 1993.

Oexle, Otto Gerhard, Von der völkischen Geschichte zur modernen Sozialgeschichte, in: Heinz Durchhardt/Gerhard May (Hg.), Geschichtswissenschaft um 1950. Mainz 2002, S. 1–36.

Oexle, Otto Gerhard, Krise des Historismus – Krise der Wirklichkeit. Eine Problemgeschichte der Moderne, in: Ders. (Hg.), Krise des Historismus – Krise der Wirklichkeit. Wissenschaft, Kunst und Literatur 1880–1932. Göttingen 2007, S. 11–116.

Oreskes, Naomi, Science in the Origins of the Cold War, in: Dies./John Krige (Hg.), Science and Technology in the Global Cold War. Cambridge, Mass. 2014, S. 11–29.

Petri, Franz, Die fränkische Landnahme und das Rheinland. Bonn 1936.

Petri, Franz, Germanisches Volkserbe in Wallonien und Nordfrankreich: Die fränkische Landnahme in Frankreich und den Niederlanden und die Bildung der westlichen Sprachgrenze. Bonn 1937.

Petri, Franz, Die Niederlande (Holland und Belgien) und das Reich. Volkstum, Geschichte, Gegenwart. Bonn 1940.

Puschner, Uwe, Die völkische Bewegung im wilhelminischen Kaiserreich. Sprache–Rasse–Religion. Darmstadt 2001.

Rabinbach, Anson, The Human Motor: Energy, Fatigue, and the Origins of Modernity. New York 1990.

Rammstedt, Otthein, Deutsche Soziologie 1933–1942. Die Normalität der Anpassung. Frankfurt a. M. 1986.

Raphael, Lutz, Die Erben von Bloch und Febvre. Annales-Historiographie und nouvelle histoire in Frankreich 1945–1980. Stuttgart 1994.

Raphael, Lutz, Zwischen Agrarromantik und empirischem Rationalismus: Wege der französischen Siedlungsgeografie und Agrargeschichte (1880–1945), in: Manfred Hettling (Hg.), Volksgeschichten im Europa der Zwischenkriegszeit. Göttingen 2003, S. 147–172.

Raphael, Lutz, ‚Ordnung' zwischen Geist und Rasse: Kulturwissenschaftliche Ordnungssemantiken im Nationalsozialismus, in: Hartmut Lehmann/Otto Gerhard Oexle (Hg.), Nationalsozialismus in den Kulturwissenschaften, Bd. 2: Leitbegriffe – Deutungsmuster – Paradigmenkämpfe – Erfahrungen und Transformationen im Exil. Göttingen 2004, S. 115–137.

Raumer, Kurt von, Der politische Sinn der Landesgeschichte. Vortrag, gehalten im Saarländischen Institut für Landes- und Volksforschung in Kaiserslautern am 27. August 1938. Kaiserslautern 1938.

Reichardt, Sven, Faschistische Kampfbünde. Gewalt und Gemeinschaft im italienischen Squadrismus und in der deutschen SA. Köln, Weimar, Wien 2002.

Rheinberger, Hans-Jörg, Epistemologie des Konkreten. Studien zur Geschichte der modernen Biologie. Frankfurt a. M. 2006.

Sachse, Carola (Hg.), ‚Mitteleuropa' und ‚Südosteuropa' als Planungsraum. Wirtschafts- und kulturpolitische Expertise im Zeitalter der Weltkriege. Göttingen 2010.

Sarasin, Philipp, Darwin und Foucault. Genealogie und Geschichte im Zeitalter der Biologie. Frankfurt a. M. 2009.

Schock-Werner, Barbara, Bauorganisation, in: Horst Wolfgang Böhme u. a. (Hg.), Burgen in Mitteleuropa. Ein Handbuch. Bd. 1, Stuttgart 1999, S. 196–204.

Schöttler, Peter, Von der rheinischen Landesgeschichte zur nazistischen Volksgeschichte oder Die „unhörbare Stimme des Blutes", in: Winfried Schulze/Otto Gerhard Oexle (Hg.), Deutsche Historiker im Nationalsozialismus. Frankfurt a. M. 1999, S. 89–112.

Ders., Die intellektuelle Rheingrenze. Wie lassen sich die französische Annales und die NS-Volksgeschichte vergleichen? in: Christoph Conrad/Sebastian Conrad (Hg.), Die Nation schreiben. Geschichtswissenschaft im internationalen Vergleich. Göttingen 2002, S. 271.295.

Schulze, Winfried, Deutsche Geschichtswissenschaft nach 1945. 2. Aufl., München 1993.

Simon, Christian, Hektor Ammann – Neutralität, Germanophilie und Geschichte, in: Aram Mattioli (Hg.), Intellektuelle von rechts: Ideologie und Politik in der Schweiz 1918–1939. Zürich 1995, S. 29–53.

Sluga, Hans D., Heidegger's Crisis: Philosophy and Politics in Nazi Germany. Cambridge, Mass. 1993.

Steinbach, Franz/Petri, Franz, Zur Grundlegung der europäischen Einheit durch die Franken. Leipzig 1939.

Steuer, Heiko, Herbert Jankuhn – SS-Karriere und Ur- und Frühgeschichte, in: Hartmut Lehmann/Otto Gerhard Oexle (Hg.), Nationalsozialismus in den Kulturwissenschaften, Bd. 2: Leitbegriffe – Deutungsmuster – Paradigmenkämpfe – Erfahrungen und Transformationen im Exil. Göttingen 2004, S. 447–529.

Stokvis, Joseph, Über vergleichende Rassenpathologie und die Widerstandsfähigkeit des Europäers in den Tropen, in: Verhandlungen des X. Internationalen medicinischen Congresses Berlin 4.–9. August 1890. Berlin 1890, S. 190–214.

Storm, Carl, Zur deutschen Burgenforschung. Bemerkungen von seiten der Burgengeographie, in: Deutsches Archiv für Landes- und Volksforschung 5 (1941), S. 118–142.

Thies, Jochen, Hitler's Plans for Global Domination: Nazi Architecture & Ultimate War Aims, übers. v. Ian Cook/Mary-Beth Friedrich. New York, Oxford 2012 [1976].

Tiedau, Ulrich, Franz Petri, in: Michael Fahlbusch/Ingo Haar/Alexander Pinwinkler (Hg.), Handbuch der völkischen Wissenschaften. Akteure, Netzwerke, Forschungsprogramme, Bd. 1: Biographien. 2. Aufl., Berlin, Boston 2017, S. 578–587.

Unger, Corinna R., Ostforschung in Westdeutschland. Die Erforschung des europäischen Ostens und die Deutsche Forschungsgemeinschaft, 1945–1975. Stuttgart 2007.

Vidal, Fernando/Kleeberg, Bernhard, Introduction: Knowledge, Belief, and the Impulses to Natural Theology, in: Science in Context 20 (2007) 3, S. 381–400.

Waldenfels, Bernhard, Idiome des Denkens. Deutsch-Französische Gedankengänge. Frankfurt a. M. 2005.

Weber, Max, Wissenschaft als Beruf [1919], in: Ders., Schriften 1894–1922, ausgewählt und hg. von Dirk Kaesler. Stuttgart 2002, S. 474–511.

Weber, Wolfgang, Völkische Tendenzen in der Geschichtswissenschaft, in: Uwe Puschner/ Walter Schmitz/Justus H. Ulbricht (Hg.), Handbuch zur „Völkischen Bewegung" 1871– 1918. München u. a. 1996, S. 834–858.
Wedekind, Michael, Nationalsozialistische Besatzungs- und Annexionspolitik in Norditalien 1943 bis 1945. Die Operationszonen „Alpenvorland" und „Adriatisches Küstenland". München 2003.
Weinreich, Harald, Interdisziplinäre Forschung an der Universität Bielefeld, in: Jahresbericht des ZiF (1973), S. 9–21.
Weissberg, Liliane, Karl Löwiths Weltreise, in: Monika Boll/Raphael Gross (Hg.), ‚Ich staune, dass Sie in dieser Luft atmen können'. Jüdische Intellektuelle in Deutschland nach 1945. Frankfurt a. M. 2013, S. 126–170.
Wengenroth, Ulrich, Die Flucht in den Käfig: Wissenschafts- und Innovationskultur in Deutschland 1900–1960, in: Rüdiger vom Bruch/Brigitte Kaderas (Hg.), Wissenschaften und Wissenschaftspolitik. Bestandsaufnahmen zu Formationen, Brüchen und Kontinuitäten im Deutschland des 20. Jahrhunderts. Stuttgart 2002, S. 52–59.

Verzeichnis der Abkürzungen

A.B.	Augsburger Bekenntnis
A.T.	Altes Testament
AA	Auswärtiges Amt
AAE	Archives des Affaires Etrangères Paris
ACDP	Archiv für Christlich-Demokratische Politik der Konrad-Adenauer-Stiftung
ACME	An International E-Journal for Critical Geographies
ACT	Alfred Carl Toepfer (Firma)
ADAP	Akten zur deutschen auswärtigen Politik 1918–1945
ADERst	Amtliche Deutsche Ein- und Rückwandererstelle in Bozen
ADG	Arbeitsgemeinschaft Deutsche Glaubensbewegung
ADGB	Allgemeiner Deutscher Gewerkschaftsbund
ADHS	Aufmerksamkeits-Defizit-Hyperaktivitäts-Störung
ADM	Archives Départementales de la Moselle
AdO	Arbeitsgemeinschaft der Optanten für Deutschland
AdtJW	Archiv der deutschen Jugendbewegung, Witzenhausen
ADV	Atlas der Deutschen Volkskunde
ADVb	Arbeitsausschuß Deutscher Verbände
ADW	Allgemeiner Deutscher Waffenring
AETH	Archiv für Zeitgeschichte der ETH-Zürich
AfBB	Archiv für Bevölkerungswissenschaft und Bevölkerungspolitik
AfBuB	Amt für Betriebsführung und Berufserziehung der DAF
AfD	Alternative für Deutschland
AFG	Alpenländische Forschungsgemeinschaft
AFL	Abteilung für Landeskunde im Reichsamt für Landesaufnahme
AG MR	Amtsgericht Marburg
AG	Arbeitsgemeinschaft
AHF	Verband Deutscher Arbeitskreis für Hausforschung
AHStL	Archiv der Hansestadt Lübeck
AI	Alemannischen Institut
AK	Arbeitskreis
AKON	Aktion Oder-Neiße
ALVR	Archiv des Landschaftsverbandes Rheinland
AMGH	Archiv der Monumenta Germaniae Historica
AO	Auslandsorganisation der NSDAP
AÖAW	Archiv der Österreichischen Akademie der Wissenschaften
AOK	Armeeoberkommando
AöR	Archiv des öffentlichen Rechts

Archiv des IfL	Archiv des Leibniz-Instituts für Länderkunde in Leipzig
ARE	Alliance Raciste Européenne
ARG	Archiv für Religionsgeschichte
ARL	Akademie für Raumforschung und Landesplanung
ARU	Alliance Raciste Universelle
ARW	Archiv der Republik in Wien
ARW	Archiv für Religionswissenschaft
ASD	Archiv der Sozialforschungsstelle Dortmund
AStA	Allgemeiner Studenten- bzw. Studierendenausschuss
AWI	Arbeitswissenschaftliches Institut der DAF
AWI-Fakultät	Auslandswissenschaftliche Fakultät der Universität Berlin
AWLV	Arbeitsgemeinschaft für westdeutsche Landes- und Volksforschung
BANL	Bundesanstalt für Naturschutz und Landschaftspflege
BAR	Bundesarchiv Bern
BArch	Bundesarchiv
BayAdW	Bayrische Akademie der Wissenschaften
BayGVBl	Bayerisches Gesetz- und Verordnungsblatt
BayHStA	Bayerisches Hauptstaatsarchiv München
BayKM	Bayerisches Kultusministerium
BBAW	Archiv der Berlin-Brandenburgischen Akademie der Wissenschaften
BBKL	Biographisch-Bibliographisches Kirchenlexikon
BBl	Burschenschaftliche Blätter
BDA	Bundesdenkmalamt
BDC	ehem. Berlin Document Center
BDC	ehemaliges Berlin Document Center
BdL	Bund der Landwirte
BdN	Bund deutscher Nordschleswiger
BDO	Bund Deutscher Osten
BdS	Befehlshaber der Sicherheitspolizei
BdV	Bund der Vertriebenen
BfDPh	Blätter für Deutsche Philosophie
BfN	Bundesamt für Naturschutz
BGAEU	Berliner Gesellschaft für Ethnologie, Anthropologie und Urgeschichte
BGB	Bürgerliches Gesetzbuch
BHE	Bund der Heimatvertriebenen und Entrechteten
BHK	Burschenschaftliche Historische Kommission
BJD	Bund Jungdeutschland
BLA	Burgenländisches Landesarchiv
BMfU	Österreichisches Bundesministerium für Unterricht

BMgdF	Bundesministerium für gesamtdeutsche Fragen
BMI	Bundesministerium des Innern
BmU	Bundesministerium für Unterricht Wien
BMVFK	Bundesministerium für Vertriebene, Flüchtlinge und Kriegsgeschädigte
BMVt	Bundesministerium für Vertriebene, Flüchtlinge und Kriegsgeschädigte
BND	Bundesnachrichtendienst
BRb	Bursenrundbrief
BRD	Bundesrepublik Deutschland
BstU	Bundesbeauftragter für die Unterlagen des Staatssicherheitsdienstes der ehemaligen DDR
BVE	Bund Völkischer Europäer
CAU	Christian-Albrechts-Universität zu Kiel
CC	Collegium Carolinum
CDU	Christlich Demokratische Union Deutschlands
CdZ	Chef der Zivilverwaltung
CEC	Compagnie Européenne de Céréales
CIA	Central Intelligence Agency
CIC	Counter Intelligence Corps
CIE	Confédération internationale des étudiants
CSU	Christlich Soziale Union
CV	Österreichischer Cartellverband
DA	Deutsche Akademie Muenchen
DA	Deutsche Arbeit
DAAD	Deutscher Akademischer Austauschdienst
DABW	Deutsches Archiv für Bevölkerungswissenschaft
DAD	Der Auslanddeutsche (Zeitschrift des DAI)
DAF	Deutsche Arbeitsfront
DAG	Deutsch-Akademische Gildenschaft
DAI	Deutsches Auslandsinstitut Stuttgart
DALV	Deutsches Archiv für Landes- und Volksforschung
DAP	Deutsche Arbeiterpartei
DAr	Deutsche Akademie Muenchen
DArI	Deutsches Archäologisches Institut
DAWI	Deutsches Auslandswissenschaftliches Institut Berlin
DAZ	Deutsche Akademiker-Zeitung
DB	Deutsche Burschenschaft
DBur	Deutsche Burse
DC	Deutsche Christen
DDP	Deutsche Demokratische Partei
DDR	Deutsche Demokratische Republik

DeVlag	Deutsch-Flämische Arbeitsgemeinschaft
DF	Deutsche Front: Brüder in Not
DFG	Deutsche Forschungsgemeinschaft/Notgemeinschaft der Deutschen Wissenschaft
DFO	Deutsche Forschungen im Osten
DFSO	Deutsche Forschung im Südosten
DGAEU	Deutsche Gesellschaft für Ethnologie, Anthropologie und Urgeschichte
DGAP	Deutsche Gesellschaft für Auswärtige Politik
DGB	Deutscher Gewerkschaftsbund
DGBW	Deutsche Gesellschaft für Bevölkerungswissenschaft
DGGTB	Deutschen Gesellschaft für Geschichte und Theorie der Biologie
DGI	Deutsche Gesellschaft für Islamkunde
DGKH	Deutsche Gesellschaft für Kinderpsychiatrie und Heilpädagogik
DGS	Deutsche Gesellschaft für Soziologie
DHfL	Deutsche Hochschule für Leibesübungen
DHP	Deutsche Hochschule für Politik
DHR	Deutscher Hochschulring
DHV	Deutschnationaler Handlungsgehilfenverband
DINTA	Deutsches Institut für technische Arbeitsschulung
DJZ	Deutsche Juristen-Zeitung
DKU	Deutsche Karls-Universität (Prag)
DKVP	Deutsche Katholische (Volks)Partei
DLA	Deutsches Literaturarchiv Marbach
DLZ	Deutsche Literaturzeitung
DM	Deutsche Mark
DMB	Deutscher Mittelschülerbund
DMG	Deutsche Morgenländische Gesellschaft
DNASP	Deutsche Nationalsozialistische Arbeiterpartei (Österreich bzw. Böhmen)
DNSAP	(Sudeten-)Deutsche Nationalsozialistische Arbeitpartei
DNVP	Deutschnationale Volkspartei
DOG	Deutsche Orient-Gesellschaft
DP	Deutsche Partei in der Slowakei
DRA	Deutscher Reichsausschuss für die Vorbereitung der Olympischen Spiele
DSB	Deutscher Schutzbund für das Grenz- und Auslandsdeutschtum
DSHI	Dokumentensammlung des Johann-Gottfried-Herder-Instituts in Marburg
DSt	Deutsche Studentenschaft
DStV	Deutscher Studentenverband

DUR	Religionsgemeinschaft der Deutschen Unitarier
DUT	Deutsche Umsiedler Treuhand GmbH
DVAG	Deutscher Verband für Angewandte Geographie
DVL	Deutsche Volksliste
DVP	Deutsche Volkspartei
DVR	Deutsche Volksgruppe in Rumänien
DVU	Deutsche Volksunion
DWDS	Digitales Wörterbuch der deutschen Sprache
DWI	Deutsche Wissenschaftliche Institute
EAZ	Ethnologisch-Archäologische Zeitschrift
ECRM	Europäische Charta der Regional- oder Minderheitensprachen
EGO	Europäische Geschichte Online
EK II	Eisernes Kreuz II. Klasse
EK	Eisernes Kreuz
EKD	Evangelische Kirche Deutschlands
ELI	Wissenschaftliches Institut der Elsass-Lothringer im Reich
EPES	Enemy Personnel Exploitation Section
ERR	Einsatzstab Reichsleiter Rosenberg
EWZ	Einwandererzentrale
EZA	Evangelisches Zentralarchiv Berlin
FA	Freie Akademie
FAB	Forschungsinstitut für Arbeitsverletzte und Berufsgeschädigte
FAO	Welternährungsorganisation der Vereinten Nationen
FAZ	Frankfurter Allgemeine Zeitung
FDP	Freie Demokratische Partei
FPÖ	Freiheitliche Partei Österreichs
FR	Freiheitlicher Rat
FSt	Forschungsstellen
FstR	Forschungsstelle des Rußlanddeutschtums im DAI
FUEV	Föderalistische Union Europäischer Volksgruppen
GAK	Göttinger Arbeitskreis
GDS	Gemeinschaft für deutsche Studentengeschichte
Gedelit	Luxemburger Gesellschaft für deutsche Literatur und Kunst
Gestapo	Geheime Staatspolizei
GfbG	Gesellschaft für burschenschaftliche Geschichtsforschung
GGG	Germanische Glaubens-Gemeinschaft
GG	Geschichte und Gesellschaft
Gl	Chamberlain, Die Grundlagen des 19. Jahrhunderts
GLAK	Generallandesarchiv Karlsruhe

GNM DKA	Germanischen Nationalmuseum Nürnberg, Deutsches Kunstarchiv
GOG	Gemeinschaft Ost- und Sudetendeutscher Grundeigentümer und Geschädigter e. V.
GöG	Görres-Gesellschaft zur Pflege der Wissenschaft
GPO	Generalplan Ost
GStA	Geheimes Staatsarchiv Preußischer Kulturbesitz Dahlem
GUF	Gruppi universitari fascisti
GuG	Geschichte und Gesellschaft (Zeitschrift)
GWN	Germaansche Werkgemeenschap Nederland
GWU	Geschichte in Wissenschaft und Unterricht
GzVeN	Gesetz zur Verhütung erbkranken Nachwuchses
HAG	Hochschularbeitsgemeinschaft fuer Raumforschung
HDA	Hochschulring Deutscher Art
Hdwb	Handwörterbuch des Grenz- und Auslanddeutschtums
HGbl	Hansische Geschichtsblätter
HGV	Hansischer Geschichtsverein
HHsta	Haus-, Hof-, und Staatsarchiv Österreichs
HHSTAW	Hessisches Hauptstaatsarchiv Wiesbaden
HICOG	High Commissioner of Germany
HIKO	Historische Kommission für ost- und westpreußische Landesgeschichte
HJ	Hitler-Jugend
HJb	Historisches Jahrbuch
HKA	Hofkammerarchiv Wien
HMP	Historisches Museum der Pfalz Speyer
HO	Handelsorganisation
HSSPF	Hoehere SS- und Polizeifuehrer
HStA	Hauptstaatsarchiv
HSTAM	Hessisches Staatsarchiv Marburg
HSTAS	Hauptstaatsarchiv Stuttgart
HTO	Haupttreuhandstelle Ost
hvp	Pressedienst der Heimatvertriebenen
HWWA	Hamburgisches Weltwirtschafts-Archiv
HZ	Historische Zeitschrift
IAW	Instituts für Allgemeine Wehrlehre der Universität Berlin
IB	Identitäre Bewegung
ICTJ	Internationales Zentrum für Transitional Justice
ICTY	Internationaler Strafgerichtshof für das ehemalige Jugoslawien
IDO	Institut für Deutsche Ostarbeit
IEG	Institut für Europäische Geschichte in Mainz
IEJ	Institut zur Erforschung der Judenfrage in Frankfurt a. M.

IEUL	Archiv des Instituts für Ethnologie der Universität Leipzig
IfA	Institut für Auslandsbeziehungen Stuttgart
IfAA	Institut für Arbeitspsychologie und Arbeitspädagogik der DAF
IfArch	Instituts für Archivwissenschaft
IFEO	International Federation of Eugenic Organizations
IfH	Institut für Heimatforschung
IfK	Institut für Konjunkturforschung
IfR	Institut für Raumforschung Bad Godesberg
IfS	Institut für Stadtgeschichte in Frankfurt a. M.
IfW Kiel	Institut für Weltwirtschaft Kiel
IfZ	Institut für Zeitgeschichte München
IGA	Institut für Grenz- und Auslandsdeutschtum
IGL	Institut für geschichtliche Landeskunde der Rheinlande der Universität Bonn
IHA	Internationale Hygiene-Ausstellung
IHF	Institut für Heimatforschung
ILO	International Labor Organisation
IMT	Internationaler Militärgerichtshof, Nürnberg (Amtlicher Text in deutscher Sprache)
INS	Institut für niederdeutsche Sprache
IOeG	Institut für Österreichische Geschichtsforschung
IOW	Institut für Ostdeutsche Wirtschaft
IPPF	International Planned Parenthood Federation
ISG	Institut fuer Stadtgeschichte Frankfurt a. M.
IVDE	Institut für Volkskunde der Deutschen des östlichen Europa
IWZ	Institut für wehrwissenschaftliche Zweckforschung des SS-Ahnenerbes
JAHSGR	Journal of the American Historical Society of Germans from Russia
JbAkDR	Jahrbuch der Akademie für Deutsches Recht
JCH	Journal of Contemporary History
JGH	Johann Gottfried Herder-Institut
JGHF	Johann Gottfried Herder-Forschungsrat
Jus	Juristische Schulung
JWG	(Stiftung) Johann Wolfgang Goethe
k. u. k.	kaiserlich und königlich
KdF	Kraft durch Freude
KfdK	Kampfbund für deutsche Kultur
KgU	Kampfgruppe gegen Unmenschlichkeit
KHB	Kärntner Heimatbund
KHD	Kärntner Heimatdienst
KHI	Kunsthistorisches Institut

KMK	Kultusministerkonferenz
KPD	Kommunistische Partei Deutschlands
KV	Kartellverband katholischer deutscher Studentenvereine
KWG	Kaiser-Wilhelm-Gesellschaft
KWI	Kaiser-Wilhelm-Institut
KWU	Kaiser-Wilhelm-Universität Straßurg
KZ	Konzentrationslager
LAB	Landesarchiv Berlin
LABO Berlin	Landesamt für Bürger- und Ordnungsangelegenheiten Berlin
LAGr	Landesarchiv Greifswald
LANRW	Landesarchiv NRW
LAPO	Landesarchiv Potsdam
LArch	Landesarchiv
LAS	Landesarchiv Saarbruecken
LASH	Landesarchiv Schleswig-Holstein
LAT	Landesarchiv Tirol
LBK	Landesbibliothek Kiel
LG	Landgericht
LHK	Landeshauptarchiv Koblenz
LIfL	Leibniz-Institut für Länderkunde
LKArchE	Landeskirchenarchiv Eisenach
LVA	Landesversicherungsanstalt
LVVA	Lettisches Nationalarchiv Riga
LWL	Landschaftsverband Westfalen-Lippe
MA	Militärärztlichen Akademie in Berlin
MBBN	Militaerbefehlshaber in Belgien und Nordfrankreich
MBF	Militaerbefehlshaber in Frankreich
MdR	Mitglied des Reichstages
MfS	Ministerium fuer Staatssicherheit der DDR
MFZ	Mecklenburgische Folklorezentrum
MGH	Monumenta Germaniae Historica
MID	Military Intelligence Division
Mio.	Millionen
MIOeG	Mitteilungen des Instituts für Österreichische Geschichtsforschung
MKG	Mitteilungen der Kriminalbiologischen Gesellschaft
MLHA	Mecklenburgisches Landeshauptarchiv Schwerin
MWT	Mitteleuropäischer Wirtschaftstag
N.Y.	New York
NBVVaA	Nachrichtenblatt der Vaterländischen Vereinigung alter Akademiker

NDB	Neue Deutsche Biographie
NF	Neue Folge
NGO	Non-Governmental Organisation
NHStAH	Niedersächsisches Hauptstaatsarchiv Hannover
NIRA	Neue Internationale Rundschau der Arbeit
Nl	Nachlass
NOA	Nordostdeutsche Akademie in Lüneburg
NOFG	Nord- und Ostdeutsche Forschungsgemeinschaft/Nordostdeutsche Forschungsgemeinschaft
NOKW	Nordostdeutsches Kulturwerk/ Nordost-Institut
NÖLA	Niederösterreichisches Landesarchiv
NPD	Nationaldemokratische Partei Deutschlands
NRW	Nordrhein Westfalen
NRW	Nordrhein-Westfalen
ns/NS	nationalsozialistisch/Nationalsozialismus
NSB	Nationalsozialistischer Beamtenbund
NSD	NS-Dozentenbund
NSDÄB	Nationalsozialistischer Deutscher Ärztebund
NSDAP	Nationalsozialistische Deutsche Arbeiterpartei
NSDDB	Nationalsozialistischer Deutscher Dozentenbund
NSDStB	Nationalsozialistischer Deutscher Studentenbund
NSKG	NS-Kulturgemeinde
NSLB	Nationalsozialistischer Lehrerbund
NSRB	Nationalsozialistischer Rechtswahrerbund
NSRL	Nationalsozialistischer Reichsbund für Leibesübungen
NSS	Nationalsozialistischer Schülerbund
NSV	Nationalsozialistische Volkswohlfahrt
NU	Bestand Německá Univerzita des AUK
NuS	Nation und Staat
OA	Ostdeutsche Akademie in Lüneburg
ÖAdW	Österreichische Akademie der Wissenschaften
OB	Oberbürgermeister
ÖBL	Österreichisches Biographisches Lexikon
ODB	Ostdeutscher Beobachter
ÖDW	Österreichisch-deutsche Wissenschaftshilfe
OEFG	Osteuropäische Forschungsgemeinschaft
OEI	Osteuropa-Institut Breslau
OHL	Oberste Heeresleitung
OKH	Oberkommando des Heeres
OKW	Oberkommando der Wehrmacht

OLZ	Orientalische Literaturzeitung
ÖNB	Österreichische Nationalbibliothek
ONT	Order of the New Templar/ Neu Templer Orden
OPG	Oberstes Parteigericht der NSDAP
OSS	Office of Strategic Services
ÖSTA	Österreichisches Staatsarchiv Wien
OUN	Organisation Ukrainischer Nationalisten
ÖVP	Österreichische Volkspartei
PA	Personalakte
PAAA	Politisches Archiv Auswärtiges Amt
PGFW	Pfälzische Gesellschaft zur Förderung der Wissenschaften
PGM	Petermanns Geographische Mitteilungen
PK	Politisches Kolleg für nationalpolitische Schulungs- und Bildungsarbeit
POW	Prisoner(s) of war
PrEM	Preußisches Ministerium für Wissenschaft, Erziehung und Volksbildung
PrMWKV	Preußisches Ministerium für Wissenschaft, Kultur und Volksbildung
PRO	Public Record Office London
PTR	Physikalisch-Technische Reichsanstalt
PuSte	Publikationsstelle
PuSte Berlin-Dahlem	Publikationsstelle Berlin-Dahlem
PuSte Frankfurt	Publikationsstelle Frankfurt
PuSte Hamburg	Publikationsstelle Hamburg
PuSte Innsbruck	Publikationsstelle Innsbruck
PuSte Ost	Publikationsstelle Ost
PuSte Stuttgart	Publikationsstelle Stuttgart
PuSte Wien	Publikationsstelle Wien
RAD	Reichsarbeitsdienst
RAG	Reichsarbeitsgemeinschaft für Raumforschung
RAM	Reichsaußenminister
RAMin	Reichsarbeitsministerium
RdK	Reichsbund der Kinderreichen
REM	Reichsministerium/-minister für Wissenschaft, Erziehung und Volksbildung
RF	Rockefeller Foundation
RFG	Rheinische Forschungsgemeinschaft
RFM	Reichsministerium der Finanzen
RFR	Reichsforschungsrat
RfR	Reichsstelle für Raumordnung
RFS	Reichsstudentenführung
RfSS	Reichsführer-SS

RGA	Reallexikon der Germanischen Altertumskunde
RGBl	Reichsgesetzblatt
RHF	Rassenhygienische und bevölkerungsbiologische Forschungsstelle im Reichsgesundheitsamt
RHO	Reichshabilitationsordnung
RHS	Reinhard-Heydrich-Stiftung
RhVbl	Rheinische Vierteljahresblätter
RIS	Rechtsinformationssystem der Republik Österreich
RKF	Reichskommissar für die Festigung deutschen Volkstums
RKK	Reichskulturkammer
RKO	Reichskommissariat Ostland
RKU	Reichskommissariat Ukraine
RM	Reichsmark
RMBliV	Reichsministerialblatt der inneren Verwaltung
RMEL	Reichsministerium für Ernährung und Landwirtschaft
RMF	Reichsministerium der Finanzen
RMI	Reichsministerium des Innern
RMO	Reichsministerium für die besetzten Ostgebiete
RMVP	Reichsministerium für Volksaufklärung und Propaganda
ROI	Regierungsoberinspektor
RPA	Rassenpolitisches Amt
RPA	Rassenpolitisches Amt der NSDAP
RSfdO	Reichsstiftung für deutsche Ostforschung in Posen
RSHA	Reichssicherheitshauptamt
RSK	Reichsschriftumskammer
RSSPSD	Reichsschule der Sicherheitspolizei und des Sicherheitsdienstes in Prag
RU Posen	Reichsuniversität Posen
RuR	Zeitschrift Raumforschung und Raumordnung
RUS	Reichsuniversität Straßburg
RuS-Arzt	Arzt des RuSHA
RuSHA	Rasse- und Siedlungshauptamt der SS
RVL	Reich, Volksordnung, Lebensraum (Zeitschrift)
RVM	Reichsverkehrsminister
RVP	Kulturpropagandastelle Rheinische Volkspflege
RWM	Reichswirtschaftsministerium
SA	Sturmabteilungen der NSDAP
SAVU	Slowakische Akademie der Wissenschaften und Künste
SBK	Sorbisches Kulturarchiv Bautzen
SBLA	Salzburger Landesarchiv

Verzeichnis der Abkürzungen — 355

SBV	Schweizerischer Burgenverein
SBZ	Sowjetische Besatzungszone
SD	Sicherheitsdienst der SS
SDECE	Service de Documentation Extérieure et de Contre-Espionnage
SdP	Sudentendeutsche Partei
SED	Sozialistische Einheitspartei Deutschlands
SFB	Sender Freies Berlin
SFG	Saarforschungsgemeinschaft
SFS	Sozialforschungsstelle Dortmund
SGL	Sammlung Georg Leibbrandt
Sipo	Sicherheitspolizei
SMB-PK/MVF	Archiv des Museums für Vor- und Frühgeschichte Berlin
SODF	Südostdeutsche Forschungen
SOEG	Südosteuropa Gesellschaft
SOFG	Südostdeutsche Forschungsgemeinschaften
Soko	Sonderkommando
SPA ARCH	Forschungsbibliothek Gotha, Sammlung Perthes
SPD	Sozialdemokratische Partei Deutschlands
SPÖ	Sozialdemokratische Partei Österreichs
SRI	Sonderreferat Indien des AA
SS	Schutzstaffel
SSOS	Selbstschutz Oberschlesien
SSPF	SS- und Polizeiführer
StA Wo	Stadtarchiv Worms
StA	Stadtarchiv
STAA	Staatsarchiv Aarau
STAB	Staatsarchiv Bozen
StABWSi	Staatsarchiv Baden Württemberg in Sigmaringen
STAF	Stadtarchiv Freiburg
STAG	Stadtarchiv Gelsenkirchen
StAHH	Staatsarchiv Hansestadt Hamburg
STAK	Stadtarchiv Konstanz
StAKö	Stadtarchiv Köln
StAL	Stadtarchiv Ludwigsburg
Stalag	Stammlager
STAM	Staatsarchiv München
STAMar	Staatsarchiv Marburg/Lahn
StaMgl	Stadtarchiv Mönchengladbach
STAS	Stadtarchiv Saarbrücken

Stasi	Staatssicherheit der DDR
StB	Stadtbibliothek
StdF	Stab des Stellvertreters des Führers
StGBl	Strafgesetzblatt
StHA	Stabshauptamt
SUB	Niedersächsische Staats- und Universitätsbibliothek Göttingen
SuFG	Sudetendeutsche Forschungsgemeinschaft
TH	Technische Hochschule
ThHStAW	Thueringisches Hauptstaatsarchiv Weimar
ThMdI	Thueringer Ministerium des Innern
THStAW	Thueringisches Hauptstaatsarchiv Weimar
ThVBM	Thüringisches Volksbildungsministerium
TJ	Transitional Justice
TU	Technische Universität
u.k.	unabkömmlich
UA	Universitätsarchiv
UAB	Universitätsarchiv Bochum
UAF	Universitätsarchiv Freiburg
UaFfm	Universitätsarchiv Frankfurt a. M.
UAG	Universitätsarchiv Göttingen
UAGie	Universitätsarchiv Gießen
UAGr	Archiv der Ernst-Moritz-Arndt-Universität Greifswald
UAGra	Universitätsarchiv Graz
UAH	Universitätsarchiv Halle
UAHei	Universitätsarchiv Heidelberg
UAHUB	Universitätsarchiv der Humboldt-Universität zu Berlin
UAI	Universitätsarchiv Innsbruck
UAJ	Universitätsarchiv Jena
UAL	Universitätsarchiv Leipzig
UALMU	Archiv der Ludwig-Maximilians-Universität München
UALMU	Universitätsarchiv der Ludwig Maximillians Universität München
UAM	Universitätsarchiv Münster
UAMai	Universitätsarchiv Mainz
UAMar	Universitätsarchiv Marburg
UAP	Universitätsarchiv Posen
UAR	Universitätsarchiv Rostock
UAS	Universitätsarchiv Stuttgart
UAT	Universitätsarchiv Tübingen
UAW	Universitätsarchiv Wien

UB	Universitätsbibliothek
UBFfm	Universitätsbibliothek Frankfurt a. M.
UBL	Universitätsbibliothek Leipzig
UdSSR	Union der Sozialistischen Sowjetrepubliken
UFA	Universum Film AG
ÜFG	Überseedeutsche Forschungsgemeinschaft
UH	Unsere Heimat, Blätter für saarpfälzisches Volkstum
UHA	Ukrainisch-Galizische Armee
ULB	Universitäts- und Landesbibliothek Bonn
UN	United Nations
UNESCO	United Nations Educational, Scientific and Cultural Organization
US	United States
USA	Unites States of America
UWZ	Umwandererzentralstelle
VAA	Vertreter des Auswärtigen Amtes
VAB	Vereinigung Alter Burschenschafter
VB	Völkischer Beobachter
VDA	Verein (Volksbund) für das Deutschtum im Ausland
VDB	Verband der deutschen Volksbüchereien in Oberschlesien
VdB	Volksdeutsche Bewegung
VDBib	Verband Deutscher Bibliothekare
VDH	Verein Deutscher Hochschüler
VDR	Verband der Deutschen in Rußland
VDSt	Verein Deutscher Studenten
VDU	Volksbund der Deutschen in Ungarn
VFG	Volksdeutsche Forschungsgemeinschaften
VfZ	Vierteljahrshefte für Zeitgeschichte
VGDB	Vereine für Geschichte der Deutschen in Böhmen
VHD	Verband der Historiker und Historikerinnen Deutschlands
VNV	Vlaamsche Nationaal Verbond
VOL	Vereinigte Ostdeutsche Landsmannschaften
VoMi	Volksdeutschen Mittelstelle der SS
VRD	Verband der Rußlanddeutschen
VSWG	Vierteljahrschrift für Sozial- und Wirtschaftsgeschichte
VV	Vaterländische Vereinigung alter Akademiker des Wuppertales
VW	Volkswagen
VwA	Volkswirtschaftlicher Arbeitskreis
VWG	Volksche Werkgemeenschap
WASt	Deutsche Dienststelle für die Benachrichtigung der nächsten Angehörigen von Gefallenen der ehem. dt. Wehrmacht

WAST	Deutsche Dienststelle in Berlin
WBG	Wissenschaftliche Buchgesellschaft Darmstadt
WdVl	Wahlpartei der Unabhängigen
WFG	Westdeutsche Forschungsgemeinschaft
WPG	Wirtschaftspolitische Gesellschaft
WPr	Abteilung für Wehrmachtpropaganda des OKW
WRB	Westraumbibliothek in Metz
WS	Wintersemester
ZAEKHN	Zentralarchiv der Evangelischen Kirche in Hessen und Nassau, Darmstadt
ZAEKR	Zentrales Archiv der Evangelischen Landeskirche Rumäniens
ZAkDR	Zeitschrift der Akademie für Deutsches Recht
ZaöRV	Zeitschrift für ausländisches öffentliches Recht und Völkerrecht
zbV	zur besonderen Verwendung
Zeitschrift für RuR	Zeitschrift für Raumforschung und Raumordnung
ZfE	Zeitschrift für Ethnologie
ZfG	Zeitschrift für Geschichtswissenschaft
ZfGeo	Zeitschrift für Geopolitik
ZfO	Zeitschrift für Ostmitteleuropaforschung/früher Ostforschung
ZfP	Zeitschrift für Politik
ZfPol	Zeitschrift für Politik (bis 1945)
ZfR	Zeitschrift für Religionsgeschichte
ZGO	Zeitschrift für die Geschichte des Oberrheins, Neue Folge
ZgStW	Zeitschrift für die gesamte Staatswissenschaft
ZO	Zentralhandelsgesellschaft Ost für landwirtschaftlichen Absatz und Bedarf
ZöR	Zeitschrift für öffentliches Recht
ZSG	Zeitschrift für sudetendeutsche Geschichte
ZSLJV	Zentralstelle der Landesjustizverwaltungen Ludwigsburg
ZVLGA	Zeitschrift des Vereins für Lübeckische Geschichte und Altertumskunde

Verzeichnis der AutorInnen

Esther Abel studierte bis Osteuropäische Geschichte und Slawistik in Marburg, Gießen und London. Von 2005 bis 2007 führte sie Recherchen über Raubgut aus der NS-Zeit in der UB Marburg durch und war Mitarbeiterin bei der Vorbereitung und Durchführung des Ausstellungs- und Publikationsprojekts „Displaced Books" in der UB Marburg. Sie promovierte 2015 bei Stefan Plaggenborg (Lehrstuhl Osteuropäische Geschichte, Ruhr-Universität Bochum) über das Waffen-SS-Mitglied und den späteren Professor für Osteuropäische Geschichte, Peter Scheibert. Derzeit ist sie freie Mitarbeiterin in der Gedenkstätte Hadamar, Täterforschung, systematischer Aufbau von Datenbanken und einer Gedenkstättendokumentation, pädagogische Mitarbeit. Forschungsinteressen: Osteuropabild in der deutschsprachigen Geschichtswissenschaft; 2. Weltkrieg; NS-Verfolgung, Opferbiographien und Anerkennungsdynamiken; „Euthanasie"-Morde; Kontextualisierung von Rassismus und Sexismus; personelle und inhaltliche Kontinuitäten nach 1945 in der Bundesrepublik.

Sabine Bamberger-Stemmann hat Osteuropäische und Neuere Geschichte sowie Slawistik studiert. Sie promovierte über den Europäischen Nationalitätenkongress. Von 1992 bis 2003 war sie wissenschaftliche Mitarbeiterin und Verlagsleiterin sowie kommissarische Leiterin des Nordost-Instituts in Lüneburg. Seit 2004 ist sie Direktorin der Landeszentrale für politische Bildung in Hamburg. Ihre wissenschaftlichen Spezialgebiete sind Ostmitteleuropa, Minderheitenfragen im 19./20. Jahrhundert und die deutsch-polnischen Beziehungen. Seit 1999 hat sie einen Lehrauftrag an der Universität Hamburg.

Matthias Berg war Mitarbeiter an der ersten Auflage des Handbuchs der völkischen Wissenschaften und promovierte 2013 an der Humboldt-Universität zu Berlin mit einer Dissertation zu dem Historiker Karl Alexander von Müller; seitdem war er Wissenschaftlicher Mitarbeiter der Humboldt Universität zu Berlin in einem Forschungsprojekt zur Geschichte des Historikerverbandes, dessen Ergebnisse 2018 veröffentlicht wurden („Die versammelte Zunft. Historikerverband und Historikertage in Deutschland 1893–2000", Göttingen). Aktuell arbeitet er als Wissenschaftlicher Mitarbeiter der Historischen Kommission bei der Bayerischen Akademie der Wissenschaften in einem Forschungs- und Editionsvorhaben zur Geschichte der „Neuen Deutschen Biographie" zwischen 1940 und 1975.

Michael Fahlbusch studierte Geographie, Soziologie und Politikwissenschaften an den Universitäten in Münster und Zürich. Neben seinem Breadwinner-Job, den er als Verkehrsplaner seit 1987 ausübte, promovierte er 1993 an der Universität Osnabrück über die Leipziger-Stiftung und war während 1996–1997 Postdoc-Stipendiat mit einem DFG-Forschungsprojekt über die Volksdeutschen Forschungsgemeinschaften an der Universität Bonn (Klaus Fehn). Er ist seit 2011 Lehrbeauftragter und seit 2015 assoziierter Forscher am Historischen Institut der Universität Bern. Diverse Publikationen zur Wissenschafts- und Volkstumsgeschichte.

Bernd Fischer promovierte an der Universität Siegen. Aktuell bekleidet er die Professor für deutsche Literatur-, Kultur- und Ideengeschichte an der Ohio State University; Department Chair, 1996–2008 (Interim Chair 2012–14); Gastprofessuren an den Universitäten Essen, Hamburg, Siegen, und Case Western; Herausgeber der German Quarterly, 1997–99.

Auswahl der Buchveröffentlichungen: Transcultural Literary Studies: Politics, Theory, and Analysis. Special Issue of Humanities (2017); Ein anderer Blick – Saul Aschers politische Schriften (2016); Cultural Transformations of the Public Sphere (2015, mit May Mergenthaler); Heinrich von Kleist and Modernity (2011, mit Tim Mehigan); A Companion to the Works of Heinrich von Kleist (2010/2003); Cultural Politics and the Politics of Culture (2007, mit Helen Fehervary); Das Eigene und das Eigentliche: Klopstock, Herder, Fichte, Kleist. Episoden aus der Konstruktionsgeschichte nationaler Intentionalitäten (1996); Christoph Hein: Drama und Prosa im letzten Jahrzehnt der DDR (1990); Ironische Metaphysik: Die Erzählungen Heinrich von Kleists (1988); Kabale und Liebe: Skepsis und Melodrama in Schillers bürgerlichem Trauerspiel (1987). Er arbeitet gegenwärtig an einem Buch zur Ästhetik der Anerkennung: Von Fichte zu Kafka.

Ingo Haar lehrt als Professor für German Studies an der Jilin Foreign Studies University in Changchun/Nordchina. Er war bis 2015 Projektleiter an der Universität Wien, wofür er den Wissenschaftspreis der Stadt Wien und die Lise-Meithner-Stelle des FWF der Republik Österreich bekam. Er leitete diverse Projekte an der TU Berlin im Zentrum für Antisemitismusforschung und an der Humboldt Universität.

Seine zweite Monographie „Jüdische Vielfalt in Berlin und Wien 1667/71–1918" erscheint demnächst. Seine Forschungsschwerpunkte sind Wissenschafts- und Historiographiegeschichte, Jüdische Studien, Migration-und Forced Migration Studies sowie Genocide Studies.

Cordelia Heß promovierte an der Universität Hamburg, danach Postdoc und Lektorate an den Universitäten Stockholm und Göteborg. Sie ist Professorin für Nordische Geschichte an der Universität Greifswald seit 2017. Aktuelles Projekt an der Universität Göteborg „The Archives of Antisemitism in Scandinavia. Knowledge Production and Stereotyping in a Long-Term Historical Perspective". Forschungsschwerpunkte: Antisemitismus, religiöse Minderheiten im Ostseeraum, christlicher Antijudaismus im Mittelalter.

Publikationen in Auswahl: The Medieval Roots of Antisemitism. Continuities and Discontinuities from the Middle Ages to the Present Day (hg. mit Jonathan Adams, 2018); The Absent Jews. Kurt Forstreuter and the Historiography of Medieval Prussia (New York 2017); Revealing the Secrets of the Jews: Johannes Pfefferkorn and Christian Writings about Jewish Life and Literature in Early Modern Europe (hg. mit Jonathan Adams, Berlin 2017); Fear and Loathing in the North. Jews and Muslims in Medieval Scandinavia and the Baltic Region (hg. mit Jonathan Adams, Berlin 2015).

Joël Hoffmann arbeitet seit 2014 als Redaktor bei der Basler Zeitung, seit Juni als Leiter Region. Der studierte Historiker und Soziologe sorgte mit seinen Recherchen zum Raubkunstfall Curt Glaser dafür, dass die Basler Regierung und das Basler Kunstmuseum die Causa Glaser neu untersuchen. Hoffmann befasst sich mit Lokal- und Gesundheitspolitik und ist in der Region Basel insbesondere bekannt für seine investigativen Recherchen.

Uwe Hoßfeld studierte Lehramt und Magister in Jena in den Fächern Biologie, Wissenschaftsgeschichte, Sportwissenschaft, Indonesistik und Erziehungswissenschaften; 1996 promovierte er über Biologiegeschichte; 2003 erfolgte die Habilitation in „Geschichte der Naturwissenschaften"; seit WS 2006/07 ist er Leiter der Arbeitsgruppe Biologiedidaktik und seit 2009 bekleidet er die Professur für Didaktik der Biologie an der Friedrich-Schiller-Universität Jena. Er gehört zu den führenden Biologiehistorikern und dankenswerterweise auch zu denjenigen, die rassenbiologischen Verbindungen zur Universität Prag mit den tschechischen Kollegen intensiv bearbeitet haben.

Christian Jansen hat nach einem Studium der Geschichte und Mathematik und einigen Jahren in einem Druckereikollektiv und wissenschaftlicher Mitarbeiter an der Universität Heidelberg promoviert (Hartmut Soell; Promotion 1989) und in Bochum habilitiert (Hans Mommsen, Habilitation 1998). Anschließend war er viele Jahre auf befristeten Professuren in Konstanz, Bochum, Jerusalem, Berlin und Münster tätig. Seit Oktober 2013 ist Herr Jansen Inhaber des Lehrstuhls für Neuere Geschichte (Schwerpunkt 19. Jahrhundert) an der Universität Trier. Seine Arbeitsgebiete umfassen deutsche und italienische Geschichte des 19. und 20. Jahrhunderts, insbesondere politische Geschichte; Kultur- und Mentalitätsgeschichte; Universitäts- und Wissenschaftsgeschichte. Publikationen unter https://www.uni-trier.de/index.php?id=50400.

Zur aktuellen Lage in Italien: http://www.3sat.de/mediathek/?mode=play&obj=75202 BLOG: http://marxisback.hypotheses.org/ Neues Buch: Stefano Cavazza/Thomas Großbölting/Christian Jansen: Massenparteien im 20. Jahrhundert. Christ- und Sozialdemokraten, Kommunisten und Faschisten in Deutschland und Italien, Stuttgart 2018.

Hans-Henning Kortüm ist Mediävist und seit 1998 Inhaber des Lehrstuhls für Mittelalterliche Geschichte an der Universität Regensburg, Forschungsschwerpunkte: u. a. Kulturgeschichte des mittelalterlichen Krieges; Zusammenarbeit mit dem Tübinger SFB „Kriegserfahrungen"; zahlreiche einschlägige Publikationen zu dieser Thematik.

Ulf-Thomas Lesle, studierte Germanistik, Geschichte, Theater- und Kulturwissenschaft; Dramaturg am Ohnsorg-Theater, Hamburg (1980–1987), Lektor im Argument Verlag Berlin/Hamburg (1987–1991). Wissenschaftlicher Mitarbeiter des Instituts für niederdeutsche Sprache (1991–2012), Dozent am Fachbereich Sprach- und Literaturwissenschaften der Universität Bremen (2000–2012). Zahlreiche Veröffentlichungen zur Sprache sowie zur Kultur- und Landschaftsgeschichte Norddeutschlands.

Fabian Link hat Geschichte, Ethnologie und Archäologie an der Universität Basel studiert und dort zum Thema „Burgenforschung und Nationalsozialismus" promoviert. Seit Herbst 2012 ist er Assistent bei der von Moritz Epple geleiteten Arbeitsgruppe Wissenschaftsgeschichte an der Goethe-Universität Frankfurt am Main. Er habilitierte sich dort über die Geschichte der Sozialwissenschaften in Westdeutschland des frühen Kalten Kriegs.

Anja Lobenstein-Reichmann ist Leiterin der Forschungsstelle „Frühneuhochdeutsches Wörterbuch" an der Akademie der Wissenschaften zu Göttingen, Professorin für Germanistische Sprachwissenschaft an der Universität Prag, apl. Professorin an der Universität Heidelberg. Die Promotion erfolgte im Jahre 1998 an der Universität Heidelberg mit einer Arbeit über „Freiheit bei Martin Luther", die Habilitation im Jahre 2008 an der Universität Trier mit der Arbeit „Houston Stewart Chamberlain – Zur textlichen Konstruktion einer Weltanschauung. Eine sprach-, diskurs- und ideologiegeschichtliche Analyse." Frau Lobenstein-Reichmann veröffentlichte zahlreiche Artikel zur Sprache, Begriffs- und Ideologiegeschichte der Reformationszeit sowie des 19. und 20. Jahrhunderts (u.a. zur Dolchstoßlegende, zu Arthur Moeller van den Bruck, Julius Langbehn, Houston Stewart Chamberlain, Richard Wagner), ferner zur Lexikographie, zur Sprachgeschichte, Sprachpragmatik und Sprachsoziologie, speziell zum Gegenstandbereich ‚sprachliche Gewalt'. Niederschlag des letzteren Interessengebietes ist die Monographie (2013) „Sprachliche Ausgrenzung im späten Mittelalter und der Frühen Neuzeit". Frau Lobenstein-Reichmann ist Mitherausgeberin und Autorin am Frühneuhochdeutschen Wörterbuch, einem semantisch orientierten Grundlagenwerk zur textlichen (literarischen, rechts-, wirtschaftsgeschichtlichen, theologischen, chronikalischen usw.) Überlieferung des ausgehenden Mittelalters und der beginnenden Neuzeit.

Hans-Christian Petersen Osteuropahistoriker, ist wissenschaftlicher Mitarbeiter und PD am Bundesinstitut für Kultur und Geschichte der Deutschen im östlichen Europa (BKGE) in Oldenburg. Forschungsschwerpunkte: Stadtgeschichte und sozialer Raum, Migrationsgeschichte, Geschichte der Russlanddeutschen, Geschichte der deutschen „Ostforschung", Geschichte und Theorie der Biographik.

Julien Reitzenstein (Co. Kerry/Irland) lehrt seit rund zwei Jahrzehnten an verschiedenen Universitäten und anderen Einrichtungen, wie der Führungsakademie der Bundeswehr. Er war Gastprofessor für die Architekturgeschichte totalitärer Systeme in Sofia. Seit einigen Jahren ist seine akademische Heimat die Heinrich-Heine-Universität in Düsseldorf. Seine dortigen Hauptseminare und Vorlesungen befassen sich vorwiegend mit der Geschichte der SS und des Ahnenerbes. Julien Reitzenstein publizierte mehrere Monographien zu Themen rund um das SS-Ahnenerbe. Außerhalb der Wissenschaft befasst er sich mit Restitutionsrecht und Provenienzforschung. Aus dieser hochschulunabhängigen Position setzt er viel beachtete Akzente in öffentlichen Debatten, beispielsweise der Causa Glaser oder der Dienstvilla des Bundespräsidenten.

Jörn Retterath ist wissenschaftlicher Mitarbeiter am Historischen Kolleg München sowie am Institut für Zeitgeschichte München–Berlin (Referent des Direktors). Er studierte 2004 bis 2009 Neuere/Neueste Geschichte, Politikwissenschaft sowie Staats- und Völkerrecht an der Universität Augsburg. 2010 bis 2013 war er als Doktorand am Institut für Zeitgeschichte München–Berlin an einem SAW-Projekt der Leibniz-Gemeinschaft tätig. Mit seiner Arbeit „‚Was ist das Volk?';. Volks- und Gemeinschaftskonzepte der politischen Mitte in Deutschland 1917–1924" wurde er 2013 an der Ludwig-Maximilians-Universität München promoviert. Seine Forschungsschwerpunkte sind die Geschichte der Weimarer Republik und die des Nationalsozialismus.

Sebastian Rosenberger studierte Germanistik und Philosophie in Heidelberg. 2013 Promotion im Bereich Germanistische Linguistik mit der Monographie: *Satirische Sprache und Sprachreflexion. Grimmelshausen im diskursiven Kontext seiner Zeit* (2015 erschienen). 2010–2012 Tätigkeit im Projekt „Digitale Grimmelshausen-Edition" (Heidelberg/Wolfenbüttel), 2013–2016 Tätigkeit als Lexikograph in der Arbeitsstelle „Frühneuhochdeutsches Wörterbuch" (Göttingen). Seit 2017 Tätigkeit im Projekt „Sebald Heydens *Formulae Puerilium Colloquiorum*. Zur europäischen Geschichte eines frühneuzeitlichen Gesprächsbuches" (Heidelberg). Seit 2016 Arbeit an einer Habilitation zum Thema „Der nationalistische und völkische Diskurs der Jahre 1870–1930".

Register

Abel, Wolfgang 162
Abendroth, Wolfgang 217, 224
Adenauer, Konrad 193, 281
Adorno, Theodor W. 9, 13, 284, 318
Algazi, Gadi 322
Aly, Götz 165
Ammann, Hektor 318, 322, 332, 342
Ammon, Otto 156
Anrich, Ernst 248
Arabatzis, Theodore 313
Arendt, Hannah 272, 307
Aristoteles 144
Arndt, Ernst Moritz 5, 41, 44–45, 49, 88, 99
Arnim, Achim von 21
Ascher, Saul 3, 5, 7, 13, 17, 19, 21, 23, 25, 27, 29, 31, 33, 35, 37, 39, 41, 47
Ash, Mitchell 306
Astel, Karl 156, 162
Aubin, Hermann 248, 276, 279, 318, 324
Bachelard, Gaston 313, 317
Bacon, Francis 314
Bader, Karl Siegfried 288
Baer, Carl Ernst von 150
Baeumler, Alfred 305
Balcar, Jaromír 208
Bannon, Steve 256
Bartels, Adolf 94–95, 119
Bauer, Fritz 177, 272
Bauermeister, Wolfgang 162
Daur, Erwin 156
Benz, Wolfgang 174
Berg, Matthias 11, 245–246, 248, 250, 252, 279
Bertoldi, Silvio 216
Biermann, Kai 118
Blum, Robert 74–75
Blume, Gustav 168
Blumenbach, Johann F. 148
Blumenbach, Johann Friedrich 146, 149
Bödewadt, Jacob 93
Boehm, Max Hildebert 259–260
Borchling, Conrad 93–94, 96
Bourdieu, Pierre 79, 218
Brackmann, Albert 209, 276

Brandsch, Rudolf 260
Brauch, Julia 13
Braudel, Fernand 328
Brentano, Clemens 21
Breuer, Stefan 137
Broca, Paul 153
Bruck, Arthur Moeller van den 115, 122, 135–136, 139
Brumlik, Micha 46
Brunner, Otto 12, 245, 274–278, 281, 283, 287–288, 290–291, 294, 296–297, 301, 321–322, 325, 331
Burgdörfer, Friedrich 8
Burton, Jonathan 173
Canestrini, Giovanni 153
Canguilhem, Georges 313
Chamberlain, Houston Stewart 123, 309
Claß, Heinrich 111–112, 114
Claussen, Ferdinand 162
Conze, Werner 208, 275, 287, 324, 332
Cordes, Gerhard 93, 97
Craemer, Rudolf 209
Croce, Benedetto 298
Dalberg, Karl Theodor von 33
Daluege, Kurt 188
Danckwortt, Barbara 141, 170
Daniel, Ute 256
Darwin, Charles 319
Delmer, Ferdinand 33
Deym, Friedrich 68–69
Dohm, Christian Wilhelm 18, 27, 32
Dreyer, Günther 184, 187
Duis, Bernhard 162
Duncker, Max 230
Ebbinghaus, Carl-Herrmann 181
Ehrenfels, Christian von 115
Eichmann, Adolf 191
Eickstedt, Egon von 167
Erdmann, Karl Dietrich 245–246
Erdogan, Recep Tayyip 262
Eymann, Christoph 194, 204
Fagus (Pseudonym) 108
Farmann, Siegfried 179
Febvre, Lucien 328

Feitel, Jacob 178, 180
Fichte, Johann Gottlieb 5–6, 19, 41, 44
Fiedler, Franz 113
Filippi, Filippo de 153
Fischer, Eugen 161–162, 315
Fischer, Fritz 245
Fischer, Gustav 159
Fischer, Otto 194, 196, 199–200, 202
Fleck, Ludwik 308, 331
Flottwell, Eduard von 58
Fock, Gorch siehe Kinau Johann Wilhelm 95, 101
Foertsch, Hermann 293
Forel, August 156
Forman, Paul 308
Forster, Georg 62
Forstreuter, Kurt 232
Fraas, Eberhard 159
Frank, Walter 248–249
Franz, Günther 247–248, 251
Franz, Victor 162
Freyer, Hans 312
Freytag, Gustav 255
Freytagh-Loringhoven, Axel von 110
Frick, Wilhelm 164
Fries, Jakob Friedrich 7, 41, 46
Fritsch, Theodor (Pseudonym Ferdinand Roderich Stoltheim) 105, 114
Fukuyama, Francis 261
Gadamer, Hans-Georg 285
Gagern, Heinrich von 60
Galton, Francis 156
Gerber, Waldemar 178, 184, 187, 192
Gerlach, Kurt 106
Geyer, Dietrich 224
Gieseler, Wilhelm 162
Giskra, Karl 64–65, 75
Glaser, Curt 194–197, 199–201, 203, 205, 207
Glaser, Elly 200
Gobineau, Joseph Arthur Comte de 130, 139, 153, 323
Goethe, Johann Wolfgang von 6, 21, 283
Görres, Joseph von 5
Grab, Walter 17
Grau, Wilhelm 162

Grebe, Hans 163
Grimm, Hans 115
Grossmann, Erich 163
Groth, Klaus 89
Grube, Karl 107
Gündogan, Ilkay 264–265
Günther, Hans F. K. 94, 162–163, 165, 315
Haag, Friedrich E. 162
Haeckel, Ernst 154, 160, 320
Hahn, Hans Henning 54–56, 62
Haller, Johannes 248
Häntzschel, Jörg 266
Hardenberg, Friedrich von = Novalis 20
Hasselblatt, Werner 259
Hausmann, Frank-Rutger 249
Hayek, Fritz A. von 284
Heiber, Helmut 249
Heidegger, Martin 313–314, 334
Heimpel, Hermann 248
Hein, Max 231, 233–234, 239, 241
Heine, Heinrich 17
Helmhard, Wolf 277
Hentschel, Willibald 107, 115, 154
Herder, Johann Gottfried 41–42, 106, 146, 304
Hesse, Albert 159
Heuss, Theodor 188, 281–283, 296
Heymann, Hugo 9, 178–180, 182–185, 187–193
Heymann, Maria 180, 184, 188, 190–191
Himmler, Heinrich 326–327
Hirsch, Hans 276
Hitler, Adolf 121, 196–197, 292
Hobsbawm, Eric 334
Hoetzsch, Otto 209
Höfler, Otto 278
Horkheimer, Max 284
Humboldt, Wilhelm von 312
Hundt-Radowsky, Hartwig 7, 41, 50
Husserl, Edmund 314
Huxley, Thomas Henry 152
Ipsen, Gunther 312
J. F. Lehmanns Verlag 8, 103, 110
Jahn, Friedrich Ludwig 5, 41, 44, 49
Jankuhn, Herbert 326
Jaworski, Rudolf 56, 58–59

Jeitteles, Andreas Ludwig 72
Jordan, Wilhelm 55, 60–62, 69–71, 73–74
Just, Günther 162
Kaczynski, Jaroslaw 270
Kaehler, Siegfried A. 246
Kallen, Gerhard 279
Kant, Immanuel 17, 146
Kaps, Karl 189, 191
Kaps, Maria siehe Maria Heymann 179, 183, 185, 188, 190, 192–193
Karasek, Alfred 212
Karl der Große 35–36, 323
Katharina II. 218
Kattmann, Ulrich 140
Kehr, Paul Fridolin 230
Keiter, Friedrich 162
Kelsen, Hans 296
Kienemann, Christoph 56
Kinsky, Esther 256
Kirchheimer, Otto 329
Kleeberg, Bernhard 320
Kleßmann, Christoph 209
Kloß, Heinz 86
Kocka, Jürgen 208, 305, 333–334
Kohl, Karl-Heinz 256
Körner, Theodor 50
Koser, Reinhold 230
Kossinna, Gustaf 326
Kotzebue, August von 3
Kranz, Heinrich W. 162
Kraus, Karl 121
Kreis, Georg 10, 194, 200–203
Krieck, Ernst 305
Krupp, Friedrich Alfred 159
Kuranda, Ignaz 63
Lamp, Karl 245, 252–253
Lamprecht, Karl 245, 252–253
Landahl, Heinrich 279, 283
Landshut, Siegfried 282–283, 297
Langbehn, August Julius 91
Lange, Carl Julius 33
Lapouges, Vacher de 156
Lasch, Agathe 96–97, 99–100
Leggewie, Claus 208
Lehmann, Ernst 163–164
Lehmann, Georg 185–187

Lehmann, Wolfgang 163
Leibbrandt, Georg 355
Lemberg, Hans 72
Lenard, Philipp 311
Lenhardt (Pseudonym Lehnhardt) 108
Lenin 221, 223–224, 318
Lenin, Wladimir I. 318
Lenz, Fritz 162, 167
Lichnowsky, Fürst Felix 63
Liebenfels, Lanz von 154
Liebig, Hans von 111
Linné, Carl von 144
Litt, Theodor 297
Löb, Rudolf 177, 179
Loeffler, Lothar 163
Loerke, Oskar 181
Loesch, Karl Christian von 259
Lombroso, Cesare 153
Lorenz, Richard 219
Löwith, Karl 284–285, 297, 299
Luden, Heinrich 44
Luschan, Felix von 155
Macron, Emmanuel 1
Maffesoli, Michel 172
Mahrsarski, Dirk 328
Mann, Thomas 133–135
Mannheim, Karl 314
Marcuse, Herbert 329
Marx, Karl 47
Maschke, Erich 209
Mayer, Theodor 248, 279
Mazower, Mark 329
Mengele, Josef 163, 330
Menke, Hubertus 100
Metz, Friedrich 320
Moeller van den Bruck, Arthur 115, 122, 135–136, 139
Molden, Otto 284–285
Montandon, Georges 262
Morsch, Günther 258, 267
Mosimann, Peter 197
Mühlmann, Wilhelm Emil 315
Müllenhoff, Karl 89
Müller, Adam 21
Müller, Karl Alexander von 7, 279
Müller, Karl Valentin 163

Müller, Werner 257
Munch, Edvard 194, 196, 202
Nachtsheim, Hans 169
Nadolny, Karlernst 190
Napoleon I. 17–18, 22–23, 29, 32–33, 35–40, 125, 127
Naumann, Friedrich 69
Neumann, Franz 329
Neundörfer, Ludwig 327
Neuner, Ludwig 106
Niceforo, Alfredo 157
Niekerken, Walter 97
Nietzsche, Friedrich 129, 291, 310
Nolte, Ernst 81
Nordenholz, Anastasius 157
Oestreich, Gerhard 245
Ohnsorg, Richard 95, 100
Orban, Victor 269–270
Osterhammel, Jürgen 57, 67
Özil, Mesut 264–265
Palacký, František 65
Papritz, Johannes 234
Parsons, Talcott 332
Paul, Jean 21
Paulsen, Viktor 215
Perl, Max 194
Petri, Franz 319, 323
Petry, Frauke 118
Peyn, Bruno 95, 99
Pfeffer, Karl Heinz 312
Pirenne, Henri 253
Plaggenborg, Stefan 226–227
Plate, Ludwig 157
Platzhoff, Walter 248
Ploetz, Alfred 154, 156–157
Pollack, Martin 256
Popper, Karl R. 284, 314
Preuß, Hugo 110
Puschner, Uwe 41, 54, 105, 122, 250
Radowitz, General von 63
Ramsauer, Rembert 310
Ranger, Terence 334
Raphael, Lutz 248
Rassow, Peter 279
Ratzel, Friedrich 115, 311, 315
Raumer, Kurt von 247, 324–325

Reche, Otto 162
Regensburger, Norbert 178, 180
Reu, Fritz 89
Reuter, Fritz 89
Rheinberger, Hans-Jörg 313
Riehl, Wilhelm Heinrich 106, 302, 311
Ritter, Gerhard 248
Roselius, Ludwig 94
Rosenberg, Alfred 136
Rothfels, Hans 209, 250–251
Rüdin, Ernst 162
Ruge, Arnold 75
Ruge, Arnold (Großonkel v. Arnold Ruge) 75
Rühs, Christian Friedrich 27
Saller, Karl 168
Sand, Karl Ludwig 46
Sauermann, Heinz 327
Savigny, Friedrich Carl von 21
Schäfer, Dietrich 248–249
Schallmayer, Wilhelm 156, 159
Scheibert, Peter 10–11, 208, 210, 213, 217, 219, 222–224, 226–227
Scheidt, Walter 147, 162
Schieder, Theodor 208–209, 216, 245–246, 279, 289
Schiller, Karl 283
Schlegel, Friedrich 22
Schleiermacher, Friedrich Daniel 44
Schmidt, Helmut 193
Schmidt-Kehl, Ludwig 162
Schmitt, Carl 80, 100, 277, 285, 288, 294, 298, 316
Schmitz-Berning, Cornelia 120
Schober, Simon 284
Schramm, Gottfried 217, 225
Schröder, Gerhard 193
Schultz, Bruno Kurt 163
Schulze, Hagen 3, 68
Schwarz, Hans 135–136
Schwidetzky, Ilse 167–168
Sievers, Wolfram 177
Sollmann, Friedrich Wilhelm 184
Spahn, Martin 309
Spencer, Herbert 156
Spengler, Oswald 8, 118–119, 121, 123, 125, 127, 129, 131, 133, 135, 137, 139

Stammler, Wolfgang 92
Stangneth, Bettina 264
Stark, Johannes 311
Stavenhagen, Fritz 95, 98
Steinbach, Franz 323
Steinmeier, Frank-Walter 185
Stengel von Rutkowski, Lothar 161
Stern, Fritz 135
Stille, Gustav 92, 99–100
Stokvis, Joseph 319
Stresemann, Gustav 260
Struck, Bernhard 162
Stuckart, Wilhelm 163
Stumpfl, Friedrich 162
Sybel, Heinrich von 230
Tacitus 5, 44
Taylor, Charles 21
Tellenbach, Gerd 245
Teske, Hans 93, 97–98
Thum, Gregor 68, 72
Thums, Karl 163
Thurnwald, Richard 315
Tirala, Lothar 162
Toepfer, Alfred C. 12, 94, 97, 283, 329
Treitschke, Heinrich von 255, 315
Trott zu Solz, Adam von 225
Trump, Donald 256
Tuchtenhagen, Ralph 210
Uebersberger, Hans 209
Unger, Mitarbeiter des –RPA 333
Valjavec, Fritz 278
Varoufakis, Yanis 258
Verschuer, Otmar Freiherr von 162–163, 167

Vick, Brian 55, 74
Vogt, Carl 69, 72–73
Wagemann, Arnold 104
Wagner, Rudolph 150
Wahle, Ernst 319
Waitz, Georg 67–68, 70–71
Walther, Andreas 311
Weber, Max 310, 312, 325
Weber, Wolfgang 249–250
Wehler, Hans-Ulrich 5, 208, 218, 333
Weindling, Paul 247
Weiß, Volker 266
Weise, Erich 240–241
Weitz, Wilhelm 162
Wentzcke, Paul 7
Werner, Ferdinand 250
Werner, Karl Ferdinand 250
Wienbarg, Ludolf 89, 99
Wiesner, Adolph 64–65
Wildt, Michael 178, 185, 215, 255, 264, 297
Windischgrätz, Feldmarschall 58
Wirth, Herman 305
Wollstein, Günter 55
Woltmann, Ludwig 123, 153–154
Wundt, Max 106, 309
Wurmbach, Julius 179
Zedler, Johann Heinrich 255
Zekri, Sonja 260–261
Ziegler, Heinrich Ernst 159
Zipfel, Ernst 231, 233–235, 237, 240
Zschokke, Heinrich 3, 33
Zuckerberg, Mark 4

www.ingramcontent.com/pod-product-compliance
Lightning Source LLC
Chambersburg PA
CBHW031846220426
43663CB00006B/509